1921-2021
厦门大学
XIAMEN UNIVERSITY

厦门大学百年校庆系列出版物

百年学术论著选刊

厦门大学与中国现代学术

“厦门大学百年学术论著选刊”前言集

厦门大学百年学术论著选刊编纂组　编

厦门大学出版社
XIAMEN UNIVERSITY PRESS
国家一级出版社
全国百佳图书出版单位

图书在版编目(CIP)数据

厦门大学与中国现代学术:“厦门大学百年学术论著选刊”前言集/厦门大学百年学术论著选刊编纂组编.—厦门:厦门大学出版社,2021.3
ISBN 978-7-5615-8155-1

Ⅰ.①厦… Ⅱ.①厦… Ⅲ.①厦门大学—科学研究工作—文集 Ⅳ.①G644-53

中国版本图书馆 CIP 数据核字(2021)第 049188 号

出 版 人 郑文礼
责任编辑 许红兵 陈进才 眭 蔚 等
美术编辑 蒋卓群
技术编辑 朱 楷

出版发行 厦门大学出版社
社　　址 厦门市软件园二期望海路 39 号
邮政编码 361008
总　　机 0592-2181111 0592-2181406(传真)
营销中心 0592-2184458 0592-2181365
网　　址 http://www.xmupress.com
邮　　箱 xmup@xmupress.com
印　　刷 厦门兴立通印刷设计有限公司

开本 720 mm×1 000 mm 1/16
印张 29.5
插页 12
字数 468 千字
版次 2021 年 3 月第 1 版
印次 2021 年 3 月第 1 次印刷
定价 100.00 元

本书如有印装质量问题请直接寄承印厂调换

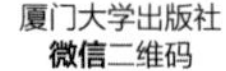

厦门大学出版社
微信二维码

厦门大学出版社
微博二维码

总　序

厦门大学 党委书记　张　彦

校　　长　张　荣

2021年4月6日，厦门大学百年华诞。百载风雨，十秩辉煌，这是厦门大学发展的里程碑，继往开来的新起点。全校师生员工和海内外校友满怀深情地期盼这一荣耀时刻的到来。

为迎接百年校庆，学校在三年前就启动了"百年校庆系列出版工程"的筹备工作，专门成立"厦门大学百年校庆系列出版物编委会"，加强领导，统一部署。各院系、部门通力合作，众多专家学者和相关单位的工作人员全身心地参与到这项工作之中。同志们满怀高度的责任感和紧迫感，以"提升质量，确保进度，打造精品"为目标，争分夺秒，全力以赴，使这项出版工程得以快速顺利地进行。在这个重要的历史时刻，总结厦大百年奋斗历史，阐扬百年厦大"四种精神"，抒写厦大为伟大祖国所做出的突出贡献，激发厦大人的自豪感和使命感，无疑是献给百岁厦大最好的生日礼物。

"百年校庆系列出版工程"包括组织编撰百年校史、百年组织机构史、百年院系史、百年精神文化、百年学术论著选刊、校史资料与学生名录……有多个系列近150种图书将与广大读者见面。从图书规模、涉及领域、参编人员等角度看，此项出版工程极为浩大。这些出版物的问世，将为学校留下大量珍贵的历史资料，为学校深入开展校史教育提供丰富生动的素材，也将为弘扬厦门大学"自强不息，止于至善"校训精神注入时代的新鲜血液，帮助人们透过"中国最美大学校园"

的山海空间和历史回响，更加清晰地理解厦门大学在中国发展进程中发挥的独特作用、扮演的重要角色，领略“南方之强”的文化与精神魅力。

百年校庆系列出版物将多方呈现百年厦大的精彩历史画卷。这些凝聚全校师生员工心血的出版物，让我们感受到厦大人弦歌不辍的精神风貌。图文并茂的《厦门大学百年校史》，穿越历史长廊，带领我们聆听厦大不平凡百年岁月的历史足音。《为吾国放一异彩——厦门大学与伟大祖国》浓墨重彩地记述厦门大学与全国34个省级行政区以及福建省九市一区一县血浓于水的校地情缘，从中可以读出厦门大学在中华民族伟大复兴征程中留下的深深烙印。参与面最广的“厦门大学百年院系史系列”、《厦门大学百年组织机构史》，共有30多个学院和直属单位参与编写，通过对厦门大学各学院和组织机构发展脉络、演变轨迹的细致梳理，深入介绍厦门大学的党建工作、学科建设、人才培养、组织管理、社会服务等方面的发展历程，展示办学成就，彰显办学特色。《厦门大学校史资料选编（1992—2017）》和《南强之星——厦门大学学生名录（2010—2019）》，连同已经出版的同类史料，将较完整、翔实地展现学校发展轨迹，记录下每位厦大学子的荣耀。“厦门大学百年精神文化系列”涵盖人物传记和校园风采两大主题，其中《陈嘉庚传》在搜集大量史料的基础上，以时代精神和崭新视角，生动展现了校主陈嘉庚先生的丰功伟绩。此次推出《林文庆传》《萨本栋传》《汪德耀传》《王亚南传》四部厦门大学老校长传记，是对他们为厦大发展所做出的突出贡献的深切缅怀。厦大校友、红军会计制度创始人、中国共产党金融事业奠基人之一高捷成的传记《我的祖父高捷成》，则是首次全面地介绍这位为中国人民解放事业做出杰出贡献的烈士的事迹。新版《陈景润传》，把这位“最美奋斗者”、“感动中国人物”、令厦大人骄傲的杰出校友、世界著名数学家不平凡的人生再次展现在我们眼前。抒写校园风采的《厦门大学百年建筑》、《厦门大学餐饮百年》、《建南大舞台》、《芙蓉园里尽芳菲》、《我的厦大老师》（百年华诞纪念专辑）、《创新创业厦大人2》、

《志愿之光》、《让建南钟声传响大山深处》、《我的厦大范儿》以及潘维廉的《我在厦大三十年》等，都从不同的角度，引领我们去品读厦门大学的真正内涵，感受厦门大学浓郁的人文精神和科学精神。

此次出版的“厦门大学百年学术论著选刊”，由专家学者精选，重刊一批厦大已故著名学者在校工作期间完成的、具有重要价值的学术论著（包括讲义、未刊印的论著稿本等），目的在于反映和宣传厦门大学百年来的学术成就和贡献，挖掘百年来厦门大学丰厚的历史积淀和传统资源，展示厦门大学的学术底蕴，重建“厦大学派”，为学校“双一流”建设提供学术传统的支撑。学校将把这项工作列入长期规划，在百年校庆时出版第一辑共40种，今后还将陆续出版。

“自强！自强！学海何洋洋！”100年前，陈嘉庚先生于民族危难之际，抱着“教育为立国之本，兴学乃国民天职”的信念，创办了厦门大学这所中国历史上第一所由华侨独资建设的大学。100年来，厦大人秉承“研究高深学术，养成专门人才，阐扬世界文化”的办学宗旨，在实现中华民族伟大复兴的征程上书写自己的精彩篇章。我们相信，当百年校庆的欢庆浪潮归于平静时，这些出版物将会是一串串熠熠生辉的耀眼珍珠，成为记录厦门大学百年奋斗之旅的永恒坐标，成为流淌在人们心中的美好记忆，并将不断激励我们不忘初心继承传统，牢记使命乘风破浪，向着中国特色世界一流大学目标奋勇前行！

张彦　张荣

2020年12月

“厦门大学百年学术论著选刊”编纂说明

为反映和宣传厦门大学百年来的学术成就和贡献，挖掘厦大学术丰厚的历史积淀和传统资源，为学校“双一流”建设提供学术传统的支撑，“厦门大学百年校庆系列出版物”丛书下设“百年学术论著选刊”系列，以精选、重刊一批我校学者在校期间撰著的、具有重要价值的学术论著。

为此，学校设立“百年学术论著选刊”编纂组，在以校党委书记张彦、校长张荣为主任的“厦门大学百年校庆系列出版物”编委会指导下具体负责这项工作。编纂组组长：洪峻峰；成员：朱水涌、钞晓鸿、高和荣、蒋东明、石慧霞。

鉴于学校将把收集、整理和重刊我校学术论著列入长期规划，今后分辑继续此项工作，“百年学术论著选刊”系列划定选稿范围，内容为百年来在我校工作过的已故学者在校期间撰写或出版的论著，时间以“文革”之前刊印或完成（稿本）为限；确定刊印形式，为原书、原稿影印出版。编纂组于2019年3月向全校各学院、研究院征集选题，同时利用图书馆及图书数据库检索渠道搜索相关文献、查找合适选题。论著的遴选侧重名家名著，同时关注民国时期稀见版本和未刊稿本，包括未曾正式出版的油印本教材。

经学院推荐、文献检索和专家筛选，学校“百年校庆系列出版物”编委会确定了40种入选论著。我们随即展开对论著影印底本的选择和寻访，工作得到了有关图书馆、藏书家的支持和帮助。同时，约请我校各学科相关专业的专家学者分别为各书撰写出版前言，介绍作者生平学术和论著内容价值，揭示其学术史意义及在我校的学术传承。各书前言还将汇编成集，同时出版。

论著选刊工作得到了原著作者的亲属、弟子多方面的支持。部分作品的著作权尚在保护期内，我们也征得其继承人的支持并签约；个别作品无法联系到著作权继承人，我们将公布联系方式，敬请他们与出版社联系。

本系列丛书从启动到编成历时两年整。在编纂过程中，学校图书馆、社科处和出版社作为这项工作的协作单位，分别承担了大量的繁杂事务；编纂组秘书黄援生、林灿，以及朱圣明、刘心舜和校图书馆古籍特藏与修复部有关人员，做了许多具体工作。

“厦门大学百年学术论著选刊”的编纂，是对我校百年来学术文献资源的一次大规模的搜集、梳理和开发。厦大的学术底蕴和文献资源极为丰厚，第一次选刊难免挂一漏万。经过这次编纂工作的探索，学校今后的分辑整理出版规划将会更加完善。

厦门大学百年学术论著选刊 编纂组

2020 年 12 月

厦门大学百年学术论著选刊（40种）

《中国文学变迁史略》　刘贞晦 著

《教育学原理》　孙贵定 编

《中国古代法理学》　王振先 著

《石遗室诗话》　陈衍 著

《历史哲学》　朱谦之 著

The Development, Significance and Some Limitations of Hegel's Ethical Teaching（《黑格尔的伦理学说》）　张颐 著

《汉文学史纲要》　鲁迅 著

《马哥孛罗游记》　张星烺 译

《闽南游记》　陈万里 著

《厦门音系》　罗常培 著

《教育概论》　庄泽宣 著

《艺术家的难关》　邓以蛰 著

The Li Sao: An Elegy on Encountering Sorrows（《离骚》）　林文庆 译

《老子古微》　缪篆 著

《教育与学校行政原理》　杜佐周 著

《教育社会学》　雷通群 著

《国际私法》　徐砥平 著

《地理学》　王成组 著

《货币银行原理》　陈振骅 著

《文化人类学》　林惠祥 著

《教育之科学研究法》　　钟鲁斋 著
《厦门大学文学院文化陈列所所藏中国明器图谱》　　郑德坤 编著
《因明学》　　虞愚 著
《实用微积分》　　萨本栋、郑曾同、杨龙生 编著
《大学普通化学讲义》　　傅鹰 著
《中国文学史》　　林庚 著
《史学方法实习题汇》　　谷霁光 编
《语言学概要》　　周辨明、黄典诚 译著
《英美法原理》　　[美]阿瑟·古恩 著,陈朝壁 译述
《中国官僚政治研究》　　王亚南 著
《西洋经济思想》　　郭大力 著
《古音学说述略》　　余謇 著
《明清农村社会经济》　　傅衣凌 著
《隋唐五代史纲》　　韩国磐 著
《会计基础知识》　　葛家澍 主编
《文昌鱼》　　金德祥 著
《泛函分析》　　李文清 著
《胚胎学讲义》　　叶毓芬及山东大学胚胎学教研组、汪德耀 编
《浮游生物学概论》　　郑重 著
《海水分析化学》　　陈国珍 主编

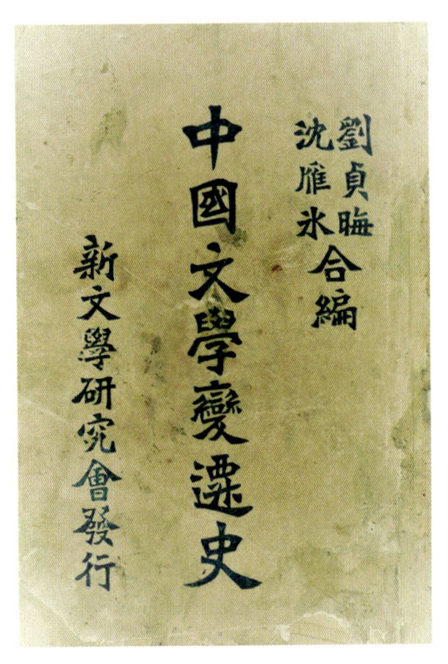

刘贞晦著《中国文学变迁史略》,收入刘贞晦、沈雁冰合编《中国文学变迁史》,新文学研究会1921年12月初版

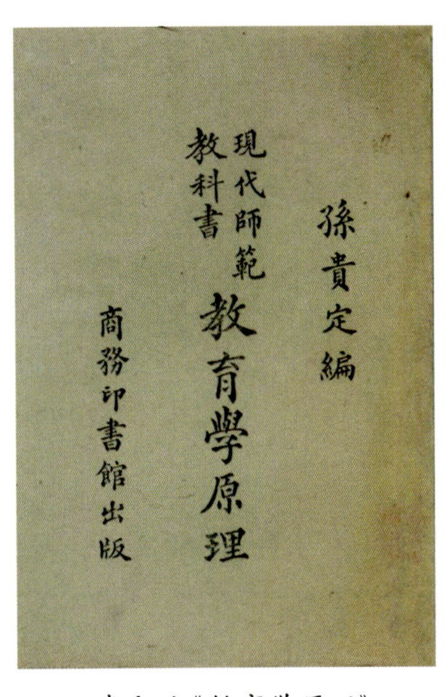

孙贵定编《教育学原理》,商务印书馆1923年9月初版

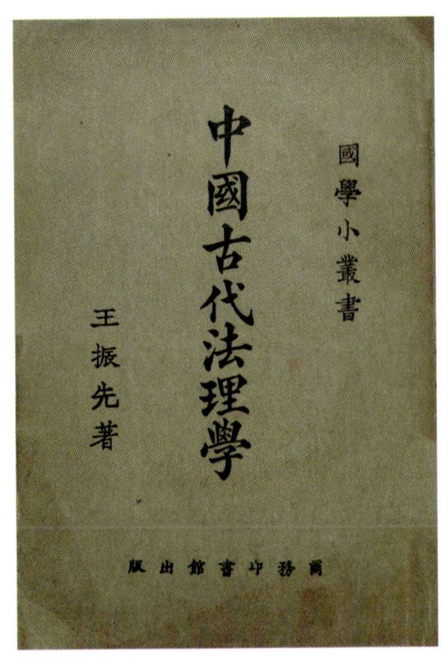

王振先著《中国古代法理学》,商务印书馆1925年7月初版

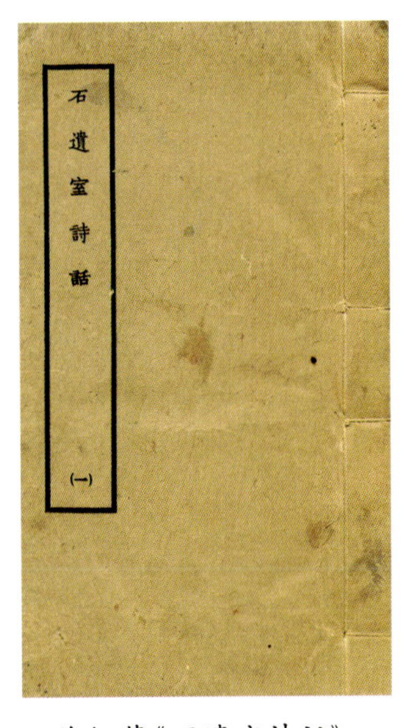

陈衍著《石遗室诗话》,商务印书馆1929年5月初版

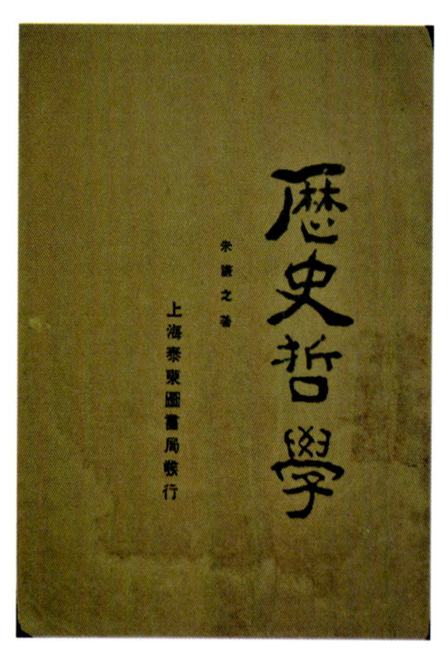

朱谦之著《历史哲学》，
泰东图书局 1926 年 9 月初版

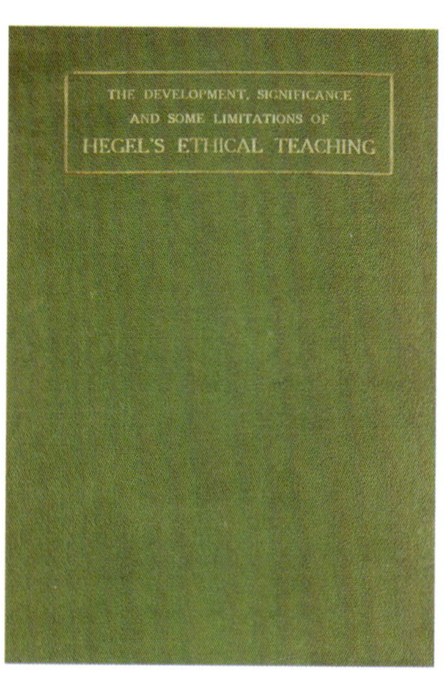

张颐著 *The Development, Significance and Some Limitations of Hegel's Ethical Teaching*
（《黑格尔的伦理学说》），
商务印书馆 1926 年 10 月再版

鲁迅著《汉文学史纲要》，
鲁迅全集出版社 1941 年 10 月 10 日初版

张星烺译《马哥孛罗游记》，
商务印书馆 1936 年 9 月初版

陈万里著《闽南游记》，
开明书店 1930 年 3 月初版

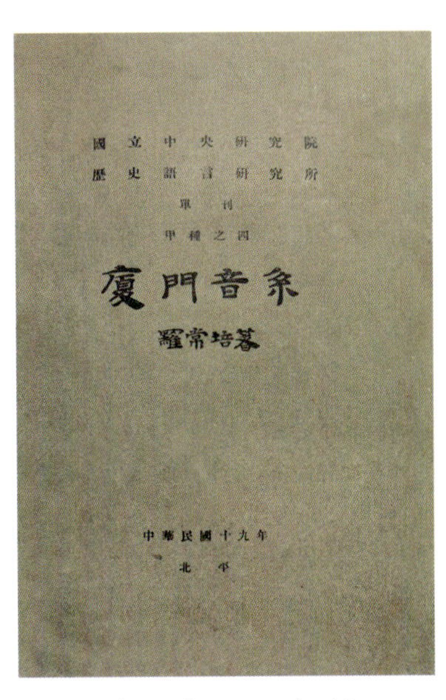

罗常培著《厦门音系》，
国立中央研究院历史语言研究所 1930 年版

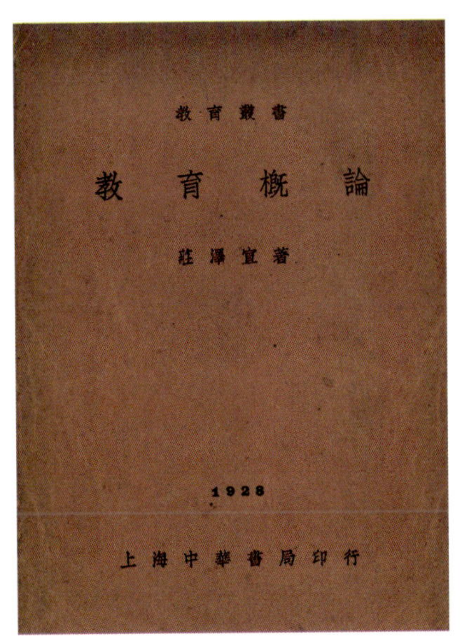

庄泽宣著《教育概论》，
中华书局 1928 年 4 月初版

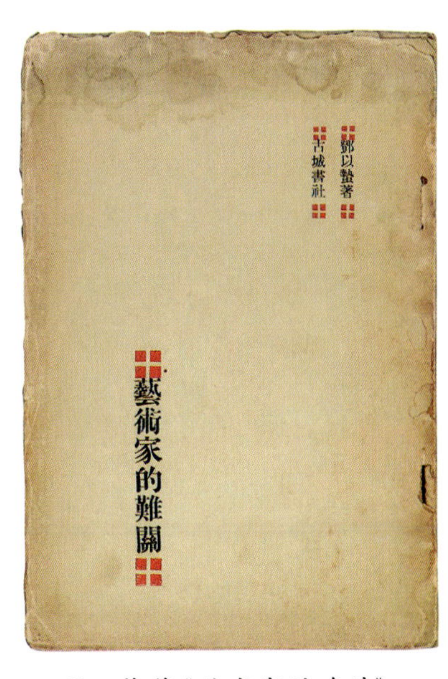

邓以蛰著《艺术家的难关》，
古城书社 1928 年 2 月初版

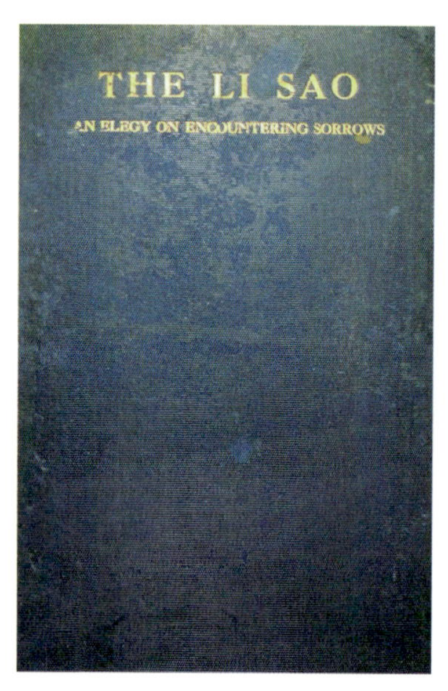

林文庆译 *The Li Sao*：*An Elegy on Encountering Sorrows*（《离骚》），
商务印书馆 1929 年初版

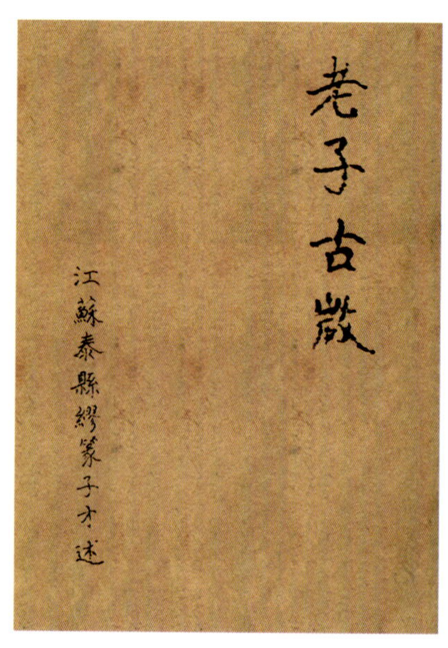

缪篆著《老子古微》，
厦门大学图书馆藏 1933 年油印本

杜佐周著《教育与学校行政原理》，
商务印书馆 1930 年 11 月初版

雷通群著《教育社会学》，
商务印书馆 1931 年 7 月初版

徐砥平著《国际私法》，
民智书局 1932 年 12 月初版

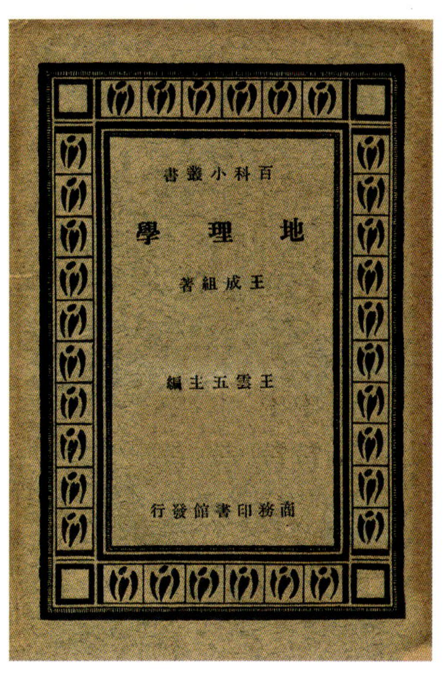

王成组著《地理学》，
商务印书馆 1934 年 1 月初版

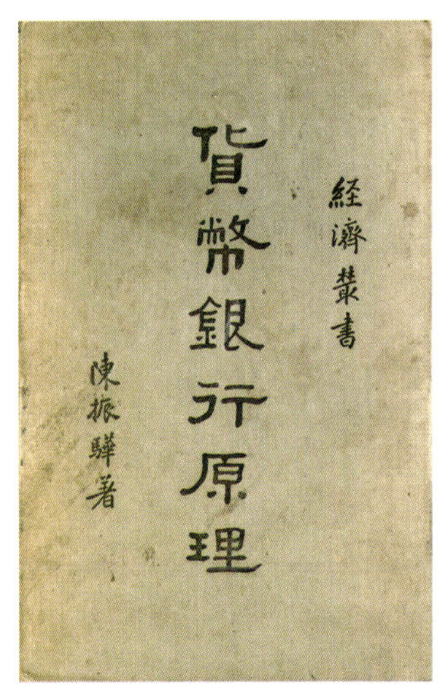

陈振骅著《货币银行原理》，
商务印书馆 1934 年 5 月初版

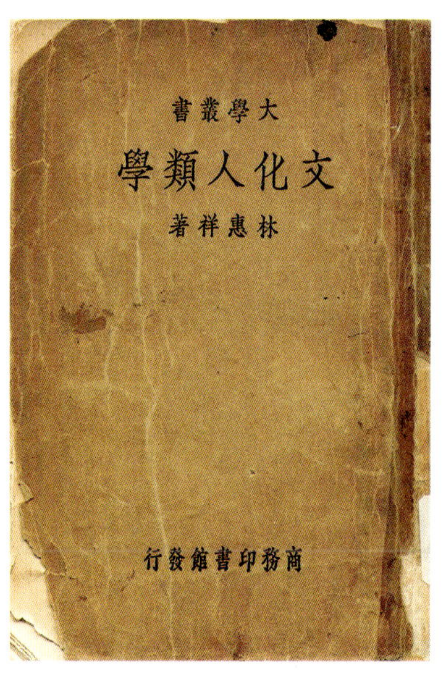

林惠祥著《文化人类学》，
商务印书馆 1934 年 7 月初版

钟鲁斋著《教育之科学研究法》，
商务印书馆 1935 年 5 月初版

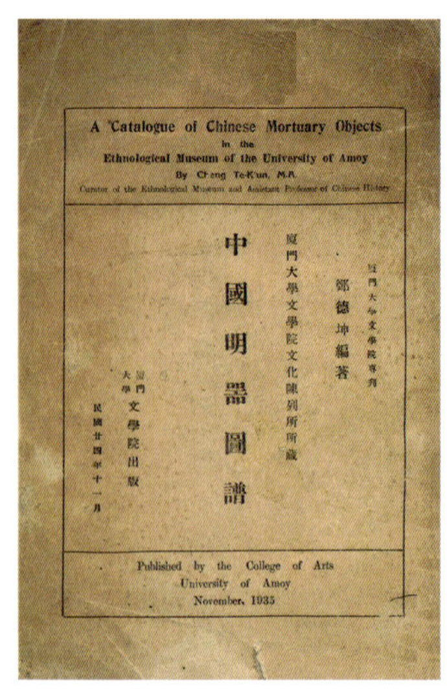

郑德坤编著《厦门大学文学院
文化陈列所所藏中国明器图谱》，
厦门大学文学院 1935 年 11 月版

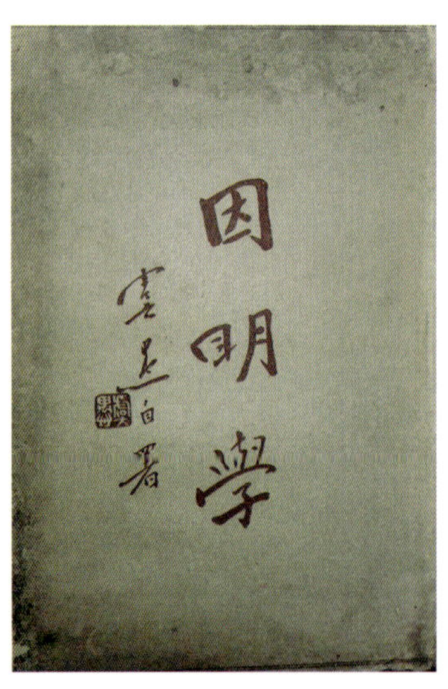

虞愚著《因明学》，
中华书局 1936 年 11 月第 1 版

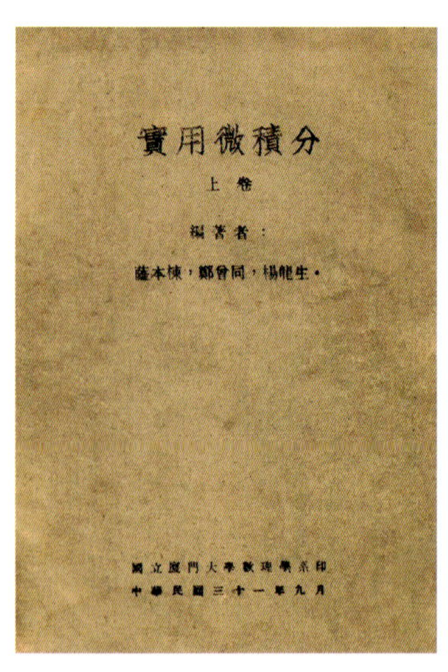

萨本栋、郑曾同、杨龙生编著《实用微积分》
（上、下卷），上卷：厦门大学数理学系
1942 年 9 月印本，下卷：厦门大学
数理学系 1943 年 1 月印本

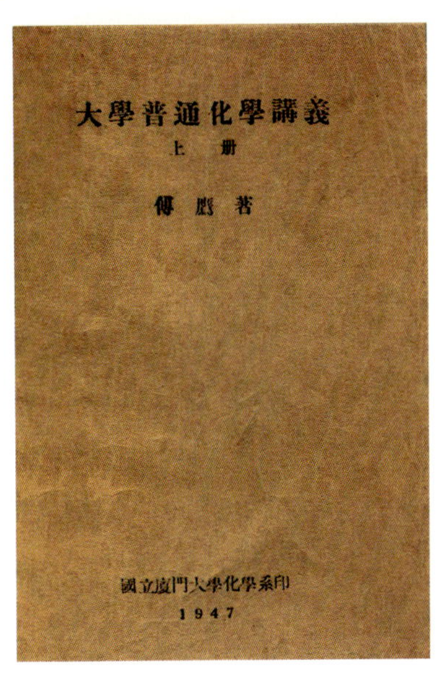

傅鹰著《大学普通化学讲义》，
厦门大学化学系 1947 年刊印本

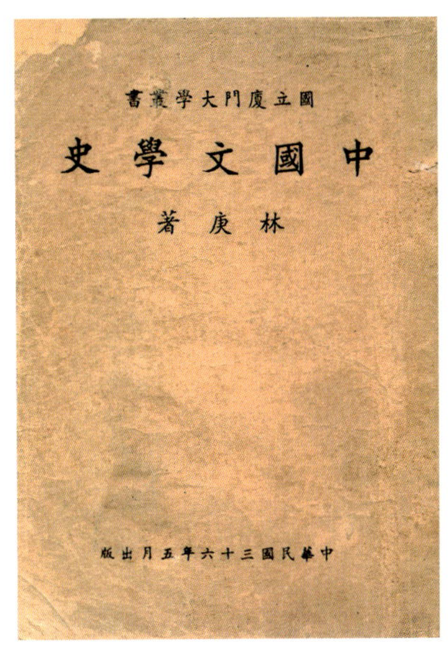

林庚著《中国文学史》，
厦门大学 1947 年 5 月初版

谷霁光编《史学方法实习题汇》，
厦门大学历史学系 1943 年 5 月印行本

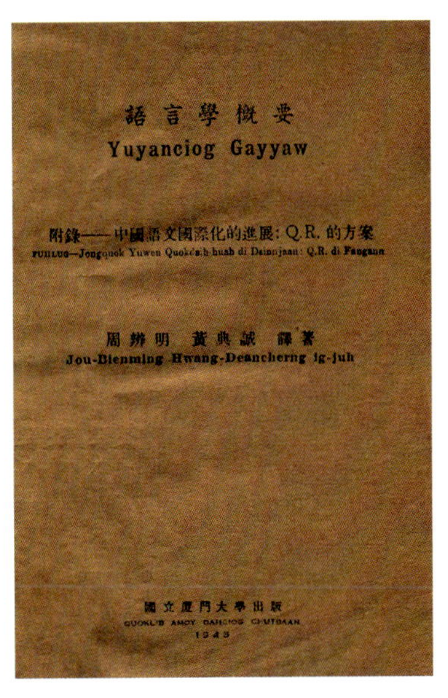

周辨明、黄典诚译著《语言学概要》，
厦门大学 1945 年版

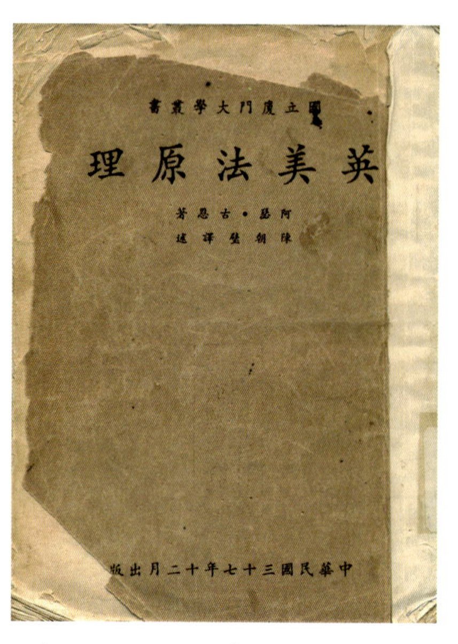

［美］阿瑟·古恩著《英美法原理》，
陈朝璧译述，美华出版社 1948 年 12 月初版

王亚南著《中国官僚政治研究》，
时代文化出版社 1948 年 10 月初版

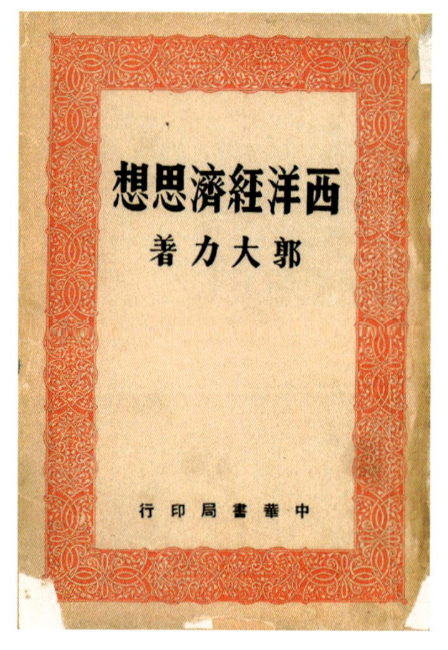

郭大力著《西洋经济思想》，
中华书局 1949 年 9 月初版

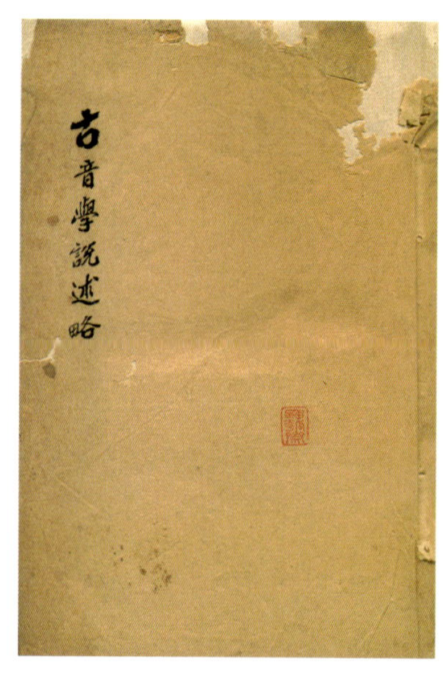

余謇著《古音学说述略》，
厦门大学图书馆藏油印本

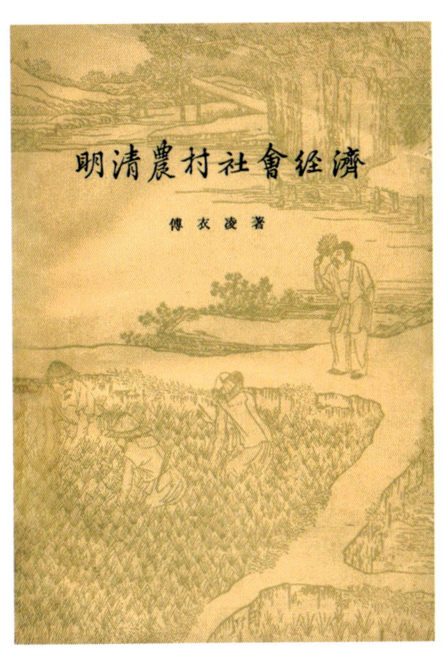

傅衣凌著《明清农村社会经济》，
生活·读书·新知三联书店
1961 年 11 月第 1 版

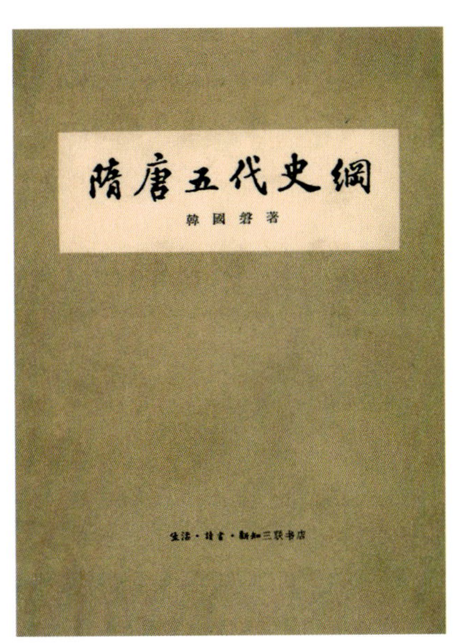

韩国磐著《隋唐五代史纲》，
生活·读书·新知三联书店
1961 年 6 月第 1 版

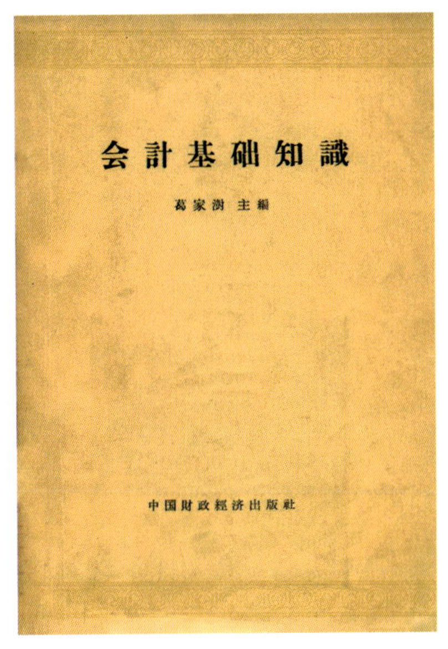

葛家澍主编《会计基础知识》，
中国财政经济出版社 1964 年 2 月第 1 版

金德祥著《文昌鱼》，
福建人民出版社 1957 年 8 月第 1 版

李文清著《泛函分析》，
科学出版社 1960 年 2 月第 1 版，
1966 年 7 月第 2 版“修订本”

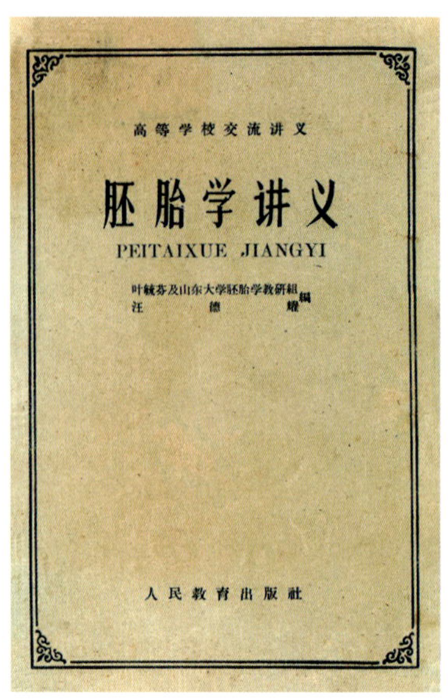

叶毓芬及山东大学胚胎学教研组、汪德耀编
《胚胎学讲义》，人民教育出版社 1961 年
8 月第 1 版，1962 年 6 月第 3 次印刷本

郑重著《浮游生物学概论》，
科学出版社 1964 年 1 月第 1 版

陈国珍主编《海水分析化学》，
科学出版社 1965 年 8 月第 1 版

目 录

刘贞晦与《中国文学变迁史略》

王 烨

厦门大学百年校庆之际编纂出版的"厦门大学百年学术论著选刊"丛书，收入厦大早期国文教师刘贞晦所著《中国文学变迁史略》。该著出版于1921年，即厦门大学创办当年，因此在厦大学术史上有着特殊意义。该著流传甚广，民国时期曾再版过十余次，但今天已属稀见，该著及作者与厦大的因缘更罕为人知。此著收入"厦门大学百年学术论著选刊"予以再版，对厦大学术史和中国文学编纂史等研究而言，都是一件很有必要的事情。

一、《中国文学变迁史略》的出版

厦门大学开办之初，仅设师范、商学两部，师范分成文、理两科，根据师资条件，文科开设国文、英文、中国文学、外国文学、中国史、外国史、伦理学、德文、法文、日文等课程。1921年6月，林文庆接任厦大校长后，重新修订厦大的组织大纲、学科设置、管理条例等，开始增招学生及广聘各科教员。刘贞晦以京师大学堂卒业资格，于1921年8月底被厦大聘为国文教师，在厦大期间编著并于同年12月出版了《中国文学变迁史略》。它在厦大百年学术史上具有拓荒意义，也在中国文学编纂史上占有一定地位，近年来受到中国文学史、现代出版史等研究者关注，被视为是一部不该被历史遗忘的文学史著作，①被誉为可能是"首部对文学革命进行历史考察的著作"，还或是"最早将新文学的发生纳入至民国视阈来考察的文学史"②。

刘贞晦著《中国文学变迁史略》，全文2.6万字，并不是以单行本形式出版，而是与沈雁冰著《近代文学体系的研究》合订在一起，以《中国文学变迁史》为书名出版的。该书将刘贞晦标注为“北京大学教授”,但他实为厦大国文教师,《中国文学变迁史略》也是在厦大写成。这本书由闻野鹤[③]编辑,1921年12月初版,上海集成公司印刷,新文学研究会发行,是该会发行的“新文学丛书之1”,自第二版改为上海新文化书社发行。这套新文学丛书同时出版的,还有张舍我的《戏剧构造法》、闻野鹤的《短篇小说作法》等。

《中国文学变迁史略》,共分11篇,简单勾勒了中国文学自“唐虞以前”至民国初年的发展、变迁状况。沈雁冰在1922年9月20日致周作人的信中,粗略描述了这本书的出版经过。他向周作人介绍说:“虞裳(《时事新报》副刊《学灯》编辑郭虞裳——作者注)说有个小书店想出‘新文化书’,托他代找稿子;并说他们想出一部《中国文学变迁史》,分人撰述,中国的一部做得还好,介绍我去做外国一部。我说不能,然而虞裳尚劝,后来并和闻野鹤见过一次,始知他们那部书实在是注重本国,不过要以外国眼光来看本国材料,而苦于并无此等中文书云云。”他还向周作人解释道:“现在看他们所出的,大概是以前的计划不成,而又不舍得已化的三十元(预付给沈雁冰的稿酬——作者注),故此胡乱一来,并且替我的原稿修饰,把它首尾凑结起来。”[④]据此可见,刘贞晦撰写《中国文学变迁史略》的动因,亦是受上海“小书店”邀请,这家小书店应为上海新文化书社,所以,自第二版起便改成上海新文化书社发行。

北京大学陈平原教授曾指出,中国近代以来编著出版的文学史,其确立及演进始终与大学文学教育(包括五十年代以前的中学教育)存在着密切关系,故不能仅把文学史作为文学观念和知识体系来描述,更应“作为一种教育体制来把握”。[⑤]中国学者编著文学史肇始于清末京师大学堂的开办,清廷1904年颁布的《奏定大学堂章程》开始设置“文学”科,规定讲授“文学研究法”“说文学”“音韵学”“古人论文要言”“四库集部提要”“历代文章源流”“周秦至今文章名家”“西国文学史”等科目,并建议教习可仿效日本的《中国文学史》自行编纂讲义。依据该章程,各学堂教习编著的文学史,都秉持中国学术传统中的“文章”观念,文学通史被视为“杂文学”,并呈现出重诗文、轻小说戏曲的经学传统。据统计,清末共出版6部国人编纂的文学史,其中5部为教学讲义,分别为京师大学堂林传甲的《中国文学史》,东吴大学教授黄人的《中国文学史》,海宁州中学堂来裕恂的《中国文学史稿》,东林书院窦警凡的《历朝文学史》,广东法政学堂教习张德瀛的《文学史》。它们受编纂时间限制，对晚清文学多未提及。

民国成立后，文学史“教材”编著进入新阶段，主要表现为要符合民国“共和”政体要求，为涵养文学趣味而开始重视“纯文学”。教育部1912年颁布《普通教育暂行办法》，规定凡民间通行的教科书，凡有尊崇清廷、旧时官制、军制及避讳、抬头字样等，应由书局自行修改，教员也可删改不合共和宗旨的内容。受此影响，清末出版的林传甲《中国文学史》、来裕恂《中国文学史稿》等，在民国时期出版时都进行了部分删改。同年，教育部又颁布《中学校令施行细则》《师范学校章程》，规定“国文”教学要旨是理解语言文字、涵养文学兴趣，促使教员及书局重新编著、出版文学“教科书”。商务印书馆1914年出版浙江省立第一中学教员王梦曾编纂的《中国文学史》，1915年出版张之纯编纂的“师范学校教科书”《中国文学史》。其他书局为出版“教科书”牟利也聘人编纂，泰东图书局1915年出版曾毅编纂的《中国文学史》，中华书局1918年出版谢无量编纂的《中国大文学史》。这些新编的文学史，呈现了由“杂文学”向“纯文学”过渡的迹象，并呈现出对“民国”的体认。宋声泉就认为，“民元”为国人编纂文学史提供了“新标识”，某种程度上控制着文学史的时间意识及叙述框架，“试观近三十年来，多部中国文学史教材仍只是写到清末，尤其是不少以‘古代文学史’命名的通史性著作，其把清亡作为叙述的终端，或出于著者的主体关怀，或仅在延续一种习惯，有意无意地都投射着对压在纸背之后的‘民元’体认”。[⑥]

五四文学革命带来文学研究及文学史编纂的现代转型，人们开始以西方学术范式研究文学并编纂“纯文学”的文学史。胡适是五四文学革命首倡者，他视白话文学为文学“正宗”，1921年在教育部国语讲习所讲授国语文学时编写了《白话文学史》。鲁迅是文学革命倡导者之一，他重视文学“撄人心”的作用，1920年在北京大学讲授中国小说时编纂了《中国小说史略》。受文学革命影响，书局开始出版新文学“志业者”编著的文学史、文学理论等，也出版“旧式”新文人编选或编著的新文学“选本”“做法”等。据陈青生所言，上海泰东图书局襄理张静庐就组织一个“新潮社”，“完全是为从事新文学活动而成立的”，[⑦]1920年1月底至2月初成立。同样，沪上“旧式”新文人闻野鹤、张舍我等也组织“新文学研究会”，编辑出版新文学丛书，其发行的新文学丛书“第一册”即为《中国文学变迁史》，先后邀请刘贞晦、沈雁冰撰述。刘贞晦著《中国文学变迁史略》为该书的“主体”，沈雁冰著《近代文学体系的研究》仅为“以外国眼光”来看“中国文学”的“参考”。[8]

刘贞晦《中国文学变迁史略》不属于教材性的文学史，也不同于胡适、鲁迅等新文学“志业者”编纂的文学史，而是面向普通读者、普及文学知识的著作。它从文学“变迁”角度勾勒了中国文学的发展历程及趋势，并把民国初年的“文学革命”纳入叙述框架，成为民国时期首部探寻中国文学变迁的著作。因《中国文学变迁史》编辑的草率，它出版后引起沈雁冰的不满及抗议，沈雁冰在《时事新报·文学旬刊》上刊登“启事”，向读者声明这部书并非文学研究会[9]的出版物，而是“另一团体”即新文学研究会所为。[10]或因如此，《中国文学变迁史》自第二版始，改为上海新文化书社出版、发行。上海新文化书社为绍兴人樊春霖创办，他原为商务印书馆职员，1919 年年初被商务印书馆辞退，创办了这家小书店，因资金少、力量弱而仅能出版普通书籍。据统计，该书社到 1923 年已出至 7 种新文学丛书，目前所知，有刘贞晦、沈雁冰合著《中国文学变迁史》，张舍我著《戏剧构造法》，闻野鹤编《短篇小说作法》，闻野鹤著《白话诗研究》，许喋仙著《最新白话文做法》等。[11]

二、“永嘉”学者刘贞晦与厦门大学

《中国文学变迁史略》出版时，不知何故，编辑把刘贞晦标注为“北京大学教授”。从作者年谱及该著出版时间看，刘贞晦当时为厦大教师，《中国文学变迁史略》撰写也在厦大期间完成。

刘贞晦（1881—1960），原名景晨，字冠三，号潜庐，浙江温州人，1921 年 9 月初来厦大任教。他生于温州鹿城区的“耕读”之家，1899 年考取秀才，1904 年 11 月考入京师大学堂优级师范科，后编入历史地理部。刘贞晦投考京师大学堂并以历史地理为业，跟家乡学望、京师大学堂师范科史学教习陈黻宸有关。陈黻宸为浙江瑞安人，1903 年中进士，因早有学术声望，中进士后即被京师大学堂聘为史学教习，兼任学部京师编书局编纂。刘贞晦考取秀才后，曾多次致信陈黻宸，为追随陈黻宸而投考京师大学堂，从此成为陈黻宸的门生。他自京师大学堂卒业后，1907 年春到上海澄衷蒙学堂担任地理教习，不久，陈黻宸出任两广优级师范学堂教务长，为其所召，赴两广优级师范学堂师范简易科担任地理教习。刘贞晦品学兼具,不仅受业师器重,而且受乡望、温州学务总理孙诒让赏识。1908年年初,他经孙诒让物色及举荐,被温州府中学堂聘为地理教习,自此效力于家乡教育。民国成立后,他弃教从政,1913年8月始,担任缙云县知事,后因审理"乱匪案"不慎而蒙受"越权杀人"罪,历经周折,于1918年被判3年3个月徒刑,入金华狱中服刑,从此改号"贞晦"。1921年7月底出狱归乡,经友人朱隐青介绍,被厦大聘为国文教员。

厦门大学1921年4月6日开学时,所聘教师不到二十人,大部分教师多为留洋人士,"国学"出身者仅有郑天挺、周予同两人。郑天挺为福建长乐人,生于北京,1917年考入北京大学国学门,1920年毕业后被厦大聘为国文教授,兼任图书部主任。周予同,浙江瑞安人,1916年考入北京高等师范学校国文部,1920年毕业后被厦大聘为国文教师。厦大首任校长邓萃英辞职后,郑、周也先后离开。刘贞晦1921年7月底自金华归乡,经朱隐青介绍,被厦大聘为国文教师。朱隐青为浙江金华人,日本中央大学法科毕业,厦门大学开办时被聘为伦理教师,不久辞职,回乡担任温州府中学堂校长。据《张棡日记》载,刘贞晦的厦大教习为朱隐青"代为介绍","其时该校有教务长刘君梦青(应为"楚青"——作者注)来沪招生,因匆匆面与订一草约,而正式关书俟到厦门另填"。[12]刘贞晦与厦大签下"草约"后,于9月6日启程来厦,抵厦后住在集美厦大宿舍,深感东南"海天"风景壮阔,曾赋诗两首以抒怀,其一写道:"满耳海天啸,平生闻未闻。将潮曾不浪,倘雨更无云。是气所回荡,大声长夕昕。楼高山四面,坐悟息群纷。"[13]可见,刘贞晦把厦大视为自己"劫余"而志向"未能灰"的新地。[14]

刘贞晦所学为地理历史,被厦大聘为国文教员,跟他京师大学堂的"国学"出身有关,也跟他素爱文艺有关,同辈友人称他"豪于诗"且"娴于词曲"。[15]他在厦大执教之余,开始撰写《中国文学变迁史略》。刘贞晦受上海"小书店"邀请编著《中国文学变迁史》,应是他在沪与厦大签约期间,由同乡友人所介绍。上海《时事新报》里多有"温州人",社长黄群为刘贞晦"善邻"及私塾时的同窗挚友,该报馆经理张烈也为温州同乡,[16]他们都曾为刘贞晦"越权杀人案"积极奔走,同情及关心刘贞晦"入狱"后的惨苦及经济窘迫。刘贞晦赴上海与厦大签约期间,会晤同乡好友,被介绍而接受编纂《中国文学变迁史》。

刘贞晦在金华狱中开始"间涉新学说"[17],对狱外的新文化运动报以支持。

1919 年 5 月,金华学生为响应五四运动排演时事新剧,他就赋诗三首分赠编剧、演员及观众,勉励青年学子继承“永嘉之学”传统,以文经世致用。他“赠编剧者”写道:“满腔热情满腔血,洒作毫端五色花。浅语最堪发深省,孤怀直欲击狂邪。岂将文字荒游戏,端为安排救国家。何止永嘉传节孝,蔡中郎事记琵琶。”[18]由此可见,刘贞晦以“永嘉之学”融通“新学”,认为文学应以促进民智及社会文化进步为旨归。他在厦大所著《中国文学变迁史略》,就鲜明呈现了这种文学观。

刘贞晦在厦大仅执教一个学期。1922 年年初,他回温州担任浙江省立十中(原温州府中学堂)国文教师。厦大教授国文的短暂经历,以及《中国文学变迁史略》的撰写,改变了刘贞晦的教育生涯,此后,他由地理教员改授国文及文艺。他回乡执教不久又重返政界,以国会众议员身份赴京参政,直至 1927 年春夏间离开。1928 年,他与郑曼青等在上海筹办中国文艺学院,开始在上海各艺术学校讲授诗文,以诗词、绘画、篆刻闻名沪上,出版诗集《贞晦题画绝句》、印集《现代篆刻第九集》,编定《贞晦诗草》《题画绝句集》《离城集》《贞晦诗录》等四部诗集。同时,他还致力于乡邦文献编修,参编了《永嘉县志》《敬乡楼丛书》等,为弘扬永嘉之学做出重要贡献。新中国成立后,他当选为温州市各界人民代表会议协商委员会委员、市政府委员、市文物管理委员会主任等,1960 年 8 月病逝。为纪念这位“笃厚的学者”和“热情的诗人”,[19]家人整理印行《贞晦先生诗集》,《温州文献丛书》整理出版委员会编辑出版《刘景晨集》。

《中国文学变迁史》初版时,编辑把刘贞晦标注为“北京大学教授”,研究者都认为这是书局耍的“花招”,但从该书出版及刘贞晦在厦大执教时间看,不排除刘贞晦另谋他就的可能,其中就存在谋职北大的考虑。刘贞晦早年就读京师大学堂,他的业师陈黻宸 1913 年起就在北大执教。陈黻宸 1917 年病逝后,北大校长蔡元培痛感故乡人物“又弱一个”[20],便聘陈黻宸的弟子马叙伦来北大执教。刘贞晦与马叙伦同为陈黻宸的弟子,两人 1907 年在两广优级师范学堂任教时相识,此后成为挚友。据此推想,刘贞晦拟辞厦大教职之际,也存在托友谋取北大教职的可能,最终不成,1922 年年初回乡任省立第十中学教员。这有待进一步考证。

三、《中国文学变迁史略》的学术价值

《中国文学变迁史略》为刘贞晦厦大教书期间所作,所参考的“底本”为谢无量的《中国大文学史》。谢无量祖籍四川乐至,生于安徽芜湖,早年拜在安徽为宦的浙江学者汤寿潜为师,所编《中国大文学史》由中华书局1918年出版。这部文学史以“博”著称,王文濡称赞它“提纲挈领,举要治繁,品酌事例之条,明白头讫之序,覆名实而树标准,薄补苴而重完全”[21]。刘贞晦选择谢著为“底本”,不仅因为谢著的渊博及“近出”,而且因为两人“学缘”亲近,都深受浙江“乡学”熏染。

《中国文学变迁史略》以“朝代”为纲,分成“唐虞以前的文学”“唐虞夏商文学”“周秦文学”“汉代的文学”“魏晋及南部朝的文学”“隋唐五代的文学”“宋文学”“辽金元的文学”“明文学”“清文学”“民国成立以来的文学”等11章,建构了中国文学由庙堂走向民间、由文士集团走向普通民众、由雅文学走向俗文学的变迁趋势。前十章借鉴《中国大文学史》,把谢著杂乱的“章节”调整为“历朝”文学,删其烦冗的引证、引文而择其内容要旨,将传统“语体”改换成现代形式。在此基础上,他在不少篇章结尾“增加”自己的论断,总结出各朝文学的状况及变迁动因。比如,他在“唐虞以前的文学”中指出:“自从有文字以后,宣教达事,合契致远,该用着散文;往复咏叹,发挥性情,该用着歌曲。后世散文,也是实用文多,歌曲,却统是美文了。这两种是文学的大别,该同时并有,不过是古时简朴一点,到后来渐渐地踵事增华罢了。”[22]他在“汉代的文学”中指出,“汉代去古未远,文学思想,还得自由发挥。虽然当时贵族招致文人,作个宾客,帝室进用文人,作个侍从。在表面上看,是帝王的势力,奔走文人;在精神上说,亦未尝不是文人的丰采,倾动帝王。不过文学越美起来,成了一部分人专修的艺术。普通人民,不能个个去学,因此文学发展的范围越小,社会文化的进步,就受个大障碍了”[23]。这些“结论”呈现了刘贞晦文学观的“新学”倾向,指出文学要走向普通民众,应以启发民智、推动社会文化进步为旨归。

在此意义上,《中国文学变迁史略》十分重视戏曲、小说这些俗文学的社会作用。他在论述戏曲这种娱乐艺术时指出,戏曲能把文学思想输入到社会一

般人心中,宋代以后便逐渐发达起来,这应算是一件可喜事情。他在论及宋代的"语录"与"平话"时也指出,偏重阐发义理的语录和偏重传写世情的章回体平话,都以俗语普及文学,因此"功用特多"。[24]《中国文学变迁史略》前十章,也以戏曲、小说的"发达"状况评判历朝文学的"进步"程度。他指出小说、戏曲都兴自宋代,因此,中国文学变迁在有宋一代是个进步的时期。他指出金代的"北曲"盛行,给戏曲文学带来了一番新气象。他在论述"清文学"时,也率先介绍了晚清的"林译小说"和"新小说",指出同光以后欧美小说输入中国,仅林纾译述的就有一百三十多种,他人翻译及创作的新小说更是不胜枚举。总之,《中国文学变迁史略》以俗文学的发达作为文学"进步"的历史标准,呈现了对"庙堂文学""文士文学"弊端的不满,并对八股文废弃带来的文学"解放"报以期待。他指出,我国自唐宋以还用诗赋策论经义八股文取士,这种制举办法直接缩小了文学发达范围,也束缚了文人的思想自由,清季废除八股文试士制度才带来文学解放,中国文学的丕变从此"真要相始经营了"。[25]他在"民国成立以来的文学"中也指出,中国自秦以后的文学变迁,就现在的眼光来看成绩实在有限,无非是在少数文人的社会中一起一落,而民国以来的文学变迁都是要"扩大范围",以造成全体国民"易知易能"的文学,这不能不说是中国文学变迁史上一种"进步的现象"。[26]

《中国文学变迁史略》最为人称道的,是它较早将民初"文学革命"纳入文学史框架,不仅将"民国成立以来的文学"单列为一章,而且文字篇幅大概占到全文的"十五分之一"。[27]它对"文学革命"的论述及重视,早于胡适 1922 年撰写的《五十年来中国之文学》。刘贞晦对民初文学的认同及看重,也是基于文学启蒙民智、促进社会文化进步的价值立场。他指出,文化要进步就应"通变制宜",现在种种新思想要让一般人民共同了解,若用古文传达不易图功,而用白话文传达则可收到因利乘便的功效,这算是民国文学变迁的"一种动机"。[28]不仅如此,他还从文学"发生学"角度指出"试验期"新文学的诸多不足。他指出,诗歌这种文体源于风谣,无非是拿自然真切的情感发出自然圆润的音吐,但后人依韵谱作诗就有了拘束,近一二年来提倡的新体诗,虽让读惯旧诗的人终于知道,诗歌并非要限定用文言,白话诗也可登大雅之堂,但新体诗尚不够协韵。他指出民国后提倡的"文明新剧",虽也可以"感到人心,辅助教育",但"只注意扮演,没有讲究歌唱",这种戏剧改造的事业"还算偏而不全",如何将旧剧与新剧“参合变化”形成“一种纯美的戏曲”，这就要看“将来的成绩”。[29]至于小说，他也认为虽有“变迁的情状”而无“显著的成绩”。[30]

总之，《中国文学变迁史略》不同于谢无量的《中国大文学史》，也不同于胡适、鲁迅的中国文学“专题史”，应属于较早出现的中国文学“史论”。它以“新文学”的立场及视角，率先建构出中国文学由庙堂走向民间、由文士走向民众、由雅走向俗的发展趋势，不仅较早考察了“文学革命”的发展状况，而且最早将新文学的发生纳入“民国视阈来考察”[31]，在中国文学编纂史上应占有一席之地。

《中国文学变迁史略》撰写已采用现代“语体”形式，这种语体“革新”多被研究者忽视。北京政府教育部1920年1月发布训令，要求自秋季起，小学一、二年国文教科书改用白话文，后又训令小学教科书一律改用语体文。刘贞晦《中国文学变迁史略》改用现代“语体”形式，既是时代所驱，也可能受厦大“首重国文”校风影响。刘贞晦来厦大时，林文庆接任厦大校长不久，林校长特别重视“国文”教育，要求凡属文言、白话、辞章、考据、历史、哲学、伦理及文学之改革，语音之变迁都要深加研究，并用本国文字编撰各种教科书及参考书，以使青年学子将来得以本国文字直接研究高深学问，而不必专仰给于西国书籍。《中国文学变迁史略》采用简洁的现代“语体”形式，也能看出厦大“国文”教育宗旨对作者的潜在规约。《中国文学变迁史略》因语言简明，极适合普通学生阅读，因此出版后便不断再版，流传甚广，至1931年10月已出版“第11版”。[32]据朱宏恢编《中国古典文学辞典》介绍，该书初版后“十年间每年再版一次”，以后“又归其它几家出版社再版多次，流传甚广”。[33]

注释：

①参见谢泳：《北大中文系的文学史传统——从刘景晨的〈中国文学变迁史〉说起》，《博览群书》2004年第6期。

②宋声泉：《民初作为方法——文学革命新论》，天津：南开大学出版社，2015年，第43页。

③闻野鹤（1901—1985），名宥，字子威，号野鹤，上海松江人，1916年进《民国日报》任编辑并加入南社，1920年考入复旦大学读书，1925年主编《中国画报》，1926年入商务印书馆工作并任《新文学丛刊》主编，1929年后，历任

中山大学、青岛大学、燕京大学、山东大学、云南大学等高校教授,1952年任四川大学教授,1955年起,调任中央民族大学教授,直到去世。出版学术著作《古铜鼓图录》《四川汉代画像选集》等。

④沈雁冰:《为〈中国文学变迁史〉合订出版事复周作人》,卢礼阳、李康化编注:《刘景晨集》,上海:上海社会科学院出版社,2006年,第358页。

⑤陈平原:《"文学史"作为一门学科的建立》,《中华读书报》,1996年7月10日。

⑥宋声泉:《民初作为方法——文学革命新论》,天津:南开大学出版社,2015年,第42~43页。

⑦陈青生:《上海"新潮社"及其文学活动》,刘东主编:《中国学术》第26辑,北京:商务印书馆,2010年,第250页。

⑧沈雁冰:《为〈中国文学变迁史〉合订出版事复周作人》,卢礼阳、李康化编注:《刘景晨集》,上海:上海社会科学院出版社,2006年,第358页。

⑨文学研究会为新文学运动者郑振铎、茅盾等发起组织,1921年1月4日在北京成立,以介绍世界文学、整理旧文学、创造新文学为宗旨,先以上海商务印书馆《小说月报》发表社员作品,后在上海《时事新报》创办会刊《文学旬刊》。

⑩《文学研究会启事》,《文学旬刊》第50期,1922年9月21日。

⑪参见陈鸣树主编:《二十世纪中国文学大典(1897—1929)》,上海:上海教育出版社,1994年,第517页。

⑫张棡:《刘冠三出狱赴厦门大学任教》,俞维选编:《张棡日记》,上海:上海社会科学院出版社,2003年,第294页。

⑬刘贞晦:《无题》,卢礼阳、李康化编注:《刘景晨集》,上海:上海社会科学院出版社,2006年,第208页。

⑭刘贞晦:《再次前韵》,卢礼阳、李康化编注:《刘景晨集》,上海:上海社会科学院出版社,2006年,第208页。

⑮卢礼阳、李康化编注:《刘景晨集》,上海:上海社会科学院出版社,2006年,第538页。

⑯参见汪远涵:《温州人在上海〈时事新报〉》,温州市鹿城区文史资料委员会编:《鹿城文史资料》第11辑,1997年,第424~428页。

⑰卢礼阳、李康化编注:《刘景晨集》,上海:上海社会科学院出版社,2006年,第551页。

⑱刘贞晦:《金华学生在府庙排演时事新剧,观者填座,因作七律三首以赠之》,卢礼阳、李康化编注:《刘景晨集》,上海:上海社会科学院出版社,2006年,第184页。

⑲王季思:《读刘贞晦〈大若岩志〉》,卢礼阳、李康化编注:《刘景晨集》,上海:上海社会科学院出版社,2006年,第380页。

⑳蔡元培在《挽陈黻宸》中写道:"数故乡人物渺然,若志三、若仲容、若平子,死别经年,而今又弱一个;得天下英才而教,在杭州、在广州、在北京,师承作记,相期共有千秋。"见李永鑫主编:《绍兴县越城区对联集成(上)》,杭州:西泠印社出版社,2012年,第218页。

㉑王文濡:《序》,谢无量:《中国大文学史》,北京:朝华出版社,2018年,第1页。

㉒刘贞晦:《中国文学变迁史略》,卢礼阳、李康化编注:《刘景晨集》,上海:上海社会科学院出版社,2006年,第5页。

㉓刘贞晦:《中国文学变迁史略》,卢礼阳、李康化编注:《刘景晨集》,上海:上海社会科学院出版社,2006年,第12页。

㉔刘贞晦:《中国文学变迁史略》,卢礼阳、李康化编注:《刘景晨集》,上海:上海社会科学院出版社,2006年,第28页。

㉕刘贞晦:《中国文学变迁史略》,卢礼阳、李康化编注:《刘景晨集》,上海:上海社会科学院出版社,2006年,第39页。

㉖刘贞晦:《中国文学变迁史略》,卢礼阳、李康化编注:《刘景晨集》,上海:上海社会科学院出版社,2006年,第40页。

㉗宋声泉:《民初作为方法——文学革命新论》,天津:南开大学出版社,2015年,第43页。

㉘刘贞晦:《中国文学变迁史略》,卢礼阳、李康化编注:《刘景晨集》,上海:上海社会科学院出版社,2006年,第39页。

㉙刘贞晦:《中国文学变迁史略》,卢礼阳、李康化编注:《刘景晨集》,上海:上海社会科学院出版社,2006年,第41页。

㉚刘贞晦:《中国文学变迁史略》,卢礼阳、李康化编注:《刘景晨集》,上

海:上海社会科学院出版社,2006 年,第 41 页。

㉛宋声泉:《民初作为方法——文学革命新论》,天津:南开大学出版社,2015 年,第 43 页。

㉜陈玉堂:《中国文学史旧版书提要》,上海:上海社会科学院文学所,1985 年,第 18 页。

㉝朱宏恢主编:《中国古典文学辞典》,南昌:江西教育出版社,1997 年,第 638 页。

作者王烨,厦门大学人文学院中文系教授、博士生导师。

孙贵定与《教育学原理》

刘振天

呈现在读者面前的，是已故著名学者、民国时期著名教育学家、厦门大学教育学院孙贵定教授编撰，商务印书馆1923年出版的《教育学原理》一书。

一

孙贵定（1893—1949），祖籍江苏无锡，是我国著名教育学家、翻译家、外国文学专家。1911年，孙贵定以优异的成绩考取民国第一批公费留英学生，1912—1923年在爱丁堡大学学习，先后获得教育学学士、英国文学硕士、哲学博士学位，1923年回国后任教于厦门大学，曾任教育心理学教授、教育学院院长、校长办公室秘书、代理校长等职，长达14年之久。1937年7月从厦门到上海，任教于暨南大学等校。1946年起，任光华大学教授、教育系主任。

孙贵定任教时的厦门大学，恰逢创校初期。1921年，爱国华侨领袖陈嘉庚选址福建厦门开办了私立厦门大学，他抱定实业救国和教育兴国之志向，决心"为吾国放一异彩"。为高起点办好厦门大学，陈校主敦聘林文庆做校长，遍访各地名家、广纳俊杰贤才。1926年，鲁迅、林语堂、顾颉刚、沈兼士、孙伏园等20余位知名学人先后聚萃厦大，很短时间内学术即兴盛繁荣起来，厦门大学国学院成为国内著名机构之一，厦门大学也因此被誉为"南方之强"。作为综合大学，厦门大学一开始即以师范教育起家，最早开办了教育学院，庄泽宣、孙贵定等著名教授先后在学校研究和教学。这些教授中，不少人在欧美接受过系统的师范教育培养训练，特别是在美国哥伦比亚大学师范学院深造，深受实用主义教育家杜威的教育思想影响。孙贵定教授与鲁迅、林语堂有过许多交往。

据记载,孙贵定与鲁迅交往较多,双方印象很深,但关系并不和睦,对治校治学各持己见。近代著名教育家、书法家吴稚晖先生称赞孙贵定“高才博学,足以为人师”。文学评论家夏志清教授听过孙贵定的课后,说他从孙那里得到了精神上的支持。

二

孙贵定教授所撰《教育学原理》成书较早,系民国“现代师范教科书”之一,由商务印书馆于民国十二年即1923年出版,是这一时期论述“教育原理”的代表性论著,对中国现代教育学的学科建构和发展产生了积极影响和促进作用。此书在民国年间曾重印十余次,由此可见一斑。

如果从孔子、老子算起,中国的教育思想已有两千多年历史,可谓源远流长,《论语》《学记》《大学》《劝学》等都是光辉的教育名篇。然而,中国的教育学或者作为学科意义的教育学,其出现还是晚近之事,具体说是19世纪末20世纪初期才逐渐形成。一开始是翻译和介绍英国、德国、法国、美国、日本等国外教育学著作。比如,第一本教育学著作,就是王国维先生1901年翻译的日本文学士立花铣三郎编写的《教育学》。此后,第斯多惠、裴斯泰洛齐、斯宾塞、赫尔巴特、杜威等人的教育著作被逐渐译介过来。1901—1915年,共引进和翻译了245种教育学著作或教材,内容涵盖了当时教育学各分支和领域。随着译介工作的推进,国内学者已不再甘于简单的引进,意识到并努力尝试运用或借鉴西方教育学理论,结合自己的教育实际,建立中国本土的教育学,在中国教育学会支持和共同努力下,于1915—1927年形成一个学科建设高潮。

据统计,这一阶段教育学的引进数和编写数分别为40部和109部。自编数远远超过引进数,说明国人已开始特别重视教育学在中国本土之建设。109部教育学著作或教材,涉及教育学、教学论、学校管理、课程论等近30个具体教育学科,这其中又多集中在教育学和教学论两门学科建设上。在此阶段,出现了本土学者编写的影响较大、甚至第一本教育学著作或教材,如范寿康著的《教育哲学大纲》(中华学艺社1923年版),孟宪承著的《教育社会学讲义》(1923年),余家菊著的《课程论》(《中华教育界》1925年第19卷第9期),黄绍箕、柳诒徵著的《中国教育史》(1925年)。孙贵定教授所编《教育学原理》,可谓同一时期较早编撰、有代表性的本土教育学著作和教材,也是中国学者建立教育学学科体系的一次可贵尝试。

在此首先需要说明的是,孙贵定教授所编写的《教育学原理》,实际上并非今天意义上的"关于教育学的理论",或元教育学理论,即既不是教育学的学术史,也不是有关教育学的逻辑起点与方法论,而是"关于教育的理论",或者关于教育实践的学术,是通常意义上的《教育原理》《教育概论》《教育总论》或《教育基本理论》。从时间和内容上看,它早于余家菊教授所撰著的《教育原理》(中华书局 1925 年版),因此,可以说此书是我国最早的"教育原理"之一。

《教育学原理》一书,共 22 章,总计不足 5 万字,是一本供师范院校使用的小册子。尽管篇幅较短,内容却相当丰富,探讨的问题也较为宽泛,反映了作者开阔的教育视野。包括教育意义、教育目的、教育与社会关系、天然与教育、教育学与心理学关系、教育与本能、注意、记忆、思想(思维,注:此段括号内注释文字均为笔者所加)、统觉(归纳或概括)、想象、概念、知识(认识)的性质、教育中的自由、自顾的感情统系(可控的认知情感系统)、本能的利用、习惯、德育方法、责罚、各种教材的价值比较、职业教育。由于是小册子,作者开门见山地讨论教育问题,没有绪论或前言等说明文字,也未加后记,也就是说作者并未交代和说明本书的结构内容和安排意图,这确实是一件憾事。然而,综观全书,也基本能够体会出作者撰写的逻辑。前三章主要讲述教育意义、教育目的和教育与社会关系,属于教育与外部社会系统之间的宏观联系。作者界定了教育概念,认为教育有广义的和狭义之分,广义的教育,凡指是对人有影响的一切事物、现象或活动;而狭义的教育,则专指学校教育,是广义教育的特殊表现形式。人们不管怎样,只要在生产生活中,在社会中,总是要受到各种因素的影响和启思。人要想成为人,必须经历和接受教育。人是教育的对象,教育使人成其为人,并使人类社会不断延续和发展下去。在这一意义上,作者认为,教育是人类社会性遗传的工具和手段。既然人必须受教育,教育是有目的的社会活动,那么,人类就应该创造良好的条件,实现良好的教育,促进人良好的发展结果,即使人的身体、精神和心灵能够顺应自身的天性得到健全的发展和完善。接着,作者阐述了教育上的各种目的主张,如发展天性说、适应社会说、习得文化说、规范纪律说,作者比较了各种教育目的学说和理论的优点与不足,得出结论认为,各家之说各具道理,应该各取所长、避其所短,综合权衡环境与时代要求,不偏不倚,不走极端。因此,在教育与人的发展问题上,既要考虑个人天性、兴趣和专长所需,又必须考虑社会的共同要求,个人发展离不开社会提供的环境、资源和手段,社会发展的目的又是为个体发展和谋求幸福创造条件,两者不可偏废。国家与社会应该平等地对待其国民,促进每一个儿童和成员都能够按照其自身的天性、能力得到充分自由发展。

自第 5 章内容开始一直到第 18 章,从前面章节讨论教育与社会之关系,过渡到讨论教育与人自身发展,此为教育与人的内部关联。作者用了 14 个章节集中探讨教育与人的心理发展问题,足见心理学在教育学中的地位和作用。实际上,这也是那个时期教育学理论的普遍状况,同样表明那个时期的教育学家们普遍地、有意识地建立教育学的科学化倾向,而这种科学化的目标和理想,就是谋求教育学的心理学化(心理学已经发展了起来,并且不断成熟)。人是教育的对象,教育目的是发展人和完善人,要教育人,促进人的发展和成长,必须遵循人的身心发展规律,必须研究、利用心理学已经发现的规律、原理和方法进行教育。第 5 章讨论了人的天然与教育问题,即遗传、环境与教育之间的关系问题,介绍了遗传决定论、环境决定论和教育万能论等不同主张,并加以分析和评论。作者坚持遗传是基础,环境和教育起重要作用,三者不能割裂,坚持了辩证法的观点。接下来,分章节系统阐述了人的注意、记忆、思维、概括、想象、概念、认识、自由、情感、本能、习惯等心理现象、心理活动发展一般规律及特点,教育工作中应该如何利用人的身心发展规律开展相应的活动等等。

第 19 章阐述了德育的方法。作者认为德育十分重要,人的健全成长、国家的健康发展,都离不开道德及其教化。关于道德教育的方法,向来有两种,一种是人为教育,一种是自然教育。前者主张道德是可以灌输和传授的,应该从小就教育儿童遵守道德律令,告诉他们是非、美丑、善恶观念;后者则强调自然环境对人的道德的影响,环境甚至比道德科目教育更加重要。作者分析了两种观念和主张的各自利弊,强调要相互协调,既要有专门的道德教育,也不能片面夸大道德知识学习的作用,很多情况下,道德知识或认识与人的道德品质并不直接相关,可能道德知识很多,但行为却是反道德的。同时,按照人的道德发展,人既有良知的一面,也有违背良知的一面,教育工作需要顺应道德发展规律与特点，扬善抑恶，因此，表扬和责罚都是可以使用的德育方法。然而，使用责罚时，还要明了儿童的天性，让儿童明白道理，切不可因为责罚而抹杀了儿童的天性。

第21章阐述了各种教材的价值。教材是基本的教育材料或者科目课程，涉及什么知识最有价值的问题，作者论述了科学教育与人文教育、为生活准备与自身发展之间的关系。在作者看来，各种科目、课程和知识对人的发展都有其价值，但重要的是选择最基本的、有教育和发展意义的知识。学校的科目和知识是分立的，但人的生活与实践却是一体的，因此，不宜过分割裂知识的整体性而偏重于一个方面忽视另一方面。应该将有用的无用的、技术的与文化的知识统筹协调，而在根本上，教材要为人类发展服务。

最后一章探讨了职业教育问题。职业教育是学校教育的重要组成部分，不仅有利于发展个人生存能力和本领，而且有利于不断积累财富促进社会进步。作者主张发展职业教育，普通学校及其儿童也要学习职业知识，掌握职业谋生技能，如果没有职业知识技能，就是无业游民，对社会无所助益。作者批评一些教育家看不起职业教育的观念，批评那种只主张学习普通知识、博雅知识，以闲暇教育为高尚活动，而视职业教育为低级卑微的教育思想，认为这是对职业教育的误解。职业教育同样能够促进个人才智、精神、个性的发展。作者也反对单纯的职业训练，把人训练成只会某一技能操作的机器，强调加强基础教育和多种技术及其职业教育，如此，可以适应未来职业变动和社会发展的要求。

《教育学原理》虽然不足5万字，但所讨论问题之广博、内容之深刻、形式之活泼，是值得称道的。需要说明的是，在很小的篇幅中，作者引用、介绍并评价了许多欧美教育家和心理学家的观点或学说，包括卢梭、夸美纽斯、斯宾塞、杜威、高尔顿、弗洛伊德、赫尔巴特、约翰斯通、詹姆士、格罗斯、蒙台梭利、密尔、梅伊曼、裴斯泰洛齐、洛克、福禄贝尔等20余位知名学者均有涉及，并且不止一次和一处介绍。这也充分反映了我国教育学初创时期的特点，大量介绍、翻译、移植、引用甚至模仿外国学界的思想和观点。该书在结构体系上，实际是东西融合之作，但在内容上明显受杜威、赫尔巴特、桑代克和密尔的影响。甚至在某种程度上，还保留着西方教育学的影子，或者说主要转述了西方教育学家和心理学家的观点。如此，中国古代和近代以来教育家的教育思想在书中明显反映不足,也说明中国教育理论与实践深入探索不足。尽管如此,本书不失为建立本土教育学的一次有益尝试。

本书另一特点,是叙事自然灵活,没有教科书那种机械、生硬、刻板和单调,也没有甲乙丙丁、一二三四式的标准表述,也没列出课后参考书和思考练习题。全书自始至终娓娓道来,较少的小标题使得内容一气呵成,显示了作者对西方教育思想的娴熟和高超的语言驾驭能力。对今天教材编写以至教育研究成果表达,不失借鉴价值。

作者刘振天,厦门大学教育研究院党委书记,教育部人文社会科学重点研究基地厦门大学高等教育发展研究中心主任,教授、博士生导师。

王振先与《中国古代法理学》

周东平

一、王振先其人其著

王振先所撰《中国古代法理学》一书，由商务印书馆初版于民国十四年（1925年）七月，正文65页，是“国学小丛书”之一。至民国十八年（1929年）十月，该书纳入王云五主编的“万有文库”（第一集），继续由商务印书馆出版，正文50页。此后，该书在商务印书馆多次再版，有1933年5月国难后的第一版，以及1933年7月、1934年、1939年、1945年、1966年版等。此外，曾宪义主编的《法律文化研究（第四辑）》，曾收入由孙雪峰整理并以简体字新排版的《中国古代法理学》（中国人民大学出版社2008年版，第465~487页；但将“自序”置于目录之后）。近年来，《中国古代法理学》还作为“近代名家散佚学术著作丛刊”之一，由山西人民出版社于2015年影印出版。

该书初版的版权页上署有“著者 闽侯王振先”，作者在该书首之“自序”中亦表明：“予既执鞭厦门大学，暇辄钩稽古人所谓法家言者，笔之于书，久而裒然成帙。”自序的落款为“民国甲子仲冬孝泉王振先识于厦校之囊萤楼”。由此可见，《中国古代法理学》作者王振先的籍贯应是福建闽侯，曾任教于厦门大学，是书亦杀青于该校之囊萤楼。

王振先（1882—1967），字复初，号孝泉，福建闽侯人。[1]他是清光绪己酉科（1909年）优贡，早年曾就读于全闽师范学堂，后被选派东渡日本留学，先入私立明治大学师范科速成班学习，毕业后再入私立早稻田大学专门部政治经济科，获政学士学位。

王振先学成回国，旋即受聘于新成立的福建优级师范学堂（前身为全闽师范学堂）附属小学任教，并充主任一职。他办学认真，成绩亦斐然可观。1909年8月转任福州府中学堂教务长，后被委为福建学务公所视学员。1913年10月，王振先被北洋政府任命为教育部参事。1915年1月曾以“学识醇茂，精研教育，堪以派驻日本悉心考察，随时报告”为由，奉派赴日本考察教育，但同年2月即辞职返闽，受聘为福建协和大学讲师。1916年12月经司法部批准获得律师执业证书。之后，王振先又历充福建省教育会会长、福建省教育厅科长等职。1922年12月，福建省议会召开临时会讨论制定省宪事宜，他被选为九人起草员之一，后又被推举为福建省制宪起草委员会委员长。

1924年春，王振先受聘为厦门大学文科国文教授，主要承担“汉语应用文”“作文与演说”等课程的教学任务。当时厦门大学的法科尚附属于文科，设有政治经济学系，而且文科历史社会学系也开设有部分法学课程，因此王振先同时兼授“法学总论”等课程。根据《厦大周刊》相关记载，1926年秋，厦门大学成立法科，下设法律、政治、经济三学系，而王振先所承担的课程中包括“议会法”“中国宪法”。《厦门大学布告（民国十五年至十六年，1926—1927）》也把王振先列入“他科教员兼任法科课程者”的名单中。

王振先约于1926年底离开厦门大学返回福州，受聘为鹤龄英华书院教师。后在福州执律师业，同时兼任华南女子文理学院教授、私立福建法政专门学校（后改称福建学院）教授等职。1932年10月，王振先担任福建省财政厅秘书，1943年7月当选为福建省临时参议会第二届参议员。抗日战争胜利后，国民政府宣布结束训政，实施宪政，福建省临时参议会即改名为福建省参议会，王振先于1946年4月被委任为福建省参议会秘书长。之后，他再次受聘为华南女子文理学院教授并兼文史系主任。1953年1月，福建省文史研究馆正式成立，王振先于2月被聘为馆员，但因在上海患病，函辞未能就聘。

王振先在厦门大学任教期间，发表著作《中国古代法理学》，以及《福建省宪法之今昔观》《收回领事裁判权问题》[②]等文。此外，他对财政经济问题也颇有研究，所著《中国厘金问题》（商务印书馆1917年版），是国内学者研究厘金问题的第一部专著，受到同时代国外学者的注意；另著有《福建财政史纲》，1935年由福建省县政人员训练所印行，翌年由远东印书局出版。

二、《中国古代法理学》的基本内容和学术价值

(一) 中国近代法理学研究概况

中国古代虽很早就开始使用“法理”一词,但原本没有法理学等学科分类,更无所谓法理学史。作为法学专业术语的法理学传入中国已有一百多年的历史,是近代西方科学发展的产物。中国古代法理学也是缘于近代西方法律体系及法学教育体系的引入,并不断为近代的中国思想界尤其法政学界所认知和界说,是中国学者将中国古代的法思想、法理论以西方法理学的体系框架重新梳理构建的产物。当时的论述虽然引用大量中国古代典籍,但其历史分期和知识分类却是西式的。这种将中国材料纳入西方知识架构的做法,成为此后中国古代法理学著作撰写的主要特点,从中透露出近代西学东渐,中国固有知识传统所经历的一场深刻改变。

按照何勤华的研究,从清末至 1949 年,中国共出版了法理学方面 (包括法理学、法律学、法学通论、法学概论、法的起源与本质等各个分支) 的著作 424 种 (含译著),其中正式冠以“法理学”名称的有 20 种 (见表 1),而穗积重远的三本书实质相同,实为一本,故只有 18 种。[③]

表 1　中国近代正式冠以“法理学”名称之著作 (20 种)

书名	著者	译者	出版社	出版时间
法理学讲义	丘汉平		东吴大学法学院	不详
法理学史概要	王传璧		上海法学书社	1920 年
社会法理学论略	滂恩德	陆鼎揆	上海商务印书馆	1920 年
中国古代法理学	王振先		上海商务印书馆	1925 年
法理学大纲	穗积重远	李鹤鸣	上海商务印书馆	1928 年
法理学史概论	王传璧		上海法学书社	1929 年
法理学大纲	穗积重远	欧阳溪	上海法学编译社	1930 年
法理学大纲	穗积重远	李鹤鸣	上海法学编译社	1931 年
法理学讲义	赵琛		上海法政学院	1931 年

续表

书名	著者	译者	出版社	出版时间
比较法理学发凡	巴得生	胡庆育	上海太平洋书局	1932 年
法理学	程绪颐		不详	不详
法理学	王宠惠		中央政治学校讲义	不详
法理学	河南大学		河南大学印（石印本）	不详
法理学	黄俊		北京朝阳学院	1934 年
法理学讲义	徐维震			不详
法理学讲义	沈详龙		中山大学出版社	1936 年
支那之法理学	程光铭		长春胡魁章书店	1937 年
法理学、航空学	章渊若			不详
中国法理学（上）	焦祖涵			不详
法理学新论	吴裕后		南京国立政治大学	1947 年

王振先的《中国古代法理学》是比较早出版的一本。学者的观察还表明，“中国法理学史”在近代崛起的具体过程大约是清末由刘师培（1884—1919）开启其端绪，同时由梁启超（1873—1929）刊布扛鼎之作，发凡起例，初创规矩法度，并奠定宏基。至民国时代，又有胡适（1891—1962）、王振先等继往开来，踵事增华，使“中国法理学史”略具规模。近代的中国古代法理学史之典型文本有三，[④]即梁启超的奠基之作《中国法理学发达史论》（收入《饮冰室合集》文集第五册，中华书局 1936 年版；原始出处暂未详），[⑤]胡适偏重哲学色彩的《中国哲学史大纲（卷上）》（商务印书馆 1919 年版）“法的哲学”部分，[⑥]以及稍后出版的更具专业性的王振先之《中国古代法理学》。王氏该书意在积极应对西学冲击，找寻法理思想之根源、成就法理思想之自我，以充盈我国法学理论体系；更在振奋学人文化信心，鉴往察来，以为法治构建的社会心理与学术理论之铺垫。此外，吴经熊的论文集《法律哲学研究》（上海法学编译社 1933 年版）中，也有相当篇幅是研究中国古代的法理学。

（二）本书的主要内容

一个学科的专业学术思想史，必须遵循该学科的问题框架、核心概念和学术体系的基本限定。王氏著述的专业性,表现在开篇"绪言"即提出核心概念"法理学者何?研究法律精神之所在,绎其原理,稽其学说,成为有系统、有思想之一科学问也。……法理学之本义,固在推求法律之原理"[7]。他对"法理学"进行专门定义,并以此去界定"中国古代法理学"的内涵和范围,不至于失去理据法度。[8]多数学者也认为中国古代虽无法理学之名,但有"法理"和法理学之实。[9]探究中国古代法理学,必然多从"轴心时代"先秦诸子思想中与法相关者入手整理头绪。当然,先秦诸子思想中的法思想未必皆可以归结于"法理";即便属于,也并不意味着能纳入具有系统性的"法理学"的范畴。职此之故,其研究尽管已经比梁启超、胡适更严格地限定于中国古代诸子的法律原理学说,但仍难免间或涉于牵强,易失精确性。这也是早期此类著作常见的问题。

"法理学"之核心问题在于探讨法律精神与原理,自难免对"法"字含义的追溯。故第二章述"法在我国文字学上之意义",言及法字最初实含有模范、均平、正直之意义,可见"吾国最初法字之概念,固为均平正直,能立最高之模范标准以制节事物者也"。[10]

"法"义既明,次述"法在我国思想史上之地位"。先秦诸子百家中以道、儒、墨、法四家最具代表性。然王氏认为道、儒、墨三家与"法"的概念相去甚远,"顾三家思想,较之法家有其根本不同者焉:道家尚清静无为,故重自然法,而不尚人为法;儒家主实践伦理,意在感化,故重德治,而不尚法治;墨家顺天之志,以行兼爱,故重法天而非贵法"[11]。故于第三章分述道、儒、墨三家之法律观:道家之法律观为法律虚无主义,主张放任无为,知足寡欲,视一切人为法(法令)之违于本性,为罪恶之渊源,唯有顺应自然者方为至善之道;儒家"以德治为人生之极则,而法则出于不得已,而效力甚微者也"[12],社会恃以为制裁者"在礼不在法""贵人而贱法",主张有治人而无治法;墨家主张敬天兼爱主义,奉行贵义尚贤法天,"墨家之天,为有意志,可以赏善罚恶",不同于"道家之天,为自然而无目的"。[13]儒、墨的异曲同工之处在于将天下之治系于上位者一人之身,然纵是至贤之人,也不能大公无私。"道、儒、墨三家之学说,既不足以救滔滔日下之人心,其时社会之制裁力全失,而有赖于国家之强制力者正多"[14]。且法家之论,又能精准针砭三家法思想之弊,故王氏对法家法律观推崇备至,专辟第四章"法家对于法之观念及其诠释"详论之。

法家思想立于性恶论和历史进化论两大基础之上。人性本恶,除却赏罚无以规范社会秩序，而赏罚依据便是法律；社会变化不停，法律当因民情、随时变、遵事理、量可能、务明易，而后国家治理能不慕古、不留今，社会秩序井然。且不臧否性恶论之优劣，仅观其强调历史进化论一面，在当时的时代背景下便远胜于道、儒、墨三家。儒家推重西周，墨家钦慕唐禹，道家醉心初民古风，唯有法家直面现实，立意破旧立新。近代中国，正值欧风美雨以碎石之力席卷而来。若摒弃历史进化主义之精神，而采用三家法古贬今的历史倒退主义观念，何异于自掘坟墓？此盖为王氏崇尚法家法思想的主要原因之一。

世人论法家思想，首推集其大成者韩非之理论，有法治、势治、术治之分。术治有“循名责实”的阳术与“潜御臣下”的阴术之别。[15]第四章详论法家法之“起源于社会需要”“宜公布”“宜平等”“宜综核名实”“以客观为标准”“可无为而治”“有最高效率”“宜随时进化”“法治非术治”“法治非势治”等十大法思想学说。其中第九、第十说反对术治、势治，第四说即为“循名责实”之阳术。由此观之，“中国古代法理学”非但多出自法家思想，且主体为法家之法治与“循名责实”之术治。为行文之便，下文仍以“法治”称之。

（三）本书的若干不足

王振先能综括汇总法家法理之十大学说，其观察力、体系性自属不凡。然今日视之，处于当时环境下，“致用”为先，“把法理研究当成启蒙宣传”，其某些误解也同属于“中国近代法理学对西方法学总体误解的体现”，[16]故书中亦有若干值得商榷之处。

其一为“误解”。泰西法理精神我中华古已有之，乃当时学界通病。正如沈家本指出的那样，当时在任何领域，国人的习惯办法是“试举泰西之制而证之于古”，力证“西法之中固有与（中国）古法相同者”。[17]本书亦未能免俗。王氏虽力证我国古代有与西方法律价值取向相契合者，但法律观念即便在形式上相似，实质内容也因孕育中西方法律观念之经济基础与社会环境等土壤不同而有根本差异。譬如“法宜平等说”，“谓在法律前，无有尊卑贵贱之差，宜一律平等待遇也”[18]。并证诸《商君书·刑赏篇》：“所谓壹刑者，刑无等级，自卿相将军以至大夫庶人，有不从王令、犯国禁、乱上制者，罪死不赦。”又美言“商君刑无等级之言尤征平等真相，破除阶级之见”。[19]虽力证刑无等级，法宜执一，实则未必。当时社会既有卿相将军、大夫庶人之分，实为一阶级社会，所用法律自有阶级性。欲以阶级性法律而行刑无等级之举，似有以子之矛攻子之盾之嫌。何况商君曾以劓公子虔、黥公孙贾而代太子受过，亦揭穿其所谓法宜平等、刑无等级之面纱。

其二，王振先对法家思想的理解与今人相较亦存在不小差距，难免有“武断”嫌疑。这在当时不足为怪。比如梁启超也“常常用现代西式的新语新词及其所蕴涵的思想观念，命名和解读先秦诸子的法理思想”[20]。如其“法治非势治说”中提及，“韩非子谓势为出于自然，非人之所得设，谓法为人之所得设，辨析尤为谨严。可知势治者乃专制行为，法治者乃立宪行为，二者正不容以相混”[21]。但今人辨析韩非之势有自然之势与人设之势的区别，未与法治相结合者为自然之势，与法治相结合者为人设之势。[22]“抱法处势则治，背法去势则乱。今废势背法而待尧、舜，尧、舜至乃治，是千世乱而一治也；抱法处势而待桀、纣，桀、纣至乃乱，是千世治而一乱也[23]”。可知韩非更推崇抱法而处于人设之势的治国方策。如此，则王氏对“势治”的理解非但有异于今人，即便与韩非子的本义亦似有偏差。另外，尽管“法治非势治说”的论述表明王氏力图辨析法治与势治的概念，从中透露一种希望让其理想化、理念化的法治与君主政治划清界限的用心。然而，学界一般认同慎到是势治论者，在君主角色、形象、智识、权力的描述上，在法家人物中是最克制的，所谓重势而虚君。但王氏对此似乎有所遗漏。

又如作者好美化商鞅，认为其所谓古代真法治者是排斥专制的。其实这些论调也代表那一时代某种新法家思潮。不少“扬法非儒”的表述，与传统以至今日的主流认识，尤其儒家阵营的认识相去甚远，作者往往径抛出一己感受与结论，而缺乏必要的论理说明。

其三，因赞赏法家而过誉古代政治家的法治精神。如第五章“附论古来崇法治者之功效及斯学不昌之原因”中，分述管仲、子产、商鞅、诸葛亮、王猛、王安石、张居正诸政治家善法治之举动，赞美此数子法治之效果为“身当危局，排众议，出明断，持之以刚健之精神，纳民于公正之轨物，卒能易弱为强，易贫为富，措一国于泰山之安，果操何道以致此乎？曰惟真知法治故”[24]。然其人用法治之功效果如王氏所言乎？如王安石变法，所行青苗法、免役钱、市易法、均输法、方田法等新法，多沦为纸上谈兵，无法落实。以青苗法为例，大概是官府于栽种禾苗之季贷款给农民，秋收还款之际增收百分二十的利息。本意为减轻农民经济负担，而实际施行时，“县令只将款项整数交给农民而责成他们集体负责，按时连本带利地归还，丝毫没有顾虑到村民的意愿和他们各人之间的关系与责任”[25]，反致南辕北辙。再以张居正为例，他专门将历史上有关治乱兴衰的典型事例共一百多件绘成图册，加上通俗的文字说明，作为万历皇帝朱翊钧的镜鉴。在用历史教训告诫别人时可谓极尽苦心、言之谆谆。而自己却骄矜专权，死后家中被抄没的赃物有“黄金万两，白金十余万两”；他最主要的行贿对象、太监头子冯保更有赃物“金银百余万”。其即使治于一时，也为后乱之源。

（四）本书的学术价值

总之，本书不是单纯去植入外域“他者”的法理学，而是我国早期开创性的“法理学”作品。作者以其理论抱负与理解方式，突出“法理”，反映了一种刚接触西方法理并以之叙述中国传统思想的模式，时代烙印俱在。全书高屋建瓴、综括统合、简明扼要的叙述风格，值得赞许。其定义法理学概念，梳理中国古代法理的起源，道、儒、墨诸家对法的态度，尤其评价儒家的方式，自觉运用西方分析法学阐论法律与道德关系，这与传统士人理解儒家德礼法刑问题颇有所异，恰是书名冠以“法理”的一个写照。作者用心提炼法家的几个法思想要点，虽然间或有误解和武断之嫌，但在当时尚属凝练。附论所列举的法家人物行迹尽管浮光掠影，也透露其观念中的“法”更类似于一种务实功利、有法必依、不徇私情、赏罚分明的富国强兵的管理风格，而不是对正义、秩序的深刻追求。从而引发我们进一步思考作者究竟如何理解法治（是实质法治论还是形式法治论，抑或尚未清晰界定这个问题）的兴趣。

之所以如此，料想作者不是不知疏漏之处，而是故意为之，盖欲取为己用耳。所用为何？为托古改制、救亡图存，为破旧立新，古代法理学亦与时变，发展出新法理学，使法理学之老树再发新枝。

所谓托古改制、救亡图存者，指借古喻今，融入中国近代社会救亡图存的主旋律。此书写于风雨飘摇的民国初年，学习泰西思想技术已是必然之势。然而，“吾国春秋、战国间，诸子争鸣，法家……诠释法理，昌言法治，固无以让于欧西诸贤也。……法家之标明新理，自立壁垒，深有合于近世法学者所立之定义……冀吾国人早克自省。去口耳四寸之学，含宏广大，俾法理日新月异，有以促法治之实施，庶欧西诸贤不得专美于前也”[26]。泰西所有者，吾国早已有之，甚或更佳。然“顾一则愈演而愈新，一则骤盛而莫继”[27]！斯学之所以不昌者，乃专制之过。古来崇法治诸贤立不世之功于前，今日我辈自应起而效之，钻研古代法理学之中心思想，秉法家历史进化之精神，破故步自封、因循守旧之学术陋习，纳泰西法学之精华为我所用。

托古改制的本意最终落在破旧立新。为何“破旧”？因“旧”者即专制是导致法理学不昌者，“原因有二：一厄于专制之治体，二厄于专制之学术”[28]。专制政体孕育专制学术，王氏该见解颇中肯綮。值此数百年未有之大变局，专制体制之旧已破，学术之“立新”正当其时。王氏“立新”倡议，蕴于其推崇的黄梨洲之言，“论者谓有治人无治法，吾以谓有治法而后有治人……其人是也，则可以无不行之意；其人非也，亦不至深刻罗网文害天下，故曰有治法而后有治人”[29]。其意在以法律譬之北辰，居其所而众星拱之。此法律者，非专制体制之法律，乃共和体制之法律；其作用由辨明是非转为厘定权利，亦即改变将一切问题化为道德问题、以道德手段解决一切问题的做法，代之以厘清法律问题、道德问题的界限，各以相应手段化解之举措，使人遵法意，而非法随人愿。一言以蔽之，法治也。此法治之根基，不是可以“法治”概称法家法观念之法理学，当是不慕古、随时易之新法理学。

（五）本书行文个别讹误的订正

最后需要说明的是，限于当年排版条件，本书文字上还偶有瑕疵。如第2页“《唐律疏义》”（“义”，无误，但现在通常用“议”）；第3页“魏文侯师李悝选次诸国法造《法经》六篇”（“选次”，《晋书·刑法志》作“撰次”，当是）；第31页“圣人取类正名……爰待谨而不敝”（今本《汉书·刑法志》“取类”下有“以”字；“谨”，《汉志》作“敬”；“敝”，《汉志》作“败”）。还有一些标点符号也存在讹误。

注释：

①参见福建省文史馆网页“馆员传略”之王振先传略，http://www.fjwsg.com/mechanism/biography/successive/102.html。

关于王振先的生平，侯利标编选《法潮初涌——厦门大学早期法学论文选（1926—1953）》已有简单介绍（厦门大学出版社2011年版，第67页），可以参考。

许嘉璐总主编的国家出版基金项目“近代名家散佚学术著作丛刊”共120册，在“政治与法律”类中收入王振先的《中国古代法理学》。该书不仅对影印的所据版本不作任何说明（正文影印50页，应是商务印书馆1929年版），而且继“总序”“前言”之后的“作者简介”，仅有“王振先，生平不详”寥寥七个字而已。惜墨如金至此，或是疏懒至此，实属不该。

更有甚者，坊间竟然出现作者介绍张冠李戴的现象。如“《中国古代法理学》”的词条[刘凌、吴士余主编:《中国学术名著大词典（近现代卷）·法学》，汉语大词典出版社2001年版，第213页]，介绍作者（实乃另一晚生二十多年的同名者）生平事迹如次：

王振先（1905—1975），江苏武进人。早年从名儒姚安夫受业，后入上海中国公学学习政法。自1928年始，先后出任西安乡行政局局长、江苏省党部宣传科科长、《苏报》总编及社长等职。1936年被选为制宪国民大会代表。抗日战争胜利后，任国民党江苏省党部委员兼组训处处长。1947年为行宪国民大会代表。中华人民共和国成立前夕去台湾，先后出任“国民大会”党部及“中央信托局”理事会秘书。1973年退职。

“福建闽侯人”的王振先，其祖籍竟被词条撰写者篡改为“江苏武进人”，且年甫弱冠即完成《中国古代法理学》的著述。这种关公战秦琼式的学术乌龙，贻误后学。

②两文分别载于《厦门大学季刊》第1卷第1号，1926年4月；第1卷第3号，1927年1月。

③表1转引自何勤华《中国近代法理学的诞生与成长》，《中国法学》2005年第3期。按：原表误统计为17种，另有个别文字的讹误，故略有修订。

④程燎原进而认为：“梁启超在思想上的博大精深，胡适在哲学上的追根究底，王振先在法学上的谨严缜密，都堪称‘中国法理学史’研究的‘典范’，足为后人取法。”见氏著《“中国法理学”的“发现”》，《法制与社会发展》2009年第3期。

⑤范忠信也认为：“梁先生大概是近代中国最早撰写以‘法理学’为题的专著的人。写于1904年的《中国法理学发达史论》，可以说是近代最早的法理学著作。……梁先生对中国近代法理学两大关注焦点：法治主义、自然法问题，均有独到的见解和贡献。”见氏著《梁启超与中国近代法理学的主题和特征》，《法学评论》2001年第4期。而何勤华则认为：“梁启超这篇论著不是一本系统的法理学著作，它仅仅涉及近代法理学的若干方面，并且重点探讨的是中国古代法治主义的兴盛与衰败以及各家学派在此问题上的态度与责任。但它比较早地向国人宣传了许多近代法理学的观念，如法理学、法系、自然法、法治主义等，并且用西方的法律思想来说明中国古代缘何法治主义没有能够正常地成长而遭受挫败等。这些论述，对中国近代法理学的诞生与成长都是有重大

价值的。"见氏著《中国近代法理学的诞生与成长》,《中国法学》2005年第3期。

⑥胡适认为:"中国古代的法理学乃是儒墨道三家哲学的结果。""胡适论说中国古代法理学的基本观念,总是尝试去探明其背后的道家、儒家、墨家的哲学思想、政治学说和名学原理,而不是就'法'论'法'"。参见程燎原:《"中国法理学"的"发现"》,《法制与社会发展》2009年第3期。

⑦王振先:《中国古代法理学》,上海:商务印书馆,1925年,第1页。

⑧程燎原:《"中国法理学"的"发现"》,《法制与社会发展》2009年第3期。

⑨何勤华:《中国近代法理学的诞生与成长》,《中国法学》2005年第3期;程燎原:《中国近代"法理学"、"法律哲学"名词考述》,《现代法学》2008年第2期;王振先:《中国古代法理学·自序》,上海:商务印书馆,1925年。

⑩王振先:《中国古代法理学》,上海:商务印书馆,1925年,第11页。

⑪王振先:《中国古代法理学》,上海:商务印书馆,1925年,第15页。

⑫王振先:《中国古代法理学》,上海:商务印书馆,1925年,第18页。

⑬王振先:《中国古代法理学》,上海:商务印书馆,1925年,第24页。

⑭王振先:《中国古代法理学》,上海:商务印书馆,1925年,第27页。

⑮参见萧公权:《中国政治思想史》,北京:商务印书局,2017年,第245页。

⑯范忠信:《梁启超与中国近代法理学的主题和特征》,《法学评论》2001年第4期。

⑰沈家本:《寄簃文存》卷6,《监狱访问录序》,第2238页;《裁判访问录序》,第2235页,北京:中华书局,1985年。

⑱王振先:《中国古代法理学》,上海:商务印书馆,1925年,第33页。

⑲王振先:《中国古代法理学》,上海:商务印书馆,1925年,第34~35页。

⑳程燎原:《"中国法理学"的"发现"》,《法制与社会发展》2009年第3期。

㉑王振先:《中国古代法理学》,上海:商务印书馆,1925年,第48页。

㉒参见武树臣、李力:《法家思想与法家精神》,北京:中国广播电视出版社,1998年,第71页。

㉓陈秉才译注:《韩非子·难势》,北京:中华书局,2007年,第233页。

㉔王振先:《中国古代法理学》,上海:商务印书馆,1925年,第50页。

㉕黄仁宇:《中国大历史》,北京:生活·读书·新知三联书店2007年,第177~178页。

㉖王振先:《中国古代法理学》,上海:商务印书馆,1925年,“自序”第1~2页。

㉗王振先:《中国古代法理学》,上海:商务印书馆,1925年,“自序”第1页。

㉘王振先:《中国古代法理学》,上海:商务印书馆,1925年,第62页。

㉙王振先:《中国古代法理学》,上海:商务印书馆,1925年,第64~65页。

作者周东平,厦门大学法学院教授、博士生导师。

陈衍与《石遗室诗话》

洪峻峰

陈衍是中国近现代著名诗人、诗论家和国学家,也是厦门大学建校初期最有声望的学者和厦大历史上最具代表性的旧派文人。《石遗室诗话》是陈衍的重要代表著。陈衍在厦门大学任教时将原刊载于报刊上的旧稿加以整理、增订,并交付商务印书馆刊行。刊本新增四卷,其中亦多记录其在厦大及厦门的诗词活动,评介厦大和厦门本地的诗人诗作。现收入“厦门大学百年学术论著选刊”系列,以商务印书馆1929年5月初版三十二卷本线装四册影印再版。

一、陈衍的生平与学术

陈衍(1856—1937),字叔伊,号石遗,福建侯官(今福州)人。1882年(清光绪八年)应乡试中举,同榜中有郑孝胥、林纾。癸未丙戌间(1883—1886年)与郑孝胥论诗,关注“同光以来诗人不默守盛唐者”,共同提出“同光体”之名。1886年9月赴台湾,入巡抚刘铭传幕府,不久赴湘任府试总襄校,后往上海,入江南制造局幕,1897年又任同乡陈季同等在沪创办之《求是》杂志主笔。1898年春,陈衍往武昌,应湖广总督张之洞之聘入其幕府,为其办理新政笔墨,就任《官报》局总编纂,兼两湖书院教习。戊戌政变后,张氏停办官报而改办《湖北商务报》(旬刊),陈衍仍任总纂,兼两湖总师范学堂教授。陈衍于张之洞幕府期间,与同在武昌的沈曾植、郑孝胥等名流诗家论诗谈艺,他的诗学理论体系逐步形成,其基本的诗学观念,如“同光体”概念、诗不分唐宋的观念、“三元”说、学人之诗,都在这一时期的诗文中有了明晰的表述。

1907年3月,陈衍从清廷学部之调入京,后任学部总务司审定科主事。同月即兼任京师大学堂译学馆经学教习,京师大学堂开办分科后改聘为文科史学教授。辛亥鼎革后学部事毕,即辞教职归里。1912 年 5 月,京师大学堂改名为北京大学校,校长严复以"以分科学生未毕业"请其续主经史学讲席。陈衍遂于 9 月返京就任北京大学校经文科教授,次年 4 月首届分科（本科）学生毕业考后,即谢续聘回闽。同年秋又多次接北京大学来电邀任文科讲席,乃于 1913 年 11 月再次赴京就任北大文科教授,直至 1916 年年初大学分科学生二次毕业。

在京师大学堂及后来的北京大学的任职,是陈衍学术履历中最重要的环节。京师大学堂是当时国家最高学府,陈衍在十年间三度北上就任教职,其中包含了校方的多次挽留和邀请。尤其是 1913 年,北大以"学问卑下"而解聘其同乡好友、著名古文家林纾,却又先后四次致电恳请其返聘,这表明校方对其学术水平的充分肯定,从中也可以看出陈衍已拥有很高的学术地位。

在京十余年,陈衍在传统诗坛的地位也进一步提升。他入京后曾组织庚戌诗社和辛亥诗社,京城名流及诗坛后起之秀相率加入、聚会作诗,文酒之会愈盛,在萧寂了十余年的都下诗坛轰动一时;其寓庐宣南之小秀野草堂,则成为都下雅集和为年轻诗人说诗的重要场所。与此同时,他应梁启超之约撰写《石遗室诗话》,从 1912 年 12 月起在梁氏主办的《庸言》杂志连载,接着又撰续编在《东方杂志》连载。他把雅集酬唱之作和品评之语及他的寓斋说诗,载入诗话,展示了他的评诗、说诗的宗师身份;又在诗话中把之前"同光体"诗人私下谈论的诗学观念明白地表达出来,并通过报刊媒介正式提出"同光体"概念,建构"同光体"诗派的诗论体系,成为其理论代表。

陈衍于 1916 年 4 月返回福州,先后应福建省长许世英、督军兼省长李厚基之请,主修《福建通志》。《福建通志》卷帙浩繁,陈衍带领修志总局同人,历时五年撰成初稿。

1923 年 9 月,陈衍应厦门大学林文庆校长之聘,出任厦大国文系主任、国文正教授,至 1926 年 5 月辞职。1931 年 9 月,陈衍应聘主无锡国学专修学校讲席,并在苏州购屋卜居。次年,与章太炎等在苏州筹组国学会,主编国学会会刊《国学论衡》。在此期间,陈衍完成并刊行了多种学术著作,包括《石遗室诗话续编》六卷。1937 年 7 月暑假病逝于福州。

陈衍学识渊博,研究领域广泛。诚如钱基博所称:"学则博闻强记,自经史子集以逮小学、金石目录,山经地志,靡所不赅贯,随叩斯应。"①他著述繁富,主要有《石遗室诗话》及"续编"合三十八卷、《金、辽、元诗纪事》合五十二卷、

《近代诗钞》二十四册,以及《宋诗精华录》《说文解字辨证》《周礼疑义辨证》《礼记疑义辨证》《尚书举要》《通鉴纪事本末书后》等,主修《福建通志》,并有《石遗室诗集》《石遗室文集》等诗文集刊行。

二、陈衍在厦门大学的教学、著述及传薪

陈衍于1923年9月出任厦门大学国文系主任、国文正教授。他年纪已大,便请学校聘其世侄龚乾义(惕庵)为国文讲师,做他的助手;后又举荐门人、本校教育系学生叶俊生(长青)为文字学教员,协助他教学。陈衍在厦大主要讲授经史和文学。他学识渊博,授课效果极佳,深受学生的敬佩和欢迎,是厦大早期名望最高的学者。在授课之余,陈衍常与厦大的同事、学生以及厦门当地诗人登山玩水、赋诗和韵。《石遗室诗话》第二十九卷,便记录了当时的部分游迹和佳什。

据《侯官陈石遗先生年谱》,林文庆校长通过其岳父、时任福建省长公署高等顾问黄乃裳向陈衍发出邀聘。黄乃裳在致陈衍的信中称:"公办学数十年,不能不为乡邦服务。且厦地亦世外桃源,既避兵在沪,不如来厦。"[②]其时陈衍因避兵乱,于1922年秋离闽往沪,泊居上海已逾一年,且所编《近代诗钞》也已完成。于是,陈衍在离开北大教坛乡居七年多之后,再次应聘大学讲席,于9月初来到厦门大学。

陈衍在厦大的职务是国文系主任、国文正教授。厦门大学1921年开办之初,只设师范和商学两部,师范部分文、理两科;同年秋,改师范部为教育学部,并增设文学部和理学部。1923年4月改学部为科。至此,学校共开设文科、理科、教育科和商科四个大学科。而文科又分为语言文学门、社会科学门和哲理数学门三门,其中语言文学门设国文系、英文系、语言系等系。[③]1924年6月,学校根据实际情况再次对学科进行改组,只设置文、理两科,将原教育科、商科、新闻科并归文科,工科并归理科,改称学系。改组后,本科文科共设国文系、外国语言文学系、历史社会学系、哲学系、政治学系、教育学系、商学系,陈衍仍任国文系主任。[④]按当时教育部1916年9月颁布的《修正大学令》规定,大学教师职务等级设正教授、教授、助教授和讲师四级;而根据学校公布的教师职务,厦门大学当时的教师职务设置大约可分为:正教授、教授、副教授、讲师、教习、助教,以及未定级的"教员"。所谓"正教授",大概相当于现在某些

高校设置的“首席教授”。

陈衍在厦门大学任职近三个学年，业绩卓著，主要体现在如下三个方面。

（一）国文系的科目建构和课程建设

厦门大学初创之时，国文教师甚少，课程设置也不完备。陈衍来校担任国文系主任后，始建立起一个比较完备的国文系课程体系，开设比较完整的国文学科课程。这可以说是他在厦大的一项重要功绩。

据《厦门大学布告》第二卷第一册（1922—1924）所载《本科学程纲要》，国文系开设的必修课为11门：选读及作文（周秦至唐宋之论议文、叙事文及作文，二学年）；中国文字学概论（第一学期）；中国文字学形义（第二学期）；文学史概要（第一学期）；文章通论（第二学期）；史传文（全年）；近体诗选（全年）；诗学史（第一学期）；群经通论（第二学期）；诸子文（全年）；古诗选习（全年）。而据《厦门大学布告》第五卷第四册（1926—1927）所载《文科学程纲要》，国文系开设的必修课已增至17门：散体文（四学年）；古近诗选读（四学年）；文字学形义篇（一学年）；文学史（一学年）；诗学源流（一学期）；文字学音韵篇（一学期）；诸子哲学（周秦至宋元明清，一学年）；中国地理学（一学年）；群经通论（二学年）；史学（课本用《通鉴纪事本末》编讲义，二学年）；小说学（一学年）；词曲（一学期）；应用文（一学年）；骈体文（一学年）；目录学（一学年）；版本学（一学年）；金石学（一学年）。

从上述两份学程纲要可以看出，陈衍离开厦大时的国文系课程设置，与他来校时相比已有很大改进。开设的必修课程由11门增至17门，课程体系也较为完备。一方面是课程设置细化了。比如原来的“选读及作文”课，课程名称不具备科目意义，后来细分为“散体文”“骈体文”“应用文”三门课，又增加“小说学”课等，课程都是文体学科目。另一方面是科目扩展了，内容更为广泛。主要是新增加了一些相关学科课程，如“目录学”“版本学”“金石学”课程，又在保留经学课程“群经通论”外，增设“诸子哲学”“史学”“中国地理学”等其他部类的科目。

这个扩充了的国文系课程体系，与现在的中文系课程有很大的不同，既没有原理的课程也没有外国语言文学的课程；其内容超出了语言文学的范围，包含经、史、子、集以及治学方法等传统学术的各个方面。可以说，超越了“中文”的界域而趋向于“国学”。

陈衍离校不久，厦门大学于1926年秋季成立国学研究院，聘任了沈兼士、鲁迅、林语堂、顾颉刚等一批原北大名师，北京大学研究所国学门主任沈兼士出任国文系主任兼国学院主任，厦大文科国文系名师荟萃，极一时之盛。1926年9月，沈兼士等人制定了新的《国文系学程纲要》，重新提出1926年秋至1927年度的课程设置。新纲要设置的课程共22门，实际开设15门，由12位教师分担讲授：沈兼士、周树人、顾颉刚、张星烺、罗常培、陈万里、容肇祖、毛常、王振先、郝立权、汪煌辉和陈乃乾（未到任），其中六位教授、两位副教授，阵容壮观。这一课程体系分为"语言文字"、"文学"和"其他国故及治国学之方法"三大类，体现了当时的学术前沿，其显著特色是包含了超出语言文学范围的国学内容和治学方法，以至要把国文系改称国学系。[5]比较后两份学程纲要可知，国学院时期的课程体系，其实与陈衍的课程体系一脉相承，超出语言文学范围的国学内容和治学方法的六门课（两门未开），也为陈衍的课程体系原有。

陈衍在国文系不但建立比较完备的课程体系，而且主讲主要科目，提供大部分课程的教本。当时，国文系教师仅数人：陈衍（国文正教授）、毛常（国文教授）、王振先（国文教授）、龚乾义（国文讲师）、朱谦之（国文讲师）、叶俊生（国文助教）。[6]这些课程的开设和讲义，相当一部分来自陈衍。如重要科目"散文体"课程，四学年安排如下：第一学期讲《左传》《资治通鉴》记战事者，第二学期讲《史汉研究法》，第三学期至第八学期讲周秦至清代各散体文。《文科学程纲要》明确写道："以上皆有石遗室稿本，如教员自编审定合用则用之。"第二学期讲义《史汉研究法》（"史汉"即《史记》《汉书》），已于1926年3月刊于《国学专刊》第一期（第四期续刊）。当时陈衍主讲诗、古文、词方面的科目，文字学课则由助手叶俊生（长卿）代讲，讲义也是陈衍旧稿。他为叶氏著《文字学名词诠释》所作序云："时余方以诗古文词主教厦门大学，文字学厥维佐课。而老来肺力，艰于讲贯。则以旧刊《说文举例》《说文采证》二书，使长卿排比代讲之。"[7]这是文字学科目之"形义篇"教本；文字学科目另一课程"音韵篇"，陈衍亦有《音韵发蒙》旧稿（家刻本）。"史学"一课（二学年），《文科学程纲要》说明"课本用《通鉴纪事本末》编讲义"，指的是陈衍1909年担任京师大学堂文科史学教授时所撰史学讲义《通鉴纪事本末书后》。

陈衍所用讲义和所提供的教本，包括已刊旧稿和未刊论著。如《要籍解题》（经学部，1919年刊本）以及《尚书举要》《周礼辨证》，应为"群经通论"课教本；《诗学概要》（稿本）、《钟嵘诗品平议》（修订稿刊于《国学专刊》第四期),应为"诗学源流"课教本。陈衍后来到无锡国学专修学校任教后,对部分旧稿加以修改完善,并付梓刊行,如《通鉴纪事本末书后》("无锡国学专修学校丛书"之一,1934年版)、《史汉文学研究法》("无锡国学专修学校丛书"之一,1934年版)、《钟嵘诗品平议》(家刻本,约1932年版)。可以肯定的是,这些后来刊行之学术名著,都曾是当年厦门大学的国文讲义。

(二)培养和提携有志于传统文化的青年学子

陈衍身处新旧鼎革之际,怀有传薪旧学的强烈使命感,特别重视培养和提携有志于传统文化的青年学子。十多年来,他先后应聘北大和厦大讲席,都是出于这一使命。《侯官陈石遗先生年谱》卷六"1913年9月"条载:"京师大学两电要任文科讲席,谢之。十月复两次电要。既而念前届大学颇多得佳士,当此旧学否塞,大学尚有文科,尚有为文科学生者,峻拒之何忍,遂许之。"[⑧]来厦门大学后,他于1925年在致王国维的信中也写道:"衍十数年来一切谢绝,独黽没各大学教授者数年,自顾生无益于人,惟稍扶书种于绝续交,犹劣能之。"[⑨]他来厦大任教,正是为着"扶书种于绝续交",在新旧绝续之交培养传统学术的读书种子。

对于青年一代传统学术人才和读书种子的稀缺,陈衍十分痛心。他写道:"然千俊万杰,稀若晨星,有志者一知半解,未由深造,心私悼焉。厦门大学国文系学生百十人,可蕲成就者,廑得二人,曰叶俊生,曰游骞。"[⑩]叶俊生即叶长青(1899—约1945),原名俊生,字长卿,福建闽侯人,1921年4月入厦大第一届教育科本科,后入文科国文系。陈衍对他的教诲、提携和培养,是厦门大学育人史上的佳话。

陈衍来校后不久,便举荐叶长青为国文助教,代自己讲课。其时叶长青尚是大三学生,大学本科未毕业,但已著有《闽方言考》一书刊行。他承担了"国文法"、"文字学"和"音韵学"等课程,陈衍则提供讲义。为让他能够继续深造,陈衍曾多方设法,竭力推荐其免试入清华国学研究院受学,还专门为此事给清华国学院导师王国维作一长函。[⑪]叶长青在厦大期间所著多种著作,包括《闽方言考》(1923年12月版)、《文字学名词诠释》(1923年油印本,1927年铅印版)、《版本学》(厦门大学1925年油印本),陈衍均为之作序,予以肯定。陈衍在《文字学名词诠释》序言中写道:"余教授南北学校三十年,于京师大学得中江刘复礼、象山陈汉章、诸暨徐道政、番禺黄式渔,皆精经学小学,为乾嘉诸老畏友无愧色。十余年投老乡井,与诸子天各一方。晚乃复得吾邑叶生长卿,能治文字学。既成《闽方言考》行世,益专力请业,昕夕不少倦。"[12]陈衍把叶长青与北大国学大家陈汉章等一起,列为自己最得意的门生。

对于陈衍的教诲和提携,叶长青也十分感激。他在1925年12月10日上陈衍书中写道:"向者辱坿门墙,侧闻绪论,委蒙踰格奖借,矢心不忘。而书生无以为报,计惟努力纂道,上慰蕲望。"[13]他自入陈衍门墙,便致力于研究旧学,继承、阐扬陈衍的事业。叶长青于1926年春应聘就任金陵大学国学系教授,离开厦大;1930年8月受聘为无锡国学专修学校教授,先后出版《文心雕龙杂记》(1933年)、《文史通义注》(1935年)等多种重要学术著作,并介绍乃师到无锡国专任教。抗战全面爆发后,他弃学从政。其中于1940年11月至1943年2月出任长汀县县长,时值厦门大学内迁长汀办学,使他得以再次为母校的办学和发展竭心尽力。厦大培养、陈衍提携的这位卓有成就的国学大家,在近现代学术史上销声匿迹数十年,直到近年才被重新发现,声名鹊起。如今,叶长青的学术成就已得到学界的重新肯定,多种学术著作,如《文史通义注》《汉书艺文志问答》《钟嵘诗品集释》也得以重刊和传播。

除了学术上的传薪旧学之外,陈衍来厦大后又论诗授徒、出题限韵,奖挹、扶持和培养了一批青年诗家。

陈衍初到之时,学校中写旧体诗的风气并不盛行。他说:"余初至厦门大学,可与言诗者惟叶生俊生(长青)、龚生达清。"(《石遗室诗话》卷二十九)在他的倡导和影响下,厦大学生中形成了吟诗斗句的风气,并成立诗社。第一届学生叶国庆曾回忆当时情景:"使我最不能忘的是这诗社。它叫做萏岑诗社。社员似有三十多人。每学期征诗一二次。出题的是毛夷庚师和陈石遗师。但我们每学期做诗不止二次。深夜课毕,三五互招,便拈题限韵。星期假日,登山玩水,便负手征吟。"[14]第一届学生林惠祥的遗稿中还有几首1924年的命题诗,如《荷花将开尽有感》(陈石遗师试)、《苦热》(国文十五古体诗考题,陈石遗师命题)、《冬日读书乐》(石遗师出题)。[15]前两题应是考题,后者则是征诗。

陈衍在厦大期间培养的门生,在诗词方面成就最大的是时在集美学校中学部任教的龙榆生。龙榆生在自传中回忆说:"那时我在集美教过的学生邱立等,已经升入厦大,从他老先生去受业了。我反而由学生的介绍,拿点诗给他老先生看,他说我的绝句很近杨诚斋。……我这才深深的佩服他老先生的眼光不错,也就备了些贽仪,向他碰了头,拜在他的门下。从这以后,我常常渡海到厦大去,向石遗先生领教——他给我论诗的信札,整整的一大本。”[16]很可惜,这些满载着陈衍培育门生心血的论诗信札,除了以《陈石遗先生答龙榆生君问诗学书》为题一篇于1926年在《国学专刊》第三期发表外,均已遗佚。陈衍还推荐龙榆生到上海国立暨南大学任教,把他介绍给沪上诗词界前辈和同行。龙榆生后来创办并主编第一份词学专门刊物《词学季刊》,成为中国词学大家。

(三) 整理国故和近代文献,传薪旧学

陈衍一生勤于著述,著作等身。来厦门大学后,他继续致力于国学研究旧稿的修改、整理、发表和近代文献的收集、编纂、出版。除了整理和辑补《石遗室诗话》之外,主要有如下几项。

一是出版《近代诗钞》二十四册,并着手编纂《近代文钞》。

陈衍编纂的《近代诗钞》,商务印书馆1923年11月初版。此书系陈衍避居上海时于1923年上半年编成,并交付商务印书馆,但却是在他来厦大后才出版。全书不分卷,初版分为二十四册。选录清道光、咸丰以来至民国初年诗家370人的诗作(1935年5月再版时删去郑孝胥及其诗)五千余首,虽然于同乡及师友采录较多,也不免门户之见,但对于保存晚清民初诗作和诗家资料具有很大的价值,是中国近代的一部重要诗选。其卷首“近代诗钞叙”还明确提出“学人之言与诗人之言合”,申述“变雅变风”之说,进一步丰富了《石遗室诗话》所阐述的“同光体”诗派的诗学理论。

1924年10月10日《厦大周刊》第104期载有一则关于陈衍著述的消息云:“本校国文系主任陈石遗先生为当代诗文家,去岁编纂《近代诗钞》,已经商务印书馆出版,现闻已售到七百余部。近闻先生又着手编纂《近代文钞》,对于近代文家著作搜罗颇多,想不久当能脱稿云。”[17]此事未见下文,但从这则校闻可知,编纂《近代文钞》是陈衍在厦大期间进行的一项工作,而那时他已做了大量的资料准备。

二是撰著《史汉研究法》,并修订、发表《通鉴纪事本末书后》等旧稿。

陈衍在校期间曾为各类专著和诗文集撰写了大量的序文,此外,为教学需要,陆续整理、修订部分未刊旧著,又撰著《史汉研究法》,并在厦大刊物上发表和连载。

《史汉研究法》及续编,刊于厦大国学专刊社创办的《国学专刊》第一期(1926年3月出版)和1927年出版的第四期,是陈衍在厦大所写讲义,也是后来出版的《史汉文学研究法》一书之一部分。此著主要论析《史记》与《汉书》两部史书之线索安排、描写层次等文章义法，旨在使学生了解二书之文学造诣而不及内容异同。陈衍嫡孙陈步《〈史汉文学研究法〉题解》写道："《史汉文学研究法》作于1934年，同年编入'无锡国学专修学校丛书'出版。"[18]这部厦大讲义的修订版，至今仍被误认为陈衍到无锡国专后所作。

整理修订的旧稿，重要者，一为《通鉴纪事本末书后》，系陈衍1909年秋季担任京师大学堂文科史学教授时所著，充作史学讲义。1926年4月出版的《厦门大学季刊》第一卷第一号刊载其中之一部分。另一为《周礼疑义辨证》，初稿完成于1891年。陈衍整理出其中一部分，以《周礼辨证》为题在《国学专刊》第一、二期（1926年3、5月出版）连载。这两种旧著，也在陈衍到无锡国专任教后付梓。

三是发起成立国学专刊社，出版《国学专刊》。

陈衍传薪旧学的一个重要之举，是在厦门大学发起成立国学专刊社，出版《国学专刊》，以尽"救亡之责"。国学专刊社成立的具体时间不详。1926年1月23日《厦大周刊》第137期"校闻"专栏刊载《国学专刊出世之先声》一则，称："本校一部分教员学生因国学沦亡，斯文道丧，特与海内闻人，组织国学专刊社，以整理国故，发扬文化为己任。现先后入社者，已达五十余人。社费每年纳三元。经举定陈石遗为主任，叶长青为社长，叶培元为经理。预备每两月出版一次。"[19]其时陈衍因长子病逝告假未归，具体事务由叶长青操办。

《国学专刊》共出四期，由上海群众图书公司印刷、出版和发行。第一期卷首刊国学专刊社《宣言》，设通论、专著、诗文评、文录、诗录、专载、校注、通讯、书目介绍等栏目，刊发陈衍、缪篆、王振先、龚乾义、叶长青等厦大教师以及陈宝琛、吴曾祺、黄瀚等乡贤的诗文。据版权页，该刊第一期1926年3月出版，第二期同年5月出版，后两期则是在陈衍、叶长青相继辞职离厦后才出版。

三、《石遗室诗话》的出版、内容及影响

陈衍《石遗室诗话》，是晚清民国年间占据传统诗坛主导地位的"同光体"诗派最重要的诗论著作，也是传统诗话的集大成者。《石遗室诗话》从撰述、发表到辑补、出版，历时十多年，几经周折，是作者在厦大任教期间交付出版的。其中最后四卷的辑补，贯穿于陈衍在厦大任教期间，而内容也涵盖了在厦大的诗词活动。诗话刊布后风行海内，影响深远。

（一）《石遗室诗话》的出版及增补

《石遗室诗话》在成书和梓行之前，已先在杂志上连载。1912年10月，梁启超创办《庸言》杂志，邀陈衍为其撰写诗话。陈衍应约编撰《石遗室诗话》，"襞绩旧说，博依见闻，月成一卷，卷可万言"（《石遗室诗话·序》），在《庸言》连载，从1912年12月创刊至1914年7月停刊，共刊载十三卷。1915年，他又应李拔可之邀，撰《石遗室诗话续编》在《东方杂志》连载，从1915年7月第12卷第7号至1918年1月第15卷第1、2号，共刊载十八卷。

1926年正月，陈衍将上述两刊所载《石遗室诗话》初集十三卷和续编十八卷，授权商务印书馆合刻刊行。《侯官陈石遗先生年谱》卷七"1926年正月"条云：

> 《石遗室诗话》初集十三卷，附《庸言》报分期发行，广益书局窃翻印为单行本，错误甚多。续集十八卷，附《东方杂志》分期发行，无单行本。海内寄书求合刻单行者甚众，因使商务印书馆刊行之。[20]

其时，陈衍因丧子请假回家，尚未回校销假。据《年谱》载，当月，"厦门大学校长林文庆电催开学"；三月（公历4月21日），陈衍乃返校。由此则可以推知，陈衍此时"使商务印书馆刊行"之诗话，当为《庸言》所载十三卷和《东方杂志》所载十八卷的"合刻单行"本，底本是否已经过整理、增删，未详。

陈衍交由商务印书馆刊行之《石遗室诗话》，于1929年5月正式出版，共三十二卷，分四册，线装。在《石遗室诗话》商务印书馆版之自序中，陈衍记述了诗话的撰写、刊载与成书过程，先叙述诗话在《庸言》和《东方杂志》两杂志连载的情况，接着写道：

> ……则鄙人有《福建通志》之役，事方殷也。久之十三卷之本，坊间私行翻印，既非完书，复多错误。十八卷之本，从未单行。阿好者欲购末由，时来问讯。乃取旧稿，删改合并，益以近来所得，都三十二卷，属涵芬楼主人印之，以饷海内之言诗者，商邃密焉。（《石遗室诗话·序》）

此序自署"岁在强圉单阏首夏"，即作于丁卯年（1927年）初夏。据自序所述，新编《石遗室诗话》三十二卷，既是对旧稿的"删改合并"，也增补"近来所得"。旧稿的删改，主要是删去《东方杂志》所载十八卷的部分内容，多是摘录他人说诗，与全书体例不尽合；又将原三十一卷删改合并成了二十八卷。增补部分为新撰四卷，即第二十九卷至第三十二卷。[21]

此次增补新撰四卷，陈衍称是"益以近来所得"，撰述时间并未确切。诗话有离开厦大后于1926年下半年重返厦门避兵期间邀游唱酬的长篇记载等内容，显然，在1926年正月“使商务印书馆刊行”之后，陈衍又有大量的撰述和增补。又，第三十一卷一则云：“今年春间余有三叠晨韵诗，因揖唐先有诗，五叠释戡韵，速余北游也。”“揖唐”即王逸塘。这几首叠晨韵诗收录于陈衍晚年刊刻《石遗室诗续集（卷三至卷八）》卷三，此卷所收诗起自1928年。[22]“三叠晨韵诗”之事也载于《侯官陈石遗先生年谱》卷七之1928年条目中。该条记说诗社同人雅集云：“花朝集匹园……适王逸塘、曹纕蘅二君远道寄诗述近状，次韵二首报之。寒食日又集，叠前韵，并寄逸塘、纕蘅。”[23]接着又记载作酬李释戡等诗，“四叠晨韵”。可见，此则所谓“今年”即1928年。由此可知，此次增补诗话四卷，并不仅仅是陈衍在1927年初夏所作自序中说的“近来所得”。直至完成删改合并和增益、写毕自序之后，陈衍仍在撰写、增补诗话内容。

《石遗室诗话》的删改增补应是个较长的过程。陈衍撰写诗话的兴致颇高。从自序可知，《石遗室诗话》在杂志连载三十一卷后未再续作，是因为他正倾力于纂修《福建通志》之盛事。1921年完成通志初稿后，他又避兵沪上，同时致力于编选《近代诗钞》，直至应聘来厦。而广益书局私行翻印之《石遗室诗话》十三卷本刊于1915年4月，“阿好者”问讯欲购全本也早已有之。所以说，陈衍欲刊印全本并不是一时心血来潮，而是早有准备的。况且撰写诗话的素材也充足，如1920年在福州成立说诗社后，说诗评诗活动颇多。尤其是1923年编成出版的《近代诗钞》，在作者简介之下缀以诗话，且以“石遗室诗话”为题，而其中有一部分为新撰。这表明，那时陈衍便已在续撰诗话。所以说，陈衍对《石遗室诗话》的续写和增补，在来厦大任教之前即已开始。

陈衍晚年任教无锡国学专修学校，卜居苏州后，又续编诗话，并从1933年11月起，以《石遗室诗话续编》之名在《青鹤》杂志连载一部分。后编为《石遗室诗话续编》六卷，由上海郁葆青出资，无锡国学专修学校于1935年陈氏八十寿诞（四月初八）之前为之刊行，[24]分上下两册。《石遗室诗话》三十二卷本，也由商务印书馆于1935年5月再版。此版除改正个别舛误、删除与郑孝胥相关的内容，以及开本改小外，内容、版式与装帧均与初版相同。至此，陈衍《石遗室诗话》全部梓行，包括商务印书馆出版之三十二卷本（1929年初版，1935年再版）和无锡国学专修学校刊印之续编六卷（1935年）。数十年来，《石遗室诗话》又有多种影印本和点校整理本出版，除了台湾广文书局1982年据广益书局1915年版十三卷本影印外，其余各版均以此两种为底本。

(二)《石遗室诗话》新增四卷的主要内容

在《石遗室诗话》的旧稿部分,尤其是最早刊载的前十三卷,陈衍完成了“同光体”诗派的理论建构,理论阐述和近人诗作品评并重。新增四卷(卷二十九至卷三十二)与旧稿有所不同,略于理论阐述和诗作品评而侧重于纪事、录诗;其主要价值在于为近代诗史提供新的材料。新增四卷的主要内容可归纳为三个方面:

一是记述归里后的个人经历,包括行踪、交游及丧子等家庭变故,其中任教厦大与避兵鹭岛占有很大分量。

陈衍晚年除了来厦大任教之外,还于1926年9月至12月30日、1931年6月至9月,两次携眷到厦门避兵。他在三次旅厦期间广交诗人墨客,邀游唱酬,留下了一批诗词佳作和诗话史料。最后一次来厦为1934年撰写《石遗室诗话续编》积累了素材,而前一次来厦避兵则与来厦大任教一起载入增补四卷。增补四卷选录诗作加以推介的厦大和厦门诗人共有22人,诗67首。其中包括厦大教师龚惕庵(乾义,国文系讲师)、王振先(孝泉,国文系教授)、谌湛溪(地质学教授),学生叶俊生(长青)、龚达清、游翰明(骞)、谢倬(幼安)、吴大玠(圭峰),以及集美学校教师龙榆生、何达安、刘松之,诗话中论及而未选录其诗的诗人更多。陈衍对在厦期间的邀游和酬唱活动及诗作多有述录,所录厦门本地诗人诗词即以登山临水与酬赠唱和之作为主,其中与周殿熏(墨史,厦门图书馆馆长)、黄瀚(雁汀,禾山商业学校校长)二人交游最多,对他们也最为赏识。陈衍旅厦期间的诗词活动为《石遗室诗话》的增补及续编积累了许多素材,丰富了诗话的内容。而《石遗室诗话》及其续编的出版,把一大批厦大和厦门诗人及其诗作介绍给了中国诗词界,使他们因诗话而得以留名,他们的许多作品因诗话而得以流传。

陈衍《石遗室诗话》新增四卷揄扬厦大风雅的一个重要之举,是浓笔推出国文系讲师、“同光体”闽派后劲诗人龚乾义。龚乾义(1871—1935),字惕庵,号华鬘,福建闽侯人,曾与陈衍等在福州发起成立诗社“秋社”。1923年9月随陈衍来校任教,成为以陈衍为中心的厦门大学早期诗人群体最重要的成员,有《慎垤庐诗稿》,未刊。陈衍在《近代诗钞》中已选录其古体诗,来厦后时相酬唱,对其诗又有新的发现、新的评说。《石遗室诗话》新增四卷大量收录他的近体诗,将他与福州近代著名诗人何梅生(振岱)并举,称为“二难”。陈衍写道,“吾乡中诗人之戛戛独创、不肯一语犹人者,梅生、惕庵可称二难,然二人面目又颇不同";"君诗体格在近人沈子培、陈散原之间"。(《石遗室诗话》卷二十九) 学界通常把清末"同光体"分为闽派、赣派和浙派,闽派以郑孝胥和陈衍为代表,赣派、浙派则分别以陈三立(散原)、沈曾植(子培)为代表。《石遗室诗话》卷三论晚清以来诗之风格流派,则分为"清苍幽峭"一派和"生涩奥衍"一派,把郑孝胥归入前派,而把沈、陈二人列入后一派。在陈衍看来,龚乾义是闽派诗人,他的诗却显示出赣派和浙派的"生涩奥衍"风格,有自家面目;其个性特色在于融合了"同光体"闽派、赣派、浙派等各派的特点,这在"同光体"诗派的发展中具有独特意义,因而给予很高的评价。

二是介绍说诗社同人诗作。

说诗社是陈衍归里后,于1920年在福州创立的诗社,成员二十多人,大都是陈衍弟子,也是闽中诗坛的名家和后起之秀。诗社时有雅集、酬唱,陈衍也常招饮说诗,其寓宅匹园即是诗社雅聚的重要地点。诗社活动十多年,后陈衍将其历年诗作,选编为《说诗社诗录》四卷,于1937年刊行。《石遗室诗话》选录了说诗社几乎所有成员的大量诗作,包括:苏南(干宝)、陈元璋(梅峰)、马光桢(感沤)、林葆炘(谦宣)、林翰(西园)、陈樵(友渔)、张葆达(秀渊)、陈文翰(西园)、陈寿璠(鹿庄)、陈耀妫(省吾)、郑宗霖(守堪)、林苍(天遗)、张培挺(如香)、江古怀(伯修)、陈鸣则(泽观)、林宗泽(雪舟)、陈炘侯(肖絜)、董子良(仲纯)、黄曾樾(荫亭)、施景琛(涵宇)、王真(耐轩),以及陈海瀛(说洲)等。还辑录了诗社的同题诗和酬唱诗,如悼林西园、题陈友渔栖隐村图、游桑溪以及苏南《河园诗》唱和等。陈衍大都简要点评诗人风格特色,间或记述诗之本事。其评林翰(号西园)云:"西园初学昌谷,间以玉溪生,入社后尽捐故枝,一意为雅健沈挚之词,佳者不胜录。"(《石遗室诗话》卷三十)从中可见陈衍主持的说诗社对入社诗人的重大影响。

三是辑补《近代诗钞》。

陈衍编纂、在厦大任教期间出版的《近代诗钞》是一部近代诗总集,收录清咸丰初年至民国初之诗人作品,共三百七十家,每人名下附作者小传,间缀《石遗室诗话》略作评论。陈衍深具"以诗存史"意识,欲为近代诗史。然编选时"但就见闻所及甄录之"(《近代诗钞·凡例》),遗漏有之,可补充之处更多。所以,《近代诗钞》由商务印书馆1923年初版后,陈衍即有辑补和续编之意。《石遗室诗话》新增四卷的诗钞,有一部分即是为着这一目的,诗话中也写得很明确:"前数年有《近代诗钞》之役,故人之作,多未入选,其时方避兵沪上,未逴征集也。”(《石遗室诗话》卷二十九)诗话录同乡林步瀛(鼎燮)诗,先述与林氏过从,又云:“时余编《近代诗钞》已出版,未得钞鼎燮诗为憾。兹从干宝、谦宣觅得数首,亟录之。”(《石遗室诗话》卷二十九)补续《近代诗钞》是陈衍晚年的一大心愿。1935年陈衍完成《石遗室诗话续编》后,在书后题识中称,尚有大量已选佳作未能收入,“一限于篇幅,二限于时间,只得连呼负负。俟补续《近代诗钞》时,当次第收入也”[25]。

(三)《石遗室诗话》的意义与影响

“诗话”是中国传统诗学著作的一种重要体裁,也是中国诗学的一种主要的著述形式。这种传统体裁,具有论说、品评和纪事、录诗的基本功能。《石遗室诗话》作为传统诗话的集大成者,内容极为丰富、广泛,兼具了传统诗话的上述各种基本功能。

在《石遗室诗话》中,陈衍提出了“同光体”诗派的基本观念和理论主张,建立了“同光体”诗派的诗学理论体系,产生了深远影响。陈衍论诗主张唐宋兼学,提出“三元”之说,并倡导学人之诗。他认为,诗的兴盛莫过于唐之开元、元和与北宋元祐三个年代(即所谓“三元”),宋人皆推本唐人诗法,力破余地,故诗不能强分唐宋,推崇晚清同治、光绪年间不专宗盛唐而兼学唐宋之诗体(即所谓“同光体”)。《石遗室诗话》纪事、录诗和品评以近代为主。“论古人之诗者,居十之二三,论近人之诗者,居十之七八”[26]。以陈三立、沈曾植、郑孝胥及陈衍等为主要作家的“同光体”诗派,是清末民国影响最大的传统诗派,而陈衍则因所著《石遗室诗话》,成为“同光体”诗派的理论代表和晚清诗坛盟主。[27]

陈衍《石遗室诗话》的理论意义、社会影响和学术史地位,学界早有定评。1935年,当《石遗室诗话》三十二卷再版之时,钱仲联《梦苕盦诗话》即云:“丈故学者,诗特余事。然所著《石遗室诗话》三十二卷,衡量古今,不失锱铢,风行海内,后生奉为圭臬,自有诗话以来所未有也。”[28]汪辟疆在《近代诗派与地域》中亦称:“近人言诗者,奉为鸿宝,则沾溉正无穷也。日人铃木虎雄撰《支那文学》,列《石遗诗说》一章,认为近代诗派中坚,洵非无故。”[29]从日本汉学大家对“石遗诗说”的推介和评论,也可窥见陈衍诗话的崇高地位和深远影响。

厦门大学历代学人也都把《石遗室诗话》奉为圭臬,重视这部诗话的理论价值、历史影响以及对它的学术传承。

早在厦门大学创办之初,厦大人文学者就关注陈衍《石遗室诗话》,并在教学和著述中吸取其诗学资源和理论成果。1921 年,即建校当年,早期国文教师刘贞晦撰著《中国文学变迁史略》(与沈雁冰著《近代文学体系的研究》合编为《中国文学变迁史》一册,新文学研究会 1921 年 12 月初版),其中便大段援引《石遗室诗话》的论述。该著第十篇"清文学"论述清诗发展云:"到了清季,诗学变迁,有现代名诗人陈石遗氏所说的一番话,颇为简切,附录如下。"接着直接抄录:"前清诗学,道光以来,一大关捩。略别二派。一派为【清】苍幽峭。……其一派生涩奥衍……"[30]陈衍这段长论出自《石遗室诗话》卷三(原载于《庸言》1913 年第 1 卷第 7 期),主要阐述清道光以来诗之两大风格流派,追源探流,直论至其所倡"同光体"之代表人物郑孝胥、沈曾植、陈三立诸人。刘贞晦述清季诗学变迁,完全接受《石遗室诗话》的学术观点,同时也把以陈衍为实际盟主的"同光体"诗派写进了中国文学史。

陈衍主厦大文科讲席之后,国文系同人以及他的学生,多自觉传承其诗学,他的弟子和教学助手叶长青等,更以阐扬其学术和诗学观点为己任。叶长青于 1925 年 12 月提出为陈衍编修年谱和校注诗集,后又编撰《石遗室丛书提要》在《国学专刊》第四期刊布,介绍陈衍编著之书计二十九种,包括"指示门径,宏奖风流"的诗话大观《石遗室诗话》。[31]1926 年 4 月 18 日,叶长青特为日本学者铃木虎雄撰《石遗诗说》事致函作者。铃木虎雄是日本近现代中国文学研究的领军人物,他于 1925 年出版的论文集《支那文学研究》有"石遗诗说"一篇,是他 1921 年的讲演稿,分"略历"、"诗说"、"道光以来的诗流"和"交游"四个部分,对陈衍的生平学说、诗学观点和"同光体"诗派作了介绍和评论,而《石遗室诗话》是其主要依据。[32]这也就是上引汪辟疆所述之事。文集出版后即引起中国学者的关注,陈衍弟子也迅即回应。叶长青原信已佚,但从《国学专刊》第三期刊载的作者复函可知,叶氏的致书,一方面"告以先生近日著作之所在",向作者提供新的研究资料;另一方面向作者表示要移译这篇文章,"以为中日学者沟通声气之助"。[33]其时,陈衍因丧子告假尚未归校,叶氏此举,旨在进一步宣传陈衍诗话,阐扬其诗学观点。

《石遗室诗话》三十二卷本出版之时,陈衍已经离开厦门大学,但并不影响厦大学人对这部诗话的重视。其中颇有代表性的是,抗战期间在厦大中文系任教的施蛰存于 1947 年 8 月发表《论〈石遗室诗话〉》一文(署名"劳无施"),对陈衍这部诗话给予很高的评价:"自宋至清历时四代,在诗话中,规模最大、流布最广、影响最深的作者要独推清末的陈石遗先生。他的《石遗室诗话》，几乎成为近代最好的诗话。……他是那时司诗家总记录的总代言人；……并且他又撰集了一部《近代诗钞》，与诗话相辅而行。诗话倡导了理论，诗钞提供了实例，正如鸟之两翼。又以印刷与交通的进步，流播愈广，故其沾溉也愈深。”㉞文章接着还讨论了《石遗室诗话》这类传统诗话的传承问题，指出中国诗论的著述，其体裁可以像《石遗室诗话》那样保留传统诗话原有的形式，抒写自由，而内容则应从大处立论，注重讨论些大的问题，避免过于琐碎。施氏于 1941 年至 1945 年任厦大中文系副教授，其时厦大内迁长汀办学，中文系的两任系主任余謇和李笠都是古典文学专家，亦擅诗词，在他们的倡导下，厦大师生组织诗社，传统诗词活动颇盛。施蛰存参加了龙山诗社活动，在他寓所北山楼也聚集一批学生，谈论话题以传统诗词为多。虽然施氏写此文时已离校，但其观点仍可体现厦大同人对于陈衍这部诗话的认识与评价。

此后数十年，陈衍诗论及《石遗室诗话》被置于现代文学新思潮的对立面而退出学界视域，乃至销声匿迹。然而，厦大学人并未遗忘这位前辈校友及这部带有本校深刻印记的著名诗话。1981 年 2 月，重返厦大教坛未久、时任中文系主任的郑朝宗教授发表《陈衍的诗话》一文，率先呼吁学界重新关注陈衍诗论及其《石遗室诗话》，对其进行全面研究，给予合理评价。该文回顾陈衍及其诗话的历史遭遇，写道：“陈衍是值得研究的一个古典诗歌理论家。在前清光、宣两朝，他和林纾、严复等都是在全国范围内享有盛名并且影响很大的福建省文人。……入民国后，特别是在‘五四’以后，他在旧派文人中继续受到尊崇，钱基博称他为‘并世文章之雄’；许多人给他献诗，尊他为泰山北斗，并以‘弥天诗教’‘四海凿齿’之类的话来恭维他；还有更多的人把诗稿寄给他请求鉴定……另一方面，在新派文人中，林纾、严复的名字有人提起，而陈衍的则几可说是完全被遗忘了，即使有谁还记得他，也只是把他当作不值钱的老古董看待……跟林纾、严复他们的开风气之先的翻译是不可同日而语的。”㉟接着分析陈衍诗论及《石遗室诗话》的理论价值，强调“不容一笔抹杀”，“试图辨别精华和糟粕”。以这篇长文及同年 5 月发表的钱仲联《论“同光体”》㊱一文为标志，陈衍及其《石遗室诗话》重新回归学者的视野，并成为传统文学研究的课题。郑朝宗教授又携厦大中文系同人，着手校点整理《石遗室诗话》，为陈衍著述的重刊和传播增添一厦大学人整理的版本。㊲

随着二十世纪八十年代以来文化传统的复兴，陈衍及其《石遗室诗话》重新受到学术界、诗词界的推崇，《石遗室诗话》的理论价值和史料价值也得到重视和开发,影响愈广,沾溉愈深。然而,遗憾的是,陈衍及其诸多学术论著包括《石遗室诗话》与厦门大学的学术因缘却罕见论及,直被学界忽略。“厦门大学百年学术论著选刊”丛书收入《石遗室诗话》,重提近百年前陈衍在厦门大学的一段学术经历,揭示陈衍编纂诸多学术名著包括影响深远的《石遗室诗话》的厦门大学背景,不但对于厦门大学百年学术传统的继承和学术资源的开发,而且对于中国现代学术史研究,都具有重要意义。

二〇二〇年十一月

注释:

①钱基博:《陈石遗先生八十寿序》,《国专月刊》第1卷第1号,1935年3月;又见陈步编:《陈石遗集》下册,福州:福建人民出版社,2001年,第2167页。

②陈声暨编、王真续编、叶长青补订:《侯官陈石遗先生年谱》卷7,陈步编:《陈石遗集》下册,福州:福建人民出版社,2001年,第2043页;又参见陈棿:《诗人陈衍传略》,台北:台北市林森文教基金会,1999年,第92页。

③参见《厦门大学布告》第2卷第1册(1922—1924)之《校史》《本科课程·文科课程》,第15~17、52页。

④参见《厦门大学布告》第3卷第2册(1924—1925)之《本校历史》《本科课程·文科》,第19、53~84页;《本校分科与各主任的介绍》,《厦大周刊》第104期第3版,1924年10月10日。

⑤《国文系改称国学系之理由草案》,《厦大周刊》第157期,1926年10月2日。

⑥参见《厦门大学布告》第3卷第2册(1924—1925)之表《教员》,第9~13页。按:此表未著录助教叶俊生。

⑦陈衍:《序一》,叶长青:《文字学名词诠释》,上海:上海群众图书公司,1927年,第1页。

⑧陈声暨编、王真续编、叶长青补订:《侯官陈石遗先生年谱》卷6,陈步编:《陈石遗集》下册,福州:福建人民出版社,2001年,第2023页。

⑨《陈衍与王国维书》,国家图书馆古籍馆编:《国家图书馆藏王国维往还书信集》第2册,北京:中华书局,2017年,第562~568页。

⑩《陈衍与王国维书》,《国家图书馆藏王国维往还书信集》第2册,北京:中华书局,2017年,第562~568页。

⑪《陈衍与王国维书》,《国家图书馆藏王国维往还书信集》第2册,北京:中华书局,2017年,第562~568页。

⑫陈衍:《序一》,叶长青:《文字学名词诠释》,上海:上海群众图书公司,1927年,第1页。

⑬俊生:《为修年谱及注诗事上陈石遗先生书》,《厦大周刊》第135期,1926年1月9日。

⑭叶国庆:《我们那时候》,《厦大校刊》第1卷第12期,1937年4月6日。

⑮见林惠祥著、蒋炳钊编:《天风海涛室遗稿》,厦门:鹭江出版社,2001年,第59页。

⑯龙榆生:《自传:苜蓿生涯过廿年》,张晖编:《忍寒庐学记——龙榆生的生平与学术》,北京:生活·读书·新知三联书店,2014年,第17页。

⑰《新闻》,《厦大周刊》第104期第2版,1924年10月10日。

⑱陈步:《〈史汉文学研究法〉题解》,陈步编:《陈石遗集》下册,福州:福建人民出版社,2001年,第1633页。

⑲《国学专刊出世之先声》,《厦大周刊》第137期,1926年1月23日。

⑳陈声暨编、王真续编、叶长青补订:《侯官陈石遗先生年谱》卷7,陈步编:《陈石遗集》下册,福州;福建人民出版社,2001年,第2049~2050页。

㉑参见窦瑞敏:《〈石遗室诗话〉的连载与出版》,《文学遗产》2018年第3期。

㉒参见廖菊棟:《〈石遗室诗续集〉(卷三至卷八)文献考略》,《文献》2007年第4期。

㉓陈声暨编、王真续编、叶长青补订:《侯官陈石遗先生年谱》卷七,陈步编:《陈石遗集》下册,福州;福建人民出版社,2001年,第2054页。

㉔参见钱仲联:《梦苕盦诗话》第158、172节,《中央时事周报》第4卷第14、20期,1935年4月20日、6月1日;又见张寅彭主编:《民国诗话丛编(六)》,上海:上海书店出版社,2002年,第272、285~286页。

㉕陈衍:《石遗室诗话续编》下册,无锡:无锡国学专修学校,1935年,"卷六"第44页。

㉖叶长青编撰:《石遗室丛书提要》之《〈石遗室诗话〉提要》,《国学专刊》

第1卷第4期,1927年。

㉗参见钱仲联、严明:《袁枚和陈衍——论诗坛盟主对清诗发展的积极影响》,《江海学刊》1995年第1期。

㉘钱仲联:《梦苕盦诗话》第158节,张寅彭主编:《民国诗话丛编(六)》,上海:上海书店出版社,2002年,第272页。

㉙汪辟疆:《近代诗派与地域》之"二、闽赣派",国立中央大学《文艺丛刊》第2卷第1期,1935年6月;又见汪辟疆:《汪辟疆说近代诗》,上海:上海古籍出版社,2001年,第26页。

㉚刘贞晦、沈雁冰合编:《中国文学变迁史》,上海:新文学研究会,1921年,第66~67页。

㉛参见俊生:《为修年谱及注诗事上陈石遗先生书》,《厦大周刊》第135期,1926年1月9日;叶长青编撰:《石遗室丛书提要》,《国学专刊》第1卷第4期,1927年。

㉜参见钱振民:《日本明治大正时期的中国近代文学研究文献》,复旦大学中国古代文学研究中心编:《中国文学研究》第14辑,北京:中国文联出版社,2009年。

㉝参见《铃木虎雄博士与叶长青社长书》,《国学专刊》第1卷第3期,1926年。

㉞劳无施:《论〈石遗室诗话〉》,上海《京沪周刊》第1卷第34期"诗叶"栏,1947年8月31日。

㉟郑朝宗:《陈衍的诗话》,中国古代文学理论学会编:《古代文学理论研究》丛刊第3辑,上海:上海古籍出版社,1981年,第240~241页。

㊱钱仲联:《论"同光体"》,《文学评论》编辑部编:《文学评论丛刊》第9辑,北京:中国社会科学出版社,1981年。

㊲陈衍著,郑朝宗、石文英校点:《石遗室诗话》,北京:人民文学出版社,2004年。

作者洪峻峰,《厦门大学学报(哲学社会科学版)》原副主编、编辑部主任,编审。

朱谦之与《历史哲学》

周建漳

厦门大学于2021年建校百年之际，拟将百年内曾就职于本校的学术名家的著作重新出版，以为学术传承与纪念。朱谦之先生于1924—1925年应聘为厦门大学讲师，其《历史哲学》一书就是以他在校期间相关讲稿整理而成的，因此入选出版计划。此书初版于1926年9月（上海泰东图书局），福建教育出版社于2002年将之收入十卷本《朱谦之文集》第五卷。值此次百年校庆纪念再版之际，遵嘱略书数言缀于卷首，以为介绍。

一、朱谦之其人其学

朱谦之先生（1899—1972），字情牵，1899年11月20日生于福州，八闽乡贤。他生于一个数代为医的家庭，幼时父母双亡，由继母抚养成人。民初入福建省立第一中学学习，17岁时以福建省第一名的成绩考取北京高等师范学院（北京师范大学前身），后改入北京大学法预科，毕业于北京大学哲学系。

朱谦之在北京读书期间适逢五四运动，他积极投身其中，编辑杂志、撰写文章。当时他在政治思想上受其时流行的无政府主义思潮的影响，毛泽东在北大图书馆工作期间亦曾与之讨论过无政府主义问题。他自述自己虽身材“看似藐小”，但激情澎湃、“至遵无上”，曾提出“唯情论的宇宙观和人生观”。在北大期间因不满当时教育制度，曾发起废考运动，为救助被捕入狱的同道去到警察厅说理，坐牢百日。淞沪抗战期间，在自身经济并不宽裕的情况下，致信当时的教育部次长、北大同学段锡朋，将“暨大三个月的薪金全数捐赠犒军”坚持抗日的19路军。①

就其一生行谊论，朱谦之有情怀、有抱负，这表现在他对人生与社会问题的上下求索中。他曾为黄埔军校政治教官，亦曾短期出家，但终其一生是一个学者。1924年应聘厦门大学讲师应该说是他学术生涯正式出道之处，他在厦大期间曾担任“中国哲学史”与“中国文学史”两门课程，另外还作了以“历史哲学”为题的系列讲演，这就是两年后正式出版的《历史哲学》的雏形。从厦大辞职后，他曾隐居杭州西湖从事著述，1929年游学日本，1931年返国后在上海暨南大学任教一年。自1932年起，他在广州中山大学度过了20年，历任历史系主任、哲学系主任、文学院院长等职。1953年院系调整后回到北京大学哲学系，1964年任中国社会科学院世界宗教所研究员，直到1972年因脑溢血病逝。

综观其学术生涯，朱氏接受了完整的由小学到大学的专门教育，加之本人刻苦用功，对英、德、法、日乃至拉丁文都有所涉猎，根据笔者现在看到的他的现存著作，其中英文、德文和日文应该是他能够用之于学术研究的工作语言，这对他学术眼光的养成，博采众长，掌握国外学术动态，获取专业资料有不可忽略的作用。朱谦之在学术上涉猎面广，在史学、哲学、文化、教育、音乐、戏剧、宗教及中外交通方面均有著述，不愧为学界公认的“百科全书式的学者”。其一生著述等身，据不完全统计，共有各类著作42本，译著2本，论文百余篇。其与蔡元培、胡适、郭沫若、梁漱溟、郑振铎等学者和文化人均有交往，这从一个侧面反映了他在学界的地位。

从朱先生所留下的著作情况看，主要——其中当然也有专门性研究，如《中国景教》《中国哲学对欧洲的影响》——为涉及哲学、史学、文化及中西比较各方面概论性的著述，而不以单个学术问题的纵深专精研究为长，这一方面也许因当时新潮学术多由西方引进，处于开疆辟土的草创阶段，同时亦与朱先生个人眼光、志趣不无关系，这种类型的学者，在引领一时学术风潮有开拓之功，但在学术积累方面则或有不足，故前校长王亚南先生在所著《社会科学新论》中对他在“证示百科全书学者特点”的同时不免亦“证示了百科全书学者的缺点”的评价是公允的：“因为注意的研究的范围太广，对象太多，他对于各科的造诣，就不一定能够深入；‘肤受浅尝’的毛病是难得避免的。”[②]时移境迁，今天看来，这对于朱先生与同侪学者相比学术地位及影响的升降应不无影响。

二、朱谦之的“历史哲学”研究

概观朱谦之一生的学术研究，“哲学”与“历史”是两大关键词，而“历史哲学”恰好处在二者的交接点上。他自1924年在厦门大学初试啼声，据授课讲稿成书的

《历史哲学》于1926年在泰东图书局出版后，1929—1931年在东京游学期间，“对于历史哲学的兴趣格外浓厚”，整日流连于书店与图书馆苦学与搜集资料，两年里居然连近在咫尺的富士山都没有去过。两年中搜集的资料共五大册，定名为“历史哲学论文集”。回国后以三个月的时间写就《历史哲学大纲》，1933年由上海民智书局出版。此外，他还于1936和1941年分别出版了《黑格尔的历史哲学》和《孔德的历史哲学》两本专书。

总起来看，“历史哲学”的研究与著述在朱氏一生近50年的学术生涯中占三分之一强（17年）的时间。在上列四本著作中，1933年出版的《历史哲学大纲》应该视为其在历史哲学领域的代表作。1924年出版的《历史哲学》作为他在该领域的处女作，将“西洋印度两方哲学的生命派”及“中国哲学的三时期”这样属于哲学史而非史哲学的内容一并纳入，在体例上显有不妥，表明作者在思路上不够精审严整，他本人对该书也表示了“不能满意”之意。日本游学归来后的《历史哲学大纲》在体例上就不再有这样的问题，且在内容上更为充实。至于黑格尔和孔德历史哲学的研究，都是在《历史哲学大纲》内容上的进一步深化。总之，欲完整了解朱谦之的历史哲学思想，应将这四本书一并考虑在内。

朱谦之的历史哲学思考鲜明的时代背景，是“五四”后国人对国家民族命运的忧患与思考，希望通过寻求历史发展的基本法则“使我们明白我们自己同人类的现在及将来”③。在“历史哲学”自身发展的学术脉络上，依照今天关于历史哲学学科的基本理解，大体上说可以划分为“思辨的历史哲学”、“分析和批判的历史哲学”以及“叙述的历史哲学”三大块。所谓“思辨历史哲学”，实即关于历史的宏观理论言说，从奥古斯丁到黑格尔、马克思及斯宾格勒、汤因比均在此列。自19世纪到20世纪上半叶，与西方哲学的一般发展相对应，西方历史哲学进入“分析的历史哲学阶段”，其划时代的标志是亨普尔于1942年发表在《哲学》上的《普遍规律在史学中的作用》一文。与当代哲学“语言转向”同步，1973年怀特《元史学》的面世象征着以史学文本（叙事）为中心的“叙述的历史哲学”登场，在此前后，关于历史叙述的关注在怀特和其他学者的论文中已经出现。如果说“思辨历史哲学”大致上讲述的是关于历史本身的哲学故事，“分析历史哲学”则是关于史学尤其是“历史解释”模式及其与自然科学解释的关系的认识论反思，“叙述历史哲学”关注的是历史学家讲述故事的方式，包括其与文学叙述的内在关系。显然，朱氏的历史哲学基本落在“思辨历史哲学”的范围中，虽然其学术生涯在时间上与“分析历史哲学”重合，怀特发表《元史学》距朱谦之去世仅一年之差，但由于学术兴趣转移等主客观原因,根据现有资料看,后二者完全不在其视线之内。

综观朱谦之的历史哲学论述,其主体内容大致包括"生机主义"的历史观、对史学及历史哲学分期的宏观概述,以及关于黑格尔、孔德历史哲学思想的述评三个方面,现逐一简述如下:

(一)"生机主义"的历史观

所谓"生机主义",是杜里舒、柏格森、麦独孤等"新生机主义"思想影响的产物。一方面,"生机主义"和"进化论"一样将人类历史看作是具有内在统一性的演化进程,动物性本能在其中扮演重要角色。另一方面,进化论只适用于动物界,人类由于制造工具和语言的存在,对外部环境不再像动物一样只能消极适应,而是能够在一定程度上驾驭环境、改造世界,具有一定的自主性,"所以人类实在是成立历史的主源"④,"人类的历史就是本能与环境宣战的生机主义史"⑤。

生机主义将人类历史发展与生物进化过程相比较,认为都是内在"生机力"推动下的动态演化进程,但人类超越一切生物之处,在于理性发展水平,因此,朱谦之强调人类历史进步是在"知识线上的进化现象"⑥。依照这一观点,"历史的原动力,决不在于施行残忍政治和激成民族仇怨的强权阶级,或少数英雄,而在全体社会知识线上活动的体相"。准此,传统理解中对历史发展有决定性影响的大人物、民族和国家等都和历史进步没有密切的关系,唯作为人类精神代表的思想精英如孔子、耶稣、亚里士多德、牛顿、康德才是历史的明灯,因此,"那些一向占历史中枢的帝王、贵族、军阀,我们应该有胆量,把他赶在'进化史'的外面"⑦。朱谦之对传统"英雄史观"的反思不论在认知还是道义上都具有毋庸置疑的正当性,这也是马克思唯物史观的重要观点。与短时段上看似不可一世的帝王将相相比,按历史的长时段和进步性考虑,人类历史中的确存在理性主导且不断理性化的明确趋向。不过,历史理性不能简单归约为精神上的"知识线",而是应该包括经济、政治等制度性因素。

在思维方式层面上,"生机主义"与将历史视为由各种事实的"断烂朝报""堆积"而成的历史观相比,表明将历史视为一个有内在中心线索或者目的的有机化进程,换言之,历史不是一堆事实,而是一个有意义的故事,这其实是自奥古斯丁《上帝之城》之后西方历史思想的一个基本思想,时间中的历史也许不像自然现象那样存在建立在同样现象重复基础上的确定规律,但仍然不是杂乱无章的。意义与规律之别是理解自然与社会历史现象的关键范畴。狄尔泰所谓"自然可以解释,人需要理解",说的其实就是这样的意思。

(二) 历史哲学概览

作为交叉学科,"历史哲学"自始即遭遇自身合法性的挑战,这种现象即使今天也还在一定程度上存在。受到黑格尔式思辨哲学式微的影响,历史哲学在一些人眼中被视为深海怪兽口宣天宪式的神秘预言,[8]在哲学同行眼中,历史哲学在哲学中的地位类似于音乐中的军乐。朱氏注意到意大利哲学家克罗齐在其《历史学的理论和实际》中关于"'历史哲学'在观念上的起源及其解体"一章中引述库兰茨(Fustel de Coulanges)的观点,认为分别说来历史和哲学都是有的,"但历史哲学这个东西,却是不会有的",[9]理由是历史哲学将历史视为各民族的神之间的争斗的观念具有诗的性格而非科学。朱谦之正确地指出,如此理解的诗性思辨只是历史哲学事实上的一种样式,对它的否定不必然导致历史哲学本身在学术上的破产。进而,这里实际上触及的是史学究竟是科学还是艺术的经典话题,答案并非非此即彼,而是相互兼容的。在这一层面上,朱氏引用斯宾格勒的话为历史哲学合法性辩护是到位的:"历史家及历史哲学者的使命,在有组织的才干,与计算整理的分析能力以外,还要以艺术家的眼光为前提。"[10]

在一定意义上说,哲学即哲学史,关于历史哲学发展阶段与相应思想观点的概述构成朱谦之历史哲学著述的主体内容。

作为关于历史及史学的理论反思,历史哲学的出现显然在史学之后。从西方"史学之父"希罗多德到奥古斯丁,其间几近千年。当然,关于历史的哲学思考其实至少在亚里士多德那里就留下了重要的思想遗产,这只是就学科形态的大致比较。按照朱谦之的划分,以《上帝之城》为起点,西方历史哲学到现代大致被分为三种形态依次演替的三大阶段,即"神学的历史哲学""形而上学的历史哲学""社会的科学的历史哲学",在这一划分中,法国科学实证主义者孔德的思想影响十分明显。因为,孔德将人类思想的演化区分为"神学时代"、"形而上学时代"以及"实证时代",其与朱氏历史哲学三阶段可以说是若合符节。朱氏关于历史哲学总体发展的概括,今天看来亦不过时。不过,朱先生对孔德的观点并非全盘接受,他借鉴杜衡对孔德的批评,认为历史哲学在"社会的科学的第三阶段"之后还有"综合的生命的历史哲学"阶段。这一阶段主要包括的其实是今天称之为"批判的历史哲学"即德国新康德主义者文德尔班、李凯尔特的史学理论,加上尼采、杜里舒等的历史和史学观点。这样一来,历史哲学的发展到底是三阶段还是四阶段在朱氏文字中并未交代得十分清楚,大概他是将"生命的历史哲学"作为他心仪的尚在发展中的未来"新理想"理解的吧。

除了对历史哲学整体发展脉络的宏观概述外,朱谦之对黑格尔和孔德两家的史学思想有专门的考察。在黑格尔的历史思考中,他准确把握了其以理性为历史发展背后的主导力量,以自由的实现程度为历史进步的目的与标志,以及强调国家作为自由的具体实现方式这几个基本点,并且注意到黑格尔关于历史发展由自在、自为到自在自为统一的辩证法,应该说他对黑格尔历史哲学精神实质的把握是准确到位的。同时,对于黑格尔辩证法三段式过于"图式化"的缺失也有清楚的认识。

孔德在哲学上是实证主义者,在社会思想方面是社会学家,由于他在考察社会时不仅考虑其表态结构层,亦注意到其历史变迁的"社会动学"层面,后者包含了某种历史哲学思想。他的思想有浓重的科学主义气息,认为社会和自然一样都有规律可循,而他所谓社会发展的基本法则,即建立在知识进步基础上由神学到玄学及科学的三阶段发展模式。与知识进化三阶段相匹配,人类历史在社会存在层面上则表现为军事、法律与工业化三个阶段的递进模式。孔德的社会发展三阶段揭示了人类由野蛮到文明的大趋势,并且注意到经济在近现代社会中日益重要的支配作用,的确为我们理解历史提供了某种宏观图景。当然,这样一种大叙述并不足以完整把握历史本身的复杂性,在知识进步与社会发展间一一对应的关系实际上也是难以确证的,对于这一点朱谦之亦有所批评。可见对于即便是孔德这样一位在思想观念上强调经验实证的人来说,思辨因素在其思想中其实扮演着也许他自己亦始料未及的角色。

结　语

总体而言,朱谦之止于20世纪40年代的历史哲学研究对一二手资料的占有,今天看来仍然是比较全面的,其对历史哲学及其发展阶段的理解与概括也是基本到位的,其中对德国新康德主义者关于史学与自然科学在思维方式上注重普遍与个别的思维方式及其与各自研究对象关系的观点的把握,显示了一定的学术功力。因此,他的两本著作尤其是《历史哲学大纲》可以说为我们提供了一个当时认识条件和水平上大致完整准确的历史哲学理论全貌。尤其值得注意的是,他在当时情况下对马克思一脉唯物史观有相当的了解,文中缕述了从马恩列直到狄慈根、考茨基、普列汉诺夫、布哈林林林总总的观点。当然,他在将各种学说一网打尽、罗列在历史哲学中的做法容有概念上分类不够精审之处,他试图整合黑格尔及孔德于一炉的设想亦难称成功。但这均无碍其在历史哲学上的开山之功和理论贡献。当然,假如他在40年代后能跟上西方历史哲学领域的发展,相信他在历史哲学方面将会有更多的成绩。事实上,20世纪40年代正是西方历史哲学长足发展的重要时期,除前文提及的亨普尔1942年标志"分析历史哲学"问世的名文外,柯林伍德《历史的观念》初版发表于1946年,沃尔什的《历史哲学导论》问世的时间是1961年,朱先生与之失之交臂,不无遗憾。

将朱谦之的历史哲学研究放在近现代中国学术思想史的背景下,其探索几乎可以说是空谷足音,⑪在这个意义上,他是中国历史哲学研究的第一人。今日观之,在前辈学者中,朱谦之与何兆武先生可以说代表了中国历史哲学开创者之前后双璧,其筚路蓝缕之功永远值得我们纪念,其学术遗产应该加以保存与光大!这正是厦门大学值百年校庆之机重新出版朱先生《历史哲学》的意义所在。

2020年9月10日于厦大东区"仁智近处"

注释:

①朱谦之:《奋斗廿年》,《朱谦之文集》第1卷,福州:福建教育出版社,2006年,第73页。

②转引自朱谦之:《一个哲学者的自我检讨——五十自述》,《朱谦之文集》第1卷,福州:福建教育出版社,2006年,第109页。

③朱谦之:《历史哲学》,《朱谦之文集》第5卷,福州:福建教育出版社,2006年,第12页。

④朱谦之:《历史哲学》,《朱谦之文集》第5卷,福州:福建教育出版社,2006年,第9页。

⑤朱谦之:《历史哲学》,《朱谦之文集》第5卷,福州:福建教育出版社,2006年,第57页。

⑥朱谦之:《历史哲学》,《朱谦之文集》第5卷,福州:福建教育出版社,2006年,第9页。

⑦朱谦之:《历史哲学》,《朱谦之文集》第5卷,福州:福建教育出版社,2006年,第11页。

⑧Cf. Patrick Gardiner, *The Nature of Historical Explanation*, Oxford: Oxford University Press, 1961, p. 1.

⑨朱谦之:《历史哲学》,《朱谦之文集》第5卷,福州:福建教育出版社,2006

年，第132页。

⑩朱谦之：《历史哲学》，《朱谦之文集》第5卷，福州：福建教育出版社，2006年，第132页。

⑪翦伯赞于1938年出版了以《历史哲学教程》为名的著作，考其内容，在涉及关于历史的理论思考方面固然与单纯史学不同，但在严格学科意义上并非历史哲学的当行行色。有趣的是，翦先生在其著作的“序”中说：“一直到现在，关于历史哲学之系统的著作，在中国我们还没有看到。”考虑到他在这句话之前对“历史哲学在中国，或者沉溺于刻板的公式主义，或者使理论脱离实践，陷于纯经院式的无病呻吟”（翦伯赞：《历史哲学教程》，北京：生活·读书·新知三联书店，2014年，第4页）的批评，翦氏也许未必见不及朱氏著述，而有不以为然之意。质之朱先生著作，此说恐不无偏颇。

作者周建漳，厦门大学人文学院哲学系教授、博士生导师。

张颐与 *The Development, Significance and Some Limitations of Hegel's Ethical Teaching*（《黑格尔的伦理学说》）

白锡能

《黑格尔的伦理学说》（*The Development, Significance and Some Limitations of Hegel's Ethical Teaching*）是张颐先生1923年提交英国牛津大学以申请哲学博士学位的论文，1925年由商务印书馆出版；次年，张颐先生受聘厦门大学教授后，商务印书馆又出了第二版。《黑格尔的伦理学说》是中国学者研究黑格尔哲学最早问世的一部专著，具有重要的学术价值。该书尤其受到欧美哲学界的重视和高度评价，张颐先生也因此被誉为“东方黑格尔”。

一、作者简介

张颐（1887—1969），字真如，又名唯识，四川省叙永县马岭镇人。张颐6岁开始读书，7岁入私塾。1905年，清王朝在维新运动的压力下，废除了科举制度。1906年，张颐家乡兴办了永宁中学堂，当年张颐考入了该学堂。当时，同盟会党人杨庶堪、朱之洪、向楚等在该校任教。他们极力阐扬三民主义，向学生灌输革命思想。张颐深受他们的影响，遂于1907年加入了同盟会。

1908年夏，张颐偕同盟会员数人负笈赴蓉，以同等学力考入四川省城高等学堂。在校期间，张颐与该校同盟会员并邀其他学校同学组织成立了革命团体勉学会。1909年，张颐又参加杨庶堪、朱之洪、谢持、张培爵等同盟会党人组建的重庆同盟会核心组织乙辛学社，积极参与推翻清政府的革命活动。

1911 年夏，四川争路事起，各地随即开展了轰轰烈烈的保路爱国斗争。重庆同盟会组织乘势策划起义大计，将保路运动转为革命运动，张颐遂毅然辍学，接受组织指派的任务，积极投身于革命斗争。

1911 年辛亥革命爆发后，同年 11 月 22 日，重庆革命党人举行起义，宣布重庆独立，成立蜀军政府。张培爵被推举为蜀军政府都督。张颐先是担任都督府机要秘书，不久又代理炸弹团团长。成渝军政府合并后，张培爵改任四川民政长。1912 年仲夏，张颐奉邀赴蓉，任民政长公署机要秘书，负责草拟和翻译机密函电文稿。

张颐早年憧憬自由，向往民主，怀有出洋留学、探求真理之愿，故在从事革命活动之余，抓紧时间修习英文及有关科目，为出国留学做准备。1913 年，张颐考取四川省公费出国留学项目。同年 10 月，张颐进入美国密歇根大学，选习哲学。其中，张颐最感兴趣且受益最多的是康德与黑格尔的哲学，他因此而醉心于他们哲学的研究。1917 年春，张颐顺利完成本科学业，获得文科学士学位，并随即转入密歇根大学研究院，主修哲学，辅修教育。1918 年春，张颐获得哲学硕士学位。之后，他开始撰写博士学位论文《黑格尔伦理学的意义及其局限》（“The Significance and Some Limitations of Hegel's Ethics”）并于 1919 年夏天完成论文的写作，经答辩通过，以特优成绩获得哲学博士学位。

1919 年秋，张颐获得教育部准许，转学牛津大学，师从史密斯（J. A. Smith）、约阿希姆（H. H. Joachim）等教授，继续西方哲学尤其康德和黑格尔哲学的学习与研究。在此期间，他进一步拓展和深化了对黑格尔伦理学说的研究，取得了突出的学术成就。

1921 年春，张颐转学至德国埃尔朗根大学研究班，在德国哲学的故乡更加深入地钻研康德和黑格尔的哲学。1922 年夏，张颐移住柏林，参加柏林大学哲学讲演及德国康德学社柏林分社的活动，同时撰写牛津大学的博士学位论文。在柏林期间，张颐多次会晤了著名黑格尔专家拉松（G. Lasson）博士及有关黑格尔研究专家。

1923 年春，张颐完成了其学位论文《黑格尔伦理学说的发展、意义与局限》（“The Development, Significance and Some Limitations of Hegel's Ethical Teaching”），送交牛津大学审查。经审定和答辩，张颐以优异成绩获得牛津大学哲学博士学位。张颐是获得牛津大学博士学位的第一位中国人。

张颐曾在留美时立志留学十载乃回国服务，故 1924 年春他便启程回国。

回到国内后，张颐乃应北京大学之聘，于是年秋季开始，担任北京大学哲学教授。在北大，张颐讲授"西洋哲学史""德国哲学""康德哲学""黑格尔哲学"等课程。张颐作为早年留学欧美专攻西方哲学特别是康德和黑格尔哲学的著名学者，回到国内登上大学讲坛，首次把地道的康德和黑格尔的哲学带入中国高校哲学系。著名黑格尔专家贺麟先生曾高度评价说："张真如先生是中国哲学界专门研究西洋古典哲学的先驱……也是中国大学里最早专门地、正规地讲授康德及黑格尔哲学的第一人。"[①]又说，从张颐先生回国在北京大学哲学系"讲授康德和黑格尔哲学时，西方古典哲学才开始真正进入了中国近代大学的哲学系"[②]。

1926年9月，因时局变化，北京已非自由讲学之地，加上当时教师每月薪金只发二成，生活艰难，张颐便应厦门大学创办人陈嘉庚先生的约请，转赴厦门大学担任哲学教授。当时，厦门大学处于初期发展阶段，为了加快学校发展步伐，学校当局重金礼聘著名教授和知名学者。仅1926年，文教商法诸科就聘任了包括鲁迅、林语堂、沈兼士、顾颉刚、张颐、张星烺、庄泽宣等大师和名教授在内的12位教授；1927年又聘任了包括汤用彤、邓以蛰、杨树达、邱椿、李笠、周岸登等名家名师在内的10位教授。加上之前聘任的周辨明、孙贵定、徐声金、陈定谟、陈芝美、艾锷风等名家名师，这时期的厦门大学大文科可谓人才济济、群贤毕至，著名大师和知名教授云集厦大校园，极大提升了厦门大学的学术声望和人才培养质量。在厦大哲学系任教期间，张颐先后担任"论理学""泰西哲学""伦理学史""哲学纲要""康德哲学""黑格尔哲学""德国哲学"等课程的讲授。刚到校的第一个学期，讲授3门课（"论理学""泰西哲学""伦理学史"），每周9课时。他的讲授深受学生的欢迎和好评。张颐教授的到任，有力地推进了厦门大学哲学系西方哲学的研究、教学和人才培养，"康德哲学""黑格尔哲学""德国哲学""西洋伦理学史"等课程正是张颐教授的到来才由他开设起来的。

1927年春，张颐兼任厦门大学文科主任。11月，经林文庆校长推荐，学校董事会决定聘请张颐为副校长。张颐因副校长责任重大，起初未予答应，后经陈嘉庚和陈敬贤两校董力劝，才接受聘任。11月18日，学校发出布告，宣布张颐博士已蒙董事会聘为本校副校长；19日，张颐副校长就职视事。在担任副校长期间，林文庆校长于1928年春和1929年春两次因事滞留南洋，张颐两度作为代理校长主持校务工作。

1928 年初，张颐副校长被聘为国民政府教育会议筹备员（会议定于是年 5 月间在南京召开）。1929 年 4 月，教育部聘请张颐副校长为该部编审处译名委员会委员。

在担任副校长期间，张颐仍兼任文科主任。1928 年 12 月 13 日，文科同学会邀请文科主任张颐教授在文科同学会第一次学术演讲会上作演讲。张颐教授的演讲题目为“原自由”。演讲历时两个多钟头，对于自由的丰富内涵和实质等问题，作了系统深入的阐述和精到的发挥，听众极为满意。其演讲稿《原自由》后分期刊载在文科同学会出版的《厦门大学文科半月刊》第 1 期（1928 年 12 月 30 日出版）和第 2 期（1929 年 1 月 15 日出版）上，1931 年 4 月又收入到《厦门大学演讲集》第一集。1929 年 4 月，为促进文科同学研究学术的兴趣，文科同学会发起组织学术研究会，聘请张颐等文科名教授为指导员。

1929 年 6 月，厦门大学首发年刊。张颐副校长为首期年刊《厦门大学己巳年刊》作序，盛赞陈嘉庚先生独力办学之壮举和厦门大学创办八年来所取得的突出成就：“本校之为陈嘉庚先生独力创办……以一人之力，创办大学，即在欧美亦不多觏，至在吾国，则实破天荒之创举耳。故当其议办之初，一般人士，莫不深致怀疑。而嘉庚先生独能排除众难，毅力不挠，使本校得由孕育而诞生而滋长。迄于今日，建筑设备，逐渐完全，经费源源有继，所有教职员，类皆经验宏富，学有专长，誉遍国中，名闻欧美者……。国民政府有鉴于此，曾于去年 3 月批准立案。”展望未来，“本校前途，实无限量。廿卅年后，或将与英之牛津剑桥，美之哈佛耶鲁、芝加哥诸大学争辉媲”。张颐副校长最后阐明了该刊的宗旨，并勉励教职员和校友继续努力，以成就厦大新的辉煌：“本校过去成绩，虽尚可观，而来日方长，不特本校校董责无旁贷，凡我教职员同人，及先后毕业诸校友，均当共同努力：是刊之出，殆亦将以使吾人览此咸知奋励也夫。”

1929 年 7 月，北平时局稍有好转，张颐先生遂辞去厦门大学职务，重返北京大学担任哲学教授，并于 1930—1933 年兼任北京大学哲学系主任。在此期间，他先后在《大公报》《哲学论丛》上发表了 4 篇关于黑格尔哲学的论文，推动了国内学术界对黑格尔哲学的研究。1935 年夏，张颐先生再赴欧美考察 1 年。1936 年回国后，张颐先生应四川大学校长之邀，转任四川大学教授兼文学院院长，次年受教育部委派代理四川大学校长。1939 年秋，应武汉大学校长之邀，张颐先生再转赴武汉大学担任教授。1945 年抗战胜利后，北京大学迁回北平，张颐先生又应邀返回北京大学任教。1948 年，张颐先生因身体不适，回到成都养病。

新中国成立后，张颐先生被聘为四川省文史馆研究员，1955 年又任四川省政协委员。1957 年春，张颐先生又应北大校长马寅初和哲学系主任郑昕的邀请，再次回到北京大学哲学系。从 1957 年起，张颐先生先后连任三届（第二届至第四届）全国政协委员。1969 年，83 岁高龄的张颐先生病情加重，于同年 6 月 23 日逝世于北京。

二、本书的写作与出版

《黑格尔的伦理学说》是张颐先生发表的唯一一部著作，该书系用英文写成并以英文出版。如前所述，该书是张颐先生 1923 年提交牛津大学以申请哲学博士学位的论文。而该论文又是在其留美期间于密歇根大学研究院攻读哲学博士学位时所撰写的博士学位论文的基础上作进一步的拓展研究和深入思考之后撰写而成的。

尚在密歇根大学本科阶段，张颐于 1916—1917 学年参加了温莱（R. W. Wenley）教授主讲的"康德与黑格尔哲学及其对于英美哲学之影响"进修班，对康德和黑格尔哲学特别感兴趣并深受影响，尤其醉心于黑格尔哲学的研究。1917 年转入研究生阶段后，张颐又在欧洲大陆有关哲学、黑格尔哲学和形而上学的三个研究班中获得很多教益。1918 年夏，在获得哲学硕士学位之后，张颐与温莱教授商量，决定以黑格尔的伦理学为主题撰写博士学位论文。张颐在《黑格尔的伦理学说》"前言"中写道："我于 1918 年在密西根大学开始写作《黑格尔的伦理学说》这篇论文，当时是以《黑格尔伦理学的意义及其局限》的题目呈交的。1919 年 6 月完成了一部分，并以此作为密西根大学的哲学博士学位论文。"[③]

1919 年 10 月，张颐到达牛津大学后，原本打算采用另外的题目撰写博士学位论文，但后来听从了史密斯教授的劝告，继续从事黑格尔伦理学说的研究和写作。在这一过程中，一方面，张颐拓展了黑格尔伦理学的研究范围。1919 年 6 月所完成的密歇根大学博士学位论文依据的只是黑格尔的《精神哲学》和《法哲学》中的材料。虽然这两部著作是黑格尔成熟期阐述其伦理学说的主要论著，但仅仅依据这两部著作，未能知晓黑格尔伦理思想的形成和发展过程，对于深入理解和把握黑格尔的伦理学说会有所缺欠。有鉴于此，在牛津大学期间，张颐遂将黑格尔伦理学说的研究范围拓展到黑格尔之前在耶拿和纽伦堡时所写的著作。于是，张颐所完成的牛津大学哲学博士学位论文亦即后来出版的专著，其所依据的材料范围扩大为黑格尔的六部著作：（1）《论自然法的科学研究方法》（写于 1802 年夏，耶拿）；（2）《伦理体系》（写于 1802—1803 年，耶拿）；（3）《精神现象学》（1807 年出版，耶拿）；（4）《哲学入门》（写于 1808—1811 年，纽伦堡）；（5）《精神哲学》（1817 年出版，海德堡）；（6）《法哲学》（1821 年出版，柏林）。这样，就可以清楚地勾勒出黑格尔伦理学说从早期到成熟时期的发展过程，进而达到对黑格尔伦理学说的更为深刻的把握和更为透彻的阐述。

另一方面，在对黑格尔伦理思想的形成和发展过程的梳理并进一步对其伦理学说的系统深入研究的基础上，张颐对 1919 年 6 月提交的论文作了大幅度的修改和补充，增加了许多新的内容。其中，“第一、二、三章和第四章一部分是新增加的……第四章的一部分和第九章从前一本书的第一、三、五章吸收了某些材料，但是经过改动和充分的论证，这些章节已呈现出完全不同的性质。第六、七、八章的内容在前本书的第三、四章中曾作过相应的讨论，但它们现在从形式到内容都完全是另一回事”④。全书只有第五章与前一篇论文的第二章基本上是一样的，只是作了某些文字的修改。

张颐 1924 年回国后，是年在《学艺》杂志上分四期（第六卷第一、二、三号及第六号）发表了其牛津大学的博士论文。1925 年 5 月，该书由商务印书馆出版，书名为：*Hegel's Ethical Teaching : Its Development, Significance and Limitations*（《黑格尔的伦理学说：其发展、意义与局限》）；1926 年 10 月，商务印书馆又出版了该书第二版，书名改回原来博士论文的名称：*The Development, Significance and Some Limitations of Hegel's Ethical Teaching*（《黑格尔伦理学说的发展、意义与局限》）。

张颐这部著作的出版，颇受欧美哲学家的重视和好评，在西方学术界引起了较大的反响。牛津大学史密斯教授为该书作序，认为“张博士关于黑格尔伦理学说的著作是他对有关材料进行耐心而透彻研究的成果，也是对我们能自由使用的有意义的论据及其相互联系深思熟虑的成果”。史密斯教授还充分肯定了该书对黑格尔伦理学说所作评价是“非常公正”的，认为该书“必定会受到许多人的欢迎”。史密斯教授特别指出了张颐博士在讨论黑格尔关于家庭及其与国家关系的观点时，不仅批评了黑格尔，而且考察了一般西方思想与制度所依据的偏见，并认为张颐博士的这些反思在某些方面引入了生活所经历的教训，而“通过这些教训的引入，哲学进展了；由于采用了这种方法，张博士对哲学的进展作出了贡献”⑤。在该书出版后，剑桥大学三一学院前教侣、南威尔士大学哲学教授墨铿惹（J. S. Mackenzie）于 1926 年在芝加哥大学的《国际伦理学杂志》上发表了书评，对该书给予了很高的评价，认为“是书搜述详尽，评解新颖，允为当世赫学可贵之要籍”。他认为，该书裒集黑格尔各种著作中的伦理学说，疏通其脉络，融会其旨趣，深入浅出，将晦涩变为明晰，“不惟其伦理学说之新境陡辟，既全系统亦眉目犁然”；并认为一般人对黑格尔哲学“每有误解其意甚或讹传其义者”，而“张氏此作，可谓……能举此种谬误，摧陷而廓清之者矣”。为此，他明确表示可以“深信不疑”为读者力荐此作。⑥ 1927 年，德国习尔熙（E. Hirsch）教授在莱比锡大学的一份杂志上也发表了书评，尽管他不是哲学领域的专家，但对该书也表示了欢迎和肯定。1928 年，以编辑出版《黑格尔全集》而闻名的黑格尔专家拉松博士在柏林出版的《康德研究》第 33 卷上对该书作了评论，完全同意张颐对于黑格尔哲学所作的陈述和疏解，并认为该书对于黑格尔的评价，较许多德国作者更为公允。欧美尚有一些教授，虽未发表书评，但给作者来函表示欢迎。这其中就包括英国哲学史大家费歇尔（K. Fischer）教授，他于 1926 年给张颐写信，对该书的出版表达了热情的欢迎，并申明其所以没有撰写书评，乃是由于近期忙于管理事务而无暇细读的缘故。国内研究西方哲学东渐史的知名学者黄见德教授在谈到张颐先生这部著作在国外的反响时说道：“一部中国学者研究黑格尔的著作，这样受到国际哲学界的广泛关注与积极评价，这在西方哲学东渐史上是极其罕见的。”⑦

作为牛津大学的博士学位论文，张颐先生的这部著作是用英文撰写的，商务印书馆也是按英文原著出版和再版的。该书长期以来一直未有中文译本问世，这在一定程度上影响了该书在国内的传播。在贺麟先生的提议和推动下，四川省社会科学院张桂权研究员于 1988 年根据商务印书馆 1926 年第二版完成了张颐先生这部重要著作的中文翻译工作，该译本于 2000 年收入在侯成亚、张桂权、张文达编译的《张颐论黑格尔》一书中，由四川大学出版社出版。《张颐论黑格尔》除载有张颐先生的《黑格尔的伦理学说》外，还收入张颐先生讨论黑格尔哲学的 4 篇论文及 1 篇介绍美国圣路易哲学运动的文章，同时附有张颐之子张文达先生撰写的“张颐传略”和“张颐年谱”。

三、本书的基本内容和学术价值

张颐先生的《黑格尔的伦理学说》,顾名思义,是以黑格尔的伦理学说为研究对象的。但是,他不是从通常理解的狭义伦理学的视角去理解和梳理黑格尔的伦理观点,而是忠实于黑格尔的学说,把研究对象置于黑格尔的哲学体系中,按照黑格尔的思路,将其伦理学说与其关于经济学、政治学、法学、思辨哲学等方面的论述有机结合起来加以系统深入的研究,并从黑格尔哲学思想的形成和发展的历程中去探讨和把握其伦理学说的形成和发展。通过纵横两个维度的详细考察和透彻研究,该书全面深刻地阐述了黑格尔伦理学说从早期到成熟期的发展过程,透彻而客观地叙述了黑格尔各个时期的伦理观点,并从中归纳出黑格尔伦理学说的一般特征,探讨了黑格尔伦理学说的形而上学基础,作者以批判的态度指出了黑格尔伦理学说存在的困难和局限,提出了自己的独立见解,对黑格尔伦理学说的意义作出了较公正的评价。

西方古典哲学是以论证自由和善的目标为其终极价值的追求,所以从古希腊哲学到近代西方哲学,许多哲学家都著有以"伦理学"或相关名称命名的以伦理道德为研究主题的著作,如亚里士多德的《尼各马可伦理学》、斯宾诺莎的《伦理学》和康德的《实践理性批判》。张颐先生则注意到黑格尔从未使用"伦理学"或"道德学"命名过其重要著作。虽然黑格尔早期有一部著作名叫《伦理体系》,但这部著作在黑格尔在世时既没有写完也没有出版,直到半个多世纪后才由后人首次出版。尽管黑格尔未将其重要著作起名为"伦理学",张颐先生仍认为,"黑格尔有伦理学说",而且"论述是如此透彻和有独创性"。[⑧]只是,"黑格尔的伦理学说不是呈现为一个单一的部分,而是混合者或分散于心理学、经济学、政治学、法学、美学、宗教学和思辨哲学的论述中"[⑨]。因为对黑格尔来说,"对伦理学的基本论述不能够与对生活的其他部分的论述分离开"[⑩]。这就是说,人的自我实现,一方面必须以自然存在和社会合作为基础,另一方面又要达到与绝对精神的某种统一。因此,伦理学一方面必须深入自然的和社会的生活,另一方面又必须超出有限的范围而进入审美、纯思的绝对精神王国。显然,张颐先生对黑格尔的哲学理念和思维进路有着深刻的理解和精到的把握。不过,张颐先生也提出,为方便起见,我们在论述伦理学时,可以把注意力集中在生活的伦理方面,而对其他相关的方面只作附带的讨论;当然,形而上学与伦理学之间的关系问题需要多花一些笔墨,因为伦理学必须建立在形而上学的坚实的基础上。基于上述见解,张颐先生的这部著作就把研究的对象范围限定在前面提到的黑格尔的六部著作上,而在研究的内容上,尽管涉及黑格尔哲学的众多领域,但其主线是社会生活的伦理方面,重点又是黑格尔关于客观精神（特别是《精神哲学》和《法哲学》中的客观精神）的伦理学说,同时设有专章讨论黑格尔伦理学说的形而上学基础问题。

《黑格尔的伦理学说》共分为九章。从结构上说,这九章可分别归为三个部分。第一部分是第一章至第五章,主要是系统梳理黑格尔从1802年到1921年在其六部著作中所阐述的伦理学说,并用晓畅明白的语言加以表达;其中,对黑格尔的哲学体系作了简要的概述,并说明伦理学在其体系中所占的地位和《法哲学》是怎样逐渐扩展成为单独一部著作的。第二部分仅为第六章,主要是概括黑格尔伦理学说的一般特征,追溯黑格尔伦理观点的发生过程和形成原因,分析黑格尔伦理学说存在的困难,消除一些人对黑格尔伦理学说的误解。第三部分包括第七至第九章,主要是对黑格尔伦理学说的意义作出批判性的评价,指出其局限。这部分的内容包括:强调伦理理念的客观表现的意义和伦理行为中的客观准则的重要性;讨论伦理学理论的形而上学基础的必要性,考察黑格尔对他的形而上学原则的应用;讨论黑格尔伦理学说中的某些特殊问题,并提出自己的不同看法。

张颐先生的《黑格尔的伦理学说》是我国最早出版的黑格尔研究专著,也是国际上最早出版的专门论述黑格尔伦理学说的专著之一,在黑格尔的伦理学说乃至黑格尔哲学的研究史上具有重要的学术价值。在张颐的著作出版前,国外已出版的专门论述黑格尔伦理学说的专著就只有开普敦大学的雷伯恩（Hugh Adam Reyburn）教授于1921年在牛津出版的《黑格尔的伦理理论:法哲学研究》（*The Ethical Theory of Hegel: A Study of the Philosophy of Right*）。但该书只是对黑格尔的《精神哲学》和《法哲学》的研究,未考察黑格尔之前的其他有关著作;而且据作者所说,该书主要是对黑格尔伦理学说的解读和说明,以便使黑格尔的观点更容易理解,因此书中的批评已被减少到最低限度。而张颐先生的著作所提供的是鸟瞰黑格尔的伦理学说从早期到成熟期的全部发展,并对黑格尔的学说作出批评性的评价,而不只是单纯的解释。除了雷伯恩教授的这部专著外,国外就没有其他专门论述黑格尔伦理学说的著作了,有的只是在相关著作中对这一内容有所涉及而已,而这与专门且系统地论述黑格尔的伦理学说是不一样的。张颐先生在查证了之前有关黑格尔伦理学说的研究著作的出版情况后,总结道:“就我所知,到目前为止,还没有专门论述贯穿在黑格尔的各种著作中的伦理学说和对其价值作出批评性评价的著作。”[11]因此,也可以说,即便在国外,张颐的著作也是第一部专门论述贯穿在黑格尔的各种著作中的伦理学说并对其作出批评性评价的著作。

在张颐先生的著作之后,国外出版的专门论述黑格尔伦理学说的著作也没有几部。稍早一点的为爱丁堡大学沃尔什（W. H. Walsh）教授于1969年出版的《黑格尔学派的伦理学》(*Hegelian Ethics*),但其不仅篇幅不及张颐的著作,而且不是专门讨论黑格尔的伦理学,因此对于黑格尔伦理学的论述也就更简略了。稍近一点的为当代著名德国古典哲学研究专家、斯坦福大学哲学系荣休讲席教授伍德（Allen W. Wood）于1990年出版的《黑格尔的伦理思想》(*Hegelian Ethics*),该书获得很高的评价,被认为是对于黑格尔伦理学的最为重要的研究。

在国内,虽然黑格尔哲学的传入在19世纪末20世纪初就开始了,但在20世纪30年代之前,黑格尔哲学的传播和研究尚处在起步阶段,在当时特定的时代背景下,学术界在这方面的声音相当沉寂,远不及康德哲学的传播和研究。张颐1924年刚回到国内时就感受到了这种氛围:“所遇友朋皆侈谈康德,不及黑格尔,竞言认识论,蔑视形而上学。”[12]在那个时期,学术界很少发表讲述黑格尔的文章。在张颐的著作出版之前,主要是一些西洋通史或传记类作品等相关的著作和文章中包含着关于黑格尔的简单介绍,专门论述黑格尔的文章也就只有3篇:最早一篇为马君武的《唯心派巨子黑智儿学说》,1903年发表在《新民丛报》第27号;其次是严复的《述黑格儿唯心论》,1906年发表在《寰球学生报》第2期;第三篇是瞿世英的《黑格尔》,1921年发表在《时事新报》上。再有就是张颐1924年分期发表在《学艺》杂志上的牛津大学博士学位论文了。至于专门论述黑格尔的著作,在此之前尚为空白;而且,在此之后也没有专门论述黑格尔伦理学说的系统性著作。不过,从20世纪30年代起,国内黑格尔哲学的研究和传播迅速兴盛起来,仅30年代就翻译和撰写出版了10来部黑格尔的原著和研究著作,有关黑格尔哲学的论文更是有上百篇之多。可以说,张颐这部著作的出版,对推动国内黑格尔哲学的传播和研究,起到了重要的作用。由此可见,张颐的《黑格尔的伦理学说》一书的出版,在国内黑格尔哲学特别是其伦理学的研究史上具有更加重要的意义。著名黑格尔专家张世英教授曾高度评价张颐先生的这部著作,称其为研究黑格尔的"经典之作"。作为一部备受国内外黑格尔专家盛赞和推崇的学术著作,对于我们今天了解黑格尔哲学的形成和发展,系统深入地研究黑格尔的伦理学说,仍具有重要的参考价值。

注释:

①贺麟:《卷首献词》,《哲学评论》1947 年第 10 卷特刊,转引自侯成亚、张桂权、张文达编译:《张颐论黑格尔》,成都:四川大学出版社,2000 年,第 243 页。

②贺麟:《五十年来的中国哲学》,沈阳:辽宁教育出版社,1989 年,第 96 页。

③张颐:《黑格尔的伦理学说》,侯成亚、张桂权、张文达编译:《张颐论黑格尔》,成都:四川大学出版社,2000 年,第 9 页。

④张颐:《黑格尔的伦理学说》,侯成亚、张桂权、张文达编译:《张颐论黑格尔》,成都:四川大学出版社,2000 年,第 9 页。

⑤[英]史密斯:《张颐著〈黑格尔的伦理学说〉序》,侯成亚、张桂权、张文达编译:《张颐论黑格尔》,成都:四川大学出版社,2000 年,第 8 页。

⑥[英]麦铿籍:《读张颐博士赫氏伦理探究》,《厦大周刊》1929 年第200~201 期合刊,第 11~12 页。

⑦黄见德:《西方哲学东渐史:上卷》,北京:人民出版社,2006 年,第 364 页。

⑧张颐:《黑格尔的伦理学说》,侯成亚、张桂权、张文达编译:《张颐论黑格尔》,成都:四川大学出版社,2000 年,第 11 页。

⑨张颐:《黑格尔的伦理学说》,侯成亚、张桂权、张文达编译:《张颐论黑格尔》,成都:四川大学出版社,2000 年,第 11 页。

⑩张颐:《黑格尔的伦理学说》,侯成亚、张桂权、张文达编译:《张颐论黑格尔》,成都:四川大学出版社,2000 年,第 11 页。

⑪张颐:《黑格尔的伦理学说》,侯成亚、张桂权、张文达编译:《张颐论黑格尔》,成都:四川大学出版社,2000 年,第 10 页。

⑫张颐:《读克洛那、张君劢、瞿菊农、贺麟诸先生黑格尔逝世百年纪念论文》,侯成亚、张桂权、张文达编译:《张颐论黑格尔》,成都:四川大学出版社,

2000 年,第 157 页。

作者白锡能,厦门大学马克思主义学院原院长,人文学院哲学系教授。

鲁迅与《汉文学史纲要》

朱水涌

《汉文学史纲要》是鲁迅（1881—1936）1926年来厦门大学后撰写的，那时他在厦大担任“中国文学史”课程，是为自己讲授课程编写的一本讲义，在厦大时题为《中国文学史略》（有完整的手稿和油印本）。1927年他到广州中山大学后，依然用它为中山大学文学史课程讲义，改题为《古代汉文学史纲要》。生前未曾出版，1938年编入《鲁迅全集》，改用现名《汉文学史纲要》，1941年10月由鲁迅全集出版社首次出版单行本。

一

1926年9月4日，鲁迅从上海乘“新宁”轮抵达厦门，住进中和旅社。当天下午，林语堂、沈兼士、孙伏园来旅社接他，一起乘小舢板从沙坡尾码头进入厦大。那时他的好朋友林语堂、沈兼士、孙伏园先他到了厦大，但厦大也有他不愿为伍的顾颉刚、陈万里、黄坚，而不远处的广州，有他“足以自慰”的恋人许广平。鲁迅在厦大任国文系教授和国学研究院研究教授，这是他一生中最纯粹的一段学院生活。从1926年9月4日到1927年1月15日，鲁迅在厦大的130多天的日子里，讲授“中国小说选”和“中国文学史”两门课程，提交了“《嵇康集》考”和“古小说钩沉”两项研究课题，办了一个“六朝唐代造像”拓片展，支持青年学生创办了泱泱社和鼓浪文学社，自己也写下了17万多字的作品，这包括学术著作《汉文学史纲要》，小说《奔月》，散文《从百草园到三味书屋》《父亲的病》《藤野先生》《范爱农》，杂文《〈阿Q正传〉的成因》《写在〈坟〉的后面》等现代文学经典名篇，以及那部“既没有死呀活呀的热情，也没有花呀月呀的佳句"①的情书《两地书》的大部分。

《汉文学史纲要》是这 17 万多字中的一份学术文字,是一部未完成的中国古代文学史著作,它与这之前鲁迅在北京大学作的《中国小说史略》,以及后来写的《中国小说的历史的变迁》《魏晋风度及文章与药及酒之关系》等文章和大量的包括《古小说钩沉》《嵇康集》等辑佚稽考之作,为我们展示了鲁迅作为一位文学史家的形象。

这部未完成的中国古代文学史著作从文字文章的起源叙述到汉武帝时代的文学为止,共十篇。前四篇是对先秦文学史的概要叙述,阐述的是中国文学很重要的时期,体现了鲁迅对先秦文学内在精神的洞识。第一篇论述文字到文章的起源,第二篇"书与诗",谈《尚书》的"难解"与由来,讲《诗经》之六体与"怨诽而不乱、温柔敦厚"之缘由;第三篇"老庄",在概述诸子"显学"的同时,主要谈论"清虚以自守"、著书五千言的老子与"文辞之美富""以寓言为广"的庄子,透露出鲁迅对诸子思想的理解和评价;第四篇"屈原及宋玉",开篇便提出《离骚》之"逸响伟辞,卓绝一世",分析其"沾溉文林,既极广远,评骘之话,遂亦纷繁"的影响与地位,在简介"亦作赋"的荀况后,则将笔墨用在"凄怨之情,实为独绝"的宋玉的作品上;第五篇"李斯",通过联系着吕不韦、荀况的李斯简述秦时文坛颂词。第六到第十篇是对汉武帝时期文学的阐发论析。第六篇"汉宫之楚声",叙述楚汉之际"诗教已熄,民间多楚声"的历史现实;第七篇"贾谊与晁错",分析西汉"性行"颇同的贾谊与晁错的赋创作,认为贾谊能"纵身委命"是"得之于庄生",晁错之"沉实"稍胜贾谊,而两人"皆为西汉鸿文,沾溉后人,其泽甚远";第八篇"藩国之文术",视角特别,以汉代分封诸侯的藩国为文学界域,谈论各藩国的文章学术,涉及五个诸侯藩国的文章,重点则是叙述拥有司马相如、严忌、邹阳和枚乘的梁孝王刘武与"好书、鼓琴""宾客方术之士数千人"的淮南王刘安的藩国文章;第九篇"武帝时文术之盛",题目就很明显,谈论汉武帝"雄才大略,颇尚儒术",而"文学之士""左右者甚众",其时文风尤为鼎盛,既有众多文人多采之赋颂,又有诗歌之新制、小说家之兴盛;第十篇"司马相如与司马迁",提出武帝时期"赋莫若司马相如,文莫若司马迁",论述武帝时期两位成就最高的文学家的文学特征与贡献。

这部史著精辟论断不断,创新见解时时出现,用鲁迅自己的话说,那就是"说出一点别人没有见到的话来"②。作为一部文学史,它的论述没能延伸到中国文学真正的繁荣时期，这成为鲁迅一生与学界的共同遗憾，但它乃是现代文坛和学术界一份极珍贵的宝藏，是中国现代学术史上一部极富独特思想、眼光和个人特点的文学史著作。

作为一个文学史家，鲁迅与许多作史的人有不同的身份，他同时是一个作家，一个中国现代文学鼻祖且至今没有人能逾越的现代小说家。他作中国文学史，是以一位作家与学者相结合的身份在审视自己民族古往今来的文学，以一种艺术的眼光来阅读、评论与评价中国古代文学，从而能"说出一点别人没有见到的话来"。像鲁迅这样学与文兼备的学者，无论过去还是现在其实很少。所以，在《汉文学史纲要》中，我们看到鲁迅论史的一个突出特点，即对文学的文法与文采、对文学自身特性的看重与关注。

第一篇"自文字至文章"就体现出他对文学独有特征的表达。对文学的看法，鲁迅受他老师章太炎的影响。章太炎在《文学总略》中称"文学者，以有文字著于竹帛，故谓之文；论其法式，谓之学"。鲁迅由文学即文与学这一观念展开，提出"凡谓文，必相错综，错而不乱，亦近丽尔之象"，突出文学之文法交错与美丽之形象，认为"必有藻韵，善移人情，始得称文"。他以这样的观念看待中国文学的发展，自有一番自己的评价。在阐述汉晋"文章界域"之张弛背后，字里行间表露出对宋元以来"提挈经训，诛锄美辞"的"散体之笔"不以为然。在鲁迅眼里，有无文采是评判作家在文学史上地位的重要依据，所以先秦显学三家，鲁迅独取老庄，因"儒者崇实，墨家尚质"，"文辞之类者，实为道家"。他格外推崇屈原作《离骚》，更是因为"其言甚长，其思甚幻，其文甚丽，其旨甚明，凭心而论，不遵矩度"。西汉时期赋家、散文家颇多，而鲁迅选贾谊、晁错、司马相如、司马迁等人为文学个案，也是因贾谊纵躯得于庄生、晁错"文皆疏直激切"、司马相如有"玮奇之意""绮丽之辞"、司马迁《史记》乃"史家之绝唱，无韵之《离骚》"。作为文学家的鲁迅，带着自己对文学"文采""人情"的独特见解与丰富的创作经验来撰写中国文学史，自然会更重视文学自身的规律与特点。

作为一个文学史家，尽管鲁迅在挖掘辑录史料上也体现出史家之深厚功力，但他最大的长处其实不在史料的掌握上，甚至也不在敏锐的艺术感觉，而在于他对历史和人生真谛的深入领悟。知人论世，这既是古老中国探讨问题的常理，也是鲁迅写作文学史的一个重要方法。知人论世对于鲁迅来说，是将文学与文学家置放在时代与文学历史格局中考察，在时代环境、历史渊源与个人性情品行的探究中阐发文学的嬗变发展。

鲁迅在谈及文学史的写作时，主张“以时代为经”，“以文章的形式为纬”，[③]他遵循《文心雕龙》所说的“文变染乎世情，兴废系乎时序”考察文学，也受到波兰勃兰兑斯《十九世纪文学的主要潮流》影响，关注民族性格、文学思潮和异乎寻常的政治局面“三大基本因素”对文学的制约。《汉文学史纲要》每提到一个作家一部作品，总是渊源清晰，文缘有致，身份与创作相关，时代与文运关联。谈论先秦诸子散文，开篇便是“周室寖衰，风人辍采”，所以诗亡，而“志士欲救世弊，则穷竭神虑，举其知闻”，所以“骋辩腾说，著作云起”，短短几句，便高度提炼出那个时代诸子百家崛起的文学局面。分析以《离骚》为代表的楚辞之产生及其独特性，是因为“楚虽蛮夷，久为大国，春秋之世，已能赋诗，风雅之教，宁所未习，幸其固有文化，尚未沦亡，交错为文，遂生壮采”，而“形式文采之所以异者”，是因为两个原因，既时与地。时是时代风尚，春秋战国，“游说之风寖盛，纵横之士，欲以唇吻奏功，遂竞为美辞”；地是产地，楚辞产地“与诗不同，彼有河渭，此则沅湘，彼惟朴樕，此有兰茝；又重巫，浩歌曼舞，足以乐神，盛造歌辞，用于祀祭”。这样，对楚辞产生的剖析已包含了时代、地理、文化诸因素，体现了鲁迅思考文学史问题的开阔思维。至于作家论析，一定将与作家息息相关的命运遭际理得清清楚楚。老子之能著五千言道德，是因为“老子尝为周室守书，博见文典，又阅世变，所识甚多”；贾谊之所以作赋吊屈原，在于本是文帝宠臣，却遭人诋毁，于是文帝“疏之，不用其议”，身份从大中大夫、公卿到长沙王太傅，“意不自得，及涉湘水，为赋吊屈原”；还有像宋玉的不得志，李斯的“虽出荀卿之门，而不师儒者之道”，枚乘的诸多波折，司马相如受武帝青睐，司马迁被刑发愤，在鲁迅笔下，也都是其文学创作的重要因素。

在中国现代学术史上，五四以后崛起的文学史家，处于西学东渐的热潮之中，大部分喜欢摆弄西洋文学批评术语，以主题、结构、情节、人性表达、发展规律等术语名词来谈中国文学，用西方眼光剪裁中国文学，刚刚引进的“文学概论”成为对文学史上作家与创作的取舍标准，很少顾及中国古老文坛上所特有的另一种评判文学的思维方式与欣赏趣味。鲁迅大抵也是对西方文学理论持欢迎态度，他在写作杂文时主张取“拿来主义”的态度，但当他撰写文学史著作时，无论是《中国小说史略》还是《汉文学史纲要》，他却极少用译介进来的西方文学批评术语，而仍然沿用中国传统的诗话词话、小说评点的概念与思路，取一种传统的知人论世的文学史叙事方式，这无论是在当时还是今天，都是极富启示意义的。

二

作为文学家的鲁迅写作文学史尤为重视文法与文采，而作为思想家的鲁迅在文学史撰写上则表现出一种尤为可贵的“史识”，这让一部未完成的中国文学史至今依然体现出见解的独到与观点的新颖。

鲁迅对当时已经出版的几种文学史著作都不满意，他认为那时“中国文学史没有好的”[④]。他说胡适的《白话文学史》“也不见得好”[⑤]，对郑振铎的《插图本中国文学史》，他认为：“成哉滔滔不已，然此乃文学史料长篇，非‘史’也，但倘有具史识者，资以为史，亦可用耳。”[⑥]在此他提到了写文学史要有“史识”的问题。他向曹靖华推荐文学史著作，列出谢无量《中国大文学史》，郑振铎《插图本中国文学史》，陆侃如、冯沅君《中国诗史》，王国维《宋元词曲史》以及自己著的《中国小说史略》，最后说：“但这些都不过可看材料，见解却都是不正确的。”[⑦]他比较满意的文学史著作，只有刘师培的《中古文学史》和青木正儿《明清戏剧史》，前者曾作为他著名的演讲“魏晋风度与药及酒之关系”的主要参考书，并采纳了一些重要观点。正是对于现代学术上出现的文学史著作的不满意，他才一直心存编写一部完整的中国文学史著作的愿望，并且不无自信地说：“如果使我研究一种关于中国文学的事，大概也可以说出一点别人没有见到的话来……”[⑧]

要“说出一点别人没有见到的话来”，很重要的是要求文学史家要有自己对文学历史的把握与见地，即鲁迅所说的“史识”。“史识”是史家整合研究对象整体的支点，它体现出史家对研究对象整体性的理解、特性的把握及其发展变化规律的探索。治史不外乎两种倾向，一重史料，一重史识，章学诚称这两者为饕辑之史与著作之史，前者重史料，辑录考证，以材料的开掘铺张取胜；后者重史识，讲究“决断去取，各自成家”，富于独立见解。尽管这两者是不可分离难于独立存在，但对不同的史家来说却各有侧重。显然，作为思想家的鲁迅治文学史，更重于“史识”，“史识”的独特眼光，决定了一部文学史的独创性与新颖性。

鲁迅对中国古代文学有自己的见解,他从人与文学的内在精神关联上去看待中国文学,认定魏晋是中国历史上“很重要的时代”,“能充分容纳异端和外来的思想”,他极其欣赏嵇康、阮籍的“师新使气”,对魏晋文人敢于“与古时旧说反对”倍加欣赏,他是将魏晋文学作为“文学的自觉时代”来把握的。正是这种“史识”,让他在他的文学史文字中说出许多前人所未言的话。《汉文学史纲要》虽然写在《魏晋风度及文章与药及酒之关系》之前,但魏晋文学给予鲁迅的思想与史识的影响却是早就存在的,写作《汉文学史纲要》时,鲁迅提供给厦大国学研究院的研究课题便是“《嵇康集》考”。

《汉文学史纲要》的文学史叙述与一般学者的叙述很不同。探讨从上古之世口头文学的起源到书面文学的形成过程,鲁迅开篇就抓住一个核心问题,即文学在历史上是何种具体缘由促成的。对于原始的口头文学的起源,鲁迅认为:“在昔原始殖民。其居其中,盖惟以姿态声音,自达其情意而已。声音繁变,成言辞,言辞谐美,乃兆歌吟。时属草味,庶民朴淳,心志郁于内,则任情而歌呼,天地变于外,则祗畏以颂祝,踊跃吟叹,时越侪辈,为众所赏,默识不忘,口耳相传,或逮后世。复有巫觋,职在通神,盛为歌舞,以祈灵祝,而赞颂之在人群,其用愈广大。”依鲁迅的见解,口头文学的发生次第是:情意心志—声音—言辞—歌咏。鲁迅认为《吕氏春秋》关于“昔葛天氏之乐,三人操牛尾,投足以个八阙”的说法,虽然没有文献可以为据,但可以“证以今日之野人,揆之人间之心理”(揣测)。至于文学的出现,鲁迅认为文字的出现是一个关键性环节,而巫和史对文字的掌握和应用才是文章起源的关键。“巫以记神事”,“史以记人事”,强调巫史在文学的提升和推广中的地位,指出虽“巫史非诗人”,但有了文章才会有“以便传诵”的“藻韵”,文学也才产生,这里,鲁迅挑出文字起源到文章形成的关键性问题,阐发了自己对文学起源的理解,但整个论述汇合了人类学、心理学、社会学等学科知识。谈论《诗经》时,不仅将“诗三百零五”之来龙去脉梳理得一清二楚,而且将自商以来的各种“诗”之学说一一澄明,让“三经”“四始”“其可征信”。既提出文学史上通常所说的《诗经》“怨而不怒,哀而不伤”的“教训”特征,指明这个特征的产生全赖《诗经》诞生地黄河中心地域,“其民厚重”,“能止乎礼义,忿而不戾,怨而不怒,哀而不伤,乐而不淫”,同时挑明《诗经》不可如孔子所言“一言以蔽之,思无邪”,实际上是“激楚之言，奔放之词，《风》《雅》《诵》亦常有”，只是后儒尊孔子“恶郑声之乱雅乐”而至，对《诗经》提出不同意见。而当论述到春秋末期到秦统一之前这段先秦文学史最重要的段落时，一般文学史著作都离不开对诸子各家的阐述，叙述诸子各家的斐然成就，叙述的对象甚多。而鲁迅剪裁却甚为严厉，显学三家，去儒墨，而只取老庄一家，与历来文学史的叙述完全不同。这原因除了上面所提到的文采文法之外，更重要的在于老子“清虚以自守，卑弱以自持”，而庄周是“闻其风而悦之，以谬悠之说，荒唐之语，无断崖之辞，时纵恣而不傥，不以觭见之也”。这是鲁迅所看重与欣赏的“放言无惮，为前人所不敢言”的文学创作，与后来的魏晋风度一脉相承。这样的剪裁论述，体现出鲁迅对文学史上艺术成就的不同体认。其他篇章，无论是谈论战国时期的文学，还是西汉时期的诗赋散文，也都持这样一种“决断去取”。像历史散文《春秋》《左传》《国语》《战国策》《晏子春秋》《吕氏春秋》，是文学史上一般都要叙述的对象，鲁迅要么一字不提，要么也是一笔带过，均不在《汉文学史纲要》的论述之列。这主要出自鲁迅的文学判断标准，出自鲁迅的“史识”。

鲁迅以“史识”取舍文学材料，以个人的见解创新文学史的叙述，实际上也是当年厦门大学国学研究特色的一个体现，厦大的国学研究院当年所提出来的国学范畴以及国学研究的思路、方法与途径，实际上体现的是五四以后新潮学术的重要特征，鲁迅作为国学研究院教授所作的文学史著作，与此也不谋而合。

厦门大学国学研究院是继北大国学门与清华国学研究院之后中国高校成立的国学专门研究机构，其存在时间虽然比较短暂（1926 年 10 月—1927 年 3 月），却是当时国内尤其是高校国学研究模式上的一次创新的尝试，它的短暂的尝试是中国学术最终形成“知识”分流格局的一个转折点。

国学门的创立发生在近代学科体制根本革新、“国学”研究逐步淡出学术舞台（1911—1917）之后。20 世纪 20 年代全国范围内的国学研究机构的相继成立，实际上是出自沈兼士所说的以“国学”“于世界学术界中争一立脚地”的意愿，是出自有着两千多年历史的汉学研究可能被西学彻底取代的焦虑，是欲使中国大学不沦为西方附庸而打开的一条重要途径。厦大国学院的建立，最早的动因是校长林文庆“因念中国数千年来固有文字，竟衰替一至于此”的“痛心切齿”的“无限感慨”。[9]必须充分意识到厦大创办者陈嘉庚与校长林文庆的西方经验和民族身份，他们“对于国学，提倡不遗余力”[10]的精神和信念，与他们的异国现代性经验和民族身份紧密相连。古代文化向现代文化转型，一种知识系统向另一种知识系统转换，这是五四期“国学院”勃兴的背景。

国学院是中国在文化转型中诞生的一种知识和知识者的集合体，整合日益精细的学科体系和知识构成是国学院的一个重要功能，也正是在这一方面，国学呈现出它与西学不同的世界把握方式。厦大国学院成立时，其学科设置包含着十五个学科，不仅有北大国学门的文、史、哲、语言、考古，还包括了医药、天算、地学、美术、法政、教育、神教、闽南文化，甚至经济，而聚集在厦大国学院的学者的研究则涉及经学、史学、语言文学、哲学、中西交通史、人类学、考古学以及编辑学。如果不深究这样的学科设置是否过于宽泛而缺少科学性，则我们可以发现厦大国学院这个学科设置，正是对于当时学术和教育体系的一种突破和重组，其人员的自由组合精神，学科边界的模糊性，以及研究和教学内容的开放性，在当时是富于挑战性与创新性的。尤其是将医药、天算、地学、法政以及地域文化列入国学研究范畴，这实际上已经注意到除人文价值之外，传统文化中可能存在的更丰富的资源问题。

厦大国学院的成立，用林语堂的话说是“大有北大南移之势”，直接与北大国学门有渊源关系的就有林语堂、沈兼士、顾颉刚、容肇祖、丁山等5人。长期以来，受鲁迅《两地书》及鲁迅相关书信的影响，学界一直将厦大国学院的组成分为胡适派与鲁迅派两股力量，实际情况并非如此，像中西交通史开创者张星烺和俄国人类学者史禄国就难于归入这样的行列。但不管如何区分这支短暂组合的队伍，无论是跟胡适的顾颉刚等人，还是跟鲁迅的章廷谦等人，他们都代表了五四新文化的文化更新意识。在国学院成立时，研究院主任沈兼士主张古学“必得地质学、人类学、考古学、古生物学等等作为参考”，“再以实物印证”以及“调查各处民情、生活、习惯”；秘书林语堂提出注意“民间表现之一切动作，如歌谣等”和注重发掘“闽南民间一切风俗习惯”“古物”；留学西方主攻化学的张星烺则倡导西欧对于一切事物“无不悉心研究、力求明确”，[11]这都表现出这个时期国学研究的新方向，除以科学方法整理国故外，还有着五四期向民间、向其他学科索取资源的国学研究新趋向。在厦大国学院，无论是鲁迅的取“昔之史家所不屑道者”、“印汉至唐画像，但唯取其可见当时风俗者”，还是顾颉刚的既可用研究历史的眼光研究故事、也就可以用研究故事的方法研究历史，他们研究的立足点是一致的，既有一种扎根四野之学、援引西洋之学、破解四库之学的学术思想与知识结构，又特别地注重风俗文化和精神变迁，借助边缘改变中心的新学特点，比较鲜明地体现了新文化运动之后新潮学术重要特征，这就是以新的方法、新的史料和新的视点，动摇以经学为主体的传统思想与学术的根基，体现了五四期“重估价值”的精神，是一种从古人学术束缚中跳脱出来的学术重建。鲁迅《汉文学史纲要》的创新之处，也就在于他援引西学的立人思想和文学价值观，但用中国的办法、中国的思路研究文学史。

三

关于《汉文学史纲要》，鲁迅在厦门给许广平的信中提到三次。第一次是1926年9月14日，鲁迅向许广平透露了写作文学史的事，他说：“我的功课……两点是文学史，须编讲义。看看这里旧存的讲义，则我随便讲讲就很够了，但我还想认真一点，编成一本较好的文学史。”[12]此时鲁迅刚到厦门十天，他做着在厦门大学教两年书的准备，心情比较惬意。再次提起文学史写作的事在10月4日的信，鲁迅向许广平报告了编写文学史的进展情况，“我对于编文学史讲义，不愿草率，现已有两章复印了，可惜本校藏书不多，编起来很不便”[13]。这时鲁迅心情挺好，“学生似尚佳”，周围的人“对我之感情似亦好”，“文科今年也有生气了”，[14]尽管周边有“语言无味”的人，有顾颉刚等一些他不愿为伍的人，但看得出鲁迅心情不错，很想认真地完成好这部文学史。但到11月1日，鲁迅再说起这事时，情绪就不那么惬意了，他说：“但如果使我研究一种关于中国文学的事，大概也可以说出一点别人没有见到的话来，所以放下也似乎可惜。”[15]一面是想作一本“说出一点别人没有见到的话来”，一面却不再像前两次那般口气坚定，此时的鲁迅对自己前面的路已经有些徘徊。事实上鲁迅在厦门写作文学史，固然是因为教学的需要，但却也是鲁迅的一次自觉的学术研究，是对自己“换一个地方生活”、换一种生活方式的践行与尝试，是鲁迅在厦门“寻路”的表现。

厦大短短的4个月，是鲁迅人生的一个重要驿站，是这位文学家、思想家和学者一段极独特的生命旅程。在厦门编《坟》这本杂文集时，鲁迅很明白告诉读者，生命的路“自己还不明白怎么走”，只是“很确切地知道一个终点，就是:坟"。"问题是在从此到那的道路,那当然不只一条,我可正不知那一条好,虽然至今有时也还在寻求"。[16]"寻路",这是鲁迅在厦门时的生命指向,寻路中的鲁迅"一面是埋葬,一面也是留恋",埋葬与留恋纠缠、温暖与无聊厮守,于是他"对于此后方针,实在很有些绯徊不决"[17]。

鲁迅南下厦门,自然有政治、经济的原因和受到爱的驱使的动力,但离开北京换一个地方换一种生活的想法,则是鲁迅南下的根本所在。新文化运动高潮退下之后,鲁迅经历了"无物之阵"的孤独、彷徨与悲哀,对于新文化的启蒙运动,对于前驱者与自己的反抗,他已经不抱有什么希望了。他对许广平说,"必须麻木到不想'将来'也不知'现在',这才和中国的时代环境相合",而"满纸是'将来'和'准备'的指教,其实不过是空言"。[18]他说,"我的反抗,却不过是与黑暗捣乱。……有时确为别人,有时确为自己玩玩,有时则竟因为希望生命从速消磨"[19]。这种"绝望的反抗"还时常是在"不得不尔"的情形中进行的,"身在北京,不得不尔,譬如挤在戏台面前,想不看而退出,也是不很容易的。……因此而不能'以自己定夺'的事,也就往往有之"[20]。但这位"既没有什么主义要宣传,也不想发起一种什么运动"[21]的独立的思想者,是无法总是"依了组织者的希望"的。他在厦门写作《〈阿Q正传〉的成因》时,道出自己作为"孺子牛"的内心独白:"张家要我耕一弓地,可以的;李家要我换一转磨,也可以的;……但倘若用得我太苦,是不行的,我还要自己觅草吃,要喘气的工夫;要专指我为某家的牛,将我关在他的牛牢内,也不行的,我有时也许还要给别家挨几转磨。如果要连肉都要出卖,那自然更不行,理由自明,无须细说。"为此,"还是我跑我的,我躺我的,决不出来再上当"[22]。这样,他就应聘来到了厦大,选择了当教授,用他自己的话说,是"想在此关门读书一两年"[23]。他与许广平约定,两年后两人再相会。这时期,鲁迅给自己人生摆出三条道路:

> (一)死了心,积几文钱,将来什么事都不做,苦苦过活;(二)再不顾自己,为人们做一点事,将来饿肚也不妨,也一任别人唾骂;(三)再做一些事,被利用当然有时仍不免,倘同人排斥我了,为生存起见,我便不论什么事都敢做,但不愿失了我的朋友。[24]

这三条路虽说包含了鲁迅对爱情的选择和态度,但更是鲁迅到厦门后思考的人生指向。在更多的时候,他把这三条路具体到"做文章"或"教书"两个问题上,他说:"但我对于此后的方针,实在很有些徘徊不决,那就是:做文章呢,还是教书?因为这两件事是势不两立的。"[25]"写文章"就是回到北京时期,以笔为"投枪""匕首",反抗黑暗,启蒙民众,而"教书"便是在厦大时的状态,"研究而教书"。他说:"我觉得教书和创作,是不能并立的……所以我此后的路还当选择:研究而教书呢,还是仍作游民而创作?"[26]在这徘徊中,鲁迅当时仍是倾向于教书的,他想先"关门读书一两年",把文学史之类的讲义编好,而教书无须预备了,余暇再从事创作。《汉文学史纲要》就是在这样的道路选择中动笔的,他自信自己能写出"一本较好的文学史"。对此,李长之在1935年有过一个说法,他说:鲁迅"还有新的梦想,要治两年的学,于是到了厦门,在厦门能耐的话,他可以像林语堂似的,在那儿停一停"[27]。正是这种"治学""研究而教书"的选择,才让他在离开厦门到广州时,还是选择到中山大学,继续中国文学史的教学,继续以《汉文学史纲要》为教材。

然而,鲁迅终究是鲁迅,是年轻时就写了《摩罗诗力说》的鲁迅,那种"立意在反抗,指归在行动"的"精神界之战士"的精神和"掊物质而张灵明"的启蒙思想,已经是他生命的重要组成;鲁迅又是一个清醒的现实主义者,他能深刻地意识到自己与社会、与现实、与传统的悲剧性对立,同时也意识到自身与这个社会传统难以割断的联系。"精神界之战士"的底蕴,使鲁迅的生命始终蕴藏着行动的冲动,始终没有放弃从社会批判与自我探求中去获得生存的意义。清醒的现实主义的冷峻,又使他能深刻地看到这世界的"无聊"和无望,感受到自己想"为社会做点事而于自己也无害"的"不能实行"。[28]最终鲁迅放弃了"研究而教书",尽管他一直怀着写一部"较好的文学史"的愿望,但终究没有写成,《汉文学史纲要》也就一直成为一部未完成的文学史著作。

2021年2月于厦门大学海滨东区

注释:

①《鲁迅全集》第11卷,北京:人民文学出版社,1982年,第5页。

②《鲁迅全集》第11卷,北京:人民文学出版社,1982年,第184页。

③《鲁迅全集》第13卷,北京:人民文学出版社,1982年,第243页。

④《鲁迅全集》第12卷,北京:人民文学出版社,1982年,第347页。

⑤《鲁迅全集》第11卷,北京:人民文学出版社,1982年,第691页。

⑥《鲁迅全集》第12卷,北京:人民文学出版社,1982年,第102页。

⑦《鲁迅全集》第12卷,北京:人民文学出版社,1982年,第299页。

⑧《鲁迅全集》第11卷,北京:人民文学出版社,1982年,第184页。

⑨《国学研究院成立大会纪盛》,《厦大周刊》第159期,1926年10月15日。

⑩《国学研究院成立大会纪盛》,《厦大周刊》第159期,1926年10月15日。

⑪《国学研究院成立大会纪盛》,《厦大周刊》第159期,1926年10月15日。

⑫《鲁迅全集》第11卷,北京:人民文学出版社,1982年,第117页。

⑬《鲁迅全集》第11卷,北京:人民文学出版社,1982年,第140页。

⑭《鲁迅全集》第11卷,北京:人民文学出版社,1982年,第140页。

⑮《鲁迅全集》第11卷,北京:人民文学出版社,1982年,第184页。

⑯《鲁迅论创作》,上海:上海文艺出版社,1983年,第55页。

⑰《鲁迅全集》第11卷,北京:人民文学出版社,1982年,第184页。

⑱《鲁迅全集》第11卷,北京:人民文学出版社,1982年,第25~26页。

⑲《鲁迅全集》第11卷,北京:人民文学出版社,1982年,第79页。

⑳《鲁迅全集》第11卷,北京:人民文学出版社,1982年,第178~179页。

㉑《鲁迅论创作》,上海:上海文艺出版社,1983年,第53页。

㉒《鲁迅论创作》,上海:上海文艺出版社,1983年,第14页。

㉓《鲁迅全集》第11卷,北京:人民文学出版社,1982年,第525页。

㉔鲁迅、景宋:《两地书·原信——鲁迅与许广平往来书信集》,北京:中国青年出版社,2005年,第196页。

㉕《鲁迅全集》第11卷,北京:人民文学出版社,1982年,第184页。

㉖《鲁迅全集》第11卷,北京:人民文学出版社,1982年,第228页。

㉗李长之:《鲁迅批判》,北京:北京出版社,2003年,第47页。

㉘《鲁迅论创作》,上海:上海文艺出版社,1983年,第235页。

作者朱水涌,厦门大学人文学院原副院长,中文系教授、博士生导师。

张星烺与《马哥孛罗游记》

冯立军

2020 年,是不平凡的一年,突如其来的疫情肆虐中国以至整个世界,人们深陷其中难免心生忐忑,本人亦不例外。然而,更令我忐忑的,是毫无征兆地接到"厦门大学百年学术论著选刊"编纂组的邀约,为张星烺译注《马哥孛罗游记》(商务印书馆,1936 年)撰写再版前言。之所以忐忑,是因为:其一,该书已纳入"厦门大学百年校庆系列出版物"丛书之"百年学术论著选刊"系列,任务艰巨,"恐托付不效";其二,张星烺先生,是我国 20 世纪上半叶史学界著名学者,中国中外关系史学科的奠基人之一,其所译注之《马哥孛罗游记》有"世界一大奇书"之称,是人类史上西方人感知东方的第一部著作,是它向整个欧洲打开了神秘东方的大门。与之相比,笔者"默默无闻",难免会有自惭形秽之感,或者更直白地说,"咖位"不够。

不过,怀着对张星烺先生的无限敬仰以及凭借在中外关系史学科研究中所积累的对《马哥孛罗游记》的粗浅认识,或可斗胆一试。虽是勉力为之,但亦可算是不负学校的"重托"与信任。

一

张星烺,字亮尘,1888 年出生于江苏省泗阳县的一个知识分子家庭,其父张相文为我国著名的地理学家,我国现代地理学领域的先驱者,曾在 1909 年创建著名的中国地学会,担任会长,并编辑出版了《地学杂志》,积极进行"地学救国"的活动。深厚的家学渊源,使得张星烺自幼便跟随父亲学习历史、地理和古典文学,得到了一定的知识和品德培养,为他以后的研究工作打下了最初的基础。1899 年,张星烺随其父入上海南洋公学留学班学习,1902 年转读于天津北洋大学。因学习成绩优异,张星烺在1906年被北洋大学选派公费留学美国,进入哈佛大学化学系学习。[①]1909年在哈佛大学毕业后,张星烺到德国柏林大学攻读生物化学。或许是受父亲的影响,也许为支持父亲创办的《地学杂志》,张星烺先生在紧张的学习之余,还研究历史地理,为《地学杂志》翻译地学论文,撰写游记文章,并从1910年开始向国内介绍西方关于《马可·波罗游记》的研究情况,着手翻译这一中西交通史的海外名著。1912年,国内辛亥革命胜利,受父辈革命思想影响,正在攻读博士学位的张星烺毅然放弃了国外优越的学习和研究条件,怀着满腔热血踏上归程,准备一展宏图,实现他"科学救国"和"实业强国"的理想。[②]

然而,回国后的张星烺首先面对的是政局动荡的现实,抱负难以施展,同时,也不得不为生计而奔波。他先是任职于湖北汉阳兵工厂,继而于1913年担任江苏省公署实业司技正。1917年,又应北京大学校长蔡元培之邀被聘为北京大学化学教授,同时兼任该校国史编纂处特别纂辑员。也在这一年,张星烺被派往日本进行学术调研。[③]在日期间,目睹了"脱亚入欧"的日本的发展,无疑给怀有强烈爱国主义思想的张星烺以深深触动,他努力思考着近代以来在西方列强冲击下中国和日本发展的不同际遇——学习西方而成功的日本以及学习西方但失败的中国,这一切,或许西方才是问题之源。正如他在《中西交通史料汇编》一书的序言中所言,"今之世界牛耳,操之欧罗巴诸国";"研究之,足觇彼我势力之消长,我所受之于彼,彼所受之于我究若何也"。[④]因而,接下来,他更加关注西方以及中西往来的历史,他发现外国人对于中西交通史料整理方面的研究格外重视,而中国却无人问津。于是,张星烺对研究中西交通史产生了很大的兴趣,他研究了英国学者亨利·玉尔(Henry Yule)的《东域纪程录丛》等关于东西方交通的外国学者著作,也收集了大量的相关史料。[⑤]可以说,在日本的这段经历,是张星烺学术生涯在思想上发生转折的重要节点,从此,他不仅研究化学,而且也重视从事史地的研究工作,从而开启了他"第二职业"——史地研究的征程。

从日本归来,先是北京大学附设国史编纂处于1919年被国务院收回,原属本校教授们承担的任务宣告结束,[⑥]令其沮丧不已。接着,由于劳碌奔波,张星烺先生不幸染上了严重的肺结核病,心理和身体都受到了沉重的打击。虽如此,张星烺先生并未就此沉沦,反而利用在其岳父家养病之机,饱览诗书,广为搜罗,积累了大量资料。

病愈后，尽管张星烺先生先后在长沙湖南高等工业学校和青岛四方机车厂化验室工作，但由于身体虚弱和疾病，他在化学工作上逐渐不能适应和进取。与之相反，在其业余时间所从事的史地研究却逐渐结出硕果。首先，1922—1924 年，张星烺先生译成并发表了《马哥孛罗游记导言》，这是根据玉尔译注本和法人亨利·考狄修订补注本转译的，它同以后译成的《游记》第一卷一起，组成了我国第一部较完美的《马可·波罗游记》中译本[名为《张译马哥孛罗游记（第一册）》，北美印刷局印刷，燕京大学图书馆发行，1929 年]。在此译本中，译者做了很多注释，多是以中外史料进行对勘，实为一史地考证之作。[⑦]其次，1923 年，他在《史地学报》上发表了《梁任公〈中国历史研究法〉纠谬》一文，由于是对名家权威著作进行了评论，故引起当时学术界对这个研习化学的留学生的注意。[⑧]再次，1926 年，他又完成了《中西交通史料汇编》的初稿，这基本奠定了他在史学界的学术地位。

也许正是受惠于此，亦值厦门大学校长林文庆在国内广为网罗文科人才之际，1926 年 9 月，张星烺先生受到厦门大学的聘请，先后任国学研究院研究教授、代理主任，历史社会学系教授。如果说 1917 年张星烺在日本的经历是其学术生涯在思想层面的转变，那么 1926 年受聘于厦门大学则是他学术生涯在行动上的完全转变。从此，张星烺先生放弃了与化学相关的工作，转而以中外关系史的教学和研究作为自己的正式职业，由此开启了另外一种学术之路。其实，张星烺先生任职于厦门大学的时间并不长，始于 1926 年 9 月，结束于 1927 年 7 月，仅仅维持了一学年的时间，然而正是这一学年的时间，让张星烺先生完成了从一个化学工作者到中外关系史研究学者的过渡。

概括来说，张星烺先生在厦门大学对中外关系史学科的贡献如下：

首先，在中外关系史课程的教学上，从 1926 年受聘之日始，张星烺先生即开设“中西交通史（中外文化交通史）”一课，该课程编有讲义，共 70 节，160 余页，分别叙述汉时之中欧交通、六朝时代中欧交通、隋唐时代中欧交通、唐时基督教之传入中国、武宗时景教之被禁绝、唐代所记大秦国矿石及动植物、宋代中欧交通、元代中欧交通、蒙古人在欧洲之武功、欧洲人东来请愿、欧洲人入化中国、元时基督教在中国之状况。[⑨]当是时，在国内大学中讲授中外关系史课程的并不多，较早的是 1917 年北京大学曹位康（馥珊）主讲的“中国与亚洲诸国交通史”，在 20 年代只有陈衡哲在北大开设的“欧亚交通史”和张星烺在厦大开设的“中西交通史”。除此，张星烺在厦门大学还讲授“南洋各岛史”

"南洋史地""西北史地"等与中外关系史有关的课程。其所开设的"南洋各岛史",亦编有讲义,[10]主要以讲述菲律宾群岛历史为主。到30年代,尽管随着相关中外研究著作和译著的日益增多,讲授中西交通史性质课程者也明显增加,但张星烺先生仍长期在主流大学讲授此课,可说对推动中外关系史课程建设贡献甚大。

其次,在中外关系史学科的科研活动上,从入职厦门大学国学研究院之始,张星烺先生即展开他的科研活动。主要包括:

其一,他先是拟定了"教员自行"研究课题,主要有"马哥孛罗游记"、"中西交通史"和"闽省姓族迁移史"。[11]

其二,关于书籍的撰写与出版。厦门大学国学院曾计划出版国学研究丛书,在首批列入丛书的10部编著中即有张星烺先生的《马哥孛罗游记》、《古代中西交通征信录》和《中外交通史料丛书》。《马哥孛罗游记》是他翻译的玉尔译注本;《古代中西交通征信录》即是《中西交通史料汇编》初稿,约百万字,采用中外书籍近300种,分八个专题对古代中外关系史料进行汇辑考释。对于《古代中西交通征信录》一书,在1927年的11—12月,张星烺与罗常培两位先生还通信讨论该书的出版情况。张星烺先生说:"拙作中西交通史讲义,在厦门大学仅印至一百六十余页,即放暑假。刻弟处只自留两份,预备将来付梓。"罗常培先生回信答:"尊著中西交通征信录,既以卷帙浩繁,一时不易刊行,深望先将中西交通史付诸剞劂,以惠学林。培近拟研究中国语音变迁史,于异族语之同化一端,所赖尊书参证者正多,尤以早睹为快也!"[12]由此可见,张星烺先生著述影响之大。但由于1927年年初,厦大国学院已基本停止运作,因此,顾颉刚在1927年2月2日给胡适的信中对它未能由厦大国学院出版刊印感到遗憾。[13]

其三,关于南洋史地方面论文的撰写。南洋地区,即是现今的东南亚地区,在古代与中国经贸往来密切,同时是古代中国和西方物质文化交流的重要交通通道和中介地区。南洋史地是中外关系史的重要组成部分。而厦门或者说闽南地区是重要的侨乡,经华侨华人与东南亚关系密切。来厦门后,由于地缘的关系,张星烺先生开始研究南洋史和华侨史。比如,1926年的《厦大季刊》(只编成一期,实际未付印),有张星烺先生的《中国史书上关于马黎诸里使节之记载》和《泉州访古记》二文;[14]在同年的《厦大周刊》上也发表了张星烺和陈万里的《张陈两先生调查泉州古迹及关于中外交通史料之报告》[15]一文。

到1928年,张星烺已离开厦门大学,但这却是他研究南洋史丰收的一年,他在《南洋研究》上连续发表了《近三百年菲律宾华侨状况》[16]《三百年前的菲律宾群岛与中国》[17]《三百年前之菲律宾群岛》[18]《西班牙人在菲律宾商业文化及其宗教上的关系》[19]等四篇文章;在《清华周刊》上则发表了《美国统治下的菲律宾》和《宋初华僧往印求经的经过》[20]。除此,张星烺在1929年的《史学年报》上发表了《中世纪泉州状况》[21],在1930年的《燕京学报》上发表了《菲律宾史上"李马奔"Limabong之真人考(附林道乾事迹考)》[22],以及在1947年发表了《中国历代统治安南名宦传序》[23]等三篇文章。这些论文对南洋史地进行了诸多开创性的研究,究其源在于张星烺先生在厦门大学那短短不到一年期间的积累和转型。

再次,学术考察。20世纪上半叶,斯坦因、伯希和等西方学者在汉学研究中所采取的实地考察法为中国学界所接受和采用。比如,厦门大学国学研究院所汇聚的沈兼士、林语堂、鲁迅、顾颉刚、张星烺和陈万里等一批著名学者都主张用科学方法研究国学,提出在古籍研究之外进行考古实物研究和民间风俗研究。在国学研究院成立大会上,院主任沈兼士先生即指出:"欲研究古学,非从书籍纪载之外,一方再以实物引证不为功。……本院于研究考古学之外,并组织风俗调查会,调查各处民情、生活、习惯,与考古学同时并进。"院总秘书林语堂也说:"今本院成立,聘请国内学者为研究教授,一方调查闽南各种方言社会以及民间一切风俗习惯,一面发掘各处古物。"[24]如此,1926年10月,张星烺与陈万里、艾锷风(即艾克,Gustave Ecke,1896—1971,德国人,后入美国籍,著名汉学家)等人到古城泉州,对府学(文庙)、开元寺、回教清净寺、灵山回教先贤冢(伊斯兰圣墓)、基督教奏魁宫等古迹,进行拍摄并抚拓了一些重要石刻碑文,还调查了宋末市舶司提举阿拉伯人蒲寿庚的后代等。回来后,先是在那年的11月13日下午在国学院举办的第一次公开学术讲座上,张星烺先生根据考察和平日研究之所得,作了题为"中世纪之泉州"的专题讲演。[25]而后撰成调查报告《泉州访古记》,将泉州保存下来的大量文物披露于世,考证阐微,解决了19世纪以来一直困惑欧洲史坛的"Zaitun"地名问题。可以说,张星烺等人的调研考察活动对泉州历史文化研究起了很大的推动作用,即如学者洪峻峰所言,厦门大学国学研究院的泉州访古与研究,对泉州学这一研究领域确有筚路蓝缕的拓荒之功。[26]或者,从更为广阔的角度来说,正是张星烺先生在厦大的经历以及在南洋史及中外关系史领域的开创性贡献,才使得中国第一个专门研究东南亚的学术机构——南洋研究所，于1956年在厦门大学的成立显得顺理成章，这似乎体现了一种微妙的学术传承。

1927年7月，张星烺先生离开厦门大学，应聘为北平辅仁大学历史系教授兼系主任。到任后，即开设了"中西交通史"这门历史学中的新课程，引起较大反响。北京大学、清华大学、北京师范大学和燕京大学都纷纷聘请他去讲授这门课。不仅如此，其生平影响最大的几部著作也先后出版。如1929年，张星烺先生的译著《马哥孛罗游记》（玉尔本第一卷）由燕京大学图书馆发行；1930年，张星烺先生的《中西交通史料汇编》作为"辅仁大学丛书第一种"正式出版；同年又出版了《欧化东渐史》；1936年，他的译著《马哥孛罗游记》（贝内戴托本）出版。

经此，张星烺先生不仅名噪国内，而且享誉海外，得到欧美学者的认可，并与之合作。如，1934—1936年，他和德国著名东方学家保尔·卡莱（Paul Kahle）教授合作译注阿里·阿克巴尔的《中国纪行》一书。经过几年的通讯讨论研究，卡莱欲邀请张星烺先生到德国波恩大学共同合作，用中国史料来注释《中国纪行》。然而，卡莱教授的邀请信通过官方渠道送到中国后，却遭到当时南京政府外交部的扣压，他们想用自己的私人顶替，提出了别的推荐人选。对此，卡莱教授回答说："这些人可能在一般文化宣传上有用，而我要做的事是纯科学的研究，这只能是专家的事。张星烺教授是中国第一个中外关系史方面的权威，他已给我极有价值的帮助。我不考虑别人，只要张星烺。"[27]无奈之下，南京政府外交部只得派送张星烺先生赴德。国人受邀赴欧讲学，在长期积贫积弱的背景下，无疑是引以为傲的事，受到国内广泛关注。《科学》杂志在"科学新闻"栏目中以"张星烺将赴德讲学"为题对此事进行报道。[28]天津《益世报》也以《辅大史学教授张星烺将赴德讲学》为题报道此事。[29]可惜，由于抗日战争爆发，卡莱教授的中德专家合作计划未能实现。

随着北平的沦陷，辅仁大学"经费困难""待遇菲薄"，但作为历史系主任的张星烺先生却"任劳任怨，不变其初志，在敌人压迫之下，肩起为国育才之宏任。每论国事多抱乐观，以日美实力相较，释生徒之忧戚，非但私下谈话鼓励学生爱国向学，即在课堂之上，公共场所，亦侃侃而论"。即使"敌人对其忠心正气，亦莫如之何，而不敢辱"。[30]

然而，"其志节虽愈磨愈烈，而身体则大受损伤"。1943年，张星烺先生因日人的拘留而患腿疾；1944年上半年持续腹泻，直至便血。经医治，似病愈，

“不意至冬而左脸中风，口部歪斜，左眼竟不能闭”，到1946年竟“半身不能行动”。后经医治，虽复原，“惟再不能劳累”。辅大因此给张星烺先生放假一年，进行调养。1951年7月13日，张星烺先生终因病情反复而去世。

在我们哀叹张星烺先生逝世之余，更令人敬佩的是，在生病期间，张星烺先生仍尽可能完成教学工作，可谓风雨无阻。非但如此，对学术，亦潜心研究。所出版书籍有译著《历史地理之基础》20万字（实未出版），尚未出版而完稿者，有译著《政治地理》20万字。同时，张星烺先生在厦门大学讲授的“南洋各岛史”讲义，至清华大学讲授时，即印为《南洋史地讲义》，“后有一部分未完成，近年增《地理概观》和《菲律宾》部分，共五万余字”。其最负盛名的《中西交通史料汇编》，在此期间“增补更有七巨册之稿本”。张星烺先生虽“屡经大病，而治学之念仍甚殷，于未完成之稿，频频期以继续，其精神实为后生范畴”。[31]

二

张星烺先生之著述影响最大者，当属《中西交通史料汇编》。该书资料丰富，内容翔实，受到学术界的极大称赞，有人评价说：“取材宏富，致力精深，毅然于古今中外悬而未决之公案作一囊括席卷之壮举者，则断然当推最近出版之张星烺氏中西交通史料汇编。”[32]著名的中外关系史学家冯承钧先生在《评〈中西交通史料汇编〉》中亦称赞此书是“今年出版界之一大巨刊也。此书搜集关系中西交际材料之多，从前此类出版物莫能与之伦比”[33]。不仅在学术界，甚至在出版界也引起巨大反响，当时的社会评论说：“张君是书可谓最近出版界中惊人之事业。”[34]

因此，它奠定了我国中西交通史研究的坚实基础。

《中西交通史料汇编》之外，张星烺先生在中外关系史研究领域的另一个突出贡献在于对《马可·波罗游记》所进行的介绍、翻译和研究。

关于《马可·波罗游记》，由于其对西方世界产生过重大的影响，因而在西方存在的版本、译文和研究论著也层出不穷。这部回忆录从1298年问世，到19世纪70年代，约有抄本80种，100年后已有抄本140种之多。其译文于1477年首次在德国出版了德文本，此后，各国相继出版铅印翻译本。到20世纪20年代，仅欧洲即有70多种翻译本，到70年代末期，译本已出版120种，到80年代中期，铅印译本也接近 140 种。

在我国,《马可·波罗游记》的中文译本有六种,分别为:魏易《元代客卿马哥博罗游记》,1913 年北京正蒙印书局出版。张星烺《马哥孛罗游记（第一册)》,1929 年北美印刷局印刷,燕京大学图书馆发行。此前,张星烺曾将玉尔英译本附注及法人亨利·考狄修订补注的《马可·波罗游记》导言部分译出,以《马哥孛罗游记导言》书名于 1924 年由北京地学会发行;至 1929 年,始将所译《游记》正文第 1 卷 30 章与《导言》合并印出。李季《马可波罗游记》,1936 年 4 月上海亚东图书馆发行。张星烺《马哥孛罗游记》,1936 年 9 月上海商务印书馆出版,全书分四册。冯承钧《马可波罗行纪》,1936 年 11 月上海商务印书馆出版,全书分上、中、下三册。陈开俊等合译《马可波罗游记》,1981 年 11 月福建科学技术出版社出版。

在这六种中文译本中,杨志玖教授认为,“就目前而论,仍以张、冯译本为佳”[35]。向达先生也说:“张氏专精此书,所译很有不少发明,为中国研究马哥孛罗最有成绩的人。”[36]因而,最早将《马可·波罗游记》及西方已有研究成果系统规范地介绍给国内并对学术研究产生较大影响的当属张星烺先生。

根据记载,张星烺先生当于 1910 年,“负笈德国时,因与德籍同学谈及毕昇活字版输入欧洲时期之考证,曾涉及马哥孛罗游记在欧洲之版本问题,博沙德（Bochard）曾示英人玉尔氏译本,为马哥孛罗游记译文之最佳者”[37]。于是,张星烺先生从皇家图书馆借到了玉尔译注的《马可·波罗游记》,遂“发愿译成汉文,介绍是书于汉土之历史地理家”[38]。回国后,从 1913 年开始翻译该书,到 1923 年,其所译导言部分在《地学杂志》上陆续刊登,1924 年导言部分出版发行。法国工程师沙海昂（A. J. H. Charignon）对发表于《地学杂志》之导言部分非常感兴趣,不仅“最先读之”,而且“译成法文”并在北京观象台对其进行讲演宣传。[39]然而,《游记》的本文部分译稿却多年未获出版,其间,张星烺先生在厦门大学国学研究所时,国学院曾计划出版包括张星烺先生的《马哥孛罗游记》在内的 10 部编著,但因研究所不久解散,此事又告沉寂。直到 1929 年才找到资助得以由燕京大学图书馆出版发行,即《张译马哥孛罗游记（第一册)》。该译本全书采用文言文翻译,原书中玉尔的长篇注释和各家的考证全部译出,在“张星烺补注”名下,译者也加入了大量自己的研究成果。丰富的资料和精密的考订,使得该书受到学术界的称赞。遗憾的是,由于“玉尔原书仍余一半尚未译出”,又“他事羁身”,使得张星烺先生始终“未能着手”,[40]翻译之事未能完成,故以后未再出版。

不过,张星烺先生研究《马可·波罗游记》工作的脚步并未停止。1931 年[41],商务印书馆出版了他关于《游记》所做的研究成果,名为《马哥孛罗》。这是我国最早的带研究性的专书,全书共有四章,分别为:"马哥孛罗传"、"马哥孛罗游记本书"、"游记之内容"和"书中关于中国之记载",共81页,约48600字。[42]1935年,上海商务印书馆"鉴于此项著作之重要性",特约张星烺先生"复译该书"。翻译之蓝本以意大利人贝内戴托之新出意文本,瑞西(Adlo Ricci)据此之英译本为根据,缔约一年,预计在1936年的初春出版。[43]至1936年9月,商务印书馆将其列入王云五主编的"万有文库"系列丛书第二集七百种出版,此后未见重印,而我们即将出版的即是这一版的《马哥孛罗游记》。

这一版本的《马哥孛罗游记》共有4册,与其他版本不同的是,全书不分章节卷次,不列目次,除了新版汉译序和导言外,只有一个个表明所述故事大致内容的小标题,第一册有83个小标题,第二册82个,第三册25个,第四册57个。序言部分介绍了新译本的翻译缘起及特点;导言主要对马哥孛罗父子等三人游历中国往返时间及缘由进行概述,同时对贝内戴托本《马可·波罗游记》进行说明,介绍其增益之处以及不同。《游记》的主体部分,第一、第二册主要讲述马哥孛罗父子等从威尼斯往中国经西亚、中亚的历程及沿途所见所闻,也讲到忽必烈大汗对外征伐及家族内部矛盾,以及部分元朝国内省份述略和征缅事宜等;第三、第四册集中于对元朝京师大都的经济文化和民情风俗,以及福州、泉州等各大城市及商埠的繁荣景象进行描述,同时也有征日情况的介绍。当然,更多的是对其从中国返回威尼斯归程的介绍,其中既包括所经东南亚、南亚、西亚各国情形的描述,又不乏未途经的位于非洲的几个国家的概览。[44]

新版张译《马哥孛罗游记》与其他几版中译本相比有以下两点不同:

第一,在所据翻译的外文版上,该译本是根据一种较新的《游记》版本,即称为《Z写本》的拉丁文写本,由意大利贝内戴托(L. F. Benedetto)教授在1926年前后于米兰市图书馆发现,据考证是1795年时从一位红衣主教蔡乐达(Cardinal Zelada,其姓氏的第一个字母为"Z")的一本十四或十五世纪的写本上转抄而来。这种版本有约三分之一的原文删节,其余的三分之二为转录法文写本的系统,这些段落两种写本几乎完全吻合。其中有不下两百段为法文版本系统所无,又有五分之二为意大利文版本系统中其他版本所阙佚。此本经过贝内戴托教授的悉心考订,不仅综合了各章中诸本的异文,而且从罕见的古钞本中发现了全新的内容。比如,中译本第92~93页中益柯古里斯坦(Icognristan)和都城哈喇卓柯(Carchoco)就是畏吾儿古国和哈喇火者的故墟;中译本第333~336页中关于福建摩尼教的记载以及中译本第387~388页所说印度马巴尔省的一种"忌刻"风俗等,是新增的特别重要的资料,为其他译本所无,弥足珍贵,使其具有较高的史料价值。1928年,贝内戴托教授将其译为意大利文,1931年,瑞西再将其译为英文,张星烺先生即据英译本译出。[45]

与之相比,魏易译本,不仅所据外文本(马斯登本)问题较多,而且魏易本人非研究历史出身,故其译文错误较多,冯承钧先生称其只是"一种翻译匠的事业,而不是一种考据家的成绩"[46],对其评价极低。李季译科姆诺夫本,科姆诺夫仍以马斯登本为基础,虽参考了玉尔本做了一些修改,但其所用皆为二手资料,而且科姆诺夫本人只是作家,而不是史学家,他不太注意史料的考证,故该版本史实错误较多,也为学界所轻视。冯承钧先生所译之沙海昂注释本,所据外文译本亦有较多"牵强附会",甚至错谬之处,只是由于冯承钧先生对元代历史颇有造诣,故能"取其所长,弃其所短",使中译本较前译诸书在译文及注释方面具有独到之处。陈开俊等合译本,其所据外文本与李季译本属同一版本,但却比李季所据原版更为陈旧,而且该合译本于1981年出版,面世较晚,却没能注意吸收长期以来我国的马可·波罗研究成果。

因而,杨志玖先生评价说:"从1913年到1981年65年间,出了6种译本,数量可谓不少。至于各译本质量,已有人撰文论及,无需赘述。笔者的印象是,就译者所据版本而论,张星烺先生前后所译《马哥孛罗游记》较好。"[47]

第二,从对译本的推广上,"旧译用文言,新译用白话",可作为一个较好的普及本。此外,"旧译原文后附有长篇累牍之注释,详列各家考据与学说,而新译仅为原文,在各地名后略为注释今地"。如此,旧译"往往一注能有数千字,或万余字。专为学士研究学问而作,订价昂贵,非一般民众购买力所能备,而亦非一般民众所必须知者"。新译则原文以外,无多注释,价格亦廉,民众容易购得,知识容易传播。[48]

当然,反过来说,由于新译本没有注解,只适合一般民众阅读,所以,为学者研究所轻视。不过,有张星烺先生旧译本的存在,在一定程度上恰好弥补这一缺陷。正如张星烺先生自己所说,"尝与玉尔氏本详细比对,其中互有损益。大抵新本较之旧本增益者为多。而旧本中所有,新本中所无者,亦为不少。又有同一段事而记载不同者亦数见之。孰为正确,无从判断";"新本固较旧本为优,而损益情形如彼,互异者又如此,当然可以并行不悖"。[49]

总之,翻译《马可·波罗游记》,这是研究马可·波罗以及那个时代东西方的基础工作,张星烺先生筚路蓝缕,是最早将《马可·波罗游记》及西方已有研究成果系统规范地介绍给国人并对学术研究产生较大影响的国内学者。《马可·波罗游记》也因之影响巨大,借用张西平教授的说法:“从历史上看,西方早期的游记汉学有多部,但西方关于东方游记中没有任何一本游记的影响能和《马可波罗游记》相媲美。到目前为止,《马可波罗游记》是外文文献中对蒙元帝国记载最为详尽的历史文献,虽然不少地方有夸大之词,记载有不实之处,但绝大多数的记载都可在中国历史文献中得到证实。游记不仅为中国学者提供了研究蒙元史的一手文献,也为当时的欧洲展现了蒙古帝国的真实画卷。而且,该游记还起到了拓宽欧洲人的世界观念、激发欧洲的世俗观念、催生近代地理大发现的作用。”[50]

时至今日,张星烺先生逝世已有70年,他在中外关系史方面开创性的研究成果,不仅奠定了我国中外关系史这一学科的基础,而且依然指引着这一学科的发展方向,是很有价值的文化遗产。再版张星烺先生的《马哥孛罗游记》也是我们对这一宝贵遗产充分继承的有力体现。

注释:

①刘逖:《学贯中西的史学家——纪念张星烺先生诞辰一百周年》,《中国边疆史地研究导报》1989年第1期,第16页。

②冀棠:《学贯中西的史学家张星烺先生》,《中国边疆史地研究》1992年第2期,第107页。

③张至善:《记张星烺先生》,《史学史研究》1992年第3期,第7页。

④张星烺编著:《中西交通史料汇编》第1册,北京:华文出版社,2018年,“自序”第4、6页。

⑤参见《地学杂志》1936年第2期,第91~101页。

⑥张至善:《记张星烺先生》,《史学史研究》1992年第3期,第7页。

⑦刘逖:《学贯中西的史学家——纪念张星烺先生诞辰一百周年》,《中国边疆史地研究导报》1989年第1期,第16页。

⑧张至善:《记张星烺先生》,《史学史研究》1992年第3期,第8页。

⑨李孝迁:《民国时期中西交通史课程设置》,《史学史研究》2012年第1期,第106、110页。

⑩藏国家图书馆,系手钞油印本,未正式出版。

⑪《校闻:国学院最近之工作——研究部之研究题》,《厦大周刊》1926年第164期,第4页。

⑫《学术通讯：（一）张星烺—罗常培》,《国立第一中山大学语言历史学研究所周刊》,1928年第13期,第26~27页。

⑬洪峻峰:《历史学家张星烺》,《厦门大学学报（哲学社会科学版)》2002年第2期。

⑭洪峻峰:《历史学家张星烺》,《厦门大学学报（哲学社会科学版)》2002年第2期。

⑮张星烺、陈万里:《张陈两先生调查泉州古迹及关于中外交通史料之报告》,《厦大周刊》1926年第165期,第2~3页。

⑯张星烺:《近三百年菲律宾华侨状况》,《南洋研究》1928年第2期,第103~105页。

⑰张星烺:《三百年前菲律宾群岛与中国》,《南洋研究》1928年第3期,第17~30页。

⑱张星烺:《三百年前之菲律宾群岛》,《南洋研究》1928年第4期,第9~26页。

⑲张星烺:《西班牙人在菲律宾商业文化及宗教上之关系》,《南洋研究》1928年第6期,第11~33页。

⑳张星烺:《宋初华僧往印求经的经过》,《清华周刊》1928年第7期,第8~10页。

㉑张星烺:《中世纪泉州状况》,《史学年报》1929年第1期,第33~44页。

㉒张星烺:《菲律宾史上“李马奔”Limahong之真人考（附林道乾事迹考)》,《燕京学报》1930年第8期,第58~76页。

㉓张星烺:《中国历代统治安南名宦传序》,《益世报（天津版)》,1947年1月7日。

㉔《国学研究院成立大会纪盛》,《厦大周刊》1926年第159期,第10~16页。

㉕《校闻:国学院学术讲演:主讲者张星烺教授,讲题中世纪之泉州》,《厦大周刊》1926年第164期,第3~4页。

㉖洪峻峰:《厦门大学国学院的泉州访古与研究》,《泉州师范学院学报》2006年第3期,第44~45页。

㉗张至善:《记张星烺先生》,《史学史研究》1992年第3期,第9页。

㉘《科学新闻:张星烺将赴德讲学》,《科学》1937年第21卷第5期,第414页。该文曰:“德国博恩大学对于中国学术,特别注重。去岁曾延聘陆懿君,教授中国文

学，大加扩充，林主席曾送匾额一方，以资奖励。现陆君升任柏林大学授课，该校当局，思聘请北平辅仁大学教授张星烺氏，去德讲学，以报中国政府厚待之意。张君为中西交通史专家，去德后必可以扩播我国文化也。”

㉙《辅大史学教授张星烺将赴德讲学》，《益世报（天津版）》，1937年4月7日，第6版。

㉚万心蕙：《沦陷期间之张星烺先生》，《文讯》1946年第9期，第35页。

㉛万心蕙：《沦陷期间之张星烺先生》，《文讯》1946年第9期，第35页。“该书原于事变之第三年，交香港商务印书馆出版，因校对之繁重，未及出版，而香港失陷，此稿屡经辗转，始得索回”。

㉜大弨：《读中西交通史料汇编》，《大公报（天津版）》，1930年5月5日，第13版。

㉝冯承钧：《评中西交通史料汇编》，《大公报（天津版）》，1930年10月13日，第11版。

㉞大弨：《读中西交通史料汇篇》，《大公报（天津版）》，1930年5月5日，第13版。

㉟杨志玖：《百年来我国对〈马可波罗游记〉的介绍与研究（上）》，《天津社会科学》1996年第1期，第74页。

㊱向达：《中西交通史》，上海：商务印书馆，1934年，第66页。

㊲《十三世纪沟通中西文化代表作〈马哥孛罗游记〉》，《益世报（天津版）》，1935年4月5日，第8版。

㊳张星烺译注：《马哥孛罗游记导言·自序》，北京：中国地学会，1924年。

㊴张星烺：《答束世澂君中国史书上之马哥孛罗质疑》，《史地学报》1924年第3期，第59~61页。

㊵张星烺译：《马哥孛罗游记》，上海：商务印书馆，1936年，“新本马哥孛罗游记汉译序”第1页。

㊶笔者查阅的资料显示出版时间为中华民国二十年四月初版，即1931年出版。张跃铭在《〈马可波罗游记〉在中国的翻译与研究》一文中也说是1931年出版（《江淮论坛》1981年第3期，第54页）。但杨志玖先生在《百年来我国对〈马可波罗游记〉的介绍与研究（下）》中言是1934年出版（《天津社会科学》1996年第2期，第56页）。王东平在《张星烺先生对中西交通史研究的学术贡献》中亦言是1934年出版（《史学史研究》2002年第3期，第13页）。不知二位先生所据何本，

有待商榷。

㊷张星烺:《马哥孛罗》,上海:商务印书馆,1931年。

㊸《十三世纪沟通中西文化代表作〈马哥孛罗游记〉》,《益世报(天津版)》,1935年4月5日,第8版。

㊹张星烺译:《马哥孛罗游记》,上海:商务印书馆,1936年。

㊺张星烺译:《马哥孛罗游记》,上海:商务印书馆,1936年,"导言"第1~15页。

㊻[法]沙海昂注,冯承钧译:《马可波罗行纪·序》,上海:商务印书馆,1936年。

㊼杨志玖:《百年来我国对〈马可波罗游记〉的介绍与研究(上)》,《天津社会科学》1996年第1期,第73~74页。

㊽张星烺译:《马哥孛罗游记》,上海:商务印书馆,1936年,"新本马哥孛罗游记汉译序"第2~3页。

㊾张星烺译:《马哥孛罗游记》,上海:商务印书馆,1936年,"新本马哥孛罗游记汉译序"第1页。

㊿张西平:《西方游记汉学的奠基之作——〈马可波罗游记〉的历史价值》,《社会科学论坛》2017年第8期,第115页。

作者冯立军,厦门大学南洋研究院/国际关系学院副院长,教授。

陈万里与《闽南游记》

张　侃

一

《闽南游记》的作者为陈万里。陈万里（1892—1969），江苏吴县（苏州）人。原名陈鹏，万里为其字，取“鹏程万里”之意。1917年，陈万里毕业于北京医学专门学校，被聘为北京大学西医师。陈万里在医学上颇有心得，1921年，他还曾主持北京大学校医室的管理事务。[①]1921年年底，北京大学调整研究所结构，国学门下设文字学、文学、哲学、史学、考古学5个研究室。[②]陈万里善于用相机记录古迹，文物考古摄影成为专长。1923年5月24日，考古研究室组织了古迹古物调查会，计划先从调查入手，作为“发掘与保存之预备”，陈万里即成为其中成员。1924年5月19日，古迹古物调查会召开会议，将古迹古物调查会改名为考古学会。[③]1924年10月，陈万里受到考古学会指派，到云冈石窟拍摄大量照片，获得一批石窟拓片。回到北大之后，10月21日开始展出，如“研究所国学门通告”所言：“陈万里先生此次旅行大同，所得云冈石窟拓片六十六帧，照片六十三帧，画片二帧，定于本月二十三日至二十五日（本星期四至六），星日下午一时至五时，在本所楼上展览。”[④]

1925年春，美国哈佛大学福格艺术博物馆（Fogg Art Museum）考察队由兰登·华尔纳（Langdon Warner，1881—1955）和霍拉斯·翟荫（Horace Jayne，1898—1975）领队计划将赴敦煌考察。这次考察目的性很强，试图将敦煌莫高窟第285窟（西魏）壁画全部剥离运回美国。美方出于沿途辨认文字古籍和寻求向导的需要，邀请北京大学研究所国学门协助。鉴于华尔纳

1923 年 7 月—1924 年 4 月在西北地区第一次考察时掠取敦煌壁画和带走石窟唐代菩萨像的恶劣行径，国学门也希望指派专人随行监视。如沈兼士在《西行日记》的序言中云，“方前年美国敦煌考古队之邀请本校派人参加也，余以敦煌近廿年来外人已屡至其地；顾我国学者以考古为目的而往者，此殆为嚆矢，苟非得智力卓越之士，虑弗克负荷。适陈君万里奋发欲往，余与叔平亦审谛，微陈君莫能当其事”[⑤]。陈万里受国学门委派，跟随进行实地调查，并承担摄影工作。1925 年 8 月，陈万里回到北京。8 月 8 日，北京大学的考古学会、风俗调查会、歌谣研究会的同人特地举行集会欢迎陈万里回来，由他报告西行调查经过。[⑥]此后，陈万里又将西行见闻编撰为《西行日记》，1926 年 7 月以“北京大学研究所国学门实地调查报告”的名义出版。吴梅写了《读陈万里（鹏）〈安西游记〉》一诗予以纪念，“海内骚然日，长歌出玉关。阮生携屐去，霞客记游还。五岳起方寸，三边识羽纶。最怜古图谱，橐载入西蛮”。陈万里通过西北之行对考古有了初步思考，日记中阐述了他的古迹保护和考古发掘理念，“阳关在敦煌西南一百四十里，已无遗迹可寻。玉门关则说者不一，或谓即小方盘（敦煌西一百七十里），或谓在其西三十里之西湖，系古玉门遗址。余以为苟能发掘，必可解此疑团。此考古学家应注意者”[⑦]。

1925 年，北京大学各校受到五卅运功影响而纷纷罢课。北洋政府又拖欠教育经费导致教师工资无法按时发放。陈万里产生离开北大的想法。陈万里与顾颉刚、沈兼士、林语堂等人交往密切，1926 年厦门大学创办国学院，北大国学门的诸多学者在林语堂的推荐下，南下任教，其中陈万里经沈兼士、顾颉刚等人推荐，也在聘任之列。1926 年 8 月 18 日夜里，陈万里和沈兼士、顾颉刚、黄振玉（黄坚）、潘家洵（介泉）登上“新宁”号海轮，顾颉刚记载，“今晚到沪，至大东旅社，悉振玉等已上船，而船即于今夜十二点开。急赴平安旅社，安顿履安等，取出行李，到船已十二点矣”[⑧]。“新宁”号在 8 月 19 日早上六点半开船。“新宁”号为英商太古轮船公司所有，往返于上海与香港之间，船上饮食以广式为主，“船上每日五餐，七点进咖啡茶，九点吃饭（有粥），十二点进甜点一道，连粥一碗，五点又吃饭，八点进点一道（或咸或甜）”。一群好友同行，旅途生活颇为惬意，陈万里在船上即兴唱戏，以为娱乐，[⑨]“时聚甲板谈笑，颇不寂寞”[⑩]。陈万里一行人经过两天半的海上颠簸，于 8 月 21 日下午两点半抵达厦门太古码头。林语堂先生到码头迎接，先到海后路美丰银行等待行李，再至鼓浪屿林文庆校长别墅茶点，最后来到厦门大学。8月22日中午，林文庆在别墅设午宴迎接沈兼士、顾颉刚、陈万里等人。顾颉刚、陈万里等人到来后，厦门大学国学研究院的师资初具规模。学人之间的交往应酬较为频繁，他们常常在周末同行游玩聚餐。陈万里对诸友同游之乐有生动描写，如以鼓浪屿为例，"逢星期，与同来诸友一游鼓浪，购置零件，有时在白室（为一夫一妇所开之广东餐室）用膳"[11]。

1926年秋季，厦门大学布告的"国学院及文科"介绍新聘教职员，陈万里身兼数职，以考古学为主业："陈万里，江苏吴县人。国立医学专门学校毕业，北京大学校医，北京平民大学、新民大学讲师。现本校聘为国学研究所考古学导师兼造型部干部，兼管考古学事宜，兼文科国文系名誉讲师。"[12]来厦大任教之前，陈万里参与北京大学考古学会与日本东京帝国大学、京都帝国大学发起组织的东方考古学协会，1926年7月3日，协会的日本学者在回国前设宴答谢中国学者，出席者有后来赴厦任教的沈兼士、陈万里、顾颉刚等人。[13]入职之后，陈万里等人借鉴北京大学考古学会的形式，制定了《考古学会简章》，成立了厦门大学国学院考古学会。[14]陈万里兼任国学院考古学造型部干事，国学院专门制定了《造型部办事细则》八款，规定造型部的事务分为摄影、画图、模型和摹拓四部分。人员分工为：干事一人，管理本部一切事务；职员一人，分任各部技术及行政上事务；书记一人，缮写即保管本部一切文件。[15]国学院特设陈列部，陈万里等人又制定了《陈列部办事细则》。[16]以国学院职员私人收藏为主布展。陈列室分为两部分，一是鲁迅和陈万里的拓片和照片，其中鲁迅所藏拓片大多数为六朝隋唐造像，陈万里所藏为大同云冈拓片和敦煌照片。[17]陈万里鉴于自己所藏的云冈石窟造像拓片具有重要学术价值，于是决定自行设定研究课题"中国之石窟造像"。1926年10月18日，国学院研究部举行第一次学术会议通过他的选题。[18]11月，国学院决定出版"国学研究丛书"10种，其中包括《云冈石窟写真集》。[19]原计划出版《厦门大学国学研究院季刊》创刊号收录了陈万里所撰的《云岗石窟小记》。[20]在国学研究院的研究规划中，陈万里承担多项科研任务。他自行设计"倭寇侵扰中国史（倭寇与福建）"的研究课题。[21]参与沈兼士、容肇祖主持的《中国图书志》的编辑工作，承担《曲》《医学》等两类书目编辑。[22]1926年9月18日，国学院决定出版《厦门大学国学研究院季刊》（*Journal of the Institute of Sinology, Amoy University*），由陈万里主管昆曲研究的论文。

陈万里离职厦大的准确时间现不得而知。1927 年 1 月 19 日,陈万里第三次考察泉州结束返回厦大。在此期间,顾颉刚赴福州活动,直到 1 月 30 日与蔡元培、马叙伦一起回到厦门,此后日记已无陈万里的行踪记录,在 2 月 5 日和 26 日记载自己写信给陈万里和陈万里的来信,[23]说明陈万里从泉州回来不久即离开厦门。此后,张星烺和顾颉刚一直为国学研究院是否恢复之事与林文庆校长周旋。《顾颉刚日记》留有一份职员动态名单,陈万里应属挽留之人员,“张星烺(留)、林语堂(决辞去)、周树人(已自辞)、顾颉刚(留)、史禄国(今挽留)、陈万里(挽)、王肇鼎(挽)、潘家洵(自辞)、章廷谦(决辞)、孙伏园(自辞)、黄坚(挽)、丁山(挽)、程憬(挽)、容肇祖(挽)、林景良(辞)”[24]。林文庆最终决定停办国学院,辞退所有职员。3 月 16 日,顾颉刚由此决定离开厦大,接受了傅斯年邀请,赴中山大学任职。3 月 22 日,顾颉刚赴鼓浪屿向林文庆提交辞职书。4 月 4 日,林文庆设宴劝慰顾颉刚留任,顾颉刚提出,“招万里、丁山、肇鼎回校”[25]。此议作罢,4 月 15 日,顾颉刚离开厦门赴广州。到中大之后,傅斯年忙于筹划中研院史语所,由顾颉刚主持中大语史所的事务。顾颉刚由此引荐了容肇祖、罗常培、丁山等北大国学门或厦大国学院的故旧入职中山大学,结果又与傅斯年产生矛盾。其中,陈万里等人也在顾颉刚推荐之列,但遭到傅斯年反对而搁置,胡适给江绍原的信就谈及,“颉刚曾荐程仰之,而孟真不用,又是一事;颉刚荐陈万里,他也不用,又是一事”[26]。由此可见,陈万里原来计划继续跟随顾颉刚赴粤的,但未能获聘。

二

陈万里、顾颉刚等来到厦门大学,保持着游览四方和民俗调查的喜好,闽南乡土民情也引发了学术好奇,在 1926 年 10 月 10 日的国学研究院成立大会上,沈兼士指出了考古学与风俗调查并重的研究旨趣,“本院于研究考古学之外,并组织风俗调查会,调查各处民情、生活、习惯,与考古学同时并进。考古学发掘各处文物,风俗调查则先从闽省入手”[27]。陈万里在 1926 年下半年至 1927 年初参与了多次闽南民俗和考古调查活动,后来集中记录在了 1930 年出版的《闽南游记》之中。《闽南游记》分为“泉州第一次游记”“漳州游记”

“泉州第二次游记”“泉州第三次游记”“旅厦杂记”，共五部分，附有考察照片近六十幅，涉及泉州、漳州、厦门三地，其中泉州纪游最为丰富，学术价值最高。罗常培在序言中概括了他三次泉州考察的内容，“第一次在城内古迹的观察；第二次在回教古墓的探讨，第三次在私家所藏古物的鉴赏和购求”[28]。

第一次泉州考察活动参与者为张星烺、陈万里和艾锷风（Gustav Ecke，1896—1971），时间在1926年10月31日—11月3日[29]。艾锷风此前两次考察泉州，对开元寺的东西双塔抱有浓厚兴趣。如陈万里指出的，“锷风之游泉州，此实第三次，他所依恋不能忘情的是开元寺的古塔”[30]。艾锷风到了开元寺之后，极为关注东西塔“各层所雕刻的天王像”[31]。他们共同的学术关注是“泉州为中世纪中国惟一大商港，在中外交通史上占有极重要的地位”。陈万里说，“亮丞之去，为其所专门研究的学问搜寻材料”[32]，张星烺在1926年5月已编辑完成《中西交通征信录》（后改名为《中西交通史料汇编》），主要来源自传世文献，尚无实地考察资料，因而自己也说，“余在昔研究中西交通史，得知泉州为中古东西文明交换地点，中外货物输出输入之中心地。今得亲往调查，诚实大快事”[33]。陈万里的学术兴趣是“希望一往灵山，探索回教徒古墓”[34]。陈万里等人在泉州期间，主要由西班牙籍神父任道远（Seraphin Moya）担任向导。与此同时，也得到厦门大学首届教育科毕业生，当时被新聘为教育系助教和厦门大学附属模范小学主任张祖荫（早因）的帮助。[35]张星烺、陈万里和艾锷风在泉州期间，考察府学（文庙）、开元寺、清净寺、灵山圣墓、奏魁宫等遗址或者古迹，拍摄和摹拓了重要石刻碑文，调查了蒲寿庚后人。此后，陈万里根据自己的记录，撰写了《泉州第一次游记》，在1927年出版的《厦门大学国学研究院周刊》的第13期上连载。张星烺另外撰写有《泉州访古录》，原计划列入《厦门大学国学研究院季刊》创刊号出版，后未刊行。后来在1928年的《史学与地学》上发表了《泉州访古记》。陈万里等人的第一次泉州考察略显匆促，但所见所闻已激发他们的极大学术兴趣，认为需要继续开展研究。回到厦门后，张星烺、陈万里在11月5日专门联名向校长林文庆呈文，报告泉州考察细节，并指出“深刻的系统的研究，非在泉州有比较长时间之调查，难得搜罗充分之材料，此不能不希望于日后者”[36]。顾颉刚也参与了致信校长之事，他分别在11月22日和24日，修改了“致校长书”，以推动继续考察泉州事宜。[37]

1926年11月27—30日，陈万里与艾锷风又结伴一同到漳州游览。他们关注闽南古迹。首先到吴仓寻访唐墓,“蒋君导往访墓,约半里,果见石兽翁仲。但一按碑志,大失所望”。其次,他们在30日寻找开元寺遗址,结果成效甚微,“其东关帝庙旧有照壁,镂刻人物鸟兽极生动,锷风处藏有影片,现在已无残砖可得,据说张毅修庙时所毁,锷风为之叹息不置。开元寺地基已改学校,旧时殿院,已无片瓦。……旧有唐明皇铜像、咸通经幢及宋仁宗御书经疏百二十卷,现在只存咸通经幢,余均散逸”。后来到了龙溪中学,才略有所获,“有石刻罗汉四尊,跟公园事务前所陈列的四尊及石刻韦陀一尊,都是民国九年时由开元寺移来的。雕刻式样,与泉州开元寺东西塔石刻相似,疑系同时代的作品”。陈万里对漳州访古之行颇失望,“在漳前后三日,关于考古方面材料,所得甚少”。

1926年12月14—24日,陈万里和顾颉刚、王肇鼎（孟恕）同行至泉州进行第二次考察。《顾颉刚日记》《泉州第二次游记》记载了详细的第二次泉州考察行程,现整理如下:

	《顾颉刚日记》	《泉州第二次游记》
12月15日	到泉州,进城到开元寺。	行李安置于慈儿院楼下东厢。……与颉刚诸人遍游庙内各处。
12月16日	到文庙、泉苑、蚕魁宫,午饭后往铜佛寺、吴桂生宅、溥泉宫、清源书院、承天寺。	谷苇兄来,同往文庙……往奏魁宫,拓十字架古石刻。……饭后苇邻兄为导,先至清净寺……访吴桂荪先生于叠芳桥。……同谷苇往访铜佛寺于平民学校,寻游清源书院。……复往承天寺……

续表

	《顾颉刚日记》	《泉州第二次游记》
12月17日	到开元寺甘露戒坛，游元妙观、黄子铨宅、黄戴孙宅、李伯爵家、文昌庙、潘斯吉宅。到玉兰亭吃饭。到清真寺、三义殿、关岳庙、南校场、天后宫。港仔乾陈宅、新桥。	早起，天雨；城外之游，只得作罢。与颉刚、孟恕参观戒坛藏经……同游玄妙观。继往玉犀巷黄宅，晤吴君藻汀……出至李宅（世袭壮烈伯李廷钰后裔）……访黄孙戴君……途经县教育会……往南大街……饭后，往清净寺……至三义庙、武成殿……南校场棋盘园，蒲寿庚府第遗址也……天后宫……
12月18日	访洪承畯故宅，万娘娘庙，出东门，到洛阳桥，到蔡襄祠吃饭，乘汽车到灵山，访回教四贤墓、东岳庙。东禅寺，回城，到崇福寺。	早起，往访谷苇。至洪衙亭，寻洪承畯旧府遗址……至朱文公祠……转至蔡巷。蔡巷者，因有蔡京府邸旧址，故名。遂出东门趋泉洛车站，候车，行半小时，乘之东行。约二十分钟，达洛阳车站。站在蔡忠襄祠侧……三时乘车至瑞枫岭，离灵山回教墓尚有二里余。到山后遍觅阿耐氏所称之基督教徒刻石不得。……谷苇导游东岳庙……三王祠……将近东禅寺，忽发见古墓一处……进东门，往游崇福寺。
12月19日	游九日山。九日山下延福寺，祀观音，予抽一签。	谷苇来，同出西门。五里，西埔乡，访所谓十字架石刻……又五里，至南安县学，有郑忠节焚青衣处碑石。……往游九日山，黄君为导。……到西门，访大中经幢……
12月20日	到大街买风俗物品。	饭后出东门至东禅寺，先在寺西工作。

续表

	《顾颉刚日记》	《泉州第二次游记》
12月21日	游寺中西塔。游西隅学校。日本教堂、莲心寺、北门刺桐。府城隍庙。饭后往访蒲寿庚后裔。	谷苇来,同往西隅师范学校,参观日本教堂。……至莲心庵……城隍庙……小山丛竹书院……梅石书院……北鼓楼……都督府街……俞大猷府第……生韩古庙……饭后至忠所访蒲晋贤……
12月22日	导向李卓吾家。到天主堂所办之学校,看留府郡王柩七口。	早起,为东塔佛传图摄得十余片。……谷苇来,同去访李某,拟一观李卓吾先生画像……饭后雇车至车站,往安海镇。
12月23日	到华表山访摩尼教遗址,不得。	蔡君偕一吴某来,导往华表山,探索摩尼教遗迹。
12月24日	到安海寺街游,登五里桥。过龙山寺,乘同安轮回厦门。	早到安平桥,以风大,未能往游水头……至龙山寺……午饭,饭后……至船埠。上船……

陈万里等人吸取第一次考察的经验,明确分工,各有司职。顾颉刚负责神祀、王肇鼎负责风俗、陈万里负责古迹。这次考察得到吴藻汀(席珍)、张祖荫的亲戚刘谷苇、曾振仲等地方人士的陪同,收获甚丰。陈万里在"东禅寺畔"发现了"古墓三区",这些古墓为阿拉伯式石棺。12月20日下午,陈万里对这些古墓石棺进行拓片,"先在寺西工作。孟恕助予抚拓石棺上亚剌伯文石刻,拓后摄影"。陈万里通过这次考察后认为,"宋代石刻造像,在泉州为特多。除万安桥外,均为南渡以后,即西历十二、十三世纪之作品;其年代及建造者,根据确凿,尤可信也"。陈万里回到厦门后,根据考察行程编撰了《泉州第二次游记》。

1927年1月16—19日,陈万里与孙贵定、张早因进行第三次泉州考察,撰文为《泉州第三次游记》,与前面两次相比,内容较为简略。陈万里等人到泉州之后,仍由刘谷苇担任向导,主要参观了私家所藏古物。16日,"至潘宅,看磁器";17日,"至吴宅,得见所藏古物";18日,"饭后往访古董掮客林某;出至黄宅,同居林君出示赵文敏、董文敏手卷"。在此期间,陈万里利用东塔整修的时机，拍摄开元寺东西塔佛传图石刻20幅，并委托刘谷苇招拓工予以全拓。此外，陈万里与泉州市政局交涉，争取搬运遗留在大街上的阿拉伯文残石至厦大国学研究院保存。

三

1928年，陈万里编辑《闽南游记》，独立成册。1930年3月由开明书店（上海）正式出版，32开，120余页，定价为“大洋一元”。《闽南游记》是陈万里独立撰写的学术类游记，也是具有多学科面向的开放性文本。汪毅夫、洪峻峰、金婧怡、王铭铭等对其学术内涵进行较为充分的阐述。[38]以下内容是在前人研究的基础上，加以概括总结，以进一步发掘该文本的学术意义。

（一）《闽南游记》开启了厦门大学考古学的序幕

1930年，《闽南游记》出版后，辅仁大学学生许作新［许地山（赞堃）的弟弟许赞乔之子］就以题为《看了“闽南游记”以后》的书评向《开明》杂志投稿。许作新非常熟悉闽南的民俗风情和古迹古物，此前曾从北京向《民俗》投稿，发表了《断蛙池的故事》[39]。与此同时，他在辅仁大学求学，又受教于陈垣、刘半农和张星烺等人，有相当高的学术见解。许作新对《闽南游记》的内容极为赞赏，认为“可以打破所有记载闽南事迹书籍的新纪录”，是一部“空前绝后的鸿著”。许作新就《闽南游记》的学术贡献进行了总结：

> 陈先生这部《闽南游记》一点都不涉犯上述毛病，完全是凭着考古的眼光，科学的方法，和冒险的精神的一种新创造。最重要的，是他在这几次底游历里面的探讨和簇新的发现：如第一次游泉州时在奏魁宫东壁上古十字架石刻的发现（页六）；仁风门外古墓西侧郑和路经泉州行香碑记的发现（页九）；以及与任神父、张亮丞先生关于古墓的多方旁证和怀疑（页十二至十三）；第二次游泉州时在东禅寺畔发见古墓三区，阿拉伯文碑记一座，并有很渊博精细的考证（页三十六至四十）；蒲寿庚后裔的调查及揣测（页四十三至四十四，日本桑原骘藏有《蒲寿庚考》，不知有相互出入否?）；华表山摩尼教遗迹的搜寻及引证（页四十七至五十）；此外，并附有好些很有价值的，陈先生所拿手底艺术照相。东禅寺畔古墓发现，是陈先生在闽南最得意的一椿获得，也就是这部《闽南游记》里面最得力最精

彩的地方。[40]

许作新此番评论,强调了《闽南游记》蕴含的考古眼光,认为“是中国考古学界一种进步的光荣”[41],切中要害。如金婧怡叙及,“也许缘于敦煌远行遗留的对考古文物的热情,在泉州的这一系列调查中,对古迹、墓地和石刻等的重视体现了他对‘物’这一层面的敏感”[42]。1926年,北京大学国学门诸多学人南下,给厦门大学带来了学术研究的新风气和方法,其中也包括了考古学。考古学当时正从中国传统金石学向近代考古学过渡,因此在厦门大学国学院的学术指导思想中,考古学也具有重要的地位。按照《厦门大学国学研究院发掘之计划书》,考古发掘具有标准配置与工作规范。人员构成:指挥发掘者,二人,其中一人为发掘团主任;照相者,二人,其一为助手;测量兼画图者,一人;记录者,二人;仆役,若干人;工人,若干人。工作流程:照相、画图;修整、保存、摹拓、造型;鉴别、类集、陈列;编目、记录、出版。[43]国学院受制于人员配置,大规模的发掘工作一直只停留在计划之中。从《闽南游记》的相关内容看,陈万里尽可能地按照标准流程进行古迹古物的记录。1926年12月20日下午,第二次泉州考察发现东禅寺古墓群之后,陈万里首先对古墓进行分区,“在东禅寺西者,假定为甲区,寺后者为乙区,大道之北者为丙区”,而后根据实存状态依次进行拍照椎拓,“先在寺西工作。孟恕助予抚拓石棺上亚剌伯文石刻,拓后摄影,孟恕复一一为之测量石棺长短,层次高低,及其与大道并东禅寺屋角石阶之距离。予又为之助。如是约两小时,遂即转至寺后,次第工作如前。最后于大道之北,又得石棺五具,并有一亚剌伯文碑记焉。抚拓、摄影、测量、绘图,惟我与孟恕二人是赖”。陈万里对石棺遗存有非常细致的田野记录。比如对石棺花纹的描述,“石棺第一级刻亚剌伯文,其不刻文字者以花纹代之,第二级花纹,作扁平宽阔之箭头形而略倾斜,第三级花纹回环,亦有作五瓣花式者,第四级略似如意,勾搭处颇见匠心”。[44]通过椎拓石刻、拍摄照片、忠实记录古物遗迹形态,形成了一整套原始资料,照片和拓片入藏国学研究院陈列室。国学院停办之后,又成为厦门大学文学院文化陈列室藏品。1933年5月2日,福建协和大学春假期间,张治心带学生参观厦大古物陈列室时曾描述,“该校前国学研究院从泉州采得的图像,大多悬挂其中”[45]。抗战爆发后,厦大南迁长汀,文化陈列室藏品被日军掳掠到台北帝国大学(现台湾大学),照片和拓片由此流失。

陈万里的泉州访古给福建带来近代考古学的新气息。1936 年,泉州发现唐代初年墓葬,4 月 14—24 日,郑德坤、林惠祥和庄为玑经过调查后,就开展了挖掘工作。《申报》在 4 月 22 日即予以报道,并指出此次发掘与陈万里等人的泉州考察的关系,“厦门大学为闽南最高学府,对漳泉一带已有文化,阐发不遗余力,先后派遣专门学者,前来考古。当时有顾颉刚、陈万里、张星烺及德人艾锷风诸教授,均著有成绩。此次再派文学院教授林惠祥、郑德坤及附中教员庄为玑三人,前来调查,寄寓民众教育馆……今午雇工挖掘,其坑似十字形,周围以刊有花纹之古砖砌成,古砖大小不一,大约长尺许,宽五六存,砖身刊有花纹数种,有龙、双鱼、龟蛇、古钱、花草等六种”[46]。这是厦门大学组织的第一次正规的田野考古发掘,引起国内外各界的广泛关注,成为厦门大学考古学术史的重要篇章。[47]郑德坤 1938 年赴美国哈佛大学深造,在《哈佛亚洲研究学报》上发表了英文论文《闽南泉州唐墓发掘报告》[48]。通过阅读郑德坤的发掘报告可知,这次考古挖掘的流程科学,器物保存记录完整,相比陈万里等人的泉州考察工作,已大大推进了一步。

新中国成立后,厦门大学进入学科建设的新时期。1950 年 10 月 20—28 日,历史系组织考古队赴泉州考古,仍在陈万里等人开拓的道路上前进。林惠祥教授特别追溯了此次考古与陈万里等人的渊源关系,“自二十余年前本校张星烺、顾颉刚、陈万里诸先生到地考察,震惊于其古迹古物的丰富和特别,因而开始研究。其后本校同人继续有所发现”。这次活动带队老师为林惠祥、熊德基、庄为玑、韩振华、陈盛明,考古班学生 14 人,为陈在正、陈国强、薛谋成、林启训、李金培、黄滕爽(女)、萧文瑞(女)、黄焕宗、李祖弼、李鼎铭、陈孔立、陈文彬、陈兆坤、林素琴(女)。根据考古队行程可知,他们的大部分参观点与陈万里等人的泉州考察点重叠,包括开元寺、东西塔、承天寺、玄妙观、铜佛寺、清真寺、灵山圣墓等地,抄录石刻碑文,拍摄照片,同时还跟随吴文良先生学习拓碑方法。林惠祥还指出,泉州“有史前越族的遗迹(已发现的如南安的石器),有汉族南迁后的遗迹遗物(已发现的如隋唐的墓和明器,宋代建筑和瓷器),有中外海道交通的史料(已发现的如婆罗门教、回教、佛教的建筑、石碑、雕刻物以及宋代祈风石刻、元代军港等)”;“这一带地方经过本校二三十年来的陆续研究,已发现古迹不少。考古班同学希望实地参观这些古迹,以便将理论和实际联系起来。参观已发现的古迹以来,我们还希望能有新的发现,因为照理这地方应当还有很多未发现的古迹古物”;“但地下甚至地上古迹古物一定还有很多”,因此这是“很好的考古学处女地”。[49]鉴此,林惠祥向政府提出了保护古迹古物和“派遣有经验的人作有计划挖掘”的建议,认为需依托厦门大学设立机关负责此事,“必须在厦大里面设立一所博物馆,派定专员负责,时常到泉州一带探寻发掘及办理保存古迹等事”。他更为前瞻的是指出“厦门大学是福建的国立大学,不但对泉州一地,便是对本身附近各地的考古工作,也应当负责任,方能尽一所国立大学在文化上所负的责任。而政府也应当将这种工作托付厦大”。[50]可以说,自《厦门大学国学研究院发掘之计划书》制定后,随着张星烺、陈万里第一次泉州考察之后联名向校长林文庆报告,“深刻的系统的研究……希望于日后者”,[51]经过厦门大学考古学人的不断努力,终于开花结果,形成了东南考古的崭新格局。

(二)《闽南游记》展现了“泉州学”的国际研究范式

《闽南游记》不仅是闽南访古记录,而且是中西交通史研究的学术报告。张星烺第一次泉州考察回来后,11 月 13 日即以“中世纪之泉州”为题在国学院演讲,开篇阐述了“考古学与史学之关系”,他认为,“考古学之于古代历史,犹地质学之于古代底层学。考古学家搜罗古物,参观古迹,亦如地质学家发明地层构造,常能对于古史有别开天地之见解”。[52]考察途中,陈万里、张星烺等人一方面记录实物,另一方面收集中外文献,广征博引,进行科学的辨析对照,形成了伊斯兰教、基督教古迹的诸多“别开天地”的解释。相关意见虽然还有所争议,但出现了中西交通史研究的新突破。如泉州古基督教十字架石刻自 17 世纪中叶被发现三块并在欧洲引起轰动,但此后一直没有新的发现和记载。任道远神父在 1905 年已发现奏魁宫十字架石刻,但并未公开。《闽南游记》对这块十字架石刻的记载和考索,直接推动了该研究的进展。后来,张星烺 1930 年修订出版《中西交通史料汇编》时,也补充说明了这一发现,“民国十五年秋末,余至泉州访古。问之其处天主堂西班牙任道远神父。后亦闻有此事而不知此三十字架刻石何往。至今天主教堂建设仅三十年耳。泉城耶稣教堂设立六十年,亦不知此事。明末或另有天主堂。清雍正帝驱逐教士,泉州教堂亦毁。十字刻石即于此时遗失。今泉城宽仁铺府学街奏魁宫亦有小石像,在殿之西壁上。头像顶及胸皆有十字架,其为古代基督教徒遗物无疑”[53]。在陈万里等人发现的推动之下,泉州又不断有十字刻石发现,经过比较研究可知,奏魁宫十字刻石是景教的四翼天使形象。

开元寺东西塔也是令陈万里产生浓厚学术兴趣的古迹,东西塔塔身和东塔须弥座嵌有多达200余方(幅)佛教人物与故事浮雕。陈万里考察过云冈石窟,参与了敦煌访古,对佛教造像也相当敏感,《闽南游记》对东西塔也有多处记录。陈万里在第二次泉州考察时对东塔的须弥座佛像进行摄影,“为东塔佛传图摄得十余片”,按照“佛传图之排列,依塔形而分别八区”的记录原则,分别记了40幅图的名称。在泉州考察的同行者中,艾锷风对东西双塔最感兴趣。艾锷风来华之前,在德国和法国各大学攻读美术史、哲学史,具有深厚的欧洲传统艺术及建筑艺术修养。1925年到泉州游历,留意到了“众塔的壮美”,认为“这些塔对于建筑学、对于佛教雕刻和肖像研究的学生皆有意趣”,而且他知道这些内容不为西方学者所知,于是决定加以收集。[54]1926年11月3日,当陈万里等结束了第一次泉州考察并先行回厦门后,艾锷风则多停留一日。当时黄秀琅资助重修的西塔已完工落架,而黄奕住资助重修的东塔尚未完工,正好有拍摄机会。艾锷风与助手拍摄了东塔的全部浮雕照片。根据1927年11月3日薛澄清写给罗常培的信可知,艾锷风在此后可能还再次到泉州进行双塔的考察工作,“数月前……随本校艾克博士往游泉州”[55]。薛澄清曾于1935年在《南方(福建)》杂志上公布了一张东西塔在1927年改建时的照片,可能是这次考察所摄影,应是艾锷风再次考察东西塔的佐证。[56]

艾锷风依托这些珍贵的照片,与曾任教厦大的汉学家戴密微(Paul Demiéville,1894—1979)进行国际性合作研究。1935年在哈佛大学出版社出版了《刺桐双塔——中国晚近佛教雕刻研究》[57],列为“哈佛燕京学社专著系列”第二种,书中使用了第一次泉州访古时拍摄的160幅浮雕的正面照片。该书主要分为两部分内容,艾锷风叙述了泉州和海外交通的关系及其地位,双塔的建筑形式,以及双塔石刻的时代与风格,“纯以欧洲美术史家作法,将建筑的一砖一石,测量制图”,为认识泉州东西双塔提供了丰富的背景资料和准确的实物形式。[58]戴密微的主要任务是对双塔上的浮雕进行宗教学解释,这项工作可能是在日本和巴黎完成的,他参考了大量“原本的梵文佛经以及日本的佛教著作”。戴密微的图解工作还得到了他的助手、厦门大学毕业生、曾任教于厦大哲学系的林藜光的帮助,“十五图‘簿荷示迹’,即系由林藜光君负责解释之责”[59]。戴密微在书中指出他的部分图解原有所本,部分佛教典故解释得益于性愿法师的帮助。性愿法师为闽南高僧,长期任职南普陀寺,在佛像雕塑上有独到见解。戴密微任教厦大之际,与南普陀高僧交往频繁,应与性愿法师有所交集。戴密微在1926年7月1日离开厦门赴日本,性愿法师于1926年冬任开元寺监院,正值陈万里、张星烺、艾锷风游历开元寺的时间,应该是艾锷风将性愿法师提供的图解记录寄送给戴密微参考。值得注意的是,《刺桐双塔》一书除了附有泉州及洛阳桥等照片之外,还有漳州江东桥、通津桥、南山寺、开元寺等照片,这是陈万里与艾锷风的漳州之行所得,可见《刺桐双塔》与《闽南游记》之间的有机联系。《刺桐双塔》出版之后,作为汉学名著,成为泉州学研究国际化水平的标杆。1928年,艾锷风也离开厦门赴北京,分别任职于清华大学、辅仁大学。居住北京期间,艾锷风成为创办于1930年的中国营造学社的重要成员,梁思成、刘敦桢[60]等人与他关系密切。梁思成翻译他研究福清水南塔和瑞云塔而撰写的《福清双石塔》,刊在《中国营造学社汇刊》。[61]《刺桐双塔》出版之后,梁思成为此专门发表书评,结合艾锷风发表于《华裔学志》的另一篇与东西双塔有关的论文——《石建"亭塔"结构之研究》进行讨论。[62]

《中国营造学社汇刊》曾发表一篇题为《泉州印度式雕刻》的译文,作者为库玛拉要弥,译者为刘致平。该文与艾锷风的泉州考察关系密切,学界少有关注。译者在开篇谓,"艾克博士南游闽厦,诣泉州开元寺,得见印度式石柱雕刻于大雄宝殿。爰以所得绘图摄影,寄印度学者库玛拉要弥(Ananda K. Coomaraswamy)先生。库氏为记,刊于《德国东亚美术季刊》一九三三年一、二合刊,为营造石作中罕有之例,亦雕刻史中可贵之资料"[63]。大雄宝殿的印度式石柱雕刻,陈万里在《泉州第一次游记》中就言及,"大殿后戒台,新近修葺。很有些建筑物,可以把它摄影出来,就是像顶部横柱突出的双翼天人雕刻,据任神父意思,以为基督教遗型的产物;此说我不谓然"[64]。他拍摄的《泉州开元寺戒坛内顶部横柱突出之双翼飞天》照片收录于《闽南游记》。艾锷风也不认同任神父的看法,他到北京后,于1930年曾撰《中国建筑中之人形柱及女像柱》一文描述。[65]艾锷风对石柱属性还没有把握,将照片和勾线图寄给库玛拉要弥请教,《刺桐双塔》之后附有的印度教石柱照片可能就是这套资料。印度学者阿南达·库玛拉要弥(1877—1947)是印度式雕刻的研究专家,艾锷风之所以把资料寄给印度学者,因为他对1925年考察中获得"城东北隅距开元寺不远之某小庙焚帛炉上的石版浮雕"有初步分析,认为是"印度原物之中国摹本”。[66]该庙是城北县后街、模范巷交界处的白耇庙。库玛拉要弥分析石柱图版后认为,“柱为石制,殆为中国匠人仿印度之木刻原物所制”。进而依次论述为各种雕刻的风格与形象的印度神话题材特点,引用《南印度考古集》等印度学术界研究成果,指出了雕刻中存在的中国化痕迹。同时也确认了艾锷风的判断,白耇庙的石版浮雕为Saiva故事。[67]《德国东亚美术季刊》和《中国营造学社汇刊》在美术考古和古代建筑学界均享有广泛的国内外影响力,也进一步显示了陈万里等人闽南访古的国际性学术效应。诚如洪峻峰先生指出的,这种国际合作成果,“促使刚刚萌生的‘泉州学’突破区域和国界的局限,逐渐成为一门国际性学问”[68]。

(三)《闽南游记》蕴含了“从民俗看历史”的新史学内核

在中国现代人文学科由旧趋新的发展进程中,蔡元培所推动创立的北大研究所国学门是重要转折点。[69]北大国学门在1921年成立,设立了文字学、文学、哲学、史学、考古学5个研究室,相继创立歌谣研究会、风俗研究会、整理档案会、古迹古物调查会(后改为考古学会)。他们以注重收集整理新史料、展开民俗调查、强调考古发掘为核心内容,也成为推动新史学的中坚力量。如顾颉刚在1926年1月1日的《〈北京大学国学门周刊〉发刊词》描述,“去年12月中,本校开二十七周年纪念会,本学门同时开放。参观的人先到考古学会陈列室,再到明清史料整理会陈列室,又到风俗学会和歌谣研究会的陈列室。这固然是路线的方便,但至少在程序上也可以说有一点意见,就是:使参观的人从古代看到现代,得到一点历史的观念;又从皇帝看到小民,得到一点学术平等的观念”,国学门主张的“历史的观念”是一种“庶民史观”。顾颉刚进一步阐述,“对于考古方面,史料方面,风俗歌谣方面,我们的眼光是一律平等的。我们决不因为古物是值钱的骨董而特别宝贵它,也决不因为史料是帝王家的遗物而特别尊敬它,也决不因为风俗物品和歌谣是小玩意而轻蔑它”。他尤其提到,“固然,在风俗物品和歌谣中有许多是荒谬的,秽亵的,残忍的,但这些东西都是从社会上搜集来,社会上有这些事实乃是我们所不能随心否认的”。由此,顾颉刚直接宣称,“国学是什么?是中国的历史,是历史科学中的中国的一部分。……研究国学,就是研究历史科学中的中国的部分,也就是用了科学方法去研究中国历史的材料”。这与傅斯年后来在《国立中央研究院历史语言研究所集刊》发表《历史语言研究所工作之旨趣》中的史学观念并无本质差别,成为民国新史学的精神内核之一。

厦门大学国学研究院是以北京大学研究所国学门的南下教师为主建立的,其组织结构和研究宗旨一脉相承。桑兵也因此特别指出了厦门大学国学院成为中国现代学术的转承,“就主流而言的关键时期即从北京大学国学门到中研院历史语言研究所,其间宗旨和人脉的过渡,便是顾颉刚亲历其事并担任重要角色的厦门大学国学院和中山大学语言历史研究所”[70]。王汎森总结了厦门大学国学院设定的工作范围,“仍不外乎考古发掘与民俗调查。而其学问态度则是顾颉刚所常说的几条,即第一,求应用于求真应该分来;第二,看古书的态度,只是一个历史研究的态度,要虚心看出它的背景;第三,学问应以实物为对象”[71]。

陈万里深受顾颉刚学术思想的影响,在北大国学门同样参与歌谣征集和风俗调查活动。1925 年西行敦煌考察过程中,经过太原时,采集了《五哥放羊》的民谣,寄给顾颉刚编入《歌谣》周刊。[72]《西行日记》记录了大量的风俗事例。[73]叶圣陶对此在序言中评述,“除了考古方面,在这部日记里可以看见西北的社会、西北的民众。陈先生是无处不留心观察的,一种风俗,一句方言,一出戏文,一席闲谈,他都看作宝贵的材料,珍贵地收在他的日记里”[74]。顾颉刚在 1926 年 7 月 6 日撰写的序言中,则指出了《西行日记》意义在于“学术眼光”,“以前的游记又最多流连风景之辞,以为必须这样做了才见得自己的雅人深致;什么风俗,这些庸夫俗子的生活管它则甚呢?可是现在我们的眼光改变了,知道凡是世界上的事物都有注意和研究的价值,雅俗和贵贱的界限不过是‘作茧自缚’的昏瞶。我们既作旅行,便当尽量把旅行中的见闻充作记载中的资料。万里这本书名,不把‘考古’二字搀入‘西行日记’之中,所收的材料如方音、市招、戏剧、神祇、唱本等都和古物站在平等的地位,这确是一个很大的觉悟,足以开出一个游记的新局面的”[75]。这看法延续了《〈北京大学国学门周刊〉发刊词》中提出的学术观念,他希望陈万里将来的游记开出一个新方向,“集合考古学、民俗学、地理学、言语学等等材料于一书”[76]。陈万里很重视顾颉刚的学术建议,撰写了《泉州第一次游记》,12 月 15 日就请顾颉刚予以审阅。[77]第二次泉州考察后,顾颉刚在 1926 年 12 月 29 日撰写《〈厦门大学国学研究院周刊〉缘起》进一步阐述相关观念,“学问应以实物为对象,书本不过是实物的记录,我们知道如果不能了解现代的社会,那么所讲的古代的社会必定是梦呓。所以我们要掘地看古人的生活，要旅行看现代一般人的生活”[78]。陈万里整理成《漳州游记》后，顾颉刚又在12月30日予以审阅。[79]陈万里的《闽南游记》在一定程度蕴含了顾颉刚的新史学思考以及方法论追求。顾氏后来为吴藻汀编的《泉州民间传说》撰序直接表达出来：

民间传说，是民众们的历史。他们所要知道的历史只是这一点，并不是像士人们要求四五千年来有系统、有证据的历史。这些传说，向来因为得不到士人们的同情，所有没有写上书本的权利；可是它们势力真大，它们能够使得一般民众把它们习熟于口耳之间，一代一代地传衍下去……它们并不靠着书本的保障……晋江自晋朝南渡之后，成为中国南部文化的中心。从唐宋到元朝为与外国接触最盛时期，国外事物的介绍，国内文化的传布，为书本所不载而留存在民众口耳间的，政治方面如南宋幼主的播迁，留、陈两氏的立业，宗教方面如佛教、回教、摩尼教的神迹，交通方面如阿剌伯人、南洋岛国人的居留，建筑方面如东西塔、洛阳桥的工程，以及名人的轶闻，如李卓吾、施琅等辈，当不知有多少。[80]

（四）《闽南游记》激发了闽南文化研究的学术热潮

《闽南游记》的出版激发了人们对闽南文化和海外交通史迹的关注。许作新在书评中说，“使闽南的学术空气增加有价值的兴趣”[81]。如罗常培在序言中写的，“闽南学术空气本来是销沉的。读了万里这部游记，至少可以使生长闽南的人或不认识闽南的人，知道这块地方在商业以外，还有一些值得注意的事物，因而引起他们的好奇心来”[82]。陈万里等人在泉州等地开展考察活动，已引发了厦大在读闽南籍学生和厦漳泉等地文人的研究兴趣，投身到闽南文化的研究中来。吴文良先生是其中典型代表，他在1923—1927年以半工半读的方式就读厦门大学生物系，张星烺先生在第一次泉州访古之后，做了题为“中世纪之泉州”的学术演讲，吴文良受此启迪，投身于泉州古代宗教石刻的搜集和宗教遗迹的研究。曾作为陈万里等人导游的吴藻汀此后致力于泉州传说故事的收集和整理，后来编撰《泉州民间传说》等著作，成为闽南地区重要的民俗学家。围绕着顾颉刚等人形成了一群学术跟随者，1927年4月10日，是顾颉刚离开厦门前的最后雅集，是由厦大学生或本地学人组织的，目的是为他饯行。《顾颉刚日记》有记，“同席：郑江涛、叶国庆（怡民）、苏甦（警予）、陈佩真、谢云声、吴世杰、伍远资（友竹）（以上主），亮丞先生、予（以上客）”[83]。

这些厦大学生和厦门文人成为广州创办民俗学会和《民俗》周刊的骨干。从现在发表和留存的成果看，他们遵循了从“民俗看历史”的研究路线。如谢云声在《民俗》周刊上发表《厦门醉仙岩仙诞的调查》，其副题是“读妙峰山以后而作的”。[84]1928年，叶国庆、黄仲琴在陈万里等人泉州游记的影响下，也进行了类似考察，其中特别关注阿拉伯族群的问题，后来写了《闽南之回教》《蒲寿庚兄弟遗族及遗迹》《泉州谈荟》等文章。[85]《泉州第一次游记》提及的蒲氏族谱也得到学界的长期关注，1939年，张玉光、金德宝通过田野调查，在永春找到蒲氏族谱，抄录部分内容。[86]

陈万里等人的考察带动了闽南文化研究的热潮。犹如罗常培在序言中提到的，“最近我接到厦门朋友的信，知道那里渐渐有人到石井去凭吊郑成功的故里，或赴晋江去摹拓开元寺古塔的雕刻，那末，谁是开这种风气的‘筚路蓝缕’者，自可不言而喻了”[87]。这位“厦门朋友”是漳州人薛澄清，他在1925年开始就读厦门大学历史系，与国学院诸位先生结识，激发了学术兴趣。薛澄清曾随艾锷风往游泉州，“途中得其指导，始得一瞻郑氏故里所在，为之伫立凝视者久之！”回校之后，在1927年4月20日完成《郑成功历史研究的发端》，罗常培撰写《厦门音系》得到薛澄清、林藜光、邱豫凡、陈延进等学生的帮助，到中山大学任职之后，薛澄清写信给他求教漳泉方言研究的相关问题。此文经罗常培推荐发表在《国立中山大学语言历史学研究所周刊》（1927年第1期）。薛澄清在信中表示继续考察郑成功古迹，并一一为之拍照。1927年12月30日，罗常培的回信对其予以鼓励，“前几天顾颉刚先生还嘱咐我催你续寄关于郑成功历史研究的文章。你现在对于这件工作，能从直接材料和间接材料两方面注意，这是再好没有的事。新史学的立足点，就是这种方法和这种态度。必须如此，才能得到一件事实的真相；何况是三百年来湮没不彰的郑氏史迹”[88]。

《闽南游记》详细描述了闽南古迹和风俗等，福建高校的学生或老师以泉州为主要考察点开展假期实践和学术社团活动，带动了历史文化考察热潮。如傅衣凌在厦门大学求学时，曾和同学庄为玑、陈啸江等组织历史学会，到泉州进行田野考察，在林惠祥先生的带领下，行程路线与陈万里《闽南游记》基本一致，“从厦门坐船到安海，参观石井乡和郑成功遗迹，然后乘车到泉州，参观开元寺、清真寺及郑和行香碑等，扩大了眼界”[89]。福建协和大学也推行这种春假考察活动。张治心在1928年应福建协和大学校长林景润的邀请担任国文、中国哲学教授,1930年出任文学院院长,1933年春假,张治心带学生考察闽南,参照读物就是《闽南游记》等作品。他自己描述,"读杨万里《闽南游记》与张星烺《泉州访古记》,并参考张星烺所收集的《中西交通史料汇编》,知道泉州在中古时代,乃一极繁盛的海口,与现在的上海情形一样。早已引起我对泉州的羡慕,此次春假既有往游的机会,自然非常高兴"[90]。他们到了泉州之后,参观内容基本也是按照《闽南游记》展开的,考察地点包括开元寺、清净寺等等。[91]

四

对比陈万里的《闽南游记》、张星烺的《泉州访古记》、顾颉刚在《日记》中的相关记载、艾锷风和戴密微的《刺桐双塔》等不同文本,可以发现陈万里特长在于复制、分析古迹古物、碑文器物的物质形制。《闽南游记》中的《旅厦杂忆》是陈万里从离开北京到旅居闽南短短四个月的心路表述。陈万里在厦大任教期间,生活安宁,"终日在校,转觉处处晏然"。有意思的是,他特地记录下当时南下学人海滨拾贝之情形:

> 常日则五时以后,必至海滨拾贝。此事发动于余及振玉,不数日,兼士先生亦加入竞争,时步海边,以手杖拨检,不当意,则大踏步奋勇直前,冀有所获;余常尾其后,随检随拾。振玉选择极精密,佳品不易错失,往往株守一隅,反复搜剔,及至暮色苍茫,始各满载而归。匆匆晚饭后,即检理所得,洗水也,剔垢也,纷扰约一小时。于是罗列盘中,争相夸耀,如是习以为常课。[92]

学海无涯,海滨拾贝,这段话也视为陈万里对自己在厦门大学的短暂学术生活的隐喻。陈万里也一直关注泉州的考古发现。1956年,时隔30年后,陈万里再次来到泉州。此行是调查闽南古代窑址,"自从泉州东门外发现了古代窑址,过了两年以后,终于在1956年冬季才决定前往调查。由上饶入闽,在福州稍作停留,然后南下泉漳,同行的,有冯先铭、李炳辉二同志,福建省文管会并派谢之瑞同志偕行"[93]。陈万里将调查整理为《调查闽南古代窑址小记》,指出了闽南窑址与外销瓷的密切关系,该文可视为《闽南游记》的余韵。由此在厦门大学形成的海上陶瓷之路研究、水下沉船考古等领域如今蔚然大观,国际瞩目。

2021年1月24日完稿于岁不寒居

注释：

①《北京大学评议会十年度第二次会议记录》（1921年11月28日），《蔡元培全集》第18卷，杭州：浙江教育出版社，1998年，第368页。

②《研究所国学门重要纪事》，《国学季刊》1923年第1卷第1号。

③《国立北京大学研究所国学门各会章程及纪事录》，《晨报副刊》，1924年6月17日。

④《研究所国学门通告》，《北京大学日刊》第1549、1550、1551号，1924年10月22、23、24日。

⑤沈兼士：《西行日记序一》，陈万里：《西行日记》，北京：朴社，1926年。

⑥《研究所国学门纪事》，《北京大学日刊》第1747号，1925年8月15日。

⑦陈万里：《西行日记·自叙》，北京：朴社，1926年，第2~3页。

⑧《顾颉刚日记》第1卷，台北：台湾联经出版事业公司，2007年，第782页。

⑨《顾颉刚日记》第1卷，台北：台湾联经出版事业公司，2007年，第782页。

⑩陈万里：《闽南游记》，上海：开明书店，1930年，第56页。

⑪陈万里：《闽南游记》，上海：开明书店，1930年，第57页。

⑫《厦大周刊》第156期，1926年9月25日。

⑬《顾颉刚日记》第1卷，台北：台湾联经出版事业公司，2007年，第763页。

⑭《考古学会简章》，《厦大周刊》第161期，1926年10月30日。

⑮《造型部办事细则》，《厦大周刊》第163期，1926年11月13日。

⑯《陈列部办事细则》，《厦大周刊》第161期，1926年10月30日。

⑰《国学研究院成立大会纪盛》，《厦大周刊》第159期，1926年10月16日。

⑱《国学研究院第一次学术会议纪事》，《厦大周刊》第160期，1926年10

月 23 日。

⑲《国学院将出版书籍》,《厦大周刊》第 165 期,1926 年 11 月 27 日。

⑳《〈国学季刊〉将付印》,《厦大周刊》第 164 期,1926 年 11 月 20 日。

㉑《国学研究院第一次学术会议纪事》,《厦大周刊》第 160 期,1926 年 10 月 23 日。

㉒《〈中国图书志〉编辑现状》,《厦大周刊》第 166 期,1926 年 12 月 4 日。

㉓《顾颉刚日记》第 2 卷,台北:台湾联经出版事业公司,2007 年,第 13、14 页。

㉔《顾颉刚日记》第 2 卷,台北:台湾联经出版事业公司,2007 年,第 26 页。

㉕《顾颉刚日记》第 2 卷,台北:台湾联经出版事业公司,2007 年,第 34 页。

㉖胡适:《致江绍原》(1927 年 10 月 22 日),江小蕙编:《江绍原近代名人手札》,北京:中华书局,2006 年,第 199 页。

㉗《国学研究院成立大会纪盛》,《厦大周刊》第 159 期,1926 年 10 月 16 日。

㉘罗常培:《序》,陈万里:《闽南游记》,上海:开明书店,1930 年,第 vi 页。

㉙张星烺在《泉州访古记》中记录时间为 1926 年 10 月 31 日—11 月 3 日。陈万里在《泉州第一次游记》中将时间记为 11 月 3—6 日,应为误记,因《顾颉刚日记》1926 年 11 月 4 日记载,“亮丞先生来谈”,说明陈万里等人已回到厦门。《张陈两先生调查泉州古迹及关于中外交通史料之报告》(《厦大周刊》第 165 期,1926 年 11 月 27 日)与《泉州访古记》一致。

㉚陈万里:《闽南游记》,上海:开明书店,1930 年,第 1~2 页。

㉛陈万里:《闽南游记》,上海:开明书店,1930 年,第 4 页。

㉜陈万里:《闽南游记》,上海:开明书店,1930 年,第 1 页。

㉝张星烺:《泉州访古记》,《史学与地学》1928 年第 4 期。

㉞陈万里:《闽南游记》,上海:开明书店,1930 年,第 2 页。

㉟《厦大周刊》第 160 期,1926 年 10 月 23 日。

㊱《张陈两先生调查泉州古迹及关于中外交通史料之报告》,《厦大周刊》第 165 期,1926 年 11 月 27 日。

㊲《顾颉刚日记》第1卷,台北:台湾联经出版事业公司,2007年,第819页。

㊳参见:汪毅夫《厦门大学国学研究院与泉州历史文化研究》(《海交史研究》2001年第2期)、《〈泉州访古记〉的几个史实》(《闽台文化》2000年第4期);洪峻峰《厦门大学国学院的泉州访古与研究》(《泉州师范学院学报》2006年第5期)、《厦门大学国学研究院佚文考》(《厦门大学国学研究院集刊》第1辑,北京:中华书局,2008年);张帆《顾颉刚与土地神——1926—1927年东南沿海的"游士"与"风俗"》(《中国人类学评论》第11辑,北京:世界图书出版公司,2009年);金婧怡《碑文石刻中的风俗与忧郁——读陈万里〈闽南游记〉》(《西北民族研究》2017年第1期);王铭铭《刺桐城:滨海中国的地方与世界·再版自序》(北京:生活·读书·新知三联书店,2018年)。

㊴许作新:《断蛙池的故事》,《民俗》1929年第85期。

㊵许作新:《看了"闽南游记"以后》,《开明》1930年第28期。

㊶许作新:《看了"闽南游记"以后》,《开明》1930年第28期。

㊷金婧怡:《碑文石刻中的风俗与忧郁——读陈万里〈闽南游记〉》,《西北民族研究》2017年第1期。

㊸《厦门大学国学研究院发掘之计划书》,《厦大周刊》第158期,1926年10月9日。

㊹陈万里:《闽南游记》,上海:开明书店,1930年,第38~39页。

㊺张治心:《春假闽南旅游记》,《福建文化》1933年第10期。

㊻《申报》,1936年4月22日。

㊼《本校文化陈列所主任等前往泉州调查古代遗址》,《厦大周刊》第15卷第23期,1936年4月20日;《林郑庄三先生发掘泉州古墓经过》,《厦大周刊》第15卷第26、27期,1936年5月18日。

㊽Cheng Te-k'un, "The Excavation of T'ang Dynasty Tombs at Ch'uan-chou, Southern Fukien," *Harvard Journal of Asiatic Studies*, Vol. 4, No. 1, 1939, pp. 1-11.

㊾林惠祥:《一九五〇年厦门大学泉州考古队报告》,《厦门大学学报(文史版)》1954年第1期。

㊿林惠祥:《一九五〇年厦门大学泉州考古队报告》,《厦门大学学报(文

史版)》1954 年第 1 期。

㉛《张陈两先生调查泉州古迹及关于中外交通史料之报告》,《厦大周刊》第 165 期,1926 年 11 月 27 日。

㉜《厦大周刊》第 164 期,1926 年 11 月 20 日。

㉝张星烺编注:《中西交通史料汇编》第 1 册,北京:华文出版社,2018 年,第 265 页。

㉞转引自汪毅夫:《厦门大学国学研究院与泉州历史文化研究》,《海交史研究》2001 年第 2 期。

㉟《学术通讯:薛澄清—罗常培》,《国立第一中山大学语言历史学研究所周刊》1928 年第 13 期。

㊱薛澄清:《泉州著名开元寺东西塔民十六改建时留影》,《南方(福建)》1935 年第 1 期。

㊲G. Ecke & P. Demiéville, *The Twin Pagodas of Zayton: A Study of Later Buddhist Sculpture in China*, Cambridge, Mass.: Harvard University Press, 1935.

㊳曾佑和:《序》,[德]古斯塔夫·艾克著:《中国花梨家具图考》,薛吟译,北京:地震出版社,1991 年,第 5 页。

㊴薛澄清:《介绍〈泉州东西塔考〉》,《公教周刊》1936 年第 37 期。

㊵刘敦桢:《覆艾克教授论六朝之塔》,《中国营造学社汇刊》1933 年第 1 期。

㊶[德]艾克著:《福清双石塔》,梁思成译,《中国营造学社汇刊》1933 年第 1 期。

㊷梁思成:《书评》,《中国营造学社汇刊》1936 年第 3 期。

㊸[斯里兰卡]库玛拉要弥:《泉州印度式雕刻》,《中国营造学社汇刊》1934 年第 2 期。

㊹陈万里:《闽南游记》,上海:开明书店,1930 年,第 3 页。

㊺[德]艾克:《中国建筑中之人形柱及女像柱》,《辅仁大学校刊》1930 年第 7 期。

㊻[斯里兰卡]库玛拉要弥:《泉州印度式雕刻》,《中国营造学社汇刊》1934 年第 2 期。

㊼[斯里兰卡]库玛拉要弥:《泉州印度式雕刻》,《中国营造学社汇刊》

1934 年第 2 期。

⑱洪峻峰:《厦门大学国学院的泉州访古与研究》,《泉州师范学院学报》2006 年第 5 期。

⑲陈以爱:《中国现代学术研究机构的兴起:以北大研究所国学门为中心的探讨》,南昌:江西教育出版社,2002 年。

⑳桑兵:《厦门大学国学院风波——鲁迅与现代评论派冲突的余波》,《近代史研究》2000 年第 5 期。

㉑王汎森:《价值与事实的分离?——民国的新史学及其批评者（上)》,刘笑敢主编:《中国哲学与文化（第十辑):儒学:学术、信仰和修养》,桂林:漓江出版社,2012 年,第 277~278 页。

㉒北大歌谣研究会编:《歌谣》1925 年第 80 期。

㉓陈万里:《西行日记》,北京:朴社,1926 年,第 64 页。

㉔郢生（叶圣陶):《介绍与批评——〈西行日记〉》,《一般》1926 年第 3 期。

㉕顾颉刚:《西行日记序三》,陈万里:《西行日记》,北京:朴社,1926 年,第 5 页。

㉖顾颉刚:《西行日记序三》,陈万里:《西行日记》,北京:朴社,1926 年,第 8 页。

㉗《顾颉刚日记》第 1 卷,台北:台湾联经出版事业公司,2007 年,第 826 页。

㉘顾颉刚:《〈厦门大学国学研究院周刊〉缘起》（1926 年 12 月 29 日),《宝树园文存》卷 1,北京:中华书局,2011 年,第 238~239 页。

㉙《顾颉刚日记》第 1 卷,台北:台湾联经出版事业公司,2007 年,第 826 页。

⑳顾颉刚:《顾序》,吴藻汀编:《泉州民间传说》,广州:国立中山大学语言历史学研究所,1929 年,第 1~3 页。

㉛许作新:《看了“闽南游记”以后》,《开明》1930 年第 28 期。

㉜罗常培:《序》,陈万里:《闽南游记》,上海:开明书店,1930 年,第 vi~v 页。

㉝《顾颉刚日记》第 2 卷,台北:台湾联经出版事业公司,2007 年,第 35

页。

㉞谢云声:《厦门醉仙岩仙诞的调查》,《民俗》第61、62期合刊,1929年5月29日。

㉟《国立中山大学语言历史学研究所周刊》1929年第9号第101、105期,第10号第109期。

㊱张玉光:《报告发见蒲寿庚家谱经过》,《月华》1940年第1~3期。

㊲罗常培:《序》,陈万里:《闽南游记》,上海:开明书店,1930年,第v页。

㊳《学术通讯:薛澄清—罗常培》,《国立第一中山大学语言历史学研究所周刊》1928年第13期。

㊴《傅衣凌自传》,《文献》第12辑,北京:书目文献出版社,1982年。

⑩张治心:《泉州与中西交通》,《福建文化》1933年第10期。引文中的"杨万里"为"陈万里"之误。

⑪张治心:《春假闽南旅游记》,《福建文化》1933年第10期。

⑫陈万里:《闽南游记》,上海:开明书店,1930年,第57~58页。

⑬陈万里:《调查闽南古代窑址小记》,《文物参考资料》1957年第9期。

作者张侃,厦门大学人文学院历史系主任,教授、博士生导师。

[illegible]第61、62期合刊，1929年5月29日。

[illegible]中山大学[illegible]周刊》1929年第9卷第101、105[illegible]第10卷第109期。

[illegible]1940年第1—3期。

[illegible]《序》，[illegible]，上海：开明书店，1930年，第v页。

[illegible]语言历史学研究所周刊》1928年第13期。

[illegible]第12[illegible]，北京：书目文献出版社，1982年。

[illegible]1983年第[illegible]期[illegible]

[illegible]第10期。

[illegible]1930年，第57—58[illegible]

[illegible]19[illegible]7[illegible]

[illegible]厦门大学人文学院历史系[illegible]，教授，博士生导师。

罗常培与《厦门音系》

李如龙

一、《厦门音系》的作者罗常培

罗常培（1899—1958）先生，字莘田，出生于北京的满族人。1919 年在北京大学文学专业毕业后，又到哲学系学了两年。曾在南开中学任教，当过京师第一中学代理校长。

1926 年，厦门大学委托林语堂在北京诚邀知名专家前往任教，罗常培和鲁迅先生先后南下应聘。当年秋季，国学研究院成立。据《厦大周刊》161 期（1926 年 10 月 30 日）所载，他刚来国学院时聘为讲师，立即开了三门课，每周 8 小时。“经学通论”是“叙述经学之历史及各经之大义，使学生明了经学研究方法”。“文选及文史”“按时代先后叙述散文与骈文之发达转变及作家之生平，各时代大家之代表作”。“古韵沿革”则是他精心研究过的音韵学，当时已经有《汉语音韵学导论》的初稿，自然是得心应手的课。由于有深厚的学术根底和纯熟的北京话，他讲课又能深入浅出、举重若轻，很能使学生理解并引起兴趣。

1927 年，他和鲁迅先生同时应聘于中山大学。在广州开设了“声韵学”“等韵学”等课程。1928 年，赵元任到广州调查方言，他们共同讨论了许多问题，志趣十分相投，罗常培遂辞去中山大学的教职，到筹建中的中央研究院历史语言研究所任专任研究员（该所不久迁往北平，后又迁南京）。从那时到 1934 年的 7 年间，他撰写了 20 多篇音韵学论文，出版了《厦门音系》《唐五代西北方音》，调查了徽州 6 县方言，从 1931 年起，又和赵元任、李方桂合作，翻译高本汉的名著《中国音韵学研究》（后于 1936 年出版）。1934 年，北京大学和史语所商量,请罗常培回母校任教,兼任中文系系主任的胡适知人善任,遂将系务交给他办理。“卢沟桥事变”之后,他一路辗转到了昆明的西南联大,不久,也兼任中文系系主任。在云南期间,他到滇西调查了十几种民族语言(包括白语和贡山俅语),并组织学生做了大量民族语言和云南方言的调查,不少人后来成为研究民族语言的大家(如傅懋勣、马学良、陈士林、高华年),他还把民族语言的调查扩展到民族文化的考察,1943 年在一次文史演讲会上以“文化与语言”为题开讲,初步建构了文化语言学的理论框架。

1944—1948 年,罗常培应邀到美国讲学,先后在加州大学伯克利分校、耶鲁大学和密歇根大学讲课、发表演讲、指导博士论文,受到普遍的赞扬。回到北大之后,他一面整理文稿,出版《语言与文化》,同时以高度的政治热情迎接新中国,参加全国政协第一届全体会议。

1950 年 6 月,刚成立的中国科学院决定建立语言研究所,他受命筹办工作并担任首任所长。之后的几年间,他创办了《中国语文》并担任主编;组建“语法小组”,请丁声树先生主持研究现代汉语语法,从 1952 年开始以“语法讲话”为题在《中国语文》连载,于 1961 年以《现代汉语语法讲话》为题在商务印书馆出版;还设置“民族语文组”调查研究少数民族语言,1956 年扩大为少数民族语言研究所。新中国的语文工作百废待兴,为了加快培养研究人才,他与北京大学中文系商定,于 1952 年开办三年制的“语言专修科”,又于 1956 年和教育部合办“普通话研究班”,这两个班为少数民族语言和汉语方言的调查培养了一批青年学者。在 1955 年一年之内,他主持举办了三个大型的全国性学术会议:全国文字改革会议、现代汉语规范问题学术会议和民族语文讨论会,借此动员和组织全国语言学家为新中国的语言文字事业贡献力量。由于患有高血压还坚持繁忙的工作,积劳成疾,虽住院多次还不放下工作,于 1958 年 12 月病重再度住院,医治无效,与世长辞。他留下的四百万字著作覆盖了大部分的语言学科,许多方面都有划时代的意义,堪称中国现代语言学的奠基人之一。

罗常培先生在厦大中文系任教虽然时间不长,却是展示了他的慧眼,很快就看准了厦门话的特点和价值,用很短时间搜集并记录了厦门话的语料,离开厦门以后又争取机会进行深入研究,写成了《厦门音系》于 1930 年出版,这是他的第一部方言学专著,也是现代汉语方言研究的奠基石之一。离开厦门之后,他还惦记着厦大的语言学事业。据本人了解,1954 年在他任语言研究所所长期间，有一次在北京的会上见到黄典诚教授，就鼓励其研究闽方言，比较泉漳厦的异同，并拨给经费调查莆田方言。黄先生调查了莆田方言后又研究了建瓯方言，这两项研究后来就为福建方言普查、研究闽方言的分区提供了重要的基础。方言普查完成后，在黄典诚先生指导下编成的《福建省汉语方言概况（讨论稿）》于1962年出版。至此，从林语堂、周辨明、罗常培到黄典诚，在厦大中文系形成了以方言学和音韵学为重点的语言学传统，做出了一系列贡献。林语堂的《语言学论丛》、周辨明的《厦语音韵之构造与性质》（德国汉堡大学博士论文）、罗常培的《厦门音系》、黄典诚的《〈切韵〉综合研究》以及《福建省汉语方言概况（讨论稿）》、《普通话闽南方言词典》便是这个学术传统中的耀眼明珠。

二、《厦门音系》的写作过程和出版情况

罗常培在《厦门音系》的自序里说："1926年秋，余从鲁迅诸先生后，避地厦门。海滨屏迹，端居多暇。授读之余，时与思明林藜光，晋江邱立，龙溪薛澄清诸子，访问语音，察其条贯；并征集当地通俗韵书，里巷谣谚及教士所为罗马字诸书，互相参究。积以半年，略有所得。"他所结交的这几位都是专家名流。分别精通泉漳厦口音。薛澄清是漳州人，曾作《十五音与漳泉读书音》，邱立是泉州人，曾作《闽南方言考》，均刊于历史语言研究所周刊；林藜光是厦门人，厦门大学哲学系毕业，罗常培找他记录了厦门音，后来从广州回北平之后，恰好林氏由厦大国学院戴密微教授（法国人）推荐给北京大学的钢和泰教授（俄国人）当助手，罗常培于1930年初约请林藜光在三个月中用周末时间为他校订厦门音（后来通晓英、法、德、日诸语及梵、藏文字的林藜光得到史语所赞助，赴法跟随印度学大师列维深造，十余年后完成了梵文《正法念处经》的校注）。罗常培先生不但善于交友，而且一开始就开创了研究汉语方言的正确道路：比较邻近方言的异同；搜罗民间流行的方言韵书和歌谣俗谚；利用西洋传教士的方言记录材料；运用传统音韵学的音系理论并吸收西方现代语言学的方法（国际音标和现代实验语音学的语音分析方法）。《厦门音系》的成功正是融合了中西学的理论和方法的结果。

《厦门音系》的初版是1930年作为历史语言研究所的单刊出版的，他在自序中说，该书得到了赵元任先生"恳挚修订"和林语堂先生的"精审校阅"，可

见他很敬重年长的学者。

1955年的三个大会之后，为了加快推广普通话、改进语文教学、促进语言规范化，急需培养人才开展全国性的方言调查。国务院于1956年2月发出《关于推广普通话的指示》，要求“在1956年和1957年完成全国每个县一个方言的初步调查工作”；国家教育部和高教部则于1956年2月发出《关于汉语方言普查的联合指示》，要求综合大学开设“汉语方言学”课程，语言研究所编辑出版《汉语方言调查手册》和《汉语方言调查简表》；各省市和大学成立方言调查指导组。在中央部门紧锣密鼓地督促之下，作为早期研究汉语方言的名著《厦门音系》于1956年由科学出版社重版。在“再版序言”里，罗常培首先列数了自己的不满意：“偏重语音，忽略了词汇和语法”；“太偏重细微音值的描写，而没有充分按照原则归纳音位”；“没有比较厦门音跟北京音的异同”；语音比较时“列表的方法繁琐累赘”；拟制罗马字采取双字母。接着他又列举了本书“可取的地方”：“用现代语音学的方法来详细分析一个重点方言”；指出了厦门话“几乎各成一个系统”的文白异读的重要性，“对于推进方言研究是有重要意义的”；“长篇故事和民间文艺的记录，对于研究词汇和语法的关系非常重大”。这种实事求是的态度，表现了他对科学事业的负责精神，不论是对于当年的方言普查或是后来的方言研究，都有重大的指导意义。

1957—1958年的政治运动耽误了一些业务工作，但是语言文字方面的工作还是有些重要进展。经过语言研究所的努力准备（出版调查材料、训练调查干部），1958年以后，全国方言普查普遍开展起来了。在福建省，1956年10月，省教育厅就组织厦门大学和福建师范学院的教师参加“方言调查指导组”，着手训练人员，开展调查工作。到1960年完成了一批调查点之后，省教育厅又组织两校人员（还有语言研究所前来协助工作的两位研究人员和几位中小学老师参加）成立了《福建省汉语方言概况》编写组。指导编写工作的黄典诚先生就是按照罗先生在《厦门音系》再版前言里的说法，对福建省内7个区的代表方言的语音和古音及普通话语音进行三向的比较，同时，也加强了词汇和语法的调查，记录了一些语料（标音举例），获得了较好的效果。《福建省汉语方言概况（讨论稿）》出版后，受到了国内外读者的欢迎，一度有较高的引用率。事实证明，罗先生在再版前言里说的“实事求是地批判了它的一些缺点，也肯定了它的一些优点，希望读者们用抱着不以瑕掩瑜的态度来看它，或许对于调查方言的工作还有相当的用处”，这是符合科学道理和历史事实的。

三、《厦门音系》的基本内容

《厦门音系》共有 7 章,各章的基本内容如下:

第一章“绪论”,简要介绍了厦门话是分布在闽南、粤东、台湾、海南及南洋多国的“福佬话”的代表,使用人口约 1500 万。关于闽南方音的研究,则介绍了 18 世纪的《汇音妙悟》和《雅俗通十五音》(泉州音和漳州音的韵书);19 世纪则有道格拉斯的《厦门白话字典》,甘为霖的《厦门音新字典》;1920 年周辨明办的厦语社出版定期刊物《指南针》也发表过不少拼音读物;还有卢戆章编过《中华新字漳泉语通俗教科书》。但是,前人对厦门话尚未做过细致的音值分析;对于厦门话与《切韵》音系的关系也还没有仔细研究过。有鉴于此,作者住在厦门未足八个月就抓紧记录厦门话语音,并于离厦三年后完成此项研究。本章叙述了这个编写过程。

第二章“厦门的语音”,就厦门话的各类声韵调及其在话语连读中的变化都做了精细入微的描写,而且与前人的说法做了比较说明,堪称方言语音描写的最早精品。例如声母中的[b]说,“两唇接触很轻,破裂的力量很弱”;[l]说,“舌头极软,用力极轻,两边所留的空隙很小,听起来并不像北平的[l]那样清晰,几乎有接近[d]的倾向”(后来的《福建省汉语方言概况》曾据此把厦门话的[l]标为[d])。他所列的 20 个声母,[b.l.g]和[m.n.ng]是互补的,舌尖音声母[ts.tsh]和舌面音也是互补的,按照音位标音法应该合并,后来作者也发现了不妥。至于 57 个韵母,他归纳为 6 个元音音位,关于塞音韵尾[p.t.k],他也有准确的描写:“有势无音,并不能听见显著的破裂,所以只能算是截断音。”关于鼻尾韵变为“半鼻音”(即鼻化韵),他指出,“字首的声母也受同样的影响”。在声调部分,他不但用五线谱将 7 个声调及轻声、连读变调的实际调值做了明确的描写,指出“轻声的音值甚短而弱”,还把读轻声的字的范围也举例说明:包括句尾语助词,动词的趋向和结果补语(看见、走出去),有些短语后字轻读重读可以别义(“后日”后字轻声是“后天”,重读是“后来”;“无去”后字轻声是“丢掉”,重读是“没有去”)。关于双音和多音词语的连读变调,在说明了规则后还指出,“都以先轻后重为原则”(即后字为重音)。一个生长于北方从未接触过南方方言的二十几岁青年,在很短时间里,能够把与众不同的厦门音描写得如此精细,全是出于他浓烈的兴趣、有素的语音学训练和敏锐的悟性。

第三章"厦门的音韵",先是拟制了拼写厦门话的罗马字方案,并与已有的周辨明及四家教会罗马字做对照。而后排列了单字音表,包括2296个音节,其中开口835、齐齿945、合口516。接着便是全书最精彩的部分——"厦门字音话音的转变"。他中肯地指出:"各系方言的读书音跟说话音都有些不同,但是很少像厦门音系相差那么远的。厦门的字音跟话音几乎各成一个系统,所以本地人发音时特别要声明孔子白怎么说,解说怎么读,这一点要算是厦门话的特质之一。"他把调查所得的文白异读归纳成三大类,包括"同声异韵"的十七类,例如:沙 sa/sua、带 tai/tua、家 ka/ke、大 tai/tua、临 lim/liam、东 tong/tang、间 kan/king、等 ting/tan,另有大批的鼻尾韵变为鼻化韵和 p、t、k 韵尾变为喉塞尾的(注音略):三、山、天、泉、边、平、横、官,合、接、薄、八、百、节、白、惜。"同韵异声"的两类,例如:手 s/tsh、糊 h/k、富 h/p、筛 s/t。还有"声韵俱异"的也是两类,例如:门 bun/mng、红 hong/ang、园 uan/hng、话 hua/ue、怀 huai/kui、树 su/tshiu、石 sik/tsioh、转 tsuan/tng、反 huan/ping、飞 hui/pe、车 ku/tshia。罗常培先生以锐敏的语言学灵感发现了厦门话的这一特点,并做了初步的分析,给了后人重大的启发。厦门话的文白异读是在不同时代接受共同语的语音和词汇的结果,是一个研究闽方言和古汉语的语音、词汇关系的重大课题。本书所列的厦门话文白异读,缺少了声调对应的文白差异(例如"五"ngo/go、"有"iu/u,除了声韵的不同,还有上声和阳去的声调差异)。有些例字也还未经本字考证而出现差误,例如,lai 应是"里"的白读(不是"内"),hu 的本字是"烌",而不是"灰"的白读,lang 的本字是"农"而不是"人"的白读。黄典诚先生在五六十年代就为闽南话考订了许多本字(可参考《黄典诚语言学论文集》),他所指导的《福建省汉语方言概况(讨论稿)》关于厦门话的文白异读也有全面深入的发挥。经过几代人的努力,关于文白异读所反映的方言语音的历史层次,已经有许多高质量的新成果,但是我们不能忘记罗先生的开创之功。

第四章"厦门音与十五音的比较",在简要介绍《十五音》的源流之后,本章用列表的方式对比了厦门话和漳州话的差异,把韵母的不同归纳为9项,应该说都是很准确的。

第五章"厦门音跟广韵的比较",是熟悉古音韵的罗先生的兴趣所在,也是本书的重要内容。声类部分他用一个总表列举了厦门声母与广韵47声类的对应,每个音韵地位只列一个例字,并标出所代表的字数。另外是按照唇、舌、牙、喉、齿分列的5个详表,把常用字都列在对应的格子里,字多的主要对应和字少的条件对应以及个别字的例外对应都区分得十分清晰。然后根据这些对应,归纳出厦门话和古声母的差别11条,主要的如:轻唇重唇不分,舌头舌上不分,齿头正齿不分,照系二三等、喻母三四等不分,全浊变入全清比次清多,晓匣心邪审禅清浊无别,心邪审禅少数字变读ts、tsh,等等,都是十分准确的表述。只是少数字只在字下加横,未标明是训读音或白读音,例如:唔/不、转/返、遘/到、下/低、园/藏、囝/子,可能是发音人把前者误认为后者,一般的本地人都这样认为。韵类部分则分成阴韵7摄、阳韵和入韵各9摄,共列三个表。把古音的开合四等各韵(附有音值拟测)和厦门的韵母列出对应(如有文白异读则在不同韵类处重现),在对应的每个例字下方注明相同对应的字数。列表之后,把"广韵跟厦韵的重要异同"归纳为15项,对各摄各韵的走向都有明白的说明,有些韵类的今读还有字数百分比的统计。如豪韵读o的占75%,肴韵读au的占51%,阳声韵变为鼻化韵的267字,阴声韵鼻化的只有83字,-p、-t、-k尾界线分明,只有p变t的4字,t变p的1字、k变t的23字。声调方面,厦门话7调和广韵的四声对应比较整齐,书中把主要对应和少数例外列入简表,展示得一目了然。

第六章"标音举例",包括《北风跟太阳》的"语助词故事"和"龙眼干、草蜢公、阿达子、老鼠干"四首儿歌。故事逐字用罗马字注音,儿歌除了注音之外还请赵元任先生用五线谱标出了调,可以如实地唱出原声来。

第七章"厦门音与十五音及广韵的比较表"及其索引,占了全书过半篇幅,看似多余,实际上是把4636字的厦门音与广韵和漳州音的关系都展示出来了,是全书字音材料的汇总,在当时可供复核实际语音、检验所概括的规律,以后则可作为后人研究厦音演变的依据,是一种很负责任的做法。

四、《厦门音系》的学术价值

1928年,广州成立中央研究院历史语言研究所不久,罗常培就入职了。当年,该所负责人赵元任出版了《现代吴语的研究》的巨著,发表了江浙两省的33种吴方言的2700个字音、1400个词汇和50多个语法例句的语料,成为第一部汉语大区方言面上调查比较的经典之作。在1930和1940这两年,罗常培先后出版了《厦门音系》和《临川音系》两部重要方言的单刊，这对双璧可以说是赵氏经典的补充，都是史语所初创时期的现代汉语方言学的奠基之作。

《厦门音系》的学术价值主要有以下三个方面：

第一，首创重点方言单点研究的理论框架：从音值到音类、从描写到比较，从音节到多音连读、从字音到语料，这是一整套的由表及里、由点到面、由浅入深的推进过程。

音值的描写是古代中国传统语文学所缺，只能引进西方现代语音学的音素、音标分析方法；音类是汉语和汉字相结合之后特有的语音现象，由于广韵在汉语历史上作为官方颁布的标准音已经推行了千年，广韵的声韵调类别系统与历代通语和各地方言都存在一定的对应关系，只有经过音类的比较，才能理解和表述方言语音的共时结构特征和历时演变规律，这就是必须运用传统的汉语音韵学理论来分析方言语音的缘由。罗常培不愧是语音学家和音韵学家，所以对厦门话的音值和音类的分析都为后人树立了范例。

音节是与汉字相对应的语言的自然单位，研究方言语音要从音节入手，分析其声韵调的结合方式。近代汉语以来，多音词语已经占了优势，在实际语流之中，音节进入词、语、句之后又有多方面的变化，各地方言中的变调、轻声、儿化、合音等等就是这类语流音变。罗常培有着敏锐的辨音能力和雄厚的语音学修养，在调查分析厦门话的语音系统时就发现了许多连读音变和变调、轻声等现象并把它表述出来，这在汉语方言调查研究中也是首创的。

语音是语言的物质外壳，调查方言必须从语音入手，由于汉语音韵学比较繁难，以往的方言调查往往集中于语音的研究，拿方言事实去论证音韵学的原理，有些人甚至认为方言研究应该是为音韵学服务的。罗常培的《厦门音系》开创了用音韵学原理来解释方言特点的先例，使方言语音研究走上切合汉语特征的厚今薄古的发展道路。

虽然罗常培把此书限定于“音系”的研究，但是他还是看到了语音是依存于词、语、句的，词汇、语法现象则体现在实际语料之中，所以在“音系”的讨论之余还加入了一批故事和儿歌的语料。他“再版前言”说，“本书偏重于语音，忽略了词汇和语法”，又说，“长篇故事和民间文艺的记录，对于研究方言词汇和语法的关系非常重大”。这是他 25 年后的体会。

可见，《厦门音系》所建构的框架虽然还有畸轻畸重之处，但是他很快就有十分清楚的认识，对于后来者是有启发、引导作用的。

第二,从方言研究的方向和方法上说,《厦门音系》开辟了正确道路,具体表现在:音韵学与方言学相互为用而厚今薄古;立足于调查口语并重视文献的搜集和运用;做到引进西学的先进方法,又能兼容中学传统。

中国古代的语言学是面向古代书面语所做的研究,研究语音的音韵学,只研究字音的音类及其结构和流变;研究词汇的是训诂学,主要是对前代字义异同及其变化的考释;研究汉字字形演变的是文字学,自从晚清发现甲骨文之后,只集中研究先秦的古文字。百姓口里的方言俗语一直是不登大雅之堂的。诚然,中国古典语文学也有其独特价值,例如,探讨汉字的结构原理以及何以能够使用数千年;汉字和汉语的相互适应还能记录千变万化的多种语言,创造一座座文学语言的艺术高峰;透过古文字考订和古籍研究可为考古及了解古代文化做出重大贡献。

自从19—20世纪欧洲兴起现代语言学之后,正是第一代的语言学家赵元任、李方桂、罗常培通力合作,历经数年,把高本汉的《中国音韵学研究》翻译成中文,并且在学术界产生广泛影响之后,到20世纪30年代,才逐渐建立了中国的现代语言学。现代语言学最根本的变化就在于从古代语言研究转向现代语言研究;从书面语的研究转向口头语的研究;在语音、词汇研究的基础上深入语法结构的层面。赵、李、罗三位以及王力、吕叔湘等第一代语言学大师不但传播了西方现代语言学的先进经验,而且精通中国的古典语言学,在调查研究现代汉语及各种方言和少数民族语言上都做出重大贡献,开拓了古今汉语研究的新路。

就罗常培的《厦门音系》而言,他运用音韵学知识来考察方言语音是古为今用,而不像清代一些学者那样,拿方言事实去证明音韵学问题,把方言学作为音韵学的附庸。这是现代语言学和古代语文学的分水岭。在研究厦门方言时,他搜集了明清两代的闽方言韵书、近代以来教会罗马字的资料和民国初年本地学者的有关著作,在分析厦门语音时十分关注现实的方言与前人提供的语料的异同,做到了口语的事实和文献记录相互论证,这也是给后学提供了科学方法的示范。至于如何对待中国古典语文学和西方的现代语言学,晚清以来在学术界曾有过争论,主张全盘西化和坚持维护国粹的各执一端,甚至互相攻击。有幸的是,上述第一代中国现代语言学大师都是真正兼通中西学的精髓,所以不走极端,而是各取所长、实行中西融合,走的是一条实事求是的科学之路。实际上,语言有全人类的共性,也有不同民族的个性,语言的研究既要探讨共性,也应该着重考察个性。西方的文字早已拼音化,现代的物理学、生理学也发达得早,在分析语音的物理属性和生理属性上他们有长处,创建了记录语言的音标;中国的音韵学对于字音的声韵调的分析和音类的区分也有一套精密的理论,《厦门音系》就是最早运用西方语音学和汉语音韵学科学分析单点汉语方言的典范。

可见,《厦门音系》的学术价值不仅因为它最早系统研究厦门话,而且它提供了一整套科学的方向和方法,对方言学的研究有奠基的作用。

第三,《厦门音系》善于发现方言的特征并展示特征,这也是它对方言学的重要贡献。

汉语的历史悠久,分布地域广阔、自然环境多样、灾荒与战乱造成了频繁的移民,在自然经济条件下不同地域交流不畅,于是形成了许多大大小小的方言。在长期的使用过程中,方言和语言一样也形成自己的语音、词汇和语法的结构系统,历史长、使用人口多、文化积蕴丰富的重点方言的系统往往有更多独具的特征。正如研究语言应该善于发现该语言有别于其他语言的特征一样,研究方言最重要的任务也就是要善于发现与众不同的特征并加以论证。罗常培对厦门音系的研究,在这方面为后人树立了完美的标杆。在音值方面,关于几个次浊声母(b、l、g)和鼻化韵、塞音尾韵的精确描写,都是前所未有的。在音类方面,声母系统关于轻唇重唇不分、舌上舌头不分、齿头正齿不分,晓匣、心邪、审禅无别,全浊清化后送气少、不送气多;韵母系统关于文读模侯相混、豪肴有别、之支脂无别、宕江通相混,咸深(-m)、山臻(-n)韵尾守旧,入声韵尾(-p、-t、-k)界线分明,声调方面由于浊上归去,四声分为七调,各方面都表述得十分准确而精炼。在音读方面,关于文白异读的系统而精确的分析,关于多音词语的连读音变(轻声和变调)的条分缕析的说明,都达到了前人所未曾达到的水平。

如果说,《厦门音系》是年轻的语言学家初到厦门时的即兴之作,也是给学界留下的出手不凡的珍品,应该是不过分的。

参考文献:

罗常培:《厦门音系》,北京:科学出版社,1956 年。

中国科学院语言研究所编:《罗常培语言学论文选集》,北京:中华书局,1963 年。

中国语言学会《中国现代语音学家传略》编写组:《中国现代语音学家传略·罗常培》,石家庄:河北教育出版社,2004年。

[瑞典]高本汉著:《中国音韵学研究》,赵元任、罗常培、李方桂译,北京:商务印书馆,1996年。

黄典诚:《黄典诚音韵学论文集》,厦门:厦门大学出版社,2003年。

《厦大周刊》(1922—1930),厦门大学图书馆藏。

福建省汉语方言调查指导组、福建省汉语方言概况编写组编:《福建省汉语方言概况(讨论稿)》,厦门:厦门大学,1962年。

作者李如龙,厦门大学人文学院中文系教授、博士生导师。

庄泽宣与《教育概论》

邬大光

一

庄泽宣（1895—1976），原名庄泽嵩，浙江嘉兴人，是厦门大学教育系的老前辈，也是我国近代教育学的重要奠基人。在厦门大学百年华诞之际，厦大重新出版庄泽宣先生的代表作《教育概论》，这既是对庄老先生的怀念，也是我们这一代人重温教育学科发展史的极好机会。在20世纪初期，当教育学作为一个研究领域进入我国大学以来，庄泽宣先生是我国早期教育研究的重要学者。早在1930年，著名学者邹韬奋就撰文评论他的著述，认为他的教育思想“很含有卓见的革命性，很值得我们特殊的注意”[①]。在比较教育学领域，庄泽宣“与常导之、钟鲁斋并称为三大比较教育学者”[②]。

庄泽宣生于官宦之家，毕生心系教育，从事教育事业20余年，勇攀教育理论高地，专心问学，笔耕不辍，硕果累累，著有20余部专著和大量论文，集中反映了庄泽宣先生的教育思想和教育理论本土化之诉求。庄先生一生之思想与著作既为当时教育研究的发展和繁荣贡献了智慧，又为后世教育研究的传承与开来留下了遗产，其以卓越又富独见的中国教育本土化、比较教育和职业教育思想而成为教育研究之地的重要先驱者。其中先生所著之《教育概论》，以“数种‘立言’，比肩同侪；一册《概论》，泽及后学”[③]而屹立于世。

二

《教育概论》一书成型于1926年。1926年夏，庄泽宣先生离开清华大学，南下厦门大学任教。此后多年躬耕学术，专心问学，讲授“中国教育状况”课程，于1926年开始撰写《教育概论》，1928年正式出版。他后来曾说，“教育概论”课程之目的，“在于学生以教育学与教育术的鸟瞰，使他们认识教育是什么，教育事业的范围如何，他们的责任之重大；同时要他们自审是否合于做这种工作”④。该书甫一问世，《中华教育界》就给予了高度评价，认为此书“所论之范围极广，其精神悉以最新之教育学说为准，略理论而重实际，语多具体。其所论及之各问题，均先略述历史之背景，以明蜕变之迹”⑤。

全书共有十六章。第一章为绪论，第二至第八章谈论“教育各方面之问题，乃一种横剖面之研究”；第九章独立成章，论学校制度；第十至第十四章以中外比较视野呈现各级各类教育；第十五、十六章以教育行政与经费、教育研究为主题孑立讨论教育外部环境与教育传承问题，系统阐释了我国近代教育学的理论和实践体系。

何为教育？《说文》中言：教，上所施下所效也。育，养子使作善也。《教育概论》以“何为教育”为开篇，从多角度、宽视野层面切入探求“何为教育？何为完全教育？何为真正的教育？”几大关涉教育本质之问题。在他看来，人的生长不在于求达某种固定之境地，而在于各尽其能；教育既为生长，亦不应悬格以求效，一方面视社会为进化的，一方面视受教人为活的，每个时期之自身皆有价值，此谓教育之精神。理想的教育，不应该仅仅注意受教者之环境与施教时所用教材、教法及受教者之性质等等而已，且必须竭力审慎受教人之特性与才能，而定其应受与能受何种程度之教育，此所谓因材设教。庄泽宣先生以其简洁而又掷地有声之文风，道出了教育之真谛——教育者因材施教而使受教育者各尽其才能也。

完全之教育，是庄泽宣先生信奉的教育哲学，也是该书的精华所在。第二至第八章以横剖面之法谈论教育方方面面问题，也即完全之教育。第一，受教育者之品性形塑于遗传、环境或训练三因素，“受教育人之性，根于遗传或先天者，根于环境或后天者，根于训练或教育者”。理想的受教环境固不可得，故而教育之任务，即在可能范围之内，供给于受教者以相当之教材、方法及近于理想的环境等。第二，学习与游戏之关系及游戏在受教育个体中的重要性。学习与游戏实无区别，“殊不知吾人自游戏中学得之知识技能不知凡几，未正式受教育之先，儿童学习之途径几全赖游戏”。游戏看似无用，实则其隐育知识，世上许多知识技能,若能利用游戏因势利导,儿童皆可以获得且能感受快乐。游戏作为一种天然学习法,儿童从中所得之习惯、技能、知识、观念及态度不知凡几。身体上之习惯及技能能于游戏中获得,知识及观念能于其中获得,社交态度及观察力之养成亦赖于游戏。对于如何提倡、开展游戏一事,先生畅言实非难事,游戏选地不求宽大但须平坦,设备更不求其精美,游戏在于精神而不流于形式。第三,环境与卫生。教育事业是以已生在世之人(不论其先天之心智如何)为起点,使其充分发展,故而育人之环境至关重要,大至校舍选址,小至校舍材料、天花板、黑板光线等甚至于厨房厕所以及教师与学生衣服之布料、式样、衣帽、裙裤颜色,更甚于受教育者饮食结构(富于蛋白质者、富于脂肪者、富于淀粉者)皆有考量。庄先生之言可谓“细微之处见真知”“巨细无遗”之概述。第四,教法与教材。教法与教材,犹车之二轮,鸟之两翼,二者不可缺一。教育方法形式多样,演讲、问答、练习、讨论、研究、实验、观察、调查、欣赏方法各异。而合于儿童心理之方法即教材不必先有系统而须根植于儿童之经验,由儿童自己组织而成,教师退居于辅导之地位。广者而言凡生活中一切现象与人生关系者皆为教材,狭义而论教材则乃正式教育所用之事物,往往排列成序,循次而进,进而成为课程。课程之功用在使学生获得关于人生之健康、社化、文艺及职业上的各种技能与知识。教材应如何分配在于各科各级教材之选择,须考量社会生活之需要与儿童知识之缺点。教材之运用则视教法而异,必须因时因地制宜,既根据儿童之需要,又须避免各地“千篇一律”之不变。第五,教育测验与统计。智者之聪明至如何程度,愚者之笨拙又至如何程度,如何测量其标准迥异,但测验在入学标准、分班及升班、职业指导、估量效率、甄别教员、诊断学生中能发挥一定作用。而教育统计则能够在极短时间内帮助教育测验明了种种事实,便于比较。校与校之比较,一地与一地之教育比较,是为谋教育进步之重要步骤,在比较中才有所进步。第六,课外事业。正式学校中的正式课程第一功用是使学生获得关于人生之健康、社化、文艺及职业上之各种技能、知识。然而关于此四种之技能与知识,不仅仅可在课程中获得,在课外事业中亦未尝不可得之。教育既为生活,故而对学生课外事业不应当采取旁观态度,且对组织课外事业之方式须慎而考之,然若行之不当其害亦大。

学校制度是20世纪上半叶我国近代教育起步的关键所在,也是庄先生关注的重点。因为该书形成之时,正是我国近代学校教育体系发轫之际,庄先生从学制的开端至设立学制的基本之要素,再到学制年限几重重要问题,皆有深入浅出的论断。我国最初学制脱胎于日本,最近则取法于美国,而西洋各国学校制度,最初亦为贵族式,以实现造就统治人才之目的。幼稚教育、初等教育、中等教育、高等教育、特殊教育等构成了当时之学制。设立学制应适应社会进化之需要、发挥平民教育精神、谋个性之发展、注意国民经济力、注意生活教育、使教育易于普及,同时要多留个伸缩余地。注重天才教育,得变通年限及教程,使优异之智能尽量发展。对于精神上或身体上有缺陷者,应施以相当之特种教育。在如何制定学制年限上,一国学制年限拟定须兼顾课程之最低限度可于若干年中求得及国民经济能力使子弟入学若干年。可以看出,在庄先生对我国近代学制的阐释中,蕴含着他的"新教育理论"本土化之诉求。

庄先生认为各级各类教育,都应该有自己的明确定位和目标。他为幼稚教育、初等教育、中等教育至高等教育的培养目标都进行了基本界定。幼稚教育可于家庭中施行,均为身体各部之发展。然而施行幼稚教育者,最苦之事为无适当工具,庄先生希望有志于教育而研究者,从收集资料起始,再择其有价值而可用者宣传与普及,必能造福于儿童。初等教育之目的在于:一为中高等教育之预备,一为与不继续入学者以最重要之知识,使其小则能在家庭中充一健全份子,大则在社会中为一良善国民。教育内容须合于民治精神,使儿童具有实际工作能力、处事接物能力及抽象思考能力。教材当悉以儿童是否需要且为能力所及为衡。初等教育中以教日常所接触之事物,如社会中所必需之观念及技能、个人对人对己之根本态度、基础常识及技术为内容。中国的中等教育与西方中等教育相比,其办学难度及困难较欧美尤甚。新学制中因民治精神普及程度未达及民众生活程度,日日增高欲将中等教育平民化,但实仍为一种阶级教育。高等教育其目标,则在于造就一国领袖人才也。高等教育位列于中等教育之上,其性质为专门性而非普通性,对入学者智力有相当之要求,非智力高尚程度相当者无从得益也。他坚持特殊教育亦属于教育之部分,并为特殊教育大声呐喊。先生站位于比较视阈,考究美、德、法、英等国特殊教育来龙去脉,为中国特殊教育事业发展和域外经验汲取,留下了厚重一笔。

穷国办教育主要受制于教育经费。教育主要是政府的责任,各级政府是教育投入的主体。《教育概论》对政府的教育投入进行了基本的制度设计。庄先生认为“欲图教育之发达,端赖经费之充裕”。放眼国外教育发展,他以比较方式展现国外(德国、法国)至国内、古至今之教育行政制度及国外教育经费事宜。欲使教育经费充裕,需要保存已有经费及另开来源,让教育事业可由维持进而扩充。庄先生亦希望此后各省能有明达之省政府,增加教育经费,补助各县及市乡之教育(或因贫苦,或由于特别原因),奖励优良学校及办学人员,务必在经费量的方面使各省教育得以平均发达,质的方面达至各省划分学区,设立模范学校以资观摩而求进步,达至善教。

作为一位教育学家,重视教育研究是庄先生的一生追求。纵观世界教育学科发展史,19世纪的西方学者赫尔巴特与斯宾塞二人使教育学独立,成为专门学问,开后世研究教育者之大道。但在我国,系统的、科学的教育研究始于20世纪初叶,庄先生是其中之一。对于教育学的学科建设,庄先生既是提倡者,也是实践者,而且是一位具有“本土情怀”的实践者。庄先生强调教育研究的“综合性”,因为教育研究维度各异——历史的研究、哲学的研究、科学的研究。历史的研究能够明教育之演进及已往之成绩,为今后研究奠定基础;哲学的研究系探本求源之研究,研究者须鉴古明今,有敏锐之目光、冷静之思考、实验之精神与哲学之背景;科学的研究一方面在客观,另则在数量,科学的研究应时而起,方兴未艾,前途未可限量。幼稚教育、初等教育、中等教育、高等教育之研究,其中横分职业教育、公民教育、师范教育、女子教育之研究;理论分教育史、教育哲学、教育心理、教育社会学之研究等。教育研究之原则必有赖于分工及专精,视研究目的而异。教育研究方法常推阅览书报,随时参阅各大杂志之书评,各种新学说、新方法多先在杂志中发表。庄先生以其敏锐的观察力觉察到中国今日研究教育,最重要之方向为教育行政中教育经费研究及乡村教育研究,二者在中国均是亟待解决之题,且绝不能照搬欧美之经验。

三

通观全书,使学人一览教育之全局,鸟瞰教育之各种形态。一言蔽之,《教育概论》一书就思想意义、艺术特色及社会价值而言凸显以下特色:

第一,思想意义。庄泽宣先生的《教育概论》为人们打开了一扇观察教育全景之窗,涉猎教育方方面面,内容丰富,使学人经历一场教育思想之旅,观览数国教育学与术之胜景,有助于学人借助他国教育图景之力,穿透我国教育研究之迷雾,洞察本国教育研究之前进方向,意义亦非三言二语将其穷尽。

第二,艺术特色。《教育概论》适用于所有群体,包括已研究教育有年者,变换眼光不致毫无所得;《教育概论》所涉及之问题,均先略述历史之背景,以明蜕变之迹,因为无论何种学说及问题均必有其源流;《教育概论》重比较、善比较,比较研究一贯到底,皆先述欧美先进各国之制度及现状,供学人参考,并引起学人研究兴趣,以观而学之。

第三,社会价值。《教育概论》兼顾本土与域外,实为教育学界不可多得的一部佳作,其论述体系完整、引用资料翔实、涉及域外的资料丰富,简而概之介绍教育,无疑是建构适宜我国"教育"的前提性工作。但同时正如先生所言,"绝不能照搬欧美之经验",本土教育应不以西方的标准而"时然而然",要立自家之根源"已然而然",因时因地而制宜。

最后需要提及的是,《教育概论》一书是庄先生的早期著作,由于先生所处时代的局限性,还无法对中国教育的本质和道路等重大问题展开。如果要全面理解先生的教育思想和理论体系,就要系统学习先生后期的教育论述,尤其是他对"新教育中国化"的阐释十分精辟,至今不失现实意义。让我们谨记先生的告诫:"我个人研究教育的动机是在二十年前已感到西洋教育行至于中国颇有格格不入之病,想搜求所以如此之故。"读罢《教育概论》一书,以及在收集资料过程中阅读先生的早期论文和学者研究他教育思想的文章,个人的最大收获是:庄泽宣先生对教育学的贡献绝非仅仅是他对"教育学"学科体系的理论贡献,而是他的"新教育中国化"的思想。

2021 年 3 月 1 日

注释:

①韬奋:《读几篇教育革命的文章》,《生活》第 5 卷第 25 期,1930 年,第 407~408 页。

②陈伟、郑文:《新教育中国化:论庄泽宣的比较教育思想》,《学术研究》2012 年第 4 期,第 152~158 页。

③邓友超:《庄泽宣及其〈教育概论〉》,《纪念〈教育史研究〉创刊二十周年

论文集（2）——中国教育思想史与人物研究》,2009年,第2361页。

④庄泽宣:《大学教育学系课程问题》,《教育杂志》第25卷第1期,1935年,第216页。

⑤见《中华教育界》第17卷第6期,1928年,转引自邓友超:《庄泽宣及其〈教育概论〉》,《纪念〈教育史研究〉创刊二十周年论文集（2）——中国教育思想史与人物研究》, 2009年,第2362页。

作者邬大光,厦门大学原副校长,教育研究院教授、博士生导师。

邓以蛰与《艺术家的难关》

俞兆平

一、邓以蛰生平及其与厦大之缘

邓以蛰（1892—1973），字叔存，安徽怀宁人。著名美学家、美学史家，中国现代美学奠基者。

他出生书香门第，其五世祖为清代大书法家、篆刻家邓石如；其父邓艺孙，民国元年曾任安徽省教育司长。在诗书传家的氛围中，自幼受到中国传统文化艺术的熏陶，为一生从事美学及艺术美学的研究奠定了基础。其童年进私塾接受传统教育，13 岁入安庆尚志学堂学习，14 岁转芜湖安徽公学。1907 年，15 岁的邓以蛰东渡日本，入东京宏文学院、早稻田中学学习，至 1911 年回国，曾任安庆图书馆馆长等职。在日期间，与同乡陈独秀结识，陈独秀曾与苏曼殊合作一幅水墨工笔写意画赠予他。

1917 年，邓以蛰赴美国留学，入纽约哥伦比亚大学学习，专攻哲学与美学，从大学读到研究院，至 1923 年夏季回国。1918 年 8 月，他曾由美致函予陈独秀、胡适，对他们所提倡的新文化运动大力赞扬，又高度评价孙中山领导的国民革命，颂之为“究东亚开天辟地之举也”，其爱国主义情怀和支持新文化运动的立场于此显露。

1923 年秋，邓以蛰自美归国，任北京大学哲学系教授，兼职北平艺专，讲授美学、美术史课程。此间，与同是留美回国的梁实秋、闻一多、赵太侔、余上沅等人过从甚密，他们思想观念相近，审美情趣投合，曾联手在《晨报副刊》上发表系列的论析美学及艺术的文章。

1927 年秋，因北洋政府拟将北京大学、北京师范大学等九所高等学校合并成立“国立京师大学”，引发各校教授激烈反对，邓以蛰和他的老朋友胡适等宣告脱离北大。此后，他举家南下迁往厦门大学。

当时，厦门大学国学研究院已经停办，鲁迅、林语堂、顾颉刚等一批名师相继离校，师资力量有所短缺。因此，校方多方物色，广罗人才，至该年秋季，学校聘到了新的一批名师，其中就包括邓以蛰。来厦门大学后，他任哲学系教授，开设“中国美学”等课程。据1928年5月邓以蛰《致胡适之函》，言及“迁居于鼓浪屿，每日渡海上课”，每日都要坐船渡海到校部上课，看来课程设置与授课时数应是不少。

邓以蛰到厦门大学时，鲁迅已离开7个多月了，两人在厦大失之交臂，不能不是一件憾事。他和鲁迅已相识数年，1924年5月11日“鲁迅日记”曾有以下记载：“昙。星期休息。午后往广慧寺吊谢仁冰母夫人丧。往晨报馆访孙伏园，坐至下午，同往公园啜茗，遇邓以蛰、李宗武诸君，谈良久，逮夜乃归。”[①]鲁迅与邓以蛰等人聚谈“良久”，到晚上才回，足见话语之投机，意趣之融洽，虽然所谈内容已不可得知，但美与艺术应是不可缺的话题。因为鲁迅1913年曾为教育部撰写《拟播布美术意见书》，立下“以发美术之真谛，起国人之美感”的方略，阐明美之创造即是“用思理以美化天物”的内涵，论析美与美的创造有“表见文化”“辅翼道德”“救援经济”等功能。[②]重视美的创造和美育功能，在这一点上，他们是同调的。

20世纪20年代，厦门大学的学术氛围颇为浓厚，经常举办公开的学术演讲会，由著名教授主讲。邓以蛰来校不久，就做了“中国绘画之派别及其变迁”的演讲，听众反响甚佳。此讲稿曾在日本《改造》杂志、北京《晨报副刊》、北京艺术专科学校的校刊《艺专》上发表过，后收入《艺术家的难关》一书，最后改题为《国画鲁言》，收入《邓以蛰全集》。其内容分人物、山水、青山绿水、写生四个部分，按画家林风眠之评：“他一方面，把中国绘画系统地叙述出来；每一时代，每一画派，俱有极精粹的按语。一方面，把中国绘画整个的提出来与西洋画比较，探寻出它们根本的异点来。这是作者最费苦心的地方，也是全篇文章最精采处。”[③]即出彩之处，在东西方艺术之区别。美学家刘纲纪亦评之为“这是‘五四’后第一篇从现代美学观点来全面概述中国绘画历史的文章”[④]。这次演讲在厦大取得较大成功，1927年12月10日出版的《厦大周刊》第176期予以报道，称“邓教授对于中西艺术颇有精深研究，听者均甚满意”，同时还刊登了他的讲稿。

《中国绘画之派别及其变迁》一文后来与其他发于《晨报副刊》的七篇文章收入《艺术家的难关》一书,集中地体现了他关于艺术美学的独特建构。刘纲纪对此书有着相当高的评价:"此书收集了主要发表于《晨报副刊》的邓以蛰一系列有重要美学意义的文章,与宗白华发表于南方上海《时事新报·学灯》的一系列美学文章相照映,代表了'五四'前后,除美学的主要传导者蔡元培之外,中国学者在美学上取得的主要成就。"[⑤]关于书的出版,邓以蛰曾有回顾:"1928年我在厦门时,有一家叫做古城书店的来信,要我为《艺术家的难关》一书选择插图。插图是寄去了的;但是,隔了一年多,我再回到北京,书店没有了。"[⑥]这说明《艺术家的难关》一书的编选是在厦门大学完成的。邓以蛰当时选了《拉奥孔》等15幅西方雕塑、绘画的图像寄去,但由于当时的印刷技艺比较粗糙,他不是很满意。

邓以蛰一家到厦门后,因家人不服南方水土,邓夫人所犯哮喘病加剧,而从家乡带来的保姆老妈又不幸染上时疫,"死在厦门"。且他住在鼓浪屿,每日渡海上班,生活上多有不便之处,所以至1929年,邓以蛰一家离开了厦门大学。那时罗家伦担任清华大学校长,聘请他担任清华大学哲学系教授,全家又回到北京。

此后,他致力于用现代美学观点来探讨中国书画和书画美学理论,陆续发表《书法之欣赏》《画理探微》《六法通诠》《辛巳病余录》等重要美学论著,把中国书画研究提升到新的高度。1952年,全国高校院系调整,邓以蛰转到北京大学哲学系任教授。1973年,因病逝世,北京大学师生为这位一生爱国、献身学术的前辈大师举行了追悼会。会后,他的长子、国家"两弹元勋"邓稼先,"低头用双手捧着父亲的骨灰,在家属行列的最前面,稳步走向骨灰安放室"。[⑦]1998年,反映他一生学术成就的《邓以蛰全集》由安徽教育出版社编辑出版。

二、"南宗北邓"之说

20世纪上半叶,中国现代美学界有"南宗北邓"之说,"南宗"指宗白华,"北邓"指邓以蛰。"宗老"之盛名,美学界无人不晓,但于"邓老",却知者偏少。原因在于邓以蛰苦心孤诣、惜墨如金,其述作无多,一旦出手,则尽是如闻一多所激赏的"刊心刻骨,博大精深"之作,"差不多全篇每一句是孙悟空身上的一根毫毛，每一根毫毛可以变成一个齐天大圣，每一个齐天大圣可以一筋斗打到十万八千里路之远"，但文辞却时有"诘屈聱牙"之处，逼着你要"埋着头，咬着牙，在岩石里边寻找金子，在海洋绝底讨索珍珠"，方能有所得，那些望难生畏者只好却步了。[8]邓以蛰早期以一本《艺术家的难关》，扬名学界；后期专致中国古代书画研究，以《画理探微》《六法通诠》等论著，蜚声艺苑。有的人需著作等身方立，但邓以蛰仅以此三著，便可奠立一代宗师的地位。

《艺术家的难关》出版于1928年，邓以蛰回忆说：

> 五四运动中，实在还没有进步艺术活动的余地，因为问题太多了。蔡孑民"美术代宗教"的主张，我先是从《旅欧杂志》中知道的。其实，这也只能是身在欧洲的人看到各处教堂连建筑带其内的种种装饰无一不是美术品，只恨宗教误尽苍生，可不可以就以美术代宗教呢？这只是一妙想罢了，是脱离实际的。不过也惹起一些人研究美术、美学的兴趣。[9]

此回顾之文，发表于1959年，有点特定时期的痕迹，但也客观地描述出中国现代美学的发轫，与蔡元培倡导的"美育代宗教"的主张关系颇大。以审美教育替代宗教，辅助人的身心全面、健康地发展，这是五四时期国民思想启蒙中的一项重要任务。邓以蛰此后倾心于美学及美术的研究，与蔡元培、鲁迅所引发的这一时代之潮不无关系。

1923年秋天，邓以蛰从美国回到北京，在北京大学和北京艺术专科学校讲授美学、美术史的课程。此后，梁实秋、闻一多等陆续从美国留学回来，为建设、发展中国美学及艺术学科，他们志同道合、通力合作，并以《晨报副刊》为传播中心，发表了一批融贯中西、足以传世的学术论文。他们往往就同一论题发表观点一致的文章，呈现出一种有组织、有策划的状态。例如，就文学及新诗诗潮，梁实秋发表有《现代中国文学之浪漫的趋势》，邓以蛰有《诗与历史》，闻一多有《诗的格律》；就戏剧及纯形艺术，邓以蛰有《戏剧与道德进化》和《艺术家的难关》，闻一多有《戏剧的歧途》，梁实秋有《戏剧艺术辩正》；就艺术门类的界分，邓以蛰有《戏剧与雕刻》，梁实秋有《诗与图画》，闻一多有《先拉飞主义》等。他们可称之为"1926年《晨报副刊·诗镌·剧刊》上的'三套车'"。邓以蛰收于《艺术家的难关》一书的八篇论文，就是这一时期发于《晨报副刊》之作。

《艺术家的难关》一书，谈艺术与创作、艺术与道德、艺术与民众，谈音乐、绘画、诗、戏剧、雕刻各艺术门类及其历史等，但若从"史的视角"考察，它最大的功绩是,在中国现代美学的草创时期,力求构建一个独特的艺术美学体系。尤其是它的艺术分类原则,既不是按亚里士多德从媒介、对象、方式三点来区分,也不是按莱辛《拉奥孔》以空间与时间、动态与静态的不同来划分,更不是由审美主体的官能,如视觉、听觉、想象功能来划分。邓以蛰的方法与这些传统的分类原则都不同,他倾向于克罗齐的"刹那间的心境的圆满",倾向于黑格尔的精神流程,倾向于新古典主义的艺术是人生批评的准则,他融贯此三者,并以东方学人的情怀介入,构建出一个独立自存、唯其所特有的体系。遗憾的是中国学界对其关注不够,随着时光的流逝,个性化的声音逐渐被普遍性的声浪淹没。

三、官能性情之审美直觉

若按美学观念考察,邓以蛰倾向于生命美学。他说:"所谓人生从狭意方面讲来,原只有保持生命为它的唯一的勾当。在性情方面,生息生息,这个勾当就会把幽隐荡漾的情感,结成一段一段的本能。"[10]而人的本能又分为两种,一是狭义的"实用化的本能",如性别,男人女人的形体是为着"传布种子",使族类得以延长生息;如五官,口之进食维系个体生命,眼耳之视听觉保护生命安全等。

另一种则是与艺术有关的"五官性情"的本能:

> 艺术家对于现象,是先要把它的五官性情搬出来,放在时时刻刻变动的现象中当做寒暑表或镜子似的,现象如何动,五官性情就如何迎合。外界一丝的动静,无不波及性情之弦的。这波及的印象,再嵌入知觉里,若有此伎俩表现出来剔成艺术。

艺术,是艺术家"性情之弦"迎合外界动静的震响,它不以现象的实存作为目的,而是要突破柏拉图的艺术只是现实影子模仿的限定,前进到"性灵中的绝对的境界"。[11]

艺术来自生命对外界的感受,显然,其内里更多的是积聚了东方的审美意蕴。人们由此自然想起刘勰的"春秋代序,阴阳惨舒,物色之动,心亦摇焉"之语。在《文心雕龙·物色》篇中,刘勰把创作主体与外在客体的关系描绘到极致:"岁有其物,物有其容;情以物迁,辞以情发。一叶且或迎意,虫声有足引心。"作家、诗人的情思随着四时景物的变化而动荡,一片绿叶都饱含着深切的情意,一声虫鸣都足以引发无尽的心念,这是物我一体,心道合一的化境。"是以诗人感物,联类不穷。流连万象之际,沉吟视听之区;写气图貌,既随物以宛转;属采附声,亦与心而徘徊"。[12]在刘勰的笔下,创作者"随物图貌"、外物"与心徘徊",审美主体与现象客体之间的双向往复、互动共融的情状已到密不可分的地步。由此,方可理解邓以蛰所说的"在此我且先引伸老子的'道可道非常道'一句话说,权也说'自然可自然,非寻常的自然'"[13]的内涵。在他的心目中,艺术中的自然绝非寻常的自然,它"超脱了平铺的自然",是艺术家"性灵中的绝对的境界"。

以东方美学的情怀迎向纷繁错综的西方美学学派,与邓以蛰遇合的美学观念也是多样的。他首先面临的是如何看待自然的现象客体的问题,这时,最为贴近东方美学思想的克罗齐"艺术即直觉"的表现论,就进入他的视野,合乎逻辑地为其所收纳。

邓以蛰接受了克罗齐"直觉知识可离理性知识而独立"的观点。在他的心目中,"应当把'美'抬高一辈,'真'与'善'都只能是'美'的儿辈了"。因为人与宇宙万物开始接触、产生联系有两个阶段,一是纯粹官能感情的直觉阶段,二是开始对万物鉴别、赋形,判断品类正序的理智阶段。在此之中,人类的官能至关重要,倘若无它的介入,宇宙万物终古是浑然一体的,而第二阶段之后的形象、质(Reality)、真,以及对真的认知等,都不可能产生。因此,第一阶段的官能直觉尤为可贵:"在官能感情没有失去直觉力的时期,宇宙间的一切诚然都是美的。(注意:美者指感情的意境,不专是美观的美。)"[14]具有直觉力的官能感情所创造出的意境才是最为纯正的美。

克罗齐的贡献在于首次确认官能感情直觉力的独立存在,及其他在审美与艺术创造中的重要地位。他主张艺术是直觉,艺术是表现,而一切表现也都是艺术。这就是说,艺术产生于印象,即由艺术家内心直觉到的一个情感饱和的意象,它甚至不一定非要媒介传达出来不可。直觉印象所生的艺术,像"画家所给的一幅月景的印象,制图家所画的一个疆域的轮廓,一段柔美的或是雄壮的乐曲,一首嗟叹的抒情诗的文字……都很可以只是直觉的事实,毫不带理智的关系"[15]。官能感情直觉力所创造的意象才最接近纯粹的美。邓以蛰对此心领神会,他说,当我们面对一块石头,若按理智知识,可以判断它是星气转动、地球凝成,也可以分析它性质的坚硬,但这些是物理学、化学范畴所需要的,而美学与艺术需要的是:

这块石头本身的样子,在呈露的一刹那间,五官性情所感受的到底是怎样?[16]

因为,只有物对人的官能感情呈露原生状貌的刹那,美和艺术方到极致。由邓以蛰的这句话,人们一定会想到俄国形式主义流派鼻祖什克洛夫斯基的名言:艺术"正是为了唤回人对生活的感受,使人感受到事物,使石头更成其为石头"[17]。对"石头"作用于五官性情第一感觉的唤回,就是审美直觉力的唤回,它使概念知识所笼罩的"石头"恢复了"陌生化"的质感,更新了"我们对生活和经验的感觉",纯粹的美和艺术也由此而萌生。

所以,艺术"有一种特殊的力量,使我们暂时得与自然脱离,达到一种绝对的境界,得一刹那间的心境的圆满"。在艺术家的面前,"人事上的情理,放乎四海而皆准的知识,百世而不移的本能,都是一切艺术的共同敌阵,也就是艺术家誓必冲过的难关"[18]。即艺术家所面临的难关,是人事情理、概念知识、生理本能等,要冲破它,就必须以审美直觉力去寻求"性灵中的绝对的境界",进到纯形世界,如此方能奏效。在《艺术家的难关》一文的结尾,邓以蛰把底都给兜出来了,克罗齐美学理念已进入他的精神深层。

四、人文主义之生命"境遇"

若按上述,邓以蛰美学倾向应隶属于唯美主义的一翼,但事实并未尽然,这仅是他美学观念的一个侧面而已。他把艺术分为两类,即高雅之美和通俗之美,对其间的区别有着清醒的把握。1926 年,他在《民众的艺术》中明确写道:

> 我要替艺术做一个分家的调人:为艺术而有艺术的艺术只是艺术家鉴赏家的艺术;民众的艺术,必得民众自己创造的,给民众自己受用的才是呢。[19]

那种"为艺术而艺术"的艺术,需用艺术的眼光来评定,它笔画的一勾一画都是特殊的,它所画的一木一石,乃至一幅画整体也都是特殊的,是"超过自然而另有一境界",像欧洲此时的未来派、立体派亦是如此。

而"民众的艺术"是民众在为生存的工作中不由自主地引动自然的感情而创造的,像博物院里展出的陶器、斧壁,若细心玩味与推敲,便可体会到祖先们在制作时生命的愉快、生命的幸福、生命的表现,艺术美的可贵就在于此。而现今民众的艺术之美,则体现在居住的房屋、日用的器皿、穿着的衣饰、消闲时的景观,以及观赏的剧场等的设置上。不难看出,邓以蛰提倡的"民众的艺术",有着五四新文化运动所带来的"为大众艺术"的新观念的闪光,也趋近于今天学界提出的现代性视野中的"生活美学"的内涵。

邓以蛰对民众的关注,对社会人生的重视,在思想深处则是来自他对欧洲人文主义精神的崇奉。1924年,他写了《彼特拉克》一文,指出:"人文主义是文艺复兴的骨髓,而彼特拉克又是人文主义之父。"那么,什么是人文主义呢?"人文主义是尊重人世的,是以人为单位,是以'此地'和'现在'为人生目的实现而奋斗的,其本质仍是个人主义"。[20]欧洲古典人文主义冲破神学桎梏,尊重人,以人为中心、为目的;它重入世,重此地与现在的人生;重社会人世的道德理性,并为此目的而不懈努力,这一宗旨成了邓以蛰一生的信条。因此,他在推崇"性灵中的绝对的境界"时,也并未忘却现实人生。

邓以蛰的美学理论有其独特的一套体系,他把人类精神活动分为印象、艺术、知识三阶段。一为印象,它相当于人对于宇宙间现象的直观表象,"是吾人得之于外界或心象的一种完全无缺的直接经验"。二为艺术,它是把印象、经验用感性独特的技艺方式表现出来给他人享受,如耳所领会的音乐,目所收摄的绘画即是。三为知识,由于艺术过于具体,作为传递工具显得笨重,所以人类把印象经验归纳抽取,提炼、抽象出概念来,概念就如社会上交易的钱票般方便、经济,易于流通、传导,帮助了人类的行为与思想的实现。

对于这一精神流程,他论析道:

> 在印象与知识之间,我们看出了艺术已经插进去了。但艺术与知识之间,在知觉上还有一段空白。这段空白的内容,是印象与知识参和起来捏成的:忽尔是缥缈的印象之中,显出些嘹亮的知识来,仿佛在绝顶之上俯视平地,有些压都压不平的丘垤峥嵘着;忽尔知识周围又起些印象的光晕,捉摹不定;甚或知识更似土偶一般,投到印象的海里去,消溶得连个影子都觉不出。这一段知觉的表现是什么呢?从形式方面说,是历史;从实质方面说,就是诗了。[21]

如此区分诗与历史,应是从所未闻之说,亦可见出邓以蛰不同凡响、独辟蹊径的理论功力。

在艺术与知识之间,忽而是缥缈的"直觉印象",忽而是峥嵘的"知识山丘",这让人把握不定的"空白"处是什么呢?这又要回到克罗齐,他说:"有一个更重要更确定的论点须提出：混化在直觉品里的概念，就其已混化而言，就已不复是概念，因为它们已失去一切独立与自主；它们本是概念，现在已成为直觉品的单纯原素了。”[22]而诗与历史就是处于这一“混化在直觉品里的概念”地带。

邓以蛰由此提出了为他所独有的一个关键性的概念——“境遇”。境遇是什么呢？此词之择用可能与王国维有关，像《古雅之在美学上之位置》一文就写道“戏曲、小说之主人翁及其境遇”，但邓以蛰给了它特有的内涵界定：

> 境遇是感情参和着知识的一种情景；又可说是自然与人生的结合点，过去与未来的关键了。[23]

“境遇”实质上就是感情直觉与知识概念的“混化”地带，就是个体生命与社会生活碰撞的触点，“包含感情、知识、行为三种成分”。邓以蛰为人类精神流程设立了“境遇”这一概念，目的就在于不脱离社会现实与人的生命这一实存，不脱离“人事上的意趣”，不脱离道德理性的引领。所以闻一多更明确地指出：“诗这个东西，不当专门以油头粉面、娇声媚态去逢迎人，她也应该有点骨格，这骨格便是人类生活的经验，便是作者所谓的境遇。这第二个意思也便和阿诺德的定义‘诗是生活的批评’正相配合。”[24]

闻一多的这段话还透露出一个信息，他们这一群体在文艺思想上与人文主义思潮血脉贯连。前述邓以蛰推出彼特拉克，这里闻一多谈及阿诺德，绝非偶然，其后深藏着文艺思想的共同性。阿诺德是19世纪英国批评家、诗人，他主张以文化教育、道德感染、宗教教化来保证民族传统与人性的自由，主张艺术表现人生的真谛，做出对人生的批评。从彼特拉克到阿诺德的人文主义，再到当时美国流行白璧德的新人文主义，这是梁实秋、闻一多、邓以蛰他们这一群体在文艺思想上总的倾向。20世纪20年代中国这批学者亦可称之为新古典主义的信徒，他们承接了白璧德对卢梭浪漫主义的批判，所以闻一多、邓以蛰们才会对文坛上情感泛滥、“娇声媚态”的诗作予以迎头痛击。[25]新人文主义对文学艺术不脱离生活、是生活的批评这一原则，使邓以蛰创造出“境遇”这一概念来构建自身的艺术美学体系。

人如何从第一阶段的直觉印象、官能感情进行到第三阶段的知识呢？邓以蛰主张，这中间不只是艺术，还有境遇。

> 境遇是知觉发动的导火线，是已成的知识，在知觉的孔道上树立的津堠与标记。认识了境遇，然后感情才得到进行的方向，有了方向，才有价

值之可定,意义之能明,新知识于是才产生得出。[26]

生命与社会撞击产生了“境遇”,于是有了“人事上的意趣”,有了“生活上的经验”,如此,知觉方能引燃,概念方可确立,知识方可累积,价值方可定夺,意义方可明晰。有了知识的价值与意义引领,人的感情也才能超越、升华:“知识参和着感情,以引起吾人全个精神的响应。感情响应着,知识随之如蜘蛛吐丝,节节自有着处。感情如果没有知识辅佐,便如一握乱丝,无从抽解了,更何能组织成锦绣呢?”[27]“境遇”一词在邓以蛰美学观念体系中的重要性由此一见。

在理清邓以蛰的“官能性情的审美直觉”和“人文主义之生命‘境遇’”这两大要义的基础上,我们就能较为顺畅地进入他所构建的艺术美学堂奥了。

五、艺术美学的独特建构

邓以蛰的艺术美学建构,尤其是他的各门类艺术区分的原则,与现今通常的美学著作不同,有着它独特的存在规定,其缘由在于他受黑格尔美学的影响,偏重于从人类精神活动流程的视角来考察,而非凝滞于艺术类型的外在形式及形态以及审美主体的官能等。

在由“印象—知识”这两大坐标点构成的轴线上,他“给艺术排了队:日用器皿、建筑、音乐、中国书法应该坐镇纯形世界的大本营;雕刻、绘画做先锋,‘因为这两种艺术最易得同人类的舒服畅快的感觉与肤泛平庸的知识交绥的’。文学最为狡猾,只合做殿军”[28]。按这一流程的内在逻辑脉络,其艺术美学的建构及门类艺术的排列顺序,大略可示如下:

印象(官能感情直觉)—艺术1(日用器皿、建筑、音乐、中国书法、纯形绘画)—“境遇”(直觉与概念混化)—艺术2(雕刻、绘画、诗、戏剧)—历史—知识

这一排列顺序的逻辑显然留有黑格尔艺术发展史的痕迹,黑格尔以理念内核与物质形式这一矛盾对立而统一的精神活动,推演出象征型、古典型、浪漫型的艺术顺序;邓以蛰则以印象直觉与知识概念这一对立矛盾的精神活动过程,为各种艺术门类排出序列。现按此逻辑流程,分类予以论述。

(一)日用器皿、建筑、音乐、中国书法、纯形绘画

在邓以蛰的美学观念中,纯形的艺术具有最高的审美品位。因为:

> 音乐建筑器皿之构形,都是人类的知识本能永难接近的;它们是纯粹的构形,真正的绝对的境界,它们是艺术的极峰,它们的纯形主义犹之乎狭义的信仰,战争的使令可以决定行为的价值,所以它们才合坐镇全军了。[29]

器皿、音乐、建筑、书法之类艺术何以是"艺术的极峰",能"坐镇全军"呢?就在于知识、概念对它们渗入得最少,"是纯粹的构形"、是"绝对的境界","纯形"是他的理论的基点。

在《〈艺术家的难关〉的回顾》一文中,邓以蛰曾说明他的艺术思想系统的来由,"纯形世界"是来自康德的"自由美"和柏尔(Clive Bell)"有意义的形相"的结合体;而《诗与历史》一文则明显地受到克罗齐的影响。该文发表于1959年的《美术》杂志,有着特定的历史语境的痕迹。

康德在《判断力的批判》中把美分为自由美和附庸美两大类。自由美不涉及利害、概念,是一种只在单纯的形式上符合主观目的性的美,如自然界中的花卉、自由的图案画,如一片草地的青色那样单纯的颜色,如小提琴的某一单音那样单纯的音调;音乐中至多是无主题的幻想曲、无歌词的乐曲尚可勉强进入自由美之列。而附庸美则是依存于一个概念,受某一特殊目的概念制约的对象。显然,真正可以列入自由美的事物是极为稀少的,绝大部分自然美和艺术美都要归于附庸美,但这并不削弱自由、纯粹之美作为理想的终极性地位,邓以蛰就属于这一观念群体中的一员。

柏尔是英国美学家,现译为克莱夫·贝尔,其代表作《艺术》提出,艺术的共同性质在于它们都是一种"有意味的形式",它们以特殊的方式将线条、色彩等组成某种形式或形式间的关系,以激起人们的审美感情。1928年,闻一多发表《先拉飞主义》一文,内中论及贝尔理论:"柏尔在他的《艺术论》里,辨别美感和实用观念的区别……譬如一只茶杯,我们叫它作茶杯,是因为它那盛茶的功用;但是画家注意的只是那物象的形状,色彩等等,它的名字是不是茶杯,他不管。但是一个画家怎样才能把那物象表现出来,叫看画的人也只感到形状色彩的美,而不认作茶杯呢?现在我们回到本题了,绘画的困难便在这里,绘画的困难比文学的大,也在这里。"[30]闻一多和邓以蛰是心神相通的一对挚友,他的这段论述把他们共同的艺术美学观念说明得再清晰不过了。

因此,邓以蛰说:"领会音乐与绘画的价值,是用不着什么人事上的境遇来帮助的。……音乐绘画等艺术的表现,只是整个的印象,不是片断的事迹;所以也就用不着什么境遇来做它们前后的关节了。它们表现的本旨原来就不在叙述事迹。"[31]这段话源自邓以蛰论诗与历史区别的特定语境,因为相对于历史来说,音乐、绘画在"印象—知识"这一轴线上,是和"境遇",即人事上的意趣、善恶判断等概念知识,交渗较少的,所以其品位靠近轴线上"印象"的一端。具体说来,包括建筑物、无标题音乐、性灵之自由表现的中国书法、印象派绘画、中国晋唐画的人物、六朝的造像、宋元的山水等,在邓以蛰的门类艺术区分中均趋近于纯形美的一端。

(二)雕刻

从印象直觉所构成的纯形世界向着知识概念世界的另一端延展,按邓以蛰说法,是"雕刻、绘画做先锋"。因为这两种艺术处于克罗齐所说的"直觉与概念混化"的初始阶段,它们既有着印象直觉使人舒畅的美感,又内含由"境遇"所带来的粗浅的概念认知。

邓以蛰认为,雕刻来自古希腊的祭祀的神舞:"众神可歌可泣的事迹,用言词表白的地方,既被戏剧夺去,成了它的一项艺术;当时并有的动作情态,就得借雕刻家的斧子锉子向石头上面垂不朽了。"[32]但雕刻和戏剧不同,它不必去完成神话故事的叙述、剧中情节的推进,它是"舞台上的表演的化石",它的美学任务有两个方面:

> 一方面是"描摹自然"。自然之美最有意味的莫过于人的身体。它有受内部血脉流行而显出的色泽;它有内有骨格而外有柔肤的宛转性;它有明晰温润,平曲抑扬的轮廓;它有饱经风霜的筋骨;它有宠辱若惊的性灵,喜怒哀乐的变化;它有两性悦慕的表现,同类相通的气宇;所以它是一件最易了解的,最受观者欢迎的东西。
>
> 还有属于内部的方面呢。……雕刻家于此,本领确要大了:要不断的开掘,不断的搜求,不断的揣摩;然后人的性灵内的原质才擒获得住;擒获住了,再说它们的化合;由感情知觉各样的化合而形成的东西就是人物,就是品格。[33]

所以雕刻是以表现身体自然之"形"和内在性灵原质两者综合之美为目的,以塑造人物美的"品格的形"为终极。

(三)绘画

按邓以蛰的排序,绘画也是从纯形世界向知识概念世界延展的"先锋"。因为除了纯形的绘画之外,一般的"绘画起于故事体的人物画":"绘画始于人物的原故,必在图形事迹,垂示将来。如汉宣帝图画其股肱的形貌于麒麟阁,而注明他们的官爵姓名(《汉书·苏武传》)。如此看来,绘画的功用最初是与文字相同的,用它来记述前修,记载故事的。”[34]因此,此类画家在提笔时,往往还等不到美的程式有所安排,知觉就要处处提醒他,要画出故事来,官能感情的直觉性也就弱化了。

所以,邓以蛰强调,艺术不是把东西抄写一番,而是理想的实现。那么,画家的理想是什么呢?

是你心内新奇的收摄,心内新奇的铸造,才说得上是理想呢。造一幅画,写一篇文的程序,正同宇宙间的事物,在哲学家的脑中,融化着渐渐的脱出一个新的见解的一样。……艺术家的理想,转而赋给自然,成就自然的形态品格,哲学家造成新知识,新见解,以启发吾人的认识力,两下的价值正是一样的。[35]

画家内心以一种新奇感收摄外在审美对象,铸造成自身的艺术理想,而后再赋予自然,创造出“自然的形态品格”。邓以蛰认为,这一“创格”,使画家自身及鉴赏者“领会宇宙间一种新形态新品格”,其价值意义并不亚于哲学家所造成的某一新知识、新见解。

邓以蛰在当年绘画理论界还较早揭示了中国山水画与西洋风景画的区别。其一,西方风景画家在临画之先,胸中一无所有,自然物的颜色、距离、积量等仅构成画的要素而已,画家本人没有什么内在的东西可以表现出来;而中国画家需“读万卷书,行万里路”,充分收摄自然的神致、光色的神趣,审美胸襟之宽阔与文化修养之博大是运笔作画成功的前提。其二,在技艺上,西方画景可以说是颜色的涂抹,甚至还可以再次加涂,画一幅画往往经年累月;而中国画家则多是胸有成竹、意在笔先,下笔如有神助,必得一气呵成,否则谈不上画得气韵生动,美之品位也就降低了。[36]行家里手的洞瞩明察,让人豁然开朗。

(四)诗与历史

在《艺术家的难关》一书中,《诗与历史》是最引人注目的一篇。由于诗和历史都是以文字来表现或叙述,而文字已是概念,两者不可避免地掺和了知识,不再纯粹了。但正由于此,它们和“境遇”有了“精神上的关节”。诗和历史要:

善于运用境遇,运用人事上的意趣,能使知识脱乎感情而出;这才是真历史,真诗了。如果只在感情的漩涡沉浮旋转,而没有一个具体的境遇以作知觉活动的凭借,这样的诗,结果不是无病呻吟,便是言之无物。所以历史和诗在人的知觉上所占的地位是介乎感情知识之间的。[37]

在中国美学界、文学理论界,像邓以蛰这样给诗和历史定位,像是不多见的。依此标准,他认为像古希腊荷马史诗《伊利亚特》《奥德赛》和但丁《神曲》等,就善于运用境遇,能用人事上的意趣来辅助理智上的抽象,使读者觉不出是他们身心以外的陈迹,引起读者情、智两方面的共鸣,这样的诗便是真诗,便是诗中的极品。以人文主义观念作为审美判断的基点,其关注社会、关注人生的倾向于此可见。

邓以蛰认为,历史是人类行为造成的,而行为一方面是属于知识的,一方面是属于感情的。前者如境遇的认定、理性的计量、善恶的判别,都必须以知识为基础;但境遇、理性、善恶的产生,无不是以感情为始,由感情潜入理性,淀积为知识。所以历史是有生命、有温度的,但现今学界却以科学的方法来研究它,把它变成了无机体的物质,变成单一的考古学、社会学,得不到任何史实、事迹留下的具体感情与印象,找不到其中带有精神性的境遇,这是研究的歧途。正如鲁迅赞《史记》为"无韵之《离骚》",历史与诗趋于融合;闻一多也强调说:"历史身上要注射些感情的血液进去,否则历史家便是发墓的偷儿,历史便是出土的僵尸。"[38]鲁迅、邓以蛰、闻一多的这一看法,在今天史学研究中仍具有方法论的意义。

历史和诗在内容上相同,但还是有区别的,邓以蛰辨析道:"历史与诗不同之点,仅在:历史的形式,事迹之外还须要事迹的时地的正确;诗则只要事迹的具体的经验就够了,时地虽隐在内,却不求纪实上的苛责。"[39]其间不同在于:历史要求纪实,诗则要求具体经验感受与想象;历史偏重于有事迹上"信实"的境遇,诗则偏重的是有人生意趣的境遇;历史是人生的写照,诗的内容是人生。

重视生命实存的人生,重视生活经验的境遇,这是邓以蛰美学思想的突出之处,他以此为准尺,把中国的"诗分出等级来"。其一,印象派:同绘画争巧拙的描写自然的诗,如六朝的五言、宋人的词;其二,浪漫派:同音乐争排荡宛委的驰骋于幻想的七言诗,如李长吉的七古、李义山的七律;其三,理想意志派:历史的改良多是理想的奋进或个人意志扩张的结果,此类诗内含节烈狂狷的人格,比比皆是;其四,家国乡土感怀派:表现爱国的悲愤诗、富于乡土情味的田园诗,有着历史的蕴蓄,有着深长的韵味,把人生与历史牵连起来,可启发读者深意,如陶渊明、陆放翁的诗;其五,玄理派:把自然的玄秘、人生的究竟,写入诗里,输贯到人的情智里去,使人领会到知识之外还有知识,有限之内包含无限,如屈原的《离骚》,何等境界,何等胸襟,这才是诗的极境![40]如此给中国古典诗词分出等级,特别是诗的印象派、浪漫派的分法,在中国诗史上应是前所未有的。

(五)戏剧

在邓以蛰的“印象—知识”的轴线上,戏剧是最靠近“知识概念”这一端点的艺术门类。

> 艺术中算戏剧与人事关系最密切了。……仅有个人的五官感情,戏剧还产生不出来;必得人类发达到有了一个精神的机体——社会——然后才可以创造戏剧。……戏剧直等到社会有了文化与历史之后,它才肯露头角呢。[41]

因此,戏剧展现的内容主要是对人类行为善恶的道德判断,其主人公形象多在悲剧形式中塑造,所创造的多是超乎复杂人事之上,使人仰之弥高的品格。这样的悲剧人格,在社会上有四种类型。其一,一意孤行,皎洁幽芬。视社会上的道德信条为人文的结晶、人伦的支柱,执着笃守,甚至付出生命代价,如中国历史上的伯夷、叔齐、方孝孺、张苍水。其二,发扬蹈厉,豪迈沉雄。为求个人意志与理想的实现,激扬奋发、抵死不止,如西方的耶稣,中国的墨翟、王安石、陈同甫。其三,愤世嫉俗,高亢深远。看到人世变幻、社会污浊、圣人不死、大道不止,故而冷眼热肠、痛心疾首,如屈原、陶渊明,西方的叔本华。其四,矫枉过正,狂狷真诚。见春秋代谢、山川奇伟,人生似为蜉蝣;又悟及心为形役,百年如驹过隙,于是顺天命、绝人欲、任自然、适吾性,如西方的斯多亚派、修道士、伊壁鸠鲁,中国战国时的杨朱、宋明理学家。这是在谈悲剧吗?邓以蛰不由自主地从艺术学进入了伦理学与哲学,其理论基础之坚实由此可见一斑。

对于悲剧的功能,邓以蛰放弃亚里士多德的“净化除邪”说,而取叔本华的弃绝尘世、摆脱人生的“涅槃”说,这里也有着王国维悲剧观影响的痕迹。他认为,社会发展到了今天这样污秽邪毒厚厚地淤结壅塞的状况,用教育的戒劝鞭策行吗?不成。用亚氏的“净化除邪”来祛蔽解惑行吗?不切题。只有像叔本华那样,把悲剧当成“一面照妖镜,把人类意志(Will)的活动,形形色色都丝毫不放松的不隐瞒的收摄住,显映出来,使人类对着自身的写真,刹那间愕然的起敬,渺然的澄澈如入定的一般。这种境界佛谓之涅槃”。涅槃之后,自然是无,但无又是有。"感情、意志、理想诸实现之'有',却包含道德上的理智、机械、因袭的空形式之'无',结果又有一番改革实现的'有'。这是Hegel的历史演进的步骤,也就是我们的道德进化观念了"。[42]叔本华悲剧的佛学"涅槃"说,经由黑格尔正反合辩证法的"历史演进",升华到伦理哲学的高度。邓以蛰这一独树一帜的悲剧观,让人有耳目一新之感。

晚年的宗白华先生曾为《邓以蛰美术文集》写了序言,后也作为《邓以蛰全集》的代序。他这样评定:"邓先生对中国艺术传统有深入研究,青年时期又曾到美国研习,还游历了欧洲不少国家。他写的文章把西洋的科学精神和中国的艺术传统结合起来,分析问题很细致。……邓先生在美学上的贡献,值得我们认真研究。"[43]宗先生对一生中的同行与挚友有着透彻的了解,他留下的嘱告当为后学者所铭记,对邓以蛰美学思想做进一步深入研究,仍是一项未完成式的课题。

2020年9月11日

注释:

①鲁迅:《日记》,《鲁迅全集》第15卷,北京:人民文学出版社,2005年,第511页。

②鲁迅:《拟播布美术意见书》,《鲁迅全集》第8卷,北京:人民文学出版社,2005年,第50~54页。

③林风眠:《林风眠按记》,《邓以蛰全集》,合肥:安徽教育出版社,1998年,第115页。

④刘纲纪:《邓以蛰先生生平著述简表》,《邓以蛰全集》,合肥:安徽教育出版社,1998年,第476页。

⑤刘纲纪:《邓以蛰先生生平著述简表》,《邓以蛰全集》,合肥:安徽教育出版社,1998年,第477页。

⑥邓以蛰:《〈艺术家的难关〉的回顾》,《邓以蛰全集》,合肥:安徽教育出版社,1998年,第393页。

⑦本小节的撰写参考了《邓以蛰全集》中刘纲纪所作的《中国现代美学家和美术史家邓以蛰的生平及其贡献》《邓以蛰先生生平著述简表》二文,以及《厦门大学学报(哲学社会科学版)》编辑部洪峻峰的相关文章。

⑧闻一多:《邓以蛰〈诗与历史〉题记》,《邓以蛰全集》,合肥:安徽教育出版社,1998年,第57~58页。

⑨邓以蛰:《〈艺术家的难关〉的回顾》,《邓以蛰全集》,合肥:安徽教育出版社,1998年,第393页。

⑩邓以蛰:《艺术家的难关》,《邓以蛰全集》,合肥:安徽教育出版社,1998年,第40页。

⑪邓以蛰:《艺术家的难关》,《邓以蛰全集》,合肥:安徽教育出版社,1998年,第42~43页。

⑫(南朝)刘勰著:《文心雕龙注释》,周振甫注,北京:人民文学出版社,1981年,第493页。

⑬邓以蛰:《艺术家的难关》,《邓以蛰全集》,合肥:安徽教育出版社,1998年,第39页。

⑭邓以蛰:《戏剧与道德的进化》,《邓以蛰全集》,合肥:安徽教育出版社,1998年,第60页。

⑮[意]克罗齐著:《美学原理 美学纲要》,朱光潜等译,北京:外国文学出版社,1983年,第8页。

⑯邓以蛰:《艺术家的难关》,《邓以蛰全集》,合肥:安徽教育出版社,1998年,第42页。

⑰[俄]什克洛夫斯基等著:《俄国形式主义文论选》,力珊等译,北京:生活·读书·新知三联书店,1989年,第6页。

⑱邓以蛰:《艺术家的难关》,《邓以蛰全集》,合肥:安徽教育出版社,1998年,第39、44页。

⑲邓以蛰:《民众的艺术》,《邓以蛰全集》,合肥:安徽教育出版社,1998年,第101页。

⑳邓以蛰:《彼特拉克》,《邓以蛰全集》,合肥:安徽教育出版社,1998年,第33、32页。

㉑邓以蛰:《诗与历史》,《邓以蛰全集》,合肥:安徽教育出版社,1998年,第45~46页。

㉒[意]克罗齐著:《美学原理 美学纲要》,朱光潜等译,北京:外国文学出版社,1983年,第8页。

㉓邓以蛰:《诗与历史》,《邓以蛰全集》,合肥:安徽教育出版社,1998年,

第49页。

㉔闻一多:《邓以蛰〈诗与历史〉题记》,《邓以蛰全集》,合肥:安徽教育出版社,1998年,第58页。

㉕参阅俞兆平:《新人文主义与中国格律诗派的缘起》,《文史哲》2003年第3期。

㉖邓以蛰:《诗与历史》,《邓以蛰全集》,合肥:安徽教育出版社,1998年,第50页。

㉗邓以蛰:《诗与历史》,《邓以蛰全集》,合肥:安徽教育出版社,1998年,第50页。

㉘邓以蛰:《〈艺术家的难关〉的回顾》,《邓以蛰全集》,合肥:安徽教育出版社,1998年,第394页。

㉙邓以蛰:《艺术家的难关》,《邓以蛰全集》,合肥:安徽教育出版社,1998年,第44页。

㉚闻一多:《先拉飞主义》,《闻一多全集》第三册,北京:生活·读书·新知三联书店,1982年,第428页。

㉛邓以蛰:《诗与历史》,《邓以蛰全集》,合肥:安徽教育出版社,1998年,第49页。

㉜邓以蛰:《戏剧与雕刻》,《邓以蛰全集》,合肥:安徽教育出版社,1998年,第73页。

㉝邓以蛰:《戏剧与雕刻》,《邓以蛰全集》,合肥:安徽教育出版社,1998年,第79页。

㉞邓以蛰:《国画鲁言》,《邓以蛰全集》,合肥:安徽教育出版社,1998年,第106页。

㉟邓以蛰:《观林风眠的绘画展览会因论及中西画的区别》,《邓以蛰全集》,合肥:安徽教育出版社,1998年,第91页。

㊱参阅邓以蛰:《国画鲁言》,《邓以蛰全集》,合肥:安徽教育出版社,1998年,第110、111页。

㊲邓以蛰:《诗与历史》,《邓以蛰全集》,合肥:安徽教育出版社,1998年,第50页。

㊳闻一多:《邓以蛰〈诗与历史〉题记》,《邓以蛰全集》,合肥:安徽教育出版社,1998年,第58页。

㊴邓以蛰:《诗与历史》,《邓以蛰全集》,合肥:安徽教育出版社,1998年,第47页。

㊵参阅邓以蛰:《诗与历史》,《邓以蛰全集》,合肥:安徽教育出版社,1998年,第53~55页。

㊶邓以蛰:《戏剧与道德的进货》,《邓以蛰全集》,合肥:安徽教育出版社,1998年,第59页。

㊷邓以蛰:《戏剧与道德的进化》,《邓以蛰全集》,合肥:安徽教育出版社,1998年,第67页。

㊸宗白华:《代序》,《邓以蛰全集》,合肥:安徽教育出版社,1998年。

作者俞兆平,厦门大学人文学院中文系教授、博士生导师。

林文庆与 *The Li Sao:An Elegy on Encountering Sorrows*（《离骚》）

杨士焯

对于大多数厦大人来说，一提起林文庆（Lim Boon Keng），大都知道他是厦门大学发展初期的一位大学校长，知道他曾是一位悬壶济世的医学专家、精通经营的实业家、热心公益的社会活动家，也知道他为了厦门大学的千秋功业，毅然放弃在新加坡的基业和优渥，接受陈嘉庚先生的邀请，来到正值筚路蓝缕、百事待兴的厦大校园担任校长达 16 年（1921—1937）。但很多人或许不知他还是一位卓有成就的翻译家！他完成了翻译行业中公认的最具难度的典籍翻译——《离骚》翻译（1929 年）。这项艰巨工作的完成，使他一跃而成为《离骚》翻译与研究都无法绕开或忽略的里程碑式存在，从此名垂中华典籍翻译史册。而别具意义的是他这项宏伟的典籍翻译工作，竟是毕其功于其任职厦门大学校长的正中期。因此，无论是在当时，还是以今天论，林文庆的《离骚》翻译都当之无愧于厦门大学的杰出学术成果。

遥想当年，林文庆校长白天搭船往返于鼓浪屿别墅住处与鹭岛上的厦门大学之间，处理繁忙的教务工作，夜里则埋首在藏书 5 万卷的书房里，或用中文书写札记和读后感，或用英文翻译《离骚》。在天风海涛下，在充满异国情调的鼓浪屿笔山路 5 号别墅里，洋腔洋文伴随着《离骚》诗歌的低吟浅唱，两种异形的文字在他妙手之下神会、深交、妙转、融合！一觞一咏，亦足以畅叙幽情。

时过境迁，书海浩瀚。林译《离骚》已几近湮没在历史长河中，只有典籍翻译研究者才会偶尔涉足问津。幸运的是，2021 年的厦门大学百年校庆，促成了一系列厦大重要著述的再版。历经披沙拣金，林译《离骚》名列其中，重新进入当代人的视野，可谓善莫大焉。

人们或许会奇怪，如此一位海外华人，长期接受西洋教育，特别是接受过系统的英式教育,何以会钟情且致力于中国传统文化的海外传播与宣传?为了一探究竟,让我们一起走进林文庆的《离骚》翻译世界里。

一、林文庆生平事迹

林文庆,字梦琴,祖籍福建省漳州府海澄县(今属厦门市海沧区),1869年10月18日(清同治八年)出生于新加坡一华侨家庭,幼年父母双亡,由祖父抚养成人。童年时代的林文庆,受家庭教育影响,初入福建会馆附设书院,攻读四书五经。1879年,林文庆考入莱佛士书院就读,接受了完整的初等、中等教育。由于学习成绩优异,他获得英女皇奖学金,1887年赴英国爱丁堡大学医学院攻读医科,长达六年。爱丁堡时期的留学生涯,奠定了林文庆的事业基础,也使他充分地浸淫于英国历史、文化、文学与艺术,这为他后来翻译《离骚》打下了雄厚扎实的语言基础。林文庆的英语写作能力极好,尤能写英文诗(在其《离骚》译作正文的前面部分,就有他写的一首《屈原颂》,格律工整押韵,文笔谨严地道,于此可见一斑)。1893年5月,林文庆返回新加坡,成为海峡殖民地获得英国医学学士荣衔的第一位华人。除行医救人外,他也经商投资实业,积极参与社会活动,很快成为颇有社会名望的实业家、社会活动家。

作为一代华人的知识精英,林文庆有着强烈的社会责任意识,他密切关注华侨社会及中国的问题,积极投身教育与社会变革活动,以其专长和极大的热忱服务社会,赢得了广泛尊敬。他曾出任当地殖民政府四届立法议会非官方议员等职,又是新加坡商界领袖,引导和推动华人经济发展,在社会政治、医疗卫生、文化教育、经济等领域做出了重大贡献。从行医济世到推动华人教育与社会改革,再到驰骋东南亚商场,他走过了一条成功的创业之路。与此同时,林文庆的精神世界和文化认同也树立起他的人生观、世界观和家国情怀。他的事业发展与其多重的文化认同密切相连。他在中国文化与西方文化之间徘徊,在基督教和儒学之间思索与探问,在中国与南洋之间游走和选择。作为海峡侨生,林文庆的文化认同是多样的,主要包括中华文化、西方文化和马来文化三个方面。这种文化认同随着教育经历、时代与社会的变迁,其重心从西洋文化回归到以华语汉字为媒介、以儒学为主体的中华文化之中。

令人敬佩的是,林文庆虽受英式教育,但他一直坚持学习中文达40年,对汉语有较深的造诣,且熟谙闽、粤方言,精通马来语、泰米尔语、日语等,被誉为

"语言天才"。他是一位坚定的儒学信仰者,以复兴儒学为己任。为了积极地向西方宣传和介绍中国的儒家文化,林文庆一生用英文写了很多儒学研究的著作和文章,主要有:《中国内部之危机》(*Chinese Crisis from Within*, London, 1901)、《儒家视域下之世界大战》(*The Great War from the Confucian Point of View*, Singapore, 1917)、《中国文化要义》(*The Quintessence of Chinese Culture*, Singapore, 1931)。林文庆还翻译有《李鸿章杂记》(英译汉)、《基督教辟谬》(英译汉)。正是这种对中华文化的认同、对儒学的信仰、对祖籍国的向往,促使他在接到陈嘉庚先生的邀请前往执掌厦门大学时,能那么义无反顾,水到渠成,得其所哉。

十六载厦大光阴,他主持日常校务,应对各种棘手的人和事,还不忘开展儒家伦理的研究与著述。1926 年,厦大成立国学研究院,林文庆身兼院长一职,自称"对于国学,提倡不遗余力"。他尤其喜爱、熟读屈原的《离骚》,并将之翻译成英文,给予世人、厦大人一份可以感悟和触碰的精神财富。1937 年 8 月,林文庆阔别倾注了他 16 年心血的厦门大学,返回新加坡。随后又历经了各种艰难困苦,1956 年逝世于新加坡,享年 88 岁。

作为一位为厦门大学呕心沥血、任劳任怨的校长,他蒙受了许多不白之冤。黄钟毁弃,瓦釜雷鸣! 天何言哉? 四时行焉,百物生焉,天何言哉? 所幸者,历经拨云见日,明辨是非,林文庆校长的办学贡献和人格情怀在厦大终获肯定。文庆亭 (2005 年 4 月) 与林文庆塑像 (2008 年 4 月) 相继落成。先生英魂有幸重返他念兹在兹的厦大校园,亭盖福佑这方水土。文庆亭庄严记载:林文庆博士接掌厦门大学,"倾其睿智才学,运筹操劳,主理校政十六载,学校事业蒸蒸日上,硕彦咸集,鸿才叠起,声名远播海内外,与公办名校并驾齐驱"。其亭联曰,"十六载耿耿乎礼门义路,千百年熙熙矣时雨春风";横批:"唯有文庆"。先生千秋功业,思之莫不垂涕!

二、林文庆翻译《离骚》的动机与起因

如前所述,林文庆的《离骚》翻译不是闲来无事,聊以消遣。新加坡著名报人和作家连士升 (Lien Shih Sheng) 在其作品集《闲人杂记》的《林文庆翻译离骚》中提到林文庆译介《离骚》的目的是洗雪其不懂中华文化的罪名。连士升曾这样评价其翻译动机:

> 他曾请教友人,看中国古籍里什么书最困难。人家告诉他说,中国文学里最艰深的莫如诗,中国古诗中最难懂的莫过于《离骚》。因此,他才下个决心,从事彻底研究,越研究越有兴趣,最后贾其余勇,把它翻译出来,交商务印书馆出版,一举成名,中外学术界人士,多刮目相看,谁也不敢再把他当作不懂中国文化的峇峇了。[①]

林文庆英译《离骚》的动机当然不尽于此。他喜欢阅读《离骚》,景仰屈原风骨。他认为:"兼具诗人、哲学家和爱国者三重身份的屈原一直受人尊崇。他的思想异常现代,品格高贵独特,毅力非凡。"[②]他在前言中提到,《离骚》作为一门世界性的学问,除了一些汉学家外,在西方世界鲜为人知。因此,他希望他的翻译能帮助到那些希望了解中国精神的人,促进国学走向世界,向世界尤其是西方社会传播中华优秀文化,并且借助宣传儒家思想来教育和鼓舞国人,提示民族文化的重要性和价值。他在序中直言:

> 当前世界,一片混乱,各地人民都在绝望的边缘挣扎,寻找政治救国之道。希望拙译能让读者了解屈原朴素纯洁的爱国热情,使怯弱之人也能重拾自信,毫无畏惧地为全国人民的福祉而战,不计较个人得失,即便饱受外界非议,依旧不改初心。[③]

林译《离骚》的另一作序人陈焕章也佐证道:

> 林博士希望用屈原清廉的行为和高洁的思想来拯救这个时代,向外传播中华优秀传统文化。林译《离骚》不仅让汉语成为两种文化的沟通桥梁,更促进了中国的伦理道德思想在全世界得以普及。
>
> 林博士希望能向外传播中华优秀传统文化,这不仅仅是因为《离骚》本身的文学价值,更是由于其中所蕴含的巨大思想价值。[④]

考虑到西方人不仅不熟悉现代中国,更不了解古代中国,特别是《离骚》时代的历史文化,林文庆在翻译《离骚》全文的同时,还通过各种形式来帮助读者了解其中内涵。林文庆撰写了详细而丰富的关于《离骚》翻译的前言和背景介绍,可知他非常熟悉当时学术研究动态,特别是对著名学者胡适的考证(比如质疑是否有屈原其人)加以批驳,并对屈原的投江自决做了悲剧英雄的解读。在"译者序"中,林文庆屡次以西方历史文化人物(如 Carlyle, Nietzsche, Mussolini, Marcius Coriolanus, Ronchi)和西方哲学概念(如 Stoicism)来做对比和参引,显示出对中西历史文化的深刻了解,颇具比较文学的素养。在着手翻译前,他对东西方汉学家(如 James Legge, Marquis Denis, Shaku Seitan)翻译出版《离骚》的情况做了调研和评价,引为前师,继而推陈出新。这些都可以看作是他翻译《离骚》的知识储备和演练。

纵观全书,除了译文正文之外,还有丰富的副文本（即附加性、解释性文本或背景材料）。译者有意识、有目的地利用译文和各副文本来宣扬中华文化的普世价值,这也是其他《离骚》译本所不具备的特点,由此形成了林译《离骚》独特的风格。

这些丰富的副文本可以分成言语类副文本和非言语类副文本:

> 林译《离骚》的言语类内副文本主要包括:导语,名人序言,译者自序,译作说明,《吊屈原诗》《离骚》梗概,刘勰《辨骚》中英文,历史背景介绍,屈原介绍,《离骚》和《楚辞》历史地位介绍,《离骚》风格介绍,《离骚》诗中花草注释,《离骚》中人名、地名、器物名等注释,分节评注,《离骚》词汇中英文对照表,参考文献。林译《离骚》内副文本主要是言语类,且内容覆盖广泛,涵盖了以下三方面内容:（1）与译作相关:译作的内容、特点和价值;（2）与原作者和原作相关:屈原的生平及美政思想、屈原创作《离骚》的思想历程、屈原否定论的驳斥和屈原自杀解读,《离骚》产生的历史文化背景、内容梗概、文学价值和思想价值、对后世的影响及后世对它的评价,《离骚》的外译史,《楚辞》的形成、篇目及内容、价值和影响,原诗分节评注及花草、人名等详细注解;（3）与译者相关:译者的生平和学术造诣,译者译介《离骚》的目的、策略、过程,译者的翻译思想和政治、教育、宗教等思想。
>
> 林译《离骚》非言语类副文本主要有:封面设计、插图、字体、分段和排版等。林译《离骚》包装精美,包含护封、飘口、封面、书脊、衬页、扉页等,涵盖了关于原作、译作、出版的关键信息,丰富且有层次,各项信息排列合理,且均独立成行,并依据其重要程度在字号大小、是否加粗、大小写等方面做出不同调整,使读者一目了然。林译《离骚》中还有五幅插图,分别为屈原身着汉服、手拾香草的插图;战国时期各诸侯国分布图;民国时期著名画家陈月舟于 1927 年在厦门大学创作的龙舟竞渡图;星座图。译作文本、花草等注释皆为中英文并列排版,方便读者对照学习。⑤

为帮助读者解读《离骚》,林文庆还特别翻译了南朝梁时期大臣、文论家刘勰撰写的《辨骚》,并重新分段,语意更加洗练。一册在手,堪称《离骚》译本的小百科全书。

三、林译《离骚》的各方评论

《离骚》是中国古代最早、最辉煌的长篇抒情诗，其气魄之宏伟、抒情之深刻、构思之奇幻、辞彩之绚烂，在古典诗歌的宝库里首屈一指。但由于是战国时期的作品，兼具极强烈的楚文化地方色彩，其大部分诗句异常艰涩费解，即使中国读者都望之生畏，需要借助现代汉语译本，遑论西方译者和读者？其翻译难度可想而知！而林文庆以一人之力，玉成此译作，实属难能可贵。

林文庆在完成《离骚》翻译后，得到中外学者的重视和肯定。当时的新加坡政府官员克利福德（Hugh Clifford）为译本写了介绍词，时任厦门道道尹的陈培锟题签，陈焕章为译本作序。林译《离骚》还成功邀请到名噪一时的英国汉学家、中华典籍翻译家翟理斯（Herbert Giles，1845—1935）和诺贝尔文学奖获得者、印度诗人泰戈尔（Rabindranath Tagore，1861—1941）写序加持，足见林文庆与当时的中外社会名流交往甚广甚深，这有意无意间打造、唱响了厦门大学的知名度和影响力，堪称一举多得！翟理斯在序言中明确地声称："我的一位老朋友，厦门大学校长林文庆阁下……"机缘巧合之下，翟理斯这么一位十九世纪末二十世纪初的著名汉学家、中华典籍翻译家，借着林文庆的牵线搭桥，竟如此奇妙地与厦门大学的名字联系在一起！

翟理斯在序中谈到《离骚》对他自己的启发，盛赞了林译的成就和意义：

> 离骚是一篇奇妙的抒情诗，可以和古代希腊诗人品达的抒情诗相媲美。该诗篇作于公元前三百多年。我在1872年第一次读到的时候，诗句有如闪耀的电光，使我眼花缭乱，美不胜收。我只是偶尔才能领会其义。惜哉即使有评注，对我这样的初学者来说，他们也跟原文一样难懂。……林译使英国译学显得瞠乎其后，停滞不前了。[⑥]

印度著名诗人泰戈尔在序中强调了林译《离骚》的深层意义：

> 这篇政治抒情诗是一首哀歌，使人栩栩如生地看到一个伟大民族的心灵，如何渴望在道德精神的基础上，建立起一个稳定的社会……我们感到整部诗篇弥漫着时代末日的悲哀，并发现希望的曙光也是如梦如幻。

泰戈尔在序中称赞林文庆通过对《离骚》的翻译工作，向西方世界展示了中国古代文学的硕果，认为当《离骚》初创之时，现代世界的大多数已知语言安在哉？

毫无疑问，现在对于一些中国作者来说，他们应该荟萃并展现其文学里最光辉灿烂的成果，这不是为了分门别类的考古，而是为了提供普世的精神财富。当今世界人们对神秘朦胧的远古时期文化依旧认知渺茫，林文庆的译文可谓应运而生。[⑦]

作为汉学家、《红楼梦》翻译家的霍克斯（David Hawkes, 1923—2009）擅长从文学翻译的角度来审看林译本。他直率地承认林译"提供了丰富有用的注解，是学习者的好食粮"，但他认为"理雅各（James Legge, 1815—1897）单调平铺的散文体译文比林译无韵诗要合适些"。[⑧]作为一位专事中国典籍翻译的英国汉学家，他的评论自然有其得天独厚的英语母语审美优势和眼界。但是对于林文庆这么一位东方学者推出如此一部英译典籍巨著，人们又能做出什么苛责与厚非？即使霍克斯本人的《离骚》译本（1959 年）或他的其他译著，换个评论家，照样能指出很多问题。只能说他们的译品瑕瑜互见，仁者见仁智者见智。许渊冲就这样评价过霍克斯译作："从微观角度来看，比前人更准确，但从宏观的角度看来，却只能使人知之，不能使人好之，乐之。"[⑨]

在林译之后的近百年，国内又陆续出现了一些《离骚》英译本，译者分别为杨宪益、戴乃迭夫妇（1953 年），许渊冲（1994 年），孙大雨（1996 年），卓振英（2006 年）等。这些译者的共同之处就是在序言或前言里都提到林译本，并做了各种点评，无不显示出林译本对他们的启发和感悟。

近年来，还有一些翻译研究学者积极展开对林译本的各种研究。

刘小娟、马士奎的《副文本视角下林文庆英译〈离骚〉探析》（2018 年）对林译《离骚》副文本的分类、内容及功能做了详细探究，指出这些副文本在体现原诗思想文化价值、传播中华文化理念等方面作用突出，大大有助于国外读者正确理解译文传达的内容。

冯俊的《典籍翻译与中华文化走出去——以〈离骚〉英译为例》（2017 年）回顾《离骚》英译百年发展轨迹，指出中华典籍的对外传播效果受到译者群体、翻译策略、翻译改写、传播渠道等多重因素的影响。文中特别点明林译《离骚》"旨在宣扬儒家文化思想和西方民族意识"。

在众多林译《离骚》研究中，尤以张娴的博士论文《〈楚辞〉英译研究——基于文化人类学整体论的视角》（2013 年）最为系统详尽。她在论文中专辟第三章第二节"林文庆《离骚》：现实语境下的诗学话语"来详细阐述林译《离骚》的意义。张娴认为，林文庆从古代圣贤那具有普世价值的文化理念出发，积极游走于东西、新旧文化之间,致力于恢复中华儒文化的尊严和精神。他为当时陷入混乱的中国营造稳定的社会秩序,展现和传播中国传统文化的独特魅力,向西方宣传国学的永恒价值,这绝不是一种保守行为,而是一种积极向上的爱国精神和勇气,因此,林译《离骚》具有较强的将历史文化同现实文化语境结合起来的诗学话语功能。张娴继而将林译《离骚》的特色概括为:以诗宣儒,理性学者的文化寻根意识(译者贤哲之治的政治观、家国忠孝的伦理观、科学理性的宗教观、止于至善的教育观);言说现实,离散译者文化融合的翻译思想。[10]

四、林译《离骚》文化融合的翻译思想

作为接受西方教育却一心想积极报效祖国的华人领袖,林文庆身上自然存在着中西文化的汇流,使他成为融合西方民主思想和东方伦理道德不可多得的双文化代表人物。他是一个典型的改良主义思想家,他的改良主义思想超越了种族和宗教,跨越了中西文化、新旧文化,深入他的政治、社会和教育改革之中,也反映在他的翻译思想之中,主要体现在以下两个方面。[11]

(一)积极进取的中西改良思想

林文庆深受19世纪英国科学界和哲学界的达尔文进化论思想的影响,吸收了利他主义、公正与合作理念,以此探索中国的伦理和社会发展原理。同时,中国古代儒教的贤哲之治、仁政、民主等思想成为他改良思想的理论基础,他将西方的进化哲学和东方的儒家思想精华整合起来,发展和形成了他兼具中西特色的改良主义思想。

他提倡实行社会改革,认为儒家思想是孙中山领导的三民主义重建社会道德秩序的伦理基础。作为赤诚的爱国主义者,他不遗余力支持中国的维新变法,并投身孙中山领导的民主革命。在《离骚》译文中,他处处希望借屈原的高洁操守和政治理想来言说现实,力促社会改革。如:

不抚壮而叶秽兮,何不改此度。
乘骐骥以驰骋兮,来吾道夫先路!

While in her prime she wouldn't reject vile friends.
Why will she not reform these erring ways?
By driving the best steeds, she could make haste,

And come to let me show the way ahead.[12]

此节表明屈原追随楚王、希望振兴国家的政治理想。林文庆采用“reform these erring ways”，旗帜鲜明地提倡改革。他在评注中进一步指出，“不进行道德的改革，悔恨是没有用的”，“无序会导致毁灭”（Repentance is useless without reformation of conduct; Anarchy destroys itself!），[13]意在借屈原的高洁操守和政治理想为即将到来的人类文明新世纪探寻出一条可行的出路，重建新的社会道德秩序。这种积极进取的入世精神也是儒家最重要的精神。译者在诗中使用“let me show the way ahead”，也表明他愿意担当起以译言志的使命。

林文庆在翻译中把进化论优胜劣败、不进则退的西方哲学和中国时政相结合，在注释中明确指出，“时局混乱，变动会随时发生”（In a time of disorder, changes occur readily.）[14]；“不公正的政府会引起革命”（Unrighteous government causes revolution.）[15]。这种思想也体现在译文中，如：

时缤纷其变易兮，
又何可以淹留？
兰芷变而不芳兮，
荃蕙化而为茅。

When chaos reigns, then changes will take place;
Moreover, why should I still here remain?
Transformed and odorless are the*lan* and *chih*;
While the*ch' üan* and *hui* are changed into weeds![16]

此节描述楚国纲纪废弛，内政黑暗，诗人决心要去国远游。译文中连续使用“chaos reigns”（乱世当道），“changes”“transformed”（变革）等词语，这与译者当时对社会的认识和担忧是一致的。林文庆认识到当时中国正面临内忧外患的危机局面，所以倡导变法求新，用旧文化的信念来培养社会的正人君子，重视和恢复中国固有的数千年的民族精神，建立人民的统一意志和坚定的信仰，这印证了作序人陈焕章所分析的译者翻译动机，“他希望借屈原的纯洁的动机和清廉的行为去诊治时局”[17]，正如译者在序言中所言：

> 当今世界时局动荡不安，人们处于对政治拯救近乎绝望的边缘，拙译借屈原这位终生为真理和正义而奋斗的伟大爱国者的高洁感情和抱负，希望能使懦弱者获得一点自信，能不记个人名利，无畏大众的误解、批评和抨击，为社会福利贡献自己的力量。[18]

林文庆改良思想不仅仅是接受进化论的优胜劣汰观念,他在《离骚》中寻觅到了自己想要推崇的儒家思想,认为儒家文化中仁义、公正、自由、理智和利他主义等思想是人性深处蕴藏的一种力量,并吸收这些力量来发展西方进化哲学,推动社会不断向前进步。例如:

皇天无私阿兮,
览民德焉错辅。
夫维圣哲以茂行兮,
苟得用此下土。

Majestic Heaven no private favor shows,
But sees where people's virtues help deserve!
For just the saintly wise, in good deeds rich,
Will surely have this empire for their use![19]

此节叙述了"失道则亡,得道则兴"的历史进化思想。译者对诗人的思想和精神感同身受,认为正义是支撑社会前进的力量。这种将事物进化与人性的道德品质相提并论,形成了他中西汇流下的调和思想,也是他改良思想的方式之一。

林文庆在厦门大学校旨中开宗明义,"本大学之主要目的,在博集东西各国之学术及其精神";"同时并阐发中国固有学艺之美质,使之融会贯通,成为一种最新最完善之文化",[20]这一任务就是要继承和发扬古今中外的思想和学术成果,显示他的改良思想渗透到教育的理念之中。

(二) 主位和客位的文化双重构建

林文庆拥有极好的东西方的文化背景,也有融合东西方文化的国际大视野。林译《离骚》体现了文化翻译的主位和客位双视角的互补,突出译文的文化价值和叙述价值,是一种普及性的大众化翻译,目的是引导和规劝中西方的大众读者,扩大儒学思想在世界范围内的传播和影响,具有很明显的文化传播的考量。

译者在构建译本的整体语境过程中兼具本民族文化的主体意识和较强的文化传播意识。在林译《离骚》的语义环境中,译者非常推崇和重视其中所蕴含的儒教"忠""孝""仁""义""爱"等富有理性、近于人情的中国古代优秀人文精神和信念。其目的是想通过对诗文所蕴含的道德意义的阐释,以"文"化"人"。译者认为:"原文的诗韵在译文中的缺失会影响原文典雅优美韵律,而翻译的首要目的是为读者提供完全正确可读的译文。”[21]但是,为了保存和凸显诗中的文化内涵,林文庆在翻译中不惜舍韵保义,舍弃诗歌的遣词用语和变化流动的格律,采取自由、简单的韵律,这样做难免会丢失作品的文学魅力,但是有助于西方读者真正了解作品的隐藏价值,产生同本民族的社会价值的比较和联系,并开拓世界文化的视界。

译者将译文按照原文的诗篇分为93个诗节,除了在文内突出诗文的道德意义以外,还对每一节做了深层意义的提升。译本提供了93条评注,涉及政治、宗教、伦理、哲学、美学等多方面文化。有了这些评注,中西方读者方能感受到译文字里行间那种中华传统文化的底蕴和民族精神,在潜移默化中受到感染,这正是译者对译作、对读者施加影响的独特方式,促使读者形成自己的文化观和价值观。

林文庆从诸多典籍文学中选译《离骚》来向世界宣传中国深层的问题,不仅是因为屈原作品的诗歌源头的重要地位,而且是因为它所包含的普适全人类的深刻真理。诚如陈焕章在序中所言:“《离骚》的翻译在促使汉语成为普遍交流的媒介方面发挥了积极意义,也促使中国的伦理道德思想被全人类所理解接受。”[22]

从翻译策略来看,林译很显著的特色是具有文内主位构建、文外客位阐释的互动。译本的主位视角大多表现在文化负载词的处理。译者站在原作者的立场,以文化人的身份去感受、叙述原文,因而采用的多是异化翻译策略,音译和直译是其最常见的两种文化词语翻译方法。如:Shê T′i(摄提)、Kêng Yin(庚寅)、hui(蕙)、tu hêng(杜衡)、chieh chü(揭车)、nine deaths(九死),基本上坚持使用直接音译的表述方法。译者在对译文每一节详细地注解后,还做了文化道德寓意上的点评或总结,便于读者掌握每一诗节的思想精髓,这是其他《离骚》译本所不见者。此外,译者对作品产生的历史背景进行详细介绍,带领读者远观作品产生的外部语境大舞台,并引用刘勰的《文心雕龙·辨骚》及其英译文来说明屈原的艺术成就与《离骚》的艺术流变。译者有意识、有目的地在文外注解中就这些文化词语所内含的方方面面信息进行考据和解释,方便中西现代读者的理解和接受。

概而言之,林译《离骚》具有较强的译者主体性。译者具有翻译的主观和客观视角和标准,能站在特定的历史位置上来言说现实,通过翻译突出了作品中的深层文化意义和教化功能,以诗宣儒,以译言志,遵循远古的传统民族文化和现代世界相结合之路，致力于把中国优秀文化变成世界性的文明财富，具有现实语境的诗学话语价值。

结 语

展卷读罢林译《离骚》，我们亲切地感受到，那位对我们当代人来说越发远去的厦门大学前校长林文庆先生，他是那么兢兢业业，为厦门大学的发展呕心沥血、奉献毕生精力；他著书立说，以译言志，用心良苦；他热心传播中华文化，对于今日之中华典籍外译尤具启示意义和典型意义。今天，我们将这部充满林文庆校长心血的翻译大作再次呈现在世人眼前，让大家在阅读中感受他的胸襟与心声！

注释：

①《连士升文集：闲人杂记》，新加坡：星洲世界书局有限公司，1963年，第141~142页。

②*The Li Sao: An Elegy on Encountering Sorrows*, trans. Lim Boon Keng, Shanghai: The Commercial Press, Limited, 1929, p. xxix.

③*The Li Sao: An Elegy on Encountering Sorrows*, trans. Lim Boon Keng, Shanghai: The Commercial Press, Limited, 1929, p. xxviii.

④*The Li Sao: An Elegy on Encountering Sorrows*, trans. Lim Boon Keng, Shanghai: The Commercial Press, Limited, 1929, p. xxvi.

⑤刘小娟、马士奎：《副文本视角下林文庆英译〈离骚〉探析》，《鲁东大学学报（哲学社会科学版）》2018年第6期。

⑥*The Li Sao: An Elegy on Encountering Sorrows*, trans. Lim Boon Keng, Shanghai: The Commercial Press, Limited, 1929, pp. xxi-xxii.

⑦*The Li Sao: An Elegy on Encountering Sorrows*, trans. Lim Boon Keng, Shanghai: The Commercial Press, Limited, 1929, pp. xxiii-xxiv.

⑧张娴：《〈楚辞〉英译研究——基于文化人类学整体论的视角》，长沙：湖南师范大学，博士学位论文，2013年，第22页。

⑨张娴：《〈楚辞〉英译研究——基于文化人类学整体论的视角》，长沙：湖南师范大学，博士学位论文，2013年，第20页。

⑩张娴:《〈楚辞〉英译研究——基于文化人类学整体论的视角》,长沙:湖南师范大学,博士学位论文,2013 年,第 105~123 页。

⑪张娴:《〈楚辞〉英译研究——基于文化人类学整体论的视角》,长沙:湖南师范大学,博士学位论文,2013 年,第 105~123 页。

⑫*The Li Sao*: *An Elegy on Encountering Sorrows*, trans. Lim Boon Keng, Shanghai: The Commercial Press, Limited, 1929, pp. 64-65. "叶"应为"弃",疑似原书之误。

⑬*The Li Sao*: *An Elegy on Encountering Sorrows*, trans. Lim Boon Keng, Shanghai: The Commercial Press, Limited, 1929, p. 133, 137.

⑭*The Li Sao*: *An Elegy on Encountering Sorrows*, trans. Lim Boon Keng, Shanghai: The Commercial Press, Limited, 1929, p. 154.

⑮*The Li Sao*: *An Elegy on Encountering Sorrows*, trans. Lim Boon Keng, Shanghai: The Commercial Press, Limited, 1929, p. 138.

⑯*The Li Sao*: *An Elegy on Encountering Sorrows*, trans. Lim Boon Keng, Shanghai: The Commercial Press, Limited, 1929, pp. 92-93.

⑰*The Li Sao*: *An Elegy on Encountering Sorrows*, trans. Lim Boon Keng, Shanghai: The Commercial Press, Limited, 1929, p. xxvi.

⑱*The Li Sao*: *An Elegy on Encountering Sorrows*, trans. Lim Boon Keng, Shanghai: The Commercial Press, Limited, 1929, p. xxviii.

⑲*The Li Sao*: *An Elegy on Encountering Sorrows*, trans. Lim Boon Keng, Shanghai: The Commercial Press, Limited, 1929, pp. 78-79.

⑳洪永宏编著:《厦门大学校史(第一卷:1921—1949)》,厦门:厦门大学出版社,1990 年,第 25 页。

㉑*The Li Sao*: *An Elegy on Encountering Sorrows*, trans. Lim Boon Keng, Shanghai: The Commercial Press, Limited, 1929, p. xxix.

㉒*The Li Sao*: *An Elegy on Encountering Sorrows*, trans. Lim Boon Keng, Shanghai: The Commercial Press, Limited, 1929, p. xxv.

参考文献:

冯俊:《典籍翻译与中华文化走出去——以〈离骚〉英译为例》,《南京社会科学》2017 年第 7 期。

洪永宏编著:《厦门大学校史（第一卷:1921—1949)》,厦门:厦门大学出版社,1990年。

《连士升文集:闲人杂记》,新加坡:星洲世界书局有限公司,1963年。

The Li Sao: An Elegy on Encountering Sorrows, trans. Lim Boon Keng, Shanghai: The Commercial Press, Limited, 1929.

刘小娟、马士奎:《副文本视角下林文庆英译〈离骚〉探析》,《鲁东大学学报（哲学社会科学版)》2018年第6期。

孙大雨译:《屈原诗选英译》,上海:上海外语教育出版社,1996年。

许渊冲译:《楚辞》,北京:五洲传播出版社、中华书局,2011年。

杨士焯:《英汉翻译写作学》,北京:中国对外翻译出版有限公司,2012年。

杨宪益、戴乃迭译:《楚辞选》,北京:外文出版社,2001年。

张娴:《〈楚辞〉英译研究——基于文化人类学整体论的视角》,长沙:湖南师范大学,博士学位论文,2013年。

卓振英译:《大中华文库·楚辞》,长沙:湖南人民出版社,2006年。

The Songs of the South: An Ancient Chinese Anthology of Poems by Qu Yuan and Other Poets, trans. David Hawkes, London: Penguin Books, 2011.

James Legge, "The Li Sao Poem and Its Author," *The Journal of the Royal Asiatic Society of Great Britain & Ireland*, Vol. 10, 1895, pp. 839-864.

作者杨士焯,厦门大学外文学院英语系主任,教授。

缪篆与《老子古微》

乐爱国

一、缪篆的生平与著述

缪篆（1877—1939），字子才，江苏泰州人，民国时期厦门大学著名教授，他所撰《老子古微》是这一时期最为重要的老子学著作之一。关于缪篆的生平与著述，民国期刊《制言》1939年第50期在刊登缪篆逝世的消息时，载："泰县缪君子才，以疾卒于香港，噩耗遽传，闻之怆痛。民国二年，章公筹边东三省，缪君因吉林民政司韩公紫石介，从章公问业。君绘吉林、黑龙江二图，较旧东三省图为精，章公爱之。其后教授厦门、中山诸大学，著述益富，有《齐物论释注》《国故论衡注》《检论注》《老子古微》等书，皆成巨帙。君又从同县黄锡朋游，所著《显道》《原道》如干卷，间涉黄学，亦别有利解。然勤阐师说，征引广博如君者，吾同门中不多觏焉。《老子古微》将于次期续完。《齐物论释注》《国故论衡注》《检论注》亦拟由《制言》次第付印，聊述数语，以志人琴之感。民国廿八年三月沈延国谨识。"

缪篆的外孙、当代画家范曾所编《南通范氏诗文世家》，对缪篆的生平与著述也作了简述："缪篆，原名学贤，字子才，江苏泰州人，生于清光绪三年（1877年），逝于1939年，享年六十二。哲学家，范曾外祖父。早年留学日本。1926年始任厦门大学哲学系副教授、教授，中山大学哲学系教授。先后出版著述六十余种，涉及老庄、周易、考古、诗词、多种外语语法诸多领域，著有《老子古微》《显道》《邻德》《礼人十一书》《齐物论释注》《国故论衡子部注》《检论注》《周易大象简义注》《马氏文通答问》《英德拉丁法国动字变化表》《缪氏考古录增补》《先祖余园诗抄校本》《文存诗存》等。"[①]

据“厦门大学百年学术论著选刊”编纂组提供的资料，缪篆，字子才，江苏泰州人，哲学史家，章太炎弟子，1924 年到厦门大学任教，聘为国文系和哲学系副教授，1930 年起任教授。又据 1930 年 4 月 6 日印制的《厦门大学九周年纪念刊》记载，当时厦门大学文学院教职员中，缪子才，中国文学史哲学教授，“曾任奉天交涉使署编纂，吉林民政司疆理科科长，东三省筹边公署艺术处处长、内务部主事”。

近年来，有学者对缪篆的生平与著述做了深入研究，姚彬彬的《“章门弟子”缪篆的平生交游与著述》[②]考证详尽可靠。以下主要依据该文对缪篆任教于厦门大学的经历与著述作一简要叙述，并有所增补订正。

据 1925 年 12 月 19 日出版的《厦大周刊》第 132 期所载“国学研究院筹备总委员会”，包括校长（主席）、毛常、王振先、秉志、孙贵定、徐声金、涂开舆（书记）、陈灿、黄开宗、陈定谟、刘树杞、缪子才、钟心煊、戴密微、龚惕庵等，可以看出，缪子才为当时成立的国学研究院的筹备委员。据 1927 年厦门大学布告（第 5 卷第 4 册 1926—1927），当时缪篆作为文科教员，任中国文学史、哲学副教授，又任厦门大学编译委员会委员。如上所述，缪篆于 1930 年起任教授。另据 1930 年 11 月 1 日出版的《厦大周刊》第 242 期载，缪篆在当时文学院担任该学期的课程有“目录学”“中国伦理学”“中国哲学”“诸子哲学”“中国论理学”。

据 1926 年 5 月 29 日出版的《厦大周刊》第 152 期载缪篆《送戴密微教授归省序》一文，“篆游闽南，获交戴密微先生，籍瑞士，通十数国言文，而习中国书已十载。恒闻其述堂上二老年登七十，欲谋归省，篆钦其务本，服其天性真挚，详查所治书，则孜孜于经子，叩其所得，则曰：忠信之人，可以学礼。先生于一九二六年七月买舟回瑞士，篆曰：孔子所志，老安、少怀、友信耳，先生归省，合于仲尼安老之训。濒行，以译《尹文子》质诸篆，应之曰：‘名家言，可译者也。’若夫孔孟老庄，读中国原文久，身体而力行之，且有师授，念念重其为人，然后精神乃与孔孟老庄通，则其书自不待译”。可见，缪篆与当时任教于厦门大学的外国学者戴密微教授，多有交往，友谊深厚。

据《海潮音》1926 年第 7 卷第 8 期载，缪篆曾有书信致太虚，说：“太虚法师台鉴：敬肃者，不亲道貌已及数年。近在闽南授课之余，整理旧稿，草成《显道》三篇，邮呈座前伏乞斧。斯缘关于佛书之处，定有不妥协者，敬祈进而教之。批席之后仍希掷下，以便修正也。闻法师讲道庐山，规摹宏远，东亚学者，前途沾溉无穷,曷胜企佩!春风有便,尚祈赐我数行,实为感感!”

1933 年,缪篆邀约诗人陈石遗一起,为马相伯发起的在抗日前线实地救护伤兵难民的“不忍人会救护队”卖文捐款。“章太炎先生闻之,亦极嘉许,并介绍云:泰县缪篆子才,学问精博,兼能文章,尝为余所著《齐物论释》等作法,皆萃十余年之精力为之,近在厦门作教,并愿为不忍人会救护队卖文,以资土壤之助,予亦深表同情云”[③]。为此,1933 年 6 月 2 日《天津益世报》“宗教与文化”栏目还发表了缪篆的《国难罪己篇》,并有编者按:“缪子才先生,系厦门大学教授,最近约名诗家陈石遗先生,鬻文捐助不忍人会救护队,沪报一致颂其‘以文章报国’;兹特介绍其近作,以饷我邦人君子!”1933 年 6 月 13 日《天津商报画刊》第 8 卷第 28 期发文《缪子才之忠孝论》,对缪篆《国难罪己篇》中力言“孝其亲者,始能忠其国”一段作了节录,称“立意非常纯正,援引尤见精神”。

1939 年缪篆逝世,蔡元培在当年 2 月 16 日的《日记》中记有:题缪君子才遗像一绝,寄其子孝威:“远自函关参大道,近皈蓟汉演微言,等身著作承贻赠,追展遗容已九原。”[④]应当说,缪篆与蔡元培也有很深的交谊。

关于缪篆任教于厦门大学时的著述,学术著作主要有:

《齐物论释注》,油印本,1929 年。2018 年由上海大学出版社据上海图书馆藏本影印出版。

“缪篆丛书”,第 1 集 12 种:《原学注》《原儒注》《原道注》《原名注》《明见注》《辨性注》《争教注》《订孔注》《道本注》《齐物论释前四行注》《显道篇》《名学十书》。油印本,1930 年。

《显道》,油印本,1931 年。

《马氏文通答问》,连载于《厦大周刊》1931 年第 11 卷第 1 期至 1933 年第 13 卷第 3 期,分 14 次刊出。

《周易大象简义注》,油印本,未知年份。

《老子古微》上篇,油印本,1933 年。

《明惠三篇》,其中上篇载《新民月刊》1935 年第 1 卷第 3 期,中篇载《新民月刊》1935 年第 1 卷第 4~6 期、《新民月刊》1936 年第 2 卷第 1 期。

发表的学术论文,主要有:

《订孔篇注》,《华国》第 2 卷第 11 期,1926 年 1 月[《订孔篇注》(续),《华国》第 3 卷第 1 期,1926 年 4 月]。此文后经增补成为 1930 年“缪篆丛书”

油印本的《订孔注》。

《道家哲学:显道（上）“道体”》,《国学专刊》第1卷第1期,1926年3月[《道家哲学:显道（中）“道相”》,《国学专刊》第1卷第2期,1926年5月;《道家哲学:显道（中）“道相”》（续）,《国学专刊》第1卷第3期,1926年9月]。

《显道（上）“道体”》,《厦门大学季刊》第1卷第1期,1926年[《显道（中）“道相”》,《厦门大学季刊》第1卷第2期,1926年7月]。

《止于至善》,《厦大周刊》第150期,1926年5月15日。

《送戴密微教授归省序》,《厦大周刊》第152期,1926年5月29日。

《争教篇注》,《华国》第3卷第3期,1926年6月[《争教篇注》（续）,《华国》第3卷第4期,1926年7月]。此文后经增补成为1930年“缪篆丛书”油印本的《争教注》。

《尹文子校释》,《厦大集美国专学生会季刊》第1期,1929年6月。

《王壬秋巫山高诗笺》,《厦大周刊》第9卷第4期（第230期）,1930年4月26日。

《中国目录学叙》,《厦大周刊》第9卷第6期（第232期）,1930年5月10日。

《跋绵绛书屋重雕樊绍述集》,《厦大周刊》第9卷第10期（第236期）,1930年6月8日。

《行易知难学说中所论文法文理浅释》,《厦大周刊》第10卷第21期（第257期）,1931年4月25日。⑤

《国难罪己篇》,《天津益世报》,1933年6月2日。

《大学有救国难之道》,《厦大周刊》第30卷第9期（第327期）,1933年11月25日。

《国语罗马字的四百六十四字文》,《语言文学专刊》第1卷第1期,1935年3月。

《读张横渠东铭西铭》,《新民月刊》第1卷第2期,1935年6月。

《道家哲学:道本》,《仁爱》第1卷第2期,1935年6月[《道家哲学:道本》（续）,《仁爱》第1卷第3期,1935年7月]。此文为1930年“缪篆丛书”油印本的《道本注》节选。

《孔子的人生观》,《真光校刊》第2卷第6期,1935年6月29日。

《吊余杭先生文》,《制言》第24期,1936年9月1日。

《老子绝圣弃智绝仁弃义解》,《制言》第29期,1936年11月16日。

《淇澳诗备五悳说》,《制言》第35期,1937年2月16日。

二、《老子古微》的成书与概要

(一)《老子古微》的成书

1923年7月出版的《学衡》第19期刊载了缪篆的《老子古微:卷首》,该文分为"原道（上）'道体'""原道（中）'道相'""原道（下）'道用'"。该文后附有说明:"卷首已完,全书续登。"可见,此前缪篆已撰有《老子古微》的书稿,包括卷首与正文。

1926年,缪篆发表《显道（上）"道体"》《显道（中）"道相"》,可见此时缪篆已将原《老子古微》卷首的"原道（上）'道体'""原道（中）'道相'""原道（下）'道用'"三篇,改为《显道（上）"道体"》《显道（中）"道相"》《显道（下）"道用"》三篇,而且内容也有较多扩充。如前所述,这一年,缪篆还将《显道》三篇寄给太虚法师求教。

1929年缪篆的《齐物论释注》油印本,目录后附言:"本书及《老子古微》、'缪篆丛书'等,储藏各国图书馆者,已达千份,盖愿与世界学者相见,以诚不为空间时间所隔阂云尔。"⑥而且该油印本最后附缪篆的《显道》三篇,分为"道体""道相""道用"。

又据1929年6月出版的《厦门大学己巳年刊》插缪篆所著书的购书广告(见下页):

第一,"缪篆丛书"第1集12种,共20本,合成4册。第二,《老子古微》附《显道》篇,共5本。第三,《齐物论释注》附《显道》篇,共26本。并有言:"以上三书,为厦门大学哲学教授缪篆所著,系油印本,原为遍藏各国图书馆而设,本非卖品,尚余数部,亦可出售。……"

1929年6月8日出版的《厦大周刊》第207期刊登了由四川华阳罗运贤于1928年12月为缪篆《老子古微》所作序。此前,罗运贤曾在章太炎主持的《华国》1925年第2卷第8期和1926年第2卷第11期上发表《老子余谊》。罗运贤"老子古微叙"的结尾说道:"今年春,泰县缪君子才,邮以所著《老子古微》,上自周秦,下讫李唐,凡一言一词关联聃书者,壹是钩用,其穷搜旁罗,亦云广矣。……君曩见拙著《老子余谊》,乃邮书万里,索叙于愚。因举治道家言当观其会通,及籀绎故籍之术,与夫君书恉意之所寄,而识其大凡如此。戊辰十月望后七日华阳罗运贤孔昭甫叙。"

中國哲學 繆篆叢書第一集十二種共二十本 洋裝合成四鉅冊 （一）原學注（二）原儒注（三）原道注（四）原名注（五）明見注（六）辨性注（七）爭教注（八）訂孔注（九）道本注（十）齊物論釋前四行注（十一）顯道篇（十二）名學十書（甲）六微篇（乙）九用七屬篇（丙）表俠篇（丁）狀色言辯度篇（戊）孔子觀人篇（己）曾子觀人篇（庚）荀子觀人篇（辛）尹文子（壬）人物志（癸）士緯 以上第一集實價國幣壹佰貳拾元郵費在內

中國哲學 老子古微 附 顯道篇共五本 實價國幣拾伍元郵費在內 未裝訂者短收壹元

中國哲學 齊物論釋注 附 顯道篇共二十六本 實價國幣玖拾元郵費在內 未裝訂者短收貳元

以上三書，為廈門大學哲學教授繆篆所著，係油印本，原為遍寄各國圖書館而設，本非賣品，尚餘數部，亦可出售，書既昂貴，價亦鄭重，愛讀者自知珍貴也，空函恕不暇覆，郵購原班掛號回件，樣本未裝訂者，每冊貳元，即寄中任何卷之一卷也

發行處廈門海後三退美孝公司繆孝威．廈門大學鎮北關二十三號繆孝威

从1931年缪篆的《显道》油印本可以看出,这一时期,缪篆的《显道》三篇,或单独成书,或作为《老子古微》的卷首,又或作为《齐物论释注》的附录。

1933年,缪篆的《老子古微》上篇由厦门大学油印成书,应当看作是正式定稿。该油印本前有蔡元培题词"道通为一",又有华阳罗运贤所作"老子古微叙",书稿包括卷首——《显道》三篇、正文——《老子古微》上篇37章,以及

《老子古微》上篇附录。

自1935年起,缪篆《老子古微》的正文,陆续在《制言》上发表。《制言》由章太炎主编,于1935年创刊。1936年6月14日章太炎逝世,自同年7月1日出版的《制言》第20期起,改由章氏国学讲习会编印。缪篆《老子古微》在《制言》上的连载情况如下:

《制言》1935年第1期载《老子古微》第1章;《制言》1935年第2期载《老子古微》第2章;《制言》1935年第4期载《老子古微》第3章;《制言》1935年第5期载《老子古微》第4~5章;《制言》1935年第7期载《老子古微》第6~8章;《制言》1936年第13期载《老子古微》第9~11章;《制言》1936年第14期载《老子古微》第12~13章;《制言》1936年第17期载《老子古微》第14~15章;《制言》1936年第26期载《老子古微》第16章;《制言》1936年第27期载《老子古微》第17~18章;《制言》1936年第28期载《老子古微》第19章;《制言》1936年第30期载《老子古微》第20~24章;《制言》1936年第31期载《老子古微》第25~26章;《制言》1937年第32期载《老子古微》第27~28章;《制言》1937年第33期载《老子古微》第29~30章;《制言》1937年第34期载《老子古微》第31~35章;《制言》1937年第39期载《老子古微》第36~37章(《老子古微》上篇至第37章);《制言》1937年第42期载《老子古微》第38章;《制言》1937年第43期载《老子古微》第39~40章;《制言》1937年第44期载《老子古微》第41~44章;《制言》1937年第46期载《老子古微》第45~50章;《制言》1937年第47期载《老子古微》第51~57章(《老子》共81章)。《制言》1939年第50期载《老子古微上下篇引用书目》,其中说:"《老子古微》将于次期续完。"但经查,此后各期并没有继续刊载。

尚需指出的是,1938年,马相伯为缪篆《老子古微》作序,称:"老夫之役有缪篆者,行年六十矣而色若孺子。既辑《道德经古微》,又著《道论》《德论》,复谓道德所以未坠于地者在人,乃辑注《礼人十一书》殿于后。教授闽、粤大学廿年。欧西学会曾译其书,高材弟子有传其学于法美大学校者。其持论谓周秦书道德二字连文、德行二字连文者甚鲜;道乃三公所职,德乃大司徒所职,行乃乡长、乡大夫所职。道乃哲学,属知难类;德乃伦理,属行易类。观其所著,斯而析之,至于无伦,在《法言》《中说》等书上矣。"⑦

由此可见,早在1923年,缪篆《老子古微》就已有完成的书稿,到1933年,《老子古微》上篇有了正式定稿;自1935年起,《老子古微》陆续发表,至1939

年缪篆逝世。也就是说,《老子古微》是缪篆至晚年仍不断修改的书稿,并没有完整出版。而且,根据1933年缪篆的《老子古微》上篇油印本,正文之后有附录,可以推断,《老子古微》应当有下篇,或中、下篇,并且都应当有附录。

(二)《老子古微》的内容概要及学术价值

1933年缪篆《老子古微》上篇油印本,继蔡元培题词"道通为一"、罗运贤"老子古微叙"之后,有卷首、正文、附录三部分。

卷首为《显道》三篇,有言:"惟初太极,道立于一。六玉之方,有泽有光。澹无不治,曰为无为。百家同轨,爰立纲纪。述体、相、用三篇。"⑧

《显道》(上)"道体",说:"老子五千言,无道体名称,而第言得一。圣谟洋洋,其规摹宏远矣。"⑨又说:"道体标识,既已为一画矣,且得有言乎?既已谓之一画矣,且得无言乎?欲以言显,此不可名言之道体。……老子道体之说,著在'德经',曰:'昔之得一者,天得一以清,地得一以宁,神得一以灵,谷得一以盈,万物得一以生,侯王得一以为天下贞。'德者,得也。万变亿化,皆各得其所得。故曰:'同于道者,道亦乐得之;同于德者,德亦乐得之;同于失者,失亦乐得之。'……老子者,穷则思变,变乃辟通,以一画定天等所得之标识,则得一者,得所以为万变亿化之道体也。"⑩

《显道》(中)"道相",说:"知佛家性相之说,则知儒、道所称道与仁智之说矣。大道不称,有名者,未必有形。无相之相也,总相也,道是也。"⑪又说:"道有实相,不易觉,不易言。能觉德相,即觉道相;能言德相,即言道相。"⑫

《显道》(下)"道用",说:"秉要执本者,以虚无为本,以因循为用是;清虚以自守者,有之以为利,无之以为用是;卑弱以自持者,反者道之动,弱者道之用是;一谦而四益者,道冲而用之或不盈,保此道者不欲盈是。老子所务,则在定神以治天下,尊身以应寄托,治人事天、积德久国而已矣。"⑬又通过论证老子"为无为则无不治""不主愚民""不尚阴谋",以阐释老子之道用,并认为,老子之道用,"关系国家大计至钜,故有为之局定,则政治责任明,机变之念消,则良善政群起,愚民政策不行,则制而用之谓之法,庶几开物成务,与民同患矣"⑭。

《显道》最后说:"昔老子谓孔子曰:'夫道,窅然难言哉!将为汝言其崖略。'篆尝试议,夫其将《逍遥游》之'无待'、《齐物论》之'自取',盖言道体也;《养生主》为正报、《人间世》为依报,盖言道相也;德充于内,应符于外,内圣则《大宗师》,外王则《应帝王》,盖言道用也。……《淮南子·原道训》曰'夫道者，覆天载地，廓四方，柝八极’，乃至‘麟以之游，凤以之翔’，盖说道体也；‘无为为之而合于道，无为言之而通乎德，恬愉无矜而得于和，有万不同而便于性，神托于秋毫之末而大与宇宙之总’，盖说道相也；‘是故圣人内修其本，而不外饰其末，保其精神，偃其智故，漠然无为而无不为也，澹然无治也而无不治也’，盖说道用也。此三垠咢者，布在方策，万目莫不比方，然亦上下无常，刚柔相易，不可为典，要唯变所适。”[15]应当说，《老子古微》卷首之《显道》三篇，是缪篆解读《老子》的基本思想。

正文为《老子古微》上篇37章，开宗明义，说：“解释《老子》之书，理证则《韩非·解老》《淮南·原道训》是；事证则《韩非·喻老》《淮南·道应训》是。然仍不晐不偏也。窃考始自姬周，迄于李唐，散见诸子，未经纂辑者，尚有多家，足供证明《老子》之用。萃而录之，得如干条，名曰：《老子古微》。庶有达者，理而董之。”[16]《老子古微》依据《老子》各章，通过引述相关诸子文献，予以解读，并由此阐发经典原文之意。

如《老子古微》上篇第1章解《老子》“道可道，非常道。名可名，非常名。无名天地之始；有名万物之母。……”。缪篆通过解读《韩非·解老》云：“道者，万物之所然也，万理之所稽也。理者，成物之文也；道者，万物之所以成也。故曰：‘道，理之者也。’……”[17]阐发《老子》经典原文之意，同时又解读《庄子》《淮南子》《文子》等相关篇章。

又如《老子古微》上篇最后第37章解《老子》“道常无为而无不为。侯王若能守之，万物将自化。……”。[18]缪篆通过解读《庄子》《吕氏春秋》《淮南子》《史记》等相关篇章，阐释《老子》经典原文之意。

《老子古微》上篇附录，依据《老子》各章，分别引述清末民初学者的相关论述，进行辨析和阐释。如附录第1章，引述章太炎《蓟汉微言》以及清王筠《说文释例》卷十六《存疑篇》的相关论述；最后第37章，引述严复的相关论述，并作出解释，以阐发《老子》经典原文之意。

中国《老子》研究源远流长，至20世纪初到了新旧交替的时期，一方面仍然沿用传统的研究方式解读《老子》文本，另一方面又要采用新的研究方法特别是吸取各种学术资源阐发《老子》。缪篆的《老子古微》正是这种新旧交替的产物。需要指出的是，缪篆的《老子古微》以“道体”“道相”“道用”概念展开对于《老子》“道”的阐释，是有新意的。马一浮注“道可道，非常道。名可名，非常名”，曰：“诸法实相，缘生无性。以缘生，故可道；无性，故非常道。一切言教,假名无实。以假名,故可名;无实,故非常名。真常之体,不可名邈。”[⑲]显然是用佛学的“相”“缘”“性”阐发老子的“道”。熊十力说:“老子所谓道,决不是超脱现象界之外而别有物,乃谓现象界中一切万有皆道之显现。易言之,一切万有皆以道为其体。”[⑳]显然是用他的“体用不二”概念阐发老子的“道”。应当说,缪篆的《老子古微》以佛学的“体”“相”“用”阐发老子的“道”,与马一浮、熊十力是一致的。

然而,由于种种原因,缪篆的《老子古微》虽得到不少学者的高度评价,且有部分内容已在民国时期的学术杂志连续刊载,但至今尚未能得到正式出版,因而被忽视,甚至为当今老子学界所遗忘,这不能不说是学术界的一大憾事。厦门大学百年校庆选定出版缪篆《老子古微》,不仅有助于展现厦门大学百年来的学术成就,而且对于今人了解民国时期的学术发展,尤其是《老子》研究的发展,乃至推动当今的《老子》研究,应当都会有所助益。

(此文得到范曾、姚彬彬的校正,在此表示感谢。)

注释:

①范曾编:《南通范氏诗文世家》第 17 册,石家庄:河北教育出版社,2004 年,第 221 页。

②姚彬彬:《“章门弟子”缪篆的平生交游与著述》,《中国文化》2019 年第 50 期。

③时敏:《还我山河》,上海:中国自强学社,1933 年,第 262 页。

④《蔡元培全集》第 17 卷,杭州:浙江教育出版社,1998 年,第 291 页。

⑤此文收入厦门大学编译委员会编辑:《厦门大学演讲集》第 2 集,1931 年。

⑥章太炎释、缪篆注:《齐物论释注:外一种》,上海:上海大学出版社,2018 年,第 4 页。

⑦范曾编:《南通范氏诗文世家》第 17 册,石家庄:河北教育出版社,2004 年,第 224 页。

⑧缪篆:《老子古微》,厦门大学图书馆藏油印本,1933 年,“卷首”第 1 页。

⑨缪篆:《老子古微》,厦门大学图书馆藏油印本,1933 年,“卷首”第 1 页。

⑩缪篆:《老子古微》,厦门大学图书馆藏油印本,1933 年,“卷首”第 4~6

页。

⑪缪篆:《老子古微》,厦门大学图书馆藏油印本,1933年,“卷首”第12页。

⑫缪篆:《老子古微》,厦门大学图书馆藏油印本,1933年,“卷首”第14页。

⑬缪篆:《老子古微》,厦门大学图书馆藏油印本,1933年,“卷首”第44页。

⑭缪篆:《老子古微》,厦门大学图书馆藏油印本,1933年,“卷首”第58页。

⑮缪篆:《老子古微》,厦门大学图书馆藏油印本,1933年,“卷首”第58~59页。

⑯缪篆:《老子古微》,厦门大学图书馆藏油印本,1933年,第1页。

⑰缪篆:《老子古微》,厦门大学图书馆藏油印本,1933年,第1页。

⑱缪篆:《老子古微》,厦门大学图书馆藏油印本,1933年,第180页。

⑲马一浮:《老子注》,武汉:崇文书局,2016年,第2页。

⑳熊十力:《十力语要》,长沙:岳麓书社,2011年,第132页。

作者乐爱国,厦门大学人文学院哲学系教授、博士生导师。

杜佐周与《教育与学校行政原理》

别敦荣

暑假前夕,“厦门大学百年学术论著选刊”编纂组委托我为入选该丛书、即将再版的我校原教育学院教授杜佐周博士所著《教育与学校行政原理》一书撰写前言,我满口应承下来,因为我与杜佐周教授有缘。我本科学外语,硕士念教育管理学,师从著名教育管理学家肖宗六教授。硕士期间,在导师指导下,我阅读了杜佐周教授于20世纪30年代所著的《教育与学校行政原理》,对杜佐周教授和他的著作有初步的接触,从他的著作中认识了教育管理学的基本概念和学科体系。接受任务后,我和我的研究生刘美丹开始搜集杜佐周教授的资料,研究他的履历和学术思想。我们查阅了学校档案馆1949年以前的全部档案,调阅了厦门大学报刊馆收录的《厦大周刊》(1922—1936)、《厦大校刊》(1936—1937、1946—1949)、《厦大通讯》(1939—1949)等20世纪20—40年代的全部报刊资料,获得了关于杜佐周教授任教期间从事活动和教育学院办学情况的全部资料。研究这些档案资料,对杜佐周教授在学校工作期间所做的重要贡献和他的学术思想有了更深入的了解。1927年,杜佐周博士受聘我校教育学院教授,在专心教学的同时,埋头著述,成书16册(现存北京图书馆)。真所谓“广育英才以启后学,勤耕学园名留青史”。

一、杜佐周教授与厦大教育学院

杜佐周教授(1895—1974),字纪堂,浙江东阳人,著名教育家、心理学家。小时家贫,依靠亲友帮助,才得以读完浙江省立第七中学(今金华一中)。中学毕业后,以第一名考上武昌高等师范学校。师范毕业后,回金华一中任教。1920年,考取公费留学,进入美国爱荷华州立大学学习。1924年,获哲学博士学位。回国后,任武汉大学文学院院长,潜心教学。1926年,汪精卫想聘任他为汉口特区区长,他婉言谢绝。1927年,蒋介石在南昌时,请他出任江西省教育厅厅长,他坚辞不受。当年8月,受聘我校教授,任教八年。1937年,应上海国立暨南大学之聘,任教授、秘书长。1943年,出任国立英士大学校长,1946年辞去校长职务,在沪杭各大学任教。1949年7月,被聘为私立大夏大学教育学院专任教授。新中国成立后,先后在大夏大学、光华大学、厦门大学、福建师范学院任教。全国高等学校院系调整后,任南京师范学院心理系主任。

杜佐周教授毕生从事高等教育,潜心教育学和心理学理论研究。他无心从政,不涉政务,但却头脑冷静,在大是大非面前态度鲜明,表现出拳拳爱国之情。例如,抗战爆发后,暨南大学南迁福建建阳,杜佐周滞留上海,汪伪政权获悉后,拟聘请他出任暨南大学校长,被他严词拒绝。汪伪政权恼羞成怒,将其夫人周德芳逮捕下狱,后在各方营救下周德芳才得以出狱。新中国成立前夕,国民党教育部曾经多次电报敦促,劝杜佐周赴台,他借故留在了大陆。

与大多数同时代学者一样,杜佐周教授从美国获得博士学位后,毅然回国投身国家高等教育事业。他先后在十余所大学任教,或担任校长、秘书长,或担任院长、系主任,均没有脱离教学第一线,且笔耕不辍、著述丰硕。尤其是在我校八年任教期间,除担任系主任外,还兼任多个委员会委员或主任,完成了16部著作的撰写和翻译出版。纵观他的学术人生,在我校任教的八年是他学术事业的巅峰时期。

(一) 杜佐周教授任教期间教育学院(系)办学情况

我校1921年春季创办之初,即设立师范部,以培养师资及教育行政人员。同年秋季,由于办学规模扩大,便改师范部为教育学部,内分教育学说、教育史、教育行政、中等教育、小学教育、乡村教育及心理学等七组。1930年,遵照教育部颁布的大学规程,成立教育学院,分教育原理、教育心理、教育行政及教育方法等4个学系。此后教育学院的建制曾几次变更,有时称"学部",有时称"科",为简便起见,下文统称"学院"。

杜佐周教授于1927年受聘我校任教,当时,教育学院已初具规模,为学生人数较多的学院,教授人数也维持在8人左右,办学成效显著。据统计,1926年10月,教育学院有正式生33人,特别生3人。教育学院自1925年开始有毕业生,到1931年,共毕业61人。其中,除一部分继续深造外,其余都担任教育行政人员、大学讲师和助教、中学校长及教职员等,颇受社会欢迎。教育学院的师资力量阵容强大、实力雄厚，先后与其共事的教授包括欧元怀教授，哥伦比亚大学硕士、美国西南大学荣誉博士；孙贵定教授，爱丁堡大学哲学博士；庄泽宣教授，哥伦比亚大学哲学博士；肖恩承教授，哥伦比亚大学文学硕士、纽约大学哲学博士；姜琦教授，芝加哥大学教育学士、哥伦比亚大学教育硕士；钟道赞教授，哥伦比亚大学职业教育博士；王克仁教授，芝加哥大学教育硕士；邱椿教授，哥伦比亚大学师范学院文学硕士、哲学博士；李相勖教授，加利福尼亚大学硕士等。这些人均为一时之选，其中，欧元怀、孙贵定、姜琦、邱椿等都是我国教育学各学科重要的创始人。

（二）杜佐周教授在校期间的主要贡献

杜佐周教授到校后，在任教育行政学教授的同时，先后担任或兼任教育心理系、教育行政学系、教育方法学系及心理学系主任。他不仅担任学院院务委员会成员，热心参与学院事务，而且还担任学校多个委员会委员或主席，为学校建设与发展发挥作用，例如，他先后兼任的学校各委员会职务有校务会议委员、编译委员会主席、大学部训育委员会委员、学校教职员救国会执行委员会当值主席、改进学生生活委员会委员、行政会议教授代表等。1936 年，教育学院孙贵定院长因事北上，杜佐周教授曾代理学院院务。

杜佐周教授承担的教学任务多，先后任教的科目达十多门，主要有“教育行政”“教育统计学”“学科心理学”“普通教学法”“教育观察及实习”“教育心理学”“教学实习”“学校行政”“小学教育”“课程编制”“小学教育原理及实施”“测验概要”等。这些科目涉及面很宽，包括了教育管理学、教育原理、教育心理学、课程与教学法等学科领域，展现了杜佐周教授深厚的知识功底和渊博的学养。在承担繁重的课程教学任务的同时，他几乎每年都要指导四年级学生撰写毕业论文，例如，1930 年 11 月，杜佐周教授指导的四年级学生毕业论文有郑鸣岐的《整顿地方教育计划之研究》、郭建猷的《小学算术教学之商榷》、沈君泽的《如何做县督学》等。

杜佐周教授的勤奋令人难以想象！在教学、演讲和各种事务性活动之余，他的科研和写作抓得紧，成果之丰富让人拍案叫绝，打心底里佩服。据不完全统计，在我校工作期间，杜佐周教授出版了一系列专著和译著，例如，《成人教育》（与朱君毅教授共同编译）、*The Effects of Different Arrangements of the Chinese Characters upon Speed and Comprehension in Silent Reading*（著）、《麦柯尔教育测量法撮要》（编译）、《苏俄的教育》（译）、《教育与学校行政原理》

(著)、《小学教育问题》(著)、《高级中学师范科教科书·小学行政》(编著)、《普通心理学》(与朱君毅教授合译)、《性教育指南》(与钱逸士教授合译)、《恋爱教育》(著)、《横直行排列之科学的研究》(著)以及《普通教育》(与姜琦教授合著)等。从这些著作所涉及学科领域看,他的研究远远超出了教育管理学范畴。所以,杜佐周教授被人称为教育学家,是有充分依据的。

除了教学和科研外,杜佐周教授还参与了大量的学术交流活动,尤其是在校内外各种集会上的演讲,往往反响强烈,受到欢迎。例如,1929 年 11—12 月,在厦大教育学院同学会上分别做了"爱之心理与教育""实验最近教育部颁布课程标准之方法的研究""你能欺骗自己吗?"的学术演讲;1930 年 12 月 16 日,在教育学院举行的教育学术公开演讲会上做了"校长与教师"的演讲;1931 年 6 月,在全校师生大会上做了题为"教育之研究方法的研究"的演讲;1932 年 3 月 14 日,在厦大第一次总理纪念周上做了题为"此次第十九路军给吾人之教训"的演讲。据不完全统计,杜佐周教授在厦大工作期间,演讲数十场次,听众除了学校师生外,还有不少社会人士。

二、《教育与学校行政原理》的主旨思想

杜佐周教授在我校任教育行政学教授,为了培养教育行政管理和学校管理人才,他开出了"教育行政""学校行政"等课程。他编撰的《教育与学校行政原理》教材于 1930 年 11 月由商务印书馆出版。此书初版为"厦门大学教育学院丛书"计划的一部分,后又被列入商务印书馆"大学丛书",多次重版,发行广泛,影响深远,是我国早期教育管理学科的开山作之一。

(一) 概况

全书分为两编,共计 20 章,插入图表 64 种,近 350 页,合计约 20 万字。第一编为"教育行政",分七章,所论述主题包括:教育行政的意义和范围、中央集权制与地方分权制、一个教育行政系统的建议、教育宗旨与学制系统、地方教育行政机关的组织、教育的视察及指导、教育统计及图示方法等。第二编为"学校行政及组织",分十三章,所论述主题包括:学校行政的范围、学校经济、学校建筑与设备、中小学校校长、中小学校教师问题、中小学课程、学级编制、学生的课外活动、学生自治与训育问题、学生成绩的考查、学校卫生、学童调查等。内容浩繁复杂,从宏观到微观、从抽象到具体、从理论到实践,涵盖了政府

教育行政机关工作和学校办学的方方面面。

全书的体系完备严整，在中国第一次提出并阐述了教育与学校行政原理的知识体系。在作者看来，教育行政是教育制度实施的形式或方法，但教育行政的意义并非简单的形式与方法的意义，它还包括教育的学理、教育的经验及教育的艺术。教育行政的目的在于达到教育的理想。所以，教育结果的得失，完全取决于教育行政的优劣。教育行政的范围很广，包括了自教师以至政府间的一切教育机关和人员，具体而言，主要有教育行政的组织及学校系统的规定、教育事项的监督及管理、教育事项的监督及指导、学校行政及管理，以及教室的管理。因此，教育行政在教育事业发展上具有特别重要的地位。教育事业应以受教育者为中心，所有教育行政的各方面都是为了发展受教育者本位教育的工具，以使受教育者经营完满的生活，对社会和国家进步做出应有的贡献。

依作者介绍，本没有必要区分教育行政与学校行政，因为学校是教育的组织，教育行政本就包含了学校行政，之所以要将教育与学校并列，分教育行政与学校行政两编，主要是为了读者阅读方便。

（二）第一编的主旨思想

在“教育行政”编，作者全面阐述了教育制度在政府行政层面的理论和实践问题，同时也述及了教育行政部门开展教育统计的原理与技术，重点主要放在教育行政体制和教育行政权力结构上。

其一，中央集权和地方分权各有所长。

在取何种教育行政体制的问题上，作者明确地提出：“一国的教育，最好由国家自己来办；换言之，即在教育行政上，最好采取中央集权制。”在作者看来，实施民众的教育，乃是国家的义务和权利。只有国家始能具有一种公共的标准，知道普遍的需要，而确定全国教育的宗旨；要保存和发扬民族的历史、风俗、习惯及文化，唯有用国家的力量建立学校才能做得到。另外，加强民众的团结，发扬民族精神，有赖发展教育，国家都可以制定教育计划，采取更积极的办法。采用中央集权制，可以解决各地各自为政、意见不齐的问题，还可以解决教育机会不能均等、教育精神不能一贯的问题。概括起来，中央集权制的优点包括：第一，能增进行政的效率，使教育事业的进行或改革加倍迅速；第二，能树立整齐划一的教育标准，而使全国教育平均发展；第三，能实现民本主义的教育，使全国人民有教育均等的机会；第四，能联合各种教育机关，予以相当的指导和督促，以谋教育事业的改进。在看到中央集权制的优点的同时，作者也指出，这种体制并非是万全的，也有缺点，要予以注意并设法预防。中央集权制的主要问题在于：地方教育事事受中央钳制，地方教育的特殊发展需求不易得到满足，地方缺少自由伸缩的余地，民众对教育政策发表意见的机会有限，中央教育行政机关领导更替影响深远，以及易助长地方的惰性等。所以，在实行中央集权制的同时，应借助地方分权制的某些长处加以完善，以增进教育行政的弹性与活力。

其二，教育行政系统由四级构成。

教育行政工作的开展和功能的发挥取决于教育行政组织机关设置和行政权力配置，可以说有什么样的组织机关和权力配置就有什么样的教育行政。作者用了两章的篇幅阐述中央和地方教育行政组织机关及其权力配置，提出了一系列富有建设性的思想和建议。作者提出了教育行政机关设置及其权力配置的基本原则，包括：第一，教育行政机关与教育立法机关分离；第二，教育行政机关须接受监督；第三，民众及教育界团体有监督教育行政的权利；第四，教育行政机关建制应力求完备，以提高教育行政效率；第五，保障教育督学的地位，发挥积极督导作用；第六，教育行政应追求学术化，提倡研究精神；第七，实行教育考试制度。

根据上述原则，作者设想了由学署系统、会议系统和督学系统组成的教育行政系统，其中，学署系统行使教育行政权和考试权，会议系统行使教育司法权、立法权和监察权，督学系统行使对各级学校校长、教师及学生的视察权和指导权。

会议系统由三级构成，包括中央、省或特别区、市县教育委员会，三级委员会并非上下级隶属关系，中央和省或特别区教育委员会享有教育立法权、司法权和监察权，市县教育委员会的职权范围要小，主要包括审核、监督、保管、委任、议决和筹划等，具体职权有：审议教育方针及计划；规定教育税额及保管教育财产；审核教育预算及决算；议决市县教育局长交议事项；任免市县教育行政人员、督学及校长等；接受教育诉讼，监察教育行政人员，及解决一切教育纷争；批准课程大纲及教科书；直接监督市县各学校，归并非必需的学校，举办新教育事业，并督促儿童入学事宜；实行中央及省或特别区教育行政当局所颁布的一切教育法令；制定规程，如学期长短、开学日期、薪水标准等，但不得与中央及省或特别区教育委员会所颁布的规程有原则上的冲突；选择校址，建筑校址等;筹划优贫儿童奖学金,使他们得受相当教育的机会;协同教育局长编制统计,调查需要编印年报;行使其他为法律上所规定的种种职权。

教育部（厅）为全国或全省或特别区最高教育行政机关,职权范围包括高等教育、普通教育、社会教育、科学研究和考试等。教育部长由中央教育委员会推荐人选,由政府选任;教育厅长由省或特别区教育委员会推荐人选,由教育部长选任。教育部（厅）实行首长负责制,部长（厅长）对全国或全省、特别区教育行政负责。教育局是市县教育执行机关,主要负责普通教育、社会教育和考试等,局长拥有教育执行上的全权。

督学有教育部、教育厅和教育局之分,各级督学人数有所不同,督学由各级教育行政机关首长推荐,各级教育委员会选任。部督学的职权包括:第一,视察教育行政状况;第二,视察学校行政、经济、卫生、建筑、设备、课程教学状况;第三,视察社会教育状况;第四,查验及考试学生成绩。厅区市县督学的职权范围主要在省区市县,职责与部督学大体相当。厅区市县督学工作报告需呈上级督学和教育行政首长。督学需秉承专业精神履行职责,发挥作用。

教育行政的基层单位是学区。在市县以下,为了教育工作的便利,根据地理、人口、交通、经济和学童状况,划分若干学区。学区设教育委员会、学区委员和学区督学。学区教育委员会由五人组成;学区委员一人,由教育局长选任;学区督学若干人。

(三) 第二编的主旨思想

第二编"学校行政及组织"是全书的重点。全书正文篇幅达 329 页,其中,第一编有 7 章,共 93 页,第二编有 12 章,共 236 页。在第二编中,作者论述了学校内部行政及组织管理诸问题,如经济、建筑、卫生、校长、教师、课程与学级编制、课外活动、学生自治与训育,涉及中小学校办学的各主要方面和各类组成人员。

在作者看来,学校是教育实施机关,一个国家的教育宗旨及政策能否实行,就看学校能否执行其使命。因此,如何办好学校,就有研究的必要了。作者提出了"学校行政学"的概念,认为它是研究学校办学问题的科学。这门科学要研究的问题大体可包括:学校的组织、办事的系统、会议的分类、经费的出纳、校舍的支配、设备的扩充、学校的卫生、教师的选聘、薪俸的标准、教学的改进、课程的编制、学级的分配、成绩的考核、计分的方法、训育的设施、学童的调查,以及课外活动的组织,等等。关于上述各方面,作者既有理论上的阐发,又有方法和操作上的论述。下面主要就学校组织、学校经济、校长、教师和课程教学等方面的思想择要介绍。

其一,学校组织必须注重实际。

关于学校组织,作者认为,这是维持学校秩序、改进学校工作、发展学校事业及促进学校成绩的一切设施。每一所学校都是不同的,其组织也不能一概而论。就普遍的原则而论,一所学校的组织应从学理上、经验上、事实上及经济上予以切实研究。具体来讲,第一,须合于教学的原理。作者从杜威的学校即社会、教育即生活的理念出发,提出学校组织应力求社会化,以培养学生在社会上生活的能力。第二,须合于经济的原理。学校组织要能以同样的教室、设备、时间和努力,让更多的儿童接受教育。第三,须合于学生的需要。学生是学校的主体,所有学校的组织应以他们的需要为依归。第四,须有精密的系统。一所学校,无论范围大小,其一切组织均应有系统、有条理。第五,须有实事求是的精神。学校组织必须注重实际,精神与形式一致,才会有成效。

其二,筹措学校经费更在于交流。

在"学校经济"一章,作者主要围绕学校办学经费展开讨论,指出:"我国学校大抵因为经费困难,以致组织不能扩充,课程不能换新,设备不能添置,教法不能改进,一切新教育的建筑和需要,均不能实现与满足。"为了解决学校经济问题,作者主要从各级学校生均费用、各级学校经费筹措与使用、学校经济公开以及学校用款单位(教育支出项目)等方面进行了阐述。作者深知,教育的效果不如筑路来得直接快速,也很难证明其迫切性,所以,教育经费筹措困难。为此,要筹措更多经费,必须预先做好调查研究,研究内容包括:第一,学校的现状及其将来扩充的必要;第二,人民对于教育已有的负担;第三,人民生产的能力及经济的实况;第四,人民对于教育事业的态度及热心情况。有了这些调查研究,就可以根据有关情形,决定筹措经费的方法。筹措经费的方法并不完全在筹措,更在于交流。做好经费筹措工作,可以采用的方法很多,包括:第一,平日必须使学校与社会打成一片,使人民知道学校的重要,及对于他们的贡献;第二,校长教员等与地方人士,特别是对于教育热心者,应有亲密的联络;第三,学校自身必须有良好的成绩表现,俾能得到社会的信仰及同情;第四,校长必须坦白公平、热心诚恳;第五,利用名誉奖励法;第六,每年必须有详细明了的预算及决算报告,以取信于社会;第七,必须使社会十分明白学校经费有扩充的必要。

其三,校长是教师的教师。

关于校长,作者展开了全面的阐述。中小学校长是学校的领袖,对学校事务负责。学校办得好坏,主要取决于校长的能力。如果校长有明确的宗旨、切实的计划;筹划充裕经费,而能使用得当;选聘优良教师,而能全体合作,则学校校务必可蒸蒸日上,成绩必能十分完满。校长的选任要纠正无标准、乱用人的状况,要改变从失意的政客、赋闲的身世选任校长的做法。校长的职务具有专业性,任职者须有专业的学识与经验,即一般的行政人员的品格。具体而言,校长的任职条件主要包括:第一,相当的学识;第二,富有应时的常识;第三,有专门的训练;第四,对于办学有浓厚的兴味及坚决的意志;第五,至少有一年以上的教学或办事经验;第六,有健康的身体和耐苦的精神;第七,有良好的品性;第八,有各种健全精神作用;第九,具有办事的才能。校长除了应有相当的学识和资历外,还应当在职继续提升自己,这样才能使学校事业不断得到改进。校长提升自己的方法很多,比如,利用假期开展研修、旅行与参观,参加各种教育会议或研讨会,每日坚持阅读教育书报杂志,利用函授讨论或研究各种教育问题,组织校内教职员研讨会,等等。校长的责任重大,职责涵盖学校所有事务和学校教育全过程,包括视察与指导教学、选任教职员、与教育行政部门接洽、与学生家长联系、社会服务、召集校内各种会议、编制学校预算并筹划使用经费、安排课程、审查教科书、制定学校规章制度,等等。在校长的职责中,最重要的是指导教师,因为校长既是教师的领导,又是教师的教师,所以,校长应当帮助教师解决教育、训练、管理等各方面的问题。校长要做好教师指导工作,需从以下几个方面努力:第一,指导教师共同研究、共同改进教学;第二,指导教师以教学教;第三,指导教师养成良好的教学习惯;第四,指导教师提高独立与创造的能力。

其四,教师有两种人格。

关于教师,作者用了两章的篇幅进行阐述,表明教师问题在学校行政工作中的重要地位。这两章既涉及与教师有关的行政问题,包括教师的选聘、良好教师的标准、聘期与聘任要求,以及教师的薪酬与计算方法等,又涉及教师的业务问题,包括考察教师教学成绩的方法、教师教学技能提高等。学校教育的目的在于学生知识的增进、技能的培养及品性的陶冶。教师对学生及其发展负有重大责任,教师的优良与否,对于学校办学的成败有密切关系。学校与教师之间是一种双向选择的关系,学校要吸引人、令人向往,才有优良的教师愿意来应聘。能够让教师向往的学校具有这样的特质：第一，学校根基稳固，富有相当的声誉；第二，经费充足，有优厚的薪酬；第三，依照教学的效率增薪，分配公允；第四，注重人才主义，没有派别或地域的差异；第五，全校教职员均能合作，毫无意见的冲突；第六，地位有保障，生活亦能安适；第七，设备完全，富有研究的空气。选聘优良教师实是不容易的事，必须审慎周详，多番考察。考察方法可以采用实际观察、间接调查、审查介绍信、考核成绩单、口头审问、书面考试、体格检查等。选聘教师，重在考察教师的人格与学识，此二者是从事教育工作最重要的条件。教师应具有两种人格，一是积极的，一是消极的。所谓积极的，是指教师应具有领袖的、建设的、创造的、进取的精神；所谓消极的，是指具有服从的、稳健的态度。教师应具有的学识主要包括三个：第一，普通的学识。从事小学教育者，至少应从高中毕业，至少须受六年示范的训练；从事中学教育者，至少应从专门学校毕业，比如，在大学以教育学科为辅科，或选修教育课程20学分以上。第二，专门的学术。比如，在小学教授社会科学，必须对于社会科学有特别的研究；教授自然科学，必须对自然科学有特别的研究。担任中学教师，这些专门研究尤其不可缺少。第三，教育的学识。教师要有教育原理、教育心理及教学方法等研究。

学校行政不仅有教师选聘问题，还有教师考核和发展问题。针对教师考核缺少客观科学的标准，作者介绍了美国多位学者提出的教师教学考核量表，包括桑代克、麦柯尔、弗莱辰、鲍爱兹等人设计的教师教学成绩量表和教师效率审查表。尽管这些量表都有科学依据，对教学状况的考虑也很周密，但在实际应用中仍需辅之以一些相关工具，尤其是智力测验和学科测验，才能更准确地考核和评价教师教学成绩。考核本身不是目的，其目的在于：一是确定教师的薪酬和奖励，二是促进教师发展。教师发展，尤其是教学技能的改进和提高，对于提高教学效率，更好地培养学生，有重大意义。教师教学技能改进既是学校行政的责任，又是教师个人的义务。从学校行政角度讲，校长或教务主任应利用学校各种设施，组织教师开展在职研究，以改良其教学方法；从教师个人的角度讲，教师应将教学看作是专业工作，主动开展研究，以改良教学。不论是学校行政还是教师个人，都可以借助很多途径促进教师发展。但归结起来，教师发展的根本在于教师自己必须有愿意教学和力谋改进的决心。再者，在经济条件许可的情况下，学校应当尽量减少教师授课时数，使教师有充分的时间来研究教学方法的改进。

其五,课程教学要兼顾每一个学生。

关于课程教学,作者在第十四章“中小学课程”和第十五章“学级编制”分别进行了阐述。在作者看来,教育大致可以分为自然的教育和学校教育,二者的目的是一致的,都是为了让儿童掌握相当的知识、技能和习惯,在社会中谋得相当的生活的能力。自然的教育是儿童的直接经验,它缺少正式的指导和教学,学校教育可以弥补其不足。学校教育的使命在于:第一,补充直接经验的不足;第二,修正所获得直接经验的错误;第三,提高儿童学习的效率;第四,学习直接经验以外的知识、技能和习惯。课程则是学校为学生选择和组织的、循序而进行学习的材料,以求学生能达到一种预定的生活目的。教育的目的有终极目的和当前目的之分,二者相互依循、互为表里。在课程的编制上,应以终极目的为依据确定学科的种类,以目前目的为依据选择学科的教材。此外,教材的选择还应遵循如下几个原则:第一,适合普通社会的需要;第二,适合现时代的要求;第三,适合本地方的需要;第四,适应特别团体的需要;第五,适合个人的需要;第六,应是最有价值的。即便如此,选择教材仍是一件很困难的事情,要按照一定的方法和程序加以审查。不能仅仅根据一两个人的主观意见来决定,应当由教育行政机关聘请深有研究的教育家,组织各种委员会分别进行审查。要选择好教材,还需要充分考虑中小学学生的特点,小学生是天真烂漫的儿童,中学生是“如花初放”的青年,前者身心尚未成熟,兴味尚甚单纯;后者心身渐就成熟,兴味比较复杂。选择和编制教材必须注意他们不同的特点。

对于教学,作者主要从班级教学,即学级编制角度进行了阐述。在作者看来,班级教学是一种团体教学,是中国或西方现代教学的基本形式。班级教学的优点是明显的,主要表现在:第一,比较经济;第二,学生之间可以相互比较、相互鼓励;第三,可以激发学生正当的竞争心;第四,可以培养学生团体生活的能力;第五,可以培养学生团体合作精神和互助习惯;第六,教师可以有专门训练。班级教学也存在不足,主要表现在:第一,学生的能力、兴味及需要等各异,班级教学如何兼顾是个问题;第二,对天资优秀及天资愚笨的学生尤多妨害;第三,班级学生学习成绩差异大,升级不合教育原理;第四,学生留级的标准不好确定;第五,学生因事因病不能上课就影响学习进度。班级教学的不足是客观的，学校应当照顾到每一个学生的利益，不能不予以重视、设法补救。分班的标准很多，普通的分班标准包括，按年龄分班、按在校时间分班、按考试成绩分班、按生理年龄分班、按智力年龄分班、按教育年龄分班以及按性别分班，等等。要科学地分班，应看到各种分班标准的价值。实际分班应参考各种标准，以教育年龄、智力年龄及考试成绩优先，再看生理年龄，实际年龄、在校时间和性别做参考。还要考虑到教师的评价。分班的目的主要有二：其一，把学科程度相等的学生合为一班；其二，把进步速率一样的学生合为一班。前者可采用教育测量，后者可采用智力测量。分班原本为了教学的便利，如果学生人数较多，可在每一年级分若干班，或者在每个班再按照能力分若干组，这样更有利于教学能兼顾所有的学生。

三、《教育与学校行政原理》的学术价值

杜佐周教授是我国早期教育管理学的创立者之一，《教育与学校行政原理》一书的出版奠定了他在教育管理学的地位。这里需要明确的是，因为语境的缘故，新中国成立以前，政府部门和各级各类学校的教育决策、组织、协调、督导等活动都被称作“教育行政”，杜佐周教授在《教育与学校行政原理》一书中将教育行政与学校行政分开来阐述，这已是一大进步。尽管他自己也认为教育行政包含学校行政，但为了方便读者查阅，他还是采取了分编撰述的方式，分别对教育行政和学校行政进行讨论。真可谓言者无心，听者有意，将教育行政与学校行政分开研究后来成为教育管理学的基本范畴。在今天的语境中，不论是教育行政还是学校行政，都统称为“教育管理”，关于它们的研究被称为“教育管理学”。我国教育管理学的发展大致可以分为早期和近期两个阶段，早期主要是指 20 世纪 30 和 40 年代，近期则指改革开放以来，早期和近期之间是一个断裂带，这期间，与其他相关学科一样，教育管理学被停办。也正因为如此，杜佐周教授在教育管理学界的地位愈益突出。

（一）建构了教育管理学的基本范畴

众所周知，我国现代教育学主要是一批留学欧美的学者回国后创建的，其中，美国学者占多数，影响也最突出。教育管理学在教育学中又属于较晚发展，且研究人员较少的，因此学术成果相对不算丰富。在杜佐周教授出版《教

育与学校行政原理》之前，已有学者出版了几部相关著作，例如，张季信的《教育行政》、程其保和沈廪渊合著的《小学行政概要》、芮佳瑞的《小学行政及组织》。这些著作对教育管理进行了探讨，尤其是对小学管理问题进行比较全面的研究，它们使教育管理开始成为专门的研究对象，为教育管理学的产生打下了良好的基础。

《教育与学校行政原理》是我国第一部体系完整的教育管理学著作。它将教育行政与学校行政并列起来讨论，确立了教育管理学研究的两大基本范畴。改革开放以来，教育管理学得到了恢复发展。教育管理学主要有两大分支学科领域：一是教育行政学，一是学校管理学。这一学科体系与杜佐周教授在《教育与学校行政原理》中采用的体系是一致的，从历史的关联看，近期教育管理学的体系很可能借鉴了《教育与学校行政原理》。改革开放以后，著名教育管理学家肖宗六教授在其主编的《教育行政学》和独著的《学校管理学》前言中，都曾述及杜佐周教授的《教育与学校行政原理》。尽管时代变了，教育也发生了根本变化，但比较《教育与学校行政原理》与近期的教育管理学著作，可以发现，它们研究的主题大体是一样的，在很多问题的看法上，有基本相同的理解和主张。

（二）确立了教育管理学的逻辑起点

一门学科有其特定的研究对象，有其自身的知识和知识体系。在其知识体系形成逻辑中，逻辑起点，即从哪里开始，是任何学科都不能回避的问题。从哪里开始，不是形式上的问题，不是著作从哪里落笔或第一章第一个问题论述什么，而是全书的核心，研究问题的目的指向。在《教育与学校行政原理》一书中，不论是在教育行政编还是在学校行政编的阐述中，作者都开宗明义地指出，“儿童为教育事业的中心，任何设施与改造，当以他们的利益为前提”；“儿童是学校的主体”。这说明作者遵循了学生中心思想，把学生作为教育管理学的逻辑起点，教育行政和学校行政的一切都是着眼于学生，为了学生的发展和成长。尽管全书各章的主题多样，涉及教育组织、教育经济、教育督导、教育统计、教育行政体制、教育行政机关、学校经费、校长、教师、课程、教学、课外活动、学校卫生、儿童调查等，其中大多并不直接是关于学生的，但作者在阐述各主题时，都是从学生出发，以解决学生发展问题为根本，以促进学生更好地发展为目的，充分体现了以学生为中心的教育管理宗旨。

（刘美丹为本文撰写搜集了杜佐周教授在本校任教时期的全部相关资料，特致谢意。）

2020 年 11 月 3 日

作者别敦荣，厦门大学教育研究院院长，教授、博士生导师。

雷通群与《教育社会学》

高和荣

一、雷通群先生的生平与著述

雷通群先生（1888—?），字振夫，广东台山人。早年曾赴日本留学，就读于东京高等师范学校英语部，后入美国斯坦福大学学习，并获得教育硕士学位。回国后历任北京《益世报》主编、国立厦门大学教育系教授、国立中山大学教育系教授等。①其中在厦门大学任教的时间为1929年3月到1932年，职务为教育科"中国教育史正教授"，所教授的课程有"教育社会学""中国教育状况""乡村教育""中国教育史""西洋教育史"等。②

雷通群先生的学术研究聚焦于教育社会学、乡村教育、成人教育等方面。代表性著作有：《教育社会学》（商务印书馆1931年版）、《中国新乡村教育》（新亚书店1932年版）、《教学发达史大纲》（新亚书店1934年版）、《西洋教育通史》（商务印书馆1934年版）、《新兴的世界教育思潮》（商务印书馆1935年版）等；译著主要有：《经济学说史》（[日]出井盛之原著，商务印书馆1930年版）、《科学的生命观》（[日]永井潜原著，新宇宙书店1930年版）、《言语学大纲》（[日]安藤正次原著，商务印书馆1931年版）、《教育环境学》（[日]细谷俊夫原著，商务印书馆1938年版）。他发表的论文主要有：《各种教学法简评》（《厦门大学学报》第1卷第1期，1931年）、《学校兼办社会教育的主动力何在》（《教育杂志》，1931年）、《中国乡村教育实际问题》（《龙溪教育月刊》，1931年）、《成人教育制度和方法之综合研究》（《教育与民众》，1933年）、《民教意义和范围之又一看法》（《教育与民众》，1933年）、

《国防教育与小学教材的补充》(《教育杂志》,1936年)、《大学教育与国性之发扬》(《广大学报》,1937年)等。

《教育社会学》是雷通群先生的代表性作品。此书是根据他在厦门大学的授课整理编撰而成的。正如他在该书“例言”中所言:“本书第一篇的内容,曾在厦门大学教育学院讲过,甚感诸学子之热烈听讲,且敦促其早成专书,著者乃本年来在教育行政上及教学上之经验,佐以学理,而成第二篇。”[③]该书列入“厦门大学教育学院丛书”,商务印书馆1931年7月初版;后被作为大学通用教材列入商务印书馆的“大学丛书”,1933年再版。此后,《教育社会学》又多次再版,其中于2006年入选“二十世纪中国教育名著丛编”(共50种),福建教育出版社2008年出版,后东方出版社收入“民国大学丛书”,2013年再版。

二、《教育社会学》的主要内容

(一)从社会的角度理解教育

教育的对象是人,教育让人更好地成为人,也就是更好地融入社会,因而“教育”,本质上是“社会教育”,从社会学视角去理解“教育”就成了应有之义。雷通群先生在《教育社会学》中明确指出:“社会学既是最近人事的科学,所以教育上不能不需赖之……现今的教育总不能离社会的色彩,学校的课程中须加入社会的教材。”[④]

基于此,在“原理篇”中,雷通群先生将教育社会学界定为“将社会学上的原理及研究方法,应用到教育上去”[⑤]。从社会理解教育,从社会学去把握教育学,自然就会从社会学的发展过程、社会与教育的关系、个人与团体的关系、社会进化与团体分类等方面阐述教育社会学的基本原理,将教育社会学的要务定义为“研究个人在团体中如何生活,尤要研究个人在团体生活中得到何种教训及团体生活上所需何种教育”[⑥]。

从研究范围来看,教育社会学需要研究各类团体的生活,特别是游戏团体、宗教团体、职业团体和政治团体等自身的教育功能以及相关教育内容。雷通群认为,对于那些以功利为主的社会团体,教育者不应因其现实中存在就训练学生适应这种团体生活。而对于那些促进社会福祉的团体,即使当前社会不存在教育者也应该积极提倡,[⑦]这体现了教育学家的社会担当与社会情怀。

从团体类型与教育关系上看，雷通群先生借鉴理查德·库利的研究并结合中国的实际情况将中国的社会团体划分为三种类型：第一类是“居住初级状态”团队，以直接的面对面的交往为主，包括家庭、游戏团体、友谊会和近邻等。第二类是“中间期团体”，它以文字作为其主要的中介，学校是这一类群体的代表，也包括教会、慈善组织等。第三类是第二期团体，包括国家、经济协会、国民修养协会等，它的交际几乎全部是间接发生的。雷通群先生认为“社会愈发达，间接交际的团体愈多”[8]，这时知识、文字、经验和交通等都有了较大的发展。在他看来，一切团体的成立都是以教育为推动力的“社会进化的结果”[9]，在社会未分化或者说未充分进化的状态下，家庭这一团体是教育的中心，待社会逐渐分化，家庭的教育功能、作用以及地位逐渐变化，此时学校成为教育的中心。在社会逐渐分化过程中，“凡此种种教育力，若各孤立，势难收美满之效”[10]，更是认为“吾人不当认学校是一种独立制度，当认其与他种制度存在相关，方能完全达到社会化的结果”[11]。在第八章至第十章中就学校与其他团体关系进一步做了详细解说。

既然社会团体与教育密切联系，因此讨论团体教育就需要关注团体生活所需要的教育，也就是“各团体生活如何，自当研究其生活所必需的教育”。他指出，“各团体为发挥本身的职能计，自具有一种特别教育”[12]，作为一种社会团体，学校的生活“须与实际的社会生活法接近”[13]。因此，教育社会学家应该始终坚持“从社会学的见地着想，认定何种教育与训练，始能造就……团体等能员”[14]。

（二）社会学方法在教育中的应用

在“应用篇”中，雷通群先生将社会学方法应用到教育问题的分析，以社会化为主线，探讨了教育进化与程序、社会进步与学校关系、教育行政社会化、教学法社会化、社会教育、职业教育和乡村教育等问题。这些问题不仅在当时具有重要的现实意义，即便到了今天仍然具有时代价值。为此，我们以民主教育、职业教育和乡村教育三个例子来具体阐述：

在民主教育上，他指出教育的均等是机会平等的最重要的表现形式，地位十分重要，强调“欲得更彻底的民主主义，须做更彻底的教育工夫”，当“教育机会均等，则人人的智力开发，一旦有新理想或新创造出现，瞬息间可遍达于全民”。而要使教育实现均等，则需要经济待遇、学校类别、就业时机等方面的均等。其中,经济待遇上的均等,即“非先计及地方的与个人的经济情形不可”。为了实现个人待遇上的均等,对于不健全儿童要根据类别设立相应的学校,对不同的学生进行分类教学,好读书的让其升学,对厌恶读书、好活动的学生则开办职业学校;针对就学时机的均等,他建议多设学校。[15]这些主张对现代中国的高等教育布局具有深远的影响。

在乡村教育上,他突出阐述了教师的乡村服务问题。当时的中国乡村十分落后,尽管有晏阳初等人的乡村实验,但一切建设事业尚未开始,那么,谁承担起乡村社会服务的主要责任呢?他认为从社会学角度来看,“若论到农村的根本改良,实属社会全体之一大问题,应由社会全体负责解决,非应由农民独负其责也”。他给出了自己的答案:教师要认清楚自己所应服务的范围,也要让全社会的人认清乡村问题的解决是需要集体行动的。为此,他建议培养乡村教师及乡村服务的专家,在乡村服务专家未培养起来前,教师应该着力研究乡村的改革,促进社会的关注。[16]

在职业教育社会化方面,当时的教育仅限于上流人士,尚未普及平民,对于平民子弟而言他们需要考虑生存问题,只能在闲时接受教育。基于这一现实,雷先生认为“现代的社会,既欲人人均不失学,同时亦欲人人均不失职,欲令人人在社会均不失职,惟在学校施行社会化的职业教育始能之”[17]。而要实现职业教育社会化则需要令学校的课程、设备以及教学都要跟社会生活贴近,并进行学制的调整。[18]

在社会教育的建设与发展方面,雷先生认为,“无论学校教育或家庭教育,均须藉社会教育的补助,方能完全收功,此人之所同认也”,而当前社会教育的劣势在于无系统、无责任,这造成社会教育在知识教授上不如学校教育,而在道德规训、情感传递方面不如家庭教育。在当时的社会,虽然设立社会教育组织的数量有所增加,但是成效较小,一个重要原因是民生问题没有得到根本解决。基于此,他认为“果能够以生活为中心,使民众从生活上了解社会诸种设施之真意,因而增长多方之智识与兴趣,斯达社会教育之极致矣”。[19]

三、《教育社会学》的学术价值

雷通群先生的《教育社会学》是中国当时最早以“教育社会学”命名的图

书，也是教育社会学中国化的重要代表著作。二十世纪二十至三十年代，整个中国正在开展乡村教育和平民教育，晏阳初、陶行知、朱其慧、梁漱溟和黄炎培等人尝试运用西方教育社会学来解析中国问题，并进行中国教育本土化问题的讨论，如晏阳初的“定县试验”及其《平民教育运动术》，李景汉的《定县社会概括调查》。雷通群先生的《教育社会学》也是在这一时期形成的，同很多学者一样，他也是将西方社会学引入到教育学中，结合教育本土化来解决和探讨中国实际的教育特别是教育发展问题，尤其是他在“应用篇”中多次提到乡村教育等问题。

雷通群先生的《教育社会学》开篇写道：“本书的宗旨，在使教育社会学成为中国化，用统系的研究法，兼顾理论与实用双方面。”[20]雷先生主张借鉴和运用西方社会学，但也绝不是“拿来主义”，他更强调通过调查形成教育目标与课程设置等。他指出，“惟是集千百万之专家，着实调查社会效率，而以统计法计算之，当可得正确的教育目标，而为编制课程的科学根据”[21]。又如在职业教育的社会化过程中，课程应该根据实用性改革，在设备方面要视地方的职业需要。从内容与社会现实来看，本书与社会现实紧密相连，对社会现实形成关注。雷先生认为，当时中国“所办平民学校、夜校……施行识字运动等，不过是对于失学者之一种治标法，且其办理情形太简单，究不能视为可替代正式学校”[22]，乡村教育是社会之急需；该书中还讨论了贫穷本质、社会犯罪等问题，以及如何通过教育缓解和解决之道，在他看来，“根本的救济，仍在教育与优生学上”[23]。可以说，以教育作为解决民生问题的路径，便是雷通群《教育社会学》本土化的一次有力的尝试。

该书有助于教育社会学学科体系的搭建。本书对于教育社会学的界定，既突出了社会学的特点，也突出了教育学的特性，给教育社会学学科进行了定位，认为教育社会学是社会学下的具体分支。[24]在课程教材上，同时代的许椿生于 1935 年的研究表明，在 1935 年前的中国 10 所大学中 9 所开设教育社会学课程。[25]但是，教育社会学自 1922 年创立以来，出版的本土教育社会学书籍不到 10 本，雷通群先生根据讲义写成了此书，[26]这对教材体系建设做出了开创性贡献。另外，在教育社会学学科理论与方法上，雷通群先生从社会化原理出发，以教育社会学为研究对象，明确了研究的范围为团体生活、团体生活所需教育、团体特殊教育和学校生活四个层面，并将这些理论融合、运用到实际教育问题的解决上，建构了比较完整的教育社会学学科体系。此书的出版，在教育社会学学科发展史上有着极其重要的地位，奠定了厦门大学教育学以及社会学在国内学术界的地位。

注释：

①见《厦门大学八周纪念特刊》之《教育科教员一览表》，厦门大学1929年4月刊印。又参见徐友春主编：《国民人物大辞典》，石家庄：河北人民出版社，1991年；肖朗、许刘英：《雷通群与教育社会学"中国化"的早期尝试——学术史的视角》，《华南师范大学学报（社会科学版）》2011年第3期。

②参见《厦门大学八周纪念特刊》之《教育科教员一览表》，厦门大学1929年4月刊印；《厦大周刊》第196期（1929年3月9日出版）刊载的关于雷通群课程安排的通知。

③雷通群：《教育社会学·例言》，上海：商务印书馆，1931年。

④雷通群：《教育社会学》，上海：商务印书馆，1931年，第11页。

⑤雷通群：《教育社会学》，上海：商务印书馆，1931年，第6页。

⑥雷通群：《教育社会学》，上海：商务印书馆，1931年，第11页。

⑦雷通群：《教育社会学》，上海：商务印书馆，1931年，第14页。

⑧雷通群：《教育社会学》，上海：商务印书馆，1931年，第37页。

⑨雷通群：《教育社会学》，上海：商务印书馆，1931年，第39页。

⑩雷通群：《教育社会学》，上海：商务印书馆，1931年，第39页。

⑪雷通群：《教育社会学》，上海：商务印书馆，1931年，第39页。

⑫雷通群：《教育社会学》，上海：商务印书馆，1931年，第15页。

⑬雷通群：《教育社会学》，上海：商务印书馆，1931年，第15页。

⑭雷通群：《教育社会学》，上海：商务印书馆，1931年，第14~15页。

⑮雷通群：《教育社会学》，上海：商务印书馆，1931年，第141~148页。

⑯雷通群：《教育社会学》，上海：商务印书馆，1931年，第204~205页。

⑰雷通群：《教育社会学》，上海：商务印书馆，1931年，第194页。

⑱雷通群：《教育社会学》，上海：商务印书馆，1931年，第195~196页。

⑲雷通群：《教育社会学》，上海：商务印书馆，1931年，第206~208页。

⑳雷通群：《教育社会学·例言》，上海：商务印书馆，1931年。

㉑雷通群:《教育社会学》,上海:商务印书馆,1931 年,第 164 页。

㉒雷通群:《教育社会学》,上海:商务印书馆,1931 年,第 147 页。

㉓雷通群:《教育社会学》,上海:商务印书馆,1931 年,第 218~219 页。

㉔胡今平:《雷通群与中国教育社会学的学术传统》,《南京晓庄学院学报》2008 年第 2 期。

㉕许椿生:《大学教育系之课程》,《师大月刊》1935 年第 20 期。

㉖肖朗、许刘英:《雷通群与教育社会学“中国化”的早期尝试——学术史的视角》,《华南师范大学学报 (社会科学版)》,2011 年第 3 期。

作者高和荣,厦门大学社会科学研究处处长,公共事务学院教授、台湾研究院兼职教授,博士生导师,两岸关系和平发展协创中心专家委员。

徐砥平与《国际私法》

于　飞

一

徐砥平（1902—1979），又名徐之冰，江苏南通人。上海震旦大学毕业，后留学法国，获格勒诺布尔–阿尔卑斯大学法学博士学位。回国后曾任上海法政大学、法科大学、东吴大学法律学院教授。①

1929年秋，徐砥平受聘为厦门大学法科正教授并兼任法律系主任，1931年秋离开厦门大学。之后，历任国民政府立法院外交委员会秘书，上海法政学院、上海法商学院教授等职。抗战胜利后，任上海高等法院筹备处专员，后担任上海监狱（提篮桥监狱）代理典狱长。1946年1月，受聘为暨南大学教授。上海解放后，在上海中华工商专科学校、上海外国语学院任教。1957年被错划为“右派”，1979年获得平反。②

徐砥平著有《国际私法》一书。另有译著《国际航空公法（平时）》（Joseph Kroell著，上海法学编译社1935年出版）、《公法的变迁》（Léon Duguit著，商务印书馆1933年出版）、《拿破仑法典以来私法的普通变迁》（Léon Duguit著，上海会文堂新记书局1937年出版）等。发表论文《国际公法上之引渡》（《法学季刊》第4卷第2期，1929年2月）、《保证有限公司论略》（《建国月刊》第4卷第3期，1931年1月）、《国家责任论》（《建国月刊》第5卷第1期，1931年5月）、《两大法系之进展与特质》（《中华法学杂志》第2卷第8号，1931年8月）、《六十年来之国际私法》（《申报月刊》第1卷第1期，1932年7月），等等。

二

在中国,唐朝就有了历史上最早的冲突规范,也可谓之冲突规范的萌芽。公元651年唐《永徽律》第一编"名例章"规定:"诸化外人,同类自相犯者,各依本俗法;异类相犯者,以法律论。"《唐律疏议》解释为:"化外人,谓蕃夷之国别立君长者,各有风俗,制法不同。其有同类自相犯者,须问本国之制,依其俗法断之。异类相犯者,若高丽与百济相犯之类,皆以国家法律论定刑名。"如学者所言:"唐律此条,依疏议所释律义,与近世国际私法之意义,及其前提要件,多相暗合。所谓'各依本俗法'者,即今之所称属人法;所谓'以法律论者',即今之所称属地法。"[③]然而,直到晚清从西方输入国际私法理论与学说之前,中国古代并没产生过真正的国际私法学说。中国国际私法学的产生和发展,是西方国际私法引入的直接结果。19世纪末期,中国出现了第一部系统的国际私法译著——《各国交涉便法论》,西方国际私法学从此逐渐被介绍到中国。在西方,国际私法几乎是与国际公法同时诞生的。古代罗马的万民法中,私法甚至发达得比公法要更早一些,而对于一向忽视国民个人权利和利益的中国来说,国际私法则是一个新鲜事物。[④]国际私法此时的传入,其背景是作为晚清当局与外国交涉之用,所以时称"交涉便法"[⑤]。尽管中国对国际私法的认识是从西方开始,但在20世纪初至30年代前,对中国国际私法产生直接影响的却是日本。留日学生大量翻译并出版发行日本国际私法著作或讲义,中国学者的国际私法著作则鲜见面世。这种状况从20世纪30年代开始产生变化。一批留学于国际私法学发达的欧美地区的学者,研究探讨西方国际私法的理论,跟踪介绍国际上国际私法的立法动态,针砭分析中国国际私法的立法及相关实践问题,在一定程度上改变了中国国际私法的早期研究态势与风气。民国时期出版的国际私法著作大概有二十余种,[⑥]其中就包括徐砥平著《国际私法》。

三

徐砥平著《国际私法》由上海民智书局于1932年初版,1943年再版。著作扉页自署"法国国立格诺勃尔大学法学博士、厦门大学法律系主任",且在

“弁言”中言明其出版背景:“本书系前在厦门大学讲学时之原稿,旋以事未果再往任教,而本稿亦遂中止整理,一月二十八日日寇侵沪,交通断绝,作者适旅居沪渎,不能他往,因于枪炮声中,将本稿重加增改,以成是篇。”表明虽著作付梓时作者已离校,但该书与厦门大学的渊源关系深厚,也反映当时出版的这类著作的共同点,即基本上是各位编著者根据各自在高校讲授国际私法的讲稿修改而成的。[⑦]

《国际私法》分绪论、总论、各论三编。另附录法律适用条例、海牙协约[⑧]、中西文名词对照表。

第一编绪论共8章。

第一章“国际私法之意义”。本章阐述了国际私法的产生、存在的条件、定义及名称等。作者通过一例损害赔偿之诉说明,国际私法因解决三个问题而产生,即何地或何国法院对该案有管辖权;确定法院管辖权后,应依何国法律审判;法院依适当法律做出判决后,其效力如何。由国际私法产生的情形,可以推断国际私法存在的条件:内外国人之交通、外国人之权利保护、法律制度之并存、各国法律制度内容之不同、内外国法律之并用。因此,“所谓国际私法者,以研究如何解决某种法律问题,以与数种并峙之法律制度有关,因而同时有数国法院均可管辖,数国法律均可适用时,究竟由何国法院管辖,应依何国法律裁判,并如何在审判法院以外之他国,发生判决效力之学科也”。

第二章“国际私法之性质”。国际私法的性质,主要指国际私法是国际法还是国内法;国际私法是公法还是私法;国际私法是实体法还是程序法。对于这些问题,国际上一直存在争论。本章阐析了不同学者的观点,作者认为,“国际私法一方与国内法有若干相同之点,但非纯粹一体;他方与国际法亦不无密切关系……。以实际言,国际私法为规定管辖法院与适用法律之准则,系国内法之特殊部分”;“国际私法既非纯粹之私法,亦非纯粹之公法,将其特质与真相明悉后,则名之谓超然法可,称之谓另成一格之法律亦无不可”。而且,“国际私法之功用,不合规定权利义务之实质条件,其非实质法,殊无疑义。……从表面视之,似系手续法,但一究其真相,殊觉不类。……国际私法亦非手续法。且以其旨在决定应适用何国法律,故人称之谓规定准据法之法律”。此外,本章还论及国际私法与比较法的关系,认为二者关系密切,但目的不同,“不可径视之为一物耳”。

第三章“国际私法之范围”。对于国际私法的研究范围,学者主张纷杂,迄无标准。法国学者皮勒（Pillet）等认为国际私法的范围包括国籍、外国人之地位、法律之抵触。本章在介绍皮勒等学者的观点后认为，国际私法的范围在于研究如何解决法律抵触，因为“国籍与外国人之地位两问题，既与决定管辖法院，与选择适用法律无关，自与严格之国际私法彼此无涉，而不属其范围。法律之抵触问题则不然，为国际私法所应研究之唯一问题，学者如戴西[⑨]，司多理[⑩]等视之为国际私法的替身，而以之名其所著，其重要自可想见”。

第四章“国际私法之根据”。此国际私法之根据指适用外国法的根据。本章主要介绍了三种学说：“义务说”、“礼让说”与“实利说”。义务说为大陆法系学者所主张。主要观点为，根据国际私法的规定适用外国法是法官的义务，法官不可任意取舍。国际私法的性质为国际法，法律抵触具有国际性，实乃国家主权之抵触，适用外国法律，应以相互尊重主权的义务为根据。礼让说创自荷比学派，为英美学者所采从。认为根据国际私法规定适用外国法非法律上的义务，而是对外国法的礼让。实利说则“以实际利益为本，意谓法律关系之决定，以平正利顺为主，涉外国法律关系之解决，苟利于实际，适用内国法律可，适用外国法律亦何尝不可”。故此派主张，纯以实际利益为国际私法之根据。莱纳（Lainé）、力诺尔脱（Renault）等均持这种主张，戴西在其著作中也认为“适用外国法律，乃出于不得已，舍此以外，无论对于本国或外国之当事者，俱不能有适当公正之办法”。

第五章“国际私法之研究方法”。本章认为，国际私法的研究方法，依戴西的观察，可分为理论的研究方法与实验的研究方法，前者为“大陆派”的研究方法，后者为“英美派”的研究方法。进而分别对大陆法系及英美法系的研究方法加以阐析，并总结了两种方法的优点与不足。大陆法系的研究方法能将各国国际私法的共同原则归纳成章，直接可作为各国的准则加以适用，间接也有促进国际私法渐趋统一的功效；“且以理智，平正，适应为主旨，不为因袭惯例所拘束，实为大陆派之优点。但仅凭理论，不务事实，亦难免美中不足之歉”。英美法系的研究方法“以实验为主，由成文的法规判例内，研求国际私法之原则……。且国际私法为国内法，故仅须于本国法规判例内探讨之”。“论其优点，则实事求是，不尚空谈，可免原则与实际互相背谬不通之弊；然专就本国之成文法例，从事研究，既不将各国共通原则与相似规定彼此比较，籍图改进，复置学者主义理论于不顾，而无从互相启发，是亦美中不足之缺点也”。所以，两大法系的研究方法，“各有所长，互有所短，取此舍彼，既非所宜，则惟有并用理论实验,而兼收其利”。

第六章“国际私法之渊源”。本章略述国际私法的六种渊源:法律、习惯、判例、条约、学说、条理。

第七章“国际私法之现状与趋势”。本章内容之一为国际私法的现状。“由国际私法之现状观之,则国际私法非各国共同遵守之法律,乃各国各自具有之特别国际私法”,因而同一法律抵触或冲突问题,因各国国际私法不同,导致法律适用的结果也不同。解决该问题的方法,一是统一各国民商实体法,但这种方法难度大;二是统一各国解决法律抵触问题的规定,“简言之,无非使今日各国牺牲其特别自有之国际私法,而另立各国共守之国际私法,以为替代”,从而维护国际间私人法律关系的稳定。尽管实现国际私法的统一有难度,但是,统一国际私法的努力未尝稍懈。本章内容之二为国际私法的趋势。这部分从“初时各国政府之尝试”“私人方面之努力”“最近各国政府之努力”“欧洲大战与国际私法”四个方面,对政府(如 1867 年由意大利动议与德法比各国的谈判、1892 年由荷兰政府建议遂于 1893 年及随后数次在海牙召开的国际私法会议、美洲诸国召开的四次国际私法会议)、有关非官方研究团体[如 1873 年成立于比国刚特(Gand)[11],其目的旨在研究国际私法之共同原则的国际公私法社(Institut de Droit international Public et Privé)]为统一国际私法所作的努力及成果进行了概括介绍。

第八章“法律抵触之各国立法概况”。本章首先概括各国解决法律抵触的立法的共同点:关于警察与公共治安的法律,适用于在一国领土内的一切人,包括外国人;关于不动产的法律,虽其所有人为外国人也适用之。此为《法国民法典》第 3 条第 1 款、第 2 款所规定,且为世界各国立法所通用。[12]至于身份能力的法律抵触,法律规定与学说意见相差甚殊,争论亦烈。然后,将各国国际私法立法分为英美派、法比派、德瑞派及新兴诸国之立法加以介绍。英美派包括英美两国及佛尼苏拉(Vénézuela)[13]。“英美立法,主张法律为域内性质(Territorialite)最力”,较之大陆立法殊甚落后。法比派“明示或默示以属人法为原则,但与本国之公共利益相关者,适用域内法,藉为限制”。该派除法比两国外,还包括巴西、西班牙、意大利、荷兰、葡萄牙、罗马尼亚等。德瑞派“各国之立法,对于个人身份能力,虽以适用属人法为原则;但其情形,对于本国人,或住居其地者,有何不利益时,主适用域内法,藉以保护”。该派包括德国、奥地利、瑞士、日本等。新兴诸国的立法主要指波兰和苏俄立法。本章介绍了

1926年的波兰国际私法立法,并特别对苏俄国际私法进行论述,认为苏俄解决法律抵触概以适用苏俄法律为优先;公共秩序的适用范围广泛;对于反致虽无明文规定,但会采用反致办法借以适用苏俄法律。

第二编总论共6章。

第一章“法律抵触”。本章论述了法律抵触的意义,并借用法国学者莱纳的观点:“法律抵触者,法官对于由某种情形所发生之同一法律关系,同时有数国相反或不相容之法律,均应适用之情形也。”法律抵触的种类包括:国际间之法律抵触、各省与各邦间之法律抵触、割让地与受让国之法律抵触、宗主国与殖民地间之法律抵触、立法上之法律抵触、司法上之法律抵触。对法律抵触的研究范围,包括立法与司法上的抵触,以及其他不论何种抵触均应包括在内。

第二章“外国法之适用”。本章包括外国法的性质、外国法的证明、外国法的解释及适用外国法错误的上诉问题。关于外国法的性质,英美学者采“事实说”,意法学者主张“法律说”,德国学者主张“内国法之一部说”。作者分析认为前两种学说均有不妥,第三种学说立说巧妙,既不认外国法为事实,又不视其为法律,“而谓系内国法之一部,惜与理论实际均难解释圆满为憾”。作者的观点是,为达到国际私法的使法律问题得到最公平与便利解决的目的,视外国法为事实、法律或内国法的一部分均可,应以事实上的需要为主,而不必拘泥于“空论之短长也”。与对外国法性质的不同认识相适应,外国法的证明方法也有不同。对外国法的解释,多数学者主张以该法律所属“本国之解释为准”。外国法的错误适用包括应适用外国法而仍适用了本国法、误解外国法或误引条文等,对这些错误,作者认为皆可上诉。

第三章“解决法律抵触之前后各派学说”。本章比较详细地介绍了各派学说及其代表人物。分为“法则学派”,包括法兰西学派、荷兰学派、新法兰西学派,尤其强调新法兰西学派学说对于国际私法的影响,表现在《法国民法典》第3条各项条文“为近代国际私法之基本原则”,标志着“确定纯正国际私法之成立”,“本国法主义之发生”等;“英美学派”;“德意志学派”;“新意大利学派”;“齐答(Jitta)之学说”;“塞脱尔孟(Zitelmann)之学说”;“皮勒之学说”等。

第四章“适用外国法律之限制”[14]。本章认为,各国虽有国际私法规定,但外国法的适用往往被限制,原因有五:解决法律抵触的规定各国不同,而纯为内国性质之规定;法律制度的性质不同,因而不能获真正之解决;反致条文的规定,间接推翻外国法之适用;公共秩序的观念不同,因而阻却外国法之适用;

法律的僭窃,因而推翻外国法之适用。本章因之着重探讨法律抵触规定之内国性,即各国各有其解决法律抵触的办法:

法律品质说(Theorie de Qualification)[15],即"某种法律制度在法律上具有如何品质之谓也。法律制度之品质与法律抵触问题,有密切关系,盖于解决法律抵触而须适用法律时,应先知关系问题之品质,否则无从着手也"。决定法律问题之品质,"则以诉讼问题之管辖法院的所属国法律为准"。

反致说(Theorie de Renvoi)。作者认为反致说为国际私法上争论最烈,地位最重要的一个问题。其情形为,对于某种法律关系,依某国国际私法之规定,应适用另一国法律时,该另一国法律是指其纯粹内国法而言,还是也包括其法律抵触的规定,如系指前者则无反致可言,如系指后者则反致问题因是而生,并应以该另一国的国际私法所指定的法律为审判之根据。反致分一等反致、二等反致两种。反致说在学理上的讨论主要围绕"外国法律不可分说"、"不可违背外国法律之意愿说"、"统一判决效力说"及"以属人法为准许反致之范围说"等,作者逐一对这些理由进行反驳,认为"反致学说,不问其为一等或二等反致,均非解决法律抵触之正道且足以摇动国际私法之根本"。

公共秩序(L' ordre Public)。作者认为相比各国国际私法的不统一,公共秩序对阻碍国际私法的发展影响更大。"所谓公共秩序者,为关于社会公益与国家组织上之秩序;而公共秩序之法律云者,乃各国立法在国际私法内,明文规定于适用外国法律时,应绝对遵守之例外,而为文明社会之善良组织的必要规定也"。关于公共秩序的范围,区分沙维尼(Savigny)派、意大利派以及皮勒之主张各有不同。公共秩序的效力从"公共秩序对于现在关系国之效力"与"公共秩序对于第三国之效力"两方面分别论述。前者包括消极效力,即本应适用的外国法律因与本国公共秩序相抵触而不予适用;积极效力,即以公共秩序为理由而适用内国法律。后者视是否有碍该第三国的公共秩序为断。

僭窃法律(Fraud a la loi)[16]。"僭窃法律云者,以取巧方法,避免本国法律之适用,藉图取得其本国法律所不准许的保护或利益之谓也"。僭窃法律的条件包括"须有僭窃法律之故意""须得僭窃法律之利益""须管辖法院之法律亦有僭窃法律之规定""须所欲僭窃者即为管辖法院之法律"。僭窃法律成立后,由僭窃法律所成之行为归于无效。

第五章"适用外国法律之范围"[17]。本章所研究的问题有二:一为已得权利(Droits acquis)原则;二为法律不溯及既往问题。作者认为,法律抵触根据其发生时间的不同,可分为纯粹抵触问题与已得权利问题。探讨该问题的意义在于,“纯粹法律抵触之规定,尚不足以解决国际间立法不同之困难,非有已得权利之原则,则国际间之互市必不可能,而常处于飘摇无定之状态中,故须有已得权利之原则以维持之,而适用外国法律之范围,方有一定标准”。已得权利存在的条件为:依原来国家法律正式有效取得的权利;取得该已得权利所依据的法律,为现在主张已得权利所在国家的国际私法认为有管辖权利的法律。已得权利的效力表现在三个方面:已得权利的效力,以依原属国法律取得者为限;已得权利与现在地公共秩序相左者,得因之而丧失其全部或一部分效力;公共秩序对于已得权利仅有消极之阻却效力。此外,法律不溯及既往原则对于国际私法是否适用,学者的看法有别,作者也对此加以介绍。

第六章“国际私法上之用语”。本章对国际私法常用的名词用语加以介绍,主要有准据法、域内法与域外法、属人法、本国法、住所地法、居所地法、法律行为地法、物之所在地法、法院地法、旗国法等。

第三编各论分为“立法抵触”与“司法抵触”两部。第一部实际共 6 章。[18]本部的安排顺序基本与中国 1918 年《法律适用条例》各章的安排一致,主要探讨不同法律关系的法律抵触及其解决。

第一章“国籍之抵触与住所之抵触”。本章阐述了国籍抵触的原因;解决国籍抵触的准则;一国数法与保护民问题;住所的抵触及其解决准则。

第二章“关于人之法律”。本章探讨了身份与能力、禁治产与准禁治产、死亡宣告问题。前者包括身份与能力的意义、范围,决定身份与能力适用的法律,适用属人法的理由,属人法的种类及其理由,适用属人法的例外,变更国籍对于身份与能力的影响,法人的能力以及各国法律规定身份与能力的派别等。中者包括宣告禁治产的原因、效力等。后者包括死亡宣告适用的法律、效力,在外国宣告死亡的效力等。

第三章“关于亲族之法律”[19]。本章主要论述婚姻家庭关系的法律适用。主要内容有:婚姻的预约,包括婚约的成立要件、形式要件、效力等的法律适用;婚姻,包括婚姻的成立要件(实质与形式要件)、婚姻的无效与撤销、婚姻的效力(身份与财产效力)的法律适用及变更国籍对婚姻效力的影响;离婚与别居,包括同国籍夫妇的离婚、异国籍夫妇的离婚的效力、别居的法律适用等;嫡子,包括同国籍当事人及异国籍当事人的嫡子争议问题的法律适用;私生子,主要涉及认领问题的法律适用;非婚生子女的准正,主要涉及非婚生子女与生父母同国籍者的准正及非婚生子女与生父母异国籍者的准正的法律适用；养子，涉及养子成立要件、养子效力的法律适用；亲子关系，涉及嫡子的亲子关系、私生子的亲子关系的法律适用；以及扶养义务、监护的法律适用等。

第四章“关于继承之法律”。[20]本章集中分析解决继承法律抵触的财产所在地法说、不动产所在地法与动产住所地法说、被继承人的本国法说。

第五章“关于财产之法律”。[21]本章内容由物权的法律抵触与债权的法律抵触两部分组成。前者包括不动产的法律抵触，侧重论述不动产所在地法适用的理由、范围等；动产的法律抵触，论述解决动产法律抵触的原则和例外；无形财产的法律抵触，探讨著作权、工商权利[22]的法律抵触及其解决。后者包括国际私法上的契约、国际私法上的准契约、[23]国际私法上的侵权行为与准侵权行为、国际私法上由法律规定发生之债权、关于票据的法律抵触。对于契约法律抵触，区分为“任意事项之法律抵触”与“必要事项之法律抵触”。“关于契约之任意事项，依当事人之自主意思表示为根本原则”，这类事项根据当事人意思自治决定法律适用，如无意思自治，则适用缔约地法、履行地法、债权人住所地法、债务人住所地法、当事人本国法、法院地法等。“必要事项则须绝对遵守而不可任意变更”，例如有关公序良俗的法律当事人不得以特别约定违反之。对于侵权行为所生之债，大陆法系各国主张适用侵权行为地法；根据“英美法例……需行为地法与法院地法彼此允认者，方准提出”侵权行为之诉。

第六章“关于法律行为方式之法律”。[24]本章主要阐述行为方式的种类及其法律适用，分析场所支配行为原则的真谛等。

第二部共 2 章。本部分属于国际私法的程序问题，包括管辖权与外国法院判决的效力。

第一章“司法抵触（管辖问题部分）”[25]。本章分析了司法管辖权与立法管辖权的区别，认为“司法上之抵触与立法上之抵触，同属法律抵触范围，而互有密切关系，然其本质，则非一物。盖司法上之抵触，仅在决定本国法院有无管辖权利；不若立法上之抵触，同时应决定本国法可否适用，与应适用何国法律两点”。阐述了解决管辖权冲突的基本原则，并分别对关于人的诉讼、亲族的诉讼、继承的诉讼、财产的诉讼、债权的诉讼、法律行为方式的诉讼、混合性质的诉讼、同时向数国法院起诉的诉讼、同时有数被告人的诉讼的管辖权以及诉讼的同意管辖等进行了分析，论述了涉及外交代表、领事、外国元首、外国国家诉讼时管辖权的例外。

第二章“外国法院判决之效力”。本章比较简略，主要阐述了对外国法院判决承认的条件、对外国法院判决的审核权限、取得承认与未取得承认的外国法院判决的效力、外国法院判决的执行等。取得承认的条件包括：为外国之有效判决、为法定管辖法院之判决、为依请求承认所在国国际私法的规定所为之判决、不违背请求承认所在国之公共秩序。承认不意味着一定执行。“倘欲执行，非经受诉法院或当事人的声请不可，而执行又须经一定手续，法律上始臻完备。执行之方法与手续，依执行地法定之”。

四

20世纪30年代出版的国际私法著作或以沿袭法国的国际私法学说为主，或承袭英美法系国际私法学说同时结合大陆法系国际私法理论，或以日本学者特别是山田三良的学说为主进行研究。[26]比较同时期的国际私法著作，本书的主要特点是：

第一，结构合理，体系完整。从结构上看，绪论探讨国际私法的一般问题，总论分析法律抵触及解决法律抵触的各种制度、学派等，各论研究不同法律关系的立法抵触及司法抵触问题，结构堪称合理。全书三大编共计22章，范围广泛，内容丰富，构成完整的国际私法体系。

第二，观点明确，重点突出。国际私法为一古老的学科，学者对许多理论问题的争论从未停止过，作者对争论问题明确提出自己的看法。如关于国际私法的性质，作者的观点是：国际私法为国内法；非纯粹之私法与公法，为另成一个之法律；非实质法与手续法，为规定准据法之法律。国际私法的范围，学者主张向来纷杂，作者认为，国际私法的范围在于研究如何解决法律抵触，不包括国籍与外国人的法律地位。适用外国法的根据，作者赞同实利说。关于解决法律抵触的学说，本书对各派学说及其代表人物的观点的阐述与评价堪称详细、有理。国际私法的研究方法，两大法系各有所长，互有所短，只有理论结合实际，而兼收其利。如“弁言”所述，与国际私法的研究范围相适应，结合产生法律抵触的五大原因，作者深入探讨了法律抵触规定之内国性、法律品质说、反致说、公共秩序、僭窃法律以及已得权利与法律不溯及既往问题。国际私法虽为国内法，但对于外国人也不无关系，中国修改完善自己的立法，亦有必要了解不同国家的国际私法。本书对各国国际私法立法的介绍资料详细、充分,尤其论及苏俄国际私法的立法情况,在当时出版的国际私法著作中并不多见。此外,其关于国际私法立法归于统一的趋势符合国际私法发展的实际。

第三,沿袭大陆,结合英美,顾及中国。作者曾在法国留学且取得博士学位,本书沿袭大陆法系也就不足为奇。如对国际私法学说的介绍,以大陆法系的学派与学者为主;对国际私法基本制度的论述,基于大陆法系传统;对国籍的探讨篇幅远远大于住所等,反映大陆法系国际私法色彩。但是,本书也较完美地结合了英美国际私法。如对于国际私法的研究范围,作者没有接受法国学者的观点,反而赞同戴西和斯托雷的观点。英美法系学者认为的国际私法解决管辖权、法律适用、外国法院判决的承认与执行三方面的问题,同样也是作者的主张,并在第三编专列"司法抵触"部分,论述法院管辖权与外国法院判决问题。同时,本书没有置中国国际私法立法于不顾。由于历史的原因,1918年《法律适用条例》的作用有限,但它毕竟是中国历史上第一部系统的国际私法立法,本书所涉内容中分别引述《法律适用条例》有关条文,而且,各论中立法抵触部分各章与《法律适用条例》各章的安排顺序一致。

当然,国际私法的产生和发展无法脱离一定的时代背景。由于历史条件的限制,中国当时的国际私法学理论独创甚少,也缺乏符合国情的国际私法学说,本书自难脱窠臼。此外,本书仅列举《法律适用条例》的条文,缺少对有关条文不足与完善的分析,与同时期研究如唐纪翔著《中国国际私法论》(1930年初版,1934年再版)所持的立法批判主义相比,[27]不可谓不遗憾。但不可否认,与同时代其他国际私法著作一样,本书是中国国际私法史中不可或缺的组成部分,同样为中国国际私法学的发展做出了贡献。

2020年8月25日,于厦门大学法学院413工作室

注释:

①《厦大周刊》第211期,1929年10月5日。

②侯利标编选:《法潮初涌:厦门大学早期法学论文选(1926—1953)》,厦门:厦门大学出版社,2011年,第39页。

③郭云观:《中国国际私法沿革概要》,何勤华、李秀清主编:《民国法学论文精萃·国际法律篇》,北京:法律出版社,2004年,第127页。

④何勤华:《略论民国时期中国移植国际法的理论与实践》,《法商研究》

2001 年第 4 期，第 140 页。

⑤曾涛：《李浩培与百年中国国际私法学》，《政法论坛》2007 年第 1 期，第 168 页。

⑥［日］山田三良著：《国际私法》，李倬译，陈柳裕点校，北京：中国政法大学出版社，2003 年，“点校者序”第 3~13 页。

⑦［日］山田三良著：《国际私法》，李倬译，陈柳裕点校，北京：中国政法大学出版社，2003 年，“点校者序”第 16 页。

⑧即海牙国际私法会议公约。

⑨即 Dicey。

⑩即 Story。

⑪即比利时根特。

⑫《法国民法典》第 3 条第 1、第 2 款规定：“有关警察与公共治安的法律，对于居住于法国境内的居民均有强行力。不动产，即使是属于外国人所有，仍适用法国法。”

⑬即委内瑞拉。

⑭目录为“适用外国法之限制”。

⑮现多称之为“识别”。

⑯现多称之为“法律规避”。

⑰目录为“适用外国法之范围”。

⑱目录与正文均将“关于亲属（族）之法律”与“关于继承之法律”标为“第三章”，似为误写。

⑲目录为“关于亲属之法律”。

⑳目录与正文均为“第三章”。

㉑目录与正文均为“第四章”。

㉒指专利权与商标权。

㉓指无因管理与不当得利。

㉔目录与正文均为“第五章”。

㉕目录为“司法抵触（管辖问题之部分）”。

㉖［日］山田三良著：《国际私法》，李倬译，陈柳裕点校，北京：中国政法大学出版社，2003 年，“点校者序”第 15 页。

㉗何勤华:《中国近代国际法学的诞生与成长》,《法学家》2004年第4期,第57页。

作者于飞,厦门大学法学院教授、博士生导师。

王成组与《地理学》

李　炎　文超祥

“教学兼史地，写作重地理”。我国近代著名的地理学家、中国地理学教育事业的奠基者之一王成组教授生前曾用这样一句话来概括自己的一生。[①]先生孜孜不倦地从事地理学的研究与教育工作近60年，以一颗爱国的赤子之心和对地理学知识的不懈追求，在地理学的发展历史、研究方法、人才培养、学科建设等方面均颇有建树，为培养地理学人才、传播地理学知识、促进中国地理学事业的发展做出了巨大贡献。先生在厦门大学担任历史系教授期间出版的《地理学》一书，是当时我国最早介绍地理学的著作之一，该书对地理学的领域、对象、理论、方法、派别、功用与发展途径等做了系统而简明的阐述。虽则只是100页的小册子，然而深入浅出、说理明晰，澄清了地理学的一些重要观念，对我国近代地理学的发展起到了开局谋篇的作用。而今先生虽已仙逝34年，但其留下的宝贵精神财富仍将在历史长河中熠熠生辉。作为晚辈后学，重读经典，更又增添了一番敬重和感触。

一、王成组教授生平和学术成就

王成组教授于1902年出生于上海市南汇惠南镇。1916年，他以优异的成绩考入了清华留美预备学校，并在1923年清华高等科毕业后，进入东南大学历史系进修历史学知识。作为我国20世纪20年代最早留美学习地理的三位学者之一，他于1924年前往美国留学，先后就读于芝加哥大学、哥伦比亚大学、哈佛大学和克拉克大学。1926年，他取得哈佛大学历史学硕士学位。在留美学习的过程中，先生感受到我国地理学研究十分薄弱，从事地理学教学的专业人员十分稀少，因此由历史改学地理，并于1929年获得芝加哥大学地理学硕士学位。同年夏天，他怀抱着一腔救国热忱，放弃了继续攻读博士学位的机会，毅然回到祖国任教，成为当时清华大学地理系唯一的专职地理学教授。

王成组教授自 1932 年 8 月至 1934 年（离开的具体时间不详）担任私立厦门大学文学院历史社会学系教授。在我校期间，他潜心教学育人，积极参加各种学术活动。查阅历史档案，先生 1932 年 8 月—1933 年 7 月讲授“欧洲扩张史”“英国史”“西洋上古史”“历史地理学”等课程；1933—1934 年讲授“历史研究法”“欧洲上古史”“中古史”“英国史”。1932 年 10 月 24 日在第六次总理纪念周上，王成组教授在群贤楼大礼堂演讲“英日两岛国政治发展的地理背景”，引起较大关注，该演讲信息在《厦大周刊》第 296 期登出，并于 298 期介绍了演讲的具体内容。此外，厦门大学社会学会作为当时我校各种学会中之历史最长、成绩最著者，拟将以往各类刊物（例如《厦大周刊》的社会学专号）及零星发表的论文整理出版《厦大社会学刊》，王成组教授的《从地理上观察中国民族的移动》列入首批出版目录。离开我校后，他又先后受聘于大夏大学、交通大学、暨南大学、光华大学、圣约翰大学、清华大学以及西北大学等高等学校。

王成组教授为中国地理学事业发展呕心沥血、鞠躬尽瘁，其治学精神和学术成就得到业界的广泛赞誉。著名地理学家史念海曾给予高度评价：“成组教授毕生治学严谨，学术造诣深湛，长期从事教育事业，学生遍布海内外，丰功伟绩，深得各方敬仰。”[②]在叶宝明主编的《人文地理学》一书中，更是将王成组教授与知名的竺可桢、胡焕庸、翁文灏、黄国璋等同列为新地理代表人物。[③]王成组教授自美国归来后，就撰写了《人生地理》一书。其后，又相继撰写《地理学》《复兴高中本国地理》《太平洋各国经济概况》《中国省图说明》《民元来中国之铁路》《中部美洲——它的土地和人民》《中国地理学史（上册）》等著作。他在《复兴高中本国地理》一书中提出的两级分区法，率先将全国划分为华南、华中、华北、东北、蒙新及康藏六个“地带”，在地带以下又划分了 27 个“区域”，这种方法为后来的区域研究建立了基础和方法。[④]在《中国地理学史》一书中对中国古代地理学著作的详细梳理和评析为中国地理学史的研究开创了新篇章，也为后人研究中国地理学的发展历程奠定了新的基础。

二、《地理学》的主要内容及价值

鸦片战争之后，西方国家在我国开展了一系列考察，中国近代地理学也开始了加速发展。在这个时期，地理学研究基本为以描述为特征的区域地理学为主导，[5]系统介绍人文地理学的著作还较少，而《地理学》一书，则成为当时中国最早介绍人文地理学的著作之一。[6]王成组教授担任我校历史系教授期间，应商务印书馆“百科小丛书”之约，于 1933 年出版了《地理学》一书，并在同年 12 月被列入“万有文库”重版。该书从研究领域、对象、理论、方法、派别、功用与发展途径等方面对地理学进行了系统而简明的阐述，深入浅出、通俗易懂，对于地理学的基本知识的普及起到了重要的作用。

（一）明晰研究领域，强调人文地理

本书对当时处于“偏重自然”过渡到“偏重人类”阶段的地理学观点进行了辨析。在地理学的研究领域方面，先生指出，不能一味地将各种研究地面现象的学科都囊括在地理学的研究范围之内，而应辨明地理学与其他学科的界限，并且明确地理学具体的研究不能脱离与人之间的关系，其工作内容在于观察各地域各成分的联系和环境与人的关系。先生高度重视人文地理学，乃至于提出了“只有通常所谓的人生地理各门，包括区域地理和历史地理，才是真正的地理学”的主张。尽管这一观点还值得商榷，先生提出自然地理不属于地理学领域的观点也没有得到学术界的认可，然而，对于人文地理学受到忽视的现实而言，先生的见解是具有积极意义的。此外，对于地理学的应用对象仅仅是落实在空间上的片面认识，先生认为，地理学不仅是作用在空间上的科学，在时间上也有其重要的应用，如书中所提到的时令变化、农作物的熟制等都是地理学作用在时间上的证明。这一点，在当前的空间规划技术进步过程中得到了充分的验证，时空观念越来越深入人心。

（二）区分研究类别，阐述研究重点

本书按照地理学对象的不同将其分为自然景和文化景两个方面，自然景可以作为自然地理的范畴，文化景则是人文地理的表达，而两者的结合就是当地的地理环境。对于自然地理，书中并非简单地将其当作研究地面的各部分，而是兼顾气候、地形、水资源、土地资源、生物资源等等，由于各种因素的不同，结合起来就形成了各地不同的自然地理环境。而人文地理作为人地关系的表现，也可将其细分为人口、生产、交通、防护、居住等五种。在人文地理的研究中，要特别注重其与地理相关的情形，而非仅仅是对其发展历史的叙述。由于受时代发展的限制，书中对于一些影响因素的归纳还不完备，但就当时的科学认识水平而言，还是具有十分深远的影响和意义的。其后，本书系统地对地理学所包含的各门类进行了详细的介绍与区分。例如认为地理学的通论是“环境与人生各种状况的分布和相互关系”；澄清了人口地理与居住地理的差异；根据研究重心不同将经济地理划分为农业地理、工业地理以及商业地理；在海岸带方面，提出了“海岸线实在不是一条线，而是一个有宽度的地带”，并对海岸带开发利用提出了深入的思考。

（三）注重人地关系，具有前瞻意识

本书虽撰写于20世纪30年代，但却具有相当的前瞻性，即便对当今社会发展仍具有指导意义。先生认为既不能将地理学作为所有研究地面现象科学的集成，也不应囿于自然地理或是人文地理，它真正的内容在于观察各地域各种成分的联系和环境与人的关系。人与自然环境是一个相互影响的过程，人通过发挥主观能动性可以改变自然环境，自然环境也可以对人的活动产生影响，但是，人力改变环境不能超过自然环境的限制，而自然环境的效率也并不是一成不变的，它可以随着文化科技的进步发生改变。这些观点与20世纪60年代以来提出的可持续发展战略不谋而合，即人的生产和生活离不开自然环境所提供的种种条件，离不开环境容量的限制和自然演化带来的挑战，人与自然只有和谐共生才能保证人的生存与发展。[⑦]此外，先生认为在研究地理学分布范围时，要注重区域内极端限度的制约，这个限度，既包括最高限度也包括最低限度，由此来分析区域的现状发展情况以及可能达到的发展程度。这一观点也可以说是时下国土空间规划中区域发展的资源环境承载能力及国土空间开发适宜性要求的思想渊源之一。[⑧]虽然书中未对极端限度作准确的定义，但对后人的研究具有启发意义。

（四）阐明研究过程，落实分析方法

本书对理论知识进行阐述后，对地理学的分析方法也进行了简要介绍，强调以人文地理为主体，而采用自然地理的根据进行解释。在材料的收集方面，提出应当有明确的计划，而且计划制订应结合当地实际。地理学作为一门实际的科学，其材料的收集往往也需要实地观察。在整理所搜集材料方面，书中也提出了很多先进的观点和方法，包括在整理统计数据时，可采取密点图和等线图的方式；在对人文数据进行分析时，不能仅仅统计总量数据，还应计算其密度及其百分数，并根据其数据大小不同，用颜色和符号进行标识加以区分；同时，为减少各类统计材料因特殊情况产生的误差，可以采用平均值计算的方式，如在对气候进行分析时，可以长期观测的平均数代表它的常态，而这个平均数的计算以每个月的观测数据为依据,等等。书中所提到的各种地理学分析方法,对于地理学的实际运用都有着重大的意义,而其中的很多手段和措施,时至今日我们也一直在采用。

三、王成组教授的治学方法与学术品格

王成组教授在从事地理学研究和推进中国地理学教育中,形成了自己独特的治学方法和优良的学术品格,这在《地理学》一书中也得到了初步体现。他的治学方法和学术品格值得后人学习。

(一) 明晰界限,海纳百川

明晰地理学的学科界限,是为了更好地探索学科发展的重点问题。任何学科都有其研究领域,地理学也不例外,当时学界对于地理学的研究领域存在较大的争议。《地理学》详细地对当时地理学各主要派别进行了梳理和评析,包括博杂派、分布派、宇宙派、环境派以及景象派。先生认为,博杂派和分布派着眼的内容较窄、深度较浅,在地理学中的地位较低;宇宙派、环境派和景象派则占有很重要的地位和作用。宇宙派在宇宙论中介绍了各区域的分布以及自然界对人的影响。环境派则是由宇宙派发展而来,其主要观点在于环境对人的影响和环境影响的性质等。而景象派将地面的各种景象作为研究的对象,着重分析各区域的景象分布和类别。尤其对于环境派与景象派之争,先生认为,其主要原因在于两者出发点不同,前者着重在于对人的行为活动的分析,后者偏重自然环境状况,但是在实际的研究工作中,都难以避免地要同时分析这两种影响因素。因此,两者虽然看似不相容,实则殊途同归。先生倡导在学术研究中提倡“百家争鸣”“百花齐放”,学术上的争论、讨论、批评甚至批判实际上也是为实现学术研究中去粗取精、去伪存真、真理越辩越明的目标。[⑨]面对研究中不同的见解,不能一味地以否定的态度,而应兼容并包、取其所长。尽管先生坚持认为地理学应当有明晰的界限,但也很宽容地指出:“只要是由地面各种景象的分布与位置研究它们相互的关系,总归是地理学的工作。”

(二) 学术自信,协同发展

作为一名富有爱国情怀的地理学家,王成组教授在书中也特别强调自身的学术研究不能过分仰仗外国人的帮助和成果,中国人要树立对于地理学学术研究的自尊自信,此自信应是建立在对本国地理情况熟知的基础之上的。

先生对于地理学的作用充满信心，指出“新地域的开发，铁路港湾等各种发展计划”都离不开地理学。此外，先生提出了整体观和区域观，对于其后的各类空间规划也具有指导意义。在建立学术自信，促进中国地理学研究的发展方面，先生认为不能单靠一方的努力，而应多方协同，并从学校、研究组织、出版机构、教材等各个方面，为地理学的发展谋划方向。

（三）治学严谨，实事求是

王成组教授开辟了一条重要的治学道路，他在地理学史研究之中，讲求客观、科学、准确。他提出：“无论一个人的见地怎样，我们应当注重切实的工作，而撇开空泛的争论。”对历代地理作品的分析评价，他的基本观点和方法“就是从考证作品内容的真假虚实入手，澄清作品的是非得失，并兼顾到写作年代的历史条件与作者身世的综合分析”。在他的治学活动中，始终强调严谨、周密、科学。对资料的选择运用也力求正确把握资料的真实价值所在。对前人的成说，既不墨守成规、故步自封，也不轻易抛弃否定，而是强调以科学的眼光重新观察评价。

（四）爱国敬业，乐于奉献

王成组教授还是一位热忱的爱国者、一位正直善良的人。“九一八事变”后，他积极参加抵制日货运动，并在1932年参加国际联盟组织的东北调查团，主持地图测绘工作，揭露日本侵略我国东北的罪行。1936年时昭瀛主编英文《中国年鉴》，他撰写的“东北”一章中，揭露了“九一八事变”后，日军侵华的一系列罪行，同时高度评价了东北人民抗击日本帝国主义的英勇斗争。抗战期间，在沦陷的上海，他坚持救亡教学，表现了坚定的民族气节和信念。新中国成立后，先生满腔热情地投身到为国家培养和造就人才的教育事业中，并于1952年举家迁至西安担任西北大学地理系教授，体现了他义无反顾报效祖国的爱国敬业精神。

（五）淡泊名利，为国育才

王成组教授在地理学人才培养上的贡献是不可磨灭的，即使在重病缠身之际，也坚持将自己的精力倾注于人才培养。他于八十高龄出版学术专著《中国地理学史（上册）》之后开始招收研究生，许多人都希望下册尽快出版。然而他却表示：“我花几年时间写成的仅是一本书，若能在这几年内带出一批专门研究人才，那就不是一两本书的成果可以比得上的。”所以便集中精力进行研究生培育工作，终于使一批地理学史研究方向的学生顺利毕业。而他自己多年的地理学史研究心得，却因时间紧迫，未能形成文字。[10]这种淡泊名利、为国育才的精神令人感动和敬佩，也是我们每一位教师学习的榜样。

结　语

王成组教授在我校任教期间出版的《地理学》一书，引进当时西方地理学思想和方法，让更多的人开始认识、学习和热爱地理学，作为近代中国学术启蒙的著作，深刻影响着地理科学的发展和传承。中国地理学的进步，与王成组教授的贡献是密不可分的。先生惠施多方，其书五车[11]，在中国地理学研究中留下了颗颗璀璨明珠。

而今，人地关系已经成为地理学最重要的基本理念，在理论和应用上都得到了长足的进展。由于历史原因，我校没有设立地理学科，然而地理学在不少学科中发挥着重要的作用，这或许也可以算是另一种形式的文化传承。例如，人文学院历史系中国史研究方向下的历史地理学；社会与人类学院下的社会学和人口学；海洋与地球学院下的海洋地质学；环境与生态学院下的环境规划与管理；建筑与土木工程学院下的城市与区域规划，等等。如何加强相关学科之间的交流与合作，进一步发挥地理学在解决人地关系中的特殊作用，是我们这些后继者不容推卸的历史责任。

厦门大学即将迎来百年校庆，一所百年学府的荣耀离不开先贤的奋斗。虽然历经时代变迁，而今已难以追寻先生在校期间的点点滴滴，我们仍将怀着敬仰的心情深刻缅怀这位老校友，真诚感激他教书育人的情怀，感激他以高度的责任感和使命感担起了中国地理学拓荒的重担！

注释：

①上海市地方志办公室网页之“王成组（1902—1987）”，http://www.shtong.gov.cn/Newsite/node2/node4/node2250/node79850/node79892/nodc80843/node81307/userobject1ai99570.html。

②赵荣、徐象平：《王成组教授及其对中国地理学的贡献》，《地理研究》1988年第3期。

③叶宝明主编：《人文地理学》，北京：人民教育出版社，2006年。

④王向明、姚远：《中国地理学史专家王成组教授》，《西北大学学报（自

然科学版)》1989年第3期。

⑤吴传钧、张家祯:《我国20世纪地理学发展回顾及新世纪前景展望——祝贺中国地理学会创立90周年》,《地理学报》1999年第5期。

⑥凤凰网:《译介西学接续文脉——中国最早留美地理学家王成组的学问人生》, https://feng. ifeng. com/c/7qlpgmOqkFO。

⑦牛文元:《可持续发展理论的内涵认知——纪念联合国里约环发大会二十周年》,《中国人口·资源与环境》2012年第5期。

⑧《资源环境承载能力和国土空间开发适宜性评价指南(试行)》,中华人民共和国自然资源部,2019年。

⑨汤茂林:《我国人文地理学研究方法多样化问题》,《地理研究》2009年第4期。

⑩赵荣、徐象平:《王成组教授及其对中国地理学的贡献》,《地理研究》1988年第3期。

⑪顾实:《庄子天下篇讲疏》,北京:知识版权出版社,2015年。

作者李炎,厦门大学环境与生态学院教授;文超祥,厦门大学建筑与土木工程学院副院长,教授、博士生导师。

陈振骅与《货币银行原理》

邱崇明

《货币银行原理》（商务印书馆1934年5月初版，1935年5月第三版），是陈振骅教授早年在厦门大学任教时编写的一本教材，2021年是厦门大学建校100周年，该书被列入“厦门大学百年学术论著选刊”系列，将影印出版，编纂组让我写几句话，自感才疏学浅、力不从心，但母校百年大庆，当尽绵薄之力，所以还是不揣浅陋地接受下来。

一

陈振骅教授（1900—1966）是福建福州人，上海圣约翰大学毕业，留美获华顿商学院硕士学位。回国后先后任复旦大学教授，厦门大学经济系教授、系主任。20世纪30年代后期曾任江西省所得税务局、闽赣直接税局局长。抗战胜利后任教于福建学院，后重返厦门大学，长期在厦门大学外文系任教。[①]曾与外文系陈福生教授合译多种西方经济学经典著作，列入商务印书馆的“汉译世界学术名著丛书”，包括古典经济学的鼻祖斯密、法国资产阶级庸俗政治经济学的创始人萨伊、瑞典学派的林达尔、美国学派的克拉克和米契尔等大师的著作。经济思想史的原著一般都比较深奥，读懂中文版尚需花很多时间，更遑论翻译。而陈振骅教授的译著数量之多、跨度之大，着实令人叹服。

本书是陈振骅教授在我校担任“货币银行学”课程时所编讲义。作者在“自序”中称，其时“中国货币与银行制度俱未入正轨，其待整理改革之处正多”，教学中“感国内无良好能切中时要之课本，而西文本匪特售价过昂，学生苦之，且又不尽适国情，爰乃自编讲义，以应需用”，写作过程“几经改窜，阅时二年之久，始克成书”，因同人推许怂恿而付梓，列入商务印书馆“经济丛书”。初版后深受欢迎，一年内就又两次再版。据我国著名的金融学家、中国人民大学原校长黄达教授考证,本书与崔晓岑编著的《币制与银行》[②],同为当时中国"两本受到重视的教材;后来好多本有关货币银行的著述所开列的参考书目中,都列入了这两本书"[③]。若论出版时间,本书比崔书还早两年。

一本好教材,不管是对教师还是对学生都非常重要。对教师来说,教材从一开始就决定了这门课的起点水平,并在很大程度上决定了教学质量,要提高教学质量首先要抓教材建设。对学生来说,好教材不仅介绍知识,还给学生留下大量信息和进一步思考的空间,既授人以鱼又授人以渔,能让学生若干年后重读仍感到有新的收获。笔者迄今写文章仍不时地查阅黄达的《货币银行学》、易纲和吴有昌合著的《货币银行学》和米什金的《货币金融学》等当年用过的教材,重读之余仍不时地觉得有新的领悟,可见好教材会让人受用不尽。

二

《货币银行原理》问世后能产生较大的影响,受到市场欢迎,并非偶然,这可以从本书的下列特点看出来。

(一) 注重联系中国实际

作者虽然曾负笈海外,书的框架也是延续西方货币银行学在20世纪初的体系,但没有照搬,书中用大量中国金融市场的第一手资料,深入系统地介绍中国的货币流通、银行体系和业务。在介绍中国币制改革时,从清末的"精琦计划""赫德计划"到1929年的"甘末尔设计委员会计划",无不详列并加以比较。当过教师的人都有这样的体会:社会科学的原理,如果不结合历史和现实,常常是简单的人人皆知、平淡无奇的几句话,而一旦结合了,就变成触手可及的活生生的问题,并引申出一大堆引人入胜的新问题,通过对这些问题的思考,学生对理论的掌握以及运用理论分析解决问题的能力立刻就上了一个台阶。本书在这方面做了不少有益的探索,可圈可点:比如,为何钱庄这一采用风险很高的无抵押担保信用贷款形式,看似十分落伍的金融机构,在上海、武汉这样现代银行林立的金融中心仍能顽强地生长,并显示出相当强的竞争力?上海这一旧中国最大的金融中心在商业循环周期中所表现出来与发达国家不同的"六季节"现象,其成因是什么?中国农业信用机构不发达的原因何在?贴现与贷款相比具有哪些优势?对这些问题的看法颇多中肯之处,体现作者对中国本土金融特点的深入了解。再如,在介绍银行业务时,无论是存款还是贷款、汇兑，始终围绕风险管理这一主线展开，详列各个业务环节的风险点与防范对策，切中要点，避免了面面俱到、泛泛而谈。这种内容取舍思路对今人编写货币银行学教材也不无参考价值。本书还安排专节介绍苏联的银行体系，这在当时也颇为难得。

（二）货币制度理论在本书占有很大比重，具有突出的地位

与今天的货币银行学教材相比，本书的一个显著特点就是有关货币制度的篇幅非常大，全书分两编，上编货币论十六章，下编银行论十八章。上编除了介绍货币的性质与职能、币值与价格、信用的三章外，其余十三章都是有关货币制度的，这些章节从各个侧面对各国货币制度进行系统阐述和比较分析，包括货币制度的内容、货币制度的演变、各国货币制度简史、中国的货币制度、货币制度的改革等，占全书篇幅三分之一强（36%，若把第一、四、十二章也计入则占43%）。其中第十三章"货币改革之提议"中介绍的"计表本位制""劳力时间本位制""劳工费用本位制""劳工反效用本位制""买者剩余本位制""补偿主币议""约制世界黄金产量说""约制现金之需要之各计划"等，在一般教科书中少见。

货币制度简称币制，包括国内币制和国际币制两种，前者是指一国政府以法律形式确定的货币流通结构和组织形式。典型的币制包括货币材料与货币单位的规定；通货的铸造、发行与流通；货币发行的准备制度等内容。国际货币制度是国际金融学的重要组成部分，除了国际货币本位外，还包括对汇率制度、国际收支的调节方式、国际清偿力的供应所作的制度安排。这种制度安排可以是自发形成的，也可以是各国所正式达成的条约和协议的形式。

币制的分量如此之大，首先是由当时的历史背景所决定的。本书写作时中国正处在法币改革的前夜，1933 年美国在国际市场上大量收购白银，引起银价暴涨，此举给中国经济带来灾难性的后果：白银大量外流，通货紧缩，物价跌落，工商业走向萧条，中国的银本位制已难以为继。币制改革遂提上议事日程。英美两国乘机插手这一改革，力图将中国纳入其货币集团以使中国经济金融沦为其附庸，币制改革成为社会关注的焦点。

其次，币制的分量大，是币制本身的重要性使然。如果说金融是现代经济的核心，那么币制就是金融这座大厦的基石。其重要性体现在以下四个方面：

第一，币制是一国基本经济制度之一，币制选择是否得当以及币制完善与否，对经济金融的稳定性有非常大的影响，古今中外，概莫能外。以历史上中

晚唐的钱荒为例,唐朝采用金属货币制度,银铜作为币材,但中国并非盛产银铜的国家,银铜产量无法满足流通对货币的需要,通货不足,币值上升,物价下跌,"钱重物轻",这本身就不利于经济发展,币制的缺陷又给统治者搜刮民脂民膏提供了良机,"以钱定税,以物缴纳",即用名义价值较高的货币确定老百姓的应纳税额,同时规定用价格趋向于下跌的实物来纳税,这样表面上以货币计价的税额不变,但缴纳的实物却增加了,百姓的税负加重,结果激起民变,这也是导致唐朝走向衰弱的原因之一。又如,亚洲金融危机前泰国的经济基本面已经恶化,出口减少,但泰国采用的是固定汇率制与资本账户开放这种最不稳定的制度组合,无法通过汇率贬值来缩小逆差,结果汇率出现高估和泡沫,泰铢成为索罗斯等国际投机资本攻击的目标。再如,目前运行的国际货币体系（制度）是一种"无秩序"的体系,与经济金融全球化严重不相适应,成为影响全球金融稳定的根源之一。表现在,国际收支调节机制依然不完善;内外均衡的冲突由于大规模的国际资本流动而变得日益复杂;缺乏对美元的货币发行纪律的约束,汇率波动剧烈,汇率体系极不稳定,在很多情况下甚至演变成货币危机。造成这些缺陷的深层原因在于这一体系总的来说还缺乏国际政策协调,这也是未来该体系改革的方向。

第二,币制是理解货币作用的钥匙,币制在很大程度上决定着货币的作用边界,不同的币制条件下,货币对产出、就业的影响有霄壤之别。在金本位下,货币本身具有内在价值,银行券以金银作为发行保证,所以,信贷所投放的货币代表本期已存在的财富,贷款是对现有资本的重新配置,贷款增加并不意味着社会资本（财富）的增加,货币只不过是"覆盖在实体经济上的一层面纱",对产出和就业没有影响,货币在经济中的作用是中性的。在纸币制度（又称管理货币制度或法定货币制度）下,如果纸币（含存款货币）供应量过多,超量发行的这部分货币没有对应的物资保证,持有超额货币的一方等于先向社会垫付自己的劳动,从银行角度看,这相当于发行银行在价值还没有创造出来之前就先将其动员和贷放出去,社会产品由此实现了在价值形态上的超额分配,投资能够突破现有储蓄的限制、透支未来的储蓄,产出、就业由此增加,因此,货币对经济的作用是非中性的。

第三,不同币制条件下,货币发行纪律存在与否不同。在金本位制下（含金汇兑本位制）,一方面,以黄金或外汇作为货币发行保证,为了保持纸币可以对黄金或外汇自由兑换,政府就无法利用通货膨胀来刺激经济增长,货币发行存在硬约束,物价和汇率得以保持稳定。但另一方面,金本位制也妨碍政府采取措施制止由内生的货币收缩造成的衰退,随着经济规模的扩大,金本位制变成束缚经济发展的窠臼。在纸币制度下(含纸币制度下对外实行浮动汇率制这种组合),货币供应量具有完全弹性,政府可以通过放松银根来扩张需求,这既使经济发展摆脱了金本位制的束缚,也埋下了通货膨胀和资产价格泡沫的隐患。

第四,不同币制条件下,货币量能否自动调节不同。在金本位制下,政府必须按照规定价格(比如每盎司 35 美元)购买全部提供给他的黄金,并以金币支付,同时法律允许熔化金币,这样黄金价格就会固定在每盎司 35 美元的水平上,货币供应量等于用于货币用途的黄金盎司数量与金价的乘积,政府无法控制货币供应量。货币供应量是由市场这只看不见的手在自发地调节,作为贮藏手段的黄金可以发挥"蓄水池"和"引水渠"的作用,所以一般情况下货币不会过多过少。纸币制度下,纸币数量可以人为调节,由于政府存在追求铸币税收入和政绩的内在激励,加上货币供应量实际上不仅取决于央行的意志,更取决于相关利益阶层的压力,当失业威胁到社会稳定,在来自各方的压力下,央行往往不得不放松银根,扩大需求以增加就业,这样货币供应量实际上成为由央行、商业银行和厂商、居民共同决定的内生变量。从根本上说,凯恩斯主义诞生的背景就是金本位制的崩溃,纸币取代了金币和可对金币兑换的银行券。存在决定意识,没有纸币革命,凯恩斯提出的用扩张性货币政策刺激经济增长的政策主张就没有实施的条件,也就没有作为意识形态的经济理论的凯恩斯革命。

物换星移,时过境迁。随着金本位制退出历史舞台,今天币制理论在货币银行学中的地位已不复往昔,这方面内容比以前大为减少,几乎到了被完全忽略的地步,这是否意味着币制问题在经济生活中已变得无足轻重了呢?笔者窃以为问题并非如此简单。姑且不说现在国际货币体系改革已成为新兴市场经济国家反对美国金融霸权斗争的焦点,就说金本位制崩溃后这近百年的时间里,仍不断地有人呼吁恢复某种形式的金本位。其中较重要的事件,前有 1981 年美国里根总统上台伊始就成立黄金委员会,研究恢复金本位的可行性;后有 2010 年时任世界银行行长的美国前副国务卿佐利克主张建立一种合作型的国际货币体系,其中包括美元、欧元、日元、英镑和人民币,并建议用黄金作为基准帮助确定汇率。事实证明,尽管美国力图割断黄金与货币的联系,以解除黄金对美元发行的约束，但历史仍按照自己的逻辑发展，不以人的意志为转移。今天，历史又走到一个十字路口。近年来，随着移动互联网、区块链、云计算、大数据、人工智能等新一代信息技术的发展进步，现代信息科技对货币的影响日益深入，比特币等数字货币横空出世。数字货币是具有革命性的金融创新，有人认为，数字货币的底层技术区块链是继蒸汽机、电力和互联网之后的又一颠覆性的核心技术。数字货币的诞生，使货币形态走向数字化；货币流通走向网络化；货币本位在经历了以价值作为币值基础到以银行信用和国家信用作为币值基础的历史飞跃之后，正在出现向以算力价值作为币值基础的回归；货币发行主体在经历由私人金融机构分散发行到政府垄断集中发行的历史飞跃之后，再度出现私人机构发行的端倪，只不过是支流而非主流；货币发行流通机制由传统的基于账户的中心化范式向基于通证（Token Base）的去中心化范式转变，使私人部门发行的数字货币摆脱了政府干预。如果说，过去人们对私人货币代替政府法定货币的讨论更多的尚是“思想实验”，今天数字货币的出现则为这种试验付诸大规模实践提供了条件，这一切都预示着货币制度正面临新的一轮变革。数字货币不仅将提高市场效率和经济福利，而且强化货币发行的纪律约束，对美元的金融霸权地位构成挑战，但同时也对一国的货币政策主权、铸币税和有效性带来巨大的冲击。以脸书公司发行的天秤币为例，它是基于区块链技术，以主权货币或债券作为抵押的数字货币，天秤币与美元等主权货币挂钩，可以克服比特币缺少国家信用背书、价值极不稳定、不适合充当货币的弱点，有可能代替传统货币。当越来越多的金融资产以天秤币计价，越来越多的金融机构开始用天秤币进行交易时，天秤币可能变成一个独立的货币，天秤币理事会将来可能变成一个超级央行，拥有自己的独立货币政策，那么，谁来主导它的货币政策？其货币政策的目标是什么？以哪个国家或地区的经济情况为基准？哪些国家或地区的经济利益会因此受损？如何因势利导、趋利避害，这些都是摆在国际社会面前的一道亟待解决的难题。

鉴于币制问题的重要性，笔者窃以为，有必要在货币银行学教材中增加这方面的内容。举一个很直观的例子，如果缺乏必要的币制知识，阅读很多金融书籍时，比如前几年高居中国财经图书畅销榜榜首的宋鸿兵“货币战争”系列丛书，或者有关数字货币的书籍，都会遇到理解上的困难，可能看了半天还是似懂非懂，不甚了了。对于学经济管理的学生来说，这是讲不过去的。当然，今天的货币银行理论跟本书成书年代相比已有长足的发展，今天介绍币制不能停留在历史上的金本位、复本位，更重要的是要通过对历史的梳理，挖掘出贯穿整个币制变迁过程的底层逻辑，揭示围绕币制问题争论的实质，回答一些具有重要意义的现实问题，比如：货币是否具有公共产品的属性？货币是否一定要由政府垄断发行？货币由私人部门发行和由政府垄断发行各有哪些利弊？货币政策规则、不兑现货币的竞争性供给和无现金的竞争性支付体系，这些限制政府在货币发行中的作用，或者试图用私人部门取代政府发行货币的方案是否可行？随着数字货币的出现，币制可能发生哪些变革？私人数字货币会不会与政府数字货币并存？如果允许用私人数字货币（比如比特币）作为支付手段，那么如何防止利用数字货币进行逃税、暗网交易、非法套现和向国外转移资金甚至为恐怖组织融资等不法行为？面对数字货币的挑战，各国政府应如何加强国际协调，加强对数字货币的监管？如何利用数字货币的历史机遇，推进人民币的国际化，反对美元霸权？等等，只有与时俱进，注入具有时代特色的新内容，币制理论才能焕发出新的生命力，常讲常新。

（三）注重从历史演进的角度介绍货币银行原理

结合历史讲授货币银行学，是本书的另一个特色。这一教材编写思路分两条分支展开。首先，通过对货币形态（币材）变迁历史的分析，探寻决定币制变化轨迹的历史法则。著名经济学家巴曙松在弗里德曼的代表作《美国货币史：1867—1960》一书的译后记中曾经引用过一位学者的话："在经济学家常用的数量、逻辑和历史三种分析工具中，如果要让他去掉一个，他会去掉数量；再让他去掉一个，他会去掉逻辑，无论如何，他要保留历史。"④诚哉斯言，因为历史是凝固了的现实，现实是正在发展着的历史，以史为镜，可以知兴替。一些问题如果结合历史的延展，可能会找到更加清晰的答案。币材是构成币制的基本要素，币制类型就是按照币材来划分的。在人类历史上，实物商品、贵金属、纸和数字资产曾先后充当过币材。刚开始是牛羊、粮食、盐巴等普通商品作为币材，由于这些商品体积大价值小不便携带、会腐烂变质、不能分割成等值的小块，随着经济发展对交易手段需求的增长和科技的进步，等价物逐渐由众多的商品过渡到贵金属的身上，黄金由于体积小价值大、不会腐烂变质和同质性，最后独占了一般等价物的宝座。但贵金属的稀缺性使它作为币材无法满足交易的需要，所以又被纸质的法定货币（管理货币）所取代。纸币固然发行成本低可以随意增加，这一自然属性使它成为国家调节经济的理想工具，但成也萧何败也萧何，纸币量可以人为调节带来通货膨胀和泡沫。今天数字资产的发行去中心化等优点使它有可能在保留纸币优点的同时克服其缺点。通过对币材变化轨迹的梳理不难发现,推动币材变更的根本原因是商品生产和流通规模扩大,对流通手段需要量不断增长,原有的币材无法满足这一需求,成为束缚经济发展的桎梏。要摆脱这种束缚,必须更换币材。至于最后哪一种物品登上货币宝座,则取决于何种物品的自然属性更适合充当货币,以及该物品的供给弹性。但无论币材怎么变化,币制的任务始终不变,就是维持价格稳定的同时促进经济增长。币材的选择必须符合这个目标要求,否则币制就变成阻碍经济发展的绊脚石,或者是扰乱经济稳定的祸首,必然要被历史所抛弃。其次,本书还从经济思想史角度,介绍币制理论的源流与演变,这有利于开阔学生视野、培养质疑精神和多角度思考的学习方法,把这门课学活,避免片面性。今天一般人都认为货币由国家垄断发行是天经地义的,如果有谁对此表示怀疑,其观点肯定不会被大多数人所接受。但如果认真研读一下本书和怀特的《货币制度理论》(2004 年)、多德的《竞争与金融——金融与货币经济学新解》(2004 年)等现代金融学名著,就会发现对这个问题的争论一直没有停止过。从本书介绍的费雪的“补足货币方案”(Compensated Dollar Plan,1920 年)和凯恩斯的“管理货币思想”,到由弗里德曼主张的限制政府货币发行权力的“单一规则”(1960 年,1968 年)和哈耶克的“私人竞争性供给不兑现货币”(1990 年),[⑤]再到由布莱克、法马等金融学大师和霍尔、格林菲尔德与耶格尔等提出的建立在“货币的价值尺度职能可以与支付手段职能相分离”思想基础上的“无现金的竞争性支付体系”(1970 年,1980 年,1983 年),[⑥]关于货币是否必须由国家垄断发行,一直是货币理论争论的一个重要问题;在历史和现实生活中都存在私人部门发行的货币(如 19—20 世纪初私人银行发行的银行券,现代社会的信用卡透支额和代金券)。通过对经济思想史的回顾,可以帮助我们更全面地看待货币由私人发行和政府发行的利弊得失,减少片面性;对正确认识数字货币诞生后币制变革的方向也有借鉴意义。综观上述各种学说,还可以发现,各种币制改革方案所要解决的核心问题,说到底,还是如何处理好稳定价格与促进经济增长的关系,这两个目标的关系可以说既相辅相成,又相互冲突。币值稳定为经济增长提供良好金融环境,经济增长反过来为稳定币值提供物资基础。但二者之间又存在内在冲突:要稳定货币,就必须限制政府发行货币的权利,防止政府为追求政绩而用扩张性货币政策去刺激经济发展,但这同时也限制了货币政策的选择空间;要保留政策灵活性,通货膨胀又难以避免。这种“两难选择”一直存在于各国不同的历史时期。

除了上述特色，本书内容丰富，实用性强，脉络清晰，详略得当，语言简练，深入浅出，具有相当强的学术性。作者不仅有深厚的理论功底，也有较丰富的实践经验，教材的写作是以一定的科研成果为依托的。

厦门大学金融学科有着悠久的历史，其前身是1921年商学部下设的银行科。1928年银行系正式设立。迄今，厦门大学金融学科已经走过了近百年的历程。在陈教授任教的年代，厦大尚处于发展初期，然经教职员工和学生筚路蓝缕、奋力拓荒，取得不俗的成就。本书就是一部具有代表性的作品，它反映了当年厦大商科教学研究在国内的学术地位，也体现了"止于至善"的厦大传统精神。在厦大纪念百年校庆之际，学校决定挑选历史上厦大教师的精品之作，影印出版，不但具有纪念意义，也激励后来学人再接再厉，发扬光大厦大精神，再创新篇章。

2020年10月23日

注释：

①参见厦门市图书馆编：《厦门人物辞典》，厦门：鹭江出版社，2003年，第442页。

②崔晓岑：《币制与银行》，上海：开明书店，1936年。

③黄达：《与货币银行学结缘六十年》，北京：中国金融出版社，2010年，第220页。

④[美]米尔顿·弗里德曼、安娜·J. 施瓦茨著：《美国货币史：1867—1960》，巴曙松、王劲松等译，北京：北京大学出版社，2009年。

⑤[美]劳伦斯·H. 怀特著：《货币制度理论》，李扬、周素芳、姚枝仲译，王传纶、李扬审校，北京：中国人民大学出版社，2004年。

⑥陈野华：《西方货币金融学说的新发展》，成都：西南财经大学出版社，2001年。

作者邱崇明，厦门大学经济学院金融系教授、博士生导师。

林惠祥与《文化人类学》

石奕龙

一、林惠祥先生的生平

在厦门大学,林惠祥教授是一位富有传奇色彩的人物。他是厦门大学文科第一届唯一的毕业生,研究生毕业后,除了在中央研究院服务两年,抗日战争期间,逃难南洋十年外,其余时间都服务于厦门大学。

1901年6月2日,林惠祥先生出生于福建晋江县莲埭乡(今石狮市蚶江镇)。其曾祖父去台湾经商,并因此起家。不过,富不过三代,到他父亲一代家道有些衰落,"但仍至台湾营小生意",以维持家计,而家人仍居泉州老家。甲午之战后日本占据台湾,居民改隶日籍,而日本国籍法亦根于血统,其祖、其父因在台湾而有日籍,而其家眷亦为日籍。然而林惠祥先生的父亲不移家赴台,"亦不在泉州故乡挂台湾籍,对祖国仍尽国民应尽之义务,故亦仍有中国籍,盖即所谓双重国籍"①,所以林先生在童年与少年时有着日籍与中国籍的双重国籍,而他对日籍则是耿耿于怀,尤为反感。

林先生自幼聪颖又很有主见,9岁入家塾,11岁随人乘帆船赴福州,因他父亲在福州经营闽台间的贸易,有许多日文票据要处理,认为有送孩子学习日文的必要,故在他12岁时送他入福州日人办的东瀛学堂学习,学制四年。"课程以日语为多,然亦有中文及中国史地等,程度如小学"。林先生在此期间除了课程的学习外,不仅喜欢练武,而且也"喜看旧小说书数十种,中文进步颇速"。四年后,以第一名的成绩毕业。

日本校长要介绍他到日本商行工作,林先生谢绝了。"不肯就日本商行之职业,而对中文、英文发生兴趣",遂进入教会所设的青年会中学,学习英文。

不过，林先生入学后也认为该学校授课太少，浪费时间，故只读了一学期便退学，而窝在家自学。他父亲见状告诫他，“自修即有学力，亦无资格文凭”，要他关注社会现象的严酷。然林先生却对父亲说：“有真才便好，何需资格文凭。”于是仍窝在家自学该中学的课程，每日伏案14个小时，希望用两年时间可以读完中学五年的课程，“英文已知照符号发音，全以字典为教师，日读数课，记生字数十，课本为读本。文法、尺牍、修辞学、中外地理、罗马史、希腊史、迈尔氏世界通史等。中文则不限于该校所定，由古文、《左传》、《东莱博议》，而至诸子文、两汉文、骈体文、诗赋等。每日必作文一篇，由散文而骈文而诗赋。虽无人为之改正，然日日为之，自觉颇有进步。如此晨夕勤课，继二年，至十八岁，中英文果有中学毕业之程度，中文尤颇能写作”。见其文化能力的提高，其父觉得他“既不入学，又不从商”，总要寻找一条出路，于是劝他去当老师，经过曾就读的东瀛学堂日本人校长的介绍，林先生到东瀛学堂教授汉文，颇得学生好评。不久，林先生又在日人校长的介绍下，离开东瀛学堂，入台湾公会工作，办理台侨事务。后因反感台湾公会里的日本浪人的作为，工作一两个月后，就不想在台湾公会服务，“适有父执台湾某君来”，颇欣赏林惠祥先生的中英文水平，所以介绍他给台北的某巨商抄账，因此，林惠祥先生来到台北工作。虽然台北此巨商“相待颇见礼貌”，然林惠祥先生因无心经商，故还是认为，在商家中“工作时间过长，无暇看书，极感烦闷”，所以林惠祥先生在该商家中干了两星期后便辞职不就。

1918年，应妹夫之邀前往菲律宾马尼拉，在亲戚家的米厂里记账，工作之余仍坚持学习，这样过了约两年多。由于林惠祥先生一贯对从商不感兴趣，并以商界不能兼事学问而以为苦，欲入教育界，“而此时方知道资格有关系”，要进入教育界资格、文凭的重要性。然他这时已20岁了，自思自己的“实力已有中学毕业程度”，也不愿意再入中学去学习而拿正式文凭。就在这时，恰巧见到报纸上报道陈嘉庚先生创办了厦门大学，学生可免学膳费。他非常高兴，决定弃业就学，以同等学力报考厦门大学。由于没有中学毕业的资格，故赶紧补习代数、几何等过去所缺的课。

1921年，从菲律宾返回厦门参加考试。在菲律宾海关以偷梁换柱的方式抹掉了日籍，而成为中国籍持有者。由于回到厦门时考期已过，勉强参与补考，同时也由于林惠祥先生少年时个性太强，过于强调无师自学和偏科，故考试时，“各科不齐，中文过，英文及格，数理分数不足，不得为正式生，不获受免费待遇，只可为旁听生”。林先生得知没有完全被厦大拒绝，则“喜出望外”，十分珍惜这来之不易的学习机会，努力读书。在预科中，第一学期考试成绩颇优，第二学期就改为特别生。次年补考数学及格而改为正式生，入人文科社会学系学习，并因其文学颇露头角而被同学公选为校刊的编辑之一。

由于这些变数，林先生就读厦门大学时并未获得“免费生”的待遇，而且入学后的第二年，其父亲所营之商业也失败，家道中落，生活困苦，也难以支持他自费读书。所以，林先生除了刻苦攻读，以便以好成绩来获取奖学金（获得甲等奖学金两次）支持读书外，他还在系主任徐声金博士的介绍下，在三年级时兼任厦门中华中学史地社会诸学科教员，挣钱维持自己的学习并补贴家用。四年后的1926年毕业，获学士学位，“幸得追及为厦大第一届毕业生，同学录上且列余为首名”，实际上是因为文科排前，而当时“文科毕业生实只余一人也”，所以林惠祥先生是厦门大学第一届毕业生之一，也是厦门大学文科唯一的第一届毕业生。

林先生大学毕业后先在厦门大学预科当教员一年，后在菲律宾以兼教某女校挣钱的方式自费在菲律宾大学研究院人类学系深造一年，随美国导师拜耶教授（H. Otley Beyer）学习和做实地研究，因“未入学时曾预备一年，故得越常例”，一年后于1928年毕业，获硕士学位。

时蔡元培先生为教育部改称之大学院院长，经林惠祥的老师毛夷庚先生的介绍，蔡元培邀请硕士毕业的林惠祥赴京，委任为大学院特约著作员。不久中央研究院成立，社会科学研究所中设有民族学组，蔡元培先生自兼组主任，林惠祥先生被聘为民族学组的助理员。

1929年7月，林先生的父亲在台湾逝世，林惠祥持中国护照，化名林石仁告假奔丧，进入日据之台湾，处理丧事。并接受蔡元培院长的提议，丧事处理完后即入台湾番地进行民族学调查，不畏艰险，奋力以赴，先后到花莲、台东、台中日月潭等地“研究番族，搜集其风俗习惯之标本”，也到台北圆山贝冢考察，历时两个月有余，采得番族标本100多件，大件的有长丈余的樟脑木独木舟，以及包括台北圆山贝冢石器在内的石器104件、陶片32片。返回后，写成《台湾番族之原始文化》一书，由中央研究院在1930年印刷出版。林惠祥先生也因此在1930年被升为社会科学研究所民族学组专任研究员，也为中央研究院的建立与发展贡献了自己的力量。

由于林惠祥先生“以南人眷住京（南京）沪（上海）不惯”，又“恋厦门之风土”,所以,当母校厦门大学在1930年招聘社会学教授时,林惠祥先生即去应聘而“转就厦大”任职,任厦门大学文学院历史社会学系副教授,同时还兼任中央研究院特约研究员一年。1934年,聘为文学院历史社会学系副教授、系主任。1935年,转为文学院人类学教授和历史社会学系系主任。1936年被厦门大学校长林文庆聘为文学院人类学教授兼文化陈列所主任及训育等职务。1937—1938年度,被聘为厦大历史社会学系教授兼代理主任等职。

在厦门大学任职期间,林惠祥先生发现“当时人类学书籍甚少”,故立志编写讲义,搜罗中外材料、理论,综合编述,数年中写成《民俗学》(1931年)、《世界人种志》(1932年)、《神话论》(1933年)、《文化人类学》(1934年)、《中国民族史》(1936年)诸书,皆由上海商务印书馆刊行。《文化人类学》被商务印书馆列为“大学丛书”。

为了人类学教学的需要,林先生在1933年自建一住屋,留前厅为人类学标本陈列所,自费四处搜买标本及发掘古物,又得南洋热心家捐赠,合计得三四百件,陈满二室,颇有可观。林惠祥先生以此供厦大历史、社会学系教学之用,并欢迎各中小学师生参观,故兼有通俗教育之效果。“厦门市政府民众教育馆长来参观,自叹以政府机关来作为,反而不能及也”。为了增加人类学陈列所的陈列品,1935年,林惠祥先生又一次自费前往台湾搜集番族标本,并到台北圆山“贝冢”遗址考察。他化名林淡墨,假托教会中学教员,用中国护照前往台湾,进入番地如日月潭,进行两个星期的调查访问,采集到番人的刀、枪、弓、箭、衣饰、雕刻物、船模型以及史前石器等数十件,如台北圆山石器78件,陶片3片。也使林惠祥自己开办的人类学陈列所中的展品有所增加。

1936年春,与厦大同事郑德坤、庄为玑二先生同赴泉州探寻古迹,于泉州中山公园内发现唐初古墓四座,发掘之,得唐三彩明器数十件,有字、花纹古砖许多,返回厦门时置于人类学陈列所中作为展品。

1937年暑假,闻闽西武平发现史前古物,林惠祥先生即取道潮汕、梅州转入武平,偕梁惠溥(原发现者)、雷泽光二君发掘该遗址两星期,得新石器时代遗物石器数十件,陶器破片无数。

1937年“七七事变”后,特别是“八一三”日本人攻占了金门后,厦门危急,林惠祥先生虽被国立厦门大学校长萨本栋聘为厦门大学历史社会学教授兼代理主任,但因日本人攻厦的压力,林惠祥先生还是先携家眷逃至万国租界鼓浪屿避难,后又逃难香港。在香港时,曾在该岛大潭山发现一处新石器时代遗址。后来碰上新加坡政府博物馆召集国际性远东史前学家第三届大会，林惠祥先生于1938年1月前往参与，也顺便带家人往南洋避难。在会上，林惠祥先生宣读了《福建武平之新石器时代遗址》（A Neolithic Site in Wuping Fukien）论文。会后陪华侨李俊承到印度游历，经恒河流域登灵鹫山至尼泊尔边境之古舍卫国等处，途经仰光。历时两个月始回新加坡，获得一些有关印度的考古及民族文物标本。1941年12月前，在南洋避难的林惠祥先生还可以在一些中学任职，如新加坡某女中、槟榔屿钟灵中学；而在1941年12月8日日本人攻占马来西亚后，林惠祥先生避难南洋的艰难生活每况愈下。尽管如此，林惠祥先生也不忘人类学研究，曾赴北马来亚发现一处史前洞穴遗址，获得旧石器式之遗物颇多，并写下了《马来亚吉打州石器时代洞穴遗址》一文。

1945年8月抗战胜利，日本投降，林惠祥先生重见天日，并解除了25年国籍上的危险问题，心情格外舒畅。1945年，林惠祥先生帮助陈嘉庚先生润饰《南侨回忆录》。1946年，陈嘉庚先生又邀林惠祥为南侨筹赈总会编辑，编辑与润饰《大战与南洋·马来亚之部》一书。夏天，接厦门大学来函，请其回国续旧职，但一直到1947年夏天，接到厦门大学校长汪德耀签署的聘书与津贴路费，正式聘林惠祥先生为文学院历史系教授后，林惠祥先生才带着家眷从南洋回国，到厦门大学任历史学系教授。

新中国成立后，1949年12月，林惠祥先生被厦门市军管会和市人民政府聘为厦门市第一届各界人民代表会议代表。1950—1951年，被王亚南校长聘为厦大文法学院历史学系教授兼系主任，并兼任厦门大学南洋研究馆馆长之职，还被任命为《厦门大学学报》的编委。1950年秋季学期，林惠祥先生与历史系的熊德基、庄为玑、韩振华及南洋研究馆的资料室主任陈盛明等，带历史学系考古学班的同学，包括陈国强、陈在正、薛谋成、黄焕宗、陈孔立、陈文彬等16人到泉州考古实习，参观了泉州的古代遗迹，如开元寺、东西塔、承天寺、玄妙观、铜佛寺、清真寺、灵山回教传教士墓、郑和行香碑、九日山宋代祈风石刻；发现泉州新门外浮桥头的生殖器崇拜大石像；在泉州中山公园发现宋代青瓷双层碗、汉代仿铜器陶尊等；在南安丰州发掘隋"开皇十六年八月八日葬"古墓等。

1951年，林惠祥先生参加厦大的土改工作队，前往惠安县第二区瑞东乡参加土改运动，其间调查了惠东地区妇女婚后长住娘家的旧俗与遭遇，后写了《论长住娘家风俗的起源及母系制到父系制的过渡》一文，于1962年发表。

1951 年 3 月 15 日，林惠祥先生呈文《捐赠古物标本及图书，建议设立人类博物馆呈函》给王亚南校长，并请转华东教育部审批。此举受到王校长和教育部领导的高度赞赏。7 月 12 日，林惠祥先生又呈文《厦门大学设立人类博物馆筹备处计划书》送达王校长并转教育部。12 月 4 日，中央人民政府教育部批复同意成立厦门大学人类博物馆筹备处。学校也在 1952 年 1 月即聘任林惠祥先生兼任厦门大学人类博物馆筹备处主任，又在 8 月聘任历史系教授林惠祥先生为厦门大学研究部副部长、人类博物馆筹备处主任。林惠祥先生全力投入人类博物馆的筹备工作。1952 年 2 月，林惠祥先生被厦门市归国华侨联合会聘为顾问；9 月又被厦门市人民政府聘为厦门市第二届各界人民代表会议代表。1953 年 3 月 15 日，厦门大学人类博物馆正式开馆，学校又于 1953 年 8 月 1 日起聘请历史系教授林惠祥先生任本校人类博物馆馆长，并同意他辞掉历史系主任之职，专心于博物馆与民族、考古专门化的教学。1954 年 1 月参加福州闽侯考古，著《福建闽侯县甘蔗恒心联乡新石器时代遗址考察报告》，被福建省政府聘为省博物馆学术辅导员、华侨文化事业促进委员会委员。

1954 年，林惠祥先生被福建省人民政府聘为省文物保护委员会委员，厦门市人民政府聘他为厦门市文物管理委员会副主任。1955 年，林惠祥先生被推荐为中国人民政治协商会议福建省委员会委员和省科委委员。1956 年，林先生承担高教部任务，负责在厦门大学招收和培养两名副博士考古研究生。该年还到北京参加全国考古工作会议，被选入主席团，并在会上宣读《福建长汀县河田新石器时代遗址》，提出有段石锛发展三个阶段的观点。1957 年 2 月，国家高教部任命林惠祥先生为厦门大学南洋研究所副所长。9 月被批准光荣加入中国共产党。

1958 年 2 月 13 日凌晨，林惠祥先生因患突发性脑溢血，经多方抢救无效，与世长辞，后葬于校园内的山上，享年 57 岁。

二、林惠祥先生的学术成就与学术传承

今天，林惠祥先生对于许多青年学子来说可能略显陌生，这可能与他在 1958 年过早地辞世有些关系。实际上，他是与费孝通、林耀华的老师吴文藻先生同辈的人类学家、民族学家和考古学家。正如已故李亦园院士所赞誉的，

"林惠祥教授是一位全域性的人类学研究者,这在今日分工精细的专业领域中,实是不常见到的全才学者。林教授对一般人类学、对民族学或文化人类学,以及对考古学都有高度兴趣与热心,并完成很多开创性的研究,是我国早期人类学悠久的先驱与奠基者。林教授为学最为特别之处是精细、有系统,但又能提出创见,为后人开辟新研究领域,实为我国学术史上一位重要的先驱学者"[②]。先生的精神并没有失去,他的学术遗产正在为众多的来自厦门大学和中山大学的人类学学子所继承。

林惠祥先生的第一个学术遗产是他对台湾少数民族的开拓性研究。林先生是第一位日据时期深入台湾少数民族社会进行人类学、民族学田野调查的中国学者。1929 年,在中央研究院院长蔡元培先生的建议下,林惠祥先生借赴台奔父丧的机会,在奔丧结束后不畏艰险深入台湾番族聚居的地方,如台北的乌来社,桃园的板角山,台东的卑南社、马兰社、知本社,新港的哈喇巴宛社、大马武窟社,台中的日月潭社,[③]从事调查和搜集资料、标本,并对台北圆山的史前文化遗址进行了考察与资料的采集,1930 年由中央研究院出版了《台湾番族之原始文化》一书。林先生是我国学者实地研究台湾少数民族的第一人、开拓者,打破了日本学者对此研究领域的垄断。"虽然以目前的眼光看来,林先生的'番族'研究也许因新增资料较多,已有较不合时宜的部分,但是在若干基本观念上,却还是很值得称道的"[④]。林先生开拓的这一学术遗产也在他的学生陈国强教授及其学生石奕龙教授、郭志超教授以及他们的学生等身上有所发展与发扬光大。陈国强先生写了大量有关高山族的论著,如《高山族简史》(1982 年)、《台湾高山族研究》(1988 年)、《高山族文化》(1988 年)、《台湾少数民族》(1994 年)、《百越族与台湾原住民》(1999 年)等,是国内高山族研究的权威与宗师。石奕龙、郭志超等都各有一些有关高山族的论文面世,而后来的董建辉教授又接过台湾少数民族族群关系研究的大旗,引领这方面的研究,使得林惠祥先生开拓的这方面研究至今仍后继有人,并不断发展和形成新的认识与建构。

林惠祥先生的第二个重要学术遗产是结合考古资料、民族学调查资料与文献资料,综合运用历史人类学研究的方法,从事和重新阐释中国民族史和中国东南区古代与现代民族或地方族群的历史文化的研究。其 1936 年在商务印书馆出版的《中国民族史》就是在这种方法的基础上撰写而成的。在书中,他"综合前此民族史与民族源流的各家研究,再加上近代民族志的资料而成,糅合历代民族融合涵化的各个系统,而以现代是族群类别承接之,既有历史的轨迹,又有现代族类的观念,可以说开启了当代中国民族系统分类的先声,对当代民族分类思想颇有影响,这实是林惠祥教授对中国民族学研究至为重要的贡献"[⑤]。该书"对中国民族来源和分类系统颇多创见,是同类书中最详尽的一种"。"出版后,四个月销了4版,足见其受欢迎之程度。日本学者中村、大石还将此书合译为日文,并成为日本书报论及我国民族史研究的常用参考书"[⑥]。这一学术传统也在厦门大学人类学系的林惠祥教授的后辈手中有所发展与壮大,如其学生陈国强、蒋炳钊、吴绵吉教授以上述方法而写成的《百越民族史》(1988年)、《百越民族文化》(1988年)、《畲族史稿》(1988年),以及林惠祥教授的徒孙石奕龙教授以此方法写成的《两周时期句吴与邻族关系试探》(2017年)等都是如此,并且也在当下中国东南区族群研究的实践中,形成新的方法与理论归结而有所创新。

林惠祥教授的第三个重要学术贡献是在考古学方面。1931年供职于厦门大学后,林惠祥先生除了撰写人类学教材外,多从事中国东南区的考古调查与发掘工作,1929年和1935年,也曾在台湾台北圆山遗址考察、采集文物。在1937年"七七事变"后逃难的过程中,考察过香港大潭山新石器时代遗址以及马来亚吉打州石器时代洞穴遗址,广泛地收集各地的资料。在考察了广大区域中的古代实物资料与文献资料后,他在20世纪50年代提出一些观点,如中国东南区新石器时代文化的特征是有段石锛与印纹陶,有段石锛分原始型、成熟型、高级型。原始型出现在中国大陆的东南部与南部,"即闽粤浙赣诸省"。[⑦]按照林惠祥教授的说法,"有段石锛应是在闽粤赣发生,发展到有高级阶段然后向北方及海外发展",即成熟型出现在台湾、南洋一带,高级型主要分布于中国北方与大洋洲等地。林惠祥还说,"由民族上的联系言之。有段石锛散布的地方如菲律宾和台湾土著都是马来族,太平洋诸岛的土人也由马来族混合而成";"台湾(的有段石锛)应是由闽粤过去";"菲律宾应是由台湾或由广东往东沙群岛等处移去";"苏拉威西和北婆罗洲是由菲律宾传去";"玻里尼西亚诸岛也应是由菲律宾移去"。[⑧]在其他论述中,他强调同样的观点,如在《考古学通论》中,他说,"这种东西(指有段石锛,stepped stone)只见于中国东南各省及台湾、南洋以至太平洋诸岛,华北和欧洲未见(著者在武平、南安、台湾都曾发现)。或者原是发源于中国东南,传于台湾、南洋和太平洋"[⑨]。又如,他在《台湾石器时代遗物的研究》中也说:"有段石锛应是发生于大陆东南区,然后传于台湾以及菲律宾,最后传到太平洋各岛。"[10]也通过写《南洋马来族与华南古民族的关系》,以文化学、民族学资料来研究证实中国东南、南部的古民族与南岛语族民族的关系。也就是说,林惠祥教授在20世纪50年代就认为通过石锛、有段石锛分布的研究可以看到中国东南、南部的古代民族与包括台湾、马来人在内的南岛语族诸民族有着源与流的关系。这一观点也为后来不断出现的新学科研究和新的实物资料的出现而被证实与修正。[11]有些细节可能有些问题,但大方向却是正确的。

林惠祥教授在20世纪50年代因参加惠安土地改革的调查与采访,引起他对惠东地区汉族妇女及其婚姻状况与制度的关心,于是写成《论长住娘家风俗的起源及母系制到父系制的过渡》一长文,从而开拓了厦门大学人类学系汉人研究的视野以及研究领域。对惠东女族群文化的关注与兴趣,在改革开放后的20世纪90年代也曾掀起一波研究热潮与高潮,相继召开了几场海峡两岸暨香港、澳门学者参与的研讨会,出版了《崇武研究》(1990年)、《崇武人类学研究》(1990年)、《崇武大岞村调查》(1990年)、《惠东人研究》(1992年)、《闽台惠东人》(1994年)、《华南婚姻制度与妇女地位》(1994年)。也促使一些海外与境外学者到惠东做更深入的田野工作,或做更广阔的比较研究。故厦大人类学系的汉人研究也可以看作是延伸与扩展了由林惠祥先生所开创的汉人研究的学术传统。这是他的第四个学术贡献。

林惠祥先生的第五个学术遗产即希望建立一个具有四个分支学科的人类学教学与研究体制。这种体制是美国人类学的体制。美国人类学之父是博厄斯,博厄斯当年与他的学生所进行的工作大多与北美原住民有关系。博厄斯是德国犹太人的后裔,可能因为犹太人背景,他对美国社会的种族问题特别敏感。他在美国开始职业生涯之后,很快便感受到美国政府对待原住民的做法会导致原住民文化的丧失。因此,他把自己和门生的工作视为对美国原住民文化的"抢救"。那么如何进行抢救呢?他的德国背景使他深受德语思想界自浪漫主义运动以来,由赫尔德率先提出,地理学家拉策尔、心理学家冯特、历史学家兰克、物理学家马赫等各行学者共同奠定的文化整体观的影响。在博厄斯看来,抢救必须是整体性的,必须全面对印第安文化进行研究。因此,人类学在美国就出现了四个分支:体质人类学、考古学、语言人类学、文化人类学。林先生在厦门大学毕业后自费赴菲律宾大学研究院留学,当时菲律宾为美国所托管,菲律宾的大学体制基本上都照搬于美国。他入菲律宾大学研究院求学于美国人类学家拜耶教授门下，而拜耶又是美国人类学之父博厄斯的弟子。故林惠祥先生就从拜耶教授那里获得博厄斯四分支主张的人类学学科观念。他回到国内之后，心存建立这样的人类学体系的念想——我们从他所出版的《文化人类学》专著里也可以看到他的这一初衷，虽没有把考古学、语言人类学列为分支学科，但用史前学与民族志替代之（要想获得史前的资料，非借助考古学不可；而要深入了解民族志资料，也需借助语言学的手段），明面没有列举考古学与语言人类学，实则暗含了这两个分支学科。此外，他在书中还用专章来论述原始语言文字，而且其在30年代的论述，有些部分竟然与现代的一些提法相一致，这是极为难能可贵的。因此，从某种意义上而言，林先生可以被认为是中国人类学的重要启蒙者。与林先生同时代的学人当中，林惠祥先生可能是唯一一位在学校的教学、科研之余连续作战，一口气写了《文化人类学》《世界人种志》《民俗学》《中国民族史》《神话论》等这么多人类学教科书的专业人类学家。这是林惠祥先生的宝贵学术遗产，这些遗产对中国人类学的奠基和发展起了巨大作用，这点，我们不应该忘却。

林先生的这一学术追求是在改革开放之后先后在中山大学与厦门大学实现的。20世纪80年代初，中山大学、厦门大学先后成立了人类学系。中山大学和厦门大学人类学系的主要奠基人都是林惠祥先生的弟子。在中山大学，是梁钊韬先生。在厦门大学，是陈国强、蒋炳钊、叶文程等先生。为什么特别强调这两所大学的人类学机构是林惠祥先生的学术遗产之一，或者说秉承着林先生的薪传？这主要是因为，这两所学校在成立人类学系之初，都是按照林惠祥先生的设想来设置人类学的教育体系，都想要建立一个有着完整四个分支或五个分支（现代的人类学还应该包括应用人类学）的人类学系，而且当时也都具备了雏形，如厦大的由人类学专业与考古学专业构成，但又开设体质人类学、语言人类学和应用人类学的课程。中山大学人类学系由民族学专业与考古学专业构成，也开设有语言人类学、体质人类学和应用人类学的课。中山大学这一结构坚持得较好，至今人类学系仍有民族学专业与考古学专业，尽管当下考古学已成了一级学科，也没有分离出去。厦门大学由于一些原因而没能坚持下来，在20世纪90年代，考古学分离出去，投入历史学的怀抱，人类学只剩下文化人类学、历史人类学、应用人类学、民俗学等的研究。不过比中山大学好的是，厦门大学出版了多部人类学的教科书，如石奕龙《应用人类学》（1996年）、董建辉《政治人类学》（1999年）、彭兆荣《旅游人类学》（2004

年)、石奕龙《文化人类学导论》(2010年,2015年)。近年来又引进了体质人类学的人才,重建文化人类学与体质人类学(生物人类学)同构的人类学体系,但由于林惠祥先生之后的第三代学人也都退休了,所以,文化人类学的研究也出现了一些青黄不接的现象,这有待于第四代学人努力去填补与发展。

三、林惠祥先生《文化人类学》的内容及价值

《文化人类学》是林惠祥先生1931年来厦门大学文学院历史社会学系供职后的作品,他见"当时人类学书籍甚少",不利于教学,故立志编写讲义、教材,所以他广泛收集资料,在三五年内就编写了《民俗学》《世界人种志》《文化人类学》《神话论》《中国民族史》等教材,均由商务印书馆出版,其中《中国民族史》与《文化人类学》尤为著名,多次印刷,仍供不应求。

林惠祥先生1934年编著的这本20万字的《文化人类学》是他对人类学研究的最大贡献之一。据已故的台湾著名人类学家李亦园先生述评,林先生在30年代撰写《文化人类学》一书时,"即具备很先进的人类学观念,从他全书的篇章安排即可明确看出。《文化人类学》全书共分七篇,第一篇为人类学总论,第二篇为文化人类学略史,第三篇至第七篇为主体论述,包括物质文化、社会组织、宗教信仰、原始艺术,以及语言文字等部分。其主体论述各篇内容已相当完备,基础观念陈述至为清晰,故为一般初入门者所喜爱。而第一篇及第二篇关于人类学总论及略史部分,也至为清楚明确,引导入门者极具效力,而且至今仍具当代启示意义"。他还认为,"林教授本书最重要的特色是在最后两篇关于原始艺术与语言文字的讨论,这在30年代可说是非常先进的观念,而至今的教科书论著,都还是少有这样精微的表达。例如在语言文字一篇中所介绍的信号、记号等观念,都是极为难得而深具引导性的阐述。而林教授在讨论妇女地位的部分,实际上已与当代'两性关系'与'性别研究'者的论述无大差别了,这也是极为难能可贵之处"。[12]所以,鉴于该书在当时所具有的先进性,上海商务印书馆将它收录于"大学丛书"中,自出版后即成为民国时期国内通行甚广的大学教科书,"曾获数所大学采用为课本"。

1949年后的一段时间内,中国大陆将人类学、社会学、政治学等都视为资产阶级学科而取消教学,故大陆的人类学教学与研究停滞了一段时期。由于全盘学习苏联,苏联教育体系中存在的民族学则兴起,所以林惠祥先生的《文

化人类学》在20世纪50—70年代都无法再次印刷或再版。而台湾大学因1948年设立考古人类学系,则有《文化人类学》教材的需求,故台北的商务印书馆不断重印林惠祥的《文化人类学》,至80年代,林先生的《文化人类学》尚为台湾大学、新竹清华大学、政治大学等学校人类学系、民族学系所常用,以致到1993年,台北商务印书馆出版了林惠祥《文化人类学》台湾1版的8印本,足见林先生《文化人类学》的影响力之深巨。

中国大陆在1978年改革开放后恢复了人类学、民族学、社会学等的教育工作,人类学教科书的缺乏是那时的短板,故许多出版社争相再版这本20世纪30—40年代流行的文化人类学教科书。上海文艺出版社率先在1991年1月出版了《文化人类学》1934年竖排版本的影印本,其简介说,作者林惠祥参阅了西方文化人类学家的著作,在掌握大量民族学、人类学资料的基础上悉心编撰了这部学术专著。资料充实,理论性强,对民族学、民俗学、心理学、历史学、地理学等多种学科理论均有所涉略,代表了二三十年代之外文化人类学研究的总体成就和趋势。北京商务印书馆于1991年2月率先出版了横排本的《文化人类学》,在这版中,"对原书译名按现在的译法做了改译,对若干文字错误做了修改,并删去几张较模糊、史料价值较小的图片";2000年9月,出版该版2印本;2002年4月,第3次印制该版;2011年1月,出版"中国文库(哲学社会科学类)"时,列入林先生的《文化人类学》;2011年9月,将《文化人类学》(横排本)列入"中华现代学术名著丛书";并于2017年12月再版此书。2011年12月,上海书店出版社重版林惠祥先生的《文化人类学》。2012年5月,厦门大学出版社出版《林惠祥文集》时,将林惠祥先生的《文化人类学》新校横排本收入其中,放于文集的上册。2013年5月,上海古籍出版社出版"百年经典学术丛刊"时,列入林惠祥先生的《文化人类学》。2013年9月,东方出版社出版"民国大学丛书"时,将林惠祥先生的《文化人类学》列入其中。2014年3月,上海三联书店出版"民国沪上初版书·复制版"丛书时,列入了林惠祥先生的《文化人类学》。

为反映和宣传厦门大学百年来的学术成就和贡献,挖掘厦大学术丰厚的历史积淀和传统资源,"厦门大学百年校庆系列出版物"丛书设立了"百年学术论著选刊"系列,精选一批在厦门大学工作过的已故学者在校期间撰写或出版的、具有重要价值的学术论著,在百年校庆前以影印的形式出版。林惠祥先生1934年出版的《文化人类学》也被选中,准备由厦门大学出版社在2021年

4月6日百年校庆前出版。

由此看来，据不完全统计，1949年后，台湾至少出版了8次；包括这一即将出版的版本，大陆在1978年后出版了13次。这些都清楚地表明林惠祥先生的这本《文化人类学》所具有的影响力。但林先生这部著作毕竟出版于1934年，后来也没能与时俱进地大幅修改，故具有一定的时代局限性。换言之，与当下的《文化人类学》、《文化人类学导论》和《文化人类学概论》等相比较，林先生的《文化人类学》多偏重于事物的起源等历史现象和历史人类学的考察，正如他自己所说："人类学便是一部'人类自然史'，包括史前时代与有史时代，以及野蛮民族与文明民族之研究；但其重点系在史前时代与野蛮民族。"⑬而今日流行的《文化人类学导论》或《文化人类学概论》则多偏重于当下的现实问题与文化变迁等。拿晚辈2010年出版的《文化人类学导论》与林惠祥先生的《文化人类学》做比较，从章节的排列与标题看都差不多，但文中表述的内容却大不相同。所以当下，林惠祥先生的《文化人类学》不适于做现代人类学教学的材料，但仍适于做人类学、文化人类学延伸性学习或学术史回顾的参考书。

2020年9月21日完稿于厦大海隅斋

注释：

①林惠祥：《自传》，蒋炳钊、吴春明主编：《林惠祥文集（上）》，厦门：厦门大学出版社，2012年，第1~32页。本文关于林惠祥先生的生平多依据此，无法一一注明，请见谅。

②李亦园：《林惠祥的人类学贡献》，汪毅夫、郭志超主编：《纪念林惠祥文集》，厦门：厦门大学出版社，2001年，第122页。

③林惠祥：《台湾番族之原始文化》，蒋炳钊、吴春明主编：《林惠祥文集（上）》，厦门：厦门大学出版社，2012年，第96~110页。

④李亦园：《林惠祥的人类学贡献》，汪毅夫、郭志超主编：《纪念林惠祥文集》，厦门：厦门大学出版社，2001年，第118页。

⑤李亦园：《林惠祥的人类学贡献》，汪毅夫、郭志超主编：《纪念林惠祥文集》，厦门：厦门大学出版社，2001年，第117~118页。

⑥陈国强：《上下而求索——林惠祥教授及其人类学研究》，陈支平主编：

《林惠祥教授诞辰一百周年纪念论文集》,厦门:厦门大学出版社,2001 年,第 3 页。

⑦林惠祥:《中国东南区新石器文化特征之一:有段石锛》,《考古学报》1958 年第 3 期,蒋炳钊、吴春明主编:《林惠祥文集(下)》,厦门:厦门大学出版社,2012 年,第 424~462 页。

⑧林惠祥:《中国东南区新石器文化特征之一:有段石锛》,《考古学报》1958 年第 3 期,蒋炳钊、吴春明主编:《林惠祥文集(下)》,厦门:厦门大学出版社,2012 年,第 439~440 页。

⑨林惠祥:《考古学通论》,蒋炳钊、吴春明主编:《林惠祥文集(下)》,厦门:厦门大学出版社,2012 年,第 41 页。

⑩林惠祥:《台湾石器时代遗物的研究》,蒋炳钊、吴春明主编:《林惠祥文集(下)》,厦门:厦门大学出版社,2012 年,第 326 页。

⑪石奕龙:《林惠祥先生的有段石锛研究及其启迪》,《湖北民族学院学报》2019 年第 3 期。

⑫李亦园:《林惠祥的人类学贡献》,汪毅夫、郭志超主编:《纪念林惠祥文集》,厦门:厦门大学出版社,2001 年,第 115~117 页。

⑬林惠祥:《文化人类学》,北京:商务印书馆,1991 年,第 6 页。

作者石奕龙,厦门大学人类学研究中心原主任,社会与人类学院教授、博士生导师。

钟鲁斋与《教育之科学研究法》

王洪才

作为厦门大学教育研究院的一名教授,我是最近才第一次读到厦门大学教育学科前辈钟鲁斋先生的大作《教育之科学研究法》,这听起来有点不好意思,但说起来也是情有可原的。毕竟钟鲁斋先生在厦大时间不算太长,真正查到的资料非常少。这本书著于1933年,时间太久,而教育研究方法的研究进展又是飞快,作为非教育史专业者不能尽数阅读相关方面的著作也是在情理之中。这本大作是他任厦门大学教育学院教授期间的著述,由商务印书馆在1935年出版,距今已有85年。历史的沧桑虽然冲淡了这本书的影响力,但丝毫未损它在中国教育学科发展史上的地位。所以,在我读到这部大作的时候真是感到既兴奋又羞愧。之所以兴奋,是因为发现厦门大学教育学科在中国教育科学发展中始终都占有重要的地位,羞愧的原因则如前所述,因为我也是厦门大学教育学科的一员,应该对厦门大学教育学科发展历史如数家珍,但在此却无能为力。今天有机会能够为钟鲁斋先生的《教育之科学研究法》大作写一个引言,也是聊表我的歉疚之情。

一、中国教育科学的开拓者,嘉庚兴学精神的弘扬者

钟鲁斋先生正是在厦门大学任职期间创作了《教育之科学研究法》这一著作的。这部著作在中国教育科学发展中的地位早已经有了定论。《教育之科学研究法》在国内学界具有非常高的地位,被推举为二十世纪教育学术名著,被福建教育出版社纳入"二十世纪中国教育名著丛编"之中,在2009年就已经被再版一次了。无疑,厦门大学为拥有这样的学术前辈而骄傲,这足以说明厦门大学在历史上是颇具吸引力的,能够吸引优秀人才前来任教,同时也说明厦

门大学教育科学已经具有敦实的发展基础。这从另一个侧面说明,厦门大学教育科学至今能够在中国教育科学战线中占据非常重要的一席之地是有重要的历史渊源的。厦门大学在百年校庆之际要出版“厦门大学百年学术论著选刊”,并且再版这部著作,可谓是再现历史辉煌。可以说,厦门大学百年校庆为世人重新认识钟鲁斋先生提供了一次机缘。正是这次机缘,我全面地认识了钟鲁斋先生,认识到了厦门大学教育学科的发展历史,再一次深入地认识教育研究方法这门学问,也再一次审视了我自身。

通过查阅相关文献,发现有关钟鲁斋先生的研究非常少,这为深入了解钟鲁斋先生设置了障碍。在查阅相关档案时,发现能够提供的有用资料也极其稀缺。通过这些稀缺的资料,我们只能对钟鲁斋先生了解一个大概。资料显示:“钟鲁斋(1899—1956),广东梅县三乡人。1923 年上海沪江大学毕业。曾任梅县广益中学教导主任,协助创办梅县嘉应大学。1926 年入沪江大学研究院学习,次年获文学硕士学位。1928 年赴美国斯坦福大学专攻教育学,1930 年获教育学博士学位。1931 年回国,历任沪江大学教授兼中文系主任、清华大学文学院院长、厦门大学教育学院教授、中山大学教育研究所教授。1938 年 10 月,在离梅城几里的教溪口创办南华学院,并同时在香港九龙狮子石道设立分院。1950 年起,历任香港九龙南华中学校长、香港九龙崇基学院中文系主任兼教授。”短短的简历,就让我们非常钦佩他的才能和丰富的实践经历。掌握教育理论本身并不难,难的是把教育理论运用于教育实践,特别是办学实践,而钟鲁斋先生是一个强于把理论认识应用到实践中去的教育家,他丰富的办学实践,证明他是一个经世致用的济世之才,他的经历就值得我们去研究,他的著作值得人们去钻研。

诚然,今天厦门大学教育学科傲立于中国教育学科之林,特别是高等教育学科一枝独秀,被誉为高等教育学圣地,始终是中国高等教育学高地,原因就在于我们创建了高等教育学科,成为中国高等教育学的发祥地,第一本高等教育学专著、第一个高等教育学硕士点和第一个高等教育学博士点都诞生于此,第一个高等教育学国家重点学科和第一个国家级高等教育学重点研究基地也都在此诞生。这些成绩离不开教育学科母体的滋养,也不能割断厦门大学教育学科所给予的历史给养,如果从厦门大学教育学科历史上所取得的辉煌成绩看,我们对今天的成绩也不应过分骄傲。众所周知,厦门大学诞生于国家危难之际,教育学科的生长环境更为艰辛,与我们今天生活在和平年代的环境不可同日而语。所以,当我们考察今日所取得的成就时,仍然需要回望一下历史,让我们认识到我们还存在着许多不足,还有很大的发展空间。

最令人钦佩的是钟鲁斋先生对嘉庚精神的传承与弘扬。钟鲁斋先生也是在国家危难之际仍然坚持不懈地兴学办学,而且也不远万里去南洋华侨那里筹资办学,几乎把全部精力用于筹办学校上。他不仅参与创建了嘉应大学,又独立创建私立南华学院,后成为香港崇基学院的创始人。这种兴学办学精神是对嘉庚兴学精神的直接传承。陈嘉庚先生创办厦门大学的根本宗旨就是要为国育才,正是这种爱国情怀使他克服千难万险、舍家抛业来筹措经费以创办学校,他创办了集美学村,涵盖了从小学到大学所有学校。在他创办的学校之中,精力和心血倾注最大的无疑是厦门大学,可以说,举办厦门大学几乎使他倾家荡产。在办学最艰难时刻,他不惜停产(业)也未停学(校),他在南洋经营的产业几经破产的考验,仍然毅然决然地要把厦大办下去,虽然最终仍然由于经费问题而不得不把学校交给了国家。有人把他这种办学举动称为"毁家兴校",虽然很多人不赞成这个说法,但都认同陈嘉庚为了办学几乎倾尽了所有家财。

正是陈嘉庚先生这种不惜家庭产业受到巨大损失也要维护学校正常运转的决心,感染了许多人,也吸引了许多优秀人才加盟创建厦大。无论在厦大初期做出突出贡献的林文庆校长还是后来在抗战时期仍然使厦大办学水平持续上升的萨本栋校长,他们都被嘉庚兴学精神所感动,都有一种为国育才的雄心壮志。作为一个后生晚辈,来厦大工作,就是深深钦佩嘉庚精神,立志向嘉庚先生学习,做一个对教育事业具有重大贡献的人。相信许多来厦门大学工作的人,都深深地敬仰嘉庚精神,都立志成为嘉庚兴学精神的传承者。正因为如此,我们就能够深刻地理解钟鲁斋先生的教育贡献了。

二、科学教育学的探索者,实用研究理念的践行者

《教育之科学研究法》是钟鲁斋先生教育科学著作的代表作。有趣的是,《教育之科学研究法》是作为教材编写的。因为钟鲁斋先生在他教授"教育研究方法"课程时发现需要编写一本相关教材,如此激发了他创作灵感,从而才有《教育之科学研究法》问世,可以看出,这是教学带动学术探索的生动案例,是学以致用的典型。

《教育之科学研究法》具有非常重要的学术价值。因为它在某种意义上可以说是中国教育研究方法的开山之作。正如作者所言,在此之前,国内只有一部翻译的著作和一部并不成型的教育研究方法著作,而《教育之科学研究法》已经呈现出很强的体系化色彩,显然这是一个巨大进步。从这个角度看,该书被纳入"厦门大学百年学术论著选刊"系列是正确的决定,因为它确实能够代表厦大教育学科在中国教育学科发展史的重要地位,能够说明厦大教育学科对中国教育学科发展所做出的突出贡献。

这本书开篇即明志:以促进教育研究科学化为使命。所以,作者在第一章就探讨科学方法是什么,第二章探讨科学教育学是什么。很显然,科学教育学是以科学方法运用为前提的,只有运用科学方法,才能使教育学知识超越于一般常识。在第一章中,他对科学进行了定义,认为科学是一种基于事实的系统化的知识。在第二章中,他首先探讨何谓科学教育学,指出只有基于事实并进行了理论探讨又形成了系统知识的教育学才是科学教育学。他认为在进行科学教育学的研究时应该采用广义科学概念,不把科学限定在狭义的范围内。当然,第一章就已经对科学概念进行了界定,并做了广义与狭义的区分,他主张采用广义的定义,因为狭义的科学仅限于采用自然科学研究的试验方法,所以他的著作介绍了多种方法。然而他对科学研究方法的界定又是非常宽泛的,把归纳与演绎、分析与综合作为科学研究的基本方法,认为科学研究四个步骤是提出假设、资料收集、资料分析、综合得出结论或提出理论。如此看来,这种对科学研究方法的认识是非常质朴的。这部书对研究方法的分类也反映了当时的学术水平,他把方法分为历史法、问题法、调查法、实验法、测量法几种,而对于其他方法则是持有异议的,如课程编制法、常模法,如果用今天的眼光看,这个分类理论根据是不足的,但在当时看已经具有领先水平。如对于比较流行的课程编制法就提出了质疑,认为它不能作为一种研究方法存在,但承认课程编制在学校发展过程中非常重要。这种折中的态度反映出作者的实用主义态度。把论文写作作为本书的重要组成部分之一,也是实用主义态度的体现。何况论文写作确实是科学研究不可缺少的环节。

这本书是为大学三、四年级教学使用的教材,比较讲究实用,内容也比较浅显,文字也比较通俗,非常注重实例,理论阐述非常少,非常适合于大学本科生使用。这本书也对教育科学研究方法的知识系统做了初步探索,如他不主张把课程编制法列为教育科学研究方法之一,但他又认为课程编制非常重要,所以他就做了一个折中处理，既要介绍该方法，但不认为其属于科学研究法。

三、学术视野非常开阔，学术见解跨越时代

从结构上看，他的《教育之科学研究法》论述体系是比较完整的，内容是非常丰富的。第一章是总论，是关于"科学方法概论"，显然这是必要的前提。第一节是谈"什么是科学方法"，这是对科学方法进行定义，这也代表了本书的科学性与系统性；第二节之后分别谈"假定的构成"、"观察的要素"、"资料的分类"和"总束的程序"，这四节内容是按照"先综合后分析"的路线进行的，从这个构成可以隐隐地发现与杜威的"问题情境—假设提出—收集资料—验证假设—获得结论"具有内在的一致性。

第二章是论述"教育科学研究的意义及其方法"。第一节谈"什么是科学的教育学"，第二节谈"教育科学研究的方法"，第三节谈"科学教育学将来之希望"。这一章不仅展现了钟鲁斋先生关于教育科学的理解，也展示了钟鲁斋先生为建设教育科学而努力的雄心抱负，正是站在这样的高度，才充分凸显出教育研究方法的价值。

第三章是谈"历史法"。第一节谈"什么是历史法"，第二节谈"史料的搜集"，第三节谈"史料的鉴别"，第四节谈"史料之分组与比较"。这四节内容把历史研究的基本流程揭示了出来，至今仍然具有参考价值。很显然，这一章是谈具体的研究方法，因为无论做何种研究都不可能绕开历史，所以历史研究方法是无法绕过去的方法。可以说，历史法是科学研究的基本方法之一。

第四章是"问题法"。第一节讨论"什么是问题法"，第二节是讨论"问题的寻求与其目的"，第三节是谈"问题的来源与其资料"，第四节是关于"问题的分析与综合"。可以看出，这一章实际上是谈如何发现问题。在科学研究中发现问题是最为关键的一步，甚至有言"发现问题是解决问题的一半"。当然，发现问题指发现真问题，如果不能发现真问题，则一切努力都是白费。但这一章是否可以放在"历史法"之前呢？因为历史法也需要遵循发现问题、分析问题、解决问题的逻辑，也即发现问题是第一步。

第五章是"调查法"。第一节谈"何谓调查法"，第二节谈"学校调查的范围"，第三节谈"搜集材料之方法"，第四节谈"整理材料的方法"，第五节是"结论与献议"。从这一章的布局看，钟鲁斋先生在对调查法进行界定之后，先对

调查范围进行了一个限定,不仅限定在学校范围内,而且集中在一些比较直观的领域内。可以说,这是一种科学的态度,因为调查法的适用对象是比较客观的、容易触摸的,不适用于比较抽象的研究领域。

第六章是"实验法"。第一节讨论"何谓实验法",第二节讨论"问题之寻求与实验范围之确定",第三节介绍"采集材料和实验的工具",第四节介绍"实验的方法",第五节是关于"实验结果之整理"。这一章内容对实验方法做了一个全面展示,可以说,这一部分把当时自然科学研究方法的精髓都吸收进来了,对于研究教育问题而言是非常具有借鉴意义的。教育研究与自然科学研究具有很大的差别,本章的讨论也注意到了这种差别,这是难能可贵的。

第七章是"测量法"。第一节谈"何谓测量法",第二节讨论"测验之分类及其用处",第三节是讨论"制造测验的方法",第四节是介绍"测验之使用法",第五节是讨论"整理测验之结果"。这一章实际上是在讨论测量这种技术如何应用。测量法一般都不是独立运用的,经常与调查法、实验法结合起来使用,实用性非常强。它不是一种纯粹知识,含有较多的技能因素,要掌握它,必须通过实际操作。

第八章是"课程编制法"。第一节谈"何谓课程编制法",第二节是对"课程编制之史的考察",第三节是"课程编制的原则",第四节是关于"课程编制的方法"。这一章也是作者比较纠结的一块。严格地说不能作为研究方法的一部分,但在教育实践中却是应用得非常广泛的,所以,从实用性角度考虑,作者也把它纳入教育研究方法体系之中。

第九章是"常模法及其他"。第一节是关于"常模法",第二节是"观察法",第三节是"例案研究法",第四节是"发生法与比较法",第五节是"哲学的分析",第六节是"图书之分类法与阅读法"。可以看出,这一章内容比较复杂,包含了多种方法,也可以看成是对当时教育研究方法研究状况的梳理。这一部分内容显示出作者持广义的科学态度,不是把科学严格限制在实证主义的科学立场上,如此,教育学的科学化路径就更加广阔了。就此而言,作者视野非常开阔,已经领先于时代,即使在今天仍然具有参考价值。

第十章是"论文之起稿与出版"。第一节谈"论文的内容",第二节谈"论文的注脚",第三节是"论文的校订",第四节是"印刷的对稿",第五节是"结论"。这一章内容更加注重实用性,将论文写作的主要环节都包含进去了,对于教育研究的入门者帮助非常大。

附录有“两性学习差异的调查与研究”“文纳特卡式的教学法实验”“中西译名对照表”。可以说,这是提供了两个研究案例,也是提供了研究的基本范例,这更加显示出作者的实用方法理念。

从这十章内容的结构布局上可以看出,整个著作的逻辑结构是非常清晰的,遵循了“总论—分论—应用”的逻辑。作者在总论之后谈具体方法,每个方法必定先介绍概念,后介绍具体内容,然后讨论具体使用步骤,最后用事例说明。这个教育研究方法体系已经很接近今天的教育研究方法体系了。从这一点可以看出,这部著作具有跨时代的意义,被学界推举为20世纪教育学术名著是名副其实的。

四、著作风格质朴无华,方法分类以待来者

如果用今天的眼光来看他对教育研究方法的分类,则这部著作难免显得有点质朴,因为他在书中没有清晰地呈现研究方法的分类标准,也没有说明各种研究方法之间的相互关系。可以说,他的方法系列是比较驳杂的,如他把研究方法分为历史法、问题法、调查法、实验法、测量法、课程编制法、常模法等,无论是排列顺序,还是具体内涵,都留下了一些疑问。所谓历史法,就是收集史料和鉴别史料的方法,基本上是概论性质,没有说明历史法的关键。再如,问题法就是发现问题、分析问题的方法。它能够说成是一种方法吗?这不是科学研究的基本思维方式吗?调查法、实验法比较容易理解,因为今天也在使用,当然今天关于调查法与实验法已经有了非常成熟的技术。测量法、常模法可以说是一种处理资料的方法,严格说来是一种处理资料的技巧,可以说是定量研究离不开的基本方法。论文写作方法是否属于研究方法值得商榷,不过把它纳入科学研究的一个环节也不为错。

在今天的教育研究方法著作中,“问题法”肯定不能算作一种方法;“测量法”只能作为一种技术存在,也很难作为一种方法存在;“课程编制法”显然不能纳入研究方法系列;“常模法及其他”也属于操作技术范畴,很难作为方法出现。我们今天对“调查法”“实验法”“历史法”“测量法”“观察法”“案例法”“比较法”认可度比较高,而对“问题法”“发生法”“哲学分析”“图书分类法与阅读法”认可度比较低,对“课程编制法”则是持否定态度。这个方法分类也说明,当时的研究仍然处于经验层次,还没有达到哲学层次,从而缺乏方法论依据。事实上,今天的教育科学研究方法分类任务仍然没有完成,需要有志者

继续努力,从而使教育科学发展进入一个新境界。

不过,正是这种看似比较粗糙的论述,却真正代表了教育科学早期发展历程努力的景象,因为教育科学在开始创建时就是模仿其他科学运用科学研究方法的。在自然科学界,运用比较多的就是实验法,实验法又离不开测量法,测量法经常与常模法结合在一起使用。如果不建立常模,就很难进行测量,不进行测量就很难控制和干预,也就无法进行实验。把这些方法应用到教育研究过程中也是可行的,早期的科学研究热衷于进行实验研究就是证明。可以说,教育科学也是在吸收整个科学进步成果基础上构建起来的。

正如"二十世纪中国教育名著丛编"编委会在序言中所说:"20世纪是中国教育学科艰难创生、曲折发展的世纪。伴随着中与西的文化激荡,传统与现代的思想交融,中国教育学科逐渐地从译介走向编著,从移植走向创生,从草创走向发展。教育学者们百年来以执着的精神、笃实的态度、质朴的思维,成就了中国教育学科发展史的世纪篇章。站在21世纪的门槛里,隔着时间的距离,回眸这段历程,不仅能窥视中国教育学科所沐浴的阳光,更能体味到她所历经的风雨。"《教育之科学研究法》正是当时的写照。

钟鲁斋先生一生为教育事业奋斗不息,不仅在办学实践中进行艰苦卓绝的探索,而且在学术探索中成绩斐然,除《教育之科学研究法》之外,他还著有《小学各科新教学法之研究》《中学各科教学法》《比较教育》《中国近代民治教育发展史》《现代心理学与教育》《德国教育》《华侨教育之改进》《教育法之改进》《战时教育问题》等专著和译著。此外,还有编成单行本出版的《用实验法去选择中学国文之教育法》(英文版)、《两性学习差异之调查与研究》、《文纳特卡制实验报告》、《爪游三月记》等著作。其事迹在新中国成立前上海东方书局出版的《现代中外名人小辞典》以及纽约出版的《世界名人传》(英文版)、上海出版的《中国名人传》(英文版)等中均有记载。毫不夸张地说,他是一位高产的教育学者,也是一位卓有成效的教育实践者。在厦大百年校庆之际,能够再版他的著作就是对他的教育科学贡献的最好纪念,也是对厦大在中国教育学科发展中贡献的回顾。让我们再一次阅读《教育之科学研究法》名著,深刻地体验教育学科经典的含义,领会学术积累的艰辛。

2020年11月24日

作者王洪才,厦门大学教育研究院副院长,教授、博士生导师。

郑德坤与《厦门大学文学院文化陈列所所藏中国明器图谱》

董建辉

郑德坤教授（1907—2001）是我国第一代现代考古学家,与李济、梁思永、裴文中、夏鼐、吴金鼎、冯汉骥等学者共同影响着20世纪初期中国考古学的命运。他也是中西文化交流的重要使者,毕其一生,将精心整理的中国考古学资料传播至世界各地,让中国文化更好地融入全球视野。在长达近60年的学术生涯中,郑德坤教授治学广博、论著宏富,出版中英文论著150余册,学术论文数百篇。学界称他与哈佛大学的华裔学者张光直教授为“海外中国考古学界的两大巨擘”。其得意门生、曾任香港中文大学中国考古艺术研究中心主任的邓聪博士曾将郑德坤教授一生的考古学功业概括为三点:开拓中国南方考古研究;发扬中国考古学于世界;奠基香港考古新天地,[①]可谓精辟周到。

一、郑德坤教授与厦门大学

郑德坤教授是地道的厦门人,1907年5月出生于“钢琴之岛”鼓浪屿,1926年以优异的成绩考入燕京大学。在学期间,他在顾颉刚、容庚、洪煨莲、张星烺等教授的指导鼓励下,开始整理研究几种重要的古代舆地图书。1930年毕业后,他于次年获得燕京大学研究院硕士学位,并留任燕大哈佛燕京社研究员,从事《山海经》及《水经注》校读研究,同时研习古物鉴赏。1933年,郑德坤回到家乡,受聘于厦门大学文学院历史社会学系,讲授“中国文化史”及“中国通史”等课程,主编《厦大学报》,考证厦门大学校址历史,主持田野考古发掘,创建并领导厦门大学文学院文化陈列所。1936年,受哈佛燕京学社委派,郑德坤赴华西协合大学任教,主讲中国历史,并主持“田野考古”和大学博物馆工作，将馆内两万多件古物展出，作为“乡土教材”之用。所著《四川史前考古》一书，修订后在剑桥大学出版。他也因此被日本考古学家水野清一教授赞誉为“四川考古学之父”。1938 年，郑德坤到哈佛大学攻读考古学及博物馆管理学，1941 年获哲学博士学位，之后返回华西协合大学任教，同时兼任大学博物馆馆长。他高度重视博物馆工作，提出要使华西协合大学博物馆成为“中国标准博物馆之一”，成为现代化教育圣地、华西研究之中心，甚至是国际学术研究之大本营。1947 年，郑德坤应邀在剑桥、牛津、伦敦三所大学循环讲学一年。1948 年，经香港返回四川途中，因政局动荡，被迫滞留香港达三年之久。1950 年，应剑桥大学霍古达（Gustav Haloun）教授之邀，郑德坤到剑桥大学任教，其间广泛收集与中国考古文物有关的书籍、古物、幻灯片等，创建了独立于剑桥大学的“木扉堂”。经过 20 多年的努力，馆藏图书达到 5000 余种、10 万余册，成为当时世界各地学者研究中国考古学参考资料的宝库。同时，他于 1959—1963 年在剑桥大学出版了《中国考古大系》三卷。该书出版后即成为世界上研究中国考古学的名著，其日文版也被日本大学作为研修中国考古的必读书。1974 年，郑德坤在剑桥大学退休，获颁该校中国考古学荣休教授及沃弗森学院（Wolfson College）荣休院士。

退休后，应香港中文大学校长李卓敏邀请，郑德坤到香港中文大学讲学两年，继而留任文学院院长一年，担任副校长两年。1978 年，他在香港中文大学中国文化研究所创办中国考古艺术研究中心，担任首届主任，为香港地区的田野考古学学科建设奠定了良好基础。1979 年，郑德坤第二次退休，但仍被邀请出任香港中文大学中国文化研究所义务主任，为中国考古学建立中心，将有关考古艺术材料整理分类，同时搜集中国古代文物。直到 1985 年末，郑德坤教授才因健康关系真正退休[②]

在 1933—1936 年任职厦门大学的 4 年间，郑德坤教授曾撰写《厦大校址考》，以考据学的视角，深入探究厦门城市发展史和厦门大学校址的历史。他对厦门大学最主要的贡献是，推动厦门大学早期田野考古发掘，创建并领导厦门大学人类博物馆的前身——厦门大学文学院文化陈列所，培养了一批学有所长的专业人才。可以说，郑德坤教授是厦门大学考古学与博物馆事业的拓荒者和奠基人。

在田野考古发掘方面，1936 年 3 月，泉州中山公园因扩大体育场建设，在旧公园西北角的小高地上暴露出方形铭文和花纹砖构造的“建筑物”，时任厦门大学历史学系教授兼文化陈列所主任的郑德坤主张进行发掘，并亲自主持相关工作，林惠祥先生也应邀参加了考古队。此次发掘出土唐代砖室墓葬四座，这批唐墓首次以考古实物为文献史料为关于中原汉人入闽的历史记载提供了实物证据，是一次了不起的考古发现。这也是厦门大学组织的福建历史上第一次正规的田野考古发掘。得益于在燕大学习工作时接受的良好考古训练，郑德坤教授将科学的发掘技术、记录程序及藏品保存方法引入厦门大学，为当时尚一片空白的福建考古工作开启了一方风气。[③]

在博物馆事业方面，1933年郑德坤教授到校后，即在原国学院古物陈列室的基础上，开始创办直属于文学院的文化陈列所，并担任主任。该文化陈列所与林惠祥教授筹备设立的人类学陈列所（后改为私立厦门人类博物馆筹备处）同为福建省内最早的准博物馆建置。当时文化陈列所的藏品分为三大部、七大类。第一部“古物”，含明器215件、古玩类67件、钱币类719枚、拓片类566种；第二部“人类学标本”，含台湾“番族”标本类102件，照片20张，其他类（南洋、西藏）11件；第三部“民俗学资料”，含完整器143件及一批残器。[④]可见，文化陈列所兼具考古博物馆和人类学博物馆的特点，从这个意义上说，它与林惠祥先生创立的人类学陈列所同为后来成立的厦门大学人类博物馆的前身。在郑德坤教授的带领下，文化陈列所在不断充实藏品的同时，也非常重视馆藏的学术研究，受到中国博物馆协会的充分肯定。1935年11月18日，中国博物馆协会在北平组织成立。“本校文化陈列所日前接到该会来函，以该所组织完善、成绩卓著，征求加入为团体会员”[⑤]。日军入侵厦门后，厦门大学也因此受到重创，文物、图书受损严重。“台湾总督府”要求派人前往整理及接收藏品，文化陈列所的藏品因此被劫掠到台湾。直到1945年日本投降后，应厦门市当局要求，被劫掠到台湾的藏品才大部分返回厦门大学，最终于1947年在林惠祥先生的主持下，文化陈列所与私立厦门人类博物馆筹备处的藏品合并，在厦门大学校内举办了人类学标本展览会，并于翌年厦大二十七周年校庆时复展。[⑥]在此基础上，厦门大学于1952年成立人类博物馆筹备处，1953年正式对外展出，成为我国高校中第一所大型的人类学专业博物馆，就此奠定了厦门大学的人类学、考古学博物馆建设在我国高校中首屈一指的重要地位。

在培养专业人才方面，据已故著名考古学家、厦大教授庄为玑回忆，1930年开始就读于厦门大学历史系的他，受郑德坤教授影响甚深，视其为自己“早年的学术引路人”。1935—1936年,郑德坤教授推荐庄为玑的两篇论文《方志改革刍议》和《泉州方志考》在《厦大学报》上发表,奠定了后者从事方志研究的基础,使其终生致力于泉州学的研究。在郑德坤教授和林惠祥教授的共同带领下,庄为玑参与发掘泉州中山公园（体育场）唐墓,从中学会运用考古学方法印证补订文献中的记载与阙讹,为其后来的史学研究开辟了新的途径。中山大学人类学系的开创者梁钊韬也是郑德坤教授在厦大任教期间的学生。

二、《厦门大学文学院文化陈列所所藏中国明器图谱》及其价值

明器,又作“冥器”“盟器”,是专为死者随葬而制作的器物。一般用陶土、竹木或石头制成,也有一些是用玉、金属、纸等材料制成,用以安慰死者之灵。《仪礼·既夕礼》曰:“陈明器于乘车之西”;[⑦]《礼记·檀弓》也说:“夫明器,鬼器也;祭器,人器也。”[⑧]可见,明器仅供鬼神之用,不具有太大的实用性,也没有修身治国的大道理蕴涵其中,所以之前的中国治古学者基本视之为无足轻重之物,对历代出土极多的明器鲜少注意。1905年以后,洛阳附近的古迹发掘中出土的大量明器引起了学界广泛关注,明器研究的学术意义也逐渐受到重视。正如厦门大学林文庆校长所言,“明器虽为墓中物,然颇关学术文化;考古学者资为研究,历史学者藉以参考,古代宗教思想、社会制度以及风俗习惯,文化交通等等,均可由明器得见其大概”[⑨]。明器之于学术研究的意义由此可见一斑。此后,中外人士不仅争相发掘、收集明器,也出版了相关研究著述,1909年,劳费尔（Berthold Laufer）有《汉陶》（*Chinese Pottery of the Han Dynasty*）出版;1916年,罗振玉先生出版了《古明器图录》四卷,主要辑录其本人所藏之明器;1924年,滨田耕作著《支那古明器泥象图说》;1928年,亨策（Carl Hentze）著《中国明器》（*Chinese Tomb Figures:A Study in the Beliefs and Folklore of Ancient China*）,等等,对明器的研究一时蔚然成风。

郑德坤教授对明器研究的兴趣始于其1931年在燕大学习时,随容庚、顾颉刚教授访古到洛阳,目睹了当地人民劫墓的技术及出土的古物。容庚教授在当地为燕大国学研究所购买汉、六朝、唐明器数十种,引起了青年郑德坤的兴趣。同时,他又看到龙门千佛崖、巩县石窟寺及正定大佛寺的刻像,认为颇足与当代明器相印证。回校后,郑德坤将所得与诸图谱比较,考诸经籍,探讨其制度,研究其艺术,并做系统叙述。恰好沈维钧先生著有《明器制度考》,慨

然将书稿见示,并允许郑德坤任意使用。郑德坤因录其稿不下十余条,并在著作《中国明器》一书中记其名,以志合作。[10]1933年,郑德坤和沈维钧著《中国明器》被选为《燕京学报专号之一》。此书论述了从仰韶文化到明清各时期明器的组合状况、风格特征,并从社会生活、宗教文化、工艺技术多方面探讨其成因,文献与考古"二重证据"互证,堪称我国明器系统研究的开山之作。20世纪50年代,《中国明器》一书也被早稻田大学选用为中国考古学课本。[11]

回到厦门大学任教的郑德坤,仍然延续了他在哈佛燕京社的研究兴趣。在时任厦门大学校长林文庆的提议下,他着手整理、考订本校于1925—1926年应国学研究所设立之需要,而派员前往华北搜集所得的215件明器标本,最终形成了这本《厦门大学文学院文化陈列所所藏中国明器图谱》(以下简称《中国明器图谱》),于1935年11月由厦门大学文学院专刊出版。

《中国明器图谱》卷首以"中国明器史略"为开篇,概述了中国明器发展的历史;继而依次考证注释了215件明器中的131件(重复器皿多不辑录),其中先秦明器1件、汉代明器35件、六朝明器11件、唐代明器84件,客观详实地记录了文化陈列所主要馆藏明器的形状、材质与内涵;最后附录各明器照片,让读者对所辑录的明器标本能有直观感受。诚如林文庆校长在序言中所言:"此次将本校所藏明器编成图谱,据《中国明器》一书,叙明器历史以冠其者,使多年收藏僻岛之古物,得与中外人士见面,是则本校开办文化陈列所之本意也。"[12]《中国明器图谱》的出版,既开创了厦门大学博物馆馆藏研究之先河,又将厦门大学的考古学研究呈现并融入国际主流学术界。

令人遗憾的是,《中国明器图谱》所辑录的这批珍贵的明器标本,因为日本侵华战争的全面爆发而部分破损,部分被劫掠到台湾。台北帝国大学(今台湾大学前身)土俗人种学研究室宫本延人曾于1938年随移川之子藏教授、神田喜一郎教授一起,奉"台湾总督府"之命,被派往厦门大学接收和整理遭炮击毁损的藏品。据宫本延人本人回忆:"由墙壁的损坏情形来看,日本海军的攻击似乎不是用巨大型的舰炮,而是用小口径的炮。标本室内所有的玻璃都散碎在地上,陈列柜内几乎看不到任何东西。……散落在地板上的陶俑显然都是中国古代的明器,可惜多半都已破损。不过其中包括有可以修理复原的精品,也有一些完整品。"[13]尽管1945年日本战败后,大部分标本复归厦门大学,只有少数几件仍留存于台湾大学人类学系,但《中国明器图谱》一书中所辑录之明器标本却留存甚少,唯有此书仍可助我们一窥郑德坤先生当年在厦门大学辛勤耕耘的"雪泥鸿爪"。

斯人已去,尺牍留香! 2001 年 4 月 6 日,郑德坤教授离开人间,恰逢厦门大学 80 周年校庆,何其巧合。我们在纪念厦门大学 100 周年校庆时重新出版其在校期间所编撰的《厦门大学文学院文化陈列所所藏中国明器图谱》,又何尝不是一种纪念与传承!

注释:

①邓聪:《悼念郑德坤先生》,郑德坤:《郑德坤古史论集选》,北京:商务印书馆,2007 年,第 758~761 页。

②黄文宗:《郑德坤的生平》,郑德坤:《郑德坤古史论集选·序言》,北京:商务印书馆,2007 年,第2~4 页。

③吴春明:《郑德坤教授对厦门大学的学术贡献》,郑德坤:《郑德坤古史论集选》,北京:商务印书馆,2007 年,第 768~774 页。

④《文学院概况》《文学陈列所》,《厦大周刊》第 13 卷 19 期"厦门大学十三周年纪念专号",1934 年 4 月 6 日。

⑤《本校文化陈列所加入中国博物馆协会为团体会员》,《厦大周刊》第 15 卷第 14、15 期,1936 年 1 月 4 日。

⑥宋伯胤:《林惠祥与人类博物馆》,《人类学研究》(试刊号),厦门:厦门大学人类学系,1985 年。

⑦阮元校刻:《十三经注疏》,北京:中华书局,1980 年,第 1151 页。

⑧阮元校刻:《十三经注疏》,北京:中华书局,1980 年,第 1290 页。

⑨郑德坤编著:《厦门大学文学院文化陈列所所藏中国明器图谱·林校长序》,厦门:厦门大学文学院,1935 年,第 1 页。

⑩郑德坤、沈维钧:《中国明器》,北平:哈佛燕京社,1933 年,第 1 页。

⑪黄文宗:《郑德坤的生平》,郑德坤:《郑德坤古史论集选·序言》,北京:商务印书馆,2007 年,第2~4 页。

⑫郑德坤编著:《厦门大学文学院文化陈列所所藏中国明器图谱·林校长序》,厦门:厦门大学文学院,1935 年,第 1 页。

⑬[日]宫本延人著:《宫本延人口述——我的台湾纪行》,宋文薰、连照美译,台北:南天书局有限公司,1998年,第171页。

作者董建辉,厦门大学人类博物馆副馆长,人文学院历史系教授、博士生导师。

虞愚与《因明学》

刘泽亮

虞愚先生是由厦门大学走出的中国现代著名的汉传因明学家与逻辑学家、佛学家与哲学史家、诗人与书法家，在学术思想领域尤以因明学名世。他在厦门大学任教期间所著《因明学》（中华书局1936年初版），是20世纪最有成就和影响的汉传因明学术著作之一。

一、虞愚的生平与学术

虞愚（1909—1989），原名虞德元，字竹园，号北山，法名佛心①，祖籍浙江山阴（今绍兴市），1909年中秋节出生于福建厦门，少时就读于厦门敦品小学，1923年考入厦门同文中学，并于1928年毕业。

1929年考入大夏大学②预科。次年毕业后离沪返厦，于1931年考入厦门大学教育学院心理系，为该专业第10届学生，于1934年毕业。③

大夏大学是从厦门大学分离出来的300余名师生于1924年6月1日在上海发起建立的一所综合性私立大学。初将"厦大"颠倒名为"大厦大学"，后来取"光大华夏"之意定名"大夏大学"。虞愚先生在这里学习两年。

1934年于厦门大学毕业后，留校任预科理则学教员，兼省立厦门中学课程。1936年始，一度于南京监察院、汉藏教理院、贵州大学等地任职；④之后又于1943年赴长汀回母校任国立厦门大学哲学、文学专业副教授；1945年随厦门大学由长汀迁回厦门，仍任哲学、文学副教授，1946年升任教授。1950年被派往苏州政治学院学习一年，仍返厦门大学任教；1953年，厦门大学校长王亚南聘其为厦大逻辑教研组组长，直至1956年8月离开厦门，与厦门大学的教缘达16年。在厦门大学任职期间，除讲授逻辑、因明课程之外，也曾讲授先秦文学史、杜诗研究[5]、中国古典文学史[6]、哲学概论[7]等。

1956年,奉调进京,参与斯里兰卡《佛教大百科全书》中"慈恩宗""因明正理门论""因明入正理论"等条目的撰写工作,同时兼任中国佛学院教授。1969—1972年,经中国佛教协会军代表批准返厦养病。之后由厦返京,于1976年任《中国佛教》编委,1980年受聘中国社会科学院文学研究所兼职研究员、中国逻辑史研究会顾问,1981年任第二届国务院古籍整理出版规划小组成员,1982年正式调入中国社会科学院哲学研究所任研究员。1984年起,兼任中国文化书院导师,1985年以中方审查委员身份赴日参加日中青少年竞书大会,并在龙谷大学讲座,同年以中国社科院哲学所代表团副团长身份再次赴日交流讲学。

虞愚先生不仅学缘于厦大、教缘于厦大,而且在离开厦门大学之后,仍然时常往返于京、厦两地,一直与厦大保持着密切的学术联系,长期担任厦门大学哲学系、海外函授学院等兼职教授。[8]1981年60周年校庆之际,曾应校方做"科学艺术与人生"讲座。[9]1985年底,应厦大哲学系邀请,讲授因明学,[10]并为厦大筹备65周年校庆书写楹联匾额条幅。[11]

先生一生著作宏富,今人整理有《虞愚文集》3卷等。其学术成就,主要体现在汉传因明学与逻辑学、佛学与哲学史、诗词与书法三个领域。

其一,因明学与逻辑学研究方面。

虞愚先生长期从事逻辑教学与研究,尤以因明著世。1982年由刘培育等主编、甘肃人民出版社出版的中国第一部《因明论文集》,总共21篇论文,虞愚就占了9篇（论文7篇[12]、译文2篇[13]),可见其在因明研究方面的重要地位。

其因明研究,肇始于厦门大学求学与任教期间。早期发表的主要论文《因明学发凡》（1934年)、《演绎推理上之谬误》（1935年)、《因明的基本规律》(1950年）等,以及其重要著作《因明学》（中华书局,1936年)、《中国名学》(正中书局,1937年)、《印度逻辑》（商务印书馆,1939年)、《怎样辨别真伪》(商务印书馆,1944年）等均在厦大任教期间撰写和出版。

改革开放之后,虞愚积极倡导并推动抢救濒临亡绝的因明学术遗产,为因明学的复苏做出了卓有成效的努力,促进了因明的传播和发展。1982年2月,参与"抢救因明遗产"的呼吁,得到陈云同志的重要批示。[14]80年代,中国逻辑学会启动两个五卷本的工程[15],其中,虞愚担任《中国逻辑史资料选（因明卷)》首席主编和汉传因明部分《因明入正理论》简介的写作。先后为中国社会科学院哲学所举办的讲习班主讲了"因明发展史"和"因明著作讲解"等多门课程;1983 年培养出新中国第一个因明学硕士研究生——冉志刚;1986—1987 年,应邀为沈有鼎教授协助指导首位因明学博士生巫寿康的论文,为因明人才培养及学术传承、发展做出了杰出的贡献。

其二,佛学与哲学史研究方面。

虞愚学术视野非常宽阔,在西方哲学、中国哲学,尤其是与因明相关的佛学领域也具有重要的创获。

早在厦门大学任教时期,哲学理论方面有《宗教的科学研究》(1936 年)、《科学艺术与人生》(1948 年),西方哲学方面有《莱布尼茨元子论简述》(1948 年)、《费希特哲学述评》(1948 年),佛学方面有《唯识心理学大意》(1935 年)、《唯识学的知识论》(1947 年)等论文。

虞愚十分重视佛学研究及其在中国哲学史上的地位,曾批评冯友兰《中国哲学史》的写作"于佛学未能与子学俱重,故于向来之儒道拘蔽,未尽解脱"[16]。他基于对印度佛教思想史的考察,撰写了《印度佛教思想史略》《释迦牟尼所处的社会和他的思想学说中几个显著的特色》等长篇论文,在此基础上,特别关注唯识学、慈恩宗的研究,撰有《唯识学的知识论》《唯识学今释》等。在印度佛学史方面尤其关注陈那与法称,撰有《法称在印度逻辑史上的贡献》,是法称研究的中国第一人;在中国佛学史方面尤其关注玄奘及慈恩宗的研究,撰有《玄奘对因明的贡献》《玄奘在中印文化交流史上的主要贡献》《慈恩宗》等,充分彰显玄奘思想及其历史地位。

其三,诗词与书法方面。

虞愚自言一生精力一给了因明,一给了诗,一给了书法,[17]在抽象思维的学术领域与形象思维的诗歌、书法领域都做出了不可磨灭的贡献。其 1948 年作于厦门大学的《科学艺术与人生》,云科学的理智与艺术的情趣:"执其两端,性质迥异;合其两端,构成一圆满的人生,则理智与情趣,是互相贯串,犹鸟之两翼,车之两轮,缺一不可,分割不得。"[18]

虞先生不仅是情理兼得的倡导者,也是实践者。

在文学与诗词方面,其《虚白楼诗集》(厦门风行印刷社刊印,1949 年)、《试论屈原作品》(1954 年),均著于厦门大学任教期间。此外,还撰有《变文与中国文学》《杜诗的思想与艺术》《论诗》《论词》等。其 1943 年作于长汀厦门大学的《诗词》云:"愚少好讽诗,而不害撢理……自度人生感情与理智须各得其当，专事理智分析，缺乏感情陶冶，必无乐生之趣。故剖析名理之余，亦学为诗。”[19]他少年即享有诗名，有多首诗被著名诗家陈衍（号石遗）收入其《石遗室诗话续编》。晚年在病床上完成的《虞愚自写诗卷》[20]，生前特别嘱咐交由厦门大学出版社出版，是诗、书兼得的珍品。

在书法理论方面，除其在厦门大学期间撰写的著述《书法心理》（商务印书馆，1937 年）将书写的动作细分为八个要素之外，还有《学习书法的几个基本问题》《汉字的书法艺术》等论文。实践方面，早在 17 岁时，即为厦门五洲大药房题写牌匾，是名噪一时的少年书法家，其后又得到著名书家于右任、弘一法师等的指点，集北碑刚健、南帖婀娜之长而自成“虞体”[21]，在中国书法史上写下了浓墨重彩的一笔。欧阳中石曾云：“北山先生是我老师……或书史的问题，或书论的问题，以至各案问题……先生的识见之高，涉猎之广，令人由衷折服。特别先生作书时的姿态神情，挥毫运笔完全展现全神贯注、字迹如奔、文驰意舒的气概，有时像指挥着千军万马，有时又像婉约之处子。每看先生作书实是一次精神上的享受。”[22]厦门大学“上弦场”即为虞愚应陈嘉庚先生之邀所书。其书法作品不仅在国内，在日本、东南亚也具有广泛影响。

可以说，“起自艺文，终以学术立命，两均卓然有成”[23]，是虞愚先生一生行谊与学术的真实写照。

二、《因明学》的写作与出版

《因明学》，由绪论、本论和附录三个部分构成，该书是近代因明研究全面复苏大背景下的产物。

因明作为古印度逻辑学，曾两次传入中国。第一次是 6 世纪以真谛所译《方便心论》《如实论》《诤论》为标志，影响不大；第二次是 7 世纪以玄奘所译《因明入正理论》《因明正理门论》为标志，在唐代短暂的兴盛之后伴随着唯识宗的衰落，殆成绝响。

20 世纪初，西学传入的挑战与逻各斯精神的冲击，激发了中国传统思想武库中与之相应的佛学尤其是唯识学和传统墨学的复兴，汉传因明乘势而起。加之此时因明典籍从日本回传内地、西洋逻辑学著作《穆勒名学》《名学浅说》等的译介，也使得逻辑与因明的比较研究成为可能。正是在这种新的时代背景之下，涌现出了诸如太虚、欧阳竟无、梁启超、章太炎等一批致力于因明研究的学者,在对因明典籍校勘整理的基础上,出现了大量介绍因明的通识性著作,以及关注名辩与因明、逻辑关系的研究性著作,因明也借此开始走进佛学院以至北大、清华、复旦等国民教育课堂,呈现出明显复苏的态势。《因明学》正是这种时代与思想背景下在借鉴前贤基础上的创新之作。

该书出版之前,学界已有日本学者大西祝著、胡茂如译的《论理学》(1906年)等译介性著述,凤潭《因明论疏瑞源记》(1928年)、熊十力《因明大疏删注》(1929年)等注疏性著作,以及谢无量《佛教论理学》(1916年)、太虚《因明概论》(1926年)、吕澂《因明学纲要》(1926年)、陈望道《因明学概略》(1931年)、史一如《因明入正理论讲义》(1932年)、龚家骅《逻辑与因明》(1935年)等研究性著作。虞愚则既有参照西方逻辑学对《因明入正理论》的学理性疏释,又有对因明史论的系统性阐发。

从其思想渊源而言,虞愚与佛学的因缘,源于家庭的熏陶。其祖母张善禄虔信佛教,作为虞家长孙,不仅深受祖母的喜爱,也受其影响,自幼即能背诵《金刚经》。而其学术渊源、立志于从事因明研究,则得益于两度亲炙两位佛学巨擘——太虚、欧阳竟无。[24]武昌佛学院、支那内学院是当时佛教复兴的重要阵地,太虚与欧阳竟无分别是两地弘扬唯识学、因明学的领军人物。早在同文中学就学期间的1924年秋至1926年10月,虞愚就一度进入武昌佛学院第二期学习,并因此而亲近深谙因明学的太虚大师。[25]佛学院停办之后,虞愚离开武昌返厦继续同文中学的学业。1928年毕业之后,又赴南京支那内学院从欧阳竟无学习因明。这两次佛学院的训练,不仅为虞愚奠定了扎实的佛学基础,而且确立了以后矢志研究因明的学术志向。

1932年,太虚到闽南佛学院主持工作,[26]虞愚在厦门大学学习期间再次与其结缘。当年11月,太虚应厦大文哲学会之请,在生物楼讲授"法相唯识学概论"前后两周,时任校长林文庆嘱其记录,法师讲完次日他即将整理稿送太虚审阅,据《太虚大师年谱》载:"其间,大师应厦大教授所组文哲学会之约,讲'法相唯识学概论',虞德元(佛心)记。"[27]

虞愚所作的记录,经太虚大师审阅之后以《法相唯识学概论》之名出版。这次再度亲聆太虚讲课以及为之整理讲稿,无疑增进并深化了虞愚对唯识学的了解。此后,虞愚利用在厦门大学讲授逻辑学以及经太虚举荐于闽南佛学院讲授"论理学"之机撰写《因明学》的讲稿,并在研读闽院馆藏丰富唯识因明类书籍的基础上不断地加以完善。

《因明学》主体分为绪论和本论两个部分，通过对作者前期因明研究成果的总结，初步构建出因明学的思想体系。迄今为止，该书仍然是治中国逻辑史、因明学以及佛学研究者的必备参考书。

该书的写作，始于虞愚在1929—1930年以《因明学》为题连贯刊载于《大夏月刊》的系列论文。留厦大任教理则学之后，又于1934年在《民族（上海）》《厦大周刊》分别发表《因明学发凡》《因明学发展中重要之变态》，这两篇论文实际上是对早年论文所作的拓展性研究，对新因明的重要概念如因三相、宗体与宗依、喻体与喻依、现量与比量做了细致的分析梳理，并将因明学置于西洋逻辑学、中国名辩学的比较视野之下加以重新考量和充实完善，对因明学理论形态及历史发展进行了总体性的阐述。这些工作构成了1936年11月由中华书局正式出版的《因明学》绪论部分五章的基础。

本论部分，是虞愚以其本人于1933年由北京三时学会印行的《因明入正理论科文》为基础，对《因明入正理论》[28]所作的进一步疏释。《因明入正理论》（Nyaya-Pravesa）一卷，商羯罗主（Sankara-Svamin）著，唐玄奘于贞观二十一年（647年）在弘福寺译，全文2155字。商羯罗主乃陈那的弟子，该论为解释陈那《正理门论》的著述，因而称为《入正理论》，其主要内容为明八门（真能立、真能破、真现量、真比量、似能立、似能破、似现量、似比量）、辩二益（自悟、悟他），涵盖了因明论的要义。虞愚主要依据唐窥基所撰《因明入正理论疏》（又称《因明大疏》）六卷等对《因明入正理论》的结构进行逐条疏释，分"以颂摄要义""别释八门为七""以颂总结"三章以阐释因明义理。

因明学涉及佛教唯识学和古印度逻辑学等领域，其概念极为枯燥艰涩，虞愚通过坚韧的努力，逐渐摸索出了一套入门并下手研究的方法：

> 一时又不明其义，三番五次地读，几乎要掉眼泪。后来借助已有的形式逻辑知识特别是亚里士多德三段论推理公式与因明中的"宗、因、喻、合、结"五支论法作比较，在思维规律上是相通的；又因它们都是逻辑思维，总能找到相似之处联想。[29]

运用西方逻辑概念译释因明术语，不仅是他触类旁通进入因明的门径，也成为写作《因明学》一书所运用的基本方法和该书的一大特色，在消除读者对因明隔膜感的同时，在方法论上对推动因明与西洋逻辑之间的比较研究也具有重要的启发意义。

除绪论和本论之外，虞愚还将1935年发表的《墨家论理学的新体系》一文作为附录，对墨辩与因明进行了参照比较。

《因明学》一书，初版由江亢虎博士[30]和太虚法师作序，列入“中华书局大学用书”系列。其中，江序称：“虞子德元年少而才多，学博而说约，质美而功勤，被服儒素，耽研禅悦，涉猎和籍，旁通蟹行，用力十年，成书三帙，举逻辑因明名学，分疏其义例而合论其指归，期于阐发绪言，启迪后学。”[31]之后，该书又分别于1939年、1941年由中华书局再版、三版。

1989年，中华书局以民国版为底本影印出版。此次重印，虞愚在“重印说明”中补充了两点。一是补充介绍了《因明入正理论》的作者商羯罗主的生平及该论的要旨；二是总结了译者玄奘在因明上的五点理论贡献：区别论题为宗依与宗体，提出“寄言简别”的办法，立论者的“生因”与论敌的“了因”又各分出言智义而成六因，每一过类分为全分与一分及各分为自、他与共，有体无体，认为“以上五点，虽散见在基《疏》之中，但寻其来源，咸出自玄奘传授”。[32]

其后诸版均以此为蓝本：1993年，收入刘培育主编《虞愚文集（第一卷）》（全三卷），甘肃人民出版社出版，改为横体字版，删除了附录《墨家论理学的新体系》；2006年，列入中华书局“真如·因明学丛书”，与吕澂《因明学》合集出版；2014年，列入“现代学术精品丛书”，由贵州大学出版社出版；2018年，收入赖永海主编“中华现代佛学名著（第一辑）”，作为单正齐编的《虞愚文集》之首，由商务印书馆出版。

1949年后，台湾新文丰出版公司亦曾多次重印该书。

三、《因明学》的贡献与意义

《因明学》一书作为虞愚的成名之作，以宏阔宽广的学术视野，在采绎学界明确之说的基础上，对西方逻辑、印度因明、中国墨辩之学相互参证贯通，较为系统地阐发了汉传因明学、墨家论理学的思想，成为20世纪最有成就和影响的汉传因明学术著作之一。其学术价值，主要体现在以下三个方面：

首先，史论结合，以宽广的学术视野彰显因明学、墨家论理学的思想系统，成为迄今汉传因明学研究无法绕过的历史性文献。

今天评价《因明学》一书，应当将其置于虞愚的整个逻辑学术思想体系之中加以观照。

江序作于民国二十五年，即1936年。从江序“用力十年，成书三帙”[33]来看,与《因明学》同时成稿的,还有《中国名学》《印度逻辑》的初稿,只是后二书稍后于1937年、1939年正式出版。可见,《因明学》一书只是其整体考察印度因明、中国名学与西洋逻辑研究中的一环,换句话说,《因明学》写作之时,虞氏就有了贯通印度、中国、西洋逻辑学的系统性考虑。这得益于其宽广的学术视野和扎实的理论素养,正如论者所指出的那样:“在20世纪三四十年代的中国学术界,熟悉因明、名学和逻辑的人都比较少,虞先生三者兼通,又均有论著问世,更是凤毛麟角。”[34]

从《因明学》的具体阐述而言,其不仅吸纳了当时国内学界太虚、吕澂、熊十力等僧、俗学者的研究成果,同时还参考了印度维提布萨那(S. C. Vidyabhusana)、日本学者木村泰贤以及英国学者凯思(Arthur B. Keith)的相关成果,并将其运用于因明文本与义理的阐释之中,站在人类共同逻辑思维的制高点上洞察因明、逻辑与名学的共通性,这使《因明学》一书站在了当时的学界前沿,具有了现代的学术品格。

同时,该书作为大学用书,源于其史论结合、文本与义理兼美这一特色。与之前专事注疏的因明著述不同,《因明学》还有关于因明历史的梳理、方法的揭示与义理的阐发;与之前单纯的因明入门类著述也有所不同,本论部分根据窥基的“大疏”并结合唯识学,以西方逻辑作为参照,从逻辑学的角度进行了扼要疏释。既有对因明历史沿革的系统梳理,也有对因明学义理的阐释和研究方法的揭示;既有对《因明入正理论》的文本阐释,也有对因明思想的理论分析。疏以证义,义以疏立,疏、义兼得双美,使其成为现代汉传因明传承史上的重要一环,即便在今天从事相关研究,该书仍然是无法绕过的基础性、历史性文献。

其次,相资互证,以逻辑阐释因明,以因明、逻辑贯通墨辩,体现出中、西、印相互参证的方法论自觉。

虞愚是最早开始将西方逻辑、印度因明、中国名学互资参证并进行比较研究的学者之一。

《因明学》是国内用英文逻辑术语标注因明概念的第一本书,把因明术语与西方逻辑术语对照,即其后来提炼的所谓“因明以外看因明”[35],是该书的一大特色,体现出其方法论上的自觉。由于因明术语本来就十分晦涩,玄奘的译名也不太好懂,因此,对重要或难解的因明术语,如遍是宗法性(The whole of the minor term must be connected with the middle term)、同品定有性(All things denoted by the middle term must be homogeneous with things denoted by the major term)、异品遍无性（None of the things heterogeneous form the major term must be a thing denoted by the middle term)，在不长的《因明入正理论》原文中，虞愚以71处英文标注加以对照，从教学的意义而言，可消除读者对望而生畏因明术语的隔膜感，增进亲切感。如果说这种方法还局限于形式的话，那么在绪论部分另辟专章对因明与西方演绎逻辑的关系进行比较研究，则体现出作者对以西方逻辑增益对印度因明理解的方法论理论自觉。该书在比较研究的基础上指出，因明与演绎法既有形式上的次序不同，也有四点实质不同：辨别立论真似法则与研究思考的形式法则，重证明与重演绎，以晓他立论为目的与以思考的正当为目的，形式论理学不如因明学注意过失且不如因明学含有归纳的意味。[36]这些看法是建立在详尽参证比较研究之后得出的结论，确如江亢虎序中所言“与坊肆间作家之寻行数墨者，迥乎不同”[37]。

不仅如此，他还以因明、逻辑与名辩相贯通，这主要体现在该书所附录的《墨家论理学的新体系》一文之中，以因明的因支、喻体与墨辩的小故、大故相对应，以因明与逻辑的现量（Perception）、比量（Inference）解释墨辩的亲知与说知。

当然，今天来看，这种比较还处于初步尝试的层次，正如论者所指出的那样：他把小故、大故看作是墨辩具有代表性的两段论式是值得商榷的，如是，他的比较研究也就失去了一些根基。[38]这些白璧微瑕，倘揆之于当时因明学初兴的具体历史场景，实不可苛责其咎：

> 根据古疏而采择近人最明确之说，以相发明，并进而与西洋逻辑及名辩归纳诸术，互资参证，冀为介绍因明学入现代思想界之一方便……与中国名辩及西洋逻辑作比较之研究，尤足引起学者之兴味。[39]

以西洋逻辑与名辩归纳诸术与因明“互资参证”，只是欲借此以将晦涩的因明介绍给现代思想界的“方便”法门，太虚的这一评价实得虞愚撰著的初心。即使放在今天的学术背景之下，这种多元参照、相互参证的比较研究方法，也为其后因明与中、西逻辑思想比较的深化提供了可资借鉴或前进的基础。事实上，虞愚在后期的学术生涯中也运用这种比较研究的方法，并对三者的共通性得出了更为全面深入、清晰清醒的认识：

> 印度有因明、中国有名学、西欧有逻辑，在世界逻辑史上，堪称鼎足而三。三者互不相谋，而它们的形式（概念、判断、推论）以及这些形式在

发生作用方面的规律，基本上是一致的，这充分说明“逻辑之名，起于欧洲，而逻辑之理存乎天壤”。[40]

从学术研究规律而言，作者早期的著作往往包孕着而后的思想萌芽，预示其思想发展的趋向。该文撰于1986年，是运用《因明学》中孕育的比较研究方法得出的成熟认识。

再次，学思并重，在尊重前修、继踵前贤的同时，勇于、善于以理性精神阐发一家之言。

《因明学》对前人的研究成果和结论给予充分尊重，如绪论第二节关于古今因明学沿革，直接征引吕澂先生的五段分期论。对于墨家名辩学，他谦恭地认为从前辈学者那里“始知此六篇为墨家独有之论理学”，云：

> 所幸比年以来，学者多凭西洋之逻辑、印度之因明，解《墨经》以为条贯，始知此六篇为墨家独有之论理学，且详于辩律之部焉。[41]

但同时又能以理性求真的精神勇于立新，体现出在真理面前不畏权威的理论勇气和学术品格，持之有故、言之成理地自陈己见。如关于《墨经》的作者问题，批评“孙诒让始疑此经非墨子所作”[42]，以及“近人胡适益衍其说，断言此六篇皆非墨子所作”[43]，对于《墨经》为“别墨”即墨家后学之作所持的证据，从文本、文义、文体等方面予以论析，认为“犹因《公羊传》有孔子以后语，而谓《春秋》非孔子作，大不可也”[44]，“名学原始于书契，墨子实始辩异同以成家，使《墨经》非翟自著，其家数则又何恃乎？”[45]

这种“四顾我为峰”[46]式的敢于争鸣、提出异见的创新意识，表面上与尊重前修相互抵牾，在精神上实则一脉相通：

> 若孙诒让、梁启超、章太炎、太虚法师、胡适之、张仲如，有征引阐发组织，往往迈于前辈，吾人今日得略窥《墨经》之涯涘，当知作始者之勤之于前也。[47]

虞愚在《墨经》作者问题上所持的观点以及关于因明的若干立新之论，正是对孙诒让、胡适之等学者“征引阐发组织，往往迈于前辈”这一传统的秉承与光大，就这个意义而言，《因明学》一书及其相关领域研究的意义，远远超出了因明本身的专业范畴而具有普遍的学术方法论价值，具有重要的历史地位。

厦门大学是虞愚因明研究的起点，虞愚一生的学术成就则是厦大史册上一笔弥足珍贵的文化遗产。1991年，其与夫人林逸君合葬于南普陀寺五老峰下，似乎仍在俯瞰着他曾经撰著过《因明学》的厦大校园，勖勉后学，承传薪火。

注释：

①“虞愚在武昌佛学院学习期间，即皈依高僧印光法师，法名佛心”。见厦门南普陀寺编：《南普陀寺志》下册，上海：上海辞书出版社，2011年，第224页。

②大夏大学，抗战期间一度与复旦大学合并，1951年10月，与光华大学合并成立新中国第一所师范大学——华东师范大学。大夏大学是国内最早实施导师制的大学，也是较早实施通识教育“文理兼修”的高校之一，有“东方的哥伦比亚大学”的美誉。

③本节虞愚生平，参见虞琴整理：“虞愚年表”，刘培育主编：《述学 昌诗 翰墨香——纪念虞愚先生》，厦门：厦门大学出版社，2009年，第238~248页。

④1936年8月，赴南京求职，于右任邀留监察院，先任编辑，后任于右任办公室主任。1937年抗战爆发后返厦，1938年厦门沦陷，孑身辗转由港、粤转汉入渝，复职于监察院至1940年底，兼任汉藏教理院文学、哲学课程。1941年起，任贵州工农学院（后改为贵州大学）理则学讲师、副教授至1942年底。

⑤刘培育：《博学的虞愚先生——纪念虞愚先生诞生100周年》，刘培育主编：《述学 昌诗 翰墨香——纪念虞愚先生》，厦门：厦门大学出版社，2009年，第64页。

⑥周勇胜：《五老峰上忆虞师》，刘培育主编：《述学 昌诗 翰墨香——纪念虞愚先生》，厦门：厦门大学出版社，2009年，第113页。

⑦李焕明：《追忆长汀厦大的诗缘》，刘培育主编：《述学 昌诗 翰墨香——纪念虞愚先生》，厦门：厦门大学出版社，2009年，第19页。

⑧潘懋元：《忆念虞师》，刘培育主编：《述学 昌诗 翰墨香——纪念虞愚先生》，厦门：厦门大学出版社，2009年，第7页。据潘懋元回忆，其任厦门大学海外函授学院院长时，曾邀请虞愚任该院兼职教授，虞先生为教学需要专门拍了一部书法讲座的录像带。

⑨蒋东明：《惊人诗句老横秋》，刘培育主编：《述学 昌诗 翰墨香——纪念虞愚先生》，厦门：厦门大学出版社，2009年，第142页。虞先生有同名论文《科学艺术与人生》，原载《读书通讯》第151期，1948年2月，参见虞琴、江力选编：《中国文化书院九秩导师文集·虞愚卷》，北京：东方出版社，2013年，第243页。

⑩陈珍珍：《永恒的追思》，刘培育主编：《述学 昌诗 翰墨香——纪念虞愚先生》，厦门：厦门大学出版社，2009年，第17页。

⑪“1985年冬，厦大为准备65周年校庆，需要大量楹联匾额条幅，在招待所三楼辟了一间书室，供他专用”。见潘懋元：《忆念虞师》，刘培育主编：《述学 昌诗 翰墨香——纪念虞愚先生》，厦门：厦门大学出版社，2009年，第7页。

⑫《因明的基本规律》（1950年）、《因明学发展过程简述》（1957年）、《印度逻辑推理与推论式的发展及其贡献》（1957年）、《试论因明学中关于喻支问题》（1958年）、《试论因明学中关于现量与比量问题》（1958年）、《〈因明入正理论〉的内容特点及其传习》（1959年）、《玄奘对因明的贡献》（1981年）。

⑬印度学者维提布萨那博士著《法称〈逻辑一滴〉的分析》（1958年）、苏联学者彻尔巴茨基著《真实与知识》（1962年）。

⑭刘培育：《博学的虞愚先生——纪念虞愚先生诞生100周年》，刘培育主编：《述学 昌诗 翰墨香——纪念虞愚先生》，厦门：厦门大学出版社，2009年，第61页。

⑮即五卷本《中国逻辑史资料选》和五卷本《中国逻辑史》。

⑯虞愚：《〈中国哲学史〉评》，虞琴、江力选编：《中国文化书院九秩导师文集·虞愚卷》，北京：东方出版社，2013年，第229页。

⑰董志铁：《忆虞老》，刘培育主编：《述学 昌诗 翰墨香——纪念虞愚先生》，厦门：厦门大学出版社，2009年，第78页。

⑱虞愚：《科学艺术与人生》，虞琴、江力选编：《中国文化书院九秩导师文集·虞愚卷》，北京：东方出版社，2013年，第244页。

⑲虞愚：《诗词·自序》，虞琴、江力选编：《中国文化书院九秩导师文集·虞愚》，北京：东方出版社，2013年，第377页。

⑳虞愚：《虞愚自写诗卷》，厦门：厦门大学出版社，1989年。

㉑张岱年：《怀念老友虞愚先生》，刘培育主编：《述学 昌诗 翰墨香——纪念虞愚先生》，厦门：厦门大学出版社，2009年，第3页。

㉒欧阳中石：《序》，虞琴编：《虞愚墨迹》，厦门：厦门大学出版社，2009年。

㉓黄猷：《余悲寄竹园》，刘培育主编：《述学 昌诗 翰墨香——纪念虞愚先生》，厦门：厦门大学出版社，2009年，第12页。

㉔与太虚的两次结缘，一次是1924—1926年武昌佛学院学习期间，一次是1932年太虚来闽南佛学院主持工作期间。与欧阳竟无的两度结缘，一次是1928—1929年南京支那内学院学习期间，一次是1938—1941年抗战期间于内迁至四川的支那内学院期间。

㉕《太虚大师年谱》之"一九二四年八月"条记载:"三十一日,大师回抵武院,翌日开学。新生有寄尘、机警、亦幻、墨禅、虞佛心(德元)、苏秋涛等。"见释印顺:《太虚大师年谱》,北京:中华书局,2011年,第119页。

㉖厦门南普陀寺编:《南普陀寺志》上册,上海:上海辞书出版社,2011年,第18页。

㉗释印顺:《太虚大师年谱》,北京:中华书局,2011年,第226页。

㉘《大正藏》第32册1630部,《因明入正理论》。"因明"二字,梵本本无,乃为玄奘彰显论著的性质增译。

㉙刘延寿:《经师易得,人师难求》,刘培育主编:《述学 昌诗 翰墨香——纪念虞愚先生》,厦门:厦门大学出版社,2009年,第42页。

㉚江亢虎(1883—1954),祖籍安徽旌德,出生于江西弋阳,民国时期著名文化学者和政治人物,是毛泽东提及过的社会主义思潮的传播者。早年曾蒙孙中山先生赏识,后投靠汪伪政权,抗战胜利后被捕入狱,1954年在狱中病逝。

㉛虞愚:《因明学》,上海:中华书局,1936年,"江亢虎博士序"第1页。

㉜虞愚:《因明学·重印说明》,刘培育主编:《虞愚文集(第一卷)》,兰州:甘肃人民出版社,1993年,第5~6页。

㉝虞愚:《因明学》,上海:中华书局,1936年,"江亢虎博士序"第1页。

㉞刘培育:《博学的虞愚先生——纪念虞愚先生诞生100周年》,刘培育主编:《述学 昌诗 翰墨香——纪念虞愚先生》,厦门:厦门大学出版社,2009年,第61页。

㉟张忠义:《妙辩于"余"处》,刘培育主编:《述学 昌诗 翰墨香——纪念虞愚先生》,厦门:厦门大学出版社,2009年,第172页。

㊱虞愚:《因明学》,上海:中华书局,1936年,第28页。

㊲虞愚:《因明学》,上海:中华书局,1936年,"江亢虎博士序"第1页。

㊳刘培育:《20世纪名辩与逻辑、因明的比较研究》,《社会科学辑刊》2001年第3期,第16页。

㊴虞愚:《因明学》,上海:中华书局,1936年,"太虚大师序"第1页。

㊵虞愚:《因明在中国的传播与发展》,虞琴、江力选编:《中国文化书院九秩导师文集·虞愚卷》,北京:东方出版社,2013年,第39页。

㊶虞愚:《因明学》,上海:中华书局,1936年,第120页。

㊷虞愚:《因明学》,上海:中华书局,1936年,第116页。

㊸虞愚:《因明学》,上海:中华书局,1936年,第116页。

㊹虞愚:《因明学》,上海:中华书局,1936年,第117页。

㊺虞愚:《因明学》,上海:中华书局,1936年,第120页。

㊻出自虞愚《登北高峰》,原句为"飘然凌绝顶,四顾我为峰"。该句常被虞先生作为书法内容示人。见虞愚:《虚白楼诗》,厦门:厦门大学出版社,2017年,第2页。《虚白楼诗》所收均为虞愚1949年之前的诗作,曾于1949年由厦门风行印刷社刊印。

㊼虞愚:《因明学》,上海:中华书局,1936年,第120页。

参考文献:

虞愚:《因明学》,上海:中华书局,1936年。

刘培育主编:《虞愚文集》,兰州:甘肃人民出版社,1993年。

虞琴、江力选编:《中国文化书院九秩导师文集·虞愚卷》,北京:东方出版社,2013年。

中国社会科学院科研局组织编选:《虞愚集》,北京:中国社会科学出版社,2009年。

虞琴编:《虞愚墨迹》,厦门:厦门大学出版社,2009年。

刘培育主编:《述学 昌诗 翰墨香——纪念虞愚先生》,厦门:厦门大学出版社,2009年。

厦门南普陀寺编:《南普陀寺志》,上海:上海辞书出版社,2011年。

刘培育:《20世纪名辩与逻辑、因明的比较研究》,《社会科学辑刊》2001年第3期。

张忠义:《虞愚和他的〈因明学〉》,《哲学动态》2009年第12期。

张栋豪、张晓翔:《百年来汉传因明研究方法之反思》,《学术研究》2016年第10期。

姚南强:《百年来的中国因明学研究》,《中国社会科学》1994年第5期。

作者刘泽亮,厦门大学佛学研究中心主任,人文学院哲学系教授、博士生导师。

萨本栋、郑曾同、杨龙生与《实用微积分》

林亚南

抗战期间,国立厦门大学内迁福建龙岩的长汀县城办学。因为战时物资匮乏,课本难以买到,许多教材都是教师自己编写印制的。时任校长的萨本栋教授也带领青年教师郑曾同和杨龙生编写了《实用微积分》讲义,内部印刷使用多年,也被其他大学选用。抗战胜利后,经国立编译馆审定为大学教本,1948 年由商务印书馆承印发行,在全国高校广泛使用。厦门大学“百年校庆系列出版物”编委会决定以影印的形式重版此书,作为“百年学术论著选刊”系列之一。影印的底本是国立厦门大学数理学系 1942 年 9 月—1943 年 1 月印行的修订版。我想,之所以重印此书,是因为《实用微积分》反映了萨本栋校长的数学教育理念,更因为它的诞生折射出以萨本栋校长为代表的厦门大学内迁长汀艰苦办学的自强精神。而自强精神作为厦门大学特有的“爱国、革命、自强、科学”的四种精神之一,是百年厦大宝贵的精神财富。

一

萨本栋(1902—1949),字亚栋,蒙古族,出生于福建省闽侯县。1921 年从清华学校(即后来的清华大学)毕业,1922 年赴美留学,进入斯坦福大学学习机械工程。1924 年在斯坦福大学获得工学学士学位,之后进入伍斯特理工学院,同年获得电机工程学士学位,旋即转学物理。1927 年获得伍斯特理工学院理学博士学位后,担任伍斯特理工学院研究助理及西屋电机制造公司工程师。1928 年,应国立清华大学物理系主任叶企孙教授的聘请回国任物理学教授。

萨本栋教授在教学和科研两个方面都堪称大师。在国立清华大学期间,他编写了《普通物理学》及《普通物理学实验》,这两部首次用中文正式出版的大学物理教材,先后于1933年和1936年发行,旋即被教育部正式颁定为大学教材,广泛使用。他创造性地将数学中的矢量方法应用于解决三相电路问题,在《美国电气工程师学会学报》上发表了论文《应用于三相电路的并矢代数》,引起国际电工理论界的强烈反响,被认为是开拓了电机工程的一个新研究领域。美国电气工程师学会随即将这篇论文列为当年冬季会议的讨论课题。该论文后又荣获美国"1937年度理论和研究最佳文章荣誉奖"。在此基础上,萨本栋教授用英文写成专著《并矢电路分析》。这是一本数学、物理、电机学科交叉的新著,被选入"国际电工丛书",并获中国电机工程师学会首次颁发的荣誉奖章。1944年6月,萨本栋教授应美国国务院邀请,再度赴美讲学。他提出了用标幺值系统来分析交流电机,引起工程学界的强烈反响。然后他根据在厦门大学讲授电机学所积累的资料,再加上在斯坦福大学授课的新材料,用英文撰写成专著《交流电机基础》,提出了许多新的论点和论据,言前人之所未言。该书于1946年在美国出版,受到英、美各国科学界的极高评价,被誉为物理学、电机学巨著。用萨本栋在"中文版序"中谦虚的说法:"写的方法与同名的教科书颇有不同。其中不少的章节如单独分出,也可自成多篇短论文,因为这些章节所用方法多启发前人所未道的地方。这一点也许就是本书出版后能受到英、美同行人赞许的原因吧!"①加州大学、卡内基理工学院等十几所院校都采用它做教本,开创了中国科学家编写的自然科学专著被外国人采用为教材的先河。

抗战胜利后,萨本栋教授应中央研究院院长朱家骅的聘请,出任中央研究院总干事,兼任物理研究所代所长。从1945年秋天到1948年12月中旬,他为中央研究院办了两件繁重的事:一件是从重庆复员至南京,一件是在南京建立数理中心。他为恢复和重建中央研究院做出了极大努力。抱着发展中国科学事业的宏愿,萨本栋总干事积极推动了中国院士制度的建立,并负责筹办了中国第一届院士选举。他拟定了科学研究规划,起草了中央研究院的工作方针,拟定了各种规章制度,勾画了未来的发展蓝图。可惜后来由于形势变化未能实施。1948年,他获选中央研究院第一届院士。

二

在抗战的艰苦时期,萨本栋作为国立厦门大学第一任校长,主政八年,带领全校师生坚守东南,筚路蓝缕,发展壮大了厦门大学,发扬光大了陈嘉庚的爱国办学精神,其事迹和精神令人赞叹不已。

1937 年 3 月,萨本栋教授从美国讲学归来,回到清华大学任教。其时,爱国华侨领袖陈嘉庚先生因经营橡胶失败,资财亏蚀殆尽,遂将其所创办的厦门大学献给国家。1937 年 7 月 1 日,厦门大学由私立改为国立。7 月 6 日,在“七七事变”的前一天,萨本栋教授接受出任国立厦门大学第一任校长的聘请。7 月 26 日,他在全面抗战的炮火声中抵达厦门,受命于危难之中,正式上任。9 月 3 日,日本侵略军的炮弹和炸弹落到了厦门市。为了师生的安全起见,翌日学校暂迁到当时的公共租界鼓浪屿,借用英华中学及闽南职业学校的部分校舍上课。10 月间,萨本栋校长经与有关方面研究后,决定将厦门大学内迁到闽粤赣交界的山城长汀。12 月初,萨本栋校长运筹帷幄,率全校师生克服路途艰辛,一个月内成功内迁,师生一个也不少。开学必需之图书、仪器、文件、标本,均得安全转移。1938 年 1 月 17 日,厦门大学在长汀复课。

初到长汀,教学与生活都遇到极大的困难。萨本栋校长迎难而上,“亲自擘划、监督营造新校,旧房、衙署、文庙、废园广加改造,学校范围赖以扩充,学生人数较前倍增”[②]。他先租用长汀饭店和附近民房为教职员宿舍,借用专员公署,修整文庙祠堂为图书馆、实验室,然后在北山之麓等处建造新校舍,挖修防空洞。他带领几位理工科助教和仪器管理员,把学校分配给他乘坐的专用小汽车的发动机拆下来,改装成照明发电机,并亲自指挥安装电路、电灯,终于使全校大放光明。

为适应国家需要,萨本栋校长因陋就简增设土木、机电、航空三系,延聘国内知名学者以造就人才,苦心经营,促其成长。1937 年创办了土木工程系(归属于理学院)并兼任系主任。到 1938 年,土木工程系学生数达 45 人,是理学院中学生数最多的系(数理 15 人,化学 28 人,生物 19 人)。1940 年,萨本栋校长又增办了机电工程系,且把理学院扩充成理工学院。1944 年,他又筹备航空工程系,为厦门大学于 1948 年创设工学院打下了坚实基础。1941—1949 年,厦门大学工科各系毕业生数达 452 人,分布在全国各地。抗战胜利后,不少毕业生应聘到台湾地区工作,为刚从日本占领下回归祖国的台湾的建设做出了很大的贡献。

在闽西山区时师资奇缺,萨本栋校长不辞辛苦,力肩教学重担,所授课程门数之多、分量之重甚于一般教授。1940 年机电系成立时,许多重要课程如“电工原理”“交流电路”“交流电机”“无线电工程”,均由萨本栋校长亲自讲授。某些课程师资不足时,萨本栋校长亲临第一线“救急”。他代教过的课程有“普通物理学”“普通制图学”“机械制图”等,每周上课时数曾经达 20 课时。萨本栋校长十分重视基础学科的教育，身体力行亲自讲授大学一年级的“微积分”课程。在他的带头示范下，一大批名教授走上一年级基础课讲台，对提高厦门大学的教学质量起到很好的作用。

萨本栋校长呕心沥血、无私奉献，带领师生励精图治、奋发图强，使厦门大学成为当时孤立于祖国东南隅的唯一发展的知名大学。在1940年和1941年国民政府举办的第一、第二届全国专科以上学校学生学业竞赛中，厦门大学力压西南联大、中央大学等名校，蝉联两届冠军。1940年，陈嘉庚代表南洋华侨回国慰问抗战将士，于当年11月9日折道到达长汀，视察厦门大学。看到厦门大学现状，他高兴地说“厦大有进步”“比其他大学可无逊色”。1942年6月，国民政府教育部以“各部办事精神连贯，能通力合作，教学认真，学风纯正”，在全国命令嘉奖厦门大学。行政院政务处长蒋廷黻率领国民政府巡视团在巡视厦门大学后在巡视报告中称：“迁至长汀之厦门大学，为粤汉路以东仅存之唯一最高学府，上年经费不过二十万，但厦大今已成为国内最完备大学之一。”[③]1944年6月，来校访问的美国地理学家葛德石称赞厦大为“加尔各答以东之第一大学”。同年6月，英国皇家学会会员、著名学者李约瑟到厦大访问。简单却不失美观的战时学舍、藏品丰富的图书馆、学术活动密集的理学院，给这位大科学家留下了极其深刻的印象。1946年第157期的《自然》杂志上，李约瑟称赞厦大“相当优秀，与远在中国西部的四所好大学相比较，殊无逊色”。1944年5月，萨本栋校长因办学有功，获得国民政府颁发的三等景星勋章，是继罗家伦、竺可桢、严济慈之后的第四人。

“公既悉心治校，而又严于律己，勤政之余，继以力学……抗战时期，人民生活艰苦异常，公亦自奉如常人，食少事繁，积劳成疾。”[④]在内迁长汀期间，萨本栋校长患了严重的胃病，有时卧床不起。为了不耽误学生的功课，他就让机电系学生到他的床前听讲。胃病发作时，稍微停顿一下，然后又继续讲下去。他还患有风湿症，发作时非常严重，曾经撑着拐杖上课堂讲课，乃至拐杖掉落在地而不能俯身拾起。原本是运动健将的萨本栋校长，廉洁奉公、律己极严、舍身治校、舍命办学，身心受到极大摧残。由于健康的原因，1944年，萨本栋校长在美国讲学期间，曾三次电函请辞校长之职。虽经厦门大学及教育部多方挽留，最后仍以坚辞而获准。1948年年底，萨本栋校长被确认为胃癌晚期，1949年1月31日逝世于美国加州医院。是时他未满47岁，真正做到了鞠躬尽瘁，死而后已。

1946年，厦门大学在萨本栋校长调离后即设立了“本栋奖学金”。萨本栋校长去世后，应厦门大学的强烈请愿，他的骨灰安葬在厦门大学校园内。萨本栋校长之墓作为校内重要的爱国爱校基地,不时吸引青年学子和各地游客前往瞻仰。每年清明节,学校组织师生为萨本栋校长墓敬献花圈,寄托哀思。在百年校庆来临之际,厦大学生创排了校园话剧《长汀往事》(原名“萨本栋”),回忆在抗战烽火中萨本栋校长领导厦门大学内迁长汀坚持办学的艰难岁月和其蕴含的精神魅力。在民族火与血的洗礼中,以萨本栋校长为代表的厦门大学艰苦办学的“自强”精神,是留给历史和后代的极其宝贵的文化遗产和精神财富。

三

《实用微积分》是萨本栋教授带领年轻教师郑曾同和杨龙生完成的。

郑曾同(1915—1980),安徽省黟县人。1937 年于清华大学数学系毕业后在西南联大任教,1940—1943 年任厦门大学讲师,后来分别在中山大学和交通大学任教。郑曾同在厦门大学任职期间撰写两篇论文,1944 年在统计学著名杂志《美国统计学会会刊》上连续发表,这是中国高校教师第一次在该刊物上发表论文。郑曾同 1946 年赴美国留学,1947 年在康奈尔大学获得硕士学位,1949 年获康奈尔大学哲学博士学位。1950 年 2 月回国在私立岭南大学任教授,院校调整后在中山大学任教授、数力系概率统计教研室主任、数力系数学专业委员会副主任等职。他深入研究“平稳过程”和“马尔可夫过程”理论,发表多篇有独创见解的论文。1956 年、1962 年先后两次被聘为全国十年科学规划组组员,曾任《数学年刊》《人民教育》《数学学报》编委。1963 年当选第三届全国人民代表大会代表、第五届全国政协委员、中国数学会理事。

另一作者杨龙生(1909—1991),浙江省嘉兴市人。1936 年毕业于清华大学物理系,曾任厦门大学、交通大学、中央大学副教授。1946 年到伯明翰大学进修,后任英国马可尼公司研究部工程师。1951 年回国,历任中科院仪器馆研究员、中科院电子学研究所研究员、中国科技大学教授。1957 年 5 月参加钱学森牵头的全国自动化学会筹备委员会。杨龙生长期从事电子学与仪器的研究工作,早年研制成功炮位测定仪,后来设计和研制成功多种高精电子仪器、设备及电子线路,如灵敏磁电位计、特殊直流放大电路、计数式测频仪、瞬间测频仪、电平统计分析仪。

萨本栋校长 1921 年毕业于清华学校,杨龙生 1936 年从清华大学毕业,郑曾同 1937 年从清华大学毕业。后两位由学长萨本栋校长邀请来厦门大学工作。三位清华学生,两代厦大教师,三人合作编写《实用微积分》,传为佳话。萨本栋教授主笔,两位年轻教师参与,是三人合作在多年教学实践中不断打磨的结果,当然首功非萨本栋校长莫属。郑曾同和杨龙生后来取得的成绩,与在厦门大学的教学经历有关。尤其是在萨本栋校长带领和指导下编写《实用微积分》的磨炼使他们受益匪浅。

四

微积分理论的创立无疑是人类智力的伟大成就之一。17 世纪,有四类问题有待微积分的解决:第一是即时速度问题,第二是曲线的切线问题,第三是函数的极值问题,第四是曲线长、曲线围成的面积、曲面围成的体积、物体的重心问题。至少有十多位大数学家在 17 世纪探索过微积分。首先做出贡献的是开普勒和伽利略。用无数个无穷小之和计算面积和体积是开普勒的基本思想,而这一思想的精华是从阿基米德的著作中吸收的;伽利略则奠定了实验和理论协调的近代科学精神,这对于微积分的形成是至关重要的。17 世纪下半叶,在前人工作的基础上,英国科学家牛顿和德国数学家莱布尼茨分别在各自的国度里独自研究和完成了微积分的创立工作。他们的最大功绩是把在各种个例形态中洞察和理出的潜藏着的共性的东西进行直观的无穷小量分析,并把它提升和确立为数学理论。因此,微积分早期也称为无穷小分析,正是现在数学中分析学这一大分支名称的来源。牛顿研究微积分着重于运动学来考虑,莱布尼茨却侧重于几何学来考虑。现代著名数学家诺依曼说:"微积分是现代数学的第一个成就,而且怎样评价它的重要性都不为过。我认为,微积分比其他任何事物都更清楚地表明了现代数学的发端;而且,作为其逻辑发展的数学分析体系仍然构成了精密思维中最伟大的技术进展。"⑤因此,数学分析或微积分是大学期间最重要的数学基础课程,是理工医农经管类的必修课程,时常被一些其余门类的专业列为必修课程。

在中国,晚清出版的微积分教科书主要以翻译外国教材为主。1927 年,国民政府定都南京后颁行了一系列教育法规法令,使中国高等教育逐步走上制度化与规范化的道路。然而,中国各大学采用外文教科书的情况令人担忧。著名科学家、教育家胡敦复在为大学教材《近世初等代数学》所作序言中写道:"今吾国不问何种科学悉取材于外国,是国未亡而豫为外国培植其国民也……起视国中,科学之书,不假外求而能自得师者有几何,我不禁皇然而欲涕也。"⑥同时,蔡元培也提出"国化教科书"的口号。此时学术研究大有进步,大学微积分教科书开始出现了百家争鸣的新气象。不但有德、日、英、美的教科书翻译,还有一批国内专家编著的教材，包括著名数学家、省立云南大学校长熊庆来教授著的《高等算学分析》，这是蔡元培组织编辑的“大学丛书”之一。还有著名数学家、中央大学理学院院长孙光远教授和孙叔平合著的《微积分学》，著名数学家、中山大学理学院院长何衍璿教授和李铭槃、苗文绥合著的《微积概要》，以及著名物理学家、厦门大学校长萨本栋教授和郑曾同、杨龙生编著的《实用微积分》。

五

《实用微积分》讲义最早用油印机印刷，供厦门大学学生使用。1939 年，利用搬运到长汀的铅字模和破旧的印刷机，再加上长汀当地生产的毛边纸，印刷了 300 本微积分教材。封面印着：“实用微积分（初稿）（第一册），编者：萨本栋、郑曾同、杨龙生，国立厦门大学数理学系印，中华民国廿八年十月。”初稿共分 19 章，总共 393 页，后面两个附录。附录甲是无限积分，介绍了两种无限积分的求法：一是上下限为无限大，二是被积函数为无限大。附录乙是面积仪，面积仪是用来测量平面上任意封闭曲线所包围的面积。限于当时的抗战环境，这批书印刷得比较粗糙，书中的插图是先手工画好油印出来，再经过裁剪，然后粘贴到里面预留的空白处。

初稿由厦大师生用了三年，由于部分书籍流传到其他高校，产生反响，引来不少学校购买书籍。萨本栋校长便于 1942 年 4 月对初稿进行了修订，在 1942 年 9 月—1943 年 1 月出版了修订本，依然由厦门大学数理系承印。这次修订本分为上下两册，总共 20 章，444 页，后面附有英汉名词对照表及索引和勘误表。由于插图制版依然比较困难，这次把图表印制好后统一放在了每章的后面。初稿（第一册）里面没有一道练习题（或许应该有本习题单独分册），这次出版的修订版中充实了大量习题，另外对部分章节做了一些调整，增加了一章“体积、面积、质量”。

随着厦门大学学生数量的增加，加上《实用微积分》影响的扩大，以及校外购书需求增多。1944 年 9 月，《实用微积分》又由福建长汀青年图书出版社出版发行，福建永安长风社印刷，全国各大书局公开出售。这个版本与厦门大学数理系承印的修订版在内容上基本没发生变化。公开发行后，由于该书内容简明扼要，章节安排合理，举例符合国内实际，受到了读者的好评，产生了广泛的影响。1945 年抗战胜利后，经国立编译馆审核，被指定为大学教材。1948 年，经萨本栋教授再次修订后，由国内著名的商务印书馆承印发行。这次修订后的版本，在内容上给予了补充更新，增加到 473 页，插图也得以附在每节的后面，方便查找，错别字得到纠正，删掉了1944年版后面的勘误表。1949年萨本栋教授去世后,1950年商务印书馆再次出版了《实用微积分》。

《实用微积分》教材具有如下明显的特点:

第一,独特的微分和积分混合编排。

大多微积分教材将微分和积分两部分分开来编排,学完了微分学再学积分学。以孙光远、孙叔平著的《微积分学》为例,与目前大学通常使用教材的编排顺序比较,可以看到大体一致,只是将级数放在微分学之后、积分学之前。首先是以函数与极限开篇,接着是微分学,包括微分学、导数性质和应用,逐次微分法,平面曲线。其次是级数、函数展开式。再次是积分学,包括不定积分、定积分、积分法,在几何上的应用,重积分。最后是一级微分方程、高级微分方程。熊庆来的《高等算学分析》,最前面是预篇,前三章分别是显函数和隐函数的微分、泰勒级数及其应用。然后进入积分部分:第四章到第六章分别是不定积分、定积分、定积分意义之推广。紧接着是重积分和多重积分、尤拉氏积分和变分法。最后一部分级数,从第十一章到第十三章分别是无穷级数、幂级数、三角级数及多项式级数。从目录看,除不涉及微分方程外,与目前通用教材的编排顺序大体相当。萨本栋校长认为,微分学和积分学是同一问题的正反两方面,其算式可同时学习,没有必要把微分学中的基本概念及一般应用全部学完后再来学习积分。由于微分学应用非常广泛,计算技巧和公式很烦琐,对于初学者来说,容易造成学习微分学之后再学习积分学而可能出现基本概念已经忘掉的现象,从而带来学习难度。为了消除这个弊端,《实用微积分》变更了传统的编排方式,在第一章介绍函数与极限后,开始以代数函数(即变量经过加减乘除和开方得到的函数)为研究对象,从第二章到第七章分别讨论微分(当时也称纪数)、不定积分和定积分以及应用。这样,以代数函数为对象,将微积分的主要内容和计算公式全面展开。然后,继续全面讨论超越函数的微积分。最后,讨论级数、立体解析几何、偏微分方程和重积分,以及它们的应用。这样的编排是这本书的独到之处。

第二,讲求实用,不强调理论的严格证明。

自然科学是精确的科学,而数学更是精确科学的典范。一般地,数学家在严格的假设条件和定义下讲求严谨的逻辑推理,追求理想状态下逻辑的严密性。物理学家以解决问题为出发点,更强调数学作为工具的应用,同时强调理想化的条件假设与拟解决的问题存在着差距。熊庆来教授编撰的《高等算学分析》以数学专业的学生为主要对象,叙述精准,推理严谨,知识点多,习题有难度,其论述的精准性堪与现行教科书相媲美。萨本栋校长的《实用微积分》则突出了"实用"性。当时厦门大学工科学生占绝大多数,真正进行纯数学研究的很少。对工科学生来说,他们学习数学的重点在于如何运用数学这门工具去处理实际问题,也就是如何把工程建设实际问题转换成数学问题,然后借助数学理论公式得出结果,而不是要把大量精力放在论证求解数学问题本身。萨本栋在《实用微积分》序言中写道:"纯粹数学家多少希望学生能了解数学证明之必须严格,且欣赏严格证明;但在初等教本中,各证明应严格到何等程度,以及初学微积分之学生对于严格证明能否欣赏各事,均系教学上可以辩论之问题。"《实用微积分》在许多地方不追求严密的逻辑证明,强调直观思维,在处理"无穷小量"问题、极限定义问题方面尤为明显。在论述方式上,他没有使用过多的抽象繁杂的数学符号,而是采用了大量的文字说明。为了避免引起学生误解,在论证不严密的地方则特别指出说明。在阐述数学方法时,萨本栋一般也是从应用数学和纯数学两个角度来讲解。比如,他对解析法和图解法的特点进行分析时说:"能用方程表显之函数,其讨论法多可取所谓解析方法。至若不能用方程表显之函数,有时常用图解方式,或径将各变数与其函数相应各值列为一表以资参考。在纯粹数学家眼中,后两式实不及前者雅致,然在实用方面,后二式常反较重要,此实因解析方法有时甚难使用也。图解方法,其准确程度常为绘图者之技术所限制,然能将全题之关系活跃的表于一有限之图纸上,使人一目了然,系其优点。至如图解之外,复佐以准确之表,则其应用将为更广。惟图表所占之篇幅终比一方程或数方程所占者较大,是其弱点耳。"在定积分的"几何直觉"定义之后有一段专门说明,即"(7.4) 陈述定积分观念方法之评论",萨本栋特意用一页多的篇幅,结合前面的例题,评述了实用数学家和纯粹数学家对数学证明要求的差异。在纯粹数学家的观念中,数学证明必须有严密的逻辑,否则论证就是有缺憾的,是不可靠的。正如现代著名数学家波利亚所说:"严格的证明是数学的标志,这是数学对于一般文化修养所提供的不可缺少的素养。一个学生若对数学证明从未留下印象,那他就缺少了一种基本的思维经历。"⑦而在实用数学家的眼中,数学更多是被作为一种工具来使用,主要考虑的是它的可用性。教材突出"实用"的另一突出表现是全书三分之一的章节专门讨论微积分在几何、物理中的应用,并且全书中大量习题都是计算题目和应用题目。

第三,注重与中学数学内容的衔接,注重方法指导。

考虑到各生源来自的中学在教材方面的差异,《实用微积分》在讨论代数函数的微积分之后和讨论超越函数和复合函数的微积分之前,在第八章到第十章专门分别详细介绍和讨论了三角函数与反三角函数、指数函数与对数函数、极坐标与参数方程,讨论它们的基本性质和图像。这对于大学新生来说,尤其是在中学没有修过这些内容的同学来说,很有好处。为了让学生充分理解微积分就是变量数学这一观点,萨本栋校长在介绍变数、极限、函数这些基本概念时,一方面进行抽象描述,另一方面更是借用现实中的生活实例来说明。极限概念是整个高等数学的基石,为了让学生具有感性的认识,萨本栋校长在这章接连举了五个例题,让学生在应用中慢慢体会。教材中多处写着“此为初学者所不应忽视之点”“读者切勿”“读者当特别注意”等语句,明确指出应当注意的重点、难点和疑点,这对于刚踏入高等数学门槛的学生来说,是非常有必要的。

萨本栋校长等编著的这部微积分教材符合厦门大学校情,体现物理学家对数学基础理论的理解和把握。在第一章有一道习题为:“抗战期中公务员之原定薪额在50元以下者悉按原额实支,其在50元以上者均先支基本生活费50元,再将余额按八折实支。试求:实支薪额 y 为原定薪额 x 之函数之方程,并作图线以示之。”编写这样的题目,与当前广泛推行的“课程思政”有异曲同工之处。学生们在接受数学教育训练的同时还会被举国上下抗战救国的精神所鼓舞。

综上,重读萨本栋校长等人编著的《实用微积分》,可以学习和传承萨本栋校长的数学教育理念。更重要的是,可以纪念和弘扬以萨本栋校长为代表的厦门大学内迁闽西艰苦办学的自强精神,因而有历史意义和现实意义。

2020年10月6日完成初稿
2021年元月12日完成修改

注释:

①萨本栋:《交流电机·中文版序》,许乔蓁、林鸿禧编:《萨本栋文集》,厦门:厦门大学出版社,1995年,第37页。

②郑朝宗:《萨公颂(墓碑文)》,许乔蓁、林鸿禧编:《萨本栋文集》,厦门:厦门大学出版社,1995年,第262页。

③洪永宏编著:《厦门大学校史(第一卷:1921—1949)》,厦门:厦门大学出版社,1990年,第180页。

④郑朝宗:《萨公颂(墓碑文)》,许乔蓁、林鸿禧编:《萨本栋文集》,厦门:厦门

大学出版社,1995年,第262页。

⑤晏素珍主编:《应用数学》,西安:西安电子科技大学出版社,2015年,第310页。

⑥胡敦复:《序一》,吴在渊编:《近世初等代数学》,上海:商务印书馆,1922年。

⑦乔治·波利亚著:《数学的发现——对解题的理解、研究和讲授(第二卷)》,刘景麟、曹之江、邹清莲译,呼和浩特:内蒙古人民出版社,1981年,第189页。

参考文献:

萨本栋、郑曾同、杨龙生编著:《实用微积分》,长汀:国立厦门大学数理学系,1942年9月—1943年1月。

许乔蓁、林鸿禧编:《萨本栋文集》,厦门:厦门大学出版社,1995年。

熊庆来:《高等算学分析》,上海:商务印书馆,1934年。

孙光远、孙叔平:《微积分学》,上海:商务印书馆,1940年。

郭金彬、刘秋华、刘明建著:《八闽数学思想史稿》,福州:福建人民出版社,2006年。

石慧霞:《萨本栋传——民族危机中的大学校长》,厦门:厦门大学出版社,2015年。

刘玉建:《萨本栋生平事迹及科学思想研究》,厦门:厦门大学硕士学位论文,2006年。

杨学为总主编:《中国考试史文献集成(第七卷:民国)》,北京:高等教育出版社,2003年,第37~238页。

刘盛利、代钦:《中国高等教育之研究——以微积分教科书(1904—1949)为视角》,《内蒙古师范大学学报(教育科学版)》2012年第5期。

刘盛利、代钦:《民国时期微积分教科书研究——以熊庆来的〈高等算学分析〉为例》,《内蒙古师范大学学报(自然科学汉文版)》2012年第3期。

作者林亚南,厦门大学数学科学学院原院长,教授、博士生导师。

傅鹰与《大学普通化学讲义》

田昭武

一、傅鹰先生的生平与学术

物理化学家和化学教育家傅鹰（1902.1—1979.9），祖籍福建省侯官县（今福州市），出生于北京。童年时代受到在北洋政府外务部供职的父亲傅仰贤的熏陶，深感国弱民贫、外辱不断，遂萌发了强国富民的愿望。1919年，他考入燕京大学化学系，1922年公费赴美国留学，师从著名胶体化学家巴特尔（F. E. Bartell）教授，1928年毕业于密歇根大学研究院并获理学博士学位。美国一家化学公司立即以优厚的待遇聘请他去工作，他毅然地谢绝了邀请，他说："我们花了国家许多钱到外国留学，现在若是留下来为美国做事，对不起祖国。"回国后应邀执教于东北大学和协和医学院。自1931年起，先后到青岛大学（2年）、重庆大学（5年）工作。1938年秋到厦门大学任教，1944年返回重庆大学。抗战胜利后，面对国民党的腐败和反动，他愤然离去，再度赴美，在密歇根大学从事研究与教学，其间还协助巴特尔教授指导3名研究生获得博士学位。

傅鹰两度赴美所从事的科研工作及研究成果受到美国同行的推崇。早在1928年有关溶液吸附的博士论文工作中，他用硅胶自水溶液中吸附脂肪酸的实验证明碳链越长的酸吸附量越小，即发现了同系物的吸附规律有时呈现出与著名的特劳贝规则（Traube's rule）完全相反的现象。傅鹰从体系的各个方面去探索吸附规律，对此做了修正。在巴特尔的指导下，傅鹰还进行了液体对固体润湿热的研究，并首次测定了4种不同的二元液体混合物对固体的润湿热。1929年发表的研究论文指出：润湿热是总表面能变化而不是自由表面能变化的量度，度量自由表面能变化的应是黏附张力。他以充分的实验数据断定，不能完全依靠润湿热的大小作为判断固体对液体吸附程度的指标。另外，傅鹰还与巴特尔共同研究利用润湿热测定固体粉末比表面的热化学方法。在当时，这是一项首创性的研究成果，比著名的BET气体吸附法要早8年。魏萨尔（H. B. Weiser）1939年出版的专著《胶体化学》（*Colloid Chemistry*：*A Textbook*）、布鲁诺（Stephen Brunauer）1943年出版的专著《气体和蒸气的物理吸附》（*The Adsorption of Gases and Vapors*）、凯西得（H. G. Cassidy）1951年出版的专著《吸附和色谱》（*Adsorption and Chromatography*）、奥尔（Clyde Orr, Jr.）和达勒凡里（J. M. Dallavalle）1959年出版的专著《细颗粒测量》（*Fine Particle Measurement*）、亚当森（A. W. Adamson）1960年出版的专著《表面物理化学》（*Physical Chemistry of Surfaces*）、奥萨博（L. I. Osipow）1962年出版的专著《表面化学：理论和工业应用》（*Surface Chemistry*：*Theory and Industrial Applications*）、瓦尔德夫妇（R. D. Vold, M. J. Vold）1983年出版的专著《胶体和界面化学》（*Colloid and Interface Chemistry*），均引用了傅鹰的研究成果。傅鹰在表面化学领域中的贡献是多方面的。早在1930年，他就与吴宪合作研究了鸡蛋清蛋白溶液的表面张力，发现等电点时表面张力有最低点，并利用吉布斯吸附公式（Gibbs adsorption equation）计算出鸡蛋清蛋白质分子的横截面积是2.5 nm^2。这是蛋白质界面化学的先驱工作之一。

1949年，人民解放军炮击侵犯我国主权的英舰"紫石英号"，这一事件震撼了全世界，也激发了傅鹰深藏于内心的爱国热情。他毅然决定抛弃优越的工作和生活条件，并冲破重重险阻于1950年偕同夫人（有机化学家张锦教授）回国参加社会主义建设。回国后傅鹰先后到北京大学、清华大学、北京石油大学任教授。1954年再度调回北京大学。1955年当选为中国科学院学部委员（院士）。1962年任北京大学副校长，历任全国政协第三、第四届委员，第五届常委。

傅鹰先生自认和党是一家人，因而实事求是，襟怀坦白，知无不言。毛泽东及其他党和国家领导人都对他有正面的评价。[①]2002年，国务院副总理李岚清在致傅鹰先生一百周年诞辰纪念大会的信中说："傅鹰先生是一位忠诚的爱国者。他在科学研究上勇于攀登，开拓创新；教学上锐意改革，坚持诲人不倦地为学生上课。他拥护党的领导，以主人翁的态度向党进言献策，是党的真挚诤友。他刚正不阿，在逆境中仍坚持真理，与恶势力进行斗争。傅鹰先生的事迹感人至深，他是我国爱国知识分子的榜样。"

傅鹰先生长期从事胶体与表面化学的研究工作,尤其在表面化学的吸附理论方面进行了深入、系统和独具特色的研究工作,创建了我国第一个胶体化学教研室,并培养了第一批研究生,是我国现代胶体与表面化学的主要奠基人,对发展表面化学基础理论和培养化学人才做出了卓越的贡献,是我国对世界胶体科学理论的初创和发展做出杰出贡献的第一人。傅鹰先生学识渊博,曾开设过“普通化学”“物理化学”“胶体化学”“化学热力学”“化学动力学”“统计力学”“吸附作用”等课程,他的外文和古文基础都很好,喜欢填词赋诗,熟知科学史。所以他讲课时常常纵论古今中外,内容丰富多彩。他的重要著作有《化学热力学导论》、《物理化学》、《化学动力学》、《统计力学》、《大学普通化学》和《胶体科学》等。

二、傅鹰先生在厦门大学

1938 年秋,傅鹰先生应厦门大学萨本栋校长的聘请,从战时陪都重庆来到闽西山城长汀的厦门大学任教,主讲“普通化学”和“物理化学”;1941 年,出任厦门大学教务长兼理学院院长。作为仅次于校长的高校管理者(新中国成立前高校行政负责人为“三长”:校长、教务长、训导长),傅鹰先生全心全力地支持萨本栋校长的办学工作和所定下的规章制度。例如,学校规定夫妻不能同时在厦门大学工作,因此夫人张锦教授(23 岁即获美国伊利诺伊大学有机化学专业科学博士学位)只能到永安地区的一个研究所工作,而且在厦门大学担任义务女生指导员,不领任何薪酬。

萨本栋先生很器重傅鹰的学识和为人,曾在病中多次推荐傅鹰接任校长职务。由于大学校长必须是国民党党员,萨本栋先生好意劝他加入国民党,都被他拒绝,他说:“我宁可不当校长,不当教授。”1943 年 7 月,时任教育部部长的陈立夫到长汀视察校况,他借口外出招生避而不见。[②]据张锦教授的侄儿张存浩院士回忆:“当时福建省三青团的头子要他做厦门大学三青团的工作。傅先生见信大怒,他怒不可遏地写信顶了回去并痛加驳斥,毫不顾虑丢掉饭碗或性命的危险。果然,这次冲突及其他类似事情导致他在 1944 年初离开厦门大学,再次经重庆赴美从事科研。”[③]傅鹰敢于跟国民党头面人物“顶牛”的新闻,在文化教育界传为佳话。但是他也因此无法在厦门大学立足。

傅鹰先生在厦门大学不到 6 年的短暂经历,不仅仅留下他刚正不阿、威武不屈、疾恶如仇的高尚品德,还有他先进的科学思想、厚重的学术传承。傅鹰先生在美国求学及工作期间,正是量子力学、量子化学、理论化学蓬勃发展和走向成熟的关键时期,他敏锐地预感到化学学科正面临由经验、统计之传统研究,进入与分子水平的理论和结构分析相辅相成的崭新时代。他开阔的视野和学术方面的真知灼见,对厦门大学的后续发展（尤其是对厦门大学化学系）产生着深远的影响。

傅鹰先生担任厦门大学教授及教务长期间特别重视基础课教学工作。1940年和1941年,国民政府教育部举行了全国大专以上学生学业竞赛,厦门大学在全国高校中连续两年获得第一名。在厦门大学任教期间,傅鹰先生发现国内大学只有英文教材,这对大学一、二年级学生阅读有一定的困难,于是他于1943年编写了《大学普通化学讲义》。据张存浩先生回忆:“给我印象最深的是他撰写的《大学普通化学讲义》(1943年厦门大学版),五六十万字,旁征博引,含有很多新颖的内容,与房间找到的其他各种版本大相径庭。当时我在旁观察他的写作过程,除了家里的几书架书,他从图书馆分批借来的参考书不下一百册。……在无机化学部分,他系统地给出了（元素）周期表各族元素共同的和特殊的反应和性质。而理论部分可以说是一部具体而微的‘小物理化学’。”

1947年《大学普通化学讲义》（以下简称“厦大版”）正式铅印出版,封面注明“国立厦门大学化学系印”,分上、下两册。张存浩先生所指的理论部分即该书的上册,也就是我们现在出版的这本《大学普通化学讲义》,但是“他系统地给出了（元素）周期表各族元素共同的和特殊的反应和性质”的下册,时至今日竟没有保留下来。万幸的是,50年代末傅鹰先生以“厦大版”为重要蓝本,重新编写《大学普通化学》一书,我们可以不留遗憾地在其中的下册看到缺失的那一部分。该书一直作为北京大学化学系学生的教材和参考书。

1978年后,北京大学化学系对该书做了修改整理。1979年完成了上册整理工作后数月（1979年9月),傅鹰先生便与世长辞。1980年、1982年整理后的《大学普通化学》上、下册先后出版（简称“北大版”),深受读者欢迎。1987年全国高等学校优秀教材评选时,该书获得国家优秀奖。

三、《大学普通化学讲义》的内容与特色

厦门大学1947年版《大学普通化学讲义（上册)》共13章,内容包括:序、第一章　绪论、第二章　重量的关系、第三章　能与化学变化、第四章　物质之形态（一）气体、第五章　物质之形态（二）液体及固体、第六章　分子之结构、第七

章　溶液、第八章　电解物的溶液、第九章　热化学、第十章　反应速度、第十一章　化学平衡、第十二章　氧化与还原、第十三章　电势化学。与之相比，“北大版”上册（16 章）增加了 3 章，即第十二章：电解质溶液的平衡、第十五章：周期率、第十六章：原子结构。增加的 3 章内容在“厦大版”相应章节中或多或少都有涉及，其中第十二章是由“厦大版”第十一章分出独立成为一章的。“北大版”下册内容是元素周期表中各元素的性质，可以看出，“北大版”上册是“厦大版”在内容深度、广度及体系安排上进行了修改整理的结果。傅鹰先生生前曾一再表示，由于化学科学的发展，讲义必须修改补充才能出版。这正说明他精益求精、一丝不苟的治学态度。

《大学普通化学讲义》是傅鹰先生 20 世纪 40 年代初为一、二年级大学生编写的教材，就已经介绍了化学热力学原理、表面能与表面张力、晶体对称性、催化理论、物质波动性、势能曲线、量子力学、量子化学、共振论等内容，这在当时国内外的同类课程中是很少见到的。据 1941 年进入厦门大学化学系学习的邓从豪院士回忆：“那时他是化学系教授和厦大教务长。除校长萨本栋外，傅先生是最受学生尊敬的老师，我的心目中都以他的言行为自己行动的指导。他说学好物理化学需要学好数学和物理作基础。因此，除了主修化学系课程外，我还选修了数理系的几乎全部课程。”“傅鹰上课时带着讲稿，但讲课时却从不看稿，只偶尔看一下标题。他也从不讲与课程无关的话，只偶尔讲一两句幽默的比喻。他编写的普通化学讲义，内容非常丰富。在‘原子结构’一章中，他写了许多原子结构的知识和公式，对每个公式他都指出可由量子力学推导得出。这让我感受到量子力学的神奇和奥妙，并由此萌生了学习量子力学理论并应用于化学研究的想法。”④傅鹰先生讲课语言精辟，妙趣横生，这一风格也贯穿在他在厦门大学任教时所编写的这本教材中。

化学学科知识的发现、发展历程，本身能够很好地体现自然科学发展的一般过程和规律，也包含着蕴藏在化学学科中的科学观点和方法。傅鹰先生讲授科学知识，阐述科学概念，都是从人类认识自然的过程、从科学发展的历史角度深入浅出地进行讲解。他常说：“一种科学的历史是那门科学最宝贵的一部分。科学只给我们知识，而历史却给我们智慧。”在第六章谈到元素及化合物的稳定性时，他以人类历史上金属的发现和利用为例指出，因金、银化学性质最稳定故最早发现，青铜时代的铜、锡、铅次之，铁器时代是最晚的。在第十一章讲述平衡理论时，他列举了质量作用定律的发现过程：18 世纪中叶贝格曼（T. O. Bergman）以亲和力来解释化学反应能否发生，“但他的亲和力颇为神秘”；后来文策尔（C. F. Wenzel）提出与反应物的浓度有关；因此贝托莱（C. L. Berthollet）说可以利用浓度来弥补亲和力的不足，这就很接近现在的质量作用定律；直到19世纪中叶，人们才认识到化学反应的可逆性，并利用质量作用定律作为研究平衡及反应速度的基础，并且以自由能来解释亲和力。我是1945年入读厦门大学化学系的，那时傅鹰先生刚离开一年，因而无缘亲聆他的讲课，但可以想象我的学长们听课时如醉如痴的情景。他在讲述这些章节时从科学发展的历史角度将各个知识点（化学平衡、反应速度、热力学等方面）生动地串联起来，展现出一代化学大师的风采。在第九章谈到用分子理论来解释热力学第二定律时，他写道："为什么其他能可以完全变为热呢？这是因为有秩序的运动极易变为无秩序的运动，就如同一个好的军队很容易变成滥兵游勇。"风趣幽默的讲解给学生留下了深刻的印象。可惜这样的论述在后续的版本中被放弃不少。张存浩院士说："后来在60—70年代正式出书时，限于教学大纲的规定，我以为原书的风格受到了不小的影响。"⑤这也是"厦大版"给予我们后来化学教育工作者的宝贵财富。

傅鹰先生认为实验是化学中主导的方面，也是整个科学取得进展的源泉。在"厦大版"中，介绍的每一项化学原理都遵循从实验到理论的过程展开，所举的实验都非常简单明了（实验示意图甚至是手绘的）。傅鹰先生对实验条件、实验数据特别严谨，在第二章讨论物质不灭定律时，虽然他把该定律归为"精确定律"，但还是指出它的局限性，认为反应过程"如有能量放出就有误差"，并特别指出演示实验的误差小于一千万分之一，"这个误差是在实验误差范围之内，因此我们现在承认这个定律为科学上精确定律之一"。在第四章讨论气体体积和压力的关系（波义耳定律）时，他特别强调此关系必须在一定温度、压力范围内才成立，因而该定律只能称为"近似方程"，由此推导出的理想气体气态方程也只能是"近似方程"。出于对实验的重视和严谨态度，他从20年代起就非常强调和提倡掌握各种重要的实验技术、技巧，例如从吹制各种玻璃仪器的技术和高真空技术到现代的物理化学实验方法（时至今日厦门大学化学系还保留吹制玻璃仪器的技术部门）。即使在抗战时期极端艰难困苦的条件下，他仍带领蔡启瑞等青年教师从事色谱方面的实验研究工作。他特别重视化学中量的概念，重视实验数据，注意培养动手能力，并且带头身体力行，因此厦门大学化学系历来有以骨干教师主持实验课教学工作的老传统。

傅鹰先生认为，化学转变为真正的精密科学的努力尚未完成。他总是强调说："学化学的人要尽量多学一些物理和数学。"他在"厦大版"的"序"中写道："化学理论虽不见得十分困难，但是若不时常加以运用，学生不能领略其中的奥妙。我们常常遇见学生会背诵质量作用定律，但是能够运用这个原则解决化学问题的学生却是极少数。根据著者的经验,这是不常运用的自然结果。一种理论若不加以算学化,就不容易清楚,不容易应用。一般初学化学的人,往往对于算学不生好感。为迁就学生,写书的人常常竭力避免算学。学生既然看不出算学对于化学有什么用处,对于这种训练也就更不努力了。结果是入学时算学根底相同的物理系学生,四年之后可以有自由运用算学的能力,而化学系的却常常没有。此种现象对于化学的发展很有妨碍,因为现代的趋势是要将化学理论化和精确化,而避免算学就很难达到这个目的。其实算学并不是天书,特别是浅近的那一部分,并不难于领会,只要肯常常加以运用,自然不至于望而却步了。"在"厦大版"几乎每章后面他都附上精心设计的习题和思考题,目的正是要学生将学到的理论"常常加以运用"。傅鹰先生这里所说的"算学",主要指的是数学系的数学基本课程,因此他还亲自指导有能力的学生选修"数学物理方程""复变函数与积分变换""矢量和张量分析"等高等数学课程。在厦门大学开设"普通化学"课时,他就以现代结构化学为讲授的主线。具备扎实的数理基础,也是厦门大学化学系不同时期的大师们（如傅鹰先生、卢嘉锡先生、蔡启瑞先生）身上共同的基因。

傅鹰先生提倡开拓新的学术领域并身体力行,而且重视应用与理论研究的结合,特别指出理论研究的重要性,如在第十章"反应速度"中,他提到新的学科——催化化学的进展情况:"触媒的研究现在非常兴旺,因为在理论上极饶兴趣在工业上也异常重要……应用科学和纯粹科学是分不开的,只谈应用而忘记根本研究的就是摧残应用科学最有力的人,现时主要的研究动向一方面寻求作某种用途的最好触媒,另一方面是探讨触媒作用的原因及与其有关的种种因子,也许在将来可以知道作那一类用途的,应当用什么触媒,但是在达到这种目的之前还要经过很大的努力。"他特别关心物理化学和生物化学的交叉融合,还在40年代初期,他就热情地向生命科学的同行传授唐南平衡（Donnan equilibrium）的知识,把生物膜的功能研究提到重要的高度。他很早就认识到色谱在化学和生化研究中的重要性,认识到这门学科的潜力。在1940年左右,带领青年教师探讨萃取方法,开展色谱研究和应用。他和蔡启瑞先生（当时是他的助教）等人一起,发表了有关液相色谱方面的论文,这些工作早于马丁（A. J. P. Martin）和辛吉（R. L. M. Synge）由于色谱工作获得诺贝尔化学奖之前十几年。[⑥]蔡启瑞在他指导下撰写的《有机酸混合物萃取分析法》一文,发表在《美国分析化学杂志》（*American Journal of Analytical Chemistry*）上,从理论上指出这种方法的适用限度。[⑦]他们在抗战时期闽西山区极为困难的条件下成为世界色谱研究的先驱。

“厦大版”还有一个特点,即前瞻性。傅鹰先生对许多问题的阐述往往不停留于当时的结论,而还要指出其中的不足,鼓励学生勇于探求科学真理。如在第七章“溶液”中,他说:“在此讨论中,我们特别注意稀溶液,因为关于这类的溶液,我们所知道的最多。虽然我们不怎样讨论浓溶液,这并不是浓溶液没有稀溶液重要(在工业也许正是相反的),而是我们所知道的太少,在将来化学的发展中,浓溶液必占很重要的位置,现时还没有一个公认的浓溶液理论,但是这理论若能出现,一定有许多地方要借重稀溶液理论,因此稀溶液的重要性是不容忽视的。”既强调现有理论的重要性,又指出它的不足,有待发展——这样的例子在“厦大版”中还有不少,读者自己可以去发现。

自然界的各种现象之间本来就是一个相互联系的有机整体,作为自然界的一部分,人类对于自然界的认识所形成的科学知识体系也必然具有整体化的特征。傅鹰先生高瞻远瞩地预测不同学科的交叉、渗透、融合,如在“厦大版”“绪论”中谈到化学家与物理学家研究物质的不同视角时,他指出:“物质的科学可以从许多方面来讨论,设有一块玻璃,一个物理学家就会注意此物对于紫外线是否透明,其介质常数有多大等等问题;一个化学家却想知道这玻璃是什么东西作成的,其中有铅没有,有钾没有。物理学家和化学家虽然同是研究物质,但是化学家对于物质的性质与其成分之关系特别的注意。严格说起来,物理学与化学是分不开的。有许多从前认为是纯粹化学的问题,如分子之构造、化学反应之速率等等,现时正引起许多物理学家的注意;也有许多物理的问题如溶液之导电率、光与物质之关系等等,正为化学家所研究。我们将物质科学分为物理、化学、地质、气象等等部门,只是为研究上的便利及掩蔽我们知识的缺欠而已,将来科学进步也许有一天,一切的科学如物理、化学、生物、地质等等合而为一种物质科学,不过这个日子距现在还很远,在这个日子还未来到之时,各种科学间的界限还不能完全消灭。”从傅鹰先生所处的时代到今天,将近一个世纪的科学发展史表明,正如傅鹰先生所预测,科学经历了综合、分化、再综合的过程。现代科学则既高度分化又高度综合,而交叉科学又集分化、综合于一体,实现了科学的整体化。学科交叉点往往就是新的科学生长点、新的科学前沿,最有可能产生重大的科学突破,使科学发生革命性的变化。交叉科学正是傅鹰先生希冀的“合而为一种物质科学”,是综合性、跨学科的产物,因而有利于解决人类面临的重大复杂科学问题、社会问题和全球性问题。

由于《大学普通化学讲义》编写于20世纪40年代初,当时国内化学界对许多化学名词没有统一命名,对个别化学名词,初学者可能存在些许疑惑,如“相加反应”（化合反应）、“顶替反应”（置换反应）、“交换反应”（复分解反应）、“组合热”（生成热）、“游子”（离子）、“复游子”（络离子）。从这些最“原始”的命名（或直译）中，我们或许可以揣摩傅鹰先生的用意而加深对这些化学名词的理解。傅鹰先生将“惰性气体”称作“钝气”（见第六章“分子之结构”）并坚持在“北大版”中予以保留，因为他认为它们的“迟钝”并非意味绝对不能与其他物质化合；1952年后发现它们也能形成一些化合物（见“北大版”下册第278页），证明了傅鹰先生的预见性。

另外，需要说明的是，作为一门为大学一年级学生而设的“小物理化学”课程，读者还可以在相关的专业课程中进一步深入学习。

《大学普通化学讲义》虽然是傅鹰先生最早期编写的教材，但无论是刚入学的大学一年级新生还是多年从事化学教育和研究工作的人，都能从中吸取各自所需的营养成分。傅鹰先生在《大学普通化学讲义》中不仅仅传授有关的化学知识，还传授他先进的科学理念、科学思维和科学方法。研究和学习傅鹰先生的化学教育思想，无论是对丰富我国化学教育理论、吸收人类文化的精华，还是对深化教育改革、培养21世纪的高质量人才都仍有借鉴作用，值得我们深入研究、探索。

注释：

①龚育之：《傅鹰老师二三事》，《化学通报》2002年第9期，第642页。

②胡小钉、杨迎明：《哪怕它风雨雷电——记傅鹰教授》，《人民教育》1978年第11期，第16~23页；潘懋元主编、郑宏执笔：《南方之强——厦门大学文化研究》，北京：高等教育出版社，2011年，第168页。

③张存浩：《姑父傅鹰教授百年祭》，《化学通报》2002年第9期，第641页。

④邓从豪：《中国科学院院士自述》，上海：上海教育出版社，1996年。

⑤张存浩：《姑父傅鹰教授百年祭》，《化学通报》2002年第9期，第640页。

⑥张存浩：《姑父傅鹰教授百年祭》，《化学通报》2002年第9期，第639页。

⑦廖代伟等：《探赜索隐 止于至善——蔡启瑞传》，北京：中国科学技术出版社，上海：上海交通大学出版社，2015年，第29页。

作者田昭武，厦门大学原校长，化学化工学院教授，中国科学院学部委员（院士），发展中国家科学院院士。

林庚与《中国文学史》

胡　旭

林庚的《中国文学史》是一部学术名著，是他1937—1947年在厦门大学国文系执教时撰写的。全书总体上分为"启蒙时代""黄金时代""白银时代""黑夜时代"四个阶段，记载和描述的是诗歌、散文、小说、戏曲等纯文学发展的轨迹，体现出明确的文学本位思想，贯穿着强烈的问题意识。全书以诗为主体，并以诗性的语言来叙述和议论，充满感性和唯美的色彩；对文学规律、现象及作家、作品的解读与分析，新颖独特，显示出非同一般的远见卓识。值厦门大学百年华诞，此书再版有深远的历史意义和明确的现实导向价值。

一

林庚字静希，原籍福建闽侯（今福州），1910年2月22日生于北京。其父林志钧，字宰平，著名诗人，曾任北洋政府司法部长、清华研究院导师，新中国成立后任国务院参事。1933年，林庚毕业于清华大学中文系，并留校任朱自清先生的助教。1937年9月，受聘于厦门大学，任国文系讲师。1938年夏，晋升为副教授。1941年晋升为教授，时年三十一。1947年，任燕京大学教授。1952年全国高校院系调整后，任北京大学中文系教授。1986年退休，2006年10月4日病逝于北京。

林庚在厦大十年，其中有九年生活、工作在闽西山城长汀。时山河破碎，战火纷飞，厦大迁校于此，师生弦歌不辍。林庚将其主要时间和精力用于教学与学术研究，为厦大国文系学生讲授"中国文学史"、"历代诗选"和"新诗习作"等课程，深受学生欢迎。1941年，厦门大学印发了林庚的《中国文学史》，内容包括"启蒙时代""黄金时代""白银时代"三个部分。虽然还是讲义性质，但无论结构还是内容,都已经相当成熟,体现了作者的精深研究和严谨态度。1946年,国立厦门大学出版委员会决定出版"国立厦门大学丛书",将林庚的《中国文学史》列入其中,于1947年5月正式出版。除了前述三个部分外,增加了第四部分"黑夜时代"。全书从上古的蒙昧传说起,一直到白话文运动,是一部完整、系统、充满创造性并极具个人特色的中国文学史。

二

中国学者编撰中国文学史,与近代以来教育制度的变迁息息相关。早期的相关撰著受日本"支那文学史"著述样本影响颇大,[①]罗列经史子集直到小说、戏剧、八股文,文学概念还相当驳杂,讲的并非全是纯文学的东西。即使是广受好评的谢无量的《中国大文学史》(1918年),也是将经学、诸子、历史皆包括在文学中,所述仍属杂文学的范畴。鲁迅在厦门大学编写的讲义《汉文学史纲要》(1926年),对谢著有相当程度的参酌,但在文学观念上已有本质变化,持狭义文学概念。可惜鲁著是一部只写到了西汉中期的未竟之作,地位崇高而缺陷难免[②]胡适《白话文学史》(1928年)自谓挺出,以"白话"作为衡量文学史价值的标准,直接从汉乐府说起,写到中唐就结束了。显然,它并不是一部单纯的学术研究著作,背后牵连着白话文运动的政治大背景,有"托古改制"的意味,这实际上削弱了它的学术水准。郑振铎的《插图本中国文学史》(1932年),无论在当时,还是后世,都有一定的影响,但就本质而言,更像文学史的资料长编,[③]而不像史。林庚从1934年起,就在北平民国学院讲授"中国文学史"课程,对其时流行的中国文学史著作和教材,显然是不太满意的。他在"自序"中谈到自己编撰该书的初衷有二:一是觉得中文系的课程历来偏旧,而学生的期望是新的,因此催生了其沟通新旧文学的愿望;二是感到近世文坛派别和纠纷之多,便是因为缺乏主潮。[④]十余年的教学实践和精心研究,既积累了丰富的教学经验,也直面了很多学术问题。作为一线教学、研究的直接产物,这部《中国文学史》自成格局而略无依傍,无论对于林庚本人,还是厦门大学中文系,抑或中国文学史的早期书写,意义都是重大而深远的。

在迄今为止的中国文学史著作中,惯常使用的是根据朝代进行文学史分期的方法,把文学的发展与朝代的更替进行相应地结合和描述。即以与林著《中国文学史》基本同时,极负盛名且影响很大的刘大杰先生的《中国文学发展史》,[5]就是比较严格地按照朝代更替来编撰的。朝代分期固然是很省事的做法,大体上也不无道理,但文学的发展,并不总是与朝代的更替同步。这一点林庚看得非常清楚,也不满这样简单的处理方式,因此他将整个中国古代文学史划分为“启蒙时代”“黄金时代”“白银时代”“黑夜时代”四个阶段。古希腊人认为人类经历了“黄金时代”“白银时代”“青铜时代”“英雄时代”“黑铁时代”。“黄金时代”是无忧无虑的,充满朝气,活力无限;“白银时代”以降,则大致上一代不如一代,最后陷入痛苦的深渊。林著《中国文学史》中的后三个时代,取义于此,用意是不言而喻的。

但是,林庚并不照搬古希腊的历史分期模式,他所设定的四个阶段,实际上存在着很多交叉。如第一阶段“启蒙时代”,大致内容从蒙昧的传说到建安时期的文学创作,但是,其中整个五言诗的发展过程,特别是建安时期三曹、七子的五言诗,却被放在第二阶段“黄金时代”中予以论述。又如“黄金时代”的下限是晚唐,已到温庭筠、韦庄的时代,却又将白居易、张籍、王建等人以乐府为代表的通俗诗及中唐以来兴起的词,皆置于“白银时代”。至于“黑夜时代”,则从魏晋的志怪小说溯源,波及唐代传奇及变文、俗讲等通俗文学,顺流而下到明清的戏曲小说,与“白银时代”也存在着很大程度的时间交叉。这种颠覆以往认知的做法,体现的其实是一种文学本位的理念,尤其是对文学规律的探寻。林庚在该书的自序中说,四个阶段的划分依据是“思想的形成与人生的情绪”[6],虽然因为种种原因,他后来对四个时代的划分似乎有所动摇,[7]但其中理念却是清晰可见的,他晚年时这样解释过:

> 启蒙时代还是在百家争鸣的先秦时代。真正的第二个阶段是从文艺复兴时代的建安开始,到盛唐的“黄金时代”,到宋朝就开始衰落一点了,就是所谓的“白银时代”,在这个阶段,我还是把诗歌放在主要的地位。到后来就进入了一个“黑夜时代”,在这一段里,文学主流在转换,状况不像建安到唐代那个时代那么明确,小说、戏剧还没有被重视,昆腔稍微被关注一些,因为有知识分子参与了,但也只是有一些。而小说呢,除了那几部大小说之外,也就没有什么了。那什么时候才是黎明呢?那就是新文学了。[8]

即使后人不同意林庚这四个阶段的划分,但也不能不承认他在探索文学发展规律时所做的努力。可能无论多么强调一代有一代文学,都不能不承认宋代文学总体上达不到唐代文学的高度,这与文化开放的程度及个性独立的高度有很大关系。虽然元代以来戏剧、小说的创作取得了很高的成就,但并没有得到意识形态上真正的重视,这是林庚将其看作“黑夜时代”的重要原因。当然,“黑夜时代”也体现出林庚对新时代文学的呼唤与期待,黑夜已经来了,光明还会远吗?

林著《中国文学史》没有探讨文学及其相关的概念、定义等问题,在有限的篇幅中,林庚似乎根本不想为此花时间和精力,也不愿浪费无谓的笔墨。事实上,此前、此后的一些文学史,在讨论此类问题时,正襟危坐,穷源溯流,但往往事与愿违,弄得“你不说我倒还明白,你越说我越糊涂了”⑨。林庚虽然没有讨论这个问题,却时刻能让人“意会”到什么是文学。他有很强的文体意识,所述者为诗、词、散文、戏曲、小说,看起来似乎与其他中国文学史没什么两样,但实质上差别很大。在文体概念方面,林庚绝不肆意扩大其外延,而是紧扣其内涵。一些文学史在论述文、史、哲浑融时期的文学时,总是大费周章,或全面论述历史,或透彻总结思想,貌似面面俱到,不偏不倚,实则越俎代庖,劳而无功。林庚处理此类问题是毫不犹豫的,《左传》《国语》《战国策》《史记》等“史传”,坚决割爱;先秦诸子则有所选择,但只着眼于散文的发展,而不作哲学的辨析。至于政论性散文,在本书中根本就无影无踪,即便为其他中国文学史艳称的西汉鸿文《过秦论》,亦只字未提。经过明清文人竭力塑形而在后世中国文学史上影响极大的唐宋古文运动及其代表“唐宋八大家”,林庚也很不以为然,认为他们的创作大多陈陈相因,老生常谈。林庚注重文学本位的另一表现,是绝不过多地铺叙历史及文化背景,非常精炼地揭示文学生成的外部原因,绝不让非文学的内容喧宾夺主,尽量不在文学之外兜圈子,而是尽可能地直面文学作品本身,直指文学核心问题。纵观本书,连作家生卒年和交游、经历都从不涉及,更遑论与文学关系不太直接的其他因素了。但是,作品绝对是核心,所有史的轮廓和理论深化,必须通过作品的解读来叙述和分析,所以本书涉及作品所占全书篇幅之比例,也是同类中国文学史著作难以比拟的。

林庚的问题意识很强,他的目的是要解决在学习和从事教学工作后遇到的那些难以解决的问题,他在“自序”中列举了其中的部分:

> 中国何以没有史诗?中国的戏剧何以晚出?中国历来何以缺少悲剧?《诗经》之后二百年文学上何以竟无诗篇产生?《天问》与《九歌》同为楚辞,何以前者与《诗经》反更为相似?词的长短句如果像历来所认为的,是解放的形式,则何以词的范围反较诗更狭小?李白有诗的复古韩愈

有文的复古，何以后者成功而前者无结果？本同于《诗经》的四言诗在魏晋间何以又竟能复活？[10]

其实无论在林著《中国文学史》之前，还是之后，大量的中国文学史都只是在记载和描述文学发展过程中的现象，缺少对此类重要问题的分析和回答。也许正因为难以回答，这些问题被有意无意地忽略了。本书的撰写，则建立在解决这些问题的基础上。如中国没有史诗这个问题，[11]本是德国古典哲学家黑格尔提出的，一百多年来没有得到中国学者的回答，不管是默认，还是忽略，都难免尴尬。林庚直面而且认真研究了这一问题，他认为中国文字创造初期十分困难，远不及字母文字使用方便，这种文字与语言之间发展的不一致，导致彼此之间的演进都非常迟缓，长期只表现在有限的实用层面，人们在很长一段时间里，对文字都不够亲近。经过漫长的历史年代，才逐渐熟能生巧，而此时早已过了产生史诗的时期。又如李白诗与韩愈文的复古问题，林庚不是直接回答的，但间接的描述与分析亦直指核心。李白处在诗国高潮，正是思想自由、情绪激昂的时代，复古所凭借的儒家思想也并不具有一统天下的力量。安史之乱后，久未得到重视的儒教开始逐渐抬头，迷惘于眼前的纷乱，沉湎于过去的向往，正是时代的普遍情绪，道家思想与儒家思想在长期的并存中，亦相互妥协，散文不再是新的思想与生活的追求，更多成为概念的宣扬。我们虽然还不能说林庚的观点绝对正确，[12]有限的篇幅也无法进行系统的论证，但这种探索以及给人的启迪都是前所未有的。

林著《中国文学史》对诗歌的强调与偏爱，远超其他中国文学史著作。朱自清先生为此书作序时，有一句流传甚广的评价："著者用诗人的锐眼看中国文学史，在许多节目上也有了新的发现，独到之见不少。"[13]"诗人的锐眼"看到的文学主体，实际上就是诗。本书四个阶段，一共三十六章，涉诗者竟达二十八章之多，无论是篇幅，还是比例，都是其他中国文学史难以相比的。林庚对此却说得很干脆："我国是诗的国度，诗是人的精神生活不可缺少的东西。"[14]又说："我先是诗人，后是教授。"[15]作为诗人，他更关注诗，此乃题中应有之意。毫无疑问，本书有明确的文学史观，他认为最富有创造力的作品，才足以体现中国文学史发展的主潮及其发展的脉络。以此为标准来选择建构中国文学史的材料，诗当然是主体。所谓"黑夜时代"，主要理论立足点也是诗的衰落及此后长期的一蹶不振。

林著《中国文学史》的语言也是诗性的，这与其他文学史着眼于"史"的平实与理性，大异其趣。各章节的名称，如“女性的歌唱”“理性的人生”“文坛的夏季”“苦闷的觉醒”“原野的认识”“古典的先河”“修士的重现”“凝静的刻画”“骈俪的再起”“梦想的开始”，皆整饬要眇，极富诗意。这固然是林庚在审美方面的刻意追求，可能也与课堂教学想要达到的完美效果有一定关系。他自己说过：“到了厦大后，我把精力集中到文学史上了。光是这些题目就很能吸引同学，所以有好些外系的学生也来听课，因为题目很吸引人。我上课时，把题目写在黑板上，写上‘文坛的夏季’，台下的学生就很兴奋。”[16]本书的叙述性语言也是诗性的。如第四章“散文的发达”开篇云：“这时《诗经》的时代已经过去，散文的光芒乃笼罩了整个思想界，那美妙的言辞，崇高的文化，都为这时代增加了光荣，从各方面启发了人们的智慧。”[17]又如第十三章“主潮的形式”开篇云：“随着原野初次的认识，随着旅人之思的北来，一种男性的表现，一种惊异的情操，那正是楚辞在经过一番变化后所欲领导着文坛的主潮。”[18]评价作品时的语言也是诗性的。如评价七言诗在初唐的成长时云：“七言在它豪放的气质中渐渐多了风流的情调，这一些轻快的字句，带来了无限美意。”[19]谈沈佺期的《古意》时云：“高远深厚正是美与力的合一。”[20]谈李白的《望天门山》和《下江陵》时云：“我们仿佛如呼吸在最新鲜自由的空气中，这便是盛唐的健康。”[21]此类饱含感情的诗意语言，比比皆是，林东海说他“是用诗人的眼光审视中国文学史，而且是用诗的语言来描述文学现象”[22]，真是知音之言。

林著《中国文学史》提出了很多新颖别致的见解。如评价阮籍的诗：“阮籍的诗浑朴天具。它与童年时代只有一点的不同，那便是童年的浑朴是出于自然的，而他的浑朴，却是从更深刻的思想上得来。”[23]又如评价左思的诗：“他的诗则以凝重为主，遂启后来‘锤炼’之始。锤炼的难处，不只在字句的深厚，而更在‘锤炼’之后如何还能贯串成篇……这力的表现，我们通常便称之为‘工力’。它之与‘风力’一是天才的，一是人力的；一是超然的，一是深厚的；前者领导着感情，后者战胜了感情，成为更客观的表现。”[24]这种见解，多发人所未发，来源于作者超于常人的敏感及卓越的表达能力，从事创作获得的丰富经验也让他比一般研究者更深刻地理解作家和作品。宋代以来，杜甫的文学地位十分崇高，文学批评者多顶礼膜拜。但林庚对杜甫的评价，则深刻到令人惊异的地步。他承认、赞叹杜甫格律的精严、技巧的高妙及工力的深厚，但也指出其两点致命的缺陷。一是杜甫对于唐代最空灵出色的绝句，往往无从措手；二是律诗的结句常常乏力，甚至牵扯生硬。所举的例证，如七律《咏怀古迹》中

“群山万壑赴荆门”等六句十分高妙,但末句“千载琵琶作胡语,分明怨恨曲中论”则老生常谈,直是搪塞;又如五律《月夜忆舍弟》中的“有弟皆分散,无家问死生”、《旅夜书怀》中的“名岂文章著,官应老病休”、《登岳阳楼》中的“亲朋无一字,老病有孤舟”等都是为了上下讨好而生拉硬扯。这些批评,近乎石破天惊,但仔细想来,却又令人拍案叫绝。像这样极富个性而又独特深刻的见解,书中比比皆是,显示出作者超乎常人的学术眼光和深厚功力。

三

在厦门大学任教的十年,是林庚思想十分自由、个性非常独立的时期,几乎不受意识形态的任何束缚。正因为如此,他能随心所欲地思考、表达,完全按照自己的意愿,写成这样一部极具个人特色的《中国文学史》。然而,在随后的漫长时间里,本书几乎绝版。直到 2005 年 2 月,清华大学出版《林庚诗文集》(共 9 卷),其中第三卷即为厦大版《中国文学史》,此时距离本书初版,已经过去了五十八年。二十一世纪初,鹭江出版社策划了一套“名师讲义”丛书,林庚的《中国文学史》位列其中,于 2005 年 11 月出版。这一年林庚已经九十五岁高龄,次年 10 月即辞世。他如何看待《中国文学史》的这两次再版,已难确知。

除了这部《中国文学史》外,林庚还有一部《中国文学简史(上卷)》,广为人知。此书 1954 年 9 月由上海文艺联合出版社出版。1957 年 1 月,古典文学出版社出版了新一版林庚先生的《中国文学简史(上卷)》,虽说是“新一版”,事实上内容并没变化。因为古典文学出版社是 1956 年由上海文艺联合出版社的古典文学编辑室分出并扩大而成立的,所以林庚先生说“1957 年一年就重印了三次”[25],并不说再版。此后政治运动频繁,此书很长时间不再印行。20 世纪 80 年代中期,北京大学出版社决定再版林庚的《中国文学简史(上卷)》,在其助手商伟的协助下,做了全面修订,并略有补充,于 1988 年 9 月正式出版。

1992 年,林庚在葛晓音的协助下,开始编写《中国文学简史(下卷)》,形成初稿。1993 年进行修订,在抄写和资料查对等方面又得到林清晖的支援,于 1994 年 5 月正式完稿。北京大学出版社将此前出版、重印多次的《中国文学简史(上卷)》和这次完成的《中国文学简史(下卷)》合并印行,使之成为全帙,于1995年7月正式出版。此后,全本《中国文学简史》多次重印,影响日广。

最令人感兴趣的莫过于《中国文学史》与《中国文学简史》的关系。关于这个问题,林庚谈过两次。一次是1954年版《中国文学简史(上卷)》"后记":

> 解放后时常想修改以前出版的那本《中国文学史》,可是几次动笔,都感到无从下手,最后只好来重写一部。[26]

另一次是1995年北大版《中国文学简史》之"再记":

> 早在1947年厦门大学作为大学丛书曾经出版过我的一本《中国文学史》,虽然不免更简些,却是一部全的,但也久已绝版。《简史》就是以它为蓝本来写的。[27]

如果比较一下这两次说法,就不难发现其中的矛盾。他先不承认是"修改",说是重写,但后来又说《中国文学简史》就是以《中国文学史》为蓝本来写的。既然后者以前者为"蓝本",那么后者自然是前者的修改本。林庚的"后记""再记"中,其实是没有畅所欲言的,有些话需要仔细分析。他撰写《中国文学简史(上卷)》时,已进入新时代,个性化书写已不可能,因此他不免削足适履,成为吃力修改旧作以适应新意识形态的众多学者中的一员。较之厦大版《中国文学史》,1954年版《中国文学简史》既有学术的传承和修正,更有迫于时代压力之改写。该著主要参照苏联《十一世纪至十七世纪俄罗斯古代文学教学大纲》编写而成,全书的章节安排较之前著,已规矩很多。甚至与随后高教部为组织全国统一教材的编写而审定的《中国文学史教学大纲》(1957年,也是参照苏联的俄罗斯古代文学教学大纲制定的)第一至五篇的纲目,也基本一致。在内容方面,增加了"布衣感""布衣斗争""寒士文学""市民文学"等颇为精警的时代命题。这样的修改,对于林庚来说无疑是痛苦而又艰难的,这可能也正是上册出版后下册迟迟不能完成的主要原因。如果想想刘大杰在同样的年代,迫于形势而多次修改他的《中国文学发展史》,既不见谅于同辈,也让自己蒙羞,大约就能理解林庚自相矛盾的话语以及内心难以言喻的苦衷了。

然而,客观地说,林庚独特的学术个性,使得《中国文学简史》在内容上没有过分机械地套用当时一些庸俗、僵化的理论,1947年版《中国文学史》所开创的独具特色的浪漫主义文学史思路,依然贯彻始终,他没放弃其中的"建安风力”“诗国高潮”“少年精神”“梦的结构”等富有活力的命题，这正是林庚在1958年“双反运动”中遭到批判的重要原因。

就表面来看，林庚的《中国文学简史》影响很大，这与此书作为北京大学及其他一些知名大学的本科教材有很大关系。但事实上，学术界——尤其是境外——对林著《中国文学史》更为关注，台湾学者梁容若[28]，香港学者陈国球[29]，都在他们的著作中大篇幅地评价过本书。哥伦比亚大学梅维恒（Victor H. Mair）主编的《哥伦比亚中国文学史》[30]，特别注重各体文学源流的书写，实际上像极了本书的思路和做法。孙康宜主编的《剑桥中国文学史（下卷）》[31]的章节安排及内容处理方式，也能看到本书“黑夜时代”的影子。复旦大学章培恒、骆玉明主编的《中国文学史新著》[32]打破朝代分期的做法，与本书“史”的理念在大方向上亦颇为一致。当然，上述诸书的编撰者并没有明言借鉴本书，说一句“英雄所见略同”，大概是不算过分的吧。

林著《中国文学史》以32万字的篇幅，涵盖内容从上古到民初，容量之大，结构之巧，见识之博，论述之精，观点之新，语言之美，皆一时翘楚。值厦门大学百年华诞来临之际，“厦门大学百年学术论著选刊”丛书入选此书，拟予以影印重版，对于“厦大学派”的传统文化研究，不唯赋予其深远的历史意义，更具有明确的现实导向价值。

注释：

①夏晓虹指出，林传甲的《中国文学史》（1904年）参照笹川种郎的《支那文学史》，更进一步证明近世中国新史之撰写深受日本（也就是西方）的影响。参氏著：《作为教科书的文学史——读林传甲〈中国文学史〉》，《文学史》第2辑，北京：北京大学出版社，1995年。另外曾毅的《中国文学史》（1915年）是模仿儿岛献吉郎的《支那文学史纲》，顾实的《中国文学史大纲》（1926年）也是借鉴日本之作。详参夏晓虹：《旧年人物》，北京：中国广播电视出版社，1997年，第172~177页。该文亦收在陈国球等编：《书写文学的过去：文学史的思考》，台北：麦田出版社，1997年，第345~348页。

②胡旭：《〈汉文学史纲要〉之成因及其文学史意义》，《福州大学学报（哲学社会科学版）》2010年第2期。

③《鲁迅全集》第12卷，北京：人民文学出版社，2005年，第321~322页。

④林庚：《中国文学史·自序》，厦门：国立厦门大学，1947年。

⑤刘著《中国文学发展史》上卷于1941年由上海中华书局出版，与林著

《中国文学史》前三卷作为讲义面世基本同时。刘著《中国文学发展史》下卷1943年完成,但1949年始得出版,迟于林著《中国文学史》出版。总体而言,二书编撰过程及成书时间,则差相仿佛。

⑥林庚:《中国文学史·自序》,厦门:国立厦门大学,1947年。

⑦林庚后来的《中国文学简史》摒弃了四个阶段的划分方法,可能与当时的意识形态有一定关系。

⑧林庚、张鸣:《人间正寻求着美的踪迹——林庚先生访谈录》,《文艺研究》2003年第4期。

⑨《鲁迅全集》第3卷,北京:人民文学出版社,2005年,第581页。

⑩林庚:《中国文学史·自序》,厦门:国立厦门大学,1947年。

⑪严格说来,这个问题存在逻辑上的漏洞。中国各民族中,像藏族的《格萨尔》、蒙古族的《江格尔》、柯尔克孜族的《玛纳斯》,实际上都是西方概念中的史诗。黑格尔实际上想表达的,是说汉民族文学中没有史诗,林庚试图回答的,也是同样的问题。

⑫后来学者也有关于这一问题的探讨,如北京大学的李零认为中国早期书面语太发达,早就跟马背行吟船夫曲拉开距离,所以用不着这种文体。参李零:《谁是仓颉——关于汉字起源问题的讨论》,《东方早报·上海书评》,2016年1月24日。这种回答貌似与林庚颇有差异,但有本质的共性,即民众与通俗语言文字之间的距离,导致早期中国错过了史诗时代。

⑬林庚:《中国文学史·朱佩弦先生序》,厦门:国立厦门大学,1947年。

⑭林东海:《诗意人生——记林庚先生》,《世界》2006年第11期。

⑮曾华锋:《林庚:林间学者的诗人情怀》,《中国研究生》2003年第1期。

⑯林庚、张鸣:《人间正寻求着美的踪迹——林庚先生访谈录》,《文艺研究》2003年第4期。

⑰林庚:《中国文学史》,厦门:国立厦门大学,1947年,第31页。

⑱林庚:《中国文学史》,厦门:国立厦门大学,1947年,第153页。

⑲林庚:《中国文学史》,厦门:国立厦门大学,1947年,第161页。

⑳林庚:《中国文学史》,厦门:国立厦门大学,1947年,第168页。

㉑林庚:《中国文学史》,厦门:国立厦门大学,1947年,第176页。

㉒林东海:《诗意人生——记林庚先生》,《世界》2006年第11期。

㉓林庚:《中国文学史》,厦门:国立厦门大学,1947年,第101页。

㉔林庚:《中国文学史》,厦门:国立厦门大学,1947年,第104页。

㉕林庚:《中国文学简史》,北京:北京大学出版社,1995年,第736页。

㉖林庚:《中国文学简史(上卷)》,上海:上海文艺联合出版社,1954年,第385页。

㉗林庚:《中国文学简史》,北京:北京大学出版社,1995年,第737页。

㉘梁容若:《中国文学史研究》,台北:东大图书股份有限公司,2004年,第18、169、198页。

㉙陈国球:《文学史书写形态与文化政治》,北京:北京大学出版社,2004年,第107~176页。

㉚[美]梅维恒主编:《哥伦比亚中国文学史》,马小悟、张治、刘文楠译,北京:新星出版社,2016年。

㉛孙康宜主编:《剑桥中国文学史(下卷)》,北京:生活·读书·新知三联书店,2013年。

㉜章培恒、骆玉明主编:《中国文学史新著》,上海:复旦大学出版社、上海文艺出版社,2011年。

作者胡旭,厦门大学中国语言文学研究所所长,人文学院中文系教授、博士生导师。

[illegible]《中国[illegible]学[illegible]史》[illegible]：北京大学出版社，1995年，第[illegible]30页。

[illegible]《[illegible]学[illegible]史[illegible]》，上海：[illegible]文艺联合出版社，1954年，第[illegible]页。

[illegible]，北京大学出版社，1995年，第[illegible]页。

[illegible]大图书馆[illegible]，[illegible]，第[illegible]160、198[illegible]。

[illegible]，北京大学出版社，2004年，第[illegible]167—176页。

[illegible]（[illegible]），[illegible]，2016年。

[illegible]

谷霁光与《史学方法实习题汇》

钞晓鸿

《史学方法实习题汇》,谷霁光编,(长汀)国立厦门大学历史学系1943年5月印行。

谷霁光,著名历史学家,1907年2月2日出生,湖南省湘潭县人。童年在家乡私塾读书,中学相继在湘潭、长沙、南京求学,后到上海大同大学预科班学习一年,1929年考入清华大学物理系,次年转入历史系。在历史系学习期间就在《清华周刊》上发表了《字源》《尚书周书和逸周书事实相同体裁相同几篇的比较研究》两篇论文,受到专家关注。1933年毕业后留在清华大学历史系担任助教,两年后发表的《补魏书兵志》《唐折冲府考校补》收入《二十五史补编》,惊动史坛。1936年9月转任南开大学文学院讲师,次年编辑印行了《中国通史参考资料》上下两册,同时兼任中央研究院社会科学研究所《中国社会经济史集刊》特约纂述与编辑,曾与汤象龙、吴晗、罗尔纲等发起组织史学研究会,在天津《益世报》和《中央日报》组织出版《史学》副刊。日寇侵占华北后,随南开大学南迁长沙,因伤病未能继往昆明。在长沙期间,曾在湘乡女子职业学校讲授英文,不久加盟厦门大学。

1938年9月,谷霁光获聘厦门大学历史系副教授,1940年晋升教授,并兼学报编辑。1945年8月,转任江西中正大学历史系教授,曾任系主任,代理总务长。南昌解放后,随着学校更名、合并与院系调整,谷霁光先后担任南昌大学文史系教授、系主任、教务长,江西师范学院历史系教授、系主任、教务长。1960年以后,历任江西大学教授、副校长、校长、名誉校长,江西省社会科学联合会名誉主席,江西省历史学会名誉主席以及多个学会的学术职务。1962年,上海人民出版社出版其《府兵制度考释》一书,代表了府兵制研究的最高水平。兵制史研究之外,谷霁光还是著名的经济史专家,1980年,江西人民出版社出版了其《中国古代经济史论文集》。[①]另有《史林漫拾》论文集，福建人民出版社 1982 年出版。1993 年 3 月 23 日，谷霁光因病逝世。[②]

在厦门大学任教期间，谷霁光开设史学方法课，《史学方法实习题汇》就是这门课程的基本素材与实习材料，当年并未正式出版。

一、谷霁光在厦门大学的经历与学术传承

关于谷霁光在厦门大学的经历，学界鲜有梳理总结，现综合档案、报刊等资料，概述如下。

当年厦门大学设立了各种常设委员会，谷霁光担任多个委员会的委员职务。据 1938 年《国立厦门大学常设委员会名录》，谷霁光担任出版委员会委员。再据 1939 年《母校二十八年度各种委员会委员名录》，谷霁光担任演说辩论委员会委员。又据《母校三十一年度各种常设委员会委员一览》，他还担任奖学金及免费生审查委员会委员。从现有资料来看，部分委员会的委员名单后来有所调整。

谷霁光担任《厦大学报》编辑。厦门大学在私立时期，相继编辑出版《厦门大学季刊》《厦门大学学报》，刊发本校师生的各领域研究论文。全面抗战爆发后，学校迁至长汀，《厦门大学学报》的编辑与出版停顿了几年。1942 年春，厦门大学文法商三学院合设出版委员会，谷霁光任委员，并被推举为《厦大学报》的 3 名编辑之一，拟定了《厦大学报编辑条例》。[③]这一时期的《厦大学报》并未完全延续此前《厦门大学学报》的刊名与卷期，而是另行编排刊行，哲学社会科学与理工科分别出版。1943 年元旦正式出版了《厦大学报》第一集。理工科另行编辑出版的《厦大理工论丛》，其中第一集也在 1943 年出版发行。

另外，谷霁光还是厦门大学合作社的发起人与经理者之一。抗战时期物资匮乏，位于闽西的长汀更是供应困难，零星采购物资价格偏高。为了方便教职工日常用品的采购与供应，1943 年厦门大学设立教职员合作社，1944 年改组为公利互助社，除了教师之外，也接纳学生入股。当年的合作社办得十分成功，不仅方便职工，而且盈利优厚。这一合作社就是由邹文海等人发起、组织起来的，并得到萨本栋校长的支持。合作社对外集体采购议价，校内又自己组织生产，而总其成者是谷霁光。他后来代理中正大学总务长，就与这一经历密切相关。[④]

但最主要的,谷霁光在厦门大学还是从事科研与教学工作。除其他报刊的论文之外,这一时期谷霁光在《厦大学报》发表了3篇学术论文,分别是《再论西魏北周和隋唐的府兵》、《明清时代之山西与山西票号》以及评论蒋廷黻出版的《中国近代史》,体现了其学术生涯向经济史的转型以及对于学术史的关注。相较于此前,谷霁光发表论文明显减少,除了当时的学术条件限制之外,可能主要是因为他将主要的精力放在了教学方面。1942年秋季学期,未见谷霁光例行开设的课程,而据次年年初的报道:"历史系教授谷霄(霁)光先生,业已偕夫人返校,卜居府北新教职员宿舍。"[⑤]这样说来,1942年一段时期他不在长汀校区。其他时期谷霁光均在厦大传道授业,开设多门课程。

谷霁光在厦门大学开设必修课与选修课。1938年秋,厦门大学文学院语言学系改为中国文学系,历史社会学系改为历史学系。教育部颁发各院系必修及选修科目表后,除了遵照规定者必须开设课程之外,其他则视各院系之需要及师资情形,自选设置若干选修课程。[⑥]直到1937年,厦门大学文学院历史社会学系的课程中,历史研究法还不是必修课。在所有开设课程中,也没有中国经济史、宋辽金元史。[⑦]谷霁光在厦门大学任教后,新开这二门选修课,另外还有"史学方法"这一必修课。这里的史学方法应该就是历史研究法的简称。除课堂教学之外,他还辅导学生或指导学生撰写论文。

谷霁光担任本科生导师并指导多篇毕业论文。根据《国立厦门大学二十七年度教职员一览表》,1938年谷霁光为历史系副教授。当时厦门大学实行导师制,1939年11月通知全校学生选定导师。在公布的导师36人名单中,就包括谷霁光。[⑧]谷霁光在厦门大学指导了多篇本科生毕业论文,除了历史系学生之外,还有经济系学生。在现存论文中,以1940年毕业的历史系学生陈礼锐为最早,题目是《西魏府兵的简点与组织》。最晚是1945年毕业的历史系学生戴秀廷、曾秋圆,题目分别是《北宋初年之军力》《宋金对峙中之经济战》。可见均侧重于兵制与军事方面的研究,这与谷霁光的研究方向是一致的。经济系1944年毕业生中,易焕之、徐之俊、高骥三人的论文也是谷霁光指导的,题目分别是《唐代利率的变动》、《元代银铜出产与消耗》以及《元代的工业》。正如前文所说,在厦门大学期间,经济史也开始成为谷霁光的主攻方向。

谷霁光指导的几位历史系本科生,后来成为教育界的骨干与精英。1941年毕业的陈诗启,其本科毕业论文《猛安谋克的研究》。在中学任教数年之后,陈诗启进入厦大总务处工作,后来进行学术研究,成为著名历史学家,是中国海关史研究的奠基人。陈诗启回忆说,跟随“谷老师”的学习训练,对他的帮助与启发很大。[⑨]1943 年毕业的王华东,谷霁光指导其毕业论文为《清代总督》。王华东毕业后留历史系任教。[⑩]同年毕业的林汝楠,其论文《明末文社的组织与其发展》也是谷霁光指导的。林汝楠在厦大学习期间,曾在第三届全国专科以上学校学生竞试中获奖,代表各历史系参赛者中全国仅有 2 人获奖。[⑪]毕业后林汝楠投身革命,晚年返校工作,曾任厦门大学革委会副主任、校党委副书记。[⑫]如前所述,此前厦大历史系并未开设中国经济史、宋辽金元史这样的课程,谷霁光到校任教并加强中国经济史等领域的教学与研究,也势必影响到在校学生。韩国磐 1945 年在厦大历史系毕业,当年谷霁光在经济史、中古史的教学与研究,不能不对志存高远的学生产生影响。韩国磐后来成为著名的历史学家,在隋唐史、中国经济史方面建树颇多,他晚年还回忆起萨校长在长汀时期引进了“历史学家”谷霁光。[⑬]

二、《史学方法实习题汇》的写作与刊行

在长汀时期,厦门大学重视学生的实习训练。萨本栋校长认为“课外实习乃学生必要作业,不宜寝息”。1939 年曾与福建省建设厅厅长商洽,暑假安排三年级各系学生及土木工程系二年级学生分往建设厅各有关厂所实习。[⑭]1940 年又与江西省政府接洽,暑期安排学生到江西省各机关实习。[⑮]学校在实习方面的支持力度也很大,例如在教育部核准的 1945 年下拨经费 720 万元中,仅“实习材料费”一项就高达 100 万元,[⑯]接近总经费的 14%。不过,这主要是就理工学生而言的。就历史系的“历史研究法”这门课而言,以前不受重视、实习欠缺,遑论专门的实习训练教材。

全面抗战爆发之前,厦门大学还是历史学与社会学合并,当时称作历史社会学系,隶属文学院。根据历史社会学系的开设课程介绍,“历史研究法”只是选修课。学界一些人认为,一般的历史系毕业生并不在高校与研究机构工作、不从事历史研究,觉得这门课没有必要,甚至有人主张取消这门课程。后来教育部规定“史学方法”为必修课,历史系学生必须学习,然而又苦于找不到合适的教材,一些教师就权且使用欧美相关书籍。1938 年,厦门大学历史社会学系改称历史学系,谷霁光就是这年秋天入职历史系的。根据现有资料,至晚在 1940 年上学期,谷霁光就已经开设了“史学方法”课程,[⑰]并为编写教材积累经

验。

当时学界讲授这门课程,往往与史学理论结合在一起,内容抽象高深,学生不仅难以理解,而且觉得空洞无物、学非所用,平时运用包括后边撰写论文,也没有什么用处,产生厌倦情绪与抵触心理。鉴于此,谷霁光在授课中以当代学人的专题研究作为例证,举例说明史学方法在各方面的应用,经过一年的试验,取得了良好效果。第二年又进行改革,强化实习与操作,也就是理论与实际相结合,每讲授一种方法,就让学生进行实习试验,这样不仅加深了对理论方法的理解,而且还提升了学生的实践与研究能力。学生学风端正扎实,对于这门课及历史学也产生了兴趣,尤其对其论文写作起到良好的铺垫与推动作用。在授课中,谷霁光压缩讲授时间,增加阅读与实习实践比重。

其实谷霁光在清华大学历史系学习期间,1932 年就选修了雷海宗的"史学方法"课。雷海宗是著名历史学家,学贯中西,史学方法课的信息量很大。谷霁光认真听讲,而且做了详细的笔记。此听课笔记尚存,据此分析可知,雷海宗当年将史料的收录整理分为三种形式,分别是记忆法、札记法以及摘录卡片,而且最推崇卡片;后者分别按照时间、地域、性质、形式分类。[18]谷霁光对此加以继承,不仅平时研究工作中大量抄录卡片,而且将其应用于自己所讲授的这门史学方法课之中,也认为收集史料,有记忆、笔记与卡片三种方式。这与雷海宗一致。然而在继承上有所发展,例如卡片的具体分类,就与雷海宗不同,分别按照史籍、人物、史料、论文来分类。

在史学方法课的史料选择方面,谷霁光选取了具有代表性的古今史料,而且一些史料都是自己曾经认真阅读或研究利用过的,尤其是向学生提出的一些问题,其实在自己此前的阅读与研究中已有答案。例如在《史学方法实习题汇》的史料诠释部分,要求学生阅读《木兰歌》(即《木兰诗》),从中分析史料中的"天子"与"可汗"是否是指同一人。查此前的 1936 年,谷霁光曾经发表过相关内容的论文两篇,其中《唐代"皇帝天可汗"溯源》一文指出,唐代对内称"皇帝",对西北诸国则称"皇帝天可汗"。[19]即"皇帝"与"皇帝天可汗"是不同地域对皇帝的称谓,史料中的"天子"与"可汗"显然系指一人。他的另一论文《唐代"皇帝天可汗"溯源后记》,文章还直接引用了乐府《木兰诗》,其中就有"可汗大点兵"之句。[20]可见谷霁光在给学生提供史料、提出问题之前,自己爬梳、研究过这些史料并已有观点认识。

这样经过多年积累,谷霁光结合自己学习与研究心得,在此前授课经验与教学改革的基础上,继承创新,完善提高,终于为史学方法课编写了实习材料,故称《史学方法实习题汇》。全书在 1943 年元月已经基本完成,5 月由厦门大学历史系印行,当然亦不排除在此期间有过修正与补充。

《史学方法实习题汇》的内容分为四部分。首先是"序言";其次是"实习时应行注意事项";再次就是全书的基本内容,分为 16 部分也就是 16 节;最后附录"正误表",修订了书中的某些疏误。

"序言"即"编者序言",论述本课程的性质、现状、改进以及实习注意事项。其主要内容与思想可大致概括如下:

课程性质:"史学方法"是大学历史系三、四年级的必修课,重视基础知识与基本技能,理论与实践相结合,将理论融入方法之中。

教学现状:此前此类课程过于抽象;现在力求具体化。以前拘泥欧美教材,灌输式授课;现在以中国史实为例证,重视方法的操作与应用。

改进由来:以前内容浅显枯燥,学生轻视并缺乏兴趣;方法方面流于形式,实用不足。现在逐步改为以专题形式,辅以具体史料例证;重视实习,将方法应用于训练与撰写论文之中。

改进步骤:减少讲授时间,增加阅读及实习时间;由全部阅读材料,改为选择阅读,由浅入深;独立阅读,从中发现问题并试图解决问题。

实习注意:建议增加实习的空间与图书;加强学生的文字修养与国文水平;实习选题讲究技巧、题目常需变换;每次实习需一下午,至少 3 小时,以培养学生的耐心与毅力。

"实习时应行注意事项"共计 10 项,大致内容可简要地概括为:细心阅读,独立思考,谨慎立论,方法零活,留意史学常识,规范纸张笔墨,规定实习时段,加强论文写作,史论结合,论从史出。

基本内容从"实习题一"至"实习题十六",共计 16 部分,分别是史料搜求、卡片应用、撰人考订、地域考订、时代考订、史料校雠、正误、辨伪、史料诠释、史料综合、史篇编撰、综合复习,计 12 个专题。其中史料诠释、史料综合、史篇编撰、综合复习,每一专题分为 2 次进行实习,全课程共计 16 次实习并配备相应实习史料与问题。每一实习题开始部分均为"注意",提纲挈领,讲明主旨与方法等注意事项,然后再配以相关史料、结合问题进行实习。

最后附录的"正误表",修订了书中的某些疏误。逐一核对后发现,其中既有编写刊印的明显失误,又有断句、史料、语意修订,显然是经谷霁光本人之手。这也说明,虽然只是内部讲义与印刷品,谷霁光对此书的印行还是严谨认真的。当然也正是因为厦门大学在长汀期间内部印刷,所以该书传播十分有限,目前国内高校只有厦门大学图书馆有藏。这一局面直到 20 世纪末才有所改变。

1996 年,江西人民出版社等汇集谷霁光史学论著,出版了《谷霁光史学文集》,其中第四卷收录了其《史学方法实习题汇》(以下简称"江西版"),[21]由于是整理出版,所以内容与形式也作了部分调整。经过比较原版与江西版,发现后者的做法主要是:将封面删除,直接从目录收录;将目录与正文标题中的"实习题"三字逐一删除;删除"正误表",而将勘误在正文中逐项落实;修改了正文中若干明显的文字或刊印疏误,也包括正文史料的明显疏误,但并未一一核对原始文献。该书的整理再版发行,对其流通传播起到了有力的推动作用,可惜的是,江西版也出现了一些整理疏误,甚至有的地方还曲解了谷霁光的旨趣与本意。若不比较该书原版,读者就不知这是作者的疏误还是后来整理者的失误。因此,影印出版《史学方法实习题汇》,原原本本地体现谷霁光的史学方法、教学思想与实践,是十分必要的。

三、《史学方法实习题汇》的学术意义与教学价值

综合比较分析,《史学方法实习题汇》的学术意义与教学价值主要体现在以下几个方面。

第一,提供了适合中国实际的史学方法教学资料。正如当年谷霁光所指出的,虽然"史学方法"成为历史系学生的必修课,但缺少适合当时学生、切合中国实际的史学方法教材。利用西方某些论著进行的史学理论与方法教学,大多内容抽象空洞,学生缺乏兴趣,尤其是学非所用,对于学生以后的论文创作与研究,起不到多少作用。谷霁光对此深有体会,据其未刊稿《治学自述》,他对老师们的史学研究方法,其实并不满意。"一方面搜集材料,一方面如何研究,也就是研究的方法应该怎样,而这,前师们没有给我一个满意的答复,我为此彷徨沉思过好长一段时间"[22]。他基于自己的学习与研究经历,尤其是在进行史学方法教学改革的基础上,扬长避短,查漏补缺,摸索前行,力图走出一条适合当时中国学生的教学之路。基于中国史料,突出问题意识与方法应用,编写完成了《史学方法实习题汇》,作为史学方法实习的基本材料。

第二,展示了史学方法的课堂实习。我们一般谈到实习,多是指理工科或社会科学的校内外实验或实习操作,人文学科的实习实践,多指野外考察与校外实习。后者在学校基本上就是课堂教学,而弱于实习操作,这也是固有的传统。当年萨校长就批评说:"中国读书人最大的毛病,就是用脑而不肯用手。以前中国文人,常以劳心者治人自居。"[23]所以谷霁光的史学方法课堂实习,有其改革创新与务实推进的一面。另外,人们谈到人文学科的方法传授,多见于回忆、日记、杂文之类,这些文献较多地反映了具体师生之间的传承与交流,而非学院授课这一集体行为,而谷霁光的实习材料与方法传授就弥补了这一缺陷,代表了学院式方法传授与实习操作这一类型。《史学方法实习题汇》不仅反映了校内课堂的史学方法传授,而且突出了其实习与操作这一显著特征。

第三,反映了处变不惊的规范教学。谷霁光在厦门大学任教期间,正是全面抗战时期,民族危机加深,天下兴亡,匹夫有责,救亡图存是摆在中华儿女面前的重大问题。沿海失陷,学校内迁长汀,江西部分地区失陷,学校更是处在腹背受敌之处境。全校师生同仇敌忾,加入抗击侵略者这一人民战争的洪流之中。教师们发表演讲,或撰写文章,抨击日军的残暴罪行,激发中华儿女的抗日斗志。历史系的师生也不例外,叶国庆当年新近购得一部古籍《寒支集》,从中发掘作者抗击入侵、赤心报国的忠贞气节,"肫笃淋漓,声血俱落",发表在抗日刊物《唯力》之上。[24]早在1937年10月,厦大学生就成立了国立厦门大学学生救国服务团。次年4月统一国内各学校的抗敌团体名称,厦门大学学生救国服务团改为战时后方服务团,继续编辑刊行《唯力》杂志,其中第1卷第2期标题口号就有:"头可断,膝不可屈! 地可失,志不可馁!"

在此形势下,谷霁光显然不能超然物外,他与其他师生一道投身于救亡图存之中。他在报纸发表论文,将民族文化、教育改革与当时的国防建设、抗战卫国相联系。一方面响应战时杀敌,另一方面又主张人尽其才、做好本职工作,"如果士大夫有了舍身为国的精神,也就能对研究事业肯牺牲一己的私利,以求成功。那么战时可以增加一批英雄的斗士,平时也可以减少一些不学无术的寄生虫,教育的最理想境地,也就无过于此"[25]。他讲授史学方法课程,兢兢业业、严谨务实,没有一丝的喧嚣与躁动,而是夯实基础、端正学风,培养学生的耐心与毅力,切实提高其知识水平尤其是实践能力,以实际行动、个人所长来支持抗战,为国家社会培养优秀人才。正如有人在评论他的学术经历时所说:"尽管处于战争时期,各高校的管理仍然十分规范,大学教授们的敬业精神也十分强烈。经过如此训练的学生,专业基础想不扎实也不可能。"[26]全面抗战的艰难时期,厦大历史系每年仅招收几名学生,谷霁光在厦大的教学生涯也只有7年,但他所教过与指导的学生中就有数名脱颖而出,当年赢得全国大奖,后来成为教育精英、著名学者,这些人才培养的累累硕果绝不是偶然的。而谷霁光后来常常怀恋厦门大学、八闽风光,将福建当作自己的"第二故乡"。[27]

注释:

①参见周升柱:《谷霁光先生治学略述》,《谷霁光史学文集》第1卷,《兵制史论》,南昌:江西人民出版社、江西教育出版社,1996年,第33~45页。笔者按:在已正式刊发论著中,关于谷霁光生平,以该文内容最为详尽,后来的相关谷霁光生平,亦多取材于此。笔者据此论文并修订了其中的部分疏误,如将原文的中央研究院"社会研究所"还原为"社会科学研究所";原文的"中国史学研究会"订正为"史学研究会";原文的"1945年11月,离闽赴赣,任中正大学历史系教授、系主任、代理总务长",订正修改为"1945年8月"调入中正大学,后来出任历史系主任。这是因为根据中正大学的"到职"登记制度、《国立中正大学教职员录》(国立中正大学1948年12月印行)等,谷霁光在1945年8月已为中正大学教授;谷霁光调入时,当时中正大学文法学院尚无历史系,所以不可能担任历史系主任,1946年8月,中正大学才正式设立了历史系。一年后,文法学院分为文学院与法学院。另外也将原文的"南昌大学史地系教授"改为南昌大学文史系教授(参下注)。这里顺便指出关于其出生年份的分歧。除1907年之外,学界包括谷霁光本人也说其1906年出生。笔者查核后认为,这其实只是公历与农历纪年之别。谷霁光1907年2月2日出生,1907年春节是2月13日,他出生这天是农历丙午(1906年)腊月二十。

②周銮书:《仁者惟寿,明德惟馨,其萎哲人?——沉痛哀悼谷霁光先生》,中国人民政治协商会议江西省委员会学习、文史委员会:《江西文史资料》第50辑,1993年,第214~218页。笔者按:该文作者1950年考入南昌大学文史系,当时谷霁光是系主任。

③《母校新设出版委员会决定刊行〈厦大学报〉》,《厦大通讯》第4卷第1、2期合刊,1942年。

④邹文海:《笃实的谷霁光》,《传记文学》(台湾)第2卷第1期,1963

年。

⑤《母校点滴》,《厦大通讯》第4卷第11、12期合刊,1943年。

⑥《概况·教务处概况》,《厦大校刊》第1卷第5期,1946年。

⑦《文学院学程一览·历史社会学系》,《私立厦门大学文学院一览》(1936至1937年),1936年9月刊行,第28~29页。

⑧《廿八年度全体导师经已选出,11月廿六日举行第一次训导会议》,《厦大通讯》第1卷第11、12期合刊,1939年。

⑨ 陈诗启:《陈诗启自传》,晋阳学刊编辑部编:《中国现代社会科学家传略(第三辑)》,太原:山西人民出版社,1983年,第132~143页。

⑩《三十四年度本大学教员姓名录》,《厦大校刊》第1卷第5期,1946年。《三十四年度全体教师姓名》,《厦大校刊》创刊号(1946年第1卷第1期)。

⑪ 杨学为等主编:《中国考试制度史资料选编》,合肥:黄山书社,1992年,第771页。

⑫ 厦门大学校史编委会编:《厦门大学校史资料(第四辑:1966—1987)》,厦门:厦门大学出版社,1990年,第18页。

⑬“历史学家顾颉刚(应为谷霁光——引者)先生就是此时被请进来的”,见吕瑜洁:《与母校同行——访历史系教授韩国磐先生》,《厦门大学报》,2001年3月2日,第2版。按:顾颉刚1926年秋季进入厦大任教,次年离任,抗战期间萨校长所聘为谷霁光而非顾颉刚。“顾颉刚”与“谷霁光”谐音,听、说过程中容易产生混淆。

⑭《校闻简报》,《厦大通讯》第1卷第6期,1939年。

⑮《学生暑期实习业已分别指派》,《厦大通讯》第2卷第7、8期合刊,1940年。

⑯《教育部代电高字第五二三三三号,中华民国三十四年10月16日发》,《厦大校刊》创刊号(1946年第1卷第1期)。

⑰《母校定期举行廿九年度上学期毕业试验及学期试验》,《厦大通讯》第3卷第1期,1941年。

⑱ 王敦书:《雷海宗1932年史学方法课程笔记》(谷霁光记录,王敦书整理),《江西师范大学学报》2011年第2期。

⑲ 谷霁光:《唐代“皇帝天可汗”溯源》,《天津益世报·史学》副刊第22期,1936年2月18日,第11版。

⑳ 谷霁光:《唐代"皇帝天可汗"溯源后记》,《天津益世报·史学》副刊第27期,1936年4月28日,第12版。

㉑《谷霁光史学文集》第4卷,南昌:江西人民出版社、江西教育出版社,1996年,第488~560页。

㉒ 周升柱:《谷霁光先生治学略述》,《谷霁光史学文集》第1卷,南昌:江西人民出版社、江西教育出版社,1996年,第33~45页。

㉓《萨校长开学词》,《厦大通讯》第3卷第10期,1941年。

㉔ 叶国庆:《寒支集》,《唯力》第1卷第7期,1938年。

㉕ 谷霁光:《论"知识阶级与国防建设"》,《中央日报扫荡报》联合版1942年6月9日,第4版。

㉖ 方志远:《谷霁光先生的学术经历与学术个性》,《江西社会科学》2005年第9期。

㉗ 谷霁光:《史林漫拾》,福州:福建人民出版社,1982年,第319页。

作者钞晓鸿,厦门大学图书馆馆长,人文学院历史系教授、博士生导师。

周辨明、黄典诚与《语言学概要》

叶宝奎

周辨明、黄典诚译著《语言学概要》,厦门大学 1945 年刊行。译著以英国曼彻斯特维多利亚大学（即今曼彻斯特大学）帕默尔编著的《语言学概论》（1936 年出版）为底本,加以补充修订。帕默尔原著对现代语言学原理及西方语言学的最新发展作了简明扼要的表述,是一本内容新颖的教科书。译著对底本的选择及增补第九章“大同世界的语言计划”和所附周辨明著《八年抗战中国语文国际化的进展:Q.R.1937—45》,体现了 20 世纪 40 年代厦门大学语言学学术研究的国际视野。

一

语言学是一门既古老又年轻的学科。人类对语言的关注与研究可谓源远流长,但直至 19 世纪初历史比较语言学的建立才标志着独立的语言学的诞生,而此前的语言研究则属于前科学时期,通常称为“文献学”或“语文学”。然而真正代表现代语言学的应当是结构主义语言学。

结构主义语言学是现代语言学的重要流派之一,兴起于 20 世纪 30 年代,其基本理论源于索绪尔的《普通语言学教程》（1916 年出版）。索绪尔所提出的共时语言理论,对世界语言学的发展,影响至深至广,奠定了结构主义语言学的理论基础。

英国著名语言学家、伦敦大学教授罗宾斯（Robert Henry Robins）认为,“在世界上任何地方从事普通语言学研究的人,没人能够忘记或轻视美国语言学的巨大成就。没有像萨丕尔（Edward Sapir）和布龙菲尔德（Leonard Bloomfield）这样的国际性人物,语言学能否取得它已经取得的进展,能否获得它在全世界享有的学术上的认同和赞誉,都是值得怀疑的。任何认真的语言学专业的学生必定会很快意识到美国语言学者在语言学的所有分支领域所起到过并且还在起到的巨大作用。在欧洲大陆,我们权且列举这四位学者的名字:索绪尔(Ferdinand Saussure)、特鲁别茨柯伊(Nikolai Trubetzkoy)、梅耶(Antoine Meillet)和叶尔姆斯列夫(Louis Hjelmslev),他们对成为当代语言学不可或缺的组成部分——语言学理论和方法,作出了贡献"①。并且他正确地指出,乔姆斯基和转换生成语言学派的其他人物的学术成就和研究方法,在某些方面同布龙菲尔德存在着继承和发展的历史联系;新的理论派别不过是30年代以来布龙菲尔德时代所取得的学术成就的发展。事实也是这样,没有结构语言学的直接成分分析、语素与音位分析,也不会产生乔姆斯基从句子到语素、音位,从深层到表层的倒序分析,至于像区别性特征之类的音位学理论,基本上还是原来的模式上增加了一些声学实验内容,不是什么重大变革。可见,认识各学派之间的历史源流和继承发展关系是非常重要的。结构主义语言学不仅是认识、了解当代语言学新进展、新成果的前提与基础,不了解结构语言学的人是很难理解当代新学派的理论的,而且更为重要的是结构主义语言学的基本理论、方法至今并没有过时,仍有指导意义和实用价值。

瑞士语言学家索绪尔在《普通语言学教程》中提出的共时语言理论,为结构主义语言学的产生与发展奠定了理论基础。索绪尔的共时语言理论,尤其是他的语言价值理论,不仅促使结构主义学派的产生,而且使其迅速从瑞士经过捷克、丹麦和美国传到全世界。

结构语言学的三大学派:布拉格学派、哥本哈根学派和美国描写语言学派。

布拉格学派接受了索绪尔关于语言是系统的思想,特别致力于音位理论的研究,建立了音位学说。它的另一个特点是不仅研究内部语言学,对广义的语言学问题也很感兴趣,运用语言学理论研究文学作品及外部语言学的其他各领域。

哥本哈根学派以索绪尔的语言系统的学说为基础,着重语言形式的研究。它特别注重语言的组合关系,这是这个学派区别于布拉格学派的一个主要方面;它把语言理论看成一个"纯演绎系统",采用"假设—推理"法对语言进行分析,不大涉及具体语言事实的研究。哥本哈根学派试图通过成素和关系来说明语言的内在结构,对语言的表达平面和内容平面以及这两大平面之间各个形式要素的依存关系和网络做出理论的解释。语符学十分抽象，试图实现人文学科和精密科学的结合。该学派的理论为韩礼德所欣赏，在70年代后期的著作中，韩礼德曾多次引用叶尔姆斯列夫的观点。

美国描写语言学派是20世纪美国的一些学者在对美洲印第安语的调查和研究基础上逐步形成和发展起来的。20世纪20—30年代，哲学中的逻辑实证主义和心理学中的行为主义在美国盛行，这种哲学背景和印第安语的研究相结合，使美国的结构语言学呈现出鲜明的特点。

这个学派最重要的代表是布龙菲尔德。20世纪20年代，这一学派只具雏形，理论上还不是很成熟，直至1933年布龙菲尔德的《语言论》出版，才形成了自己独特的理论和方法。他们把语言看成是一系列代替实际的刺激和反应的行为，在语言的分析中着眼于可以观察到的言语素材，主张依靠形式特征来描写语言结构，反对用非语言学的标准（特别是心理因素）来分析语言，在共时描写中完全排除了历史因素。这些论点对描写语言学产生了巨大影响。

此外，还有：日内瓦学派、伦敦学派、莫斯科学派。

20世纪30年代正是欧美结构主义语言学风起云涌蓬勃发展的时期。

二

厦大语言学有着良好的学术传统。

1926年北平临时政府处于风雨飘摇之中，国立各大学经费无着，陈嘉庚先生不惜重金礼聘一流教授，当时应聘国文系和国学院的有：鲁迅、林语堂、沈兼士、罗常培、顾颉刚、张星烺、孙伏园等人，还有周辨明教授、李笠教授、余謇教授等硕学宿儒相继执教杏坛。一时间师资队伍群星荟萃。这些著名学者大多是语言学家，他们为厦大语言学的发展奠定了良好基础。其中，周辨明、余謇二位先生在厦大任教时间长达二十几年，其功至伟。黄典诚先生正是他们在二十年代培养的优秀学生。

周辨明（1891—1984），字忭民，祖籍福建惠安，1891年11月13日，生于鼓浪屿一个牧师之家。当时的牧师工资并不高，但由教会提供食宿，孩子都可以在教会学校免费接受教育，并有出国留学的可能。周辨明和他的兄妹们大都受益于此。那时候，上海的圣约翰大学是鼓浪屿教会学校毕业生的主要选择，比如早一点的马约翰，晚一点的林语堂都是圣约翰大学的学生。周辨明敏而好学，勤而用心，1911 年圣约翰大学荣誉学士（毕业考试第一名）毕业留校当了预科英语教师，1914 年应聘到清华大学教英语。1917 年远赴重洋，到美国哈佛大学研修数学。1921 年应陈嘉庚之聘到厦门大学任总务主任（一说生活指导长），兼任预科班必修的高等几何教师。1928 年留学德国，1931 年获汉堡大学语言学和实验语音学的哲学博士学位。埋头钻研现代语言学，积极投入文字改革运动，终成卓有成就的语言学家。

周先生和赵元任、黎锦熙、钱玄同、刘半农、林语堂、汪怡都是国语罗马字的创始者，学界称之为"竹林七贤"，在国语罗马字拟定前三四年，周先生已于 1922 年发表《中华国语音母和注声的刍议》，1923 年《中华国语音声字制》，提出了自己的罗马字拼音方案与设想。他在《在迈进中的中国罗马字》等著作中阐述了他设计的通性方言拼音，设想能使拼音文字定型下来并收到跟汉字一样见形识义的效果。1932 年发表的《万国通语论》更是紧跟世界潮流，对于将来人类世界的"中介语"充满极大的热情。

周辨明先生还致力于汉字索引法的研究。1927 年他发明《半周钥笔法》（《厦门大学季刊》第 1 卷第 3 期）旨在使汉字的索引也能像西方文字那样简单，即让汉字的基本笔画也有个如同西文一样可以理喻的顺序。他利用钟表长短针在半圆内推进的态势确定了 10 种钥笔的次序。作为补充，后来又出版了《半周钥笔索引法编排国音字汇及电码书》，对这种检字法做了说明。

周辨明先生博文通理，学贯中西，精通英语、德语、法语，曾任厦门大学英文教授、文学院院长、陈嘉庚讲座教授。他治学严谨，是提倡汉语拼音的先驱人物之一，是中国著名的现代语言学家，同时，他的英文造诣甚深，曾亲自担任厦大外国语文学系英语语音课程，并最早把国际音标运用到中国的英语教学中。也常兼任德语课和法语课。厦门大学 25 周年校庆时，学校特地为他安排"庆祝周辨明教授在校任教 25 周年纪念"节目，并在庆典上赠送他银鼎一座，上镌"师儒硕望"4 字。1948 年周先生应英国文化协会（British Council）邀请赴剑桥大学讲学，周先生讲学完毕，回程到新加坡，为厦大校友挽留，先与陈嘉庚先生同寓怡和轩，后迁居"香港花园"。周先生从事语言科学研究七十年，长期致力于汉语拼音化、方言音韵及汉字检索研究。主要论著有《中华国语音声字制》《厦语入门》《语言学概要》《厦语音韵声调之构造与性质》《中华国语音母和注声的刍议》《万国通语论》《六书英译新探》《古音观止》等。

黄典诚先生（1914—1993），字伯虔，厦门大学中文系教授，汉语史专业博士生导师,出生于漳州城南布观音社一个知识分子家庭。其父黄英,曾任龙溪县第三十四小学校长,其母陈美蕙曾任小学教员。兄弟姐妹六人,家庭清贫,先生是家中长子,聪明懂事,常常得兼顾照看弟弟妹妹。学习认真刻苦,诵读诗书,学习先秦典籍、唐宋诗词。从小就喜欢读书,尤其是父亲买回来的线装书,更是爱不释手,有些书都不知道被先生翻看了多少遍。先生的母亲早年接受教会教育,懂白话字。先生自小深受母亲影响,早早就要母亲教他白话字。其母也许正是引导先生走上语言学道路最早的启蒙老师。1932 年 7 月,先生毕业于龙溪中学高中师范科,留母校附小任教一年。后来常以自己年轻时受到启蒙老师的强化教育、背诵古书为例教育学生,说明这种苦学精神给自己带来的益处。1933 年 7 月,考入厦门大学文学院,1937 年毕业留校任教,直至 1993 年。师从周辨明教授和余謇教授,自此步入语言研究的殿堂。先生凭借深厚的国学功底和对语言独特的悟性,以及对语言研究的执着精神,孜孜以求,数十年间无论顺境还是逆境,从未放弃学术研究的追求,在语言研究的诸多领域,尤其是在汉语方言和音韵研究方面,建树与创获甚多,成绩卓著,为我们留下了丰厚而珍贵的学术遗产。

黄先生与周辨明老师缘分不浅,据黄先生回忆:1933 年秋天,考入厦门大学文学院,初次拜谒周院长,就给周老师留下很好的印象。“他问我既然没有待过北平,这一口北平音是从哪儿学来的?我敬谨回答了一个大略的经过:小学时代跟了一个毕业于上海国语专修学校的老师(郑黄文)学,后来上了旧制师范,又遇上一个原籍北平的国音老师(陶锡斌)。他闻言点头,情深意重地指示我:你很有语音基础,以后就专攻语言吧!”一年后,周老师邀我住进他的家里,课余当了公子颙西的家庭教师,并帮刚从伦敦回国的英文教授李庆云(Ather Lee)补习汉语。[②]

“在厦门大学的教学工作中,周先生的主要精力几乎都放在英语教学上,他善于引进先进的英语教材和英语教学法。英语语法他采用了丹麦语言学家叶斯泊森的三品说,教学法则试用了刚刚引进来的直接法……记得在我三年级的时候,他才抽空开了一门选修课‘厦语语音学’,教材就是他在德国汉堡大学的博士论文《厦语音韵声调之构造与性质》和《厦语声调实验录》。他用闽南方言为实例讲解了历史比较法。他和瑞典汉学家高本汉教授虽有深交,但不满意于高的机械的拟音法。他常说,现在的汉语诸方言中,音韵最接近《切韵》系统的是闽南方言。由于他的谆谆善诱,我终于选定《闽南十五音研究》

为毕业论文的题目"[③]。

1937 年厦大内迁长汀,"那时候,周老师以学校'元老'出任教务长,每周授英、德、法诸国语文课多达十六小时,工作忙不过来,乃建议校长聘我为语文系助教兼教务处襄理。从此师生朝夕相处。一有时间,他就继续对我耳提面授,什么方言调查,文白对应,本调变调,本字借字,远近亲疏等等,无所不谈。在学生时代,我只跟他学过一门选修的语言课;但是在七闽僻壤八年抗战中,我却增进了很多又有系统又较深入的语言基础知识。后来,我们在一个时期里,利用每天下午的时间,师生二人共聚在长汀城里的北山底下'中诚楼'上,先讨论,后执笔,日积月累,终于写成了这本《语言学概要》。在这本小册子中,我们实事求是地介绍了一些最基本的信而有征、行之生效的原理原则。周老师在语言研究上,引导我眼睛要向前面看。他在商务印书馆出版了一本《万国通语论》,正是对于大同世界如花似锦的未来语言从各方面推测其种种可能的模式。在《迈进中的中国罗马字》一文中,他对我国文字改革的前途充满信心,正式提出'通性方言际拼音'的建议"[④]。

黄先生得遇名师,是先生之幸,也是厦大语言学之幸。

三

帕默尔编著的《语言学概论》,是一本简明扼要内容新颖的教科书。帕默尔《语言学概论·自序》:"因此我给自己定下的任务是:对现代语言学原理重新做一个简单明白的表述。"认为"地理方法的运用,毫无疑问是 20 世纪语言学中最有成果的发展"。"除此以外,我插入了一段叙述,讲一个以布拉格为中心的新语言学派之目的和方法。这些语音学家(被人叫作 phonologists)致力于一个新的语音学说,它们至今得到的积极结果还不很多;然而这个学说是今日语言学里最有前途的运动之一,因为它打开了从功能方面处理语言的视野"。[⑤]

帕默尔《语言学概论》由李荣、王菊泉、周流溪、陈平译,吕叔湘原校、周流溪补校,2013 年收入商务印书馆"汉译世界学术名著丛书"。译校阵容强大,可见重视程度之高。吕叔湘"中译本序":"帕默尔这本书出版于 1936 年,现在说起来是一本'老书'了,可仍然是一本好书。第一,它务虚和务实结合得好,简明扼要,很少多余的话。不像有的作者用写社论的笔法写课本,堂皇而不实惠。第二,重点深入,讲的方面不多,但讲得透;有足够的事例,并且能'近取譬',多数例子取自本国学生比较熟悉的语言。……第三,历史比较语言学已经冷落多年,很多课本连提都不提了,这本书提供了初步的介绍。从这几方面看,这本书对于初次接触语言学的人还是很有用的。"⑥

吕叔湘先生还说:"我们需要一本以中国材料为主而吸收域外著作之长的语言学概论,但这是要中国学者拿起笔来写,不能希望外国学者代劳的。"⑦

周辨明、黄典诚《语言学概要·弁言》:"本书对于本国的语文问题,自不能不加以深切的注意……这书大部分译自下列三书,有时我们也把自己一得之愚参了进去。L. R. Palmer: *An Introduction to Modern Linguistics*; Frederick Bodmer: *The Loom of Language*; Sylvia Pankhurst: *The Future of International Language*。书后附录的是我们自己所写的东西。因其性质不出于语言研究的范围,所以就以类相从地来奉请同工的指正。"

兹将本书目录摘引如下:

周辨明、黄典诚编著这本教材，目的明确，他们介绍语言和语言学的基本知识，力求解决中国语文的一些问题，希望中国人能操同一语言，能使书写与口语相应，共用四通八达的文字。周先生 1932 年对于万国通语的探索与研究，因为曲高和寡，国内学界响应者寥寥，十几年后，先生编写这本教材的一个目的就是要再次为实现“万国通语”的远大理想鼓与呼。本书 1984 年再版时，吕叔湘先生的序言说：“本书作者之一周辨明先生是我国语言学界的前辈。他很早就提倡用拉丁字母拼写汉语，他还一直盼望通过汉语拼音化来促进万国通语的诞生。他是一位‘不可救药’的理想家，但又是一位敢于面对现实的实际家。他知道要使人们信服他的主张，必须首先让他们知道语言是怎么回事……为了这个目的，辨明先生和他的弟子黄典诚先生编写了这本《语言学概论》。”[⑧]

周辨明先生、黄典诚先生选择帕默尔《语言学概论》为底本，加以补充修订，这是很有眼光的，因为它确是一本好教材。周辨明先生 1928—1931 年留学德国，熟悉了解西方语言学进展情况，在理念上与外国同行同步。周、黄《语言学概要》与帕默尔《语言学概论》相比，两本教材主要内容大同小异，主要区别有以下三点：

1.第八章“文化和语言”，第九章“语言和思维”，周、黄本调整为“语言的分类”和“大同世界的语言计划”；附录部分增加几项内容，都是作者注重的研究成果。

2.各章节中补充一定数量的汉语语例，以便于中国学生阅读理解。

3.“本书以身作则，前两章兼用拼音字写出，就是要证明这种文字可能达到的境地”[⑨]。作者对于拼音字情有独钟，不仅增加“大同世界的语言计划”一章和相关附录，而且还用自己设计的拼音字将第一章第二章内容对照翻译出来以为样板，昭告世人。

周辨明、黄典诚《语言学概论》（1984 年）删去初版第九章和（三）到（九）7 项附录；书前增加了吕叔湘先生的序和黄典诚先生《春风化雨忆周师》一文。受黄先生嘱托，叶宝奎对该书语言学术语做了核对。

四

时光荏苒，斗转星移，七八十年过去，帕默尔的《语言学概论》，依然是本好书,周、黄《语言学概要》亦然。时值厦门大学百年校庆,“厦门大学百年学术论著选刊”丛书入选、重版周辨明、黄典诚译著的《语言学概要》,具有多方面的意义和价值。实在是一件令人高兴的事情。

20 世纪 30—40 年代,国内大学自觉重视理论语言学的探讨与研究,致力于理论语言学教材建设,深知语言理论对于学科建设与发展的重要性的,实不多见。前辈传统国学家大都以重实践、重材料为根本,继承了国学的优良传统并有所发展,他们于“小学”“经学”都有较为深厚的根底,然而能像周先生、黄先生那样既继承国学之优良传统又熟练掌握现代语言学理论、方法的学者并不多见。他们不仅积极吸收和介绍西方先进的理论与方法,而且能够理论联系实际,数十年间在汉语研究的诸多领域做出了卓越贡献。周辨明先生和黄典诚先生为厦大理论语言学的研究与教学,奠定了坚实的基础;为厦大语言学树立了重视理论研究,重视理论与教学、科研相结合的优良学术传统。

而后杨茂勋先生的结构主义语言学研究,更为厦大语言学的健康发展提供了有力保障。

杨茂勋先生（1922—2016),四川省阆中市人,是著名理论语言学家、南京大学方光焘教授四年制副博士研究生（1954—1958),1958 年到厦大中文系,担任“语言学概论”、“普通语言学”（20 世纪 50—60 年代国内高校开设此课的甚少）等课程的教学工作,潜心研究结构主义语言学。他的《索绪尔的共时语言理论》（1984 年)、《“语言是形式而不是实体”解说》（1986 年)、《普通语言学》（1993 年）等论著对于结构主义语言学在国内的普及起了很好的作用。

南京大学方光焘教授早在 1956 年就在中文系正式开设“索绪尔《普通语言学教程》介评”课,对索氏的理论做了相当全面、系统的介绍,既有大胆肯定又有适当批评。杨先生深得师传,毕生从事语言理论的教学与研究,不遗余力。

50 年代以来,在厦大中文系语言教研室关注并从事理论语言学教学与研究的还有:洪笃仁（1922—1995)、何耿丰、张莰曼（1935—2017)、路家琳（1933—2006）等。

20 世纪 70 年代,国内学界对于结构主义语言学理论的了解尚未普及,深入研究者甚少,而作为厦大语言学科发展的一部分,理论语言学得到了足够重视,人才济济,实在难得。它是保证和推动厦大语言学不断创新、发展的重要动力。

厦门大学创办伊始数十年间,语言学一直是学校极富特色、成果显著的重点学科。到了70年代,经过50多年、两三代学人连续不断的努力,已实实在在地发展成为涵盖方言、音韵、文字、训诂、词汇、语法、理论语言学等诸多领域的一流学科,在国内外学界享有盛誉。厦大语言学无愧于"南方之强"的美誉。

1936年,在厦门大学最艰难的时候,校长林文庆博士到南洋募捐回来之后,勉励同仁说:"如果各位同学都能好学不厌,我们教授都能诲人不倦,一起站在学术界的前线,勇往直前,致吾国文化地位于世界的最高峰,虽只六七百人,亦何虑其少?"[10]是的,在抗战期间,身居闽西僻壤,我们的前辈周辨明先生、黄典诚先生却能放眼世界,和师生们一起站在学术界的前线,勇往直前,锲而不舍,跟踪研究前沿热点课题,欲致吾国文化地位于世界的最高峰。他们筚路蓝缕之功不可没,他们树立的优良学术传统使厦大语言学沿着正确的方向健康发展。让我们记住周辨明先生和黄典诚先生译著的《语言学概要》,记住他们开创的优良学术传统,记住他们为厦大语言学的健康发展、为人类语言学所做的杰出贡献。

注释:

①[英]R. H. 罗宾斯著:《普通语言学导论》,申小龙等译,上海:复旦大学出版社,2008年,"第一版序言"第2~3页。

②黄典诚:《春风化雨忆周师》,《黄典诚语言学论文集》,厦门:厦门大学出版社,2003年,第1页。

③黄典诚:《春风化雨忆周师》,《黄典诚语言学论文集》,厦门:厦门大学出版社,2003年,第2页。

④黄典诚:《春风化雨忆周师》,《黄典诚语言学论文集》,厦门:厦门大学出版社,2003年,第2~3页。

⑤[英]L. R. 帕默尔著:《语言学概论》,李荣等译,北京:商务印书馆,2013年,第1~2页。

⑥[英]L. R. 帕默尔著:《语言学概论·中译本序》,李荣等译,北京:商务印书馆,2013年。

⑦[英]L. R. 帕默尔著:《语言学概论·中译本序》,李荣等译,北京:商务印书馆,2013年。

⑧周辨明、黄典诚译著:《语言学概论·序》,福州:福建教育出版社,1984年。

⑨周辨明、黄典诚译著:《语言学概要·弁言》,长汀:国立厦门大学,1945年。

⑩何书彬、新历史合作社著:《引领时代:鼓浪屿上的人文之光》,福州:福建人

民出版社,2016 年,第 72 页。

参考文献:

[英]L. R. 帕默尔著:《语言学概论》,李荣等译,北京:商务印书馆,2013 年。

周辨明、黄典诚译著:《语言学概要》,长汀:国立厦门大学,1945 年。

周辨明、黄典诚译著:《语言学概论》,福州:福建教育出版社,1984 年。

黄典诚:《黄典诚语言学论文集》,厦门:厦门大学出版社,2003 年。

杨茂勋编著:《普通语言学》,厦门:厦门大学出版社,1993 年。

叶宝奎编著:《语言学概论》,厦门:厦门大学出版社,1992 年;北京:中国人民大学出版社,2013 年。

[英]R. H. 罗宾斯著:《普通语言学导论》,申小龙等译,上海:复旦大学出版社,2008 年。

[瑞士]费尔迪南·德·索绪尔著:《普通语言学教程》,高名凯译,北京:商务印书馆,1980 年。

[美]布龙菲尔德著:《语言论》,袁家骅、赵世开、甘世福译,北京:商务印书馆,1980 年。

作者叶宝奎,厦门大学人文学院中文系教授、博士生导师。

陈朝璧与《英美法原理》

周　赟

很多前后未必相继、四顾似颇茫然的事儿，如果以一种类大历史的眼光观之，就会发现冥冥中仿佛真有一条主线，早已经把它们安排好、串联好。这么讲，未必意味着所谓历史本身存在必然性，但这或许恰恰印合着历史的宿命：它只存在于解读（interpretations，复数）中——所谓解读就是赋予意义，而赋予意义当然就得有所依凭。

作为一个后学晚辈，当我对前贤陈朝璧先生的处世、治学、执教了解越多，“得失相依”几个字在脑海中就越清晰。我当然不敢说这几个字准确地描述出了陈朝璧先生的人生主线，但这至少可以算是对先生生涯的一种解读，而且，我可以保证，是一种真诚、虔诚的解读。相对应地，可以用“河东河西”来概括我对先生译述之《英美法原理》以及附着于这本著作上之种种因缘的感受。

一、得失相依的人生历程

陈朝璧，号大白，1905 年生，江苏盐城上冈区（今射阳县）人，自幼随父学习传统中国诗书，至十六七岁，对经史的掌握已达相当之程度。然而，彼时新文化运动已成大势，少年朝璧决定攻读“新学”；后经其舅父资助，于十八岁那年考入上海中法学堂（系法国天主教教会主办，外语以法文为主）。至“高考”前夕，舅父生意凋敝，经济困窘，少年朝璧只得辍学、工作以筹资继续求学。一年后以优异成绩考上中央大学（今南京大学前身）。又一年后，仍因经济困顿，不得不放弃中央大学的学习，转而寻求、依托公费（“庚子赔款”的部分金额）项目，到比利时鲁汶大学（Catholic University of Leuven）法学研究院留学，历 3 年而顺利获得法学博士学位，并于翌年，也即 1933 年回国。[①]

由于时局混乱,归国后的青年朝壁,居然无从就业。在亲友帮助下,才在上海开始了一段"开业律师"生涯;其间,兼任私立持志大学教授。3 年后,正式发表《罗马法原理》一书——正是该书,一举奠定了先生在近现代中国法学史上的隆高地位。

然而,即便是这般不甚如意的上海生活,也因日本悍然侵华,而不得不中断。1938 年,先生从上海转入当时相对落后的福建等地继续教学、科研工作,其间不断更换工作单位、地点。这样的颠沛、艰难,直到 1943 年,经周枏先生引荐,先生被厦门大学聘为法律系教授,方告一段落。

执教于厦门大学期间,陈朝璧先生先后开设有"罗马法""国际私法""中国司法组织""刑法分则""劳工法"等课程,均深受学生欢迎。缘何讲授如此之多、且跨度较大的课程？这一方面是因为当时师资较为紧缺,另一方面也是厦门大学自萨本栋校长（1937—1945 年任国立厦门大学第一任校长）以来形成的一个不成文惯例:作为院系长（主任）,当某一课程师资空缺时,应该责无旁贷地顶上[②]

1945 年秋,因法律学系主任周枏教授离校他就,系主任遗缺遂由先生接充;1946 年 4 月,先生又兼任厦门大学代理教务长、教务长;1949 年 9 月,厦门大学汪德耀校长赴英国讲学,先生以教务长身份成为代理校长;同年 10 月 17 日,厦门解放,中国人民解放军福建军区厦门市军事管制委员会主任叶飞、副主任黄火星于 20 日发布"教字第 1 号令",宣布接管厦门大学。先生即于次日复函军管会,表示要拥护接管,切实执行相关命令。随后便积极配合军管会按照中央提出的"维持现状,逐步改造"原则,抓紧进行复课复校的各项工作。

在此期间,先生除承担繁重的教学、行政工作外,不忘科研。其中,以译述、出版《英美法原理》为典型代表——此书作为"国立厦门大学丛书"之一,由厦门美华出版社于 1948 年 12 月出版。

1953 年 7 月,全国高等院校调整,厦门大学法律学系停办,先生改任中文系教授,讲授"中国古典文学史"等课程。其间,先生编写出《先秦文学史讲义》《荀子今释》等讲义,[③]还撰写有《读了〈中国古典文学中的现实主义问题〉以后》（《学术论坛》1957 年创刊号）、《关于"招魂"的作者和内容的商榷》（文化遗产编辑部编:《文化遗产增刊》第 6 辑,作家出版社,1958 年 5 月）、《关于山水诗产生和发展问题的商榷》[《厦门大学学报（社会科学版）》1963 年第 3 期]等有关古典文学方面的学术论文。1976 年 8 月,先生从厦门大学中文系教授岗位上离休。

1979 年 5 月,按照有关部署,厦门大学决定复办法学教育。因工作需要,学校邀请先生复出,重新执教法学,并担任法律系复办筹备小组副组长。先生不顾年事已高,欣然应允,并感怀赋诗一首曰:“久滞文坛非宿愿,将回法苑庆新生。重温旧著弥亲切,展望前程倍喜欣。老马幸而逢伯乐,寒蝉何以报知音。献身四化追先进,尽瘁余年育后人。”重获新生后的欣喜之情溢于言表。1980 年 8 月,先生被任命为实际主持行政工作的法律系第一副系主任。此时先生已年届 75 岁高龄,但依然老当益壮、不遗余力地为法律系的重建而四处奔波。他曾多方联系师资,亲赴全国许多高校开展调研,含辛茹苦,毫无怨言。[④]尤令吾辈汗颜的是,短短 3 年时间,在如此高龄且日程安排如此紧张的情况下,先生发表了一系列高质量的著名学术作品,[⑤]显示出先生对学问的极大热情、对法学的极大热爱、对法律教育事业的极大热忱。与此同时,先生还兼任福建省法制委员会委员、中国政治学会理事、中国法制史学会常务理事、福建省民革委员等职。1982 年 3 月 31 日,因突发脑溢血,先生不幸溘然长逝。

如果以当时当地且世俗的眼光看,先生的一生,实可谓充满坎坷:曾苦学十数年经史,却因新文化运动而只能转向;好不容易新学入门,却又断了经济来源;考上堂堂中央大学,同样因经济而被迫中断学业;几经波折,拿到鲁汶大学博士学位,作为海归,却又只能就职于律所以及私立院校;执教于厦门大学后,又遇院系调整,而不得不再次转行;改革开放之后复办法学,虽激情满怀,却不幸罹患重疾,壮志未酬……

但如果跳出当时的具体语境,却会发现,几乎所有前期的所谓挫折,竟都为先生此后的很多人生际遇埋下了伏笔:

没有幼年时期的饱读诗书,不知先生数十年后转行文学院是否会如此切换自如?而没有在文学院对古代中国经史的十数年治学经历,先生是否有意识、有能力在十数年后重启关于中华法系的大讨论?

没有少年时毅然决然地转向新学,不知先生有无机缘转学到上海并碰巧进入法文学校?而没有这个阶段对法文的学习、掌握,又如何想象短短三年内在比利时完成法学博士课程的学习并用法文写下《中比通婚中的国际司法问题》[⑥]等学术作品?

没有青年时期经济上的困顿,不知先生是否仍有足够动力寻觅留学比利时之机会?没有比利时的留学,或许就错过了与周枬先生的相识并结下深厚的学术友谊;[7]而没有这一段学术友谊,又何来先生与厦门大学、厦门大学法律系之间的一段数十年的传奇?

没有此前经历的种种波折、磨难,不知先生在1979年厦门大学复办法学的过程中,是否仍能如此风轻云淡[8]却全力以赴并取得惊人的进展?而如果没有先生等诸先贤的卓绝努力,焉能有今日之厦大法学?[9]

二、河东河西的英美法

先生与《英美法原理》一书的结缘,始于鲁汶大学留学期间,用1948年初版该书时先生于"译者自序"中的一段话说,是:

> 回忆二十年前,译注者留学西欧之时,每请英法诸国法学先进介绍此类英美法书籍,辄以本书见告。购而读之,获益果多。当时曾拟译为中文,以享法界,且已译就二章,卒以事忙搁置。嗣鼓励三弟朝原续译,亦因故未竟全功。……[10]

可见,该书与先生的缘分着实源远流长。那么,为何中断20年后先生仍决定重启该书的译介工作?结合史料,以吾辈心思揣摩,大致上可以爬梳出这样三条理由:

首先,是先生个人的观察和判断。同样在前引"译者自序"中,先生敏锐地指出,当时国内法学研究、法律教育、法制建设存在如下明显的偏食现象,而纠偏的最直接途径当然就是补足:

> 中国自清季以还,不论法律教育或法律制度,莫不仿效东瀛,而溯源于欧洲大陆。故法律课程之中,引证外国法例者,均不外德、法、日、瑞诸国,学说上之比较,更不出大陆学派之范围。法学界出版各书,亦几乎一律以此为典型。其间涉及英美法系之学说或制度者,殆为例外。……中国与英美等国,所属法系互异,法律制度,原未尽同。但同异之间,瑕瑜互见。其间何者不同?何以不同?取舍之间,孰优孰劣?凡此诸端,皆为理论及实用方面之基本问题。盖治学之方法,首重比较;而历史之久、领域之广、以及法治收效之宏如英美法系者,实不容忽视……

其次,是时局的需要和吁求。1947年,国民政府教育部发出指令,要求各大学法律系学生必修罗马法及英美法课程,先生于是在厦门大学开设之——这不仅仅是厦门大学的"No. 1",在全国也属开先河之列。可以想见,在当时资料相对匮乏的背景下,为了更好地落实相关指令,重拾《英美法原理》的迻译工作,无疑是相当明智的选择。

最后,是先生的个人学术友谊和工作情谊。早在求学比利时之时,先生就结识了本书的法文译者瑞士人珀蒂皮埃尔(Max Petitpierre)教授,并进而结识了本书作者阿瑟·古恩(Arthur K. Kuhn)。在当时交通、通讯不便的情势中,先生却与珀蒂皮埃尔、古恩等人保持着深厚的跨国学术友谊,而后二者的鼓励、尤其是古恩亲自为中译本作序,无疑是先生译注本书的重要动力。另外,先生在"译者自序"中还曾特别提及,本书的出版,离不开当时厦门大学主管学术出版工作的部门和领导以及厦门美华出版社相关编辑的大力支持。

从如上爬梳中可以看出,《英美法原理》的翻译出版,其实关联着当时的一个宏大学术背景以及先生的一个重要学术洞见:前者是,英美法在20世纪上半叶中国的影响阙如;后者是,先生认定中国应该研究、学习英美法。

由于时势的变迁,先生译注的本书,在大陆地区曾经一度沉寂;却在我国台湾地区薪火相传——由台北商务印书馆重印数次。然而,是金子总会发光,随着大陆法治理念的张扬、法学教研的复兴,该书亦重新引发了学界的关注,最明显的标志是:21世纪初,厦门大学法学院毕业生、现为中国政法大学教授的米健先生承遵先生夫人之嘱,重新校对出版了本书。[11]

如果从大陆学术史的角度来看,先生译述的《英美法原理》至少具有如下三个方面的重大意义:

一是学风示范效应。时下有一个很有意思的现象:许多学人往往有厚古薄今的倾向,譬如法学界就总有人感佩民国时期法学者的精深学问,但实际上,从学术发展的一般规律来看,后来者总体上强于先行者,几乎是必然。然而,如果仅就学风言,那么,这种意义上的"厚古"大概并无问题:相对时下略显浮躁、快餐主义式的学风,民国时期的学风无疑更为踏实、凝重、严肃。以先生翻译的《英美法原理》看,至少我本人现在很少能看到当前大陆地区还有译注得如此翔实的译著:全书20余万字的篇幅,先生一共作了110多处译注;并且,有些译注多达300余字!

二是学问视野拓展。有句广告词说得好,"视野决定高度"。这在学问领域体现得尤为明显,可以说,小到一个学者,大到一个国家或一个民族,其能否产出大学问、大思想,一个关键的标识就在于:是否具有大视野、大胸襟?先生本为罗马法学者,而且当时的局势又确实以罗马法以及大陆法占据明显的"强势”“显学”地位,但先生却已经敏锐地意识到不能偏食,并主动跳出自己的“舒适区”,探索和引领后学关注英美法[12]——如果说,在中国的罗马法研究领域,至少还有周枏、黄右昌、陈允、丘汉平等诸位先贤与先生堪比瑜亮的话;那么,在中国的英美法研究领域,先生通过迻译《英美法原理》而确立的开山之祖地位,当是毫无疑问了。以今天的立场回头看,我们无疑应该庆幸,因为如果没有包括先生在内的学界诸位先贤的此等兼收并蓄、兼容并包的大视野,又怎能有今日英美法研究如此兴盛之局面?[13]

三是学术方法启示。尽管作为一种研究范式的“比较”,几乎可为所有理论研究所运用,并且事实上也一直为许多研究人员所自觉运用。然而,在法学界,“比较”却得到了特别的重视;尤其是在当下,基于此种方法、思维而专门产生了一门叫“比较法学”(Comparative Law)的法学科。当然,比较法学是相当年轻的一门学科,一般认为,它最早可追溯至不早于20世纪头十年的西方法学界。[14]然而,作为一位中国学者,先生在20世纪30年代就已经洞见到,法学之治学方法应当“首重比较”。虽然,我们今日已经无法考证先生此一号召之于中国法学,是否以及直接引发了多少回响,我们甚至也无法考证先生是否为国内最早提出此论的学者,又或者是否是影响力最大的学者,[15]但其前瞻性、敏锐性、关键性无疑值得80多年之后的我们致敬——我想,今日中国各大法学院系普遍开设“比较法学”课程这一现象本身,就是对当年包括先生在内的各位前辈相关认识、判断的最好回响。

三、一位好教授,一部好作品

我不知道,在别人眼里好教授的标准是什么。在我看来,好教授的标准至少应当与好研究员有所不同:后者只需自己的科研足够出色,就可以被称为“好研究员”;而科研之于前者,则至多只是一个先决条件,却并非直接判准。当且仅当一个人在如下两个方面达到一个高水准,他才能名副其实地被称为“好教授”:其一,高格调的师范;其二,高水准的授课。在这里,所谓高格调的师范,是指一个人必须具有高贵的人格、高洁的操守、高尚的德行,才有资格成为他人之范导,这是好教授作为一个职业工作人员的“人”之标准;而所谓高水准的授课,是好教授作为一个职业工作人员的“职业”之标准,指的是一个教员必须能够并事实上通过自己的授课、授业而引起学生朋友的专业兴趣,进而高效率地从视野、思维、方法、知识等层面全方位地提升学生的专业水准——为了做到这一点，一个好教授应该具备较为出色的科研能力，但这当然并不意味着具备此条件就符合好教授的职业标准。

无论从哪个角度看，先生都不愧“好教授”这三个字：先生热爱教育事业，可以说真正做到了不计个人名利、为教育事业而献身；先生热爱讲台，并且其旁征博引、大开大合的讲授方式深受学生朋友的欢迎；先生是厦门大学早年法学教育的股肱之臣，更是1979年厦门大学复办法学教育的首功之臣；而先生的科研能力无疑是卓越的——无论是自己的专精领域罗马法，还是后来被动转入的古汉语文学，以及晚年关注过的中国法制史，先生都产出了足以令任何一个相关领域专业人士骄傲一辈子的杰出成果。仅以先生不那么为人所熟知的中国法制史研究为例，一位当下顶尖的法史学者曾这样评价先生的研究，“如前所述，20世纪30—40年代曾掀起中华法系热潮，后近四十年没有相关论文出现。陈朝璧《中华法系特点初探》是‘破冰之作’”[16]。

我很确信，一部好作品，应在视野、思想、方法、知识以及可读性等方面均达致相当之水准。《英美法原理》视野开阔，作者有意识地以大陆法系习惯的论说思路、框架和术语，以比较为基本方法，深入浅出地梳理出英美法制度的成长过程，清晰而准确地向读者展现出英美法的一幅全景画。该书法文版可读性如何，不太懂法语的我无法做出评判；但经过先生优雅文笔转换之后的中文版《英美法原理》，即便在80多年后的今天读来，也如丝般流畅，但又严肃端庄。

我更期冀，先生尊荣高尚、追求卓越的学者风范会在先生复兴的厦大法学教育中，得到不断的接续。因为唯有如此，厦大法学方能以一种高贵的姿态生生不息、壮大兴盛；进而不负先生创下的开局，以及先生在天之灵的看顾。

注释：

①参见陈朝英：《一生热爱教育事业的人——忆先长兄陈朝璧教授》，《射阳县文史》第1辑，1987年。《罗马法原理》一书，由上海商务印书馆于1937年初版，后由台北商务印书馆重版多次；2006年，法律出版社出版了该书大陆地区的新校版。

②参见李琦：《学贯中西，烛现先机——读陈朝璧教授遗作》，《厦门大学法律评论》2010年卷（总第16辑）。

③先生当年编写的这些古文学讲义,今日仍在相关领域颇具影响——证据之一是,时下仍然有不少专业研究文献征引这些讲义。以“中国知网”可检索的文献为限,笔者查询到时间最近的一篇征引这些讲义的文献是《兴义诠释由传统向现代的两次转型》(作者吴寒,《河北学刊》2017 年第 3 期)。

④可以想见,在当时缺钱缺人缺资料……啥都缺的年代,复办法学是一项多么艰巨的挑战。此间的种种,当时担任先生助手的厦门大学法学院耆老何永龄先生曾专文忆述。详请参见何永龄:《怀念陈朝壁、周枏两位法学泰斗》,《比较法研究》2007 年第 4 期。

⑤如《中华法系特点初探》(《法学研究》1980 年第 1 期,该文首次系统归纳出中华法系三个特点,并重新开启了沉寂达半个世纪的中华法系研究之先声)、《罗马法的历史地位和借鉴作用》[《厦门大学学报(哲学社会科学版)》1979 年第 2 期]、《试论罗马法的可继承性》(《法学研究》1981 年第 1 期,该文首先提出并论证了社会主义法律继承罗马法的理论和实践意义)、《中华人民共和国刑法的体制及其创造性》(《西南政法学院学报》1980 年第 1 期)、《荀况——强调“法先王”的儒者》[《厦门大学学报(哲学社会科学版)》1981 年增刊]。其间,先生并拟重写关于罗马法基础理论的一本著作(命名《罗马法新论》),惜乎天不假年,该著“只”完成 25 万字的创作,就戛然而止。

⑥该书中文版由上海中比友谊会 1933 年出版。

⑦周枏先生是我国罗马法研究的另一奠基人,曾于 1931—1934 年就读于鲁汶大学法律学系[详可参见周一煊等:《怀念我们的父亲(一)》,《安徽大学法律评论》2008 年第 1 辑]。尽管我们现在无法查询到陈、周两位先生当时交往的任何“证据”,但可以想见:同为中国人、同时在异乡、并同样攻读法学博士学位的两人,当是相互认识、并少不了相互帮扶的。

⑧同样在前引文中,何永龄先生曾提及这样一件事儿,颇能反映先生的胸怀:“1980 年评工资,按规定,法律系只有两个(二级教授)名额,陈老是不能评,不符规定,但陈老在评工资前即向学校提出改为三级教授,因为厦大法律系停办,即转到中文系任教,他屈居四级,他也没有意见。但现在办法律系,应该恢复他原来的级别提为三级,我们也都同意,这也是落实政策。可是后来却招来有个人名利思想(的指责),陈老也在民革组织中并向当年党委副书记赵源(筹备复办法律系小组组长)作了自我检讨。这事,陈老和我说话时讲的

此事已经过去,我和系里盛新民在评审晋升工资会议上,我们提出让出我们的名额给陈老晋升为三级教授。学校也没有为此增额负担。这事也没有结果,陈老本人坚决不同意我和盛的意见。……”详请参见何永龄:《怀念陈朝璧、周枏两位法学泰斗》,《比较法研究》2007年第4期。

⑨地处边陲(无论经济文化政治抑或地理角度,厦门均大致属于边陲)、且曾饱受炮火威胁的厦门大学,其法律教学、科研能始终屹立全国顶尖之列,与陈朝璧等诸位先贤当年以“功成不必在我”之姿的擘画、奠基,当然密不可分。

⑩[美]阿瑟·古恩著:《英美法原理》,陈朝璧译述,厦门:美华出版社,1948年,“译者自序”第2页。

⑪该书具体出版信息是:[美]阿瑟·库恩著:《英美法原理》,陈朝璧译注,北京:法律出版社,2002年。

⑫这与时下某些学人的“学术山头主义”做派实在不可同日而语。笔者曾经到我国台湾地区某高校任客座教授一段时间。在当地,有些学术会议竟然会对与会资格设定一些看似很神奇的要求(譬如,必须具有德国留学背景),后来才知道原来这是当地的学术“圈”生态——大陆地区的学术山头主义在表现或程度等方面可能与此略有不同,但并无实质的差别。

⑬可能由于英美等国的相对强势,或单纯因为英语的强势,当然也可能因为其他原因,当下中国法学对英美法理论、制度的研究和借鉴,相对于欧洲大陆而言,已明显呈现出压倒性态势。如果先生地下有知,不知对这一态势该感到欣慰(自己当年种下的小树苗已成郁郁之林)、还是失落(自己的专业领域被相对轻忽)?当然,更大的可能是,以先生的大格局,也许这根本不成其为一个问题。

⑭可参见[日]大木雅夫著:《比较法》,范愉译,北京:法律出版社,1999年,第18~20页。

⑮以笔者的阅读面而言,至少在稍早时期的北京大学,钱端升、王世杰就已经开设过“比较宪法学”的课程,并且将其讲稿整理为《比较先法学》公开出版。该书有案可稽的最早版本是1926年版,目前大陆地区传播较广的版本则是中国政法大学出版社1997年版。

⑯陈朝璧:《中华法系特点初探》,《法学研究》1980年第1期;马小红:《中

华法系研究评析》,《法律文化研究（第七辑）》,北京:社会科学文献出版社,2014年,第13页。

作者周赟,厦门大学法学院教授、博士生导师。

王亚南与《中国官僚政治研究》

张兴祥

一、王亚南生平简介

王亚南（1901—1969），原名际炬，又名直淮（植槐），字维宽，号渔邨，笔名王静、王真、碧辉，湖北黄冈人，中共党员，马克思主义在中国的重要传播者、“中国经济学”的首倡者、杰出的马克思主义经济学家、卓越的人民教育学。新中国成立后，由中央人民政府政务院任命为厦门大学校长，在任时间长达19年，为历任校长之最。曾当选为中国科学院前哲学社会科学学部委员、常委，第一、二、三届全国人大代表。

1926年，大学毕业后的王亚南投身北伐。大革命失败后，流寓杭州，与郭大力邂逅于大佛寺，二人立下合译马克思巨著《资本论》的宏愿。此后，王亚南东渡日本，开始从事古典经济学经典著作的翻译工作，为翻译《资本论》做准备。1933年参与十九路军将领在福州发动的“闽变”，出任人民政府文教委员和人民政府机关报人民日报社社长，从事反蒋文教宣传活动。“闽变”失败后遭通缉，被迫流亡欧洲。在马克思的故乡德国和《资本论》的诞生地英国，王亚南广泛收集西方经济学资料，深入考察西欧资本主义制度，关注西方经济学发展动向，同时翻译了一些西方经济学著作。1938年，他与郭大力历经十年艰辛完成的《资本论》三大卷中译本，由读书生活出版社出版。本书的出版为促进马克思经济学说在中国系统传播做出里程碑的贡献，为中国革命、建设和改革提供了强大的理论武器。毛泽东同志、习近平同志都认真研读过他们合译的《资本论》。

在翻译的基础上，王亚南运用当时最先进的马克思主义理论方法来分析、研究中国问题，致力于将马克思主义理论中国化，特别是结合中国特色的政治体制、经济结构、社会形态和历史文化传统进行理论创新。他的代表作之一《中国经济原论》被誉为“中国式《资本论》”,另外两部代表作《中国官僚政治研究》《中国地主经济封建制度论纲》也对学界产生重要且深远的影响。这三部代表作,习近平同志都一一读过,并给予高度评价。20世纪40年代初,王亚南率先提出“应以中国人的资格来研究政治经济学”,首倡“中国经济学”,为构建中国经济学体系做出不懈努力。由于早年游学日本、欧洲的经历,以及在西方古典经济学方面的学识积累,这使他一开始就秉持一种开放性的世界眼光,用国际视野来分析中国问题,其兼容并包的治学思想超越了很多同时代的学者。

作为教育家,王亚南为中国培育了一大批杰出的马克思主义理论专门人才,为厦大经济管理学科深植了厚重的根基。1951年,他创办了厦门大学经济研究所,兼任所长,亲任导师。共招收两届研究生,首届8人,毕业6人,他们是:邓子基、黄良文、谢佑权、陈可焜、刘清汉、陈延炮。第二届研究生5人,全部毕业,他们是:潘天顺、胡世凯、杨振辉、吴德钦、林克明。日后,这两届毕业的研究生大多成为中国经济学界著名的经济学家、财政学家和统计学家。1953年,全国院系大规模调整,厦大撤销原财经学院,改为经济系,下设政治经济学、统计学、会计学、货币与信贷、贸易5个专业。面对频繁变更的局面,王亚南审时度势,稳固了原有师资队伍,为改革开放后厦门大学经济学科的振兴与繁荣积蓄了力量。

在王亚南的带领下,厦门大学积极探索综合性大学的办学思路和办学模式。根据国家需要、厦大所处的环境与办学特点,王亚南提出了“面向海洋,面向东南亚”的办学方针,努力把厦大办成社会主义大学。他主张社会科学与自然科学的教育并重,十分重视科学研究,努力创造自由研究的科学风气,培养国家需要的自然科学和社会科学的研究人才。1963年,厦门大学跻身全国重点大学行列。

王亚南的学术思想、办学理念和育人方法,已沉淀为一种历久弥新的文化底蕴,沉淀为一种穿越岁月的精神财富,影响一代又一代的厦大人。除了经济学,他对厦门大学管理学、马克思主义理论、历史学、法学、哲学、教育学、政治学、国别与区域研究等学科的发展均产生深远的影响,堪称厦大人文社会科学的引领性人物。

执掌厦大期间,王亚南严以律己,平等待人,奖掖新进,不遗余力。他提携陈景润的事迹,广为传诵,被传记作家徐迟誉为“一个懂得人的价值的经济学家”[1]。以王亚南和陈景润为代表的科学精神,并列厦门大学“四种精神”之一,是厦门大学一座巍峨屹立的丰碑。

二、本书写作缘起与出版情况

(一) 写作缘起

1940 年 9 月,王亚南从山城重庆来到粤北韶关,担任中山大学经济学教授,后任经济系主任兼法学院院长。

1942 年,英国皇家学会会员、著名学者李约瑟博士 (Joseph Needham, 1900—1995) 受英国政府的派遣,肩负援华使命抵达中国,当时他的身份是英国驻华大使馆科学参赞、中英科学合作馆馆长。1943 年夏,李约瑟访问广东坪石,曾在当地一家旅馆中与王亚南两度长谈。李约瑟虽是一名生物化学家、科学技术史专家,但他对一般经济史,特别是中国社会经济史也饶有兴趣。临到分手时,李约瑟突然提出“中国官僚政治”话题,请王亚南从历史与社会方面作扼要的解释。王亚南被这个平素不太留意的问题窘住了,就以自己对此“没有研究,容后研究有得,再来奉告”[2]回复之。此后,有关“中国官僚政治”的问题一直如影相随缠绕着他,逼着他去解答,这也成为他撰写《中国官僚政治研究》一书的动因。

李约瑟提这个话题并非空穴来风,而是与他日后提出的“李约瑟难题”密切相关的,甚至可以说,研究中国的官僚政治是解开这个谜团的关键性环节。1954 年,李约瑟在其巨著《中国科学技术史》第 1 卷序言中,首次提出这样的疑问:在第 1 至第 15 世纪,中国的科学发明和发现遥遥领先于同时代的欧洲,可是,中国的科学为什么持续停留在经验阶段,并且只有原始型或中古型的理论?欧洲在 16 世纪以后就诞生了近代科学,这种科学已被证明是形成近代世界秩序的基本因素之一,而中国文明却未能在亚洲产生相似的近代科学,其阻碍因素是什么?[3]李约瑟提出的上述疑问,在国际学术界产生广泛的反响,被誉为“李约瑟难题”或“李约瑟之问”。

(二) 出版情况

因前两次进攻粤北失败,1944 年日军再次集结重兵,准备发动第三次向粤北大规模进攻的战役,企图打通粤汉线。同年夏,王亚南被迫离开粤北,“挈妇将雏”,翻山越岭,到位于江西赣州南康的郭大力家乡避难,住了一个多月。不久应福建省政府主席刘建绪之邀 (实际发函者为秘书长程星龄),来到福建永安，出任福建省研究院社会科学研究所所长。1945年11月，王亚南因“羊枣事件”愤而辞职，出任内迁长汀的厦门大学法学院院长兼经济系主任。次年6月，厦门大学回迁厦门。在这辗转流离的几年时间里，王亚南一直未忘记李约瑟所托之事，留心搜集这方面的研究资料。一旦有了相当比较安定的环境，王亚南就静下心来思考和写作。经过近5年的酝酿积累，首篇《论所谓官僚政治》刊于1947年9月的《时与文》第2卷第1期。之后一发而不可收拾，至1948年6月止，王亚南在《时与文》杂志上陆续刊发了17篇专论。1948年10月，他将系列专论汇集成书，以《中国官僚政治研究》为名，由上海时代文化出版社刊行（以下简称“时代版”）。他在初版序言中，特意署上了“1948年5月于厦门海畔野马轩”。不言而喻，《中国官僚政治研究》一书正是在厦门大学完成的。“时代版”是本书最早的版本，书刚出版，香港习之出版社就依据这个版本重印了。1981年中国社会科学出版社首次刊行，王亚南的学生孙越生曾校订了“时代版”的一些误植，修订原书的译名和若干引文，并对文字作了一些润饰。1984年以来，中国社会科学出版社先后多次重印。同时，其他出版社也以单行本或合集形式出版，表1是1948年《中国官僚政治研究》一书初版以来再版和重印的情况。

表1 《中国官僚政治研究》一书出版情况

年份	单行本/合集	出版社	版次	备注
1948	单行本	时代文化出版社	初版	
1948	单行本	习之出版社	重印	据时代文化出版社1948年版重印
1949	单行本	时代文化出版社	重印	
1981	单行本	中国社会科学出版社	初版	副标题“中国官僚政治之经济的历史的解析”
1981	单行本	中国社会科学出版社	初版	
1984	单行本	中国社会科学出版社	重印	
1987	单行本	中国社会科学出版社	重印	分精装版、简装版
1987	单行本	谷风出版社	初版	
1988	合集	福建教育出版社	初版	《王亚南文集》第4卷
1990	单行本	中国社会科学出版社	重印	
1990	合集	上海书店	初版	“民国丛书·第二编（21）”

续表

年份	单行本/合集	出版社	版次	备注
1993	单行本	中国社会科学出版社	重印	
1997	单行本	中国社会科学出版社	重印	
2005	单行本	中国社会科学出版社	初版	
2009	单行本	中国社会科学出版社	重印	副标题"中国官僚政治之经济的历史的解析"
2010	单行本	商务印书馆	初版	
2011	单行本	商务印书馆	重印	
2013	单行本	商务印书馆	重印	
2014	单行本	商务印书馆	重印	
2015	单行本	商务印书馆	重印	
2017	单行本	商务印书馆	初版	120年纪念版

资料来源:笔者整理。

事实上,王亚南还有两篇论官僚政治的文章,《论社会转型中的官僚阶层》(《新建设》第1卷第11期,1950年1月)和《论官僚政治与官僚主义》(《学术月刊》1957年第7期),都是解放后发表的,但本书再版和重印时均未收录。1954年11月,上海华东人民出版社又出版了他的《中国地主经济封建制度论纲》一书,其中的"地主经济与中央集权官僚政治""地主经济与天道观念的政治思想""地主经济与中国社会长期停滞问题"诸篇,对《中国官僚政治研究》的一些重要论点作了进一步的阐明。④除此之外,他还写了4篇论官僚资本的文章,分别刊载于《文汇报》、《时与文》和《现代经济文摘》等杂志。

值得一提的是,商务印书馆组织整理百年来国内学界的原创著作,以"中华现代学术名著丛书"的形式推出,王亚南的《中国官僚政治研究》一书列入该丛书首批精选、精编、精校的40种图书之一,于2010年12月辑印出版(以下简称"商务版")。"商务版"卷末还附录了笔者所撰的"王亚南先生学术年表"以及胡培兆所撰"铲除官僚政治的理论利器"一文。年表采用编年体例,记述了王亚南生平的重要事迹,特别是学术和政治方面的活动,同时收录了自1930年至1966年所有著、译、文的相关信息,包括篇目题名、合作者、出版者、出版年月或期数等,以便于读者概览。

本书在初版30多年后在海内外的多次再版和重印，从一个侧面说明它正不断影响着一代又一代的学人，是一份值得珍视和继承的学术遗产。

三、本书的基本内容与主要观点

（一）王亚南的研究角度

王亚南谦称自己在中国官僚政治领域的研究，只是“关于中国经济史研究的副产物”，而且是“对于非所专习的政治制度加以研究的僭越”。[⑤]然而，出乎意料的是，他“从来的写作，没有像这次‘研究’这样受到普遍的注意”，究其所以然，是因为官僚政治在中国当时社会改造的实践上，是一个非常重要的课题。20世纪40年代，官僚资本猖獗横行，为祸甚烈，曾引起学界的热烈讨论，王亚南也在《文汇报》“新经济”栏目及《时与文》杂志上发表有关官僚资本的研究文章。李约瑟提出的难题，促使他进一步对中国官僚政治做出科学的说明。王亚南以理性的目光，敏锐地洞察到官僚资本与官僚政治之间的密切关系，并努力探寻二者的历史渊源，挖掘其流弊及病根之所在。在他看来，“官僚政治究竟是如何存在，究竟是如何取得存在，最后，它将如何始能丧失其存在，那才是我们研究的真正目标”，而“中国官僚政治形态这种社会文化事象，将和中国社会突出的宗法组织、伦理传统、儒家思想等等，同样成为我们所提论到的中国社会经济特殊发展规律是否正确的考验”。[⑥]也就是说，中国官僚政治的研究是解剖中国社会一个不可或缺的环节。

与其他论者不同的是，王亚南运用马克思主义的方法论，从经济学的角度来研究中国官僚政治，经济结构是其研究的逻辑起点。马克思和恩格斯一贯坚持以历史唯物主义的观点来看待人类社会的发展，认为“人们在自己生活的社会生产中发生一定的、必然的、不以人们意志为转移的关系，即同他们的物质生产力的一定发展阶段相适合的生产关系。这些生产关系的总和构成社会的经济结构，即有法律的和政治的上层建筑竖立其上并有一定的社会意识形态与之相适应的现实基础。物质生活的生产方式制约着整个社会生活、政治生活和精神生活的过程”[⑦]。生产力决定生产关系，经济基础决定上层建筑，这是历史唯物主义的基本原理。

（二）李约瑟的观点

李约瑟也深感社会结构和经济结构在人类社会生活中所起的重要作用，

特别是它们决定了近代科学的兴起与否,所以,他“并非仅仅着眼于史料的发掘和整理,而是把科学史同思想发展史、社会经济发展史有机地联系起来,把他所研究的对象提到认识论的高度和社会根源的深度来阐发”[8]。他“既注重科学发展的内因,又强调社会、经济因素的外在影响”[9]。李约瑟在1963年完稿的《中国与西方的科学与社会》一文中,曾把他所提的难题转换为社会学和经济学方面的问题:“直截了当地说,无论谁要阐明中国社会未能发展近代科学,最好是从说明中国社会未能发展商业的和工业资本主义的原因着手。”他认为,“没有资本主义、资本主义社会的兴起和封建社会的衰亡,那么,近代科学、改革运动及文艺复兴都是不可想象的”。[10]

从李约瑟《中国科学技术史》全书的编写计划看,最后一卷(第7卷)也即总结部分,是对传统中国文化做社会和经济结构分析,并且讨论知识分子的世界观、特殊思想体系的地位和刺激或抑制科学发展的各种因素。1950年以后,这一卷的部分内容曾以论文形式提前发表,我们得以窥见其大体轮廓。李约瑟关于中国“亚细亚官僚制度”的形成及其缺陷,关于儒家学派在官僚政治上的地位及作用,关于商人阶级遭到歧视和压制、商业利润和创业精神受到持续不断的抑制导致中国与近代科学失之交臂等等方面,都作了概括性的论述,他的结论是:“由于社会性质的原因,中国的进一步发展受到限制,无法像欧洲文艺复兴初期和资本主义上升时期那样蓬勃崛起。”[11]

(三)本书的基本内容与主要观点

毋庸讳言,王亚南的工作走在李约瑟的前面,后者在一定程度上借鉴了前者的研究成果。王亚南不仅以经济结构为切入点,同时延伸到社会科学的诸多领域,特别是社会史领域,并把它们作为一个有机联系的整体加以系统地、全面地考察,是融会贯通政治史、经济史和文化史的一次尝试。[12]他所要说明的是,中国政治形态一直受专制政体——官僚政治支配,这种官僚政治形态把地主经济作为它的物质基础,社会的劳动生产力得不到突破性的发展,致使中国社会长期停滞在封建阶段,未能及时向新的生产方式转化。[13]

王亚南指出官僚政治存在的三个前提:一是前资本主义的或封建的体制仍在国民社会经济生活中占支配地位;二是人民大众被束缚、被限制在宗法社会组织,处于孤立、愚昧、无知的状态;三是整个社会的落后与封闭性,缺乏与较进步的社会发生经济上文化上的接触和交往。根据上述思路,王亚南对中国封建制的地主经济基础以及建立其上的政治文化等设施进行全面的分析和批判。他认为,中国的封建制经历了领主经济和地主经济两个阶段,而以地主经济为特点,由秦至清两千多年间,地主经济一直占支配地位,其基本结构要素是农工结合体。中国王朝虽然经过多次的更迭,但总是走改朝换代的老路,不仅没有对中国社会基本经济要素进行任何根本性的变革,相反地,每一次政治变动都在设法加强这种结构的顽强性。与此相适应,秦代出现了在地主经济基础上建立起来的中央集权官僚专制政治,这种官僚政治形态依附于专制政体,是专制政治的副产物和补充物。

第二次世界大战期间,日本秋泽修二等学者鼓吹中国历史具有"停滞""倒退""循环"等特性,只有依靠外力才能推动历史发展。对此,王亚南曾予以有力的反驳。不过,对于中国社会长期停滞问题,尤其是中国官僚政治"顽强"的存续性问题,王亚南其实有着深刻的体认。在《中国官僚政治研究》一书中,他将中国官僚政治形态概括为"延续性、包容性和贯彻性"三种性格。[14]每次旧的王朝被推翻,出现的仍是换汤不换药的新的专制王朝,新的官僚系统亦粉墨登场,而旧的政治形态又随之复活——中国的历史似乎深陷在一个恶性循环的怪圈里。王亚南痛言道:"自秦代出现专制官僚统治形态以后,几千年来,那种统治形态,就一直不曾离开过我们。"[15]中国的官僚政治使封建土地所有者专制君主及其僚属乃至商人、商业高利贷者,在超经济的剥削榨取上形成"统一战线",正因为官、商、地方、高利贷者这种超级稳定的"四位一体",中国的地主经济未能在其胚胎内孕育出以个人私有财产为特征的资本主义的生产条件和生产关系。

不仅如此,中国文化中的每一个因素,如学术、思想乃至教育,都沦为政治工具。在封建地主经济、专制官僚政治形态上发展起来的儒家思想体系,是"非现代意识的大民族集团思想",它自始至终作为配合专制统治的精神工具而取得其存在的意义。王亚南把儒家思想体系归结为"天道观念"、"大一统观念"和"纲常之教",并指出,前者是出发点,后两者是它的应用和发挥。儒家学说就由这三大中心思想支撑着,它们成为配合地主经济和官僚政治的支配意识形态,是维护专制官僚封建统治所缺一不可的。在地主经济、专制官僚统治基本存在的社会秩序下,儒家学说虽也经历了一些不同的变化,但"万变不离其宗"。

基于上述认识,王亚南对鸦片战争以来中国国内掀起的革命运动作了概括性评价。如太平天国革命是反清却不反对专制的封建官僚统治,戊戌变法是反专制的封建官僚统治但不反清，而辛亥革命是反清兼及专制的封建官僚统治。他指出，“辛亥革命的伟大成就，不在它推翻了满族统治，而在它同时还至少在形式上推翻了数千年的专制统治”[16]。然而，辛亥革命“不曾彻底挖除专制官僚统治所由建立的封建经济基础”，更未彻底改变制度的“路径依赖”(path dependence)问题，因此，官僚统治随时都有借尸还魂的可能。正如王亚南在“时代版”初版序言中所痛言的：“俨然和中国政治史同其悠久的官僚政治，像斩除了随即又新生起来的九头蛇似的怪物，它许久许久就在以不绝的‘复活’，而在人们心目中，特别在官僚意像中，保证其‘永生’。”[17]可以说，辛亥革命只是从形式上推翻了传统官僚政治，并未真正触动其赖以生存的社会根基（除经济基础外，社会结构和文化意识也是值得重视的因素），所以，旧的官僚政治刚刚解体，新的官僚政治很快就又粉墨登场了。而官僚政治的这种“顽强”存续性，越来越明显地成为中国社会进步的阻力，成为中国社会转型的巨大障碍。

通过王亚南的剖析，我们认识到：“中国社会之所以长期停滞在地主经济的封建阶段，就因为在这种经济形态本身，已经存在着一些使它不易在胎内好好孕育出新生产方式的限制，而以这种经济形态为基础的官僚政治组织和儒家学说，更从中作了许多缓和矛盾对立的措施。”[18]

四、本书的学术价值

中国是一个有修史传统的国度，自夏商以来，有关政治制度的文献，其数量之多，内容之广，真可谓汗牛充栋。然而，历代著录政治制度的专门文献，大多偏重于官制，而关于各种政治制度机制运转的材料，则散见于其他史料之中，而且，历代关于政治制度的考查，主要侧重于官制的演变，即使是关于官制的考查，也只是对政治制度史某些侧面作静态的考证。[19]且不要说新中国成立之前，就是新中国成立后的很长一段时间内，把中国传统政治作为一种独特的官僚政治形态加以研究，其著作者也是屈指可数的。孙越生在1981年中国社会科学出版社再版《中国官僚政治研究》一书的序言中，曾发出这样的感叹：“几千年来，在中国社会科学的浩如烟海的著作里，专门系统地批判官僚政治的书籍，却寥若寒星。”[20]这确是的论。

20世纪头20年，国内一些报刊相继发表了研究中国政治制度史的学术论文,据不完全统计,约50篇,但内容芜杂,研究方法不一,其中梁启超、王国维和章太炎三位国学大师的研究,产生较大的影响。梁、王二人均以近代西方资产阶级进化史观来考察中国政治制度史,开一代研究之风气。章氏在批判历史循环论的同时,提出以"社会政治进化衰微之原理"为指导思想,重新研究中国历史的主张,对中国政治制度史的研究,亦有鼓动之功。从五四运动至20世纪40年代末,研究中国政治制度史方面的专题论文,约600篇,专著近40部,数量不可谓不多,但内容仍以官制研究为主,基本上是按照历史学研究对象及方法的规范,以史实的考证、综述、评价等方式,阐明各项典章制度的起源与演化,绝少从政治学的角度考察历代政治制度的形态、实质、机制与得失。[21]在众多的研究者中,郭沫若和王亚南的研究特别引人注目,因为他们都是以新的方法论（即马克思主义的唯物史观和唯物辩证法）来研究中国政治制度史的。郭沫若于1928年间写的《中国古代社会研究》（联合书店,1930年）,用他自己的话说,"本书的性质可以说就是恩格斯的《家庭、私有制和国家的起源》的续篇"[22]。王亚南则得益于前期《资本论》的翻译和研究工作,在学习和运用马克思主义的唯物史观和方法论时,游刃有余。他把中国官僚政治当作一个特定的形态或体制加以论述,通过比较研究,从"技术"和"社会"两个方面,揭示中国官僚政治产生的基础、特点、演化及官僚主义的作风与流弊,而且,他的研究比较贴近政治学的规范,因此是"这一时期中国政治制度史研究中,理论色彩最强的、不可多得的著作之一"[23]。从20世纪60年代初开始,由于政治方面的原因,国内学界有关中国官僚政治的研究曾一度中断,直至20世纪90年代后,始有一些专门研究中国官僚政治的著作陆续问世,如苗长青的《晚清官僚派别派系研究》（1993年）、刘笃才的《极权与特权:中国封建官僚制度解读》（1994年初版,2000年重版）、穆怀中的《震颤中的稳定与发展》（1995年）、阎步克的《察举制度变迁史稿》（1997年）,这4部书均由辽宁大学出版社出版。至于研究一般政治制度史的著作和论文,自20世纪50年代以来,数量洋洋可观,兹不一一列举。

众所周知,20世纪40年代末,国民党政权腐朽没落的官僚政治统治成为中国社会经济进步发展的巨大障碍,王亚南对中国官僚政治的研究,切中时弊,因此引起国内学界的广泛关注。"文化大革命"结束后,人们回首历史,重读王亚南的《中国官僚政治研究》,发现其研究仍有不可磨灭甚至不可替代的学术价值,他的许多论点,至今仍振聋发聩。孙越生评价说,本书"最有科学价值和现实意义的地方，就在于以历史和经济分析为基础，对官僚政治这一官僚主义发展最成熟的形态本身的基本矛盾——官民对立关系作了慧眼独具的剖析，从而为探索官僚主义的根本克服办法提供了启示”[24]。另有论者指出，王亚南“这种把地主经济封建生产方式作为一个整体，从经济结构、政治体制和文化思想等几个方面，进行全面系统的、宏观与微观结合的研究，来解释中国社会经济史长期争论的‘停滞发展’问题，被称为是‘对30年代以来讨论’的小结，这在解放前的中国经济史学界是一个突出的科学研究成果，它的理论贡献具有深远意义，并为国际史学界所瞩目”[25]。邹永贤非常推崇王亚南的研究方法（他将之归结为三大特色），认为王亚南“对中国官僚政治研究的历程和贡献给人们以多方面的启发”，并说，“综观其研究成果，王亚南作为一位政治学家，也是当之无愧的”。[26]李万生则这样评价《中国官僚政治研究》：“既重史又重思：因有可靠的史，故结论坚实，令人信服；因有独到的思，故新颖透彻，趣味无穷。”他特别赞赏本书在“通达和理论两方面都堪称典范”，尤其是其理论思维和研究方法，是“值得研究中国政治制度的学者借鉴学习的”。[27]诸家评说，多所赞誉，鉴于篇幅，此处就不一一援引。

时过一个甲子多，我们重读《中国官僚政治研究》，仍觉得“新颖透彻”，觉得它具有重要的学术价值，是因为王亚南不仅具有深厚的学术底蕴，而且拥有广博的中外历史知识，故立论精辟，发人深思。熊彼特指出，“经济学的内容，实质是历史长河中的一个独特的过程。如果一个人不掌握历史事实，不具备适当的历史感或所谓历史经验，他就不可能指望理解任何时代（包括当前）的经济现象”，而且，“历史的叙述不可能是纯经济的，它必然要反映那些不属于纯经济的‘制度方面’的事实。因此历史提供了最好的方法让我们了解经济与非经济的事实是怎样联系在一起的，以及各种社会科学应该怎样联系在一起的”。[28]王亚南的中国官僚政治研究，为我们的政治经济学研究提供了另一个独特的历史视角。

当经济全球化成为21世纪不可遏制的潮流，当中西方的交流与对话重新回到平等的起点，中西的科学与文化比较研究必将迈上一个新的台阶。在20世纪40—50年代，王亚南所做的是前期的基础性的工作，然而，他的学术价值并不因时光的流逝而黯然失色，《中国官僚政治研究》以及相关著述，已率先从经济结构、政治体制、文化思想诸方面的内在关系展开独创性的研究，进而解释为什么中国社会长期滞留在地主经济的封建阶段。他的不少开先河的论述和深邃的洞见，时至今日仍闪耀着超越历史时空的思想光芒。

注释：

①徐迟：《哥德巴赫猜想》，《人民文学》1978年第1期。

②王亚南：《中国官僚政治研究》，北京：商务印书馆，2010年，第1~2页。

③[英]李约瑟著：《中国科学技术史》第1卷，袁以苇等译，北京、上海：科学出版社、上海古籍出版社，1990年，第1~2页。

④邹永贤：《论王亚南对中国官僚政治的研究》，《厦门大学学报（哲学社会科学版）》1991年第4期。

⑤王亚南：《中国官僚政治研究》，北京：商务印书馆，2010年，第2页。

⑥王亚南：《中国官僚政治研究》，北京：商务印书馆，2010年，第3页。

⑦《马克思恩格斯选集》第2卷，北京：人民出版社，1995年，第32页。

⑧卢嘉锡：《中译本序》，[英]李约瑟著：《中国科学技术史》第1卷，袁以苇等译，北京、上海：科学出版社、上海古籍出版社，1990年。

⑨潘吉星：《导言》，[英]李约瑟著、潘吉星主编：《李约瑟文集：李约瑟博士有关中国科学技术史的论文和演讲集（一九四四——一九八四）》，陈养正等译，沈阳：辽宁科学技术出版社，1986年，第27页。

⑩[英]李约瑟著：《中国与西方的科学与社会》，王翼勋、刘钝译，《科学史译丛》1986年第3期。

⑪[英]李约瑟：《中国科学技术与社会关系》，朱东润等主编：《中华文史论丛》1982年第1辑，上海：上海古籍出版社，1982年。

⑫张兴国、张兴祥：《再论王亚南的中国官僚政治研究》，《政治学研究》2007年第3期。

⑬张兴国、张兴祥：《"李约瑟难题"与王亚南的中国官僚政治研究》，《广东社会科学》2003年第2期。

⑭王亚南：《中国官僚政治研究》，北京：商务印书馆，2010年，第29页。

⑮《王亚南文集》第5卷，福州：福建教育出版社，1988年，第181页。

⑯王亚南：《中国官僚政治研究》，北京：商务印书馆，2010年，第170页。

⑰王亚南：《中国官僚政治研究》，北京：商务印书馆，2010年，第3页。

⑱《王亚南文集》第4卷，福州：福建教育出版社，1988年，第94页。

⑲白钢：《中国政治制度史》，天津：天津人民出版社，1991年，第12~13

页。

⑳孙越生:《再版序言》,王亚南:《中国官僚政治研究》,北京:中国社会科学出版社,1981年,第2页。

㉑白钢:《中国政治制度史》,天津:天津人民出版社,1991年,第15页。

㉒《郭沫若全集:历史编》第1卷,北京:人民出版社,1982年,第9页。

㉓白钢:《中国政治制度史》,天津:天津人民出版社,1991年,第17页。

㉔孙越生:《再版序言》,王亚南:《中国官僚政治研究》,北京:中国社会科学出版社,1981年,第1页。

㉕《王亚南文集》编委会:《王亚南生平事略》,《王亚南文集》第1卷,福州:福建教育出版社,1987年,第4页。

㉖邹永贤:《论王亚南对中国官僚政治的研究》,《厦门大学学报(哲学社会科学版)》1991年第4期。

㉗李万生:《重读〈中国官僚政治研究〉》,《社会科学论坛》2005年第7期。

㉘[美]约瑟夫·熊彼特著:《经济分析史》第1卷,朱泱、孙鸿敬、李宏译,北京:商务印书馆,2001年,第31页。

作者张兴祥,厦门大学经济学院经济学系主任,教授,《中国经济问题》常务副主编。

郭大力与《西洋经济思想》

赵　建

《西洋经济思想》一书是郭大力于1948年在厦门大学任教时编著的，该书以价值理论为主线，从亚里士多德到马克思，一共概述和评论了十余位西方著名经济学家或哲学家的经济思想。尽管郭大力在书中没有明确表述自己的评论以马克思《剩余价值学说史》的相关内容为思想渊源，但实际上他正是秉持和应用了马克思主义的经济思想史研究范式，并与陈岱孙、王亚南的同类研究一致，因此他的《西洋经济思想》体现了马克思主义政治经济学批判的方法论风范，具有史论结合阐释价值理论科学性的学术价值。

一

郭大力（1905—1976），江西省南康县人，中国共产党党员，著名经济学家，《资本论》（全三卷）和《剩余价值学说史》中文第一个全译本的译者。著有《关于马克思的〈资本论〉》《帝国主义论讲解》《西洋经济思想》和《凯恩斯批判》等。1923年，郭大力考入厦门大学化学系，后随迁上海，1927年毕业于大夏大学哲学系。1928年他在杭州大佛寺结识王亚南，先后合作和单独翻译了马克思的《资本论》和《剩余价值学说史》等。新中国成立后，郭大力曾任第四届全国人民代表大会代表，中国人民政治协商会议第二、三、四届全国委员会委员，中国科学院哲学社会科学学部委员，中共中央党校政治经济学教研室主任。郭大力长期从事马克思著作的翻译和马克思主义经济理论的教学工作，为传播和宣传马克思主义政治经济学做出了重大贡献。[①]

1947年春到1949年春，郭大力受王亚南邀请，到厦门大学任教。他的《西洋经济思想》[②]出版于1949年9月。据他自己说，这是他在1948年暑假写成的。这部书在1950年3月再版,内容上对初版第一章和第九章作了几处修订。1948年,国民党统治区的青年学潮活动十分活跃,因此当局对学校的监督和控制也空前严密。[③]在这种形势下,郭大力出版《西洋经济思想》,尽管用的是马克思的经济思想史观点和方法,但都隐含在对其他西方学者思想的评论中,即使对专章介绍的马克思思想本身,也是联系价值理论"点到为止",并未全面系统地予以阐述。在再版中,郭大力对第一章"经济思想的性质"和第九章"马克思"所作的修订,主要包含两个方面:其一,说明选材理由,认为即使对为某种经济制度辩护的理论,也有指明其真实面目的必要;其二,强调辩证法的意义,以避免引起政治经济学不需要哲学方法的误会。[④]

由中国人来写《西洋经济思想》,既不寻常又很正常。说它不寻常,是因为这些经济思想发生在西方,不论是典籍资料,还是历史背景,都与中国有极大的不同,因此东方人为西方经济思想立传,势必存在难以完全克服的跨文化困难。说它正常,是因为中国自近代被动卷入全球化以来,中国人一直在反思自身文明的不足,并希望通过学习和借鉴西方文明,实现中华民族的复兴。在译介可用的资料方面,从19世纪中叶到20世纪中叶,国内已经翻译出版了数十种西方经济学经典著作。尽管从原著翻译过来的有关经济思想史的专著不多,但是国内学者编撰的西方经济思想史的著作却并不少见,[⑤]突出反映了人员交流尤其是留学回归者对国内有中国特点经济学发轫的影响,总体属于"西学东渐"的大范畴。

然而,郭大力撰写《西洋经济思想》却有其独特的缘由。首先,郭大力是马克思《资本论》三大卷中文译者之一,无论是在准备翻译《资本论》之初,还是在译成《资本论》之后,他始终抱有一个观点,即不了解古典经济学就无法译好(读懂)《资本论》。其次,郭大力是马克思《剩余价值理论》(此为苏联出版的《马克思恩格斯全集》相应分册之名,郭大力坚持用《剩余价值学说史》之名)的中文译者,其《西洋经济思想》的选题是与马克思原著的选题大体一致的,而且《西洋经济思想》和译本《资本论》的关系,也与马克思《剩余价值理论》和原著《资本论》的关系类似。再次,史论结合一直是郭大力经济学的治学观和方法论。他不仅认为理解复杂事物需要通过历史比较,而且认为学理的东西必须结合具体的国情实际,才能发展成熟。这样,与王亚南合作翻译过《欧洲经济史》,写过《凯恩斯批判》的郭大力,出版一部自己的《西洋经济思想》,就完全在情理之中了。他甚至还想写一部《中国经济思想》。[⑥]可见,郭大力著述西洋经济思想,颇有马克思“政治经济学批判”式的科学精神。

二

《西洋经济思想》共分九章,外加一个提纲和一个附录。提纲是对篇目的简介。第一章是全书的导论,讨论经济思想的性质以及选择人物和主题的理由。郭大力说,在经济制度变革之际,无论辩护者还是批判人,能寻求理论依据并发生实际影响的经济学家,是选择本书人物的主要理由。另外,全书不能叫“经济思想史”而应叫“经济思想史论”,主要以价值理论为纲。第二章关于亚里士多德,是因为他奠定了西方经济思想的基本范畴。亚里士多德在其《政治学》里讨论了生产关系,在其《伦理学》中讨论了交换关系。第三章关于重商主义和重农主义。与其他西方经济思想史著作突出这两个学派的相异之处不同,郭大力更加侧重于说明二者的相同之处。第四章关于斯密,他被认为是西方经济学之父。本章主要讨论了斯密的分工思想、自由放任思想和价值思想。第五章关于李嘉图,可能是李嘉图代表古典政治经济学高峰并更直接影响了马克思的缘故,郭大力给予李嘉图思想特别的关照,本章描述了李嘉图的价值学说、地租学说以及关于工资和利润对立的观点。第六章关于李嘉图与马尔萨斯的争论。其他西方经济思想史著作一般把李嘉图和马尔萨斯看作一派,郭大力则选择美国经济学家凯里(原文是“加雷”)和英国经济学家穆勒分别代表争论中的赞同者和反对者。通过双方辩驳,识别古典经济学价值理论的症结。第七章关于主观主义经济学,郭大力以杰文斯(原文是“耶方斯”)和庞巴维克(原文是“朋·巴维克”)为代表,叙述了他们的价值理论和资本理论。郭大力认为,对西方经济思想的主观转向,李嘉图和马尔萨斯都有责任。第八章关于历史学派。郭大力认为,历史学派不讲理论,本不应入选本书,但是为作经济学方法论辨析,他还是选择了德国的罗雪尔和英国的英格拉姆(原文是“殷格拉门”)作为反主流样板。第九章关于马克思。本章居于全书总结地位,但限于篇幅并未全面系统展开对马克思经济学的论述,仅介绍了马克思在价值理论上的贡献以及马克思关于资本构成和资本积累(原文为“资本蓄积”)的观点。不过,由于全书贯穿马克思的立场观点和方法,加之《资本论》和《剩余价值学说史》另有译文和讲解之作,《西洋经济思想》对马克思的经济思想“画龙点睛”一下,或已足够。当然,对马克思思想介绍的这一点不充分之处,也许是《西洋经济思想》一年后再版中予以不多修订的缘由。本书的附录,是郭大力对所列数的经济学家的生平和主要著作给出的索引式的说明。

郭大力的上述评论,虽然不能说全面彻底地解析了价值理论相涉的所有问题,但他对马克思主义唯物史观和辩证法的运用是基本正确和始终一贯的,绝大多数观点可以说直接得自马克思的《剩余价值学说史》的内容启发,或由《剩余价值学说史》与《资本论》相互参照而得到的理解。

从篇幅和叙述方式上看,郭大力的《西洋经济思想》与常见的经济思想史专著相比,内容和要素似乎不够完备,只考虑就价值理论拉出一条从古代到现代的思想发展线索,尤其是阐明从古典经济学到马克思的政治经济学批判进程。但是,或许也恰恰因为郭大力如此选择,使得其论述更加紧扣主题,表达也更加精炼。

三

要评估郭大力《西洋经济思想》的学术价值,有必要先了解马克思的《剩余价值学说史》与《资本论》之间的关系,它代表了马克思研究经济思想的范式。

众所周知,《资本论》是马克思最成熟的政治经济学著作,《剩余价值学说史》是马克思研究古典政治经济学、预备出版《资本论》所做的前期工作,大部分文字记载于马克思1861—1863年经济学手稿当中。马克思、恩格斯都曾经计划将《剩余价值学说史》整理出版为《资本论》第四卷。在他们逝世后,考茨基在1904—1910年先后编好和出版《剩余价值学说史》,它是马克思对资产阶级经济学说全面深入批判分析的辉煌成果。

马克思对古典政治经济学的批判,一开始就有唯物史观的指导,并运用了辩证法。马克思在进行批判分析工作时所采取的途径、方法和态度,都是后来马克思主义经济学家研究这门科学所依据的典范。恩格斯指出,马克思的政治经济学批判"不是对个别章节的零碎的批判,也不是对争论问题的孤立研究。相反,它一开始就以系统地总结经济科学的全部复杂内容,并在联系中说明资本主义生产和交换法则为目的。经济学家们既然无非是这些法则的解释者和辩护人,那末,这个说明同时就成为对于全部经济学著作的批判"[⑦]。但是,马克思在其中并未正面地、直接地且详细地描述如何从古典经济学的科学成分转变为《资本论》中的政治经济学。

马克思《剩余价值学说史》与《资本论》的这种关系,有两个突出的特点:

其一,政治经济学批判的研究过程。马克思将《资本论》的副标题命名为“政治经济学批判”,实际上要揭示他自己的思想与既有政治经济学的关系,但这种关系并不是既有政治经济学的简单延续,而是“通过批判旧世界发现新世界”的辩证扬弃过程。马克思在19世纪40年代后期开始撰写的一系列经济学著作,全都是在唯物史观的基础上,一边批判资产阶级的经济学说,一边展开他自己的理论建设。他还把资产阶级经济学区分为古典政治经济学和庸俗政治经济学两种形态,揭示了从前者转化为后者的历史条件。而且,马克思认为,恰是无产阶级政治经济学从古典政治经济学那里批判吸收其合理成分,继续发展了政治经济学。马克思还说,政治经济学研究有往复重合的两条路径,一谓之上升的路径,从具体到抽象,一谓之下降的路径,从抽象到具体。“在第一条道路上,完整的表象蒸发为抽象的规定;在第二条道路上,抽象的规定在思维行程中导致具体的再现”⑧。马克思说,“当然,在形式上,叙述的方法与研究的方法不同。研究必须充分地占有材料,分析它的各种发展形式,探寻这些形式的内在联系。只有这项工作完成以后,现实的运动才能适当地叙述出来。这点一旦做到,材料的生命一旦观念地反映出来,呈现在我们面前的就好像是一个先验的结构了”⑨。由此可以说明,正是有了《剩余价值学说史》的辛勤工作,才有《资本论》的精彩华章,理论创新的破与立,本是辩证地联结在一起的,只是因为个体研究者的实际操作,才表现为时间的先后顺序。就马克思而言,《剩余价值学说史》的形成是他的政治经济学批判过程本身,《资本论》是他的政治经济学批判的最终成果。

其二,逻辑与历史相一致或史论结合的研究范式。逻辑与历史相一致首先是唯物主义认识论,要求一切从实际出发,实事求是。在对社会形态的研究中,也要坚持社会存在决定社会意识而不是相反。但是,对逻辑与历史相一致又不能作形而上学的理解,认为历史从哪里开始,逻辑就要从哪里开始,历史进展到哪一步,逻辑就要亦步亦趋地构造理解。因为历史的实际中充满了各种可能性或称偶然性,这样一来,历史的实际面貌或许对历史发展的规律而言,造成了一定干扰或曲折的表达。因此,重要的是深入了解社会形态的内在结构,并且在揭示社会发展必然趋势的基础上,合理地阐述经济范畴的逻辑顺序。马克思说,“把经济范畴按它们在历史上起决定作用的先后次序来排列是不行的,错误的。它们的次序倒是由它们在现代资产阶级社会中的相互关系决定的,这种关系同表现出来的它们的自然次序或者符合历史发展的次序恰好相反。问题不在于各种经济关系在不同社会形式的相继更替的序列中在历史上占有什么地位。更不在于它们在'观念上'(在关于历史运动的一个模糊的表象中)的顺序。而在于它们在现代资产阶级社会内部的结构"[10]。就剩余价值学说而言,尽管它的经典形式是马克思的独创,但马克思承认古典经济学家已经在剩余价值的具体形态上考察了这个经济范畴所体现的社会经济关系,并且古典经济学家中的个别人能深入资本主义生产方式的内在结构,达到了资产阶级古典政治经济学认识的最高峰。马克思还指出了古典政治经济学无法提出科学的剩余价值学说的原因,即他们都把资本主义生产方式看作是自然的、永恒的,忽略了这种生产方式的特殊性和社会历史性,因而无法总结出关于剩余价值的一般理论或通论。马克思认为,斯密在价值理论上的缺陷,会带入后学对资本和生产价格理论的认识,并且这种以利润为当然前提的分析,无法逃脱经济当事人在流通中形成的成见的束缚。马克思自己,则借助唯物史观和经过改造的哲学辩证法,破解了剩余价值生产、交换和分配的奥秘和规律。

可见,经济理论不过是经过改造移入人脑的经济现实的内在结构和发展趋势而已,经济理论的形成离不开对经济历史的总结,史论结合是马克思政治经济学的研究范式。相应地,《剩余价值学说史》与《资本论》的关系是一种认识上相辅相成的关系。换句话说,《剩余价值学说史》"出场"时,《资本论》是"在场"的;《资本论》"出场"时,《剩余价值学说史》是"在场"的。[11]

有马克思的《剩余价值学说史》作范例,并不是说,发展政治经济学就无须再做工作。可以认为,《西洋经济思想》并不是郭大力孤立出版的一部经济思想史专著,联系他的马克思著作翻译事业和马克思主义政治经济学教学与研究工作,它就是郭大力应用马克思政治经济学批判方法,坚持政治经济学史论结合的科学范式取得的初步成果。前面在对本书亮点的概述中,已经提供了例证。

四

与郭大力同时代还有其他用马克思主义观点和方法研究西方经济思想史

的中国学者。将郭大力与他们的同类研究作对比,对于评价郭大力《西洋经济思想》的学术价值是有意义的。下面选取陈岱孙和王亚南两位,管窥一下他们之间的异同。

(一)郭大力与陈岱孙的经济思想史研究比较

我国著名经济学家陈岱孙先生曾著有《从古典政治经济学派到马克思》⑫,该书可以说站到了新中国成立以来马克思主义经济学教学与研究的一个高峰,这对于一位留学美国学习西方经济学,归国以后坚持以马克思主义立场观点和方法批判借鉴西方经济学的学者而言,弥足宝贵,而且该书到现在仍在国内马克思主义经济学教育中发挥着不可替代甚至画龙点睛的作用。陈岱孙认为经济学是致用之学,并把学以致用看作经济学发生发展的内在要求。20世纪50年代后期,陈岱孙前后撰写了近40万字的《经济学说史》,以马克思主义为指导研究西方经济学,为后来的同类教材奠定了初步框架和思想基础。⑬细观《从古典政治经济学派到马克思》,可以发现,陈岱孙所做的也是以史论结合范式进行马克思政治经济学批判的学术工作。陈岱孙在该书中,选择阐释了四个专题(分四章):价值学说、剩余价值学说、社会总资本的再生产和流通学说以及经济危机学说。该书"序论"非常清晰地拉出了一条从古典经济学家到马克思的思想演化线索,概述了布阿吉尔贝尔、配第、魁奈、杜尔哥、斯密、李嘉图、西斯蒙第以及马克思本人的经济思想。陈岱孙不仅遵循了马克思关于"古典经济学家"的分类方法——古典政治经济学在英国从配第开始,到李嘉图结束,在法国从布阿吉尔贝尔开始,到西斯蒙第结束,而且引述马克思评论的主要来源,正是《剩余价值学说史》。这样,陈岱孙既把握了从古典经济学到马克思经济思想发展的基本脉络,又突出了重点关键。

《从古典政治经济学派到马克思》和郭大力《西洋经济思想》相比,二者的共同之处在于:都从前期经济思想叙述到马克思的经济思想;都以价值理论和剩余价值理论为主线;都以专题的形式讲解经济思想的进步过程;都坚持马克思主义的政治经济学批判和史论结合范式。若要说二者的差别,那么,《西洋经济思想》从古希腊亚里士多德开始,除价值和剩余价值理论而外,还包括主观学派、历史学派;《从古典政治经济学派到马克思》则从近代古典经济学先驱(布阿吉尔贝尔和配第)开始,除价值和剩余价值理论而外,还包含社会总资本再生产和流通学说及经济危机学说。换句话说,《西洋经济思想》的时间跨度更长,《从古典政治经济学派到马克思》的专题论阈更宽;《西洋经济思想》

引入主观学派价值论和历史主义方法论与古典学派价值论和抽象主义方法论作对比，能使读者在经济学认识论和方法论的层面，更好地理解古典经济学的理论特点以及马克思辩证法的精髓；《从古典政治经济学派到马克思》讨论社会总资本再生产和流通学说以及经济危机学说，能使读者更全面地掌握马克思经济学的理论体系，尤其是经济危机学说作为马克思经济学总括形式的理论综合性。因此，《西洋经济思想》与《从古典政治经济学派到马克思》既在基本层面上精神相通，又在叙述细节上各有千秋，都不失为马克思主义政治经济学批判和史论结合范式应用的学术精品。

郭大力认为，只有把《剩余价值学说史》也全部译成中文，才真正称得上把《资本论》完整地介绍给了中国读者。实际上，他在自己确定的奋斗目标中，早就把《剩余价值学说史》列入自己的计划，并且和读书生活出版社的郑易里、黄洛峰等洽谈过此事。1949 年 5 月，三卷四册的《剩余价值学说史》中文全译本，在上海解放前夕，由三联书店以实践出版社的名义正式出版。1949 年 8 月，又由三联书店再次出版。后来，这个版本多次重印。[14]郭大力在厦门大学期间，既讲《资本论》，又讲经济思想史，两门课的关系，犹如《资本论》与《剩余价值学说史》的关系，这种关系也融进了他的《西洋经济思想》。

（二）郭大力与王亚南的经济思想史研究比较

王亚南不仅是《资本论》三大卷全译本的合作者，也是著名的马克思主义经济学家。他和郭大力还共享有相同的经济思想史观，二者均认为研究政治经济学前史是必要的。王亚南说，科学的政治经济学史，显然不是把不同历史时期产生的各种经济学说，按照出现的时间的先后编纂起来就能成功的。[15]“站在无产阶级立场的马克思主义政治经济学，自始就被赋予有批判资产阶级政治经济学的历史任务，从而，自始就有学史的特质”[16]。并且，科学的政治经济学史，直到马克思和恩格斯才建立。但是，在说明马克思和恩格斯如何建立这门历史科学前，检视一下资产阶级经济学史学者在这方面已经做出的“成绩”，是有不少帮助的。[17]郭大力说，“理解古典经济学，是理解马克思经济理论的必要预备。……用这种翻译，作为研究《资本论》的一种细密手段”[18]。1939 年和 1941 年以后的几年里，郭大力因战争避居江西农村。其间耳闻目睹了许多在书本上不曾记载的事情，深为研究资本主义经济的理论不能解释我国的社会经济关系而苦恼。他感到对西方经济思想生搬硬套肯定是不行的，那样只会带来错误、笑话或无用的教条。他说，“由此我们知道了，一个专门研究纯理论的人,也不能专在现成的理论上下功夫。纯理论必须在实际之前受试验"。在这种思想推动下,他不顾物质生活和工作条件的困难,坚持一面翻译马克思的《剩余价值学说史》,一面进行《我们的农村生产》的写作,尝试系统地、科学地叙述半殖民地半封建社会的经济理论。[19]

王亚南在厦门大学经济学系担任系主任时,亲自审定了经济学专业的必修和选修科目,[20]"西洋经济史""中国经济史""经济思想史""英文经济名著"都在列,其中,"经济思想史"为必修课,共6学分,从大三开始,授课一学年(上下两个学期),足见王亚南对经济思想史的重视。王亚南说,人类文化知识的积累是科学研究的前提,丢掉研究对象本身的历史发现过程及其成果,一切重起炉灶,那是吃力不讨好的,同时也是不可能的。并且,在马克思主义的政治经济学中包含了一些资产阶级经济学的合理的健康的成分,那么不懂得资产阶级的经济学说,要想比较透彻地理解马克思主义的政治经济学,显然是非常困难的。[21]

关于经济思想史,王亚南指出:政治经济学史这门科学,我们也在较一般的意义上,称它为经济学说史或经济思想史。在高等学校的政治经济学专业中,之所以把它列为重要的专业课程,列为加深扩大政治经济学基础理论的必要课程,就因为政治经济学是研究阶级斗争的经济基础的科学,政治经济学史是阶级斗争历史在经济理论上的反映;换言之,就因为它是从发展的观点讲政治经济学,看概括在政治经济学中的每一种经济学说,每一种经济论点,曾经结合不同社会阶级的斗争实况,有过怎样不同的看法,曾经引起过怎样一些争论,而最后才通过批判继承的道路肯定下来的。如其说,我们学习政治经济学专业,在一方面讲,是为反对资产阶级和现代修正主义、改良主义的荒谬经济理论斗争服务,在另一方面,是为阐扬马克思列宁主义毛泽东思想,建设社会主义经济理论服务,那么,学习政治经济学史,就不但会帮助我们,对我们所要反对、所要建设的经济理论,从辩证发展的观点,去求得较正确的理解,并会帮助我们,在理论斗争与建设中,如何尽量避免重复前人已经犯过的错误,如何更好地利用前人已经做出的成果。[22]

王亚南的经济思想史观点方法多少也体现在郭大力的《西洋经济思想》当中,显示了二者思想观念和治学方法上的高度一致,诸如:经济学的研究对象是生产关系;经济学是一门实践的科学,只有通过运用才能理解经济法则;经济思想演化多由实证、批判、辩护再到批判;经济学不仅研究致富也研究致贫;

经济学研究的目的是帮助改造当代社会;经济史是经济思想史的先修学科;史论结合既帮助理解马克思主义经济学,又帮助揭露庸俗经济学;研究马克思主义政治经济学可以结合当前现实并侧重当前理论斗争建设方面相关论点等。[23]

如果说王亚南与郭大力在经济思想史研究上有什么区别的话,主要表现在以下两个方面:其一,王亚南侧重经济思想史研究对中国现实经济问题的借鉴意义,独立撰写了《中国经济原论》等开创性著作;郭大力侧重马克思对西方经济思想批判和吸收,将马克思经济学著作的翻译与马克思主义经济学的教学相结合。郭大力治学严谨,从不轻易发表文章和著作,一旦需要,非发表不可,他就竭尽全力,做到精益求精。以《关于马克思的"资本论"》一书为例,此书是根据他的讲课记录稿整理而成的。当时根据广大学员的要求,学校决定将该记录稿作为校内教材印刷出版,一开始郭大力认为太粗糙,不同意出版,后经领导上的再三动员,他才勉强同意。但是,为了对读者负责,他不是简单地在记录稿上做些修改,而是按照当时讲课的提纲和顺序全部进行了重写,写好后又反复修改,才正式出版。[24]其二,王亚南侧重马克思以后西方经济思想的演变和批判,郭大力则侧重马克思以前与马克思同时代的西方经济思想的互动和影响。德文版《资本论》附有马克思恩格斯有关的通信25封和论文5篇,1938年《资本论》中译本出版时尚未翻译出来。为了帮助广大读者深入学习和研究《资本论》,郭大力回到家乡后,又投入这些函件论文的翻译工作。1938年秋,郭大力应聘于赣县中学高中部任英文教师。他在校门口左侧租了一间低矮破旧的平房,一家四口过着俭朴的生活。他一面教书,一面翻译,很快就把《〈资本论〉通讯集》翻译出来,仍由读书生活出版社出版发行。此后,郭大力又将已出版的《资本论》对照原文,逐字逐句进行校订,对错译、误排的文字一一加以订正。这项工作整整花了他一年的时间,更正1700多处,按页行顺序编成一个长达33页的勘误表,1940年夏初寄给读书生活出版社,出版社将这个勘误表随同《资本论》发行,受到读者的热烈欢迎。从这里,可以看出郭大力严谨的治学精神和负责的工作态度。[25]

当然,郭大力和王亚南这种侧重点和发挥领域的不同是相对的,而他们在经济思想史研究上的共识,是远远大于因协商分工而各自形成的区别的。正是这种通力合作和相得益彰,在中国现代思想史上留下了二者共同翻译和传播马克思主义经济学的佳话篇章。

五

马克思主义者做经济思想史研究,首先要秉持历史唯物主义的观点和辩证法的方法,站稳劳动者立场,以社会物质生产方式及其生产关系和交换关系为对象,在大量收集原始资料基础上,探寻前人深入社会生产方式内在结构、总结经济制度演化规律的研究路径和成就。经济思想研究,还要不断进行思想斗争,对既有的经济思想,除批判和借鉴而外,也可以把它们的科学成分吸收到新的理论体系中。经济学科的实践性,还要求在研究和阐释既往经济思想时,联系当前的实际应用,发挥经济科学改造世界的助力作用。知行统一,史论结合,是运用马克思主义经济学研究范式的恰当方式。

不容易读懂《资本论》是许多学者的困惑。据熊德基回忆,当时与郭大力做同事时,就想去“蹭”郭大力的课,而他“蹭课”的主要动机,就是因为自己直接读《资本论》理解起来有困难。[26]实际上,借助经济思想史理解《资本论》,不啻为一条“捷径”。郭大力的《西洋经济思想》,可以说正是这一条“捷径”上的一座“便桥”。由《资本论》和《剩余价值学说史》中文全译者郭大力搭建的这一座“便桥”,始终会在马克思主义政治经济学的教学与研究中占据一个有力[27]地位。

注释:

①郭宝璘:《郭大力》,《经济学动态》1980年第2期。

②郭大力:《西洋经济思想》,上海:中华书局,1949年。

③厦门大学校史档案,档号1947-002-17,第59页,厦门大学档案馆藏。

④郭大力:《西洋经济思想》,上海:中华书局,1950年,第10、193、195页。

⑤赵晓雷:《中华人民共和国经济思想史纲(1949—2009)》,北京:首都经济贸易大学出版社,2009年,第354页。

⑥郭宝璘、王希和:《〈剩余价值学说史〉的翻译和出版》,《学习时报》,2005年5月16日,第3版。

⑦[德]恩格斯:《卡尔·马克思的〈政治经济学批判〉》,《马克思恩格斯选集》第2卷,北京:人民出版社,1972年,第119页。

⑧[德]马克思:《政治经济学批判·导言》,《马克思恩格斯文集》第8卷,

北京:人民出版社,2004年,第25页。

⑨[德]马克思著:《资本论》第1卷,中共中央马克思恩格斯列宁斯大林著作编译局译,北京:人民出版社,1975年,第23~24页。

⑩[德]马克思:《政治经济学批判·导言》,《马克思恩格斯文集》第8卷,北京:人民出版社,2004年,第32页。

⑪这里,"出场"是比喻作为直接研究和阐释的对象;"在场"是比喻在学理和认知上支撑当下的研究和阐释。

⑫陈岱孙:《从古典政治经济学派到马克思》,北京:北京大学出版社,1996年。

⑬丁冰:《陈岱孙学术思想研究(上)》,《高校理论战线》2009年第7期,第15、17页。

⑭郭宝璘、王希和:《〈剩余价值学说史〉的翻译和出版》,《学习时报》,2005年5月16日,第3版。

⑮厦门大学经济研究所编:《王亚南经济思想史论文集》,上海:上海人民出版社,1981年,第173页。

⑯厦门大学经济研究所编:《王亚南经济思想史论文集》,上海:上海人民出版社,1981年,第186页。

⑰厦门大学经济研究所编:《王亚南经济思想史论文集》,上海:上海人民出版社,1981年,第177页。

⑱杨国昌:《〈资本论〉中译本简史》,《经济科学》1984年第6期,第72~73页。

⑲孔繁坚:《有中国特色的马克思主义政治经济学的历史探讨》,《上海经济研究》1987年第6期,第75页。

⑳厦门大学校史档案,档号1947-002-17,第59页,厦门大学档案馆藏。

㉑厦门大学经济研究所编:《王亚南经济思想史论文集》,上海:上海人民出版社,1981年,第305~306页。

㉒厦门大学经济研究所编:《王亚南经济思想史论文集》,上海:上海人民出版社,1981年,第399页。

㉓厦门大学经济研究所编:《王亚南经济思想史论文集》,上海:上海人民出版社,1981年,第202页。

㉔郭宝璘、王希和:《〈剩余价值学说史〉的重译(上)》,《学习时报》,

2005年7月4日,第3版;郭宝璘、王希和:《〈剩余价值学说史〉的重译(下)》,《学习时报》,2005年7月11日,第3版。

㉕廖信春:《江西人郭大力——〈资本论〉中文首译》,《党史文苑》2005年第4期,第42页。

㉖熊德基:《忆郭大力同志》,《江西社会科学》1983年第3期,第97页。

㉗郭大力原名郭秀勍,而"勍"按古义,就是强大、有力的意思,因此他后来改成郭大力。参见严考亮:《郭大力生平略述》,《江西社会科学》1981年第4期,第78页。

参考文献:

郭宝璘:《郭大力》,《经济学动态》1980年第2期。

郭大力:《西洋经济思想》,上海:中华书局,1949年。

厦门大学校史档案,档号1947-002-17,第59页,厦门大学档案馆藏。

郭大力:《西洋经济思想》,上海:中华书局,1950年。

赵晓雷:《中华人民共和国经济思想史纲(1949—2009)》,北京:首都经济贸易大学出版社,2009年。

郭宝璘、王希和:《〈剩余价值学说史〉的翻译和出版》,《学习时报》,2005年5月16日,第3版。

[德]马克思:《政治经济学批判·导言》,《马克思恩格斯文集》第8卷,北京:人民出版社,2004年。

[德]马克思著:《资本论》,中共中央马克思恩格斯列宁斯大林著作编译局译,北京:人民出版社,1975年。

尹伯成:《西方经济学说史》,上海:复旦大学出版社,2006年。

[美]约瑟夫·熊彼特著:《经济分析史》第2卷,杨敬年译,北京:商务印书馆,1992年。

[德]恩格斯:《卡尔·马克思的〈政治经济学批判〉》,《马克思恩格斯选集》第2卷,北京:人民出版社,1972年。

陈岱孙:《从古典政治经济学派到马克思》,北京:北京大学出版社,1996年。

丁冰:《陈岱孙学术思想研究》,《高校理论战线》2009年第7~8期。

厦门大学经济研究所编:《王亚南经济思想史论文集》,上海:上海人民出版社,1981年。

杨国昌:《〈资本论〉中译本简史》,《经济科学》1984年第6期。

孔繁坚:《有中国特色的马克思主义政治经济学的历史探讨》,《上海经济研究》1987年第6期。

郭宝璘、王希和:《〈剩余价值学说史〉的重译》,《学习时报》,2005年7月4日,第3版;7月11日,第3版。

廖信春:《江西人郭大力——〈资本论〉中文首译》,《党史文苑》2005年第4期。

熊德基:《忆郭大力同志》,《江西社会科学》1983年第3期。

严考亮:《郭大力生平略述》,《江西社会科学》1981年第4期。

作者赵建,厦门大学经济学院经济学系教授。

余謇与《古音学说述略》

林寒生

一、余謇生平及其遗著

《古音学说述略》,含《古音学说述略》（又名《宋以来研究古音诸家学说述略》）和《国音沿革》二种,系已故厦门大学国文系教授余謇遗著。

余謇（1886—1953）,字仲詹,别署苦竹溪民,江西南昌人,音韵文字学家。[①]清光绪二十九年（1903年）中举,宣统元年（1909年）考入京师大学堂,专攻经学、左传门。1912年5月,京师大学堂更名为北京大学,改学中国文学门,次年毕业,被授予学士学位。此后,曾于江西省立法政专门学校及南昌一中、二中、女师、女中等任国文教员。五四运动时期,创办过白话文刊物,宣传新文化。1925—1927年,受聘江西心远大学教授,兼任江西省教务厅总务科长,旋即转任南昌市政府秘书。1927年起,受聘厦门大学教授,历任中国文学系（国学系、国文系）主任、文学院代理院长等职。曾不惧风险支持并掩护进步学生革命运动,为中共地下组织长期保管机密文件直至解放,被称为"民主教授"。解放初期曾作为特邀代表出席厦门市首届人民代表会议。有关方面力邀其出任厦门大学临时校务委员会主任委员之职,因体弱多病坚辞不就,后改任首席校务委员。履职期间,工作细致审慎,一丝不苟,作风民主,认真负责。

余謇教授年轻时便富有才情。据其师兄、江西新建胡先骕《京师大学堂师友记》称,余謇在校期间是"知名者""经训书院高才生","曾领乡荐,精音韵训诂之学,故在经院亦为诸名师所礼重";"改步后,在本省名中学任讲席,甚有声誉"。作为京师大学堂校友,他与汪辟疆、王易二位江西同乡才子均以才学著称，被时人称为“江西三杰”，加上与其齐名的心远大学熊公哲，同被称为“江西四子”。

余謇教授不仅满腹经纶，而且是厦门大学一流教学名师。他毕生研治汉语音韵、训诂、文字之学，造诣精深。同时，对《诗经》、《左传》、《史记》、韩柳、词曲等文史著作也有专深研究，创获颇丰，常能发前人所未发。他治学勤奋，严谨苛细，每日闻鸡起舞，燃烛而读，手不停披，口不绝诵，其所积累手抄珍本达万余册之多。由于厚积薄发，尤其“口才极好，又精于措辞，讲起书来，从容不迫”。又善于调度戏曲表演中的声腔与眼神、手势等身体语言元素，使听课者往往深受感染，心中久久不能平静。由于他教学效果“压倒群伦”，魅力超常，以至系内系外，甚至校内校外，常有诸多人士慕名而来“蹭课”，教室中总是济济一堂，座无虚席[②]他的同事、后来中文系主任继任者郑朝宗教授，乃至许多曾经亲临听课的师生员工，对这位学问大师的一流教学水平，均有饱含深情的夸赞和忆念。著名语言学家、余謇暨周辨明教授的高足黄典诚教授在给自己的研究生上课时，屡屡提及余老在国学与小学方面学问渊博，并无限钦敬地称他是“全校上课最好的老师”。

余謇先生早年曾有过埋头学问成一家之言的宏愿，但在学术史中却未留下传世著作，因而被人误以为“述而不作”，或“会讲不会写”。郑朝宗教授对此也心存悬疑。一次他问余老：“您学殖丰富，又善属文，为什么不留下一点东西给后代的人？”余老听毕，微笑着说：“有太炎和季刚（黄侃）他们的著作在前头，我还写些什么呢？”在他心目中，他终其一生倾尽全力的学问音韵训诂文字之学，已由章黄师徒研究得臻于美善，其他人的探寻难出其右，倒不如把全副力量用在他的特长教学方面。在郑朝宗教授眼中，他是“学殖丰富，又善属文”的学术大师，绝非“会讲不会写”的一般教书匠。至于其所谓“述而不作”，则是一种眼界宏阔、无突破性成果绝不轻付笔端的学术追求。而他倾心教学、全力培植后进的无私精神，则体现了杏坛耆宿对祖国教育事业的无限忠诚和献身精神，同时也不失为一种明智的选择。[③]

余謇教授虽无正式出版的传世之作，却为后世保留了大量学术研究稿本。据有关方面证实，他临终前曾把自己未付梓刊刻的一批手稿和油印本捐赠给了为之长期服务的厦门大学，由校图书馆收藏。这些著述稿中，学术著作约占一半。其中，属于汉语音韵学的，有《古音学说述略》《韵书沿革》《古音韵辨》《古韵对转探证》《诗经不用合韵说》《广韵纽首分类对转图》《段懋堂所谓古合韵之字除〈诗经〉外分三类录》《国音沿革》《国语发音学》《声韵学及声韵学史》《新国音韵部》等;属于训诂学的,有《诗经草木虫鱼鸟兽注》《诗经籀略》《纬书内容举例一卷》;属于文字学的,有《文字学三卷》《许书误解正略》《六书类别》《形声字研究》《释典》等;属于语法学的,有《中国文法》。讲义有《国学讲义》《尔雅讲义》《文字学讲义》等多种。学术笔记,则有《宝瓠斋集文录》《宝瓠斋选录》《宝瓠斋随笔》《读书札记》。上述论述,有定稿,也有草稿;或已编印成册,或为手抄稿本。它们均为作者个人研究心得,且具有重要学术价值。

"宝瓠斋"是余謇书斋雅号。《说文》"瓠""匏"互训,实即葫芦,故"宝瓠斋"即"宝葫芦斋"。余謇给自己书斋取了个如此诙谐有趣的雅号,暗示他书斋中收藏有许多"宝贝",只有用心探寻的人,才能如获至宝,而不至于"身入宝山空手回",从中显示了他对自己精心研究成果的珍惜与宝爱,因而不轻易示人。同时,也可从中看出,他也期盼着有机会遇见学术界"识宝者"有朝一日能揭开此"宝葫芦的秘密",对他所倾注满腔心血的学术论著给予充分认识和客观、公允的科学评价。最后,从其临终赠书之举,更可看出他期盼前辈学者所开拓的学术事业和优秀遗产,能在大学校园薪火相传、弘扬光大之拳拳热心!

值此百年校庆即将来临之际,校部设立"厦门大学百年学术论著选刊"系列,精选了一批在校工作过的已故学者撰写或出版过的具有重要学术价值的论著影印出版,余謇的遗著《古音学说述略》(又名《宋以来研究古音诸家学说述略》)及其附录《国音沿革》正式入选,并嘱笔者为之撰写出版前言。作为余老先生的再传弟子,有机会为弘扬光大前辈学者的学术事业贡献绵薄,对笔者来说,非但深感荣幸,也是义不容辞。

早在20世纪20年代,语言学大师林语堂、周辨明、罗常培、沈兼士等便在厦门大学首开语言学研究之先,嗣由周辨明、余謇教授等著名学者推波助澜,把传统语言学研究引向深入。而二位大师的高足黄典诚教授,年轻时便亲炙余謇先生的音韵训诂文字之学之精髓,并充分吸收周辨明先生传授的西方现代语言学研究方法,走研究音韵和研究方言相结合、考古与审音相结合之路,从而在汉语语音发展史的探寻中闯出一条新路,其所发明的汉语声韵发展"不平衡律"(又称"典诚律"),已成为现当代汉语史研究中最重要的创获,迄今为止无人超越。影印出版余謇教授的《古音学说述略》这部富有学术价值的遗著，对了解厦门大学历代学者的学术成就和贡献，以及他们之间世代传承、渊源有自的优秀传统，与推动我校教学和科研的深入开展，均有重要的现实意义。

二、《古音学说述略》的学术价值

《古音学说述略》（一称《宋以来研究古音诸家学说述略》）是余謇教授介绍宋代吴棫以来古音学家探讨上古汉语音韵系统的过程、方法与成就的一部专著。汉语音韵学中的古音，指周秦两汉时期的汉语音韵系统，亦即上古音。隋唐时期，以《切韵》音系为代表的语音，连同宋代语音，通常称中古音，音韵学上习惯称为"今音"。元明清时期的语音，以《中原音韵》为代表，习惯上称近代音。至于五四运动前后直至现当代的汉语语音，就是我们常说的现代汉语或普通话。

上古汉语音韵研究，在汉语音韵学中占有极为重要的地位。古代学者在研究这门学问的过程中，经历了漫长、曲折的过程，才从早期的迷蒙和疑惑中走了出来，探寻到一条正确的道路。经过历代学者的不懈努力、潜心研讨、迭有发明，研究的结论渐趋严密、臻于美善，从而使人们对于上古汉语语音的面貌有了比较清晰的了解。余謇教授的《古音学说述略》正是通过介绍与评述历史上不同时期学者有关探讨上古汉语音韵的主要论著，向人们揭示了上古汉语语音声韵调的主要特征，以及上古汉语语音系统到中古发展变化的内部规律。

本书内容可简单分为两个部分：专著开头，用一千二百字的篇幅，简要地叙述了全书内容，可视为一篇简要的上古汉语语音研究小史，全文扼要地向人们展示了历代学者研究上古音韵的主要贡献；该书主体部分，依时间发展为顺序，逐一介绍自宋代吴棫开启的十四位古音学家的生平、籍贯与论著，然后择要介绍其论著中有关古音研究的主要论著或观点，并引述《四库全书总目提要》或权威学者看法，间或参以私见，对其学术贡献做出评价。

通过本书的介绍，读者将对我国古音研究的历史、内容、途径，以及历代学者在古音研究领域中所做出的卓越贡献，有一个大体的了解。同时，还可对长期以来被人们视为"天书"的汉语音韵学，以及与其血脉相连的训诂学、文字学这三门传统学问有一定的了解和感知，并激发他们学习与进一步研讨的兴趣。

而对于有志于投身传统语言学研究的年轻硕士生和博士生来说,本书的影印出版,则为他们提供了一份具有重要学术价值、同时又十分难得的参考资料。

声音之道,稍纵即逝,“其流变转换,与时更易,亦莫之为而为。于是有古音今音之别。然古人往矣,其音亦随之而邈。居今稽古而欲举二千载以上之音审察而分析之,固非易易矣”[4]。虽则如此,而汉唐时代,已有儒生论及。如郑康成笺《毛诗》云:“古声填、寘、尘同。”刘熙《释名》说:“古者曰车,声如居,所以居人也;今曰车,声近舍。”等等。然此学未有专书,只散见于某些篇什中。唯唐陆德明《经典释文》“颇能保存古音”,并有所谓“古人韵缓,不烦改字”之语。但“其所考见者,甚为寥寥”[5],不成系统。虽则如此,其古今音异之意识确已产生。

本书指出,周秦古音研究,导源于宋代吴棫。他“作《毛诗补音》《楚辞释音》《韵补》等书,就《广韵》之二百六部注‘古通某’‘古转声通某’‘古通某或转入某’以发明古今韵之异同,虽其分合之处疏舛甚多,然专著一书以明古音者,实权舆于此。朱子注《诗》多采其说”[6]。清代古音学家钱大昕也盛赞吴棫“博考古音,以补今韵之阙,虽未能尽得六书谐声之原本,而后儒因是知援《诗》《易》《楚辞》以求古音之正,其功已不细。古人‘依声寓义’,唐宋久失其传,而才老独知之,可谓好学深思者矣”[7]。《四库全书总目提要》批评吴著《韵补》等书“泛取旁搜,无所持择”,其所引书五十余种“参错尤杂,漫无体例”,然又坚定地认为,“自宋以来,著一书以明古音者,实自吴棫始”。[8]

吴棫首创古韵通转之说,把古音粗略地分为九部。嗣后郑庠则继其后,进一步分古音为六部。不过二人的古音分部,主要是把后代韵书中的韵部加以合并通用而已,虽有筚路蓝缕之功,对后人有一定的启发作用,但由于不明本音,难免有强今而就古之嫌。此一局面,直至明代音韵学家陈第的古音理论问世才得以彻底改观,从而破除叶音迷障,进而探明字音本源。这是陈第研究的重点,也是他的首创。

六朝时代,晋人徐邈作《毛诗音》,梁人沈重作《毛诗集注》,二人以当时语音读古诗,遇不合处便归之于“叶音”或“协韵”。如《邶风·燕燕》三章:“燕燕于飞,上下其音。之子于归,远送于南。瞻望弗及,实劳我心。”沈重于《毛诗音》“远送于南”句下注:“协句,宜乃林反。”即其例也。唐朝,此一主观叶韵改字之风蔓延,以致出现了“改经”的怪事。唐玄宗在读《尚书·洪范》至“无偏无颇,遵王之义”时,感到“颇”“义”二字不协韵,竟然提出改“颇”为“陂”,以削足适履。陈第在《毛诗古音考·自序》中郑重提出:"盖时有古今,地有南北,字有更革,音有转移,亦势所必至。故以今之音读古之作,不免乖剌而不入,于是悉委之叶。夫其果出于叶也,作之非一人,采之非一国,何母必读米,非韵杞韵止,则韵祉韵喜矣;马必读姥,非韵组韵黼,则韵旅韵土矣;京必读疆,非韵堂韵将,则韵常韵王矣;福必读偪,非韵食韵翼,则韵德韵亿矣。厥类实繁,难以殚举。其矩律之严,即《唐韵》不啻。此其故何邪?又《左》、《国》、《易象》、《离骚》、楚辞、秦碑、汉赋,以至上古歌谣、箴铭、颂、赞,往往韵与《诗》合,实古音之证也。"[9]于是他"稍为考据,列本证、旁证二条"[10],二者俱无,则以其他经、子书中用韵为旁证。《诗》中韵字,凡收四百九十八字。《屈宋古音义》,凡收三百三十四字。其《读诗拙言》一书,又提取《说文》形声字例,以证《毛诗》音读。其考求古音,能籀绎通则,钩稽参验,本末秩然。书中用例,则言必有证,典必探本,令人服膺。其研究结论,则大畅古今音变之旨,一扫唐宋以来支离破碎之谬说,而开清代音学诸家之学派,可谓居功至伟。"较诸吴棫、郑庠之流,拘执《广韵》分部以通转古音者,相差奚啻霄壤!"[11]自兹而后,清代学者才彻底摒弃"叶音"旧说,在古音学领域探索中迈步向前,并取得丰硕成果。

自从明代陈第发明了语音变化的时地理论之后,古音研究找到了正确的途径和方法。然而陈氏之书仅止于考证古韵读法,未能进一步概括出古韵部居,人们便不了解上古韵部体系,也就不可能认识到上古到中古汉语韵部发展变化的规律。这种遗憾恰恰给后世的古音学家进一步研究预留下广阔的空间。在本书中,我们看到,顾炎武的古音学研究,则在这方面树立起一座丰碑。他是清代学术界的开创人,也是清代古音学研究的奠基人。顾炎武能在陈第开创的古音韵读基础上概括出韵部,首创古韵十部的重要成绩,人们便可借以与《广韵》二百零六韵加以比较,探寻其纵向的分合演变,从中发现汉语音韵不同历史阶段的内部演进,从而考察出声韵调等方面所显示出的动态轨迹。此外,顾氏还改变了中古《切韵》入声与阳声韵相配的传统,以入声与阴声相配,揭示了上古入声韵与阴声韵的关系,反映了上古时代语音的实际。其所开创的上古韵部研究及结论,在该领域中产生了深刻影响。

国学大师王国维在《周代金石文韵读序》中总结清儒的古韵研究时说:"古韵之学,自昆山顾氏,而婺源江氏,而休宁戴氏,而金坛段氏,而曲阜孔氏,而高邮王氏,而歙县江氏,作者不过七人,然古音二十二部之目遂令后世无可增损。

故训名物文字之学,有待于将来者甚多,至古韵之学,谓之前无古人,后无来者可也。原斯学之所以能完密至此者,以其材料不过群经诸文及汉魏有韵之文,其方法则皆因乎古人音韵之自然,而不容以后说私意参乎其间。其道至简,而其事有涯。以至简入有涯,故不数传而遂其极也。”[12]在王国维眼中,清代学者研究古音之所以有重大突破,成就辉煌,主要经验有二:一是取材繁富精准;二是研究方法科学。以顾炎武为例,他研究古韵,首重先秦《诗经》押韵,又兼取群经诸文及汉魏有韵之文,同时还拓开眼界,旁及《说文》谐声、异文、异译、读若、音训、方言、传注之类,视野开阔,证据充足。在研究方法上,他采取“沿流而溯源”的科学方法,先是离析《平水韵》,使之回到《唐韵》,此即“据唐人以正宋人之失”,“一变而至鲁”;然后再“借今音离合以求古音”,此即“据古经以证沈氏唐人之失”,“一变而至道”(见《答李子德书》),进而离析《唐韵》,分古韵为十部,从而为清代古音学研究奠定了基础(见顾氏《音学五书·序》)。

顾炎武的治学经验,给了后学许多启示。后来的古音学家,便是在他研究的基础上深入探索,从而在周秦古音分部方面各有发明,渐趋严密。如江永作《古韵标准》,倡考古与审音相结合,在顾氏十部的基础上,益以元、覃、尤三部,共为十三部。段玉裁作《六书音均表》,另分支、脂、之三部,真谆、尤侯各二,得十七部。戴震晚年作《声韵表》,采段氏支、脂、之三分法,并依江氏并真谆为殷、尤侯为讴,另别霭于乙,将入声九部独立,得二十五部。孔广森作《诗声类》,大体准据段氏,又略并合,得十八部。王念孙作《古韵谱》、江有诰作《诗经韵读》皆分二十一部。章炳麟作《成均图》,由脂部分出队部,得二十三部,晚年又合冬于侵,改定二十二部。而黄季刚承诸大师后,衍戴、章余绪,分古韵二十八部。大抵“前修为密,后出转精”。古韵之研究至此遂臻其极也。其中则又以戴震、孔广森的“阴阳对转说”,段玉裁的“同谐声者必同部”“古四声不同今韵说”贡献最大,也最为人所称道。而钱大昕及章太炎的“古今声纽不同说”对上古声母的研究也有重要开拓,令人耳目一新。

王力教授指出:“古音学的最高理想,在乎考定古代每一时期的音值,而不仅在乎考定当时的语音系统。”[13]但汉字不表音,当时也没有音标,这些局限使人们对古韵音值的研究受到了很大限制。例如段玉裁虽首创支、脂、之三部分立,当时古音学家曾为之击节赞赏,而三个韵部实际读音之别,却未能宣诸唇吻,以致后来他在去信江有诰时无限感慨地表示:“足下能知其所以分为三乎?仆老耄,倘得闻而死,岂非大幸?”汉字不表音,探讨其音韵难度倍增,清儒的古韵研究，竟能做得如此出色，更显得难能可贵。特别是他们在研究古音时，能以严谨的态度、科学的精神，对史料加以归纳取舍，终于得出合乎实际的科学结论。仅此一端，已足以让后人顶礼膜拜，并激励后学踵武前贤，继续探索与进取。

清代古音学家探讨汉语上古音韵的丰硕成果，他们沉潜学问的献身精神和科学态度，给我们留下一份极其珍贵的学术遗产，值得我们后人继承和弘扬光大。

上述这些，便是余謇教授《古音学说述略》一书为我们提供的丰富内容及其在古音学说研究方面的主要贡献。人们通过该书的研读，可以对古音学说史中感兴趣的问题寻找到自己的答案，并从中得到有益的启迪。

汉语音韵学学问艰深，古音学说研究更须学殖深厚、善于开掘。本书在论述古音学家成就和贡献方面，重视对每一位学者研究观点的阐述和评介，可谓抉择材料精要，评介得体到位，行文之中，不乏高见卓识。然因时代局限，或因某种因素，书中难免也有所疏漏，如能稍作纠谬补阙，或臻于完善。兹特提出以下三例，以供同好参酌。

比如古音学家江有诰，曾著《音学十书》，其在清儒中，经学名声虽不及戴、段诸氏，但他起先分古韵二十部，比段氏多出三部：祭泰夬废一部、葉帖业狎一部、缉合另一部。他还把盍洽分开，一半归叶，一半归缉。此二部无平上去，仅有入声。一反顾、段以缉盍配侵谈做法。后发现孔广森《诗声类》中东冬分韵，欣然宗之，增至二十一部。江君友人夏炘著《诗古韵表二十二部集说》赞成其二十一部，并采纳王念孙至部独立之说，定古韵二十二部。这些均受到国学大师王国维的首肯，[14]然而本书却略而不提，似乎欠妥。

又罗常培提出清代学者对于古声纽之发明，“钱大昕外尚有邹汉勋氏”，并列举邹氏所作《五均论·廿声卌论》中之二十三至三十六诸目计十四条（诸如二十三，论类隔知端六声本为三声，本晓徵说；二十四，论照穿床审当析为照穿神审甾床所……），“虽并有录无文，散佚已久，然甾初床所之分，禅定及泥娘日之合，晓之离为二，喻匣之并为一，以及字组有本音有流变之说，则与此后陈澧、章炳麟、曾运乾、黄侃所考不谋而合，乌可听其淹没不彰耶？”[15]

顾炎武古音研究，意在复古。他作《唐韵正》，非要“以今读今，以古读古”，而是要以古音来正《广韵》。他批评周颙、沈约“不能上据《雅》《南》，旁摭《骚》、子”编制韵书。其《音学五书·序》云：“天之未丧斯文，必有圣人复起,举今日之音而还之淳古者。"还在《音论》中指出,自己研究入声与平上去关系,是为了"三代之音久绝而复存",复原古音。[16]古音研究目的是为了了解汉语语音发展史,而不是为了复古,顾氏的想法显然不可取。又其《唐韵正·麻部注》提出,"麻韵本西音,中国古时无之"[17]。按,《广韵·麻部》中字,上古半属鱼虞模,半属歌戈,汉代模韵转入歌戈,而其杂入麻者不可反矣。顾氏以为"麻韵本西音,中国古时无之",难免武断。该韵历代古音学家拟音一般为[a]或[ɑ],这是没有疑问的。在国人来说,这个音自属中华民族本有,且世代传承,至今普通话或各地方音,概莫能外,言其传自"西音",究属子虚乌有,须予指明。

三、《国音沿革》述评

《国音沿革》是余謇教授编写的一本讲义,也是未曾付梓的油印本。所谓"国音",按语言学界的说法,指的是"国语"的语音。沿革,原指事物发展、变化的历程。顾名思义,"国音沿革",就是专讲国语(今称现代汉语)语音发展变化的历史过程的,因此,该讲义可径称为"汉语语音史"。

从内容看,本讲义可分为三大部分。

第一部分,即第一讲,为古今音变总论。作者把古今汉语标准音的变化分为六期,并提出分期的依据。

第一期,周秦。社会通行的标准音是雅言,即王都之音。《诗经》《楚辞》及诸子韵文中的韵语,《说文》形声字中的谐声声母是依据。第二期,两汉。因战国时期诸侯纷争,导致"言语异声,文字异形",语言纷杂,无标准语,秦时虽行"书同文",但国祚短收效微,雅言难恢复,方音错出。此二期可合二为一。

第三期,魏晋南北朝。魏李登《声类》、晋吕静《韵集》等韵书问世,虽"各操土音,音韵锋出",却"共以帝王都邑,多参校方俗,考核古今,为之折衷"[18]。第四期,隋唐宋。《切韵》《唐韵》《广韵》《集韵》四部韵书接连问世,"因论南北是非,古今通塞",欲"捃选精切,除削疏缓"[19],兼采南北之音为标准音;唐末守温字母问世,专论音纽。此二期亦可合并。

第五期,元明清。此期因政治改变,文字革新,出现《中原音韵》《洪武正韵》等韵书,北方官话成标准音。虽以新韵书为据,但与旧韵书已有大别,故独立一期。

第六期,民国时期。国音,即现代音出现,以音标为据。同样,独立一期。

上述对汉语史分期,与近现代学者分法大同小异,大体上符合汉语语音发展变化历史实际,是可以接受的。

第二部分,即讲义的"第二讲","声韵与反切"。从现代语音学角度,对古代传统汉语音韵学中的专门名词术语做出科学合理的诠释。汉语音韵学历史悠久,自古而今积累了大量资料。今人要归纳历代语音系统,须对其加以整理审定。尤其书中名词术语较为罕见,佶屈聱牙,且不同读者往往理解不同,易出歧义,故需加以通俗解释,以扫除障碍。例如古代学者称声母为声、纽、音纽、体等;称韵母为韵、势等。上述名称又往往与元音、辅音等有所交叉,不可等同。本讲义就"声"所涉及的"声类、纽、无声仆音和有声仆音","韵"所涉及的"韵部、等呼、单纯元音、复合元音、附声的元音、四声、韵摄",以及"反切"等,逐一加以阐释。

这部分内容是采用现代语言学理论解释汉语音韵学这门艰深学问的必经步骤,也可以视为汉语音韵学的通俗解释。

第三部分,乃讲义主体部分,包括全书第三、第四、第五、第六共四讲内容。这部分先向人们介绍现代汉语标准音——注音字母,然后采用追溯形式,分期介绍元明清三代、魏晋到唐宋、周朝等不同历史阶段的汉语标准语语音。通过整本讲义的研读,人们对国音沿革,亦即汉语语音发展演变的历史轨迹便有了整体印象。

例如第三讲"现代的标准音——注音字母",主要介绍注音字母方案发生的历史。文中指出,注音字母的出现,始于欧美人学习汉字的需要,以及知识界人士有感于汉字之难识难写,提倡普及教育,开通民智之需求。其中王照创制的以北京方音为主的官话字母"最占势力";劳乃宣创制的"简字"一度成为谋国语统一及教育普及工具,"几近实行"。1913 年,教育部召集国语读音统一会制定、公布的注音字母方案,几经修订、完善并付诸实施。文中对劳乃宣主张注音字母应"取全国中最多数和声韵最简少之音,并拟定用二十一母、十六韵、阴平、阳平、上去入五声"的意见最为肯定,以为"从多数则普及易;从简单,则学习易也"。

第四讲"元明清三代的标准音",重点介绍周德清《中原音韵》音韵系统,并附带说明明乐韶凤《洪武正韵》、无名氏《字母切韵要法》、樊腾凤《五方元音》三部韵书的声韵特点。作者认为,近代标准音声母,可用兰廷秀《韵略易通》中的《早梅诗》（“东风破早梅，向暖一枝开。冰雪无人见，疑是天上来”）中之20字为代表。《五方元音》准此。韵部方面，他肯定《中原音韵》“是依据当时曲文用韵编成，能反映实际语音”，并对《广韵》以来中古韵部到近代的分合演变作了说明。他提出《中原音韵》一书寒山、桓欢、先天分立，桓欢不是寒山的合口，先天也不是寒山的齐撮，以及侵寻、监咸、廉纤是保留[m]尾的闭口韵等观点。这与诸家无别。关于入声问题，他赞同《中原音韵》“平分阴阳，入派三声”的说法。而对于《洪武正韵》一书，他认为书中对入声的分配“和《广韵》一样”，“殆是官书”的原故，是用以“调和新旧”，实无必要。其中之萧、爻两韵，一齐一开，须于合并。至于《字母切韵要法》，成书晚近，除儿母读音外，与国音韵母全同。他还认为，《五方元音》一书把[i]、[u]、[e]3个元音合并成“地”韵，纯属讹误，且书中杂有北部方音，难以通行全国。最后，他对《五方元音》一书声母与国音作了比较，发现见组声母尚未颚化，疑母已然消失，中古云、以母已归并入影母（零声母），国音中“万”（古微母）仍读为[v]。上述意见，均颇合理。

第五讲为“魏晋到唐宋时代的标准音”。这一讲中，关于声纽，作者认为，《切韵》有33声母，《唐韵》有41声母，而《广韵》也有41声母。与国音比较，则有以下特点：中古全浊声母（即“並奉定澄从邪崇船禅群匣”等母），北方读送气浊音，南方读不送气浊音；次浊声母（即“明微泥娘日疑来”等）仍读次浊。而非组（即“非敷奉微”）均为唇齿音，娘纽并入泥母，舌头音（即“端透定”）则分化出舌上音（即“知彻澄”），发音近舌叶音，明清时与舌叶音（指庄组“庄初崇山”）并入照组（即“照穿神”）。中古的庄组（舌叶音）与章组（舌齿音）宋元后多数合并，少数庄组字转为舌尖音（即精组）。国音中之舌面音[tɕ,tɕ‘,ɲ,ɕ]由中古见组（即“见溪群疑”）演变而来。至于中古韵部，文中首先解释四声韵部不齐的原因（如平声57部，上声55部，去声60部，入声34部），然后指出：《广韵》韵部多达206个，是由于该书“所包，兼有古今方国之音，非并时同地得有声势（即元音）二百六种也”[20]。此一观点是袭用章太炎的意见。此外，作者对后世某些属文之士遵用的《平水韵》一类韵书持贬斥态度，认为是“无知妄作”。对等韵学中之韵摄，也有所异议，并以私意将16摄拆散为19摄。

第六讲为“周朝的标准音”。周朝标准音是雅言。作者先据章太炎意见，将其声母定为21组：帮滂並明、端透定、泥来、照穿床审禅、见溪群疑、晓匣影。

文中认为,上古无轻唇(即"非敷奉微")与舌上音(即"知彻澄"),也没有"娘""日"("娘""日"归"泥"),也未有"喻"母,并提出章氏的"照穿床审"实"精清从心"之误,"禅"母实应为"邪",而其声纽以见组为喉音,以"晓""匣"为牙音,属于部位倒置,等等,说法可信。之后作者又参照黄侃的说法,即《广韵》中73韵只与19声纽相拼,并将"群""禅"(实际是"邪")二纽删除,余19纽。至于周音韵部,章太炎定为32部,但他韵目表中之入声韵"泰队至""缉盍"定为去、入韵,同时把"泰队至"3部列在阴声韵下,而把"缉盍"2部列在阳声韵中,归类混乱,分配不当。后黄侃据"周音于四声但有平入、没有上去,将上列之七十三韵除开上去两声尚有三十二韵,又开合当并为一韵……如是则三十二韵可并为二十八韵"。[21]将其与章氏分部比较,则多出"屋沃铎锡德"5个入声韵,且将入声附阳声韵下,似较合理。周朝声韵,至此可下一结论了。

本书作为讲义,具有如下三方面特点:

首先,书中讲述《国音沿革》,先讲汉语史分期,给人们以粗略印象;然后又从现代语音学角度,对汉语音韵学涉及的名词术语加以解释,为人们进一步探讨汉语音韵发展过程扫除理解上的障碍;最后,则以现当代国音的声韵调为基础,追溯历史上不同阶段标准音的特点及成因。其作为一部教材,可谓内容完整,资料丰富,叙述有序,层次分明,易于为人们所接受。

其次,旧式音韵学书讲述语音,专门名词术语多聱牙佶屈,用语生僻,令人感到玄虚怪异,从而望而却步;或糊涂不清,甚至误入歧途。本书在这方面能切实注意,尽量作通俗化的解释,让人易于理解。例如本书的第二讲"声韵和反切",在解释声母发音状态中"阻"的概念(即成阻与除阻)时,指出旧时音韵学著作如方以智《通雅》、江永《音学辨微》、钱大昕《十驾斋养新录》、陈澧《切韵考·外篇》,"均定为'发声''送气''收声'三类,分得太粗略。近人劳乃宣《等韵一得》定'戛''透''轹''捺'四类,较方氏等所分稍加精密"。在作者看来,"将劳氏的四类,和今定之名称相较,则'戛'为破裂音的出声,'透'为破裂音的送气,'轹'为单纯摩擦音、齿缝摩擦音和边音,'捺'为带鼻音。至于卷舌音之儿,因旧音并于日母,所以劳氏没有另立一类"。[22]将上述诸家不同说法列表比较,它们大多属于异名同类而已(见下表)。因而,对这类概念的通俗解释,可为初学者揭示入学门径,从而收事半功倍之效 。其处理方法便较合理。

<table>
<tr><th>语音学名词</th><th>劳乃宣说</th><th>陈澧说</th><th>钱大昕说</th><th>江永说</th><th>方以智说</th></tr>
<tr><td>不送气的塞音和塞擦音</td><td>戛类</td><td>发声</td><td>出声</td><td>发声</td><td>发声</td></tr>
<tr><td>送气的塞音和塞擦音</td><td>透类</td><td rowspan="2">送气</td><td rowspan="2">送气</td><td rowspan="2">送气</td><td rowspan="2">送气</td></tr>
<tr><td>摩擦音</td><td rowspan="2">轹类</td></tr>
<tr><td>边音</td><td rowspan="2">收声</td><td rowspan="2">收声</td><td rowspan="2">收声</td><td rowspan="2">收声</td></tr>
<tr><td>鼻音</td><td>捺类</td></tr>
</table>

再者,本书虽作为教科书编写,但在论述汉语语音发展史过程中常有所发现,时有创见,发前人所未发。例如四声之说始于何时?一般认为始于南北朝沈约。本书以为:"在周秦古音之中,只有平入二声的分别。他的入声,和《广韵》一样,是附有[p,t,k](尾音)的。后来渐渐区分成为四声。一般人都说四声始于沈约,其实魏李登的《声类》已经分为宫商角徵羽五卷。这宫商角徵羽五个字,就是借来作平平入上去(五音中的'羽'字,《广韵》音王遇切,当读去声)的符号,与音乐上的五音全不相干。(笔者按:平声因为字多,所以分为两卷。后来的《切韵》《广韵》还是如此。)照此看来,汉魏之际已经有了四声的区别了。"[23]本页开头,作者小注:"《玉海》引徐景安《乐书》云:凡宫为上平,商为下平,角为入,徵为上,羽为去。"可为旁证。

又如第四讲"元明清三代的标准音"一章,讨论《中原音韵》19韵和国音韵部不同时,作者提出:国音韵母以《广韵》东冬锺韵作为庚耕清青及蒸登韵的合口呼,注音为[ueŋ],周氏于此三类,分为庚青和东锺两韵,大概读东冬锺的元音还和庚耕诸韵的合口呼不同。但周氏于庚韵合口呼的字如"觥""横",登韵合口呼的字如"肱""弘",也兼收在东冬两韵中,故作者怀疑当时此三类韵或已通用,只是尚未完全混合,"所以韵分为二而字则两部兼收"。其考察则颇细致。

再如第五讲"隋唐宋之标准音"一章,韵图中江摄与宕摄分列两摄,作者以为,上古江韵乃属东韵一部分,晚周时已与唐韵字通押,二摄合并,理所当然,将其分为两摄,属于"考古之疏"。而另有一些韵摄,如含"佳皆咍"与"灰"韵的蟹摄,含"元先仙"与"寒桓删山"的山摄,含"盐添严凡"与"覃谈咸衔"的咸摄,含"鱼虞"与"模"的遇摄,均属于主元音不同之韵,不宜苟合。因而,作者主张中古16摄中部分韵摄宜予细分,不宜强合一摄。此则要求更加严格,也更合乎审音标准(等韵学家设计韵图,只要求韵腹和韵尾相同或相近的归为一图,而不必要求全同)。上述意见,有一定参考价值。

此外,第六讲"周朝的标准音"一章,在讨论上古音韵"阴阳对转"如何"密合"问题时,作者提出两个标准:要看彼此两韵的元音是否相同;同时,两韵在古书上是否有许多通转的证据。只有这样,才能确定相关例子是否对转。这些说法,都是发前人所未发,值得重视。

然智者千虑,难免一失。本书中由于时代局限或某种因素,个别观点也有可商之处。例如作者赞同劳乃宣氏有关制定注音字母应"取全国中最多数和声韵最简少之音"的正确主张,值得肯定;而赞同劳氏"拟定二十一母、十六韵,阴平、阳平、上去入五声"为国音之标准音,便不见得妥帖。因为这样的国音只是一个南腔北调的官话,其中某些所注之音,便包含有北京音系没有的音节,以及北京音系中所没有的入声调类。这与后来形成并通行已久的《汉语拼音方案》相比,显然不如后者完善。

又者,《广韵》(以及其前身《切韵》)的性质,究竟是"一时一地之音",还是包罗"古今方国"之音的大杂烩,或是别的性质,自来众说纷纭,难于统一。本书作者则服膺章太炎《音理论》的说法,即"《广韵》所包,兼有古今方国之音,非并时同地得有声势(即元音)二百六种也"。这个问题,似乎黄典诚教授的意见较令人信服。他认为陆法言等人编写《切韵》以"赏知音"为目的,因此认为"欲广文路,自可清浊皆通;若赏知音,即须轻重有异"。[24]而当时参与其事的另8位语言学专家中,颜外史之推、萧国子该则"多所决定",而颜之推其人十分重视审音。他在《音辞篇》中曾说自己"见王侯外戚语多不正",便深以为耻,即使"吾家儿女,虽在孩稚,便渐督正之。一语讹替,以为己罪矣"。[25]因此其论音读是非,必然要求能宣诸唇吻。由于魏晋以降,五胡乱华,中原战乱频仍,北方衣冠人士、簪缨之族纷然南下,国家南北分裂长达260年之久,此间河洛故国之音便随之播迁江南。只是由于"南染吴越,北杂夷虏",原来南北同源的东都洛阳音也随之带上各地自身的地域色彩。这使审音人士只能"共以帝王都邑,参校方俗,考核古今,为之折衷"。这折中的依据,"搉而量之,唯金陵与洛下耳"。[26]陆法言与他的学术界同仁正是针对上述语言现象"剖析毫厘,分别黍累"[27],对金陵与洛阳两地语音作对比研究,分声辨韵,然后酌古沿今,验诸唇吻,并加综合。从而发现,上古韵部至隋初《切韵》,一音已有洪细之分,且又各分化为轻清重浊两类,并产生一二三四等的分化。而这正如闽南方言,原为两晋末年河洛官音的移植,但随着时代的演变,其音韵系统中,有文白对应系统存在，其白读保存了上古语音读法，而文读则属于中古《切韵》时期的新读。综而言之，其韵母也有 80 多个。而《切韵》分韵部 193 韵，《广韵》206 韵，扣除四声，韵部也仅 50～60 个而已。两者情况十分相似，不能笼统地说其所包乃“兼有古今方国之音”。

又国音中的[tɕ，tɕʻ，ɕ]声母，有两个来源，一来自中古见系之“见溪群晓匣”细音（即齐齿呼、撮口呼），一来自中古精组“精清从心邪”细音。但在《韵略易通》和《五方元音》中尚未分化，其演变时代则是晚近的事情。本书仅提及见组细音，则欠全面。

另者，《切韵》经许敬宗、贾昌朝奏定某韵与某韵通用，宋刘渊和阴时夫并合韵部，遂把 206 韵并成 107 韵，金王文郁则并为 106 韵。明清两代所通行的《诗韵》（通常称《平水韵》）就是这么来的。余謇认为这种并合法，“全是卤莽灭裂，不合音理的……这都是他们无知妄作的证据”。事实上，《切韵》系统韵书旨在“赏知音”，即为审视音理而编撰，与《诗韵》一类韵书旨在为科场考试（即“广文路”）服务之性质不同。戴震《声韵考》卷一引用封演《闻见录》说：“隋陆法言与颜魏诸公定南北音撰为《切韵》，凡一万二千一百五十八字，以为文格式。而先仙、删山之类，分为别韵，属文之士，共苦其苛细。国初（指唐代初年）许敬宗等详议，以其韵窄，奏合而用之。”[28]两类韵书，各自独立，互不矛盾；何况《诗韵》并韵是依《广韵》中注有“同用”的韵类合并而来，合并以后与《诗韵》大致相符，可知其并韵并非“无知妄作”，而是有所依据。

注释：

①关于余謇教授的生平事迹，主要参考洪峻峰先生提供的其所著《经国文章未许藏——余謇遗稿〈宝瓠斋杂稿〉叙论》（《福建诗词》2016 年第 2 集）一文之作者生平部分和江西文史馆提供的余永祚先生著《余謇先生传略》（内部交流资料）两份书面资料等写成，特此致谢。

②郑朝宗：《是智者，也是仁人志士——忆余老》，《海滨感旧集》，厦门：厦门大学出版社，1988 年，第 3～4 页。

③郑朝宗：《是智者，也是仁人志士——忆余老》，《海滨感旧集》，厦门：厦门大学出版社，1988 年，第 3～4 页。

④余謇：《古音学说述略》，厦门大学图书馆藏油印本，第 1 页。

⑤王力：《汉语音韵学》，北京：中华书局，1981 年，第 269～270 页。

⑥余謇:《古音学说述略》,厦门大学图书馆藏油印本,第1页。

⑦余謇:《古音学说述略》,厦门大学图书馆藏油印本,第7~8页。

⑧王力:《汉语音韵学》,北京:中华书局,1981年,第278页。

⑨罗常培:《周秦古音研究述略》,傅懋勣等主编:《罗常培纪念论文集》,北京:商务印书馆,1984年,第7页。

⑩罗常培:《周秦古音研究述略》,傅懋勣等主编:《罗常培纪念论文集》,北京:商务印书馆,1984年,第7页。

⑪罗常培:《周秦古音研究述略》,傅懋勣等主编:《罗常培纪念论文集》,北京:商务印书馆,1984年,第7页。

⑫王国维:《周代金石文韵读序》,《观堂集林(第一册)》,北京:中华书局,1959年,第394页。

⑬王力:《汉语音韵学》,北京:中华书局,1981年,第428页。

⑭王力:《汉语音韵学》,北京:中华书局,1981年,第370~375页。

⑮罗常培:《周秦古音研究述略》,傅懋勣等主编:《罗常培纪念论文集》,北京:商务印书馆,1984年,第12页。

⑯(清)江永:《古韵标准·例言》,转引自濮之珍:《中国语言学史》,上海:上海古籍出版社,2002年,第370页。

⑰余謇:《古音学说述略》,厦门大学图书馆藏油印本,第21页。

⑱(北朝)颜之推:《颜氏家训·音辞篇》,转引自濮之珍:《中国语言学史》,上海:上海古籍出版社,2002年,第238页。

⑲(隋)陆法言:《切韵·序》,(宋)陈彭年撰:《钜宋广韵》,上海:上海古籍出版社,1983年,第2页。

⑳余謇:《国音沿革》,厦门大学图书馆藏油印本,第47页。

㉑黄侃:《黄侃论学杂著》,上海:上海古籍出版社,1980年,第69~77、87~90页。

㉒王力:《汉语音韵学·罗序》,上海:中华书局,1931年,第3页。

㉓王力:《汉语音韵学·罗序》,上海:中华书局,1931年,第97页。

㉔(隋)陆法言:《切韵·序》,(宋)陈彭年撰:《钜宋广韵》,上海:上海古籍出版社,1983年,第2页。

㉕(北朝)颜之推:《颜氏家训·音辞篇》,转引自濮之珍:《中国语言学史》,上海:上海古籍出版社,2002年,第238页。

㉖（北朝）颜之推:《颜氏家训·音辞篇》,转引自濮之珍:《中国语言学史》,上海:上海古籍出版社,2002年,第238页。

㉗（隋）陆法言:《切韵·序》,（宋）陈彭年撰:《钜宋广韵》,上海:上海古籍出版社,1983年,第2页。

㉘（清）戴震:《声类考》卷1,转引自李新魁:《汉语音韵学》,北京:北京出版社,1986年,第38页。

参考文献:

罗常培:《汉语音韵学导论》,北京:中华书局,1956年。
黄侃:《黄侃论学杂著》,上海:上海古籍出版社,1980年。
周祖谟:《问学集》,北京:中华书局,1966年。
杨耐思:《中原音韵音系》,北京:中国社会科学出版社,1981年。
王力:《汉语音韵学》,北京:中华书局,1981年。
傅懋勣等主编:《罗常培纪念文集》,北京:商务印书馆,1984年。
王国维:《观堂集林》,北京:中华书局,1959年。
李新魁:《汉语音韵学》,北京:北京出版社,1986年。
陈复华、何九盈:《古韵通晓》,北京:中国社会科学出版社,1987年。
黄典诚:《〈切韵〉综合研究》,厦门:厦门大学出版社,1994年。
王力:《汉语史稿》,北京:中华书局,2004年。
濮之珍:《中国语言学史》,上海:上海古籍出版社,2002年。

作者林寒生,厦门大学人文学院中文系教授。

傅衣凌与《明清农村社会经济》

陈支平

傅衣凌先生是中国社会经济史学的主要开创者,《明清农村社会经济》是傅衣凌先生开创中国社会经济史学的奠基之作。

一

傅衣凌先生（1911—1988),原名家麟,又称休休生,出生于福建省福州市的一个小康之家。1934年毕业于厦门大学历史系,1935年东渡日本,进法政大学研究院攻读社会学。1937年回国后,历任福建银行经济研究室研究员,福建协和大学、福建学院、省立师专等校副教授、教授,福建省研究院社会科学研究所研究员兼文史组组长,在各高等院校讲授中国经济史、中国政治思想史、魏晋南北朝史、中国近代史、日本史。50年代后,回母校厦门大学任历史系教授。

傅衣凌先生早年受过历史学和社会学的双重学术训练,对于他后来创立中国社会经济史学、注重跨学科的学术研究,关系至深。20世纪30年代,刚刚步入史坛的青年傅衣凌,在学术研究的探索道路上,明显地留下了许多中国传统史学的印记。如其早年的作品《秦汉之豪族》《辽代奴隶考》《辽代奥姑考》《元代经略中原多金国豪族考》《桃符考》等,其论证的方法,基本沿袭了清代以来的考据学风。然而在题目的选择上,则反映了作者对于社会史领域的偏好。与此同时,中国的文化学术界,正经历着中国社会史论战和农村性质论战的洗礼。傅衣凌先生有鉴于歪曲中国历史的种种谬说,以及一般论说流于空泛教条的弊端,立志写作中国农民论、中国农村经济史、中国商业资本史。他以初步学习马克思主义关于亚细亚生产方式理论的体会,吸收传统学术和日本社会史学、西方社会学、经济学、民俗学的长处，提出具有中国特色的社会经济学方法而崭露头角。这就是：在搜集史料时，除正史、官书之外，应注重于民间记录的搜集，以民间文献证史；广泛地利用其他人文社会科学学科的理论、知识和研究方法，进行社会调查，把活料与死文字结合起来，以民俗乡例证史，以实物碑刻证史。在探讨经济史的过程中，特别注意区域性的局部分析，以小见大，从微观到宏观，又从宏观审视微观的研究理念。1939 年傅衣凌在永安福建银行经济研究室工作时，曾编有《福建省农村经济参考资料汇编》一书。那时为躲避日机的轰炸，在距城十多里的黄历乡的一间老屋，无意中发现了一大箱民间契约文书，自明嘉靖年间以迄民国间有数百张之多，其中有田契、租佃契约以及其他账簿等，他即依据这些契约整理成三篇文章，编为《福建佃农经济史丛考》①一书，在福建协和大学出版，这是我国学者第一次引用民间契约文书研究中国社会经济史的著作。他在此书的正文之前写有一篇题记，指出了他早年治史的四点思维和方法：

第一，我常想近十数年来中国社会经济史的研究，至今尚未有使人满意的述作，其中的道理，有一大部分当由于史料的贫困。这所谓史料的贫困，不是劝大家都走到牛角尖里弄材料，玩古董；而是其所见的材料，不够完全、广博。因此，尽管大家在总的轮廓方面，颇能建立一些新的体系，惟多以偏概全，对于某特定范围内的问题，每不能掩蔽其许多的破绽，终而影响到总的体系的建立。所以近来一般的社会经济史家颇积极地提倡经济社区的局部研究，以为总的体系的鲜明基础。本书即是站在历史学的立场上，考察福建农村的经济社区的一个尝试。这一块园地，目前虽尚在试作期间，不过我相信当不会使大家感到完全失望的。

第二，在中国社会经济史的论坛上，对于秦汉以后的中国社会经济形态，异说颇多，有一派的研究者，都否认其属于封建社会的范畴之内，他们所提出有力的证据，说是秦汉以后的中国已看不见有农奴制度的存在，所谓的佃客、客户、佃户等等都为国家的自由佃农，其与地主所发生的关系，是契约的，而非身份的隶属，这一个推论，和历史的事实是否相符合呢？我愿意提供本文所搜集的资料，让大家好好地推敲一下，看看他们——主佃之间的关系，到底是怎样呢？

第三，本书的内容，虽侧重于福建农村经济社区的研究，然亦不放弃其对于中国社会经济形态之总的轮廓的说明，尤其对于中国型封建主义的特点的指明的责任。譬如中国封建社会史的分期和氏族制残存物在中国封建社会史所发生的作用这一些问题,从来论者都还缺少具体的说明,故本书特搜集此项有关资料颇多,惟为行文的便利说明,多附述于各编的注文中。其中所论,虽不敢说有什么创见,但为提醒国人的研究,亦不无些微意义,此点,希读者注意及之。

第四,谁都知道社会经济史的研究,应注意于民间记录的搜集。所以近史家对于素为人所不道的商店帐簿、民间契约等等都珍重的保存、利用,供为研究的素材。在外国且有许多的专门学者,埋首于此项资料的搜集和整理,完成其名贵的著作,而在我国则方正开始萌芽,本书对于此点也特加注意,其所引用的资料,大部分即从福建的地方志、寺庙志以及作者于民国二十八年夏间在永安黄历乡所发现的数百纸民间文约类辑而成,皆为外间所不经见的东西,这一个史料搜集法,为推进中国社会经济史的研究,似乎尚值提倡。

这本小册子,可以说是傅衣凌教授开创中国社会经济史学派的奠基工作。当时处于战争环境,交通隔绝,此书在国内流传不广,但很快被介绍到日本,成为战后日本史学界重建中国史学方法论的一个来源;而后又由日本学者的媒介,传播到美国,成为美国五六十年代中国研究方法学的一个重要组成部分。

二

对于区域农村社会经济的探索,更进一步引发了傅衣凌教授的深层思索:中国的封建社会虽然经过农民军的猛烈冲击,封建地主势力却依然强大,封建土地所有制照样牢固存在着。这是什么原因?对此,不能简单地从土地制度本身去寻求解答,还必须考察其他社会诸因素。这样,傅先生又把研究面扩大,即从农村扩大到商业上面来。1946 年前后,他写成《明代徽商考》发表。在徽商之外,又发现陕西商人、苏州洞庭人、福建海商等都是明代重要的商人,他逐一对这些区域商人进行了开创性的研究。

在研究明清商人的过程中,傅衣凌先生注意到随着明清时期社会经济的发展,商人的经营方式及其生产关系亦在前进着。中国封建社会内部已出现商业资本和生产相联系,商人控制生产的初步萌芽,这就否定了中国社会长期停滞说。[②]这样,傅衣凌先生进一步把学术注意力引申到手工业上面来。在搜集史料时,他看到严如熤的《三省边防备览》一书,记载了清代中叶乾嘉时期四川、陕西、湖北三省边区手工业生产发达的情况。于是写了《清代中叶川陕湖三省边区手工业形态及其历史意义》[③]一文。他在文章中指出,这些地区的手工业形态,已不是原始的家内工业的生产形态,而极接近于工场手工业的发展阶段。论据是:第一,这里的生产是在一个资本家的指挥下,集合多数的劳动人口,而从事种种不同的作业;第二,工场手工业的劳动者与手工业的劳动者之间,还有一个区别的地方,就是手工劳动者的劳动,自其最初原料到家起,一直到最后完成成品,皆由一人任之。但在工场手工业的条件下,每一个劳动者的作业极单纯而单调,长年间从事同一作业,成为劳动的器官化。这篇文章是我国学者最先对中国封建社会后期工场手工业生产形态的探索,虽然当时尚未明确提出"资本主义萌芽"的概念,但它的开创意义是不言而喻的。这也是傅先生从区域社会经济考察出发探究中国社会经济发展规律的重要尝试。

1949 年以后,傅衣凌教授倾心于研究中国资本主义萌芽和中国封建社会长期停滞诸问题。他的这一研究,依然是建立在对区域社会经济研究的基础上的。50 年代初,他把研究重点放在明代的江南地区,也是先从农村经济开始探讨资本主义萌芽问题的。他在《明代江南地主经济新发展的初步研究》[④]一文中提出,明代江南地区不仅使用雇佣劳动者,而且把农业变成一种企业,这就与墨守成规决裂了。当时地主的收入,有一部分是依赖于市场的,和单纯的依靠地租剥削有明显不同。此外,在江南农村里,不仅有相当发展的地主经济,而且还存在着人数不少的富农阶层,这一大批富民曾是促进雇佣制劳动发达的一个主要力量。这里有一个问题,既然明代使用相当多的雇佣劳动,那么它的经济为什么不能够很顺利地沿着雇工经营的道路前进呢?傅衣凌先生认为,从封建制度到资本主义制度的过渡,需要一个曲折而复杂的过程。明代经济虽已出现资本主义萌芽,但尚未成熟,因而新的力量是薄弱的。反之,那时绝大多数的农村,仍是采取封建奴役制的佃耕方式,向农民征收地租,这就大大地阻碍限制了雇工制的发展。而这旧有生产关系之内在的牢固的坚韧性,也限制了明代地主经济的扩大,变得不是那么顺利,所以明代的农村生产关系,虽表露有若干的裂痕,并出现了若干新的因素,但其进行总是那么迂回而缓慢,在每一阶段中都有些进步,却始终未能突破旧的生产关系。嗣后,他又结合《红楼梦》时代背景的讨论,撰写其他文章,辑成《明代江南市民经济试探》[⑤]一书。同时,他把解放前所从事的区域农村经济史和区域商人研究的成果进行充实提高，编成《明清时代商人及商业资本》[⑥]以及《明清农村社会经济》[⑦]相继出版，具体地表明了他对于中国社会经济史研究以及明清资本主义萌芽问题的估计。

20世纪80年代，傅衣凌教授对他的中国社会经济史和中国资本主义萌芽研究的历程及其构想做了一次总结，提出了自己的三点总体看法：第一，十六七世纪前后大体为中国资本主义萌芽时期。第二，中国资本主义萌芽过程与欧洲国家有所不同，而具有中国的历史特点。中国农业资本主义生产关系的萌芽发展规律是，从山区发展到平原，从经济作物发展到稻田生产。明清时期中国社会经济发展的地区性与不平衡性非常突出，在强大的封建势力的压迫下，长期以来，经常处于夭折、倒退或中断的境遇。可是生产力还是曲折地前进着。即使在鸦片战争后，中国资本主义的萌芽因素受到阻碍、出现中断，而不能获得正常的发展，但仍有继承关系。如果对鸦片战争后中国资产阶级的谱系进行研究，不难看出，中国一部分资产阶级早在鸦片战争以前即已开始形成。第三，在先进地区有落后因素，在落后地区有先进因素，这是中国资本主义萌芽的又一种现象。即是萌芽不仅存在于沿海和江南的经济先进地区，而且也存在于山区。内地的资本主义萌芽的生产形态有的较诸沿海地区还更加成熟。当然，我们不能过高地估计它的作用，因为中国封建社会不像马克思所说的纯粹的封建社会，而是一种具有弹性的封建社会，它是早熟而又未成熟、有发展而又迟滞的社会，旧的东西老是拖着活的东西，发展很缓慢，并且正当新的因素快要从母体中脱胎出来的时候，却受到外力的干扰，打乱了原来的历史行程，使中国转入一个半殖民地半封建的社会。[⑧]

20世纪50—60年代，由于受到政治气候的影响，绝大部分大陆学者都服膺"中国封建社会晚期将出现资本主义萌芽"之说，然而在何时出现资本主义萌芽以及资本主义萌芽的表现形式等方面，依然出现许多的分歧。要而言之，关于中国资本主义萌芽出现的时间，则有唐代说、宋代说、明代中后期说和清代说等；在资本主义萌芽的表现形式方面，许多学者奉行所谓欧洲资本主义的发展规律，认为中国的资本主义萌芽必然是先从手工业领域产生而后扩展至农业部门，从经济发展较为先进的地区扩展至落后区域。当时参与中国资本主义萌芽问题讨论的学者，不少人存在着从概念出发而终结于概念的教条式论说。解放以后傅衣凌先生对于以上这些问题的研究，毫无疑问地也在某种程度上受到当时社会政治大气候的某些影响，然而傅先生对于中国资本主义萌芽等问题的一系列讨论与研究,是建立在坚实的对区域经济史和细部考察的基础上的,因此他所总结出来的三点总体看法,成为大陆学者关于中国资本主义萌芽问题的主流论点,在那个时代产生了广泛的学术影响。

三

中国资本主义萌芽是傅衣凌教授研究明清社会经济史的一个重点,但他同时认为:“对于后期封建经济的分析,必须把中国资本主义萌芽和中国封建社会长期迟滞的现象一起研究,二者缺一不可。对前者主要看它的新生的、发展的因素,而对后者主要看它迟滞的、落后的一面。萌芽状态与成熟状态不同,两者又不可等同起来,因而作为衡量的标准,也应该有所区别。”[⑨]在这个思想指导下,他愈来愈有意识地把这两个表面上看来是矛盾对立的研究课题有机地结合起来,使长期潜心研讨的心得融会升华,得出比较系统的见解。

傅先生认为:“中国封建社会是以地主经济为中心的大统一的专制主义国家。”这种社会结构,和马克思所说的那种等级森严、以土地分给尽可能多数的臣属为特征的欧洲或日本的纯粹封建社会有所不同。中国的封建土地所有制是“土地权力、商业资本、高利贷资本三位一体的综合体”,官与绅、绅与商历来是互通的,而地主、债主、商人也是互通的,有的且是一身而二任焉。因此,中国的地主制,是食土而不临民的。中国封建社会的土地很早就可以自由买卖(尽管是相对的),地主阶级的经济权与政治权既有抱合又有分离;而且中国封建土地所有制的扩大,往往又和整乡、整族的移徙结合在一起,这就在皇室所有、贵族所有和私人地主所有之旁形成了一个个以家族同产制或乡族共有制面目出现的封建经济组织,“这也可以说是中国地主经济的一种特殊表现形式”[⑩]。土地所有制的这种特点,使得中国封建社会的统治带有自身的特色,傅先生把它概括为“公”和“私”的两个体系。“公”的体系是指封建政权,从一国、一省、一县以至乡,和官僚制度结合在一起,又表现得非常错综复杂;而“私”的体系,则“集中了族权、神权、夫权等诸种力量,并巧妙地利用原始公社制和奴隶制的残余来进行统治”。[⑪]这就使得中国封建社会的发展,长期处于“早熟又不成熟”“死的拖住活的”的状态。傅先生曾形象地把中国封建社会比喻为一种“弹性的封建社会”。基于上述的认识,傅先生认为“封建土地所有制是阻碍明清社会前进的主要绊脚石”,同时又不忽视上层建筑阻滞中国前进的作用。[12]

尤为难得的是，傅衣凌先生在晚年病重期间，仍然坚持不渝地进行新的思考，提出了中国传统社会多元的结构的论点，对自己五十年来的学术历程进行了整体的反思和新的总结，发人深省。他在这篇《中国传统社会：多元的结构》的著名论文中首先说明："长期以来，人们坚信不疑：如果没有外国资本主义的入侵，中国也将和西欧一样，自发地依靠自身的力量进入资本主义社会。这一立论是从马克思关于西欧资本主义起源的历史概述引伸而来的，但不一定完全符合马克思本人的观点。……关于中国传统社会结构的讨论，必须从中国历史发展的实际出发。"接着他从中国历史的发展历程论起，由于自然生态、生产条件、种族迁徙、农村公社原有组织形态等等因素的差别，在原始社会漫长的瓦解过程之后，中国社会形态的演变进程错综复杂，社会结构新旧交错，融为一体，出现了多种生产方式长期并存的局面，中国多元的社会结构已经形成，很难用一套适用于欧洲社会的模式来进行规范。秦汉以后，这一特点表现得更为明显。从 16 世纪开始，中国社会在政治、经济、社会和文化等方面发生了一系列走向近代的变化，商品经济空前活跃，专业性的农作物生产区域开始出现，经济作物种植日趋普遍，农业商品化程度有很大提高。手工业生产的技术水平和生产能力明显提高，生产组织形式有较大变化，生产的内部分工和专业化程度有所发展；商品流通领域空前繁荣，长途和短距离贸易十分活跃，出现了一些很有势力的商人集团。在此基础上，商品经济繁荣地区和主要贸易商路附近出现了许多新兴的手工业和商业城镇，在一定程度上成为全国性市场的一个组成部分。尽管如此，由于受到中国社会的多元结构的约束，这种变化起伏跌宕，以至中断、后退，但到最后，并未能摆脱世界经济发展的共同规律。傅衣凌先生着重指出：

> 这些与西欧封建社会解体时期有相似之处的新的因素，并未能导致资本主义社会形态在中国建立，究其原因，正在于中国传统社会多元结构的影响和制约。一方面，这样一个结构使在其中产生的新因素走上与西欧不同的发展道路，具有另外一种导向性；另一方面，这个弹性的、内部多矛盾统一、有广泛适应性的结构对新因素的冲击有很强的化解能力，可以比较灵活地改变自己表层结构以适应各种变化。……在（近代）这一新的社会里，传统中国多元的社会结构并未有根本改变，相反的，它很好地适应了变化了的社会环境，表现了很强的生命力。直至今天，从社会、政

> 治生活中存在的专制主义、官僚主义、裙带关系、迷信活动和宗族势力等等现象,仍然可以看到这一社会结构的残余。[13]

中国著名经济学家吴承明先生认为傅先生在晚年所提出的“中国传统社会多元论”和“明清社会变迁论”,是自梁启超先生提出“近世”概念以后,对中国近代史最精辟的看法。[14]“傅衣凌晚年提出‘明清社会变迁论’,提出‘从16世纪开始,中国在政治、社会和文化方面发生一系列变化’,但因种种原因,这些变化有中断以至倒退,但最后仍未脱离世界经济发展的共同规律。我深佩其说”[15]。

从研究新、旧两种因素的矛盾变化来把握社会经济的实质,这是傅先生研究明清社会经济史的基本构架。傅先生明清社会经济史研究的另一个基本构架,是把社会经济构成和社会阶级构成、阶级斗争联系起来考察。这诚如美国学者郑培凯先生所说:“有人以为傅先生对明清时期阶级斗争的研究仅限于明末奴变、佃变、抗租之类,系他研究明清社会结构的副产品,并非他真正兴趣所在。其实不然,傅先生对农民战争所导致的巨大社会变革一直都有很强烈的研究兴趣。”[16]阶级斗争与农民战争问题是解放以后中国大陆历史学界最热门的研究领域,然而傅衣凌先生对于这一问题的研究,依然是立足于地区间的不同表现形式的探索。如他通过仔细的分析提出明清时期中国北方地区的农民战争更加具有平均主义思想的社会破坏性,而南方地区的农民反抗运动,则更注重于经济权益的争取。这些观点,令人深思。显然,傅先生对于社会阶级关系、阶级斗争研究的兴趣,也是着重于说明它如何受社会经济发展程度的制约,以及它又如何反作用于经济基础的。因此,它不是纯粹的农民战争史的研究,而是作为社会经济史研究的一个有机部分。

这两个基本构架的结合,便形成傅衣凌先生明清社会经济史研究的总构架。傅先生把自己的研究范围总称为社会经济史,用于区别一般的中国经济史或国民经济史、经济制度史,其理由和特色即在于此。然而我们如果从傅衣凌先生研究中国社会经济史研究的最基本和最核心的部分来考察,则不难发现,他的所有研究构架和研究结论,无不都是从区域性微观分析和区域间的比较分析的基础上总结提炼出来的。这种从局部到一般,又从一般回到局部的研究理论与方法,可以说是傅衣凌先生从事中国社会经济史,特别是中国区域社会经济史的精髓所在。李伯重先生曾把傅衣凌先生所开创的中国社会经济史学称为“新社会史学派”,他概括说:“新社会史学派的奠基人是傅衣凌。傅氏早年在日本受过社会学的训练，在研究中特别注重从社会史的角度研究经济史，在复杂的历史网络中研究二者的互动关系；注重地域性的细部研究、特定农村经济社区的研究；把个案追索与对宏观社会结构和历史变迁大势的把握有机地结合起来；强调注意发掘传统史学中所轻视的民间文献如契约文书、谱牒、志书、文集、账籍、碑刻等史料，倡导田野调查，以今证古，等等。在他的影响下，社会人类学的民间取向逐渐得到历史学家的认同，并开始以'从下往上看'的视角和价值立场重新审视历史。在此时期，社会史研究有了长足的发展。"⑰

四

傅衣凌教授是一位开风气之先的学者。他学问渊博，征引史料常为前人所未见；思路敏锐，好发前人所未发。尤其难得的是他在半个世纪之前，就开始了跨越社会学、历史学、经济学、民俗学等多学科的学术研究。傅衣凌先生和法国年鉴学派的第一代学者几乎是同时代的人。傅先生在中国社会经济史领域所进行的注重基层社会的细部考察与宏观审视相结合以及跨学科的学术探索，与同时代的法国年鉴学派的学人们所秉持的将传统的历史学与地理学、经济学、语言学、心理学、人类学等多种社会科学相结合，把治史领地扩展到广阔的人类活动领域特别是社会生活史层面，使得历史学研究与其他社会科学联系更加紧密的学术意趣，实实有许多相通之处。然而由于20世纪下半叶中国社会的封闭状态，和外国学界缺少应有的交流，因此与年鉴学派在欧洲史学取得主导地位的发展相比，这一时期的中国社会经济史研究显得沉寂，但是傅衣凌先生在如此艰难的学术环境里，开创出深具学术生命力和国际影响力的中国社会经济史学，这一事实无疑是不应该被抹杀的，是应该让我们倍加自豪和珍惜的。如今，在国际学术界，"科际整合"已成为不可阻挡的潮流，历史学与其他人文科学的边界更加模糊，在互相渗透和融合中产生了许多新兴学科生长点。中国年轻一代的史学家们对于法国年鉴学派产生了浓厚的兴趣，而傅衣凌教授所开创的中国社会经济史学特别是区域社会经济史学，也已引起了学术界的广泛兴趣。美、加和我国港台地区的一些人类学家，也受到中国社会经济史学派的影响，注重民间文献的解读和阐释。可以预见，中国社会经济史学将随着我国改革开放的不断深化而在国际的学术交流中显露出应有的互动与影响力。当我们现在回顾傅衣凌先生开创中国社会经济史学的这一学术历程的时候,前辈学人所饱含的富有前瞻性的学术探索精神,无疑值得我们这些后辈学人认真继承和发扬。

注释:

①傅衣凌:《福建佃农经济史丛考》,福州:协和大学中国文化研究会,1944年。

②傅衣凌:《我是怎样研究明清资本主义萌芽的》,原载《文史知识》1984年第3期,后收入《傅衣凌治史五十年文编》,厦门:厦门大学出版社,1989年,第45~50页。

③原载厦门《星光日报》历史双周刊,1946年,后收入《明清社会经济史论文集》,北京:人民出版社,1982年,第158~171页。

④见傅衣凌:《明代江南市民经济试探》,上海:上海人民出版社,1957年。

⑤傅衣凌:《明代江南市民经济试探》,上海:上海人民出版社,1957年。

⑥傅衣凌:《明清时代商人及商业资本》,北京:人民出版社,1956年。

⑦傅衣凌:《明清农村社会经济》,北京:生活·读书·新知三联书店,1961年。

⑧傅衣凌:《我是怎样研究明清资本主义萌芽的》,《文史知识》1984年第3期。

⑨傅衣凌:《关于中国封建社会后期经济发展的若干问题的考察》,《历史研究》1963年第4期。

⑩傅衣凌:《论乡族势力对于中国封建经济的干涉——中国封建社会长期迟滞的一个探索》,《厦门大学学报(哲学社会科学版)》1961年第3期。

⑪傅衣凌:《关于中国封建社会后期经济发展的若干问题的考察》,《历史研究》1963年第4期。

⑫傅衣凌:《论明清社会的发展与迟滞》,《社会科学战线》1978年第4期。

⑬傅衣凌:《中国传统社会:多元的结构》,《中国社会经济史研究》1988年第3期。

⑭吴承明:《要从社会整体性发展来考察中国社会近代化进程——在"纪念傅衣凌逝世十周年学术座谈会"上的讲话》,《北京商学院学报》1998年第5期。

⑮吴承明:《传统经济·市场经济·现代化》,《中国经济史研究》1997年第2期。

⑯香港《抖擞》第39期,第31页,主编郑培凯对傅衣凌论文的“按语”。

⑰李伯重:《回顾与展望:中国社会经济史学百年沧桑》,《文史哲》2008年第1期。

作者陈支平,厦门大学人文与艺术学部主任,国学研究院院长,人文学院历史系教授、博士生导师。

韩国磐与《隋唐五代史纲》

郑学檬

一

韩国磐（1920—2003），字漱石，号蘧庵，斋曰老榕书屋。1920年2月出生在江苏省如皋县一个农民家庭。1925—1933年就读族人开办的私立韩氏小学和如皋县立实验小学，1936年毕业于如皋师范初中部，同年考入该校高中师范科。1937年8月，因抗日战争爆发而休学。后转至江苏省第一临时师范学校就读，于1940年1月毕业。1940年9月考入苏皖临时政治学院（苏皖学院）史地系。1942年8月转入厦门大学历史系就读。

他在自传中回忆，“及至刚进大学时，该校没有中文系，报的是史地系，转学厦门大学时，校中又无史地系而只有历史系”，因为未忘怀文学，“有人劝我转到中文系，我一时把握不定，请教于一位老先生，这位老先生指点我说，不要囿于文学的范围，应该向史学多开拓些境界。这是个关键性的指点，就这样，我读完了历史系全部课程”。[①]也因此从文学方面转到史学方面来，并以隋唐史为学习和研究的重点。1946年秋，厦门大学迁回厦门，韩先生结束了内迁安溪的集美中学的教学工作，应聘回母校任历史系助教。初任“联共党史”（后改“马列主义基础”）、“历史唯物论”、“社会发展史”等课程教学，结合教学，系统学习马克思列宁主义理论；同时继续从事史学研究。

1951年8月晋升为讲师，1956年8月晋升为副教授，1978年晋升为教授。1961年，韩先生首次指导研究生。专门指导研究生是在1978年以后，陆续指导了18位硕士研究生。1984年1月，经国务院学位委员会评审，国务院批准，担任博士生导师。1985年春季，招收首届博士生，先后培养了20位博士研究生和1位博士后。为厦门大学首批文科资深教授。

1945年秋,韩先生发表《梨洲史学概说》(《集美周刊》)一文。接着他开始系统探索隋唐五代史,相继出版了《隋朝史略》(1954年)、《柴荣》(1956年)、《隋唐的均田制度》(1957年)、《北朝经济试探》(1958年)、《隋唐五代史纲》(1961年)、《南朝经济试探》(1963年)、《隋唐五代史论集》(1979年)、《魏晋南北朝史纲》(1983年)、《北朝隋唐的均田制度》(1984年)、《敦煌吐鲁番出土经济文书研究》(主编;1986年)、《南北朝经济史略》(1990年)、《中华文明五千年》(主编;1993年)、《中国古代法制史研究》(1993年)、《韩国磐诗文钞》(1995年)、《唐代社会经济诸问题》(1999年)等。另有合译著作《均田制的研究》(堀敏一著;1984年),学术文章一百余种。

韩先生的传世著作中,以《隋唐五代史纲》《魏晋南北朝史纲》和《北朝经济试探》《南朝经济试探》最具代表性,可谓"两纲"著声名,"两探"开新篇。《隋唐五代史纲》和《魏晋南北朝史纲》的出版,奠定了他作为新中国第一代魏晋南北朝隋唐五代史名家的地位;《北朝经济试探》和《南朝经济试探》的出版,则开创了魏晋南北朝断代经济史的写作新体裁,与傅衣凌教授开创的明清社会经济史研究,成为厦门大学历史系中国经济史研究的两个重点领域,并进入国内学术同行的前列。1982年,历史系被国务院学位委员会批准为第一批专门史——中国经济史的博士点。

二

《隋唐五代史纲》是1961年出版的,但早在1953年,韩先生即着手编写《隋唐五代史交流讲义》。从前的大学教师多有自编讲义的传统,学校和教育部门亦重视组织校际交流高质量的讲义,这样既有利于教师的系统备课,又培养了他们的科学研究能力。有一批教师就通过独立编写授课讲义,融入研究成果,质量上乘,从而脱颖而出,韩先生即其一也。笔者曾于1957年修读"隋唐史"课程,用的就是这本《隋唐五代史讲义》。那时的韩先生三十六七岁,高挑的个儿,一袭西装,还携一根文明杖,风度潇洒,尤其他的板书是工整秀美的魏碑体,令我辈学子崇拜不已。他的《隋唐五代史讲义》中关于均田制、租庸调、五代经济等问题的论述,备受行家注意,因而该书一出版,就受到大学师生和学术界的欢迎与首肯。可以说,在韩先生个人学术生涯中,《隋唐五代史纲》的出版是一个转折,他作为隋唐五代史专家的声名,自此为学术界所知晓。

从学术史角度看,《隋唐五代史纲》包举大端,把握全局,尽显其整体历史观。作为断代史,对整体历史观的把握是非常重要的,但要做到这一点却非常不容易。首先,作者需要贯通、溯源历史的能力。其次,要求作者充分掌握历史资料,持之有故而言简意赅。复次,作者要有深厚的理论造诣,具备去伪存真、语出中的之高度概括能力。

韩先生的整体历史观可以从以下三个方面窥其全貌:

第一,用以贯通为特色的长时段历史观来观察和阐述历史。学界所谓长时段历史观,通常是指法国年鉴学派代表人物布罗代尔提出的把历史分解为三个层次,或者说把历史时间区分为地理时间、社会时间、个体时间。韩先生深谙司马迁所说的"究天人之际,通古今之变"这一中国史学传统的整体史观,因而认为中国古代史所采取的贯通的观察和叙事方法所体现的历史观,与布罗代尔的长时段历史观有着兼容相长之处。韩先生坚持中国修史传统,接受王朝体系叙事体例的合理性,依照王朝更迭顺序阐述历史。这有利于将历史变革过程放在一个合理的区间内,使历史变革有过程质变的显示时间,然后分别加以解说。所谓王朝体系恰好有这个特点,一个王朝,一段历史,能清晰地显示其所在历史区间的变革过程及过程质变节点,与布罗代尔的长时段"结构"概念的含义有类似之处。中国历史学界在20世纪50—60年代的"教育革命"中,曾有打破王朝体系的试验,而韩先生并未望风跟进,仍然坚持以《史记》《汉书》为代表的中国修史传统。这是因为二十二史(或二十四史)所沿承的基本统一的体例自有其内在的历史逻辑和叙述逻辑,与长时段历史观所要求的时间区间设计有一定的相似之处,因而具有较高的合理性,至今似乎尚未找到公认的更好的替代体例。

韩先生的长时段历史观还表现在制度溯源方面。唐史学界都熟知陈寅恪先生的名著《隋唐制度渊源略论稿》。陈先生在该书"叙论"中写道:"隋唐制度虽极广博纷复,然究析其原因,不出三源:一曰(北)魏、(北)齐,二曰梁、陈,三曰(西)魏、周。"[②]韩先生在为他指导的第一位博士生谢元鲁的博士论文《唐代中央政权决策研究》撰写的出版序言《有轨迹可循的唐朝职官制度》中指出,唐朝的铨选制度"并非突然出现,而是过去历代铨选办法的继承和发展"[③]。关于均田制的论述,如他在《从均田制到庄园经济的变化》一文中,认为均田制的渊源要溯至中国古代的土地国有制。[④]讲到西魏、北周的府兵制时也指出:“府兵制是从部落兵制发展改革而成。”具体说来,可追溯到拓跋珪之置兵府。[⑤]府兵制是隋、唐前期的重要兵制。

总之,韩先生的长时段历史观,在继承修史的王朝体系传统、制度溯源等问题上表现得非常清晰,这不仅使《隋唐五代史纲》在叙事时断代而不断线,上下贯通,还对读者有寻源问根的启发。

第二,以整体史观梳理断代史中“治”“乱”的复杂性,纲举目张,避免历史叙述的碎片化。历史辩证法告诉我们,统治者与被统治者是一对矛盾,但是他们共处于一个统一体中。在乱世中,寻求生存是统治者与被统治者双方的共同要求,乱中亦常有治的社会共识,故乱后必有治世的出现。由乱而治的转变,既有赖于统治者实行休养生息的政策,也契合被统治者安居乐业的企盼。韩先生在《隋唐五代史纲》中对“乱世”史事的阐述有其独到功夫,体现出清晰的整体史观。隋统一之后,“这时北方的政权回到汉人手中,南北对峙的部族矛盾消失了,这就创造了南北统一的有利条件”[⑥]。也就是说,三百年来北方乱世根源之一的少数民族或汉族的割据政权消失,民族矛盾缓和,中央政权重回汉族统治者手中,从而走向全国统一,并为经济发展创造了良好的社会环境。但是,民族矛盾在边境地区,时或激化,这不仅有其人民受地主阶级压迫和剥削问题,更重要的是这些酋长、头人的某种“自治”“立国”企图。安禄山就是一例。韩先生明确指出:“安史之乱并非偶然,而是唐朝封建统治下,社会矛盾的总爆发,而这个总爆发,是通过统治集团内部的外族将领争夺李唐的政权而表现出来。”[⑦]所谓“通过统治集团内部”,是指唐玄宗统治集团由励精图治转为腐败,李林甫、杨国忠当权,尤其是李林甫,他之所以重用寒族蕃人为大将,是“利其不识文字,无入相由”[⑧]。安禄山、史思明在幽州一带,既有某种领有部众的“自治”权,又有内附而未完全与汉人融合的大批突厥、契丹等少数民族势力的拥戴,取代李唐的野心必然难以抑制。所以安史之乱还是源于民族矛盾的激化。至于唐末向五代十国历史转折的情况,与西晋向五胡十六国历史转折、安史之乱的情况,韩先生的阐述则有所不同。总之,魏晋南北朝、隋唐、五代的乱世之乱源各有不同,揭示乱源就能提纲挈领,令读者不至于如堕入历史迷雾。于此也显示韩先生的整体史观。其中,民族融合和民族矛盾同样是关键问题之一。据他的博士生陈明光回忆,韩先生在授课时提到隋唐的民族融合问题,指出:“从血统上说,隋唐统治集团可以说是在民族大融合下出现的新汉族……隋唐统一不仅表现在政治上、地域上的统一,而且表现在血统上的融合。”[9]

韩先生还辩证地揭示消极的历史现象中也蕴藏着积极的因素,即乱中有治。实际上揭示了中国历史“治”“乱”交替中的免疫能力问题,即乱世之后统治者的改革、调整努力,为社会提供了休养生息的机会。这一观点在20世纪50年代末至60年代上半期被称为“统治阶级的让步政策”。今天看来,它确是社会曲折发展中,抑制社会衰退的某种免疫力问题。他的这一论述令读者面对纷繁的历史,竟有“众里寻他千百度,蓦然回首,那人却在灯火阑珊处”的感觉。中国古代社会治、乱变动因素较为复杂,官吏的治理是关键之一。所以唐太宗曾对他的臣下说:“朕每夜恒思百姓间事,或至夜半不寐。惟恐都督、刺史堪养百姓以否。”[10]韩先生指出,“所以如此重视地方官的人选,正所以要稳定李唐的政权,‘理乱所系’”[11],这就说到问题的实质。

第三,在政治、经济、文化三个板块的布局与整体把握上,驾轻就熟,犹长于经济制度变革的分析,兼顾文化概述,留下文明记忆。《隋唐五代史纲》的政治史约占47%,经济史约占37%,文化史约占16%。在断代史的编写中,突出经济史内容,既体现了韩先生的唯物史观,也反映了他的整体史观意识。马克思主义认为经济基础决定上层建筑,历史的发展进程中,唯由经济基础——生产力和生产关系的变革,最终决定社会形态的更替。把断代历史置于一定的社会经济发展阶段中考察,使断代史的上层建筑论述有经济基础的依据,达到经济基础和上层建筑的辩证统一,使历史的整体性把握臻于至善。这一点显示了其史识的一定高度。

关于唐五代文化,韩先生着墨较多,留下许多启示。值得注意的是,韩先生在讨论雕版印刷时,指出石刻拓印技术由来已久,从刻字技术和经验角度分析,“六世纪或隋、唐之际发明雕版印刷,确是可能的事”[12]。虽然唐代确切的雕版印刷实物证明,其开始可能是在唐玄宗时代,[13]但韩先生的推测仍有参考价值。韩先生十分敏锐地注意到唐代地理学的发展,列举了《括地志》、《十道图》、贾耽《地图》、李吉甫《元和郡县图志》等地理著作,指出贾耽和画工的制图法,一则继承了前代的“分率法”,用比例尺作图,地图的准确性提高了;再则用朱墨二色,区别古今地名,为画沿革图提供了方法。可惜原图今已不存。[14]韩先生所谓前代的“分率法”,是指晋《禹贡地域图》作者裴秀“制图六体”之一的“分率”(比例尺)。后世《华夷图》刻于1136年,专家称“这是继承了贾耽

《海内华夷图》风格的作品”,“该图虽没有方格,但据记载,贾耽的《海内华夷图》是用了‘一寸百里’的比例尺的”。[15]而在《魏晋南北朝史纲》中,韩先生根据1973年长沙马王堆出土的帛绘地图分析说,汉文帝时已经使用了分率法(比例尺)。据研究为一比十八万,即十里折成一寸地图。西晋裴秀当然看不到这幅图,但从长沙马王堆出土的帛绘地图看,他的制图六原则却有所本。[16]据此,可见韩先生所述确有科学和史实依据。

韩先生是文史兼备的学者,他熟读魏晋南北朝诗文,擅长做近体诗和填词,所创作的诗词颇有唐宋韵味,有《韩国磐诗文钞》梓行。他晚年回忆说:“在大学一年级时,曾抄过六朝鲍照、江淹、庾信、徐陵等人的许多诗篇。”[17]基于年轻时的苦功,他对唐代诗词发达的一些细节问题能够叙述入微。如说到进士科经常要考诗赋,玄宗时制举也试诗赋,不会吟诗作赋就难参加科举、制举考试,这种应试诗绝不是诗歌的主流。印度切音的传入,有助于诗歌的音律发展。到唐初进一步完成了律诗的音韵格律的规格。大量民间口语、民歌被吸收到诗中来,使诗歌增添了新鲜血液和生命力。[18]他还提到韩愈为代表的古文运动,不是为了恢复《六经》、秦汉古文,而是要继承前人,改革文风文体,即所谓“务反近体(指骈文),抒意立言,自成一家新语”[19]。韩先生的书法传神魏碑,自成一体,并著有《卜天寿〈论语郑氏注〉写本和唐代的书法》一文,提倡学习书法“必须勤用功夫,刻苦钻研”,“多看别人的书迹,扩张眼界,细心观摩,取长补短”。[20]他的《略谈唐诗的几个问题》一文,引用毛泽东主席关于“诗要用形象思维”的话,他指出:“这就从根本上揭穿了‘四人帮’否定形象思维的谬论。”他说“创作诗歌必须要用形象思维”,而“形象思维就是比较经常地具体体现于比、兴和赋的创作过程中”。[21]

在《隋唐五代史纲》一书中,韩先生钩沉索隐、见微知著的治学风格也有很好的体现。这是一般“讲义”或教科书所难以比拟的。在隋史部分,韩先生明确指出,北周以来,选举已不全凭门第,能够注意到才干,“这个事实,说明北朝后期九品中正制的选举制度,已在发生变革,隋朝完成了这个变革”。隋文帝废去九品中正制,隋炀帝始建进士科。[22]这个结论为史学界所接受,遂为定论。其实,早在1954年出版的韩先生著《隋朝史略》就曾指出:“隋开皇年间,废除魏晋以来的九品中正制;大业年间,建立了科举制。”[23] 1955年的未刊稿《关于科举制度创制的两点小考》则指出:大业三年的十科举人诏、五年的四科举人诏,“就是按照不同的科目来选举人才的科举制度”,秀才、明经、进士三科已在隋朝出现。[24]而进士科在开皇十五或十六年已经出现，修正了此前"大业年间，建立了科举制"、"炀帝始建进士科"的观点。

敦煌、吐鲁番出土文书是南北朝、隋唐史研究的新资料，韩先生写作《隋唐五代史纲》时还未全面公开或未能购到，尽管当时的困难如此，韩先生仍努力搜寻，点滴利用。20世纪80年代，他带领杨际平、谢重光、郑学檬诸位开展敦煌吐鲁番出土经济文书研究，亲自主编出版了《敦煌吐鲁番出土经济文书研究》。该书是运用敦煌吐鲁番资料研究唐史的重要参考著作。1999年，台湾文津出版社出版他的《唐代社会经济诸问题》，更是他利用敦煌吐鲁番出土经济文书资料的又一力作。他一丝不苟地搜寻新史料，钩沉索隐、辩证史实的治学风格，令其门生后学仰之弥高，终身受益。

知人必须论世。韩先生是新中国培养起来的第一代学者，自然是以马克思列宁主义为指导思想的学者。因为马克思列宁主义、毛泽东思想是新中国的主流意识形态，是全党全国人民的指导思想和行动指南。如果脱离这种社会背景，就很难客观全面地评价韩先生他们这一辈学者的贡献，甚至会否定他们在中华人民共和国的第一个重要历史发展阶段所做出的学术贡献。韩先生在新中国成立之初就努力学习马克思主义，接受历史唯物主义，并运用于魏晋南北朝史、隋唐五代史的研究之中，形成具有鲜明时代特色的"史识"，即马克思主义唯物史观，并贯穿于他的断代史和经济史研究之中。他主张封建土地国有制居于支配地位，认为是中国历史上中央集权政府的经济基础。他的史识所显示的理论素养和学术水平，高于一些同时代、同类断代史诸家。这有当时中国科学院历史研究所名家的评价为据。因此，他在1956年就晋升为副教授，随即受聘为中国科学院历史研究所兼任副研究员，参与侯外庐主编的《中国思想史》写作。以马克思主义唯物史观为指导，带着时代的烙印，成为《隋唐五代史纲》所表达的史识的重要特点。因此，他和同时代大多数历史学家一样是与时俱进的，其史识和1949年以前的历史学家有着不小的区别，他和同时代史学家在这一方面所做出的学术贡献令人瞩目。

历史是需要反复认识的。从今天的角度看，在史学研究中如何运用马克思主义的阶级分析方法，有许多问题值得深思。我们信仰马克思主义历史唯物论，但是我们不能将微观历史事件、历史人物对号入座，标签识别。例如《隋唐五代史纲》里有关人物评价的阶级分析方法，不能说它都是科学的。一般说来，在阶级社会里，每个人都隶属于一定的阶级，这是不以人们的意志为转移的。但是,单纯依据其家族或家庭的政治、经济地位,或是否科举出身,认定其阶级属性,进行阶级分析,难免会有误差。人的意识形态倾向具有可塑性,所谓"近朱者赤,近墨者黑;声和则响清,形正则影直"[25]。脱离一个人的生长环境去分析其阶级属性,是难于合理的。影响每个人思想的因素很多,除家庭环境外,还有社会关系、受教育状况以及个人经历等。后几种因素有时也可以是决定性的。因此,有些人就可能持有与自身曾经生长其中的那个阶级不同乃至相反的政治立场。这就要求我们在品评历史人物时,要实事求是,具体情况具体分析,不能搞唯成分论。科举选人以文章为标准,重视文化素养,不拘一格选人。但科举出身的士子,从政以后,其政治取向则是谋取治国理政大位。因此,在争夺治国理政机会的过程中,互结朋党实属必然。互结朋党背后是政治经济利益的再分配。因此,以士庶之别,鉴定一个历史人物的政治取向,就很难符合历史实际。阶级分析是科学分析方法之一,实际上不易掌握,过则"离道行权,去质为文"[26],奈何前辈学者?"观过,斯知仁矣"[27],忆师辈的学术苦旅,方知学问之艰难。

《隋唐五代史纲》运用马克思主义历史唯物论的若干时代局限,以及它受"儒法斗争"宣传影响,两次修订(1977 年、1979 年版)留下的某些论述缺陷,难于亡羊补牢。这是一代史学家之史识的时代缺陷,和历史上经常出现的史识缺陷一样,既不必讳言,也反对脱离时代的"十誉不足,一毁有余"。我们应该秉持知人论世、客观公正的态度,评说他们因时代的意识形态张力影响而产生的史识缺陷,不应该欲拨乱反正而过犹不及,也不因洋论入华而弃之如敝屣。

总之,韩先生的《隋唐五代史纲》是新中国培养的第一代史学家留给我们的宝贵遗产,作为韩师门人,视之弥足珍贵,谨此为文。

2020 年 9 月 20 日

注释:

①韩国磐:《韩国磐自传》,晋阳学刊编辑部编:《中国现代社会科学家传略(第二辑)》,太原:山西人民出版社,1982 年,第 352 页。

②陈寅恪:《隋唐制度渊源略论稿》,北京:生活·读书·新知三联书店,1954 年,第 1 页。

③韩国磐:《有轨迹可循的唐朝职官制度》,《江西社会科学》1988 年第 6 期。

④韩国磐:《从均田制到庄园经济的变化》,《历史研究》1955 年第 5 期,后收入韩国磐:《隋唐五代史论集》,北京:生活·读书·新知三联书店,1979 年,第 133~184 页。

⑤韩国磐:《魏晋南北朝史纲》,北京:人民出版社,1983 年,第 512 页。

⑥韩国磐:《隋唐五代史纲》,北京:生活·读书·新知三联书店,1961 年,第 21 页。

⑦韩国磐:《隋唐五代史纲》,北京:生活·读书·新知三联书店,1961 年,第 180 页。

⑧(后晋)刘昫等撰:《旧唐书》卷 106,《李林甫传》,北京:中华书局,1975 年,第 3240 页。

⑨《深切的追忆和怀念——纪念韩国磐先生诞辰 100 周年》,厦门大学历史系纪念韩国磐诞辰 100 周年暨“韩国磐史学研究”学术研讨会印制,2019 年,第 68 页。

⑩(唐)吴兢:《贞观政要》卷 3,《择官第七》,上海:上海古籍出版社,1978 年,第 89 页。

⑪韩国磐:《隋唐五代史纲》,北京:生活·读书·新知三联书店,1961 年,第 127 页。

⑫韩国磐:《隋唐五代史纲》,北京:生活·读书·新知三联书店,1961 年,第 345 页。

⑬宿白:《唐宋时的雕版印刷》,北京:文物出版社,1999 年,第 3 页。

⑭韩国磐:《隋唐五代史纲》,北京:生活·读书·新知三联书店,1961 年,第 351 页。

⑮[日]海野一隆著:《地图的文化史》,王妙法译,香港:中华书局,2003 年,第 28~30 页。

⑯韩国磐:《魏晋南北朝史纲》,北京:人民出版社,1983 年,第 551 页。

⑰韩国磐:《韩国磐自传》,晋阳学刊编辑部编:《中国现代社会科学家传略(第二辑)》,太原:山西人民出版社,1982 年,第 351 页。

⑱韩国磐:《隋唐五代史纲》,北京:生活·读书·新知三联书店,1961 年,第 372 页。

⑲（后晋）刘昫等撰:《旧唐书》卷160,《韩愈传》,北京:中华书局,1975年,第4204页。

⑳韩国磐:《隋唐五代史论集》,北京:生活·读书·新知三联书店,1979年,第449页。

㉑韩国磐:《隋唐五代史论集》,北京:生活·读书·新知三联书店,1979年,第452页。

㉒韩国磐:《隋唐五代史纲》,北京:生活·读书·新知三联书店,1961年,第24页。

㉓韩国磐:《隋朝史略》,上海:上海人民出版社,1954年,第6页。

㉔韩国磐:《隋唐五代史论集》,北京:生活·读书·新知三联书店,1979年,第295页。

㉕（晋）傅玄:《太子少傅箴》,据1930年影印清光绪二十年（1894年）黄冈王氏刻本,（清）严可均辑:《全晋文》卷804,见《续修四库全书》第1605册,《集部·总集类》,上海:上海古籍出版社,2002年,第301页。

㉖王卡点校:《老子道德经河上公章句》卷1,《安民第三》,北京:中华书局,1993年,第10页。

㉗杨伯峻译注:《论语译注·里仁第四》,北京:中华书局,1980年,第37页。

作者郑学檬,厦门大学原常务副校长,人文学院历史系教授、博士生导师。

葛家澍与《会计基础知识》

杜兴强

一、本书作者简介

葛家澍教授（1921—2013），男，江苏兴化人，厦门大学文科资深教授，中国著名经济学家、管理学家、会计学家和教育家，新中国会计理论、会计准则与会计教育事业的开拓者和奠基人。

葛家澍教授1921年3月出生于江苏兴化；1945年毕业于厦门大学会计学系，获商学学士学位，毕业后留校任教；历任厦门大学会计学系助教（1946年9月—1949年1月）、讲师（1949年2月—1956年7月）、副教授（1956年8月—1978年10月）、教授（1978年11月）；1981年11月，经国务院学位委员会审批为全国首批会计学博士生导师（仅两名）；1990年，获得首批国务院政府特殊津贴；1989年，被国务院授予"全国先进工作者"称号。作为新中国会计教育，特别是研究生教育的先行者和拓荒者，葛家澍教授共培养博士76名，并创造了中国会计界多项第一，包括招收新中国第一批硕士研究生，培养了新中国第一个经济学（会计学）博士、第一个经济学（会计学）女博士、第一个审计学博士、第一个会计学博士后、第一个来自台湾的会计学博力等。

葛家澍教授系厦门大学经济学院首任院长，[①]国务院学位委员会学科评议组（经济学）第一、第二届成员（1982—1990年），是新中国首批硕士生、博士生导师。在葛家澍教授等老一辈会计学家的领导下，厦门大学会计学系（学科）成为国家教委（即后来的教育部）批准的首批博士与硕士授予单位，是我国最早招收会计学博士后研究人员单位，是厦门大学工商管理一级学科博士学位授权点的骨干学科和工商管理博士后流动站的支撑学科，也是厦门大学“211 工程”和“985 工程”重点建设的学科之一。1987 年,厦门大学会计学系被批准为我国第一批国家级重点学科。在 2002 年和 2007 年国家重点学科评估中,厦门大学会计学科均名列第一（全国会计学科)。2000 年 12 月,教育部根据“唯一最好”原则批准设立了普通高等学校人文社会科学重点研究基地——厦门大学会计发展研究中心。2004 年 12 月,教育部批准设立国家哲学社会科学创新基地（“985 工程”二期,会计学科唯一）——财务管理与会计研究院。目前,厦门大学会计学科形成了会计学系、会计发展研究中心、财务管理与会计研究院“三位一体”的学科群。此外,厦门大学会计学科也是全国会计硕士专业学位（MPAcc）教育论证发起单位和首批试点单位。

在 60 余载的科研生涯中,葛家澍教授最让人称道的品质是他作为科学家的求实态度和战士般的勇敢精神。这两点品质对中国会计思想的拨乱反正和西方会计学说的引进起到了至关重要的作用。新中国成立之初,学术界一派严重的“崇苏”氛围,葛家澍教授于 20 世纪 50 年代中期起,通过论文、教材,提出并逐渐形成了一套系统、严密的资金运动理论,成为那一时期中国会计学的主流派,也是仅有的、不同于苏联专家的学术观点。[②]1963 年,葛家澍教授成为新中国第一批国家重点文科教材《会计基础知识》的主编。这是当时这套教材中唯一的会计教材。1978 年初,学术界仍然被“两个凡是”捆缚手足,禁区森严。葛家澍教授凭借着强烈的历史责任感、超人的胆识、深厚的学术修养,写了《必须替借贷记帐法恢复名誉——评所谓“资本主义的记帐方法”》一文(《中国经济问题》1978 年第 4 期),被誉为“打响了中国会计界拨乱反正的第一炮”;此后,1980 年 9 月,财政部发布《国营工业企业会计制度》,恢复使用借贷记账法。1981 年,葛家澍教授发表论文《论会计理论的继承性》[《厦门大学学报（哲学社会科学版)》1981 年第 3 期]。这篇文章彻底推倒了在所谓“社会主义会计”和“资本主义会计”之间人为筑起的高墙,为我国理性研究和引进会计准则,提供了基础与可能。上述发表于 20 世纪 70 年代末与 80 年代初的经典论文,是当时会计领域的思想解放与启蒙运动的核心论文,它们在一定程度上改变了中国会计研究与实务发展的进程,让会计回归到科学化、理性化的道路上来。此外,葛家澍教授发展和完善了会计信息系统论的观点,成为当时主流的两个学术观点之一,厦门大学会计学科也因此被中国会计界誉为“南派”。

葛家澍教授对新中国会计理论、会计准则的贡献是开拓性和奠基性的,主要包括确立了资金运动理论，使其成为新中国独立于苏联的“中国特色”的会计理论，并为当时的经济运行提供较好的理论依据；经过缜密的推理，提出借贷记账法没有阶级性，为当时会计领域拨乱反正打响“第一炮”；在对西方会计理论的发展进行详细、逻辑严密的讨论后，认为会计理论是继承性的、是全人类的共同财富，这对当时会计界摆脱政治口号式的文章、回归到理性的研究，具有极为重要的引导作用；关于财务会计概念框架、会计准则与公允价值的研究，同样在学术界有先导、示范作用。

由于卓越的学术成就和深厚的学术造诣，葛家澍教授被誉为在会计理论上“独树一帜”和“大陆会计学界的翘楚”。葛家澍教授先后撰写有影响力的专著和教材二十余部、论文百余篇，研究成果《市场经济下会计基本理论与方法研究》（中国财政经济出版社，1996 年）获得国家社会科学基金优秀成果奖（会计学科唯一）和教育部第二届人文社会科学优秀成果一等奖，《会计基本理论与会计准则问题研究》（中国财政经济出版社，2000 年）获教育部第三届人文社会科学优秀成果一等奖，《财务会计概念框架与会计准则问题研究》（与杜兴强教授合作；中国财政经济出版社，2003 年）获教育部第四届人文社会科学优秀成果一等奖。《财务会计概念框架与会计准则问题研究》与《会计理论》（与杜兴强教授合作；复旦大学出版社，2005 年）分获福建省第六、第七届社会科学优秀成果一等奖。此外，葛家澍教授还多次承担国家社会科学基金重点项目、教育部人文社科重点项目、教育部人文社科基地重大项目等多项课题。

自 20 世纪 80 年代始，葛家澍教授开始参与我国的会计准则体系建设，他的诸多学术思想已成为我国制定会计准则和会计制度的重要决策参考。从 1986 年开始，他连任中国会计学会副会长、财政部企业会计准则咨询专家组成员，是中国会计学会会计准则与会计理论研究组召集人之一，与娄尔行教授、阎达五教授一起，推动财政部会计司成立会计准则课题组，加快了我国企业会计准则制定的进程；担任中国会计学会会计教育改革研究组召集人，推动我国高校会计教育改革多元化尝试。葛家澍教授还曾任中国会计教授会、中国对外贸易会计学会、中国机械工业学会、中国教育会计学会、中国医药会计学会、中国工会会计学会顾问，福建省会计学会、注册会计师协会名誉会长、顾问等。此外，葛家澍教授先后被西南财经大学荣誉教授，南开大学、西北大学、天津财经大学、江西财经大学、安徽财经大学、中山大学、兰州财经大学、浙江工商大学、江苏大学等多所院校聘为在职或客座教授。由于在教学和科研方面具有突出贡献，葛家澍教授担任福建省第六、第七、第八届人民代表大会代表。

从教60余载，葛家澍教授教学成果卓著。教学成果奖方面，1989年，因其《创建"独树一帜"的财务会计教材体系》，而获得国家教委的"优秀教学成果奖"；2005年，葛家澍主编的高等教育"十一五"国家规划教材《中级财务会计学》（中国人民大学出版社，2003年）获得国家级教学成果奖；2009年，"继承与发展：独树一帜的《会计理论》教材"获福建省教学成果一等奖。除了教学成果，葛家澍教授主编的《中级财务会计》（辽宁人民出版社，1996年）获得国家教委优秀教材一等奖。此外，葛家澍教授还主编了《会计基础知识》等多部在全国影响甚远的会计学教材，发行量超过百万册。这些教材，对改革开放之初中国会计的教育、普及与推广影响深远，也在一定程度上对当时中国经济的发展起到积极的促进作用。

二、本书的写作历程及出版情况[③]

葛家澍教授（为了行文方便，本部分简称"先生"）1921年出生于江苏兴化县邵阳镇，自幼聪颖，少时闻名于省立镇江中学。至高中毕业，成绩位列"榜眼"。原本有机会进入上海交通大学继续深造的先生，却由于诸多高校内迁，不得已中断学业一年。1940年，江苏学院招生，品学兼优的先生出人意料地报考了该校的经济系会计科，从而在某种程度上影响了日后中国会计的发展。随后，江苏学院迁往武夷山麓。彼时，先生在极其艰苦的环境中，仍孜孜不倦、勤奋好学，终通过转学考试，以优异的成绩考入内迁福建长汀的厦门大学继续学业，主修商学会计科。

在长汀时期的厦门大学，先生惜时如金、如饥似渴地研读了当时学校图书馆和资料室几乎所有的会计书籍和资料，从而夯实了会计学科的知识。同时，先生的知识涉猎范围还从单纯的会计学拓展到方法论、经济学、历史学、文学等领域，从而为日后的学术生涯积累了丰富的知识。

新中国成立后，百废待兴。会计界亦是如此。受报效祖国思潮的影响，先生和几位年轻的会计学者，在著名经济学家王亚南教授（时任厦门大学校长）与肖贞昌教授（时任会计系系主任）的支持下，成立了新会计研究会。先生后来多次回忆起王亚南校长对他们的鼓励:“在大学做教师不能只会讲课,一定要开展学术科研;如果只是讲课,那你永远只可能是个教书匠。只有进行学术研究,你的教学质量才能提高,而好的教学质量反过来会促进你的科研成果。”在王亚南校长的鼓励下,这群年轻的会计学者,致力于运用马克思主义原理探讨会计学科的相关理论问题,经常通宵达旦、废寝忘食。更难能可贵的是,先生身处各行各业“唯苏联模式马首是瞻”的、独特的宏观经济与政治环境下,却尽可能少受其影响,秉持自己独特的看问题的视角与思考模式。一分耕耘、一分收获!先生的勤于思索与独立思考结出了丰硕成果。

苏联的《会计核算原理》课程提纲中,将会计核算对象界定为“按货币方式来反映、监督和总结有计划社会主义扩大再生产过程及其物质基础——社会主义财产”。当时,受各行各业学习苏联、奉苏联为圭臬思潮的影响,中国会计界的绝大部分学者并未对《会计核算原理》课程提纲中关于会计核算对象的界定提出质疑。但是,先生在长汀时期的厦门大学所受到的方法论训练却促使其产生了如下层层递进的思考:(1)社会主义财产究竟是会计学的对象,还是所有经济学科的对象?显然,属于后者。(2)一个学科倘若没有自己排他性的对象,何以成为独立的一门学科?会计学科要独立成为一门学科,显然应该有自己独特的对象——这是会计核算作为一门独特学科的前提。(3)因此,“社会主义财产”不应是会计的核算对象。而后,先生经过深思熟虑,提出“会计核算是反映社会主义资金(价值的形式)再生产”,并进而指出“会计核算对象是社会主义社会产品再生产一切现象过程和物质要素——在社会主义财产——的量的方面”。这一观点以《试论会计核算这门科学的对象和方法》为题,发表于《厦门大学学报(社会科学版)》1956年第2期。这一关于会计核算对象的界定,尽管今日看来颇具“年代感”,但是须知,在那个一切唯苏联与学苏联的时代背景下,先生能够思考、质疑与挑战苏联教科书中的观点,本身就需要极大的勇气与智慧!

随后,先生继续对会计核算对象进行反思与深入思考,并对“会计核算对象是社会主义社会产品再生产一切现象过程和物质要素——在社会主义财产——的量的方面”这一观点进行拓展。这一过程艰辛而充满挑战,甚至是五年磨一剑!最终,先生于1961年发表了《关于社会主义会计对象的再认识》一文[《厦门大学学报(社会科学版)》1961年第2期],系统发展和阐述了“会计对象”为“企业经济活动中可以用货币表现的那些数量方面”即“社会主义扩大再生产过程中的资金运动”。自此,关于会计对象的系统和严密的资金运动理论得以形成。

资金运动论的观点,在当时清一色的苏联教材的时代背景下,面临着极大的困境。1963 年,我国出版了第一本真正意义上属于中国自己的会计学教材——《会计原理》(中国财政经济出版社)。该教材由杨纪琬、赵玉珉、娄尔行、葛家澍、吴诚之合编。该教材在涉及“会计对象”这一敏感主题时,曾用小字阐述了会计对象的资金运动论观点。随后,这一理论不断地丰富和拓展,从而形成了中国会计学界关于会计对象的“资金运动学派”(已故著名经济学家、会计学家顾准先生语)。先生作为代表创建的“资金运动学派”,使得厦门大学会计学科在新中国成立不久就成为中国会计学界的重镇之一,也奠定了厦门大学会计学科迄今为止在中国会计学界的地位!

1964 年,葛家澍教授主编的、融入了成熟的资金运动论观点的《会计基础知识》一书,由中国财政经济出版社出版。《会计基础知识》一书,是新中国成立后由国家教委主持的全国第一套高等学校文科教材。该书出版后多次印刷,据不完全统计,该书的销量超过百万册。1980 年,该书经过改版,更名为《会计学基础》,继续作为高校文科教材。[④]

三、本书的基本内容、学术价值与教学价值

(一)基本内容

《会计基础知识》一书共包括七章。第一章为导论,内容包括“什么是会计”、“社会主义制度下会计的作用”与“会计学及其主要内容”;第二章为“资金平衡表、帐户与复式记帐”,内容包括“会计核算方法概说”、“资金平衡表”、“帐户及其基本结构”、“复式记帐法”、“总分类帐户和明细分类帐户”、“帐簿”与“日常核算资料的检查”;第三章为“企业主要经济业务核算和成本计算”,内容包括“企业主要经济业务核算和成本计算的内容”、“材料采购业务的核算和采购成本的计算”、“生产业务的核算和生产成本的计算”、“销售业务的核算和销售成本的计算”与“财务成果及其分配的核算”等;第四章为“会计报表的结构和内容”,内容包括“会计报表的作用和种类”、“资金平衡表的结构和内容”、“费用和成本报表的结构和内容”、“利润计算表的结构和内容”与“会计报表的报送、审核和汇总”;第五章为“会计报表分析”,内容包括“会

计报表分析的意义和作用”、“会计报表分析的程序和方法”、“资金平衡表的分析”、“利润计算表的分析”与“费用和成本报表的分析”；第六章为“农村人民公社基本核算单位会计核算的特点”，内容包括“现金收付记帐法”、“农村人民公社生产队主要经济业务的核算”与“生产队的会计报表”；第七章为“会计工作的组织”，内容包括“会计机构的设置”、“会计人员的职权”与“会计制度的制定和执行”。《会计基础知识》一书还附有练习题。

(二)学术价值与教学价值

《会计基础知识》一书首次出版于1964年，虽今天看来不可避免地带有时代烙印，但历史和辩证地看，该书仍无可辩驳地具有重要的学术价值与教学价值。

1.学术价值

(1) 强调会计的技术性

20世纪50—60年代初，中国会计学术界曾掀起过一场关于会计属性的大论战。[⑤]基于20世纪50—60年代的特殊历史背景，会计具有阶级性的观点一度成为当时鲜明的观点。1962年12月4—8日，高等学校文科教材办公室经济组邀集了财政部、中国科学院经济研究所、厦门大学、中国人民大学、北京大学、南开大学、中央财政金融学院和中国财政经济出版社等有关单位的部分同志，对有关会计学的几个理论问题，包括会计有无阶级性的问题进行了深入座谈。支持会计技术性的学者指出，在会计的基本方法与程序中，有不少可供不同社会共同使用的方法，包括复式记账，填制凭证、登记账簿、编制报表的基本程序，同生产技术过程联系较为紧密的成本计算的具体方法如费用归集和摊配的程序等，为此会计的技术性应为会计的主要属性；支持会计具有阶级性的文献则表明，会计中存在诸多方法和程序仅适合资本主义社会（如账户分类、货币计算、会计报表分析），因此会计具有阶级性。[⑥]

葛家澍教授认为，会计具有技术性与社会性双重属性。请注意，葛家澍教授使用的是会计的“社会性”，而并非“阶级性”一词。葛家澍教授的《会计基础知识》一书，更多地强调会计的技术性，强调会计在不同社会环境中的运行具有共性，会计的基本程序与方法具有普适性。当然，在当时的社会环境下，葛家澍教授在《会计基础知识》一书中只提会计在阶级社会带有程度不一的“阶级烙印”，从而颇具艺术性地淡化了会计的阶级性。会计的社会性这一较为中性的提法，成为此后若干年会计学术界谈及会计属性的标准术语。会计的社会性，淡化了不同“社会制度会计”的观念——强调会计基本程序、方法与技术在不同社会制度下,由于使用者需求的不同而产生的差异。

葛家澍教授在《会计基础知识》一书中展现的会计技术性为主要属性的思想,后经不断完善,最终促成了葛家澍教授发表的两篇颇具影响的论文——《必须替借贷记帐法恢复名誉——评所谓"资本主义的记帐方法"》与《论会计理论的继承性》。《会计基础知识》一书中关于会计属性的深刻认识,从一定程度上可以说是超越了那个时代的局限性,这不仅需要勇气,更需要智慧!

(2)强调社会主义制度下的会计

与强调会计的技术性一脉相承,葛家澍教授在《会计基础知识》一书中再次在会计性质层面进行了理论突破,那就是不再用"社会主义会计",而是强调"社会主义制度下的会计"。换言之,"社会主义制度下的会计"这一术语,再次淡化了会计的阶级性。"社会主义制度下的会计"这一提法在相当一段历史时期都是适应的。譬如,我国是社会主义国家,国家宏观调控是我国经济社会管理包括资本市场监管的一大基本特点。为此,在中国情境下,在确定会计目标的几个子内容——谁是会计信息的使用者、会计信息使用者需要哪些信息、会计如何提供使用者需要的信息——的过程中,将不得不考虑国家宏观管理层面的因素。20世纪初,葛家澍教授在论及会计基本假设时,仍建议将"国家宏观经济调控"作为我国的一项重要的会计基本假设,这充分体现了"社会主义制度下的会计"的阶段性特征。这一观点得到了学术界的广泛认可,并引起了监管部门的重视,对我国会计准则体系的完善起到了重要的推动作用。

此外,"社会主义制度下的会计"的论述可以促使我国会计监管部门反思"国际会计趋同化背景下中国会计的特色问题"。的确,会计的国际趋同是大势所趋,但是趋同并不意味着不容许差异,也不意味着消除差异,更不意味着忽视差异。实际上,基于我国处于社会主义初级阶段的论断,论及基于中国情境的会计信息披露与财务报告质量,必须注意到制度环境特征,应从具体制度环境出发修改和完善中国的企业会计准则体系、完善信息披露的监管。

(3)再次阐明了会计对象的资金运动论

新中国成立初期,全国各高校会计学专业使用的是清一色的苏联会计教材。当时,中国会计学界,特别是葛家澍教授,从未停止过对苏联会计教材中一些问题的思索与质疑。譬如,关于会计对象,苏联的《会计学原理课程提纲》中,将会计核算对象界定为"按货币方式来反映、监督和总结有计划社会主义扩大再生产过程及其物质基础——社会主义财产"。但是,葛家澍教授经过多年的潜心研究,认为“社会主义财产”不应是会计的核算对象,“会计核算是反映社会主义资金（价值的形式）再生产”,进而指出“会计核算对象是社会主义社会产品再生产一切现象过程和物质要素——在社会主义财产——的量的方面”。这一观点以《试论会计核算这门科学的对象和方法》为题于1956年发表。继而,葛家澍教授于1961年发表了《关于社会主义会计对象的再认识》一文,系统发展和阐述了“会计对象”为“企业经济活动中可以用货币表现的那些数量方面”即“社会主义扩大再生产过程中的资金运动”。自此,关于会计对象的系统和严密的资金运动理论得以形成。

1962年,杨纪琬、赵玉珉、娄尔行、葛家澍、吴诚之五位知名学者编写了《会计原理》,其中先生编写的部分,就用小字阐述了会计对象是“资金运动”而非“社会主义财产”的观点。葛家澍教授在《会计基础知识》第一章中,详细阐述了资金运动论的观点,并将之贯穿于该书。

会计对象的资金运动理论系新中国成立初期我国会计界在会计理论研究方面的重要突破,这与后来关于会计本质的观点——“会计是一个以提供财务信息为主的经济信息系统”——“会计信息系统论”一脉相承,共同支撑和造就了中国会计学界的“厦大学派”。

2.教学价值

葛家澍教授主编的《会计基础知识》是新中国第一部会计学统编教材,累计发行超过百万册,直接推动了当时会计学教育的普及。葛家澍教授通过高质量教材的编写,为促进我国的会计教育并逐步提升会计教育水平做出了卓越的贡献。

时至今日,虽然会计的内容日益丰富,但是《会计基础知识》一书中的若干观点如“会计技术性与社会性”、“社会主义制度下的会计”、会计对象的“资金运动”理论,仍影响着今天的会计学教材的编写。

注释:

①1982年担任厦门大学经济学院创院院长时,首次提出“引理入经”:针对当年财经、经济类招生只面向文科考生,提出文理兼收,并于1984年率先在厦门大学经济学院研究生招生试点。此后,这一做法逐步成为全国性政策。

②20世纪50年代,在王亚南校长的鼓励下,葛家澍教授和年轻同事组成研究小组,一起探讨、切磋学术问题,潜心科研,并逐渐在国内学术界产生影响,于1956年起发表多篇学术论文,逐渐形成了会计对象是资金运动的观点,

这成为当时新中国会计领域摆脱苏联影响、形成中国会计理论的标志,葛家澍教授也因此被著名经济学家、会计学家顾准先生赞为“资金运动学派”的创始人。

③本部分的写作,参考了杜兴强《葛家澍教授学术思想研究》(厦门大学出版社,2021年3月出版)。

④1980年《会计基础知识》更名为《会计学基础》出版后,由于《会计基础知识》在国内高校享有的高度赞誉,在经过较大修改后,葛家澍教授应邀主编了另一个版本的《会计基础知识》,由上海人民出版社予以出版。上海人民出版社的《会计基础知识》,前后共有三个版本,重印十余次,发行量亦超过百万册。见葛家澍、余绪缨:《葛家澍教授、余绪缨教授从教五十周年论文集——广义管理会计研究》,厦门:厦门大学出版社,1995年,第12页。

⑤论战的焦点集中于“会计在技术性之外”、“是否还具有阶级性”以及“会计的技术性或阶级性是会计的主要属性”。

⑥座谈会纪要后由葛家澍教授整理为论文并发表于《经济研究》期刊。参见谈惠:《关于会计学的几个理论问题的讨论》,《经济研究》1963年第2期,第64~67页(注:谈惠系葛家澍教授的笔名)。

参考文献:

杜兴强:《葛家澍教授学术思想研究》,厦门:厦门大学出版社,2021年。

葛家澍:《试论会计核算这门科学的对象和方法》,《厦门大学学报(社会科学版)》1956年第2期。

葛家澍:《关于社会主义会计对象的再认识》,《厦门大学学报(社会科学版)》1961年第1期。

葛家澍主编:《会计基础知识》,北京:中国财政经济出版社,1964年。

葛家澍、余绪缨:《葛家澍教授、余绪缨教授从教五十周年论文集——广义管理会计研究》,厦门:厦门大学出版社,1995年。

葛家澍:《关于财务会计基本假设的重新思考》,《会计研究》2002年第1期。

谈惠:《关于会计学的几个理论问题的讨论》,《经济研究》1963年第2期。

杨纪琬主编:《会计原理》,北京:中国财政经济出版社,1963年。

作者杜兴强,厦门大学管理学院会计学系主任,教授、博士生导师。

金德祥与《文昌鱼》

高亚辉

一、作者简介

金德祥,我国著名海洋生物学家和硅藻学家。1910年2月6日生于浙江嘉兴,1997年9月24日卒于厦门鼓浪屿。初小毕业于厦门集美小学,1929年高中毕业于嘉兴秀州中学,同年考入浙江大学农学院,后转至厦门大学动物学系,在厦门大学三、四年级期间,担任生物技术学和遗传学实验的助教工作,并在福建省立第十三中学兼课。1933年毕业于厦门大学动物学系,副系为化学系,毕业论文的题目是《厦门文昌鱼的生物学》。之后到岭南大学学习,1935年获岭南大学理学硕士学位,主修寄生虫,副修畜牧学;在岭南大学时担任"生物学"、"植物学"、"无脊椎动物学"、"胚胎学"、"普通昆虫学"和"昆虫分类学"助教工作。①

1935年夏回母校厦门大学任讲师,兼任海产生物研究场研究员和生物材料处主任。这时就开始了厦门海洋浮游硅藻和海洋浮游动物的研究,包括分类和季节分布。1937年在*Amoy Marine Biological Bulletin*(《厦门海洋生物学集刊》)上发表"Notes on the Marine Planktonic Diatoms from Amoy",1939年在*Philippine Journal of Science*(《菲律宾科学杂志》)上发表"Marine Planktonic Diatoms from China Coast"等4篇英文论文,这也是中国海洋硅藻研究的开端。同时结合教学和材料处的工作经验,出版了《生物标本制作法纲要》一书。②

1940年夏天离开厦门大学,受聘于福建农学院畜教系任副教授兼科学馆馆长,教"普通生物学"、"遗传学"和"家畜解剖学"。1942年夏任福建省立医学院教授兼寄生虫学教研室主任,教"寄生虫学"和"生物学"。1944年之后分别受聘于福建省动植物研究所、西北医学院和中正医学院任研究员或教授，1946年夏返回厦门大学任教授。回到厦门大学后，金德祥教授重新整理分析中国过去100年间（1847—1946）的硅藻名录及相关参考文献，列出了在中国发现的955种硅藻的种类名录、生态与产地及65篇关于中国硅藻的文献，并写下了“A List of Chinese Diatoms, from 1847 to 1946”、“An Annotated Bibliography of Chinese Diatoms, from 1847 to 1946”、“厦门的海产浮游硅藻”等论文，解放后，分别在《厦门水产学报》、《岭南科学杂志》等期刊上发表。[3]

1946年后一直在厦门大学从事教学和科学研究工作，其间先后担任生物学系海洋生物学和植物学教研室主任、系副主任，厦门大学副教务长，校工会副主席和中国科学院华东海洋研究所研究员等职。先后讲授“动物学及其教学实习”、“海洋无脊椎动物学”、“浮游生物学”、“生产实习”、“现场教学”、“硅藻学”、“腔肠动物学”等本科生和研究生课程20余门。[4]

金德祥教授早年主要从事海洋动物和寄生虫研究，后致力于海洋硅藻的研究，既是我国文昌鱼研究的开拓者之一，又是我国海洋硅藻研究的奠基人。金德祥教授从20世纪30年代以来，率先在我国开展海洋硅藻研究，为我国海洋硅藻分类和生态研究奠定了坚实的基础，培养了许多优秀的海洋生物研究领域的人才。[5]他是厦门大学首批博士生导师之一，1956年开始招收第一届研究生（3人），先后培养博士后、博士和硕士10余人，许多学生已成为我国海洋科学事业发展的骨干力量，如著名海洋浮游生物学家、厦门大学海洋系原系主任李少菁教授是金德祥教授指导的首届3名研究生之一。

金德祥教授共发表学术论文100余篇，出版专著7部和译著1部。发现绦虫1新种、硅藻34新种和新变种，建立硅藻1新属。他的专著《文昌鱼》、《人体寄生虫学图谱》、《中国海洋浮游硅藻类》、《中国海洋底栖硅藻类》（上、下卷）、《*The Marine Benthic Diatoms in China*》等是我国相关研究领域的重要著作和宝贵文献。尤其在国内外硅藻学术界，金德祥教授享有很高的声誉，为推动我国海洋生物学的发展做出了显著的贡献。[6]

金德祥教授是中国动物学会发起人之一，曾任中国海洋湖沼学会、中国海洋学会理事，中国藻类学会常务理事，国家科委海洋组生物分组成员，福建省水产学会名誉理事长、顾问，福建省海洋学会和海洋湖沼学会副理事长，国际硅藻学会会员，并兼任《台湾海峡》首届副主编和第二、三届顾问，《海洋与湖沼》、《海洋学报》等刊物编委或顾问等职。1988年获国家教委科技进步奖二等奖,1992 年获国务院颁发的“政府特殊津贴”荣誉。金德祥教授曾被选为第三届福建省人民代表大会代表、福建省政协第五届委员、厦门市第二至第五届人大代表、中国农工民主党第九届厦门市委顾问。⑦

二、本书的写作和出版情况

文昌鱼不是鱼,是脊索动物,文昌鱼在动物进化上是一个非常重要的过渡类群。地球上最早的由无脊椎到脊椎过渡的动物出现在大约 5 亿年前,这就是在海洋里出现的这种脊索动物文昌鱼。文昌鱼全身半透明,头尾两头尖,外形上具有通透玲珑的美感,国外也称其为 Amphioxus、Lancelet（译作“双尖鱼”）。

文昌鱼在国内外都有分布,在我国主要分布在厦门、青岛、广东、海南等海域,但是,只有厦门的文昌鱼资源丰富、产量多,形成规模的渔业生产和渔汛,厦门同安刘五店（现为翔安区刘五店）渔民捕捞文昌鱼已经有 300 余年历史了。文昌鱼作为一个特殊的物种在世界上产地和数量都很少,却在厦门附近浅海大量分布。刘五店渔场是历史上唯一曾形成渔业生产的文昌鱼渔场,年产量达到 35 吨,其产量之多,发现之早,冠于全球,算得上是生物界的一大奇观,为世界其他地区所罕见。⑧文昌鱼是厦门的传统名贵特产,以鲜美著称,从前华侨们回到厦门,最想带走的东西就是文昌鱼干。在他们眼里,这是最能代表家乡的东西。因此,厦门是世界闻名的文昌鱼的重要产地,文昌鱼也因此成为厦门和厦门大学近百年来的一张生物学名片。

厦门大学与厦门文昌鱼的关系源远流长,广为人知。关于厦门的文昌鱼,要从 20 世纪 20 年代说起。最早的研究报道是 1923 年,当时我校生物系原主任、美国学者莱德（S. F. Light）在考察厦门郊县海区时,第一次在同安刘五店（现为翔安区刘五店）海域发现中国文昌鱼,并在美国 *Science*（《科学》）杂志上发表了一篇著名论文“Amphioxus Fisheries near the University of Amoy, China”（《厦门大学附近的文昌鱼渔业》）⑨,报道了当时厦门大学附近的海滨有大量文昌鱼资源,描述了当地渔民捕捞文昌鱼使用的工具和生产活动情况,估计了该地区文昌鱼的年产量,并认为这是全世界唯一的文昌鱼渔场。莱德的报道使世人了解到厦门海域有全世界最为丰富的文昌鱼资源。在当时,文昌鱼在世界各地十分稀罕,一个大学的实验室有一两条文昌鱼标本便引以为荣,而莱德在厦门刘五店调查时发现当地渔民竟把文昌鱼当作小菜佐餐,大为吃惊,而且有的渔船一次涨落潮就可以打捞到上万克的文昌鱼（每 500 克文昌鱼约 4000 条)。莱德的论文发表后,轰动了生物界,这一现象在生物界传为奇闻。[10]该文是对厦门文昌鱼及其渔业的首次正式的科学报道,曾引起国内外学界的广泛关注。1923 年以后的很长一段时间,世界上有关文昌鱼的研究,无不取材于厦门文昌鱼。

在莱德的报道之后,金德祥教授从 30 年代初就开始文昌鱼的研究,当时由系主任陈子英教授指导撰写了有关厦门文昌鱼的论文《厦门文昌鱼渔业调查》[11]。之后,金德祥教授在《菲律宾科学杂志》上发表了关于厦门文昌鱼生物学研究的英文论文"Studies on the Biology of the Amoy Amphioxus, *Branchiostoma belcheri* Gray",附上了相关的图版照片[12],进一步吸引了国内外许多专家、学者接踵来厦考察文昌鱼。随后,金德祥教授还在《动物学报》[13]、《生物学通报》[14]、《科学大众》[15]等刊物上介绍了文昌鱼的基础知识和厦门的文昌鱼。

在大量的现场调查、实验室观察研究的基础上,金德祥教授总结了这些研究成果,撰写了《文昌鱼》一书,由福建人民出版社于 1957 年 8 月出版。[16]此书分三部分分别介绍了文昌鱼的内外部形态特征、分类、地理分布,生活习性、生长和生殖,文昌鱼渔业的经济意义和在动物进化上的重要性。这是当时系统介绍文昌鱼基础生物学和厦门文昌鱼渔业的一本重要学术研究专著。此书一出版就得到了文昌鱼研究者和爱好者的广泛关注和喜爱,因此于 1958 年 2 月第 2 次印刷。

在此书出版之后,金德祥教授在开展海洋硅藻研究的同时,继续进行文昌鱼的研究和科普工作,如对文昌鱼的早期胚胎发育进行了观察研究[17],对厦门文昌鱼渔业资源减产和濒临绝种等问题进行了分析探讨[18]。尤其是在 1957 年以后,受厦门集美海堤与东坑和筜槽等围垦的影响,文昌鱼渔场水流的流速、流向发生改变,加上牡蛎养殖发展,大量淤泥沉积,沙质底质和水质盐度改变,以及人为大量捞沙等等,文昌鱼的生存环境受到破坏,造成文昌鱼大量死亡。[19]因此,金德祥教授极力建议和推动对文昌鱼资源进行保护。如今在厦门文昌鱼生存的海域已经形成了文昌鱼自然保护区,文昌鱼也成了国家二级保护动物。

金德祥教授是国内外公认的著名文昌鱼专家,对文昌鱼有 50 多年的研究历史,先后发表了 10 篇文昌鱼研究相关的论文和《文昌鱼》一书。这些论著综合了他在文昌鱼研究上的主要成就,成为文昌鱼研究方面的重要文献。

文昌鱼研究是我校独具特色的学术专长和传统,厦门大学电教中心于 1981 年

4 月在金德祥教授的指导下拍摄了教育电视录像《文昌鱼》（*Branchiostoma belcheri* Gray），由金德祥教授提供解说词 12 页，放映 35 分钟。

鉴于金德祥教授在文昌鱼研究方面的重要贡献，1989 年他被厦门海洋管理处授予“文昌鱼研究先驱”的荣誉。

厦门大学是厦门文昌鱼研究的重要科研单位。由于文昌鱼濒临绝种，近 30 年来，厦门大学的多个研究团队（包括程兆第教授、王义权教授等团队）在金德祥教授的研究基础上先后开展了厦门文昌鱼的人工育苗和繁殖研究，并进一步开展了文昌鱼的发育遗传和基因功能研究。[20]

三、本书的基本内容和学术价值

文昌鱼属于脊索动物门（Chordata）的头索动物亚门（Cephalochorda）无头动物纲（Acrania）鳃口动物科（Branchiostomatidae）鳃口属（*Branchiostoma*）。[21] 文昌鱼是鳃口属（*Branchiostoma*，也称文昌鱼属）动物的总称，国外称其为 Amphioxus 或 Lancelet，译作“双尖鱼”，又俗称“蛞蝓鱼”“鳄鱼虫”“米鱼”等。在厦门分布的文昌鱼种名为白氏文昌鱼（*B. belcheri* Gray），也称白氏鳃口鱼[22]，也有人认为现在厦门文昌鱼应该包括 2 个物种——白氏文昌鱼（*B. belcheri*）和青岛文昌鱼（*B. tsingtauense*）[23]。文昌鱼在物种起源和进化方面具有重要的科研价值和学术意义，它是无脊椎动物到脊椎动物进化过程中的重要过渡物种，也是脊椎动物的祖先。文昌鱼没有脊椎骨，不容易作为化石保留下来，直到如今，文昌鱼仍然基本上保持了 5 亿年前古代文昌鱼的原始特征，所以它是研究生物进化有名的“活化石”和重要的模式生物。[24]

金德祥教授所著的《文昌鱼》一书分为三部分。第一部分“文昌鱼的形态、分类和分布”，主要介绍了文昌鱼的外部形态、内部构造，分类地位和种类，以及地理分布特征。第二部分“文昌鱼的习性和生长”，主要介绍了文昌鱼特殊的沙质生活环境和对海水、食料等的要求，文昌鱼的实验室培养方法和培养条件，文昌鱼的产卵、胚胎和幼体发育过程与特征，以及文昌鱼的生长过程。第三部分“文昌鱼的经济意义和重要性”，主要介绍了厦门的文昌鱼渔业，包括捕捞和加工方法，以及文昌鱼作为无脊椎动物到脊椎动物的过渡生物在研究动物进化方面的重要性。全书附图 50 幅，在书的最后还附有关于我国文昌鱼的文献和其他重要文献。

“文昌鱼的形状像条小鱼，两头是尖的，适宜于钻沙，也便于游泳，所以我们叫它做‘鱼’。文昌鱼是鱼类的前身，也是脊索动物，所以，它的脊索、鳃裂和背神经管的构造不但和鱼类相同，而且和人类也相同。但是，它的头部没有成对的眼睛，两侧没有胸鳍，其他的构造和鱼类也不一样。”“文昌鱼很小，一般长 47 毫米，性初次成熟的最小的文昌鱼，长只有 30 毫米左右，在厦门海里最大的没有超过 57 毫米。鱼体是白色、半透明的。”[25]这是金德祥教授在《文昌鱼》一书中对文昌鱼外部形态特征、个体大小、习性等方面的最基本和最经典的描述，这也是后人对文昌鱼认识和描述的重要参考。

《文昌鱼》一书不仅全面系统地介绍了文昌鱼的形态结构、分类地位、生长繁殖特征、生态习性、地理分布等基础生物学知识，而且对文昌鱼的室内培养、饵料生物组成、渔业资源、捕捞和加工方法等实际生产方法和传统渔业技术等进行了详细的介绍，并探讨了文昌鱼在动物进化系统中的地位和作用。这在当时和现在都堪称一部关于文昌鱼研究和应用的经典之作。《文昌鱼》不仅对文昌鱼的科研和资源保护具有重要的学术参考价值，而且是生物教学、科普宣传和生物进化问题探讨等方面的重要教科书。

文昌鱼是厦门大学近百年来的生物学名片，文昌鱼研究是厦门大学独具特色的学术专长和传统，因此，在厦门大学百年校庆之际，以影印的形式出版金德祥教授的《文昌鱼》著作，可以充分反映厦门大学在文昌鱼研究方面的学术成就与贡献及丰厚的历史积淀，传承金德祥教授严谨治学和献身科研的作风与精神。

由于本人水平有限，加上所掌握的历史资料和信息不全或不一定准确，错误和不妥之处在所难免，敬请批评指正。

注释：

①金德祥：《金德祥文集》，北京：海洋出版社，1988 年，第 1~341 页；厦门大学生物学系：《〈海洋学报〉顾问、著名海洋生物学家金德祥教授逝世》，《海洋学报(中文版)》1998 年第 4 期第 3~5 页；司卓亚：《科学与人生：厦门大学生命科学学院校友传略》，厦门：厦门大学出版社，2008 年，第 95~101 页。

②金德祥：《金德祥文集》，北京：海洋出版社，1988 年，第 1~341 页；司卓亚：《科学与人生：厦门大学生命科学学院校友传略》，厦门：厦门大学出版社，2008 年，第 95~101 页。

③金德祥：《金德祥文集》，北京：海洋出版社，1988 年，第 1~341 页；司卓亚：《科学与人生：厦门大学生命科学学院校友传略》，厦门：厦门大学出版社，2008 年，

第95~101页。

④金德祥:《金德祥文集》,北京:海洋出版社,1988年,第1~341页;司卓亚:《科学与人生:厦门大学生命科学学院校友传略》,厦门:厦门大学出版社,2008年,第95~101页。

⑤司卓亚:《科学与人生:厦门大学生命科学学院校友传略》,厦门:厦门大学出版社,2008年,第95~101页。

⑥司卓亚:《科学与人生:厦门大学生命科学学院校友传略》,厦门:厦门大学出版社,2008年,第95~101页。

⑦厦门大学生物学系:《〈海洋学报〉顾问、著名海洋生物学家金德祥教授逝世》,《海洋学报 (中文版)》1998年第4期第3~5页。

⑧金德祥:《文昌鱼》,福州:福建人民出版社,1957年第1页;金德祥、程兆第、邓岩岩:《厦门文昌鱼在刘五店濒临绝种》,《福建水产》1987年第1期第32~33页。

⑨S. F. Light, "Amphioxus Fisheries near the University of Amoy, China," *Science*, Vol. 58, No. 1491, 1923, p. 57-60.

⑩厦门大学学术典藏库之"Amphioxus Fisheries near the University of Amoy, China",https://dspace.xmu.edu.cn/handle/2288/161320。

⑪陈子英、金德祥:《厦门文昌鱼渔业调查》,《南京中国建设》1933年第7卷第3期第115~123页。

⑫T. G. Chin, "Studies on the Biology of the Amoy Amphioxus, *Branchiostoma belcheri* Gray," *Philippine Journal of Science*, Vol. 75, No. 4, 1941, p. 369-424.

⑬金德祥、郭仁强:《厦门的文昌鱼》,《动物学报》1953年第5卷第1期第65~78页。

⑭郭仁强、金德祥:《中国厦门的文昌鱼》,《生物学通报》1953年第12期第451~453页。

⑮金德祥:《文昌鱼》,《科学大众》1956年第3期第131~132页。

⑯金德祥:《文昌鱼》,福州:福建人民出版社,1957年第1~60页。

⑰金德祥:《厦门文昌鱼早期胚胎发育的观察》,《动物学杂志》1964年第6卷第4期第169~172页。

⑱金德祥、邓岩岩、陈根德:《文昌鱼减产的探讨》,《福建省水产学会会讯》1966年第1期第3~4页;金德祥、程兆第、邓岩岩:《厦门文昌鱼在刘五店濒临绝

种》,《福建水产》1987 年第 1 期第 32~33 页。

⑲张秀翔:《驰名世界的文昌鱼——访厦门大学生物系金德祥教授》,《中国水产》1983 年第 2 期第 26 页。

⑳如杜琦、程兆第:《文昌鱼人工育苗初探》,《福建水产》1990 年第 3 期第16~22 页;Q. S. Xu, F. Ma, Y. Q. Wang, "Morphological and 12S rRNA Gene Comparison of Two *Branchiostoma* Species in Xiamen Waters," *Journal of Experimental Zoology Part B*: *Molecular and Developmental Evolution*, Vol. 304B, No. 3, 2005, p. 259-267;张秋金等:《厦门 2 种文昌鱼的实验室饲养与繁殖》,《水生生物学报》2009 年第 2 期第 348~351 页;华俊豪、李光、王义权:《文昌鱼中一个 2A 肽介导的多基因表达载体构建》,《厦门大学学报（自然科学版)》2018 年第 57 卷第 1 期第 44~49 页。

㉑金德祥:《文昌鱼》,福州:福建人民出版社,1957 年,第 20~21 页。

㉒金德祥:《厦门文昌鱼——白氏鰓口鱼》,《生物学通报》1984 年第 1 期第 20~23 页。

㉓Q. S. Xu, F. Ma, Y. Q. Wang, "Morphological and 12S rRNA Gene Comparison of Two *Branchiostoma* Species in Xiamen Waters," *Journal of Experimental Zoology Part B*: *Molecular and Developmental Evolution*, Vol. 304B, No. 3, 2005, p. 259-267.

㉔张秀翔:《驰名世界的文昌鱼——访厦门大学生物系金德祥教授》,《中国水产》1983 年第 2 期第 26 页。

㉕金德祥:《文昌鱼》,福州:福建人民出版社,1957 年,第 1~2 页。

作者高亚辉,厦门大学生命科学学院原副院长,教授、博士生导师。

李文清与《泛函分析》

罗林开

《泛函分析》是我校已故李文清教授在20世纪60年代出版的一部具有重要价值的著作,科学出版社1960年初版、1962年二印,1966年7月第二版(修订本)。该书原为我校教材,出版后被当时许多高校作为教材采用,为数学、控制科学和计算机科学的人才培养发挥了重要的作用。现为"厦门大学百年学术论著选刊"丛书收录,以1966年7月第二版为底本影印重版。

一、作者简介

李文清教授(1918—2017),男,河北滦县人,我国著名的数学家、教育家和控制论专家,新中国控制理论的一个主要推动者,厦门大学自动化学科和计算机学科的主要创立者。

李文清教授1918年11月5日出生于河北省滦县茨榆坨村的一个四世同堂的大家庭。他六岁进入私塾学习"四书",直到1932年才在滦县万慈小学开始接受近代知识的教育。翌年,他以第五名的成绩考入了昌黎县的汇文中学,获得了全免学费的奖励。中学期间,他勤奋刻苦,成绩优异。他喜欢数学,每个学期他的数学成绩总能轻而易举地取得全年段第一;进入中学前虽然他没有任何英文基础,但靠他的天资聪慧与刻苦用功,很快他的英文成绩也是全年段最好的;为减轻家庭负担,他还兼职学校敲钟员,赚取每月在校的寄宿费。毕业时,他的数学和英文等各科成绩在年段均名列前茅。汇文中学的图书馆和大铜钟是中学时代的他最常出现的地方,汇文中学开启了李文清教授崭新的人生。

1939年,李文清教授从2400名考生中以第三名的优异成绩考入燕京大学数学系，并获得 300 元的学年奖学金（仅录取 240 名，前三名才有学年奖学金），从此开始了他长达十年的大学生活。大学时代的李文清，在数学及相关学科打下了厚实的基础，并以勤奋和富有创造精神崭露头角。他先在燕京大学数学系读了三年，后转入北京大学学习，1943 年 7 月毕业。1943 年 9 月，他在校友的帮助下到日本留学，先后在大阪帝国大学和京都帝国大学，继续数学和相关学科的学习与研究。在此期间，他从诸多老师的严谨治学态度中受到许多教益，深深感到做学问容不得半点马虎，养成了严谨治学的学风。他在实函数、数论、控制论等领域打下了坚实的基础，为日后在数学的不同领域施展才华起到了重要作用。为了深读各国数学大师的名著，多吸收数学大师们的精华来充实自己，除英文与日文外，他还自学了德文和法文，能用它们写论文和学术报告。

新中国的成立，为李文清教授提供了施展才华、报效国家的良好环境。1950 年 6 月，他响应新中国的号召，应政务院之邀，从日本回国，来到厦门大学工作，历任厦门大学数学系副教授、教授。他是最早在国内倡导控制论研究的专家之一，在他的推动下，厦门大学数学系于 1972 年创办了控制论专业，并于 1981 年获得了运筹学与控制论硕士学位授予权。1982 年，李文清教授作为主要组织者，组建了厦门大学计算机科学系并担任首任系主任，下设控制论、软件、系统工程三个专业，他形象地比喻它为“信息传递、信息处理、信息管理”，使得刚刚诞生的计算机系就拥有了当时最热的控制论、信息论和系统论下的相应专业，他是厦门大学自动化学科和计算机学科的主要创立者。

李文清教授辛勤执教 40 载，科研育人双丰收。他加入厦大至 20 世纪 60 年代期间，讲授过数学系三分之二的课程，他的主要著作《泛函分析》（第一版）就是根据这段时期的教学内容修订整理后出版的。为提高数学系教师的外语水平，他还自告奋勇开设专业日语和英文课。他甘当人梯，培养了众多的优秀人才，陈景润就是其中杰出的一位。正是在听了李文清教授讲授的数论发展史后，陈景润立下了摘取“哥德巴赫猜想”这个数学皇冠的志向；后来陈景润回厦门大学工作时，李文清教授又把华罗庚的《堆垒素数论》推荐给他，鼓励他打好基础，创出成绩；陈景润通读该书后，写出“它利问题”的论文，李文清教授大为赞赏，并将论文通过关肇直教授推荐给华罗庚先生，使他得以参加 1957 年全国数学年会，后又调到中国科学院数学所工作，为日后摘取“数学皇冠上的明珠”准备了很好的机遇。他还培养了 30 名硕士生和众多的本科生，在他培养与指导下,绝大多数学生都成为所在行业的骨干人才。他还注重年轻老师的培养,在他的主持与领导下,控制论教研室拥有一支优秀的学术梯队,成为我国自动控制理论界的一支生力军,在国内外具有重要的影响力。

李文清教授科研成果卓著,在苏联、美国、日本和欧洲都有影响。1990 年 10 月,《李文清科学论文集》从众多参评书稿中,脱颖而出入选首辑“南强丛书”,由厦门大学出版社出版发行。该文集收录了他在函数的零点分布、函数逼近论、泛函数分析、控制理论、数论及对策论等方面的诸多研究成果。为了表彰他的突出贡献,1988 年,他被评为厦门市劳动模范。

李文清教授热心社会公益。1953 年 5 月,他加入中国农工民主党,是农工党厦门大学基层组织的创始人之一,并长期担任主要负责人。他加入中国农工民主党当月,农工党厦门大学支部正式成立,他当选为第一届支部主委。1982 年,李文清教授再次当选农工党厦门大学支部主委。他是农工党第八届中央委员、第九届中央咨监委员;第五、六届农工党厦门市委副主委,第七届农工党厦门市委主委,第八、九、十、十一届农工党厦门市委名誉主委;福建省政协第四、五、六届委员。他教学科研工作虽然非常繁忙,但始终谦虚平和,不计个人得失地认真开展民主党派的工作。在李文清教授的感召带领下,农工党厦门大学支部贯彻“巩固与发展相结合”的方针,吸收了大批高职称、高学历的党员,人才济济、名家辈出、朝气蓬勃。支部积极开展调研,为学校和厦门特区发展、“科教兴市”积极建言献策,真正发挥了民主党派的作用。1998 年,农工党厦门大学支部升格为总支,农工党厦门大学总支如今已经成为农工党有重要影响的高校基层组织。

二、本书的内容与价值

泛函分析是研究函数空间结构和变换的科学,它是现代数学的重要组成部分。得益于大学时代打下的坚实基础,1955—1958 年,李文清教授用该书的手稿在厦门大学数学系开始讲授泛函分析,并在同期举行泛函分析讨论班,吸收同事的宝贵意见,进一步丰富手稿的内容。中国科学院数学研究所的关肇直先生也耐心阅读手稿,并做了一些文字上的修改。该书据此期间的手稿,经修订整理后于 1960 年 2 月由科学出版社出版了第一版,1966 年 7 月又出版了第二版,第二版改正了第一版某些字句的疏误并增加“中值定理”和“亏格子空间与亏指数”等内容,使该书的内容更为准确与全面。

（一）基本内容

《泛函分析》（修订版）的内容分为三篇共十章。第一篇是基础部分,内容包括“距离空间”、“线型空间与运算”和“线型泛函数”等三章,主要介绍了距离空间和集合论的知识,以及线性空间上线性算子与线性泛函。第二篇为非线性分析,内容包括“向量函数”、“无限维空间函数的积分”和“抽象函数”等三章,主要介绍了非线性向量函数的连续,微分与积分,无穷维空间上的积分,以及抽象函数（巴那赫到巴那赫空间的变换）的微分。第三篇为谱论,内容包括“希尔伯特空间及线型运算”、“谱的分解”、“特征值问题”和“巴那赫空间上的谱论”等四章,主要介绍了希尔伯特空间上的可加运、射影、共轭运算和酉运算,单位运算的分解和酉运算的谱分解,自共轭运算的特征值和二阶微分方程边值问题的特征值分布,基于复变函数方法的巴那赫空间谱论。

此外,该书的附录收录了关肇直和林群所著的“非线性函数方程的近似解法”,系统地介绍了中华人民共和国成立初期泛函分析在非线性方程近似求解中的一些成果。

（二）学术价值和教学价值

函数是数学中最基本最重要的元素。19 世纪牛顿与莱布尼茨创立的微积分极大促进了函数论的发展,然而这一时期的一个局限是大多讨论一些特殊函数的性质。为了克服这个局限,使函数论获得更广泛的应用,20 世纪的数学家开始研究函数类或函数空间,即具有某种性质的函数集合,如连续函数类、勒贝格可测函数等。

泛函分析正是研究函数空间的一般结构和变换的科学。由于它的高度抽象、高度浓缩和高度综合,它已渗透到数学的各个分支,以及信息科学、物理科学和金融数学中。可以说泛函分析的研究,不仅对数学具有非常重要的价值,对信息、物理和经济等学科也具有重大的价值。

该书是李文清教授大学时期至 20 世纪 60 年代在泛函分析方面的研究与教学基础上成就的。20 世纪 50—60 年代,针对无穷维巴拿哈空间的有界变差函数和积分等,李文清教授发表了“P 次有界变差函数”、“巴拿哈空间上有界变差函数”、“关于泛函数的积分及平均值”、“关于非线性运算的积分”和“关于线性运算 A 相对于 B 的谱”等系列成果,对泛函分析的研究与应用,具有重要的学术参考价值。在这些研究积累的基础上,李文清教授在厦大数学系开设了“泛函分析”课程，并组织泛函分析的讨论班，促进了厦大数学系在泛函分析方面的研究与教学，培养了众多优秀的人才，该书具有重要的历史意义和学术参考价值。

20 世纪 50—60 年代，泛函分析的教材非常缺乏，主要的参考书是一些翻译的俄文教材。该书是为数不多的泛函分析中文版书籍，自 1960 年第一版以来，被厦门大学和许多高校作为泛函分析的教材使用，也为许多大学教师及泛函分析工作者参考之用。该书在当时泛函分析的中文教材极为缺乏的年代具有非常重要的教学价值，为泛函分析在我国的普及与发展起到了重要的作用。

在当今大数据和人工智能引领的新科技时代，该书仍有重要的参考价值。大数据和人工智能的一个鲜明特征是“从数据中学习函数（或规律）”，其核心问题是如何确定候选函数类以及候选函数中的寻优，而泛函分析是研究“函数空间的一般结构和变换”的科学，两者正好不谋而合，可以说该书中的方法技术对当今的大数据和人工智能仍具有重要的指导和参考价值。

在厦大百年校庆之际，再版李文清教授的著作《泛函分析》，有助于反映厦门大学在泛函分析研究方面的学术成就、贡献和历史积淀，传承李文清教授严谨治学的作风和甘为人梯的奉献精神。

由于本人水平有限，掌握的史料有限、不全乃至不一定准确，错误和不妥之处在所难免，敬请批评指正。

参考文献：

林群：《我的老师李文清教授》，载林东伟主编：《我的厦大老师》，厦门：厦门大学出版社，2015 年。

李文清：《泛函分析》，北京：科学出版社，1966 年。

李文清：《李文清科学论文集》，厦门：厦门大学出版社，1990 年。

[日]元山里子：《三代东瀛物语》，广州：花城出版社，2017 年。

作者罗林开，厦门大学航空航天学院自动化系副主任，教授、博士生导师。

汪德耀与《胚胎学讲义》

洪水根

一、汪德耀教授生平

汪德耀教授（1903—2000）是我国著名的教育家、细胞生物学家，我国细胞生物学的奠基人和开拓者，知名的爱国民主人士和社会活动家，历任国立北平大学校长、西北大学教授、福建研究院院长、厦门大学校长、中国农工民主党中央咨监委员会常委、厦门市政协副主席等。

（一）早年的求学与教学

汪德耀祖籍安徽安庆，出生于江苏省灌云县。幼年随父迁居北京，上新式学堂。在北京，他目睹了北洋军阀的黑暗统治、人们在外国列强侵凌下的困苦，受到当时的民主自由思潮影响，决心以民主与科学，来挽救积贫积弱的旧中国。1921 年，汪德耀通过语文、数学、英语三门功课的考试，以优异成绩获得公费赴法留学的资格。他于 1925 年获得里昂中法大学理学硕士学位，翌年转到巴黎大学，师从著名的胚胎生理学家万特倍尔（P. Wintebert）教授和细胞学家巴哈（M. Parat）教授攻读博士学位。其博士论文为《横口类孵化腺的研究》。他被授予巴黎大学最高学位——国家博士学位，是我国第一位细胞学博士，也是当时国内 7 位获得法国国家博士学位的学者之一。

正当汪德耀全身心投入科学研究并取得斐然成果时，1931 年“九一八事变”爆发。在中华民族最危急的时刻，他告别难以割舍的法兰西共和国回到祖国。他先后在国立北平大学、北平研究院任教授和研究员。1937 年抗日战争全面爆发，日伪强迫他担任北平师范大学理学院院长，他断然拒绝，辗转迁居抗战战场后方，任国立西北联大生物学系教授；1939 年，恢复高等师范教育后，在湖南蓝田国立师范学院任教务长；1941 年 4 月应福建省政府之邀，任福建省研究院院长兼研究员，开创了福建省的科学研究事业。

（二）执掌厦大，巨擘谋划

1943 年，汪德耀应聘到厦门大学任生物学系教授、系主任、理学院院长，后又任代理校长；1945 年 9 月正式任厦门大学校长。

抗战胜利后，汪德耀执掌的厦门大学面临百废待兴的局面。当时最迫切的任务是学校要从长汀迁回厦门。他指挥若定，以大无畏精神，不辞辛劳，多方筹集资金，团结广大教职员工，克服千辛万苦，最终顺利圆满完成搬迁任务。与此同时，汪德耀特别注重学校院系学科建设。

这期间，厦门大学各科系均有长足发展。到 1948 年 8 月，全校扩展到五学院十九学系（组），其中文学院设中国文学、外国语文、历史、教育四学系；理学院设数理、化学、生物、海洋四学系；工学院设土木工程、机械工程、电机工程、航空工程四学系；法学院设法律、政治、经济三学系及司法组；商学院设银行、会计、国际贸易三学系，形成多科性的教学体制以及现代综合大学教育框架和体系。由汪德耀创办和发展起来的海洋学系、航空工程学系、机械工程学系、国际贸易系、南洋经济研究室等，都是我国教育发展史上全新设立的系科，对战后中国经济恢复，以及厦大和国家的发展都做出了重要的贡献。新中国成立后，山东海洋学院、北京航空学院、厦大经济学院对外贸易系和南洋经济研究室，便是在这些富有特色的系室基础上发展起来的。汪德耀也因办学上的远见卓识而为人所称道。

这期间，他鼓励百家争鸣，提倡学术自由，实行民主办校，聘请王亚南、郭大力等一批进步教授来校任院系领导工作，并不遗余力地在全国及世界各地招聘包括卢嘉锡、华罗庚、蔡启瑞、郑重、金德祥、何景、严楚江、虞愚、郑朝宗、李庆云、徐元度、黄典诚、林惠祥以及英国著名胚胎生物化学家李约瑟等一批知名教授及英才来校任教和讲学。

正是汪德耀在极其困难时期执掌厦大，以其前瞻眼光和魄力为厦门大学提出和设置现代大学基本框架和学科布局，极力提倡自由学术思想，实行民主办学理念以及普天下广罗名师英才，才为厦门大学日后发展打下坚实的基础。这也为厦门大学入选国家 36 所 A 类一流大学建设高校，化学、海洋科学、生物学、生态学和统计学 5 个学科入选“双一流”建设学科行列打下良好根基。

大约在 1949 年时，汪德耀接到国民党的密电，要他把厦大“可靠”的师生、贵重的仪器图书搬到台湾,做好把厦大迁移到台湾去的准备。密电接连来了两封。在决定学校存亡的时刻,汪德耀用他的智慧和迂回手段毅然决然拒绝国民政府将厦大迁往台湾的命令,保证厦大顺利回归人民怀抱。

厦门解放后,正在英国考察、讲学的汪德耀立即电贺厦门大学获得新生并缩短行程回国,积极参加学校及国家教育重建工作。1950 年 3 月,汪德耀任厦门大学校务委员会主任,同年 8 月改任生物学系主任。1950 年,汪德耀出席了全国自然科学工作者大会,听取了周总理关于中国自然科学发展宏图的报告,深受鼓舞。后来,他加入了农工民主党,此后数十年不管经历怎样的风风雨雨,他始终把共产党当作诤友,履行着一名忠诚的农工党员的职责。从 20 世纪 50 年代起,汪德耀就一直参与制定我国细胞学的发展规划。从 60 年代起,他和他领导的科研组承担有关细胞器结构和功能以及核质相互关系等国家重点科研项目的研究。汪德耀在动植物细胞液泡系的演进规律、液泡系与高尔基体的相互关系、细胞质基本组成成分和动物细胞非有丝分裂等方面的研究取得了突破性进展。1963 年,汪德耀受聘兼任中科院遗传所研究员。

(三)老骥伏枥,硕果累累

"文革"期间,汪德耀忍受着一些人的误解甚至是权威的怠慢,所幸的是,他不同寻常的乐观性格使他能够笑看人生的一些痛苦。虽然受到不公正待遇,但他相信乌云总会被驱散,在艰苦的条件下仍然继续做一些研究的准备工作。他写出《现代细胞生物学发展动态》一文,自己出钱刻印 100 份,分送给各大学及科研单位。这篇文章为沉睡多年的我国细胞生物学界敲响了晨钟。"文革"结束后,改革开放带来了科学的春天,汪德耀也重新焕发了青春活力,他一生的研究成果和论著,约百分之七十是在这之后问世的。

汪德耀一生共发表论文 150 多篇,出版专著 6 部,主编的《普通细胞生物学》1989 年获得国家教委优秀教材一等奖,1996 年合著的《膜分子生物学》获第十届"中国图书奖"并载入 1996 年《厦门大学年鉴》大事记中。他共获得省部级以上奖励 10 多项。

汪德耀主编的《普通细胞生物学》以及前后相继出版的《细胞生物学实验指导》(人民教育出版社,1981 年)、《细胞生物学超微结构图谱》(高等教育出版社,1989 年)、《细胞生物学实验技术与方法(第一分册:动物显微技术学)》(厦门大学出版社,1989 年)共同组成一套完整的细胞生物学理论教学、实验技术操作方法、细胞结构图谱的教学丛书。该丛书为我国多数高校所采用,成为从事细胞生物学教学和科研工作者的重要参考资料。1982年受教育部委托,他在厦门大学举办重点大学及高等院校教师细胞生物学实验技术培训班,为我国细胞生物学教学和科研工作培养了一大批人才,大大提高了我国细胞生物学的研究水平。

作为中国细胞生物学的奠基人之一,为了进一步推动国内细胞生物学的发展,汪德耀与国内同仁广泛协商、征求意见,决定以上海细胞生物学研究所牵头,联合中国科学院的植物生理所、发育所、植物所以及北京大学、兰州大学与厦门大学等科研单位及其研究人员,筹备建立中国细胞生物学学会,汪德耀任副理事长。

(四) 培育桃李,参政议政

作为我国著名教育家和细胞生物学的奠基人,汪德耀始终没有离开过教学第一线。1981年,他被国务院审批为我国第一批博士生导师之一,生前共指导了数十名硕士生、博士生,不少学生成为学科带头人。

汪德耀在教育界辛勤耕耘数十年,其可谓桃李遍天下。不论是新中国成立前毕业的学生,还是新中国成立后的学生,他们谈起汪德耀关心爱护学生的事迹,无不赞不绝口,都极其怀念他无微不至的爱护和关怀,都感念他爱护帮助的恩泽。他一生献身教育事业,其崇高师德也声名远播。1994年,著名爱国印尼侨领李尚大先生在泉州黎明职业大学捐资建造一幢"汪德耀大楼",以表达对这位深爱祖国、献身教育事业、师德崇高的师长的敬意。

作为民主党派成员和政协委员,汪德耀积极参政议政,献计献策,先后担任福建省政协委员、常委,厦门市政协副主席,农工党中央咨监委常委等职。1992年在福建省政协会议上,他做了"从战略高度认识和落实知识分子政策"的发言,并写出《关于做好留学人员工作的建议》提案,有力地支持了政府工作。他还利用自己进行学术交流和学生遍布世界各地的条件,努力开展海外联谊工作,为祖国的统一大业奔波。

汪德耀始终把个人的前途命运与国家的前途命运紧紧联系在一起,毕生为振兴中华奋斗不已。他不仅在学校行政管理上身体力行、鞠躬尽瘁,为厦门大学的发展打下坚实的基础,而且其丰硕的学术成就也为后人留下宝贵的财富。汪德耀矢志不移的爱国情怀、豁达刚毅追求真理的精神、忍辱负重不计名利的人格魅力、古道热肠慈祥乐观的形象,为众人所景仰和铭记。

二、汪德耀与《胚胎学讲义》

胚胎学（embryology）又称发生学，是研究动植物的胚胎形成和发育过程的科学，是叙述怎样从一个受精卵发育成胚胎，从而了解各种动植物发育的特点和规律的生物学分支学科；也可广义地理解为研究精子、卵子的发生、成熟和受精，以及受精卵发育到成体的过程的学科。它是生物科学一门重要基础理论课程。它在农业、畜牧业、水产养殖生产实践中有重要指导意义。

在20世纪50年代和60年代初，我国高校还缺少自己编著的胚胎学教材，许多院校采用译自俄文或德文的苏联或德国教材，不适应我国高校胚胎学教学和科研的需要，因而急需一套适合我国胚胎学教学和科研的教材和著作出版问世。由人民教育出版社牵头组织厦门大学汪德耀与山东大学叶毓芬（1906—1976，著名生物学家童第周的夫人，时任山东大学动物系副教授）及山东大学胚胎学教研组编写出版的这部《胚胎学讲义》，就是一本我国学者自行编写的适合我国胚胎学教学和科研的重要著作。

《胚胎学讲义》由人民教育出版社于1961年8月出版，封面和扉页上有“高等学校交流讲义”字样，署名“山东大学、厦门大学脊椎动物学教研组编”。版权页有本书简介，对讲义的编写做了如下说明：“本讲义是在厦门大学、山东大学的普通胚胎学讲义的基础上进行选编而成的。……本讲义在编写过程中，并有复旦大学和南京大学等校代表参加选编和讨论。”这部讲义于1961年12月第二次印刷，又于1962年6月第三次印刷，印数累计7800册。在原版第三次印刷时，署名改为“叶毓芬及山东大学胚胎学教研组、汪德耀编”，版权页的编写说明也做了相应的修改，改为：“本讲义是在厦门大学汪德耀、山东大学叶毓芬及胚胎学教研组编写的普通胚胎学讲义的基础上进行选编而成的。……本讲义在编写过程中，并有复旦大学和南京大学等校代表参加选编和讨论。”由此可知，本讲义一版一印时所说明的作为选编底本之一的《厦门大学普通胚胎学讲义》，就是汪德耀个人编写的讲义。

汪德耀在新中国成立后卸下任务繁重的校长重担转任生物学系主任之后，全身心投入教学科研中，充分发挥他在学术上的巨大潜力并且取得丰硕成果。作为中国细胞生物学奠基人，汪德耀在胚胎学学术研究和实践上都有很高成果和造诣。他是我国胚胎学研究的先驱。他师从巴黎大学著名胚胎生理学家万特倍尔教授和细胞学家巴哈教授攻读博士学位的博士论文《横口类孵化腺的研究》是我国第一篇细胞学水平的胚胎学论文。因其成绩极其优秀，他被授予巴黎大学最高学位——国家博士学位，全文发表在世界著名的《巴黎海洋研究院》年报上，并获得以著名生物化学家贝特罗（M. Berthelot）教授冠名的科学研究奖金2500法郎。另外，汪德耀也为傅文庆编校布拉舍（J. Brachet）的《分子胚胎学引论》等其他著作。与此同时，厦门大学生物学系注重胚胎学教学和科研。20世纪50年代，汪德耀就亲自带领教师和学生到生产第一线进行实践。当时，他根据福建省沿海贝类养殖的特点，研究牡蛎人工授精、大小牡蛎人工杂交等育苗的技术，力求阐明养殖海产贝类胚胎发育的规律及生长发育条件，解决我国养殖海产贝类幼苗紧缺的问题，受到福建省水产厅的赞扬。50年代，汪德耀自编的《厦门大学普通胚胎学讲义》，可以说体现了他数十年来胚胎学教学和研究的学术积淀，具有很高的学术水平。

这本合编的《胚胎学讲义》是作为“高等学校交流讲义”而选编出版的。“交流讲义”及其独特的编纂方式，是当时我国高校教材改革和建设的特殊产物。

新中国成立初期，我国的高等学校教材主要是翻译、引进苏联的教学大纲和教材。1956年1月，高等教育部发布《高等学校教材编写暂行办法》，开启了我国自编高校教材的工作。同年8月，高等教育部和文化部联合发布《关于高等学校自编教材出版分工暂行规定》，所规范出版的自编高校教材，除了教科书、试用教材和教学参考书，还包括水平较高的讲义。同年10月，高等教育部又发布《关于组织交流高等学校教师编写的讲义的几项规定》，提出了组织交流高校自编讲义的工作任务，强调“各高等学校对本校教师编写的讲义，都负有及时交流的责任”，并对质量较高的自编讲义的公开出版交流，以及作为教科书、试用教科书和教学参考书出版的问题做出规定。1961年2月，中共中央书记处又专门讨论了高校教材不足问题并做出指示，提出高校教材建设分两步走，先解决有无问题，再逐步提高，对现有教材“未立不破”，并采取“选”“编”“借”的方式解决新教材问题。这时，高校教材建设和出版呈现多样化，而“交流讲义”就是其中的一种重要类型和出版形式。

公开出版发行的“高等学校交流讲义”是各高校教师编写的讲义相互交流和整合的结果，有的以一种质量较高的交流讲义为底本进行讨论修改而成，有的则以几种用以交流的讲义为基础加以选编整合而成。

这本《胚胎学讲义》是在厦门大学汪德耀、山东大学叶毓芬及胚胎学教研组编写的普通胚胎学讲义的基础上选编而成的。本讲义介绍了动物胚胎学的基本理论知识和在生产实践上的应用及成就，以进化的观点扼要地讲述了动物胚胎发育的共同特点和规律，并有重点地叙述几种动物的发生过程。本讲义主要用作综合大学、师范院校生物学系各专业基础课程教材，亦可供高等农业院校和从事胚胎学研究工作者参考，教学时数为 90 学时左右。

全书共十三章：

第一章“绪论”，介绍胚胎学的范围、目的与任务，胚胎学的分科及与其他学科的关系，以及胚胎学研究的观点和方法。

第二章“胚胎学历史简述”，介绍达尔文以前的胚胎学及各国胚胎学研究状况。

第三章“生殖细胞”，介绍生殖细胞形成的规律及其对于畜牧业的重要意义。

第四章“受精”，详细阐述受精的形态现象和受精的生理意义。

第五章、第六章，详细叙述卵裂、囊胚、原肠胚形成及规律。

第七章，介绍生物发生的类型。

第八章、第九章、第十章、第十一章、第十二章、第十三章，分别深入介绍栉水母、牡蛎、昆虫、文昌鱼、两栖类、硬骨鱼、鸟类、哺乳类等代表类群生物发生特点和规律。

教材最初以讲义的形式在厦门大学、山东大学及多所高校授课，受到师生的欢迎，取得很好的教学效果。1961 年，人民教育出版社以《胚胎学讲义》正式向全国出版发行。该教材填补了五六十年代我国缺少自己编著胚胎学教材的空缺，是一本结合我国教学实践和反映科研成果的重要胚胎学教材，在我国胚胎学教学和科研上起着积极推动作用，而且在农业、畜牧业、渔业和养殖业以及人工育苗、品种改良等生产实践中具有重要指导作用。

本书出版后，人民教育出版社又于 1963 年将该书列入“高等学校教材”系列，再版并在全国发行，后来又重印多次。1979 年春，“文革”后全国第二届研究生招生，一名要到福州报考福建师范大学丁汉波教授的研究生，考三门课程：外语、生物化学、胚胎学。当时找不到胚胎学的教材，最后特意请厦门朋友从厦门大学借来这本《胚胎学讲义》应考，才顺利考取丁汉波教授的研究生。

60 年前选编出版的这本“高等学校交流讲义”《胚胎学讲义》，以汪德耀先生当年编写的《厦门大学普通胚胎学讲义》作为选编的重要底本，这从一个侧面显示了厦门大学胚胎学学科在当时全国高校中的地位。几十年来，厦门大学生物学系继承了汪德耀教授开创的胚胎学学术传统，在胚胎学教学和科研上继续开拓进取，取得了令人瞩目的成果。在动物学方面，张松踪几十年如一日从事金定鸭研究。他在福建省龙海县紫泥乡金定村考察，发现当地鸭农有丰富的海滩牧鸭经验，并拥有高产蛋率的麻鸭品种，于是在该村建立科研试验站，进行蛋鸭优良品种选育和蛋肉兼用型家鸭选育等工作。经过多年努力，选育出的金定鸭被列为优良蛋鸭品种在全国推广饲养。1985 年，“金定鸭培育”荣获国家科技进步奖二等奖。另外，生物学系在水产养殖如花蛤、缢蛏、僧帽牡蛎的人工养殖和人工授精上取得成功。在胚胎学理论方面，洪水根在“重要海洋经济动物对虾生殖细胞发生研究”中，用实验证明对虾类的精子细胞属于无鞭毛类型，纠正了长期存在于国内外教科书中对虾精子属于有鞭毛类型的错误观点，1999 年获教育部科技进步奖三等奖；还有王义权等在世界珍稀物种文昌鱼、洪水根在世界珍稀活化石中国鲎（见《中国鲎生物学研究》，洪水根著）等的人工养殖上都获得成功。在植物学方面，王侯聪等用“优质水稻育种新方法”培育出的福建省第一个优质丰产的早籼稻新品种“佳禾早占”在省内外推广，“优秀早稻新品种佳禾早占的选育与应用”获福建省科技进步奖一等奖。在人才培养方面，培养一批像唐崇惕院士、曾呈奎院士、陈宜瑜院士、肖培根院士、林鹏院士及张松踪、黄厚哲、林宇光、丘书院、李少菁、曾定、郑立谋、林圣彩等优秀学术带头人。这些成果也是在传承汪德耀优秀学术成果及开创性工作的基础上取得的。

现在，汪德耀当年自编的《厦门大学普通胚胎学讲义》已难觅踪迹，因而这本以其个人自编讲义为重要底本的《胚胎学讲义》，成了 20 世纪五六十年代汪德耀以及以他为代表的厦门大学胚胎学研究和教学成果的重要见证。在厦门大学百年校庆来临之际，再版 60 年前出版的这部讲义，对于梳理厦门大学百年学术史、学科史，彰显厦门大学百年学术成就，具有重要意义。

参考文献：

黄宗平主编：《汪德耀教授从事教学科研六十周年纪念册》，厦门：厦门大学出版社，1992 年。

汪德耀：《汪德耀论文选集：从教六十周年纪念》，厦门：厦门大学出版社，

1992 年。

林妍，吴乔:《汪德耀:中国细胞生物学的奠基人》,《中国细胞生物学学报》2019 年第 8 期。

彭一万:《友谊地久天长》,南昌:江西人民出版社,1998 年。

洪水根:《怀念汪德耀教授》,《实验生物学报》2001 年第 4 期。

《厦门农工党党员先贤谱——汪德耀》,农工党厦门市委网站之“党员风采”, http://xmngd.com/dyfc/xxp/202005/t20200526_727878.htm。

洪水根:《春蚕到死丝方尽 蜡炬成灰泪始干——纪念厦门大学汪德耀老校长逝世 20 周年》,《厦大老年》,2020 年 10 月 9 日。

何东昌主编:《中华人民共和国教育史(上卷)》,海口:海南出版社,2007 年。

《中国教育年鉴(1949—1981)》,北京:中国大百科全书出版社,1984 年。

作者洪水根,厦门大学生命科学学院教授。

郑重与《浮游生物学概论》

柯才焕

一

郑重教授（1911—1993），著名海洋浮游生物学家，我国海洋浮游生物学的开拓者和奠基人，厦门大学海洋系和生物系教授。

郑重1911年生于江苏省苏州市。其父亲郑詠春毕业于复旦大学，是苏州工业专门学校的英文教员，1922年逝世。因生活拮据，1924年郑重小学毕业时，其母亲让他辍学去一家绸布店当学徒，但这个决定遭到在清华大学数学系任教授的叔父郑桐荪的坚决反对。后来也是这位叔父，主动承担了郑重在中学和大学的全部学费。1924年，郑重进入湖州教会办的东吴大学第三附属中学，当时谈家桢、高尚英等后来的著名生物学家也在该中学学习。当时教会学校毕业生不准报考国立大学，中学毕业后郑重考入燕京大学生物系，但因学费昂贵，一年后转入清华大学生物系。他的本科毕业论文是在系主任、著名遗传学家陈桢教授指导下完成的，研究的是北京淡水枝角类分类和分布。通过对圆明园等地的淡水枝角类的调查研究，他对这类小型浮游生物产生了浓厚兴趣，这也成了他终身致力于研究浮游生物的起点。

1934年，郑重大学毕业，因成绩优异留任清华大学生物系助教，这在当时并不多见。1936年，他报考清华大学主办的留美考试获录取，报考的是水产学门，按规定出国前应在国内考察、实习1年。于是1936年年底，他辞去清华大学助教职务前往舟山定海浙江水产试验场，跟随该场场长、我国水产界老前辈陈同白先生学习，其间还前往青岛大学生物系从事浮游生物研究，首次接触到种类丰富、形态各异的海洋浮游生物，同时结识了童第周和曾呈奎二位著名生物学家。1937年抗日战争全面爆发,因交通阻滞等原因,华盛顿大学的录取许可未能寄到,郑重在1938年被改派去英国留学,此行长达9年。1938年春,他先在著名的普利茅斯海洋生物研究所从事海洋枝角类的研究,同年秋转到东岸的赫尔大学动物系学习,在该系系主任、英国皇家学会会员、世界著名浮游生物学家哈代(Alister Hardy)的指导下研究北海浮游生物,其后转入剑桥大学动物系跟随系主任格莱(James Gray)从事淡水枝角类生长和生殖的研究,又因二战大轰炸开始,再转入西北岸的北威尔士学院(今班戈大学)动物系,在博朗贝尔(Francis Brambell)教授指导下从事钩虾类的生物学研究。1942年春,哈代教授受聘为阿伯丁大学动物系主任,邀郑重同往。郑重在哈代教授指导下从事苏格兰西岸的克莱德(Clyde)海域的浮游动物分布和产量研究,终于在1944年冬获得阿伯丁大学哲学博士学位。由于他可能是获得该大学博士学位的第一位中国人,当地报纸特地刊登了他获得博士学位的消息和照片。1946年,哈代教授转任牛津大学动物系主任,郑重随其任研究助理,从事南大洋浮游动物研究。

9年的留英生涯历经辗转,弥漫战火断绝了他与祖国和家人的通信。但在艰难的日子里,他奋发学习、努力工作,在学术上不断进取,除了发表5篇论文和完成博士学位论文外,还刻苦研读了大量文献,积累了未来回国开展研究的广博知识,并悟出了多看、多写、多讲的"三多"治学理念,体会到理论联系实际的重要性。留英期间,世界著名海洋浮游生物学家哈代教授十分欣赏郑重,通过各种渠道帮助他申请到奖学金,一直邀郑重同往教职所在,他们结下了深厚的师生情谊,"文革"后他们又恢复了通信联系。

1947年6月,郑重回到了久别的祖国,10月受邀任厦门大学海洋系教授,并代生物系主任,兼任设在厦门大学校内的中国海洋研究所研究员;1949—1952年担任海洋系主任。但受当时时局的影响和科研条件的限制,郑重在回国初期仅能开展少量的海洋浮游生物研究,重心主要在教学和人才培养上。1952年全国院系调整,厦大海洋系并入山东大学,郑重和几位教师留在厦大成立海洋生物研究室,郑重任室主任。新中国成立后,郑重在海洋浮游生物尤其是海洋浮游动物学方面开始了较为系统和深入的研究,同时撰写和出版浮游生物学教材和论著,发表了一系列厦门海域海洋浮游生物学论文。1965年,他与助手一起出版了《中国海洋浮游桡足类(上卷)》。1954—1957年,他兼任中国科学院海洋研究所研究员,参加"烟、威鲐鱼渔场的生态调查",1965

年发表了我国海洋浮游动物领域的经典论文《烟、威鲐鱼渔场及邻近水域浮游动物生态的初步研究》,引导我国浮游生物学研究在加强分类学研究的同时向生态学方向发展。1959年,他参加全国海洋普查,偕同郑执中主持编写了《浮游生物调查报告》,对我国近海浮游生物的种类组成与分布情况首次进行了整体介绍。"文革"后,郑重先生重新投入浮游生物学科研中,发表一系列论文,出版多本专著,培养出了多位浮游生物学硕士和博士研究生。20世纪80年代中后期,郑重先生还意识到浮游幼体研究的重要性,率先在国内发表综述介绍国际上浮游幼体附着和变态的研究进展和趋势,指导研究生开展经济贝类幼体生态学和附着变态机理的研究,为贝类养殖产业技术提供指导。此外,郑重还积极参政议政,曾任第三届全国人大代表、第六届全国政协委员。

二

郑重在大学时代就开始从事浮游生物研究,并对此产生了浓厚兴趣,在英国留学和工作的9年间又系统学习和掌握了当时最为先进的海洋浮游生物学知识,回国后专门从事海洋浮游生物的教学和科研工作。他编写讲义,为厦门大学海洋系学生开设"浮游生物学"等课程。在郑重先生回国之前,我国缺少系统的海洋浮游生物学研究,也没能培养浮游生物学的专门科研人才,更没有浮游生物学的专门教材。新中国成立后,我国的海洋科学事业开始兴起,作为海洋科学的重要组成部分,海洋浮游生物学亟须发展和培养相关人才。为普及浮游生物学知识,郑重先生于1957年出版了《浮游生物》一书,对各类水生浮游生物做了概括性介绍。但该书相对比较简单,随着我国海洋科研事业的迅速发展,已不能满足海洋科学工作者和大学生学习的需求。因此1964年,郑重先生进一步综合国内外的研究成果,参考了大量的国内外浮游生物学专著和论文,经过融会贯通、归纳提炼和梳理整合,并注入自己的学术思想和观点,编写出版了较为系统完整的《浮游生物学概论》,成为我国海洋生物科技工作者和大学生开展浮游生物学研究和教学的重要参考书。可以认为,《浮游生物学概论》的出版标志着我国浮游生物学科的科研和人才培养进入一个新的快速发展阶段。以此为基础,1984年,郑重与李少菁、许振祖共同编著《海洋浮游生物学》,进一步对学科内容进行扩充和完善。该书出版后深受广大海洋科技工作者和学生的欢迎,并荣获教育部高校教材特等奖,由施普林格

(Springer) 联合海洋出版社出版英文版 *Marine Planktonology*,同时在我国台湾也出版了相应的繁体字版本。该书在国内外产生了广泛影响,国际上类似书籍迄今也极为少见。郑重作为我国海洋浮游生物学的开拓者和传播者,他为国内各大院校和研究机构培养了众多人才,为推动我国海洋浮游生物学的发展做出了重大贡献。

浮游生物包括淡水浮游生物和海洋浮游生物。早在清华大学生物系本科学习时,郑重先生就开始研究淡水枝角类,也涉猎其他淡水浮游生物,其后也陆续接触淡水浮游生物,发表过几篇相关论文。得益于此,他编著《浮游生物学概论》时就更加得心应手,能够完美地综合淡水和海水浮游生物的内容——海、淡水兼顾也成为该书的一大特色。因此,该书不仅可供海洋科学工作者使用,对于我国淡水浮游生物的研究也是引导性的著作。

《浮游生物学概论》包括四编二十章。虽然总篇幅不是很大,但谋篇布局非常合理,结构完整,系统性强,层次分明,内容丰富,言简意赅。

该书绪论中对浮游生物和浮游生物学有准确的定义,而且通俗易懂。浮游生物的重要性在书中列举了六个方面,包括作为水团和海流的生物指标,有助于研究海洋地质历史、古海洋环境和勘察海底石油资源,了解水温要素变化、为渔情预报提供依据,可作为水域放射性同位素污染的指标,影响声波在水中的传播,发光浮游生物会暴露军舰行踪等。书中揭示的这些功能作用迄今也没有原则性的改变。绪论中还特别阐述了浮游生物学与细菌学、藻类学、无脊椎动物学、水产学、湖沼学、海洋学、海洋地质学、生理学、生物化学、生物物理学的密切相关性,强调浮游生物学工作者必须具有扎实的生物学基础和广博的科学知识,这一观点迄今仍然适用。绪论还特别介绍了浮游生物学的发展简史,虽然字数不多,但梳理的发展脉络十分清晰;同时明确指出了我国浮游生物学的发展方向,即"在形态、分类的基础上,密切结合生物化学和生物物理,大力开展生态、生理研究,为攀登世界科学高峰而努力"。几十年来的学科发展证明了郑重先生指出的这一方向完全正确且富有前瞻性,国内外莫不如是。

本书的第一编是形态和分类部分,包括三个章节,这是浮游生物学的基础,因此占了较大的篇幅。"类别介绍"一章从类群、生境、垂直分布和浮游时期的长短四个不同的维度对浮游生物进行了明确的划分。"浮游植物"一章重点介绍种类多、数量大和分布广的硅藻,给出了主要的分类系统,描述了常见的科、属，简介了其分布的生态，对重要的属还提供了检索表，对细菌、绿藻和蓝藻则进行了简要的介绍。“浮游动物”一章所占篇幅最大，分别介绍了原生动物、腔肠动物、轮虫、甲壳动物、腹足动物、毛颚动物、被囊动物、其他浮游动物、浮游幼体等九大类，同样给出了主要的形态特征、分类系统，对重要的科、属进行了介绍，重要的属也有检索表，便于读者使用。

第二编是个体生物学部分，包括“摄食方式和食料成分”、“生长、大小和再生”、“生殖”、“个体发育和生活史”等四章。其中对浮游动物滤食性和捕食性两种摄食方式都有全面和深入的阐述，图文并茂。在生长和生殖方面，除了郑先生熟悉的蚤类动物的多种生殖方式有较详细介绍外，同时还评述了浮游植物的生长，磷虾的生长以及桡足类的生长与大小，对几类常见的浮游动物的个体发育和生活史也进行了展示。此外也介绍了水螅水母、钵水母、栉水母以及箭虫的再生。

第三编是生态、生理和生化部分，占较大的篇幅，包括十一个章节，汇集了大量国内外研究资料和新知识，改变了以往相关浮游生物学著作往往以形态分类为主的状况。郑先生将浮游生物对浮游生活的适应总结为主要通过扩大身体的表面积和减轻身体比重来增加浮力两种方式，每种方式又细分多种增加浮力的机制，并由具体的例子加以佐证。浮游生物生态部分有较大篇幅的阐述，包括季节分布、水平分布和垂直分布的规律，不仅有国外的经典研究案例也有郑先生在厦门港的研究结果，既有浮游动物也有浮游植物，既有海洋浮游生物也涉及淡水浮游生物。值得注意的是，书中提出星杆藻、铠角虫、轮虫和枝角类四类生物，说明浮游生物形态可能会随着季节变化而发生改变。在三大分布章节中，还重点介绍了温度、盐度、海流、pH、营养盐、食料和风力与浮游生物分布的关系。在“垂直移动”一章中，引用了较多的国外经典研究的案例，指出影响垂直移动的因素，尤其对垂直移动与光照强度的关系的阐述十分透彻，引用和比较了多个国外的学说，最后给出了自己的独特观点。在“产量”一章中，重点介绍了不同海区的浮游生物产量情况及其影响因素、产量与环境的关系、产量与渔业的关系，同时对浮游植物的初级生产力进行了详细论述。对浮游生物与渔业的关系专门辟出一章进行论述，内容涵盖浮游生物和经济水产动物的关系、浮游生物和海洋渔业的关系、浮游生物和淡水渔业的关系，由此可见郑先生十分重视理论与实际相联系。浮游生物的种群和群落生态以往较少有人关注，但郑先生通过查阅大量的资料进行了概括和总结，专门形成了一个章节,这对于完善浮游生物生态的内容具有重要意义。此外,浮游生物的发光是重要的生物学现象,且涉及多个生物类群,郑先生专列一章对其现象、机制和生物学意义都进行了详细介绍。浮游植物的光合作用及其影响因素、浮游动物的代谢生理、循环生理和化学成分也在此篇中得到较全面的论述。

第四编是研究动态部分,分国外和国内两个部分。由于当时国内学术界对国外浮游生物研究的动态并不十分了解,郑先生根据自己在国外学习工作多年的积累和与国际同行的交流,对当时国际上有关浮游生物学研究的新动态进行了介绍,这对处于初级发展阶段的我国浮游生物学研究具有重要的指导意义;同时也综述了国内浮游生物学研究的现状,为我国当时的浮游生物学工作者指明了研究方向。

书末有附录,包括浮游动物和浮游植物的采集方法、定量方法和培养方法,内容十分详细,可操作性强,为浮游生物研究者和学习者提供了极大的便利和有效的导引。

该书还附有参考文献目录,并按文献类别罗列了书籍 14 本、专著 70 多本和研究论文 250 篇左右。此外,为了读者阅读方便,书的最后附有详细的索引,包括名词索引和生物名称索引两部分。

总之,《浮游生物学概论》作为郑重教授著作中承上启下的重要著作,是当时我国浮游生物学人才培养和科学研究的必备参考书和工具书,标志着我国浮游生物学这门学问开始形成,也为后续的具有国际影响力的论著《海洋浮游生物学》和 *Marine Planktonology* 的出版奠定了坚实基础。鉴于郑重教授著的《浮游生物学概论》在我国海洋浮游生物学发展史上的重要意义,在厦门大学即将迎来建校 100 周年之际,重新出版该书具有重要的学术价值和纪念意义。

我于 1990 年报考了郑重教授的博士生,并有幸进入先生的门下深造,成为他的最后一名学生。当时他已年届 80,却仍孜孜不倦地关注国际上的科研动态,撰写综述论文,实在令人敬佩不已。这种活到老、学到老的精神一直深深地影响着我。时光荏苒,岁月如梭,郑重先生已经离开我们 27 年了。2021 年是厦大建校 100 周年,也是郑重先生 110 周年诞辰,谨以此文深切怀念我尊敬的导师郑重教授,并对为他开创我国海洋浮游生物学做出的贡献致以崇高的敬意!

参考文献:

郑重:《郑重文集》,北京:海洋出版社,1985 年。

郑重:《郑重文集 (续)》,北京:海洋出版社,1993 年。

郑重:《浮游生物》,北京:科学出版社,1957 年。

郑重,李少菁,许振祖编著:《海洋浮游生物学》,北京:海洋出版社,1984 年。

Zheng Zhong, Li Shaojing, Xu Zhenzu: *Marine Planktonology*, Springer & China Ocean Press, 1995.

郑重等:《中国海洋浮游桡足类 (上卷)》,上海:上海科学技术出版社,1965 年。

郑重等:《中国海洋浮游桡足类 (中卷)》,上海:上海科学技术出版社,1982 年。

郑重:《海洋浮游生态学文集》,厦门:厦门大学出版社,1986 年。

郑重,曹文清编著:《中国海洋枝角类生物学》,厦门:厦门大学出版社,1987 年。

郑重,李少菁,连光山编著:《海洋桡足类生物学》,厦门:厦门大学出版社,1992 年。

郑重,李少菁,郭东晖编著:《海洋磷虾类生物学》,厦门:厦门大学出版社,2011 年。

作者柯才焕,厦门大学海洋与地球学院副院长,教授、博士生导师。

陈国珍与《海水分析化学》

陈　敏

受"厦门大学百年学术论著选刊"编纂组邀请,为陈国珍先生主编的《海水分析化学》撰写前言。作为厦门大学海洋化学专业毕业的学生和一直以来在厦门大学海洋化学专业任教的老师,尽管曾多次阅读并反复受益于此经典著作,但每至提笔,仍感惶恐,担心无法将前辈先生奠基性著作的特点和价值表述周全。知其难为而勉力为之,权作参考。

一

《海水分析化学》的主编陈国珍先生(1916—2000)是我国著名的分析化学家和海洋化学家,福建厦门人。他1938年毕业于厦门大学化学系,获理学学士学位;1948年赴英国伦敦大学留学,获哲学博士学位。

陈国珍先生1951年回国后,任厦门大学化学系教授、系主任,校长助理。其时,他在国内首批设置了仪器分析专门化,购置了当时十分先进的X射线衍射仪、分光光度计、荧光计和极谱仪等仪器设备,为厦门大学化学学科的发展壮大奠定了良好的基础。1962年,陈国珍调任第二机械工业部(后改称核工业部)生产局总工程师、副局长,并兼任原子能研究所研究员和研究室主任。其间,他组织和领导科技人员建立了与各种核燃料产品相关的分析方法和质量控制分析方法,解决了低至百万分之一或十亿分之一级^{235}U含量样品中杂质的分析问题,保证了我国原子弹试验任务的顺利完成。1980年,他调任国家海洋局副局长,并先后任国家海洋局科学技术委员会主任、中国海洋学会常务理事、中国核学会名誉理事,致力于中外海洋科学技术合作交流事业。他多次率团到美国、意大利、法国、加拿大等国参加海洋学术讨论会,并与法国国家海洋开发中心就海洋科学技术合作等问题进行磋商,安排我国参加海洋二氧化碳监测国际合作事宜。

二

《海水分析化学》的出版,充分体现了编者的海洋情结和家国情怀。陈国珍从小在海边长大,对海洋有着深厚的感情和浓厚的兴趣。新中国成立初期,我国一些化学工作者为准确测定海水中的化学元素,把许多淡水体系的分析方法经过改进,并结合国外海水分析方法来建立中国海水化学分析方法,这在当时可以说是中国海洋化学最重要的工作。1955 年,苏联国立海洋研究所编的《海水化学分析指导》由娄康后等翻译后经科学出版社出版。[①]1959—1963 年,国内科研工作者先后发表了有关海水中 Na、Br、B、Sr、Li、K、Ca、Mg、U、SO_4^{2-}等化学组分测定方法的文章。[②]这些分析方法初步建构起我国海洋调查的海水化学分析基础,但仍缺乏指导性强且介绍详尽的相关书籍。有感于当时技术方法与学科发展需求之间的巨大差距,陈国珍先生倡议编写《海水分析化学》一书。

1960 年,厦门大学化学系分析化学教研室、海洋化学教研室与福建省海洋研究所(即中国科学院华东海洋研究所,今自然资源部第三海洋研究所的前身)海洋化学研究室合作,着手《海水分析化学》编写事宜。在陈国珍先生主持下,历经 5 年时间,先后有 50 多名科研人员参加了编写和方法验证工作,并由分析化学教研室陈国珍、张荣坤、黄贤智和海洋化学教研室李法西、吴瑜端校阅,《海水分析化学》于 1965 年由科学出版社出版[③],成为当时国内最系统翔实的海水分析化学著作,在中国海洋化学现代史上占据重要地位。

嗣后,陈国珍先生注意到国内外海洋科学研究正由常量元素向微痕量元素拓展的发展趋势,主编完成《海水痕量元素分析》一书,并于 1990 年在海洋出版社出版。[④]《海水痕量元素分析》阐述了海水中 71 种痕量元素的分析方法,体例大致与《海水分析化学》相同,可谓是前者的续编,是海洋痕量元素分析方法之大成,对海水痕量元素分析有重要参考价值。

三

《海水分析化学》的内容主要围绕海水中的常量元素和主要生源要素展

开,详细介绍了海水中盐度和氯度、溶解氧、pH 值、碱度、氨、亚硝酸盐、硝酸盐、磷酸盐、活性硅酸盐、硫酸盐、硫化氢、硼酸盐、溴离子、钾离子、钠离子、钙离子、镁离子 17 个要素的 34 种分析方法。[⑤]在书籍体例方面,每章均包括四个部分,其中第一部分介绍海水中元素的含量分布情况及其在海洋学上的意义;第二部分对海水中元素的分析方法进行系统介绍,对各种方法的优缺点予以评介;第三部分针对每个元素推荐出 1~3 种较好的方法,对这些方法进行验证实验,提出修改意见;第四部分制定出每个要素分析方法的具体操作步骤,给出分析过程的注意事项。

与其他很多著作相比,该书的主要特色有三点:其一,对每一种方法都给出了若干人的验证实验结果,并且提出了方法的修正方案和可靠的操作步骤,力求精益求精,确保了所提供方法的可靠性,同时,在对方法验证和修正的过程中,充分考虑当时国内海洋化学研究状况,保证了所拟定步骤能够适用于我国一般海水样品的分析,更具有可操作性;其二,对元素的不同测定方法均进行了较详细的介绍和评述,有助于读者系统掌握分析技术进展,并在具体工作中做出适当的选择;其三,该书附录中给出了 20 个附表,涉及许多元素的分析方法,方便读者在具体工作中查阅,以便快捷地获得准确的分析结果。这些做法充分体现出精益求精、止于至善的科学精神,以及立足国情做特色研究、服务国家海洋发展需求的科学追求,成就了海洋化学的这本经典之作。

四

《海水分析化学》是现代中国海洋化学的一部奠基性著作,对推动中国海洋化学乃至海洋科学的发展起到了至关重要的作用,具体体现在如下三个方面:

首先,该书为国人掌握海水化学组成及其变化规律提供了当时最可靠的方法,为探索、认识海洋这一地球最大自然体奠定了方法学基础。

尽管全球人类为我们居住星球所取的名字都指向以土地为中心的观点(无论是英文的“earth”、拉丁文的“terra”、希腊文的“geos”,还是中文的“地球”,都指向土地或土壤),但 1972 年从“阿波罗 17 号”飞船传回的地球影像震惊了世界。这些影像显示,我们的星球是一颗闪耀的蔚蓝行星,覆盖这个星球大部分面积的并非陆地,而是海洋。这些影像颠覆了我们对地球的认知:我们逐步认识到，海洋占据着地球面积的71%和地球生物栖息地的99%，海洋是生命的摇篮，具有最丰富和最具多样性的生物；海洋同时也是全球水循环的推动力，是气候变化的调节者和稳定器。人类呼吸的每一口空气、饮用的每一滴水、吃的每一口食物，都与大海紧密联系在一起。没有蓝色就没有生命，没有蓝色就没有绿色。对于生活在陆地的人类而言，海洋可以说是距离最近的未知宇宙，但我们对海洋的了解，未必比亿万光年之外的星空更多。要认识海洋，掌握海水化学组成是应有之义，海水分析则是了解海水化学组成的"眼睛"。海水是一个复杂的多组分、多相体系，包括多种有机和无机的、溶解态和悬浮态的物质，其中各种组分的含量相差悬殊。海水中11种主要溶解组分占总盐分的99.99%，其他组分的含量均在百万分之一以下。[6]海水的这些特点，给海水分析带来很大的影响，例如大量基体盐类对测定的影响、有机物及生物活动的影响等。这也是很多淡水分析方法难以直接应用于海水分析的主要原因。

《海水分析化学》一书建立并提供了海水中氯度、碱度、硫酸盐、硼酸盐、溴离子、钾离子、钠离子、钙离子、镁离子9种常量元素分析方法，为测定占总盐分99%以上的组分提供了可能；同时，建立并提供了溶解氧、pH值、氨、亚硝酸盐、硝酸盐、磷酸盐、活性硅酸盐等与海洋生物活动密切相关的要素测量方法，为揭示海洋生物活动及其对海水环境的影响奠定了方法学基础。古语云"工欲善其事，必先利其器"，就充分说明了方法学的重要性。从这个意义上说，《海水分析化学》提供了认识海水主要组成的路径，有助于增进人类对海洋这一地球最大自然体的认识。

其次，海水分析化学的发展有助于揭示海洋现象及其变化规律，是研究和发展海洋科学的基础。

海洋科学是一门以具体空间区域为对象，研究发生在该区域的水文、化学、生物、地质现象，进而掌握它们的基本变化规律的科学。海洋是一个复杂而巨大的体系，各方面的性质、变化和现象互相联系，互相制约，因而海洋科学是一门实践性和综合性极强的学科。海水分析化学研究海水中各种组分含量的测定方法，它不仅是海洋化学的一个组成部分，而且是研究和发展海洋科学的基础之一。例如，由海水盐度、温度和压力调控的海水密度在很大程度上影响海水的运动，通过硝酸银滴定法测得的氯度来计算海水盐度的方法比此前基于物理性质的液体比重法来得更加准确简便，在20世纪60—80年代被广泛应用于海水盐度的测定；声学技术常被用于海洋深度的测定、鱼群和沉船位置的确定以及水下无线通信等领域，由于声波在海水中的传播与海水盐度及某些化学组分含量有关，只有掌握了海水的化学组成，才能准确掌握声波的传播情况。另外，海洋主要生源要素（即营养盐）的含量、分布和迁移转化规律直接影响着海洋生物的活动，对于了解海区生物生产力变化、鱼群预报、水产养殖等有着重要参考价值。显然，海洋科学各分支学科都与海水化学分析有着密切的联系，该书的出版有力地推动了我国海洋科学各分支学科的发展。

最后，《海水分析化学》是我国《海洋调查规范 · 海水化学要素分析》编制的重要参考依据，为规范我国的海洋调查做出了积极贡献。

海洋科学研究通常以现场观测和采样分析为基础，注重长期观测和样品数据的积累，海洋调查一直是国内外海洋科学研究的主要路径。[⑦]海洋面积广大，海水体量巨大且在不停运动，对具体海区的调查研究势必需要依靠大量的观测站进行定时或连续的调查，分析工作繁杂且工作量巨大；同时，不同海区的海水化学组成之间往往只有微小的差异，这些都对海水化学分析提出了更高的要求。海水分析往往面临样品数量多、种类多样（如海水、沉积物间隙水等）等状况，要求分析方法灵敏、准确、简便、快速和适应船上工作条件等。此外，采样技术、样品贮存、防止沾污、方法校准等都是需要考虑的问题。

在新中国成立初期，我国的海洋化学调查并没有形成统一的规范。1958年开展全国海洋综合调查时，为了统一调查技术标准、保证资料质量，海洋综合调查办公室曾汇集国内海洋研究机构、高等院校、海军等单位各自编拟的海洋调查规范并编成《海洋调查规范（草案）》，供海洋调查队使用。1959年，国家科委海洋组组织专家对该草案进行了修改。1961年，中华人民共和国科学技术委员会海洋组海洋综合调查办公室编制出版《海洋调查暂行规范》。此时，海洋化学调查规范的内容比较简单，仅包含氯度、溶解氧、活性硅酸盐、磷酸盐和 pH 值的分析。1975年，由国家海洋局主持，国家海洋局北海分局、南海分局，第一、第二、第三海洋研究所和海洋科技情报研究所，厦门大学，海洋地质调查局及其第一、第二海洋地质调查大队，中科院海洋研究所和南海海洋研究所，青岛海洋水产研究所，山东水产学校，以及山东海洋学院等单位参加了海洋调查规范的修改编写工作，总结了我国10多年来海洋调查工作的经验，修订形成《海洋调查规范》，其中海洋化学调查部分增加了盐度、氯度、亚硝酸盐、硝酸盐和铵盐的测定，并对一些测定方法或技术进行了改进，如活性磷酸盐、活性硅酸盐、溶解氧和 pH 值的测定。[⑧]《海洋调查规范》中不少内容参考了《海水化学分析》推荐的方法。实际上,《海水化学分析》提供的一些方法至今仍在海水化学分析中被使用。

纵观海洋科技的发展,海洋科学成果的取得都与海洋观测技术紧密关联在一起,技术的革新往往极大地提升人类对海洋的认识。与以往任何时期相比,今天人类已更加全面和深刻地认识海洋,且更加深入地了解海洋与世界的联系,也充分意识到海洋是未来实现可持续发展的重要支撑。在新的历史时期,海水分析化学必将有更加广阔的发展空间,为人类认识海洋、经略海洋、保护海洋做出更加积极的贡献。

注释:

①陈国珍:《海水分析化学》,北京:科学出版社,1965 年。

②宋金明等:《中国的海洋化学》,北京:海洋出版社,2000 年。

③陈国珍:《海水分析化学》,北京:科学出版社,1965 年。

④陈国珍:《海水痕量元素分析》,北京:海洋出版社,1990 年。

⑤陈国珍:《海水分析化学》,北京:科学出版社,1965 年。

⑥陈敏:《化学海洋学》,北京:海洋出版社,1996 年。

⑦中国海洋学会:《中国海洋学学科史》,北京:中国科学技术出版社,2015 年。

⑧中国海洋学会:《中国海洋学学科史》,北京:中国科学技术出版社,2015 年。

作者陈敏,厦门大学海洋与地球学院副院长,教授、博士生导师。